U0573920

杨共乐　总主编

"一带一路"古文明书系

SERIES ON THE ANCIENT CIVILIZATIONS ALONG THE BELT AND ROAD

# 古代埃及文明

周启迪　阴　玺　著

The Civilization of Ancient Egypt

北京师范大学出版集团
BEIJING NORMAL UNIVERSITY PUBLISHING GROUP
北京师范大学出版社

黑顶陶。巴达里文化时期。开罗埃及博物馆藏

彩陶罐。涅伽达文化Ⅱ时期。开罗埃及博物馆藏

红陶女人像。涅伽达文化Ⅰ时期。纽约布鲁克林博物馆藏

动物纹调色板。涅伽达文化II时期。巴黎卢浮宫博物馆藏

纳尔迈调色板。第1王朝时期。开罗埃及博物馆藏

哈谢海姆威法老坐像。第 2 王朝时期。开罗埃及博物馆藏

乔赛尔法老雕像。第 3 王朝时期。开罗埃及博物馆藏

萨卡拉的海塞拉墓木板浮雕。第 3 王朝时期。开罗埃及博物馆藏

胡夫金字塔

哈夫拉狮身人面像

孟考拉和王后。第 4 王朝时期。波士顿博物馆藏

孟考拉和哈托尔女神。第 4 王朝时期。波士顿博物馆藏

书吏像。第 5 王朝时期。巴黎卢浮宫博物馆藏

卡伯尔王子像。第 5 王朝时期。开罗埃及博物馆藏

孟图霍特普二世雕像。第 11 王朝时期。开罗埃及博物馆藏

阿美涅姆赫特三世雕像。第 11 王朝时期。开罗埃及博物馆藏

侍女俑。中王国时期。纽约大都会艺术博物馆藏

腰带。第 12 王朝时期。开罗埃及博物馆藏

胸饰。第 12 王朝时期。开罗埃及博物馆藏

王冠。第 12 王朝时期。开罗埃及博物馆藏

哈特舍普苏特头像。第 18 王朝时期。开罗埃及博物馆藏

哈特舍普苏特狮身人面像。第 18 王朝时期。纽约大都会艺术博物馆藏

图特摩斯三世像。第 18 王朝时期。
都灵埃及博物馆藏

图特摩斯三世母亲像。第 18 王朝时期。
开罗埃及博物馆藏

埃赫那吞雕像。第 18 王朝时期。开罗埃及博物馆藏

涅菲尔提提像。第 18 王朝时期。柏林博物馆藏

图坦卡蒙的黄金面具。第 18 王朝时期。开罗埃及博物馆藏

卢克索神庙

阿布·辛贝尔神庙

拉美西斯二世和哈托尔女神像。第 19 王朝时期。都灵埃及博物馆藏

涅菲尔塔利二世像。第 19 王朝时期。涅菲尔塔利二世墓壁画

# “一带一路”古文明书系
# 编写委员会

# 总　序

2013年9月和10月，中国国家主席习近平在出访中亚和东南亚国家期间，先后提出共建“丝绸之路经济带”和“21世纪海上丝绸之路”（简称“一带一路”）的重大倡议，主旨是通过“一带一路”建设，与世界其他参与国共同打造政治互信、经济融合、文化包容的利益共同体、命运共同体和责任共同体。这一倡议得到了国际社会的高度关注。目前已有100多个国家和国际组织积极响应支持，愿意参与的国家还在不断增加中。经过数年的努力，各种建设项目陆续上马。“一带一路”建设必将对世界文明的发展产生巨大影响。

“一带一路”倡议源于历史。历史上众多的政治家、政府使者和商人等都为东西方交往道路的构建作出了贡献。

就陆道而言，西段的建设者应该上溯至亚历山大。公元前334年，马其顿国王亚历山大亲率3万余精兵东征波斯。波斯国王大流士三世仓促应战，最终为亚历山大所败。公元前327年，亚历山大率军来到中亚，灭波斯的地方政权巴克特里亚，并于锡尔河上游筑亚历山大里亚城，派兵加强其对这一地区的统治。欧洲势力开始进驻亚洲腹部邻近中国的地区。此后百余年间，中亚巴克特里亚地区的政权一直掌控在马其顿人和希腊人手里。中国与西方之间在当时虽还没有建立起直接的联系，但西方已经知道了一些中国的消息。希腊人克泰夏斯在其作品中首次提到了东方远国“赛里斯”（Seres）。“赛里斯”也从此成了希腊对包括中国在内的东方远国的重要称呼。

东段的开拓者显然要数汉武帝的使者张骞。他于公元前138年至公元前126年和公元前119年至公元前115年两次出使西域，史称张骞“凿空”。张骞“凿空”不但打通了东西方交往的连接点，而且大大开阔了中国人的视野，开创了中西交流的新纪元。此后，东西方陆上交通大开。从中国西去求“奇物”者“相望于道”；“一岁中使多者十余，少者五六辈，远者八九岁，近者数岁而反”；“一辈大者数百，少者百余人”。① 中国的丝绸随使者不断输出国外。中亚、西亚与罗马都因此留下了中国丝绸的痕迹。罗马的文献中还出现了罗马元老院通过反对男子穿丝绸衣服的禁令。②

东汉时，班超为西域都护，曾经营西域31年，政绩卓著，成效明显。西域“五十余国悉纳质内属。其条支、安息诸国至于海濒四万里外，皆重译贡献”。公元97年，班超派部下甘英出使大秦(罗马)，抵条支，欲渡，为安息船人所阻，只得“穷临西海而还”③。甘英走南道赴大秦，虽中途而归，但其西行的路程远比张骞要长，其实际影响也远比张骞要大。就在甘英出使大秦后不久，也就是公元100年，“西域蒙奇、兜勒二国遣使内附”④。东汉朝廷对“蒙奇、兜勒”遣使之事高度重视，还特意“赐其王金印紫绶”。“蒙奇、兜勒”正是“Macedones”(马其顿，时属罗马帝国)之音译。西域远国马其顿遣使内附打通了中西间的直接交往，在中西交往史上占有十分重要的地位。而这件事本身也印证了中国和罗马间陆上交通的存在。

就海道而言，中国至印度一线，为中国人所开拓。海船一般沿着印度半岛与中南半岛海岸航行。公元前111年，汉朝用兵南越并在当地置南海、苍梧与合浦等郡。有关合浦以南至印度路线的记载皆保存于《汉书·地理志》中。据《汉书·地理志》记载：“自合浦徐闻(海康)南入海，得大州，东

---

① (西汉)司马迁：《史记》卷123《大宛列传》。

② Tacitus, *Annals*, 2, 33.

③ (南朝宋)范晔：《后汉书》卷88《西域传》。

④ (南朝宋)范晔：《后汉书》卷4《孝和孝殇帝纪》。

西南北方千里，武帝元封元年略以为儋耳、珠崖郡。……自日南障塞、徐闻、合浦船行可五月，有都元国；又船行可四月，有邑卢没国；又船行可二十余日，有谌离国；步行可十余日，有夫甘都卢国。自夫甘都卢国船行可二月余，有黄支国……平帝元始中，王莽辅政，欲耀威德，厚遗黄支王，令遣使献生犀牛。自黄支船行可八月，至皮宗；船行可二月，到日南、象林界云。"据考证，黄支就是印度东岸之Kanchipura，即后来玄奘《大唐西域记》第10卷中所记的达罗毗荼国的建志补罗城。

至于印度至罗马的海路则多为罗马人所开创。船队最初皆绕着南阿拉伯海岸航行。据罗马地理学家斯特拉波的《地理学》记载，在奥古斯都时期，每年都有多达120艘船只从埃及的红海港口起航，远航至曼德海峡之外各地，有的甚至远达恒河。① 大约在提比略执政时期，有一位名叫希帕鲁斯的罗马商人在长期实践的基础上发现了印度洋季风的规律。罗马人利用季风不但能够直接跨越印度洋，而且还能大大缩短罗马至印度的距离。按英国学者赫德逊测算，从意大利到印度的一次旅程，只要花费16个星期。② 约在2世纪中叶稍前，有一位名叫亚历山大的罗马人越过孟加拉湾，到达日南北部的卡提加拉(Cattigara)。③ "至桓帝延熹九年(166)，大秦王安敦(指罗马元首马尔库斯·奥理略)遣使自日南徼外献象牙、犀角、玳瑁"，来到中国，中西海道"始乃一通"。④ 当时世界上最强大的两个国家——中国与罗马间开始通过海道直接发生联系。印度和西方古典文献中出现的"秦尼"(Sinae，Thinae)实际上就是西方人对中国的尊称。这一消息应该来源于南部海道。

---

① Strabo，*Geography*，2，118；15，686；17，708.

② 参见[英]赫德逊：《欧洲与中国》，李申、王遵仲、张毅译，北京：中华书局，1995年版，第47页。

③ Ptolemy，*Geography*，1，16.

④ (南朝宋)范晔：《后汉书》卷88《西域传》。

在中西陆、海两道开通之时，有许多中国的商品随使者输往西方。据中国的正史记载，从陆道西去的使者常“赍金币帛直数千巨万”①，从海道西航的译使也携“黄金、杂缯而往”②。由此可见，丝织品和黄金一样，都是出访人员必备的物品。

丝织品之所以成为使者出访时首选的重要物品，最根本的原因就在于中国是桑蚕的故乡，在相当长的时间内，中国又是唯一掌握养蚕(Bombyx mori)技术的国家。根据传说，我国“养蚕取丝”的发明者为黄帝元妃嫘祖。她教民育蚕，治丝蚕以制衣服。考古发掘也表明，在距今约6000—5600年的仰韶文化时期，我们的祖先就懂得了“养蚕取丝”的技术。著名学者夏鼐先生曾指出，至迟在殷商时代，我国已能“充分利用蚕丝的优点，并且改进了织机，发明了提花装置，能够用蚕丝织成精美的丝绸”。此后，丝织技术随着时代和社会的变化，又有新的改进和发展。

《史记·大宛列传》有言：“自大宛以西至安息……其地皆无丝漆。”这显然是客观事实的真实反映。实际上，不但当时的安息无丝，就是安息以西的罗马也不产丝，所以穿戴中国的丝绸一直是罗马贵族身份的象征。为获取丝绸衣料，罗马人不惜远赴赛里斯，正是“靠着如此长距离的谋求，罗马的贵妇们才能够穿上透明的衣衫，耀眼于公众场合”③。老普林尼坦言：“据最低估算，每年从我们帝国流入印度、赛里斯和阿拉伯半岛的金钱，不下1亿塞斯退斯。”④在罗马，不仅有销售中国丝绸的丝绸市场、丝绸商人，还有具体负责丝绸产品再加工的丝绸作坊。丝绸交易的价格曾一度与黄金相等。

随着丝绸西向输出，我国的养蚕和织绸技术也不断西传。5世纪时，

① (西汉)司马迁：《史记》卷123《大宛列传》。
② (东汉)班固：《汉书》卷28下《地理志》。
③ Pliny the Elder, *Natural History*, 6, 20, 54.
④ Pliny the Elder, *Natural History*, 12, 41, 84.

中原的种桑、养蚕、缫丝织绸法已传至和阗；到6世纪的查士丁尼时代，更传到了罗马的东部世界。从此以后，“在罗马的土地上也能生产蚕丝了”，西方对中国丝绸的依赖逐渐消失。

历史表明，在中国的汉代，也即西方的罗马共和国晚期及帝国时期，世界上确实存在着以丝绸为重要交易物的陆、海大道。19世纪以后，这两条大道被分别冠以“陆上丝绸之路”和“海上丝绸之路”之称，总称为“丝绸之路”。丝绸之路的起点是中国，终点在罗马。中亚、南亚、西亚是陆上丝绸之路的必经之地，南海、红海、地中海是海上丝绸之路的必过之海，而印度洋则是海上丝绸之路的必跨之洋。丝绸之路的形成既拉近了亚欧各国与各地区间的距离，密切了沿途各国人民之间的关系，又加强了沿途各民族之间的交往，大大地推进了人类文明的进步。

“一带一路”建设植根于历史，面向未来，源自中国，属于世界。当今，中国正通过“一带一路”与世界建立“互联互通”的关系，并取得了令人瞩目的成就。为使“一带一路”建设更好地服务于社会，服务于世界，我们还很有必要对世界上主要的古文明进行深入研究。因为孕育这些文明的几大古国大多分布于“一带一路”沿线，其文化对后世的影响既广泛持久又深远厚重。深入了解这些文明，不仅有利于人们从源头上认清各文明间的差异与特点，整体把握人类文明的发展规则，更有利于人们正确认识中国主倡的“开放包容”、“文明互鉴”精神的重要价值，有效推进“一带一路”朝着更好更快的方向发展。

从2013年年末开始，我们在刘家和先生和廖学盛先生的悉心指导下，充分利用和吸纳多年苦读积累的成果，殚精竭虑，协同钻研，经过多年的努力，终于完成了多卷本“‘一带一路’古文明书系”的研究和写作任务。

“‘一带一路’古文明书系”以“一带一路”所经行且在历史上有重要影响的古文明为研究对象，以中西文明比较为研究特色，既注重宏观的理论思考与对历史的反思，从当下观察古代文明的整体性变迁，以宏大的视角展示古文明的兴衰；又注重具体问题的实证性研究，并反映学术研究的最新动态，用中国人特有的视角审视世界文明的源头，展示人类文明的发展历程及辉煌成就。内容包括古代美索不达米亚文明、古代埃及文明、古代中国文明、古代印度文明、古代波斯文明、古代希腊文明、古代罗马文明，范围涉及非洲、西亚、南亚、东亚和欧洲五大地区。本书系试图回答的问题有：(1)古代文明的成果主要体现在哪些方面？(2)多源产生的文明各有什么特点？(3)各文明区域所产生的成果对后世有何影响？(4)各文明古国的国家治理体系如何构建？政治治理如何运行？(5)国家的经济保障主要体现在哪些方面？居民的等级特点与国家政权之间的关系如何？(6)在古代埃及、两河流域有没有像公元前8—前3世纪的中国、印度和希腊那样出现过精神觉醒的时代？(7)各文明古国所实行的文化政策有何特点？对居民有何影响？(8)古代文明兴起的具体原因以及个别文明消亡的关键因素是什么？(9)中华文明连续不中断的原因究竟在哪里？等等。这些问题或以专题论述，或寓论于事实叙述之中。当然，也有一些问题只是在书中提出而已，要给予很好的解决还有待于新材料的不断出现。

“‘一带一路’古文明书系”追求雅俗共赏的行文风格，在保证体例基本一致的情况下，充分发挥作者的学术特长，体现作者的主体思想。为使读者更好地领略古代作家的写作风采，书系中还刻意保存了原作中的部分重要内容。我们衷心希望我们的研究能为学界提供一种新的视角，为我国的“一带一路”建设贡献微薄的力量。

**杨共乐**

**北京师范大学历史学院**

**北京师范大学史学理论与史学史研究中心**

**2017年3月15日**

# 目　　录

## 第二编　埃及文明的发展

## 第三编　古代埃及文明的繁荣　帝国时期的埃及

## 第五编　古代埃及的社会和文化

# 前　言

发源于尼罗河中下游的古代埃及文明，是世界五大文明之一，在人类历史上占有重要的地位，对人类文明的发展做出过重大贡献。

公元前 4000 年纪晚期（公元前 3500—前 3100），埃及进入文明时代，出现了象形文字[①]、等级和阶级，形成了国家。那时的国家不但领土小，而且人口也不多。到公元前 3100 年以后的第 1～2 王朝时期，这些国家开始走向统一，并在统一的过程中形成了君主专制的统治形式。

自从进入文明时代以后，古代埃及经历了前王朝时期、早王朝时期、古王国时期、第一中间期（在此时期，来自西亚的贝督因人曾侵入埃及）、中王国时期、第二中间期（此时期有喜克索斯人侵入埃及并统治埃及的北半部）、新王国时期（埃及帝国时期）和后王朝时期（在此时期，利比亚人、埃塞俄比亚人、亚述人先后入侵并统治埃及）。公元前 525 年，波斯人入侵埃及并统治了埃及大约 200 年，建立了第 27 王朝和第 31 王朝（在第 27～31 王朝之间，埃及曾经短暂独立，建立了第 28～30 王朝）。公元前 332 年，马其顿国王亚历山大大帝率军占领埃及。埃及成了亚历山大帝国的一部分。公元前 323 年，亚历山大大帝去世，帝国分裂，他的部将托勒密于公元前 305 年统治埃及，建立托勒密王国。公元前 30 年，罗马人征服埃及。埃及成为罗马帝国的一部分，成为罗马元首的私人领地。公元 395 年，罗马帝国分裂为东罗马帝国和西罗马帝国，埃及成为东罗马帝国的一部分。公元 642 年，阿拉伯人占领

---

① 现今也有学者认为应当叫圣书文字。

埃及。埃及进入中世纪时代。古代埃及文明也随之消亡，其文字也逐渐被人遗忘，成为一种死文字，直至近代才被商博良等学者释读成功。古代埃及文明的消亡是人类文明发展史上的一大悲剧。

古代埃及是人类文明的发祥地之一。古代埃及文明与两河流域文明并称为世界上最早的两大文明，对人类文明的发展做出过许多贡献。

古代埃及人在公元前4000年纪后期创造了自己的文字。人们习惯上称之为象形文字。象形文字被族及人使用了近4000年，第一中间期时，又演化出僧侣体文字；后来，在公元前1000年纪又发展出了世俗体文字；在公元前后又演化出了科普特文字。正是使用这种文字记录下来的资料，让我们知道了古代埃及人在政治、经济、军事、文化等方面的巨大成就。他们还发明了一套自己的数字表达形成（从1～10、100、1000、10000等）。

在建筑方面，古代埃及的王宫和民居方面没有留下什么东西，但他们留下了两种类型的古代建筑：一种是神庙建筑，如卡尔纳克神庙、卢克索神庙、哈特舍普苏特的祭祀神庙和拉美西斯二世的阿布·辛贝尔神庙等，其规模和建筑技术无不令人惊叹；这些建筑中使用的圆柱不仅在古代被波斯人和希腊人所模仿和借鉴，也为我们现代人惊叹。另一种是墓葬建筑。古代埃及墓葬建筑中保存下来的有3种：第1种是金字塔，胡夫大金字塔和哈佛拉的金字塔等为世人所惊叹；第2种是马斯塔巴墓，这种墓一般有2层（地下一层，地上一层，每一层都有若干墓室，既存放死者的遗体，又存放陪葬品，早期还存放殉葬者的遗体）；第3种是岩墓，顾名思义，这种墓是从山岩上开凿出来的。

在艺术方面，古代埃及时期被保留下来的作品可以说是数不胜数。这包括雕塑和绘画作品。雕塑包括圆雕和浮雕，圆雕包括人像、神像和动物像。古代埃及什么时候有了人像的圆雕？至少从巴达里时期就出现了用象牙雕刻的人像。不过，雕刻技术还很简单。到早王朝晚期，人像的雕刻技术虽然还不尽人意，但已经比巴达里时期留下的那几个人像精细了许多。到古王国时期，埃及的人像雕刻技术有了突飞猛进的发展。这不仅表现在数量上，还表现在质量上。例如，乔赛尔的雕像、哈夫拉的雕像、孟考拉与女神们的雕像以及赫特菲勒斯王后的雕像都可以说是雕刻中的绝品，文物中的精品。新王国时期是古代埃及圆雕的巅峰时期。那时，无论人像的雕刻技术，还是神像的雕刻技术都达到了前所未有的高度。古代埃及的浮雕，不仅出现的时间早，而且数量多。在当时大概没有另一个国家有那么多的浮雕被保存下来。我们现在见到的古代埃及的浮雕是雕刻在调色板上面的，如猎狮调色板、公牛击敌调色板等。古王国时期的马斯塔巴墓里就有大量的浮雕。那时墓里的浮雕是作为装饰用的，主要反映的是贵族们的日常生活和贵族经济中各种生产的场面，如耕地、播种、收获、打场等。古代埃及的绘画在古代各国中也是最多的。我们现在见到的古代埃及最早的绘画作品是画在早王朝时期的彩陶罐上的。古王国时期，埃及的绘画技术达到高峰，如贵族诺菲尔马阿特的墓里就有 2 种风格的绘画作品。古代埃及绘画的高峰时期也是新王国时期。那时，埃及人墓里主要的不再是用浮雕来装饰，而是用绘画作品或壁画来装饰。其代表性作品有：第 18 王朝时期贵族涅布阿蒙墓、梅纳墓以及涅菲尔塔利二世墓里的绘画作品。此外，古代埃及还有许多别具特色的文物保存下来。例如，调色板、狮身人面像、方尖碑、用 faience 制作的许多文物（如项链、瓶子、沙瓦布提——陪葬的俑等）。

古代埃及拥有自己独特的文明，是公认的世界文明古国，是人类文明的摇篮之一。不过，也有人认为，古代埃及文明是由外来者引进的：埃及的农业是外来的、文字是外来的，甚至埃及人也是外来的，等等。似乎埃及文明发展的动力不是来自埃及本身，而是来自外部。那么这些观点有没有根据呢？没有。例如，埃及农业外来说的理由是在埃及没有发现野生的大麦。但实际上，人们在埃及三角洲西部发现了大片的野生大麦。而埃及在1万多年前的中石器时代就存在相当发达的采集经济。采集的对象当然是野生的粮食作物，包括野生大麦。而且，还出现了大量的采集和加工粮食的工具，如镰刀、磨谷器等。所以，埃及的农业完全可以从中石器时代自然发展起来。再如，古代埃及的文字与西亚的楔形文字有多少共同点？外形上有共同点吗？没有。书写方式相同吗？不同。既然说埃及的象形文字是从西亚传过来的，那为什么埃及的象形文字和西亚的楔形文字之间连外形上都没有一点相似呢？书写方式为什么也不一样？既然埃及人是从西亚来的，那为什么他们的语言会不同呢？等等。

古代埃及文明的特点很多，主要表现在：埃及是古代世界最早从分裂走向统一的国家，也是世界上最早建立起地跨非、亚两大洲的国家（在公元前2000年纪中叶的新王国时代，埃及就进入了帝国时代，其统治地区包括埃及、西亚的巴勒斯坦和叙利亚），比两河流域早了1000年左右；从前王朝到后期埃及，埃及虽然也经历了外族的多次入侵，但直到马其顿人统治以前，埃及的文化一直保存下来了，这说明埃及文明有很强的包容性；从保存下来的文物状况看，古代埃及人勤奋聪明，具有很强的创造性；在宗教信仰方面，古代埃及始终处于多神崇拜的阶段，而没有进入到一神教的阶段（虽然有人认为，新王国时期的埃赫那吞改革实现了一神教，但其实那场改革只不过是一场政治斗争，而且为时甚短）；多神的存在也意味着众多祭司的存在，这些祭司既起到传承文化的作用，却也严重阻碍了埃及历史的发展：他们是剥削者，是新生事物的扼杀者，他们不仅在思想意识形态方面，而且在政治经济方面都拥有雄厚的实力。古代埃及的消亡与祭司集团有很大的关系。

古代埃及和古代中国在政治、文化方面没有直接往来，但中国的丝绸却把两国间接地联系了起来。在古代，中国的丝绸经中亚、印度、波斯和西亚到达地中海，然后往北到达希腊、意大利和欧洲其他地区，往南则到达埃及。真是万里友谊因丝而相牵。到了近代，我们两国都遭受了侵略：我们的命运又是非常相似。特别是在1956年的苏伊士运河事件中，埃及政府同英法两国进行了斗争，中国政府坚决支持埃及。以后，两国互相支持，相互帮助，结下了深厚的友谊。如今，在新形势下，中国政府提出“一带一路”倡议，使两国间的关系更加密切。我们相信，在两国政府的共同努力下，中埃两大文明古国一定能在经济全球化的发展趋势下发挥更好的作用，取得非凡的成就，为人类文明的发展做出贡献。

**周启迪**
**2018年8月18日**

# 第一编

# 埃及文明的出现

# 第一章　埃及文明概况

## 第一节　地理环境与古代居民

### 一、“埃及”名称的由来

埃及地处东北非洲。在古代，生活在这里的居民并不把自己的国家叫作“埃及”，而是叫作“凯麦特”，意为“黑土地”。① “埃及”这个名字是古希腊人对埃及古城孟菲斯(Memphis)的讹称。古代埃及人原来把孟菲斯城叫作“白城”，或叫作“普塔赫的精灵的地方”(Place of the Soul of Ptah)②，音译为 Hat-Ka-Ptah(或 Hikuptah)，希腊语读作 Aigyptos，如今埃及的英文名称(Egypt)即由 Aigyptos 而来。现在，人们沿用了 Egypt 这个词来称呼这片土地，而原来埃及人称呼自己国家的名字却被人们遗忘了。

### 二、地理位置和自然环境

埃及的北面是地中海，西面是利比亚，南边是苏丹和埃塞俄比亚(古代

---

① 关于“凯麦特”的意思，也有人认为按词义本身应为“尼格罗人”，或黑色的人，表示法老埃及的居民是黑色民族。[埃及]G. 莫赫塔尔主编：《非洲通史》第 2 卷，北京：中国对外翻译出版公司，1984 年版，第 30～31 页。

② “普塔赫”(Ptah)神是孟菲斯城的保护神，也是古代埃及的艺术之神。希腊人将其比作赫淮斯托斯。埃及人则常将其与太阳神阿吞神结合在一起，叫作普塔赫-阿吞(Ptah-aten)，或与空气神苏结合在一起，叫作普塔赫-苏(Ptah-Su)，为一切自然之神，在埃及广受崇拜。

的努比亚)，东隔红海与阿拉伯半岛相望，东北通过西奈半岛与叙利亚、巴勒斯坦相连。

现代的一些学者夸大古代埃及的孤立性和闭塞性；另一些学者则夸大古代埃及同外界的联系，甚至把古代埃及文明说成是一个又一个外敌入侵的结果。显然，这两种倾向都是不正确的，都有片面性。

古代埃及人实际上只是把尼罗河第一瀑布(今阿斯旺水坝附近)以下的尼罗河河谷和三角洲地区看作自己的国土。尼罗河河谷以东、以西都是沙漠，不适合于人类居住，常常被埃及人看作与自己的黑土地相对立的地方，是红土地的地方。

关于埃及的国土，古代希腊的著名历史学家希罗多德曾有如下描述：

(5)……希腊人乘船前来的埃及，是埃及人由于河流的赠赐而获得的土地。不单是国家的下部，就是溯上述的湖而上三日行程间的地带也同样是如此，虽然他们并没有附带提到这一点，但这一部分和前一部分的情况是完全一样的。谈到埃及土地的性质，则第一：在你从海上向陆地方面走，而离陆地还有一日的航程的时候，那时你如放下测锤，你就会把泥带上来并知道那里的海深是十一欧尔巨阿。这就是说，从陆地上冲刷下来的泥土一直沉积到这样远的地方来。

(6)此外，埃及本土的海岸线的长度是六十司科伊诺斯；根据则是我们为埃及所定义的疆界，即从普林提涅湾到沿着卡西欧斯山而伸展开来的谢尔包尼斯湖。领土狭小的国家的人们用欧尔巨阿来测量土地，领土较大的国家的人们则用斯塔迪昂来测量土地；有大量土地的国家的人们用帕拉桑该斯来测量土地。而拥有极多土地的人们，则是用司科伊诺斯来测量土地了。一帕拉桑该斯等于三十斯塔迪昂，而埃及人的尺度司科伊诺斯是等于六十斯塔迪昂。这样看来，埃及的海岸线，便长达三千六百斯塔迪昂了。

(7)从海岸线向内陆直到黑里欧波里斯的地方，埃及是一片广阔的土地，这是一片平坦的、多水的沼泽地带。从海岸到黑里欧波里斯的路程相当于从雅典的十二神的祭坛到披萨的奥林匹亚·宙斯神殿的路程。如果计算一下的话，那就可以看到路程之间相差不多，二者相差不超过十五斯塔迪昂；因为从雅典到披萨，是差十五斯塔迪昂不到一千五百斯塔迪昂，而从海到黑里欧波里斯却正是一千五百斯塔迪昂。

(8)从黑里欧波里斯再向里面走，埃及就成了一条狭窄的土地。因为它的一面是阿拉伯山脉，这山脉从北向南以及西南，一直伸展到所谓红海的地方。孟斐斯那里金字塔所用的石块，便是从这个山脉中的采石场开采出来的。山脉在这方面转折，而终止在我所说的那些地方。从东到西最宽的地方，我听说是要走两个月，而它们的最东部的边界是出产乳香的。山脉的情况就是这样。在利比亚的这一面，埃及有另一支岩石重叠的山脉屏障着，金字塔就在这中间。这支山脉上面全是砂砾，它的方向和阿拉伯山脉一样，也是向南走的。从黑里欧波里斯再向外去，埃及便没有多么大的地方了；溯河而上的那条狭窄的土地不过是〔十〕四天的路程。在上面所说的山脉之间，土地是平坦的，而在平原最狭窄的地方，在我看来，在阿拉伯山脉和人们所说的利比亚山脉之间是还不到二百斯塔迪昂宽的。过了这个地方，埃及又变成了一片广阔的土地。当地的形势便是这样了。

(9)从黑里欧波里斯到底比斯，从河道走是九天的路程，距离是四千八百六十斯塔迪昂或八十一司科伊诺斯。下面是用斯塔迪昂换算的，埃及全部距离的总和：海岸线的部分我已经说过，是三千六百斯塔迪昂长；现在我再说一下从海岸地带到内地的底比斯的距离，这是六千一百二十斯塔迪昂。在底比斯和称为埃烈旁提涅的城市之间的距离则是一千八百斯塔迪昂。

(10)这样看来，我所谈到的这个国家的大部分都是埃及人所获得的土地；埃及的祭司们这样告诉我，我自己也这样想。在孟斐斯以上两条山脉夹峙间的全部土地，在我看来一度曾经是个海湾，正和伊里翁和铁乌特拉尼亚和以弗所一带的土地和迈安德罗司平原一样，只不过是比较起来规模有大有小罢了。因为谈到用本身的河水冲积成这些土地的诸河流，在规模上没有一条河是可以和尼罗河的五个河口当中的任何一个河口相比的。此外还有一些河流，它们不像尼罗河那样大，却也造成了很大的后果；我可以举出它们的名字来，但是其中主要的是阿凯洛司河，这条河流经阿卡尔那尼亚而后入海，它已经使埃奇那戴斯群岛的一半变成大陆了。

(11)现在，在阿拉伯离埃及不远的地方，有一个从所谓红海伸出来的海湾，现在我就说一说这个海湾的长度和宽度：在长度方面，用划桨的船从它的最内部的一头到大海要走四十天；在宽度方面，最宽的地方要走半天。每天在那里都有潮汐起落。我以为现在埃及的地方过去曾是另一个这样的海湾；一个从北方的海伸到埃西欧匹亚；另一个我就要提到的阿拉伯湾则从南伸向叙利亚。这两个海湾的尽头都深入相互靠近的地方，它们之间只隔着很小的一块土地。而如果尼罗河想流入阿拉伯湾的话，有什么能使它在两万年中间不被这条河用冲积土给封闭起来呢。照我来看，一万年的时间也就够了。因此可以相信，在我生前，一个比这个海湾大得多的海湾是可以被这样一条急流的大河变成陆地的。

(12)因此，关于埃及，我首肯这样说的人们的话，而且我自己也完全信服他们所说的话。因为我看到，尼罗河是在离相邻地区相当远的地方流到海里去的，在山上可以看到贝壳，地面上到处都蒙着一层盐，以致附近的金字塔都要受到损害，而埃及的唯一的砂山就是孟斐斯上方的那座山；此外，埃及既不象与之相邻的阿拉伯的土地，又不象利比亚，也不象叙利亚(因为在阿拉伯的海岸地带住着的是叙利亚人)，它是一片黑色碎土的土地，仿佛是从埃西欧匹亚那里的河流带下来的泥和冲积土。但是我们知道利比亚的土壤较红并且有一些砂子，而阿拉伯和叙利亚则勿宁说是粘土和岩石的土地了。①

希罗多德对伊奥尼亚人提出的看法进行了补充和修正，他指出：

(15)可是，如果我们采用伊奥尼亚人的关于埃及的看法的话，则就只有三角洲那块地方才是埃及了。他们说，三角洲从所谓培尔塞欧斯监视塔沿海岸到佩鲁希昂的腌鱼场有四十司科伊诺斯，而从沿海向内地则是直到凯尔卡索洛斯市的地方；尼罗河便在那里分成两股，分别在佩鲁希昂和卡诺包斯二地入海。他们说，其他被称为埃及的地方，或属于阿拉伯，或属于利比亚。如果我们同意这个说法，那我们就等于说在过去埃及人没有自己的领土了。但我们知道，三角洲，正如埃及人自己所说而我个人也深信不疑的，却是由河流冲积而成的，而可以说在不久之前才出现的。倘如他们以前根本没有领土的话，他们怎么能无聊到竟自标榜为世界上最古的民族呢。而他们也确实没有必要用婴儿做试验来看一下婴儿最初说的是哪一种语言了。实际上，我倒并不相信埃及人

① ［古希腊］希罗多德：《历史》上册，王以铸译，北京：商务印书馆，1959年版，第111～114页。

是和伊奥尼亚人的所谓三角洲同时产生的。我想他们是从有人类以来便一直存在着；既然土地不断增加，他们中间的许多人便下降到新的低地上来，也还有许多人留在他们的旧日的土地上。在古昔的时代，底比斯是称为埃及的，这是一块周边长达六千一百二十斯塔迪昂的地方。

(16)这样看来，如果我们对于这些事情的判断是正确的话，则伊奥尼亚人关于埃及的说法就是错误的了。如果，恰恰相反，他们的说法是正确的，那末我就得指出，不管伊奥尼亚人，还是其他希腊人是都不懂得如何计算的，因为他们都说全世界分为三部分：欧罗巴、亚细亚和利比亚；但他们却必须加上第四部分，即埃及的三角洲，因为他们既没有把它归入亚细亚，也没有把它归入利比亚。因为按照他们的说法，尼罗河是并不曾把亚细亚和利比亚分开的。既然尼罗河在三角洲的顶点的地方分成数支，则这个三角洲便必然是亚细亚和利比亚之间的一块地方了。

(17)现在我们且把伊奥尼亚人的意见放到一边，来谈一谈我们自己的意见吧。我们的看法是这样：我们认为埃及是埃及人所居住的全部国土，正仿佛奇利启亚是奇利启亚人的居住的地方，亚述是亚述人居住的地方一样。而老实说，除去埃及的境界之外，我们也不知道有什么利比亚和亚述的边界。如果我们承认希腊人一般所承认的边界，那我们就必须认为全部埃及从埃烈旁提涅和瀑布起分成两部分，每部分又各属于世界的不同部分，一部分是属于亚细亚，另一部分是属于利比亚。尼罗河从瀑布到海把埃及从当中分为两部分，它直到凯尔卡索洛斯城都是一道河流，但是从那里起它分成了三支，向东的一支称为佩鲁希昂河口，向西的一支则称为卡诺包斯河口。同时尼罗河中间从上方一直流下来的那一支，到达尼罗河的顶点，继续前行，把三角洲从中间分开后而流注入海，这个河口和其他河口同样有名，又流着同样多的尼罗河河水，它的名字叫作赛本努铁斯河口。除去这些河口之外，还有从赛本努铁斯分出去的另外两个河口，它们一个叫做撒伊司河口，另一个叫做孟迭司河口。博尔比提涅河口和牧人河口(此系意译——译者)则不是天然的河口，而是人工挖掘的河渠。

(18)在前面我已经提出了我对于埃及的领土面积的看法。我的这个看法由于阿蒙神殿的一次神托而得到了证明；而我是在形成了我的关于埃及的看法以后，才听到了神的这一宣托的。事情是这样：住在埃及的邻接利比亚的那一部分领土上的两个城市玛列阿和阿庇斯的市民，认为自己是利比亚人而不是埃及人，并且不喜欢当地禁止他们吃牛肉的那种有关牺牲的宗教惯例，于是他们便派人到阿蒙那里去，说他们与埃及人没有共同的地方。他们说：他们不住在三角洲，又不讲埃及语，因而他们要求允许他们吃随便什么东西。但是神拒绝了他们的请求，神回答他们说，全部埃及是尼罗河泛滥和灌溉的一块土地，而全部埃及人就是住在埃烈旁提涅的下方并且饮用尼罗河的河水的那个民族。神给他们的宣托便是这样。①

尼罗河是埃及的生命线，生命之河，希罗多德说，埃及是尼罗河的赠礼。尼罗河的上游有 2 条支流：白尼罗河和青尼罗河。前者发源于非洲中部的维多利亚湖，后者发源于苏丹。二者支流汇合于苏丹的喀土穆，全长6000多千米，在埃及境内(第一瀑布以下)有 900 多千米，从南而北流贯埃及全境。

在第 4 冰期以前，埃及曾是雨量充沛、水草丰美的地方。当时人们还

① ［古希腊］希罗多德：《历史》上册，王以铸译，第 115～117 页。

居住在离尼罗河很远的地方，因为那时尼罗河流域十分潮湿，蚊虫滋生，不适宜人类居住。但在大约 1 万年前，埃及地方的气候开始发生变化，雨量逐渐减少，而气候变得干燥起来，原本雨量充沛的地方变成了沙漠而不能住人，尼罗河附近却慢慢变得适合人类居住了，于是人们开始迁至尼罗河附近居住。19 世纪时，M. L. 布兰肯霍恩(M. L. Blankenhorn)曾推测说，以前，一个巨大的尼罗河祖系(他称之为 Ur Nile)，是流经现在的尼罗河以西的地方的。他的这个结论主要是根据埃及西部沙漠中古代沙砾的存在而得出的，他认为那是一条古河道。① 这个推论曾被否定，但现代航空摄影的资料证实，在埃及西南部确实有一条古河道的痕迹，它很可能是尼罗河的古河道。

尼罗河每年定期的泛滥不仅给埃及带来充足的水源，供给埃及人生产和生活用水，而且由于尼罗河上游流经热带草原，泛滥时的河水裹挟了大量的腐烂植物和矿物质，它们在埃及境内逐渐沉淀下来，成为植物生长的天然肥料，对农作物的生长十分有利。古代埃及的《尼罗河颂》写道：

> 光荣啊，起源于大地的尼罗河！你川流不息，为的是使埃及苏生！……你灌溉田地，使得一切生物欣欣向荣。你出产大麦和小麦，好叫神庙里欢度节日。要是你水流迟缓，植物就会停止生长，全国人民就都沦于贫困。当你河水上涨的时候，大地眉飞色舞，一切生物都欢腾，大家开口笑呵呵。②

尼罗河每年定期泛滥，开始时间是 7 月 19 日(这是按古埃及的太阳历计算得来，而按现代的历法，为 6 月 15 日)。在这一天，太阳、天狼星在

① [美]M. A. 霍夫曼：《法老前的埃及》，纽约：巴诺书店，1990 年版，第 28 页。

② [苏联]米·马吉耶：《古代埃及孩子的一天》，钱君森译，上海：少年儿童出版社，1957 年版，第 137 页。

东方地平线上同时升起，尼罗河开始泛滥。尼罗河的泛滥历时 4 个月，至 11 月时河水开始退去。泛滥时，河水溢出河岸，淹没农田。河水退下去之后，田里留下一层厚厚的淤泥，将田界也掩盖住了，所以，在河水退下去之后，人们要重新丈量划分田界，而后耕耘播种。

至于尼罗河泛滥的原因，古代埃及人认为是季风使地中海的海水涌上来了的缘故，还有其他一些更为荒谬的说法。[①] 现在我们知道，尼罗河每年的泛滥是因为非洲中部的季雨造成的。

埃及在地理上可以明显地分为 2 部分：南部的尼罗河河谷(上埃及，它是尼罗河的上游)，其最宽处为 15～20 千米，最窄处仅 1～2 千米；北部(下埃及)为尼罗河三角洲，是由尼罗河的淤泥冲积而成的，这里地势平坦，被尼罗河的支流分割成许多块。上下埃及的分界线在今天的开罗附近(古代的孟菲斯)。上下埃及在自然条件上有很大的差异：上埃及气候干燥，几乎常年不降雨；下埃及则为地中海气候，雨量较多。

关于尼罗河的泛滥及其原因，希罗多德说：

> (19)尼罗河在泛滥的时候，它不仅泛滥到三角洲上去，而且也泛滥到被认为是属于利比亚和阿拉伯的那些地方上去；它泛滥到离两岸有两天的路程的地方，有时远些，有时则近些。关于这个河的性质，不管是从祭司们那里，还是从别的人那里，我都听不到任何东西。我特别想从他们那里知道，为什么尼罗河从夏至起便开始上涨并一直上涨一百天，为什么在这段时期过去以后，它的水位立刻就退落并减弱水流，这样在整个冬天一直保持着低的水位直到第二年夏至再来的时候。我曾向埃及人打听，尼罗河有怎样的性能而使自己具有和所有其他的河流相反的性质，但关

---

① ［古希腊］希罗多德：《历史》上册，王以铸译，第 117～120 页。

于这件事，我从居民那里得不到任何说明。我想知道，并且打听人们对上面提到的那些事情怎样说法，我还问过他们，为什么尼罗河又与所有其他的河流不同，从它的上面没有微风吹出来。

(20)然而，有一些希腊人，为了取得富有智慧的令名，便试图对尼罗河的这些观察加以解释；他们对这些现象提出了三种不同的说法。其中有两种说法我认为是不值一谈的，只提一下它们是什么便够了。再有一种说法是认为季节风阻止尼罗河河水入海，故而使河水高涨起来。但是，常常有这样的情形，那就是在不刮季节风的时候，尼罗河照旧是发生同样作用的；此外，如果季节风有这种效果的话，那末逆着这种风而流的其他河流也势必呈现和尼罗河相同的现象了，而且它们应当上涨得更厉害，因为其他那些河流都比较小，水流也比较弱。可是，在叙利亚和利比亚都有很多这样的河流，但它们在这方面却是和尼罗河完全不同的。

(21)第二个说法比起刚才提到的那第一个说法来还要没有根据，尽管可以说它是更加耸人听闻的。根据这个说法，则尼罗河所以有这样奇异的现象发生，因为它的河水是从欧凯阿诺斯流出来的，而欧凯阿诺斯又是周流于全世界的。

(22)第三个说法比另外两个说法要动听得多，然而也就更加荒唐无稽了。这个说法实际上丝毫不比另外的两个说法有更多的真理。依照这个说法，尼罗河的河水是由于雪的溶化而产生的。但是，既然尼罗河发源于利比亚，经过埃西欧匹亚的中央而流入埃及，则从世界上最热的地区流到大部分是较冷的地区的河流，怎么可能是溶[融]解的雪所形成的呢？任何对这样的事情加以推理的人都可以提出最有力的论据来证明河水是不可能由积雪形成的；那就是从利比亚和埃西欧匹亚吹出来的都是热风。第二个论据是：那里从来没有过下雨和结霜的事情，而如果下雪的话，那在五日之内是一定要有雨的。第三个论据：当地的居民是由于太阳的热力而变黑的；此外，鸢和燕成年地留在那里不到别处去，而鹤每年却在斯奇提亚那边，严冬的时候飞到这边来避寒。因此，如果尼罗河发源的那个地方，以及在尼罗河流过的那个地方居然还会下很少一点雪的话，那么任何这类情况都是绝对不可能的。

(23)至于把这些现象归之于欧凯阿诺斯的人，他的理由是以虚无缥缈的神话为依据的，因此完全没有反驳的必要。就我这方面来说，我从来不知道有一条叫做欧凯阿诺斯的河流。我想是荷马或者是更古老的一位诗人发明了这个名字，而把它用到自己的诗作里面来的。

(24)既然我都不同意上面说提出的意见，对于这些不明确的事情，现在我必须提出我个人的意见来了。因此，我便来着手解释一下看，为什么尼罗河的河水会在夏天的时候上涨。在冬季的时候，太阳被风暴吹出它原来的轨道而转移到利比亚的上方。如果要用最少的话来做出结论的话，问题的关键就在这里了。因为最容易明白的道理是这样：凡是离日神最近的地方，或日神直接通过的地方，那里边最缺水，而那里的河水也便最少。

(25)但如果解释得比较详细的话，实际的情况就是这样。太阳在经过利比亚上部的时候，对它们发生了这样的影响。那些地方的大气一年到头都是清朗的，土地是温暖的而且没有凛冽的寒风，因此太阳经过那里的时候，对它们发生的作用就和在夏天它经过中天时对其他任何地方通常发生的作用完全相同。这就是说，它把水吸了过来。在把水吸过来以后，它再把水驱到内部地区，而风便把这些水接过来，再把水分散，溶解；这样当然可以想象到，从这个地区吹出去的风，即南风或西南风，都是带着最多的雨的风。而我的看法是，太阳每年从尼罗河吸上来的水，它并不完全放出来，而是在它的身旁保留一些。当冬天变得暖和一些的时候，太阳便重新回到它在中天的旧轨道上面去并开始同等地从所有的河流吸收水汽。到那时为止，其他的那些河流由于大量流入的雨水而充满了汹涌的激流，因为当地落雨而土地又被冲出了沟壑。但是到了夏天，由于缺雨，而太阳又吸收了它们的水分，这些河流的水位便下降了。但尼罗河却恰恰相反，它并不曾得到雨水的供应，又是太阳在冬天才吸水的唯一的河流，因此它当然和其他的河流不同，它在冬天的水位比夏天要低得多；这是当然的事情。因为在夏天，它和所有其他的河流一样，河水同样为太阳所吸收，但是在冬天，只有它的水才被太阳所吸收。从而我以为上面的现象的唯一原因就是太阳。

…………

(27)至于为什么从尼罗河上没有微风吹出来这件事，我的意见是，从酷热的地方是不可能有风吹过来的，因为微风总是喜欢从寒冷的地方吹出来。

(28)这样的事情就是这样了，就和从一开始便是这样一样。至于尼罗河的水源的情况，和我谈过话的埃及人、利比亚人或希腊人都没有向我说过他们知道什么东西。例外的只有一个人，他就是埃及撒伊司城雅典娜圣库的主簿。当他说，他对于尼罗河的水源知道得十分清楚的时候，我觉得他是在跟我开玩笑。他的说法是这样：在底比斯的一个城市叙埃涅和埃烈旁提涅之间，有两座尖顶的山。一座山叫作克罗披山，另一座山叫作摩披山。尼罗河的水源便在这两山中间，这是一个深不知底的水源。它一半的水向北流入埃及，一半的水向南流入埃西欧匹亚。他说，这个水源据说是深得没有底的，因为埃及的一位国王普撒美提科斯曾经测验过它的深度，从而证实了这个事实。他制造了一根有好几千寻长的绳子，把它沉到水源里面去，然而却摸不到底。因此这个主簿便使我认识到，如果他所讲的话还有可信之处的话，在水源的这个地方有一些强力的涡旋和一股逆流，故而在水流冲击两山的情况之下，这个测锤是不能到达水源之底的。

(29)此外，从任何其他人那里我便没有听到任何东西了。由于我亲身上行直到埃烈旁提涅去视察并且对于从那里再向上的地区根据传闻来加以探讨，结果我所能知道的全部情况便是这样：当一个人再从埃烈旁提涅上行的时候，土地就升高了。因此人们就需要在河的这一部分，就好像人拉着牛那个样子给船的每边系上一根绳子，这样溯河行进。如果绳子断了，船就会给水流的力量带回到河的下游去。航程在这样的河道上要继续四天，这里的尼罗河与迈安德罗司河一样地曲折，这样必须走过的距离要有十二司科伊诺斯。在这之后你便走到一个平坦的原野上面了，尼罗河在这里分成两支，因为在河流中间夹着一个叫作塔孔普索的岛。埃烈旁提涅以上的地方就开始住着埃西欧匹亚人，他们占有这个岛的一半，而埃及人占另一半。在岛的附近又有一个大湖，而埃西欧匹亚的游牧民就住在这个大湖的周边。过去这个大湖，你便又来到了流入这个大湖的尼罗河。在这里，你得登陆并沿着河岸步行四十日，因为尼罗河的河水中有突出水面的尖峰，而在那里的水面下又有许多暗礁，因此人们便不可能再乘船上行了。当你在四十天中间这样经过了河流的这一部分的时候，你便可以再乘船循着水路走十二天，到了这段时期的末尾的时候，你便来到了一个称为美洛埃的大城市。这个城市据说是其他埃西欧匹亚人的首府。当地的居民所崇拜的只有宙斯和狄奥尼索斯(按：指埃及的阿蒙和奥西里斯)两个神。他们对这些神是非常尊敬的。……

(30)离开这个城市再溯河上行，经过你从埃烈旁提涅到埃西欧匹亚人的这个首都所需的同样的时间，你便来到了被称为“逃走者”的地方。……他们是在国王普撒美提科斯的统治时代背叛了他而到埃西欧匹亚人这里来的。……

(31)这样，不仅仅是通过全部埃及，就是从埃及的疆界向上，陆路与水路四个月路程的地方，尼罗河行经的道路我们都知道了。计算一下便可以看到，从埃烈旁提涅到上述的逃走者的土地那里，就需要那样长的一段时间。在那里，河流的方向是从西、从日没的地方向东流的。从那里再向上，就没有人知道它流到什么地方去了。那个地方太热，因此那里也就成了一片无人居住的沙漠地带。

(32)然而我从库列涅当地的某些人那里却也听到一些话，我现在要把它们转述一下。……谈话中间他们偶然谈到了尼罗河，说不知为什么没有人知道它的水源。埃铁阿尔科斯听见这话之后就说，过去有一些纳撒蒙人曾到他的宫殿来，而当他问他们是否能提供关于利比亚的无人居住的地区的任何情报时，他们便向埃铁阿尔科斯讲了下面的故事。纳撒蒙人是利比亚的一个种族，他们占居在叙尔提斯和叙尔提斯东部的不大的一块地方。他们说，在他们中间有一些粗暴狂傲的少年，这些少年是领袖人物的子弟，当这些少年长大成人的时候，除去干出了各种各样无法无天的事情之外，他们还用抽签的办法选出他们中间的五个人到利比亚的荒漠地带去探险，试一试他们是否能够深入到比前人所曾到达的更遥远的地方去探查。利比亚的北部海岸，从埃及直到利比亚的一端的索洛埃司岬的全部地带，住着许多不同部落的利比亚人；他们占居着整个地带，只有属于腓尼基人和希腊人的某些部分是例外。从海岸线和海边居民的地区向上，利比亚便是猛兽经常出没的地区了。从猛兽出没的地区再向上，便是一片沙砾的地区，是极其缺水的地区，是完完全全的荒漠之地了，因此，这些青年人便说为了这件事被他们的同伴们派了出来，而在出发前时他们带了充足的水和粮食；他们起初是旅行在有人居住的地区，过了这个地区之后，他们便到了野兽出没的地区；从那里他们最后进入了一片沙漠，他们是按着从东到西的方向在沙漠上行进的。在一片广大的沙漠上行进了许多天之后，他们终于走到了一个平原，他们在平原上看到有树木生长着。他们走到这些树跟前，看到有果子长在上面，便动手采集这些果子。正当他们采集果子的时候，他们看到一些比普通人要矮小的侏儒走过来，这些侏儒把他们捕获并给带走了。纳撒蒙人一点也不懂他们的话，他们也一点不懂纳撒蒙人的话；他们被领过了片的沼泽地带，最后到了一个城镇，那里的人都和带领他们的侏儒一样高，而肤色也是黑色的。有一条大河流过这个城镇，流向是从西到日出的方向，河里面可以看到鳄鱼。

(33)……根据库列涅人的说法，他曾宣称，纳撒蒙人安全地返回了自己的国土，而他们所到达的那个城镇的人们是一个以巫师为业的民族。至于流经他们的城镇的那条河流，埃铁阿尔科斯猜想是尼罗河。这个看法很有道理，因为尼罗河从利比亚流出，一直流经这块地方的中央，而据我猜想，从已经知道的来推想不知道的，它是发源于和伊斯特河相同距离的地方。伊斯特河发源于凯尔特人居住的地方和披列涅城附近，流经欧罗巴的中部并将其分为两部。凯尔特人则居住在海拉克列斯柱之外，与欧罗巴最西端的库涅西欧伊人为邻，因此伊斯特河在最后流入黑海之前，曾贯流整个欧罗巴，它的河口地方的伊司脱里亚则是米利都人的一个殖民地。

(34)既然这条河流过了有人居住的那些地区，所以人们对它的河道大体是知道得清楚的。但是尼罗河的河源却无人能说出来，因为它所经过的利比亚是一片渺无人迹的沙漠。关于这条河，我所作的叙述，是我尽全力所能探索到的东西了。它是从埃及以外的地区流入埃及的。埃及大体上是对着奇里启亚的山区的；一个轻装的旅人从那里可以在五天当中一直走到黑海上的西诺佩。西诺佩位于与伊斯特河入海处相对的地方。因此，我的看法是，尼罗河穿过整个利比亚的长度等于伊斯特河的长度。关于尼罗河，我所要谈的就是这些了。①

关于尼罗河的泛滥与埃及收成的好坏，希罗多德说：

(13)我从祭司们那里听到的又一件事实，对我来说，是关于这个国家的一个有力的证据。根据他们的说法，当莫伊利斯做国王的时候，河水只要上升八佩巨斯，就会把孟斐斯以下的全部土地泛滥了。但当我从祭司们那里听到这件事的时候，莫伊利斯死了还不到九百年。不过现在，除非河水上升至少到十五六佩巨斯，它是不会使国土泛滥的。因此，在我看来，如果土地按着这样的比例不断增高而面积也同样地不断扩大，则居住在莫伊利斯湖下方其他地区的埃及人以及所谓三角洲上面的居民终有一天会因尼罗河终止泛滥而永久地受到他们常说希腊人在什么时候要经历到的苦难。在听到希腊人的全部土地都是用天上的雨水来灌溉，而不是像他们的土地那样，是因为尼罗河的泛滥得到灌溉时，于是他们就说，总有一天希腊人会对自己的巨大期待感到失望，而那时他们(指希腊人——译者)便要陷入悲惨的饥馑之境了。这话的意思等于说，如果有一天神不愿意再降雨给希腊人，而使他们遭受长期旱魃的话，希腊人就会给饥馑消灭掉，因为他们除去指望

① ［古希腊］希罗多德：《历史》上册，王以铸译，第117～125页。

从宙斯那里取得雨水之外，他们是没有任何其他的水源的。

埃及人在这样谈到希腊人的时候，他们的话是非常真切的。现在让我再说一下埃及人本身的情况如何。正象我刚才所说的，如果孟斐斯下方的土地(这是一块不断在扩大的土地)继续以和过去一样的速度增高，则既然那个地方没有雨而河水又不能泛滥到他们的田地上去的时候，那个地方的居民怎么能够不遭受饥馑呢？现在必须承认，他们比世界上其他任何民族，包括其他埃及人在内，都易于不费什么劳力而取得大地的果实，因为他们要取得收获，并不需要用犁犁地，不需要用锄掘地，也不需要做其他人所必需做的工作。那里的农夫只需等河水自行泛滥出来，流到田地上去灌溉，灌溉后再退回河床，然后每个人把种子撒在自己的土地上，叫猪上去踏进这些种子，然后便只是等待收获了。他们是用猪来打谷的，然后把粮食收入谷仓。①

关于古代埃及的国土，公元1世纪前半期的古代罗马的地理学家庞蓬尼·麦拉在其3卷本的《地理图志》(《寰宇地志》)的第9章中说："埃及是亚洲的第一个国家，它位于卡塔巴特姆与阿拉伯之间。它的领土自我们的海起(按：可能是指地中海)，向南延伸到埃塞俄比亚的边境。"②

关于尼罗河，庞蓬尼·麦拉说：

虽然雨水不灌溉埃及的土地，但是它仍然非常肥沃，充裕地养育人和动物。它所以这样肥沃，是因为有一条注入我们的海的

① ［古希腊］希罗多德：《历史》上册，王以铸译，第114～115页。

② ［苏联］波德纳尔斯基编：《古代的地理学》，梁昭锡译，北京：商务印书馆，1986年版，第237页。

最大的尼罗河。这条河从非洲沙漠流出，其上游不能通航的地方，不称为尼罗河。该河最初水势汹涌，以一条河床流经很远的地方。后来流入埃塞俄比亚境内，乃分为两条支流。这两条支流间有一大岛——麦罗埃。一条支流称为阿斯塔博尔，另一条支流称为阿斯塔彼。这两条支流后来汇合在一起，从这汇流处起才称为尼罗河。尼罗河有些地方水流湍急，有些地方可以通航；继续流到可怕的悬崖处，便从悬崖上急剧地倾泻下来。其后又形成一个塔霍姆普索岛，接着便水势奔腾，波涛汹涌地一直流到埃列范亭纳(埃及一个城市)地方。在这里，它的水流终于平静下来。当尼罗河已经成为完全可以通航的河流时，它在克尔克苏尔城附近又分出三个支流。后来，尼罗河又在三角洲和密拉地方一而再、再而三地分出支流，流遍全埃及，最后以七个宽阔的河口注入海中。尼罗河不仅流过埃及，而且在夏至时节还泛滥起来，灌溉埃及，河水特别有助于生产，给土壤带来非常多的养分，更不必说众多的鱼类和偌大的野兽如河马、鳄鱼之类。尼罗河加强了土壤的生命力，使土壤变成生物。这用下述的事实可以证明：当泛滥停止和河水退回河床的时候，湿润的土地上留下了特殊的生物，它们虽然还没有定形，但是却已有了生命；它们身体的一部分已经形成了，其余部分还是泥土的。①

关于尼罗河的泛滥，庞蓬尼·麦拉说：

关于尼罗河的泛滥有各种不同的解释，可能是当埃塞俄比亚的高山积雪融解时，全部的雪水流到这里来，以致河的两岸不能

① ［苏联］波德纳尔斯基编：《古代的地理学》，梁昭锡译，第237～238页。

容纳而泛滥。可能是冬季太阳离地面很近，晒干了尼罗河的水源，而在夏季太阳升高的时候河床就充溢了。此外，也可能是夏季贸易风吹来，把乌云从北方赶到南方，而这些乌云恰好把雨水倾注在尼罗河的水源上。也可能是逆着尼罗河的水流吹来的贸易风阻碍了河水流出，或者因风作浪，海浪把砂子卷到海岸上来，堵塞了河口。由此看来，河水之所以溢出两岸，或者是因为河水遇到阻塞，或者是因为河里接纳的水太多，而流出的太少。假如在南方的确有另外一块为我们的安齐赫唐人居住的土地，那么预料尼罗河发源于安齐赫唐人的地方，由地下河床流过海底，又在我们这里露出地面，不是太不足信的。因此尼罗河当夏至时节溢出河岸时：在这个时节安齐赫唐人那里正是冬天。①

关于古代埃及的历史和城市，庞蓬尼·麦拉说：

埃及人断言他们是最古的民族。在他们可靠的史册里，记载着到阿美斯为止统治埃及的三百三十个皇帝。这些史册中，若以数字计算，可以肯定古老到一万三千年以上。从史册中可以得出结论：自有埃及人以来，星宿已经有四次改变了轨道，太阳在现在日出的地方降落了两次。在阿美斯王在位时期，埃及人有二万座城市；现在，他们的城市更多了。远离海岸的城市中，最著名的有舍易斯、孟斐斯、西厄那、布巴斯齐斯、埃列范亭纳和底比斯。根据荷马的意见，底比斯以它有百座大门而闻名，而根据另外一些人的说法，这是官长的一百个宫邸和同数的住宅；遇有必要的时候，每个大门中可以走出一万名武装士兵。沿岸的城市中，

① ［苏联］波德纳尔斯基编：《古代的地理学》，梁昭锡译，第238～239页。

最著名的是和非洲接壤的亚历山大港，以及和阿拉伯接壤的彼鲁西。埃及的沿岸地带被尼罗河的许多河口——坎诺布、博尔比特、谢宾尼特、帕特麦特、门捷集、卡拉西里——把它和彼鲁西分隔开来。①

老普林尼《自然史》，第8章中说：

埃及距离阿非利加省不远，它向南方深入内地，到达埃及之外的埃塞俄比亚人的地区。尼罗河在分为左右支流时，即以其水流作为埃及的南部疆界。坎诺布的河口把埃及与阿非利加分开；彼鲁西的河口则把埃及与亚洲分开。这两个河口之间的距离为十七万步，因此一些人把埃及列入岛屿之类。原来尼罗河分为这样多的支流，遂使这个地方形成三角状，因此许多人按照希腊的字义称埃及为三角洲。从尼罗河开始分流的那个地方起，到坎诺布的河口，其距离为十四万六千步，到彼鲁西的河口为十六万六千步。埃及的上部与埃塞俄比亚交界，称为菲华伊达……②

老普林尼《自然史》，第10章中说：

51. 尼罗河流经沙漠和由太阳所灼热的地区，它的水源却没有查明。对于它的巨大的长度，世人仅从传说与平日的考察中获知，而不是由于战争知道的，虽然战争发现了其他的一切地方。尤巴国王所查明的尼罗河的水源是这样的：它发源于离大洋不远的下摩里得尼亚的山上，不久便形成一个湖泊，叫做尼利达。湖

① ［苏联］波德纳尔斯基编：《古代的地理学》，梁昭锡译，第240页。
② ［苏联］波德纳尔斯基编：《古代的地理学》，梁昭锡译，第330～331页。

中出产鱼类，有翅鳗、鲑鱼和鲇鱼，此外还有鳄鱼。为了证明这一点，尤巴国王曾就这些鱼中送一条到克萨里亚的伊西神殿，在那里至今还可以看到这样的动物。至于尼罗河的泛滥是有赖于摩里得尼亚说降下的雪和雨所致，这是曾经观察得知的。

52. 尼罗河于流出尼利达湖时，即隐蔽于地下达若干天的路程。按沙漠地方来说，它仿佛不配作为一条水流；同时我们可以想到，它所以向地面流出，是为了看一看人们；并且在摩里得尼亚的克萨里亚的马瑟西尔地区，构成另一个更大的湖，那里有同样的动物。从这一点可以证明这仍然是一条同一的河流。其后，尼罗河仍然回到了多沙之地，在沙漠里再隐蔽二十天的路程，而到达埃塞俄比亚的边境。但是，当人们发现它的时候，它则挟水源向地面冲溢而出，这个水源可能称为黑水源。

53. 其次，尼罗河把阿非利加和埃塞俄比亚分开。如果人们不常去的那段尼罗河，就会有许多奇异的野兽出现。尼罗河创造了森林，并且截断阿非利加的中部，在那里它称为阿斯塔鲁，就当地居民的语音来说，意思就是“从黑暗的地方流出来的水”。它冲洗着为数极多的岛屿，其中一些岛屿是这样的巨大，纵在急流之下，也要用五天以上的路程才能绕过它们。其中最著名的岛屿是麦罗埃岛，其附近有尼罗河的左边支流，称为阿斯塔博尔河，意即“从阴洞溢出的一股水流”，而右边的支流称为阿斯图查普河，那就是隐藏的意思。当全部的水流汇合于一条河床之后，这条河才获得尼罗河的名称。

54. 从前有人把尼罗河所流经若干里的范围叫做锡里斯，荷马称它的全部范围为埃及，而另一些人则称之为特里屯。尼罗河冲击着一个岛屿时，由于受到它的阻碍而成为急流，最后则奔腾澎湃于岩石之间，比在其他任何地方更为湍激；它的急流达到了卡塔杜普人居住着的埃塞俄比亚地区，便似乎停止不流了，忽然发生可怕的声音，再成为一股瀑布，向下倾泻于迎面屹立的岩石之间。其后，它流经一段水势稍减的漫长河道，使最难控制的洪流归于驯服，而水流也迂缓下来，于是通过许多支流而宣泄于埃及海。尼罗河在一定期间大肆泛滥，波及整个埃及，使之成为肥沃的土地。

55. 人们相传尼罗河有各种不同的泛滥原因，但以下述各点最可置信：或者贸易风从相反方面吹来，因此海洋沿岸发生泛滥，把尼罗河水向后排挤；或者埃塞俄比亚夏季的暴雨惹起河流的泛滥，因为上述的贸易风把整个世界的乌云驱集到这里来。马捷马齐克·齐麦曾援引这样的议论：有人称尼罗河的水源为长颈坛形盏；或者河的本身由于热气而蒸发，河水遂隐藏于地下，并掩蔽于雾气弥漫的岩石之间，但当太阳接近河流上空时，尼罗河水在热气的影响之下，沿河岸上涨而后溢出，以后又潜藏起来，不再被耗失了。

56. 尼罗河的泛滥发生于天狼星上升的时期，当太阳进入狮子宫时，狮子星即位于河源上空的天顶点，并且在这个地区内没有隐晦的天气。相反地，许多人以为河水上涨是当太阳趋向于北方的时候；而当其出现于巨蟹宫和狮子宫的时候，尼罗河也就缺乏水量。当太阳刚刚在进入摩羯宫并转向南极的时候，尼罗河的水就被吸收，所以它更为干涸了。但是，如果有人相信齐麦所援引的泛滥原因，那就应当考虑到在那个时期里，这个地区的隐晦是很微小的。

57. 当太阳正在通过巨蟹宫的时候，尼罗河开始从夏至日后到新月初缓慢地逐渐上涨；当太阳通过狮子宫时，尼罗河便暴涨起来；而在太阳通过处女宫时，河水下降达到上升时的同一水位。依照希罗多德的说法，当天秤星出现到一百天的时候，尼罗河已经完全回复到它的堤岸了。世人都知道，当水位上升的时候，国王与地方长官们是不许在尼罗河航行的，人们借助于设有特种标符的井穴来判断水位上升的高度。它通常上涨十六个肘节，如果水小一些，它就灌溉不了全部的土地；如果水大一些，就会落得迟一些。

58. 当土壤为水分浸透以后，播种的良好时期便来到了，及至土壤干涸，就没有播种的条件。这两种情况都被人注意到了。水位的高度为十二个肘节，就是荒年的预兆；若仅十三个肘节，则外省仍不免受饥馑之苦；若达十四个肘节，则带来喜讯；达十五个肘节时，可保无饥馑之虞；倘为十六个肘节，则有余粮。自革老丢在位迄今曾有过最大一次的泛滥，水位高达十八个肘节。在法萨罗斯战争时期，最低的水位为五个肘节。这令人可能想到：河流以某种奇迹躲避一个伟大人物(庞培)的杀害。当河水达到最高的水位时，则沿着露天的堰堤上升。当土地的涝水退落时，人们开始播种。这条河在一切河流中是唯一不散发任何蒸汽的河流。

59. 尼罗河的水流开始流经埃及，从西厄那起为埃及和埃塞俄比亚的分界；世人所称之半岛，其周圈为一千步，其上有阿拉伯方面的兵营。在对面还有四个淮利岛，距离尼罗河的分流处六十万步。我们已说过，这个分流处叫作三角洲。这一段距离是阿提密多拉斯所提出的，并且他还报道了那里有二百五十座城市；根据尤巴的说法，这段距离为四十万步，而阿里斯托克昂则谓，从埃列范亭纳到海洋的距离为七十五万步。埃列范亭纳岛位于最后的石滩以下四千步，而在西厄那以上一万六千步。它是埃及通航的界限，距离亚历山大港五十八万五千步。但是上述作家在这方面弄错了，原来埃塞俄比亚的船只都聚集在这里，并且由于这些船只都是可以折起来的，当他们驶向石滩时，埃塞俄比亚人常常把它们放在肩膀上搬过去。①

① ［苏联］波德纳尔斯基编：《古代的地理学》，梁昭锡译，第331～334页。

### 三、古代居民

古代埃及人属哈姆-塞姆语系，创造古代埃及文化的埃及人是由原来的北非居民与从西亚移居来的人融合而成的。但西亚人是在什么时候开始进入埃及的仍是一个尚未解决的问题。

古代埃及人的外貌特征是：高个头儿，有着健壮的体魄，有宽而直的肩，宽脸，直鼻，低低的额头，褐色的皮肤，蓝黑色的头发，密密的眼睫毛，黑而扁的眼睛。这些外部特征使他们同努比亚人、利比亚人和亚细亚人明显不同。

## 第二节　史料与史学史

### 一、史料

研究古代埃及史，主要有3大类资料：希腊罗马人提供的资料(包括旅行家、历史学家和其他人提供的资料)；古代埃及保留下来的文字资料(包括象形文字资料、僧侣体文字资料和世俗体文字资料等)；古代埃及保存下来的文物资料(如雕刻，绘画，城市遗址、神庙遗址、坟墓遗址等建筑遗址，等等)。

19世纪初，在法国学者商博良成功释读古代埃及的象形文字之前，人们主要通过希腊罗马作家著作中记载的内容去了解古代埃及的情况。

在希腊罗马人中，最早提供有关埃及情况的，不是他们的历史学家，而是曾经到过埃及的希腊雇佣兵，以及随这些雇佣兵一起来到埃及的商人和旅行家，他们在埃及看到和听到了许多埃及的逸闻趣事。还有一些希腊的政治活动家，如梭伦、来库古等，他们也曾经到过埃及，对埃及的政治状况有所了解，并参考埃及改革的经验在自己的国家里进行改革。另外就是一些希腊的学者，也有不少人到过埃及，他们记录下自己看到和听到的情况。

现在我们所知道的古代希腊人中第一个记述埃及情况的是当时小亚细亚西海岸米利都城邦的赫卡泰乌斯（Hecataus），他大约是公元前 6 世纪后期的人，著有《系谱史》和《利比亚史》，这些著作都已经失传。他的著作中记述埃及的内容主要是关于埃及尼罗河的泛滥、三角洲的形成，以及埃及的动物区系等情况，而关于埃及居民的情况则涉及很少。

在赫卡泰乌斯之后记述埃及情况的是小亚细亚西海岸的哈利卡尔那索斯人，他是著名的历史学家，被古罗马共和国晚期的政治家西塞罗称为“历史之父”的希罗多德。他的著作《历史》记述的是公元前 5 世纪的希腊波斯战争。该书中，作为他叙述对象的首先是当时已经成为波斯帝国一部分的小亚细亚、埃及和两河流域、印度河流域等地区的历史与文化方面的情况，而后才记述了希腊波斯战争的进程。关于埃及的内容，主要是在他著作的第 2 章，以及第 3 章的前半部分。该著作的其他部分也有关于埃及的一些零星记载。希罗多德曾到过埃及，在埃及旅行过很多地方，最南边到了尼罗河第一瀑布。因此，他的记述中有不少很有价值的东西，特别是在地理和宗教方面，他提到的许多城市的名字、神的名字，是许多别的作家未曾提到过的，再加上他的作品文笔生动，记有不少逸闻趣事，因而很受人们的喜爱。但他在埃及的时间很短，现代一些研究者认为，他在埃及最多待了不过 3 个月，因此，他了解的东西不会很多，不会很深入，因而也不可能很详细。另外，他不懂埃及人的语言和文字，没有看过古代埃及的文献和档案，全凭他的导游、翻译的介绍，如果这些翻译和导游有偏见，那么，他的叙述就必然不准确，必然会有偏见，甚至会有错误。

属于罗马共和国晚期的西西里的希腊人戴奥多罗斯（Diodorus），曾于公元前 59 年在埃及待过一段时间，他著有《历史集成》（*Historian Library*）。其资料来源除自己亲身的见闻以外，还吸取了公元前 4 世纪时的阿布德拉人赫卡泰乌斯的著作《埃及史》(该书未保存下来)中的资料，以及希罗多德和其他一些人的著作中的资料。他的著作中有关于埃及宗教、军事远征，以及埃及的土地、河流、植物、动物等方面的记述。他的著作在历史方面的记述较简单，但关于国王生活的规定、行省的行政、等级制度、动物崇拜、审判和法律、教育和医学、死者的埋葬和崇拜仪式等的记载很有价值。戴奥多罗斯比希罗多德严谨，因此他常常批评希罗多德。但他的著作较为枯燥，不如希罗多德的生动。

斯特拉波(Strabo)是生活于罗马共和国时代晚期至帝国初期的希腊人，他曾在亚历山大里亚住过若干年，随罗马总督到过第一瀑布。他的《地理学》一书中有不少关于埃及的记述(主要在第 17 章，在其他章中也偶有提及)，其中对三角洲的各诺姆的记述较为详细。他著作中有关地理方面的内容较为可靠，而关于历史方面的记述则需要认真考证。

生活于罗马帝国初年的希腊人普鲁塔克(Plutarchus)所写的《伊西斯和奥西里斯》，讲述了有关奥西里斯的故事，为研究埃及的宗教提供了重要资料。

生活于罗马帝国初年的老普林尼的著作《自然史》，也有关于埃及的一些记述。此外，柏拉图、克劳迪、托勒密、恺撒等人的著作中也有关于埃及的一些内容。

反映埃及情况的希腊罗马古典作家的作品的特点是，他们生活的时代离他们记述的那些事件发生的时代太远，他们本人又不懂埃及的文字和语言，全凭埃及本地人的介绍，因而他们的著作不是根据第一手资料写成的，失真和错误、偏颇之处难免，在利用他们的资料时必须用近代以来的考古发掘的资料去印证。因此，现代研究埃及史的学者仅以他们提供的资料作为一种参考和补充，主要依靠古代埃及的文献和考古发掘的资料。

古代埃及的文献资料，大多是通过考古发掘或发现得来的，它们或者刻在石头上(如石碑上、建筑物的墙上、石柱上等)，或写在纸草上。通过对埃及的发掘和发现，人们获得了大量的文献资料，这为埃及史的研究打下了基础。但是，古代埃及文明历时几千年，文物和文献的损失异常严重，现在人们掌握的文献资料很难涵盖其历史的各个时期及各个方面。而且还有许多已经被发掘的资料尚未公布，尚未被翻译成现代文字，也还未成为研究的对象。

现在埃及学家掌握的古代埃及文献资料包括以下几方面：

王表。例如，《都灵王表》、《阿卑多斯王表》、《卡尔纳克王表》、《萨卡拉王表》和曼涅托的《埃及史》等。曼涅托的《埃及史》严格地说不能算是王表，因为它本是曼涅托为征服埃及的希腊人写的一本埃及史，但该书已经失传，现在"洛布古典丛书"中的 *Manetho*，实际上是现代人从许多古代作家的著作中摘录出来的有关曼涅托《埃及史》一书的一个辑录本，其主要内容是一些国王的名字及其活动片段，其体例和王表差不多。

年代记。例如，第 5 王朝时期编定的《上古埃及年代记》，即《帕勒摩石碑》，记载了从前王朝晚期至第 5 王朝的若干位国王的活动。《图特摩斯三世年代记》，记载了图特摩斯三世对外征服的活动，该年代记原来是写在皮卷上的，但该皮卷已经失传，现在留下来的只是卡尔纳克神庙中的一个辑录本。

传记。古代埃及留下的传记大多保存在传记主人的墓里，如第 3～4 王朝之交的《梅腾自传》，第 5～6 王朝之交的《大臣乌尼传》，第 18 王朝初年的《桡夫长雅赫摩斯传》等，它们为研究不同时期的政治、经济、军事及社会生活等方面提供了资料。

战记。《阿蒙霍特普二世的亚细亚远征》反映了第 18 王朝国王阿蒙霍特普二世对叙利亚的一次军事远征的情况，《卡尔纳克石碑》反映了第 19 王朝国王拉美西斯二世同小亚细亚强国赫梯进行争霸战争时的卡迭石战役的情况等。

王家铭文。第 5～6 王朝时期的国王涅菲里耳刻勒的阿卑多斯敕令和第

6 王朝国王佩比二世的达赫淑尔敕令，其内容是保护神庙经济和豁免神庙经济中劳动者的义务。第 10 王朝国王阿赫托伊给其子美利卡拉的教训，该教训反映了阿赫托伊对在乱世中如何加强王权、巩固统治的思想。第 18 王朝末期的图坦卡蒙关于放弃改革的敕令，其内容是放弃埃赫那吞的宗教改革，恢复对阿蒙神的崇拜。第 19 王朝初年的霍连姆赫布的敕令，其内容是关于巩固王权，保护中小奴隶主涅木虎的利益等。

科学文献。例如，《莫斯科数学纸草》和《林德纸草》中反映了古代埃及的数学成就，《艾贝尔斯医学纸草》中反映了古代埃及人在医学方面的成就等。

私法文书。例如，古王国时期涅库勒(Nekyre)王子和伊都关于土地转让的铭文，中王国时期在卡呼恩(Kahun，又叫拉呼恩，Lahun)发现的商业文件，在法雍发现的关于土地买卖和出租奴隶的文件等，这些在一定程度上反映了不同时期的社会经济状况。

西奈铭文。西奈铭文反映了不同时期埃及人在西奈的活动，特别是对西奈铜矿的开采情况。

哈特努布铭文。这是在埃及中部的哈特努布采石场留下的铭文，并为了解第一中间期和中王国时期的涅杰斯阶层的情况提供了若干资料。

捐赠铭文。这其中有国王给神庙的各种捐赠，如《哈里斯大纸草》中记载的拉美西斯三世捐赠给当时各个神庙以土地、劳动力和其他财产；有贵族(如新王国时期一个名叫阿蒙霍特普的人)捐赠给神庙以土地的铭文(刻在一个调色板上)等。

外交档案。这主要记述的是第 18 王朝时期中后期埃及和西亚各国国王来往的信件，反映了当时埃及和这个地区之间的关系，并在某种程度上反映了埃及国内埃赫那吞主持的宗教改革的状况。

此外，还有反映古王国时期、中王国时期、新王国时期的祭祀仪式和对死者的祈祷的《金字塔铭文》、《棺铭》和《死者之书》。

经济文献。例如，《维勒布尔纸草》，其内容为第20王朝时期对埃及中部部分地区的王室和神庙土地的丈量记录，其中包括各个地块的主人、面积和租种者的姓名、成分、租种的数量，以及应缴纳租税的数额等，为研究当时埃及的土地制度、奴隶制度、赋税制度等提供了重要的资料。

文学作品。包括小说、诗歌、颂歌、寓言、神话故事等。小说主要是短篇小说，有《船舶遇难记》、《辛努海的故事》和《两兄弟的故事》等；诗歌包括劳动者的歌、爱情诗；颂歌中著名的有《尼罗河颂》和《阿吞颂歌》等；寓言有《魏斯特卡尔纸草》中记录的几个寓言故事；神话有孟菲斯神学和希利奥波里神学等。

文物资料。古代埃及留存下来的文物资料非常丰富，这包括各种考古发掘的遗址、遗迹和各种文物(如各种陶器、各种石制工具和器皿、各种圆雕和浮雕、绘画、装饰品、工具、武器等)，对了解各个时期的社会状况、宗教信仰、生产状况、生产力发展水平和工艺水平具有重要意义。文物资料具体包括以下几方面。

遗址和遗迹。例如，城市遗址、村落遗址、神庙遗址、军事要塞遗址等。

陶器。古代埃及留下的各个时代的各种陶器异常丰富，例如，从巴达里时期就开始生产的黑顶陶、涅伽达文化Ⅱ时期生产的彩陶，以及其他时代生产的带有各种花纹的陶器等，著名埃及学家彼特里(Petrie)根据不同时代的陶器所制定的定年法对古代埃及的年代分期具有一定的意义。

石制工具。从旧石器时代起，就有人居住痕迹，他们留下了大量的工具(从石刀、石斧到石镰、石磨、石锄、石杵。在古代埃及，直到王朝时代人们还在使用石制工具，使用的时间很长)。古代埃及保存下来的石制器皿(石瓶、石罐等)也非常丰富，而且制作十分精美，其用途也非常广泛。

我们现在知道的已经翻译成英文的古代埃及资料集有如下一些：

布利斯特德的《古代埃及文献》(Breasted，*Ancient Record of Egypt*)，

5卷，1906年出版。其中，第1卷的内容包括了中王国及其以前的资料，第2卷为第18王朝时期的资料，第3卷为第19王朝时期的资料，第4卷为第20王朝和后期埃及的资料，第5卷为索引。这套资料集是到目前为止最完整的一套资料集，虽然已经出版100多年了，有些信息也可能略显陈旧，但到目前为止，还没有别的资料集可以完全取代它。

利希海姆的《古代埃及文献》(M. Lichtheim，*Ancient Egyptian Literature*)，3卷，1975年出版。其中，第1卷包括了中王国及其以前的资料，第2卷是有关新王国时期的资料，第3卷为后期埃及的资料。这套资料集的优点是译文比较新，有些是布利斯特德的资料集中所没有的。

《第18王朝晚期埃及文献》，6卷。

《第19王朝时期埃及文献》，2卷。

《第20王朝时期埃及文献》，1卷。

伽丁内尔主编的《维勒布尔纸草》(*Wilbour Papyrus*)，4卷。第1卷为纸草文献原文及拉丁文注音，第2卷为注释，第3卷为英文译文，第4卷为索引。

彼特里编辑的《西奈铭文集》。

此外，还有《哈特努布铭文集》等。

另外，普利查德主编的《古代近东文献》(J. B. Pritchard，*Ancient Near Eastern Texts*)、司徒卢威主编的《古代东方史文选》(1963年版)和罗斯托夫采夫主编的《古代东方史文选》(1980年版)中也包括了不少古代埃及的文献资料；《埃及考古学杂志》(*Journal of Egyptian Archaeology*)和《古史通报》中也刊载了不少古代埃及的文献资料。许多有关古代埃及的考古发掘报告中也有一些古代埃及的铭文资料。

中华人民共和国成立前，我国几乎没有出版过有关古代埃及资料的书籍。中华人民共和国成立后，从事世界上古史研究的学者，比较重视这方面资料的翻译和出版。例如，北京师范大学历史系和东北师范大学历史系的世界古代史教研室的教师在1959年分上、下两册出版了《世界古代史史料选辑》，其中上册里的第一部分就是古代埃及的资料。在20世纪60年代，林志纯先生编的《古代埃及与古代两河流域》和《世界通史资料选辑》(上古部分)中均有关于古代埃及部分的资料；90年代，北京师范大学历史系世界古代和中古史教研室为配合教学，出版了《世界古代及中古史资料选集》，其中第一部分基本上是新翻译的古代埃及的资料。但总的来说还是很少。

## 二、史学史

虽然西方学者对古代埃及的文化和历史的兴趣很早就已经开始，但真正的埃及学却是在近代才建立起来的，也就是从商博良成功释读古代埃及的象形文字后才开始的。

商博良成功释读古代埃及的象形文字绝非偶然，既有客观条件也有主观条件，有赖于他个人的努力和天分。所谓客观条件，是指当时欧洲人对埃及的兴趣，特别是对埃及古代文化的兴趣，再加上1798年拿破仑对埃及的远征，更加推动了这种兴趣的高涨。所谓主观条件，是指商博良本人对埃及古代文字的兴趣和在这方面所做的努力，而他在语言学方面的天分无疑帮助了他在这方面作出成就。

1798年，拿破仑远征埃及时，他手下一个名叫布萨的军官在尼罗河三角洲西部的罗塞塔一座残破的城堡里，发现了一块用古代埃及的象形文字、世俗体文字和希腊文字刻成的石碑，即著名的罗塞塔石碑。这块石碑被运回法国(后来落入英国人手中)，并制成拓片。当时一个名叫阿克布拉德的瑞典外交官正在巴黎，他也得到了一份拓片。他对石碑上的希腊文和世俗体铭文进行了比较，成功地在世俗体铭文部分认出了全部希腊文部分的专有名词。但他没能再进一步，因为他认为象形文字是字母文字，这妨碍了他正确地去释读象形文字。

在商博良之前还有一个人在释读象形文字方面做过努力，也做出过贡献，他就是光的波动说的创始者，英国人托马斯·杨。他于1814年得到了一份罗塞塔石碑铭文的抄本。他在进行研究后得出结论说，古代埃及文字不是字母文字。他还发现，铭文中的希腊文部分有许多重复的文字，他认识到象形文字部分中的椭圆形框子中的字是国王的名字，并猜出了托勒密和伯林尼斯这两个国王的名字。但他也没能再前进一步，成功释读古代埃及象形文字的不是他，而是比他年轻、比他更加努力、在语言方面基础更加扎实的商博良。

让-弗朗索瓦·商博良，1790年出生于法国南部洛特省的一个小城。他的父亲和兄长都是书商。他本人从小就对东方语言有浓厚的兴趣，并在语言方面有惊人的天赋。他对埃及的兴趣最初是来自一个名叫傅立叶的人，这个人曾随拿破仑远征埃及。一次他到商博良家，和商博良的哥哥谈及对埃及的观感，当时商博良也在旁，从而触发了商博良致力于研究古代埃及文化的兴趣，坚定了释读埃及象形文字的决心。在小学和中学期间，他就通过自学学会了希腊文、拉丁文、古希伯来文、阿拉伯文、阿拉美亚文、科普特文等多种文字。据说，在上中学时他就着手编纂多卷本的《法老统治时期的埃及》。到中学毕业时，他已准备了该书的个别章节，并拟制了古代埃及的详细地图。1814年，该书的前2卷问世。在此之前的1808年，他得到了一份罗塞塔石碑的铭文的拓本，从而开始了对象形文字的释读。他遵从普鲁塔克关于埃及人有25个字母的断言，开始从罗塞塔石碑中去寻找。他也和他的前辈一样，从王名、地理名称入手，逐步地确定了大部分世俗体的字母。同时，他发现，古代埃及人也像阿拉伯人和其他某些东方人一样，忽略了元音，而经常地不将元音写出。他还发现，古代埃及不止2个文字系统，而是有3个文字系统(象形文字、僧侣体文字和世俗体文字)，且彼此是紧密相连的。不过，商博良在释读象形文字的过程中也不是一帆风顺的，也有过失误和挫折。例如，他也曾认为，象形文字不是文字，而是象征性的；他还曾将埃及的 3 个文字系统出现的顺序弄颠倒，认为最早的是世俗体文字，而后才演化出僧侣体文字和象形文字等。但是他很快就改正了自己的错误。

1821 年年底，商博良定居巴黎。这时，他已认识到，古埃及文字是发声的，而不是象征性的，世俗体文字有字母表，象形文字也有字母表。在具体释读象形文字时，他也是从托勒密这个名字开始的。他早已知道罗塞塔石碑上的这个名字在世俗体的部分中用的是什么符号，他也知道在哪个王名圈中的象形文字与这个名字相符。而且，这个时候他已掌握了介于象形文字和世俗体文字之间的僧侣体文字的很多符号。他不仅认出了托勒密这个名字，而且用世俗体文字、僧侣体文字和象形文字的符号将其写了出来，证明了托勒密这个名字中的 7 个象形文字符号是发声的，而且知道了每个符号发什么音。后来，他又获得一份双语言铭文，当中不仅有托勒密的名字，而且还有克娄奥帕特拉的名字。他先用僧侣体符号替换出托勒密这个名字的世俗体符号，而后又替换出它的象形文字符号。他还尝试读出了克娄奥帕特拉这个名字。但这两个名字都是希腊人统治埃及时的国王的名字，那么，在此以前的埃及人的国王是否也使用这些符号呢?

1822 年 9 月 14 日，商博良得到了一份有图特摩斯和拉美西斯名字的铭文，并释读出来，这两个人比希腊人统治埃及的时期早了 1000 年。这说明，古代埃及人也是用象形文字来写他们的名字的。这样，商博良就成为现今已知自罗马人统治以来第一个用古代埃及原来的语音读出古代埃及法老名字的人。

1822 年 9 月 24 日，他宣布了他成功释读埃及象形文字的报告，该报告以致达西尔(Dacer)先生的信的形式发表，从而宣告了真正意义上的埃及学的诞生。

但是在当时，商博良还只是读懂了个别的词和个别的句子，大量的象形文字尚未被释读；而且，当时他的成就还未为人们所承认。1832 年 3 月

4 日，年仅 42 岁的商博良就因过度辛劳而辞世。直到 1866 年，一份新的双语言铭文被发现并被释读，这就是坎诺普(Canopus)敕令，商博良的成就才被世界所公认。

此后，在 19 世纪，从事埃及学研究的学者的任务一方面是继续释读象形文字，编写象形文字字典和文法；另一方面是搜寻更多的古代埃及象形文字铭文。于是，大批欧洲人涌入埃及，进行了大量的考古发掘，大肆搜罗古代埃及的文物。

但在 19 世纪 80 年代以前，还谈不上科学地进行考古发掘和搜集文物。这一方面是因为当时科学的考古学尚未确立，另一方面是因为许多人发掘的目的仅仅是为了掠夺文物。例如，英国驻埃及总领事亨利・沙特的使命之一就是披着外交官的外衣在埃及搜寻文物，法国驻埃及领事特洛维梯也是披着外交官外衣的文物搜集者，意大利人吉奥凡尼・贝尔佐尼则为亨利・沙特收集、发掘文物。他们获得了很多文物，后来这些文物大多在欧洲出卖或捐赠给了博物馆，成为伦敦、巴黎、华盛顿和都灵等地国立博物馆的主要陈列品，也有一些成为私人收藏。他们的活动对埃及文物的破坏性极大。

当然，在 18、19 世纪，欧洲的一些考古学家在埃及的考古发掘活动也为埃及的考古学做出过巨大的贡献。例如，以列普休斯为首的一批德国考古学家尽可能地记录了埃及地面上的文物，这是很有意义的；以马里埃特为首的一批法国考古学家进行了 30 年的考古发掘，并建立了开罗埃及博物馆，为埃及考古学做出了贡献，也得到了埃及人的认可，埃及人在今天的开罗埃及博物馆外为他竖立了一座雕像。

人们对埃及考古遗址进行细致而有系统的清理、发掘，始于 19 世纪 80 年代。例如，彼特里对阿卑多斯、涅伽达及其他许多地方的发掘活动，不仅获得大批可靠的文物、文献资料，而且为科学地进行考古发掘树立了榜样。其他许多考古学家对希拉康波里的发掘，对金字塔地区的发掘，对行省贵族墓地的发掘，对阿马尔那的发掘，对图坦卡蒙墓的发掘等，为埃及史提供了丰富的文献资料和文物资料。古代埃及史正是建立在这些基础之上的。

19 世纪末 20 世纪初，用古代埃及本身的文献资料即象形文字的资料来书写埃及史的任务被提上了日程。在这方面，法国的马斯伯乐和美国的布利斯特德开了先河。

马斯伯乐利用了他当时所能得到的一切资料，详细地研究了古代埃及的文化，包括艺术、语言和宗教等方面，确定了埃及宗教和艺术发展的主要阶段。

美国著名的埃及学家布利斯特德，在将古代埃及文字资料译成现代文献方面做出了重要贡献。他编辑了 5 卷本的《古代埃及文献》，为古代埃及史的研究提供了基础性的文献资料。他还根据这些资料写出了通史性的《埃及史》(古代部分)，叙述了从前王朝至波斯人统治时为止的古代埃及历史，将象形文字资料纳入通史中来。不过，他的这本《埃及史》对政治方面注意得多，对经济方面则很少涉及。

彼特里主要根据考古文物资料写了多卷本的《埃及史》(从前王朝至新王国)。

此后，古代埃及史的研究有了长足的进展。众多的埃及学家利用越来越多的文献资料和文物资料，对古代埃及史的政治、经济、军事、文化，乃至日常生活等各个方面进行了越来越深入的研究，获得了丰硕的成果。同时，也出现了许多成绩卓著的埃及学家，他们出版了许多著作(包括通史和专史方面的著作)，在文献方面也有一些新的出版物。

20 世纪 90 年代以来，各国在埃及学方面的著作，可参见本书中的参考书目，这里就不再赘述。埃及学研究在此期间，呈现出以下几个特点。

第一，传统研究领域精耕细作，不断深化。

政治史方面，学者们通过对法老、祭司、大臣的论述，揭示出埃及国家政治演化的生动轨迹。重要的论题如《纳尔迈和统治者的概念》、《新王国法老和王后的谱系》、《埃及女法老哈特舍普舒特》、《古埃及的权力和性别：以哈特舍普舒特为例》、《亚历山大大帝的埃及王衔》、《出自萨卡拉的普塔舍普塞斯的自传铭文》、《第 21 王朝前期底比斯高级祭司的继承》、《拉美西斯时代晚期阿蒙高级祭司的职业生涯》、《古代埃及王权》等。特别是 1998 年密歇根大学出版社出版的《阿蒙霍特普三世统治时期的透视》，对阿蒙霍特普三世时期的政府组织、建筑风格、对外关系进行了新的阐释；1999 年劳特里奇出版社出版的《早期埃及》，对埃及早王朝历史、政府构成、城市兴起、对外关系、王权及王室丧葬建筑均有精彩论述；2010 年维利布莱克维尔出版社出版的 2 卷本《古代埃及指南》，则详细论述了古代埃及的历史发展脉络、国家和经济结构、社会秩序、语言文学艺术等。

宗教史方面，泰晤士·哈德逊公司出版了理查德·威尔金森的《古代埃及神庙大全》(2000 年版)和《古代埃及诸神大全》(2003 年版)，重要的论文如《牛津大学图书馆的丧葬纸草》、《代尔·巴赫里的罗马木乃伊面具》、《阿玛纳的民间宗教》、《中王国初期的丧葬仪式》、《代尔·麦地那的个人宗教实践》、《孔苏神的宇宙起源论》等。特别是约翰逊的《关于阿蒙霍特普三世与阿玛纳的一些新思考》一文，指出阿蒙霍特普三世认同太阳圆盘与创世神阿图姆·拉，而埃赫那吞强调其作为阿图姆长子舒，对阿蒙霍特普三世和四世在神学上的联系提出了新认识。这些成果展示出古代埃及人独特的丧葬文化和宗教实践。

军事史方面，主要的成果有《新王国时期对哈马马特的远征》、《新王国时期埃及的殖民政策》、《公元 4 世纪希腊罗马定居点在法雍北部的扩展》等。特别是 2003 年出版的约翰·沃洛诺夫编辑的《古代埃及战争历史词典》，作为战争、革命、内乱历史词典的一种，按照时间顺序梳理了自前王朝至 642 年之前历代统治者时期的战争，并对有关战争的人名、地名进行了详细解释，具有重要的学术价值。

第二，新兴研究领域蓬勃发展，方兴未艾。

社会史方面，重要成果有《荷鲁斯和塞特之争中的性别和会话策略》、《前王朝葬礼中的社会关系》、《利比亚统治时期阿蒙的底比斯大祭司们及其家庭》、《希腊罗马时期法雍地区鳄鱼祭礼中鳄鱼的饲养》、《埃及巫术中的鹰和猫》、《阿蒙霍特普三世时期塞德节和强迫劳役的免除》、《关于古代埃及的行贿》、《希腊罗马埃及的写作、教师和学生》、《埃及阿玛纳工人村的面包制作和社会交流》、《古代埃及乡村家庭中的国内空间和性别角色》、《古代埃及发型和身份的建构(约1480—1350BC)》、《古代埃及妇女的社会和政治地位》、《前王朝和第1王朝陶器的时空分布》、《罗马埃及的建筑和贸易模式》，以及2003年劳特里奇出版社出版的《古代城市：古代近东和埃及、希腊、罗马的城市生活考古》、2004年哥伦比亚大学出版社出版的《埃及与希腊之间的亚历山大里亚》、2008年格林伍德出版社出版的《古代埃及日常生活》、2009年劳特里奇出版社出版的《古代埃及家庭：王权与社会结构》等。这些成果对古代埃及的社会阶层、家庭结构、乡村与城市、日常生活等方面进行了深入阐释，全方位展现出古代埃及的社会风貌。

文化交流史方面，重要成果有《青铜时代埃及与爱琴文明之间的联系》、《来自迈锡尼的陶器残片》、《埃及的基督：荷鲁斯与耶稣的联系》、《荷鲁斯旅行之路：埃及与黎凡特间的联系》、《希腊化和罗马时期在撒马利亚-塞巴斯提安的伊西丝和科莱女神的祭礼》、《伊西丝与帕提尼：从罗马埃及到印度宗教的传播》、《伊西丝与德墨忒耳：神圣母亲的象征》、《玛特与希腊神话的关系》、《青铜时代的埃及和迦南》、《公元前一二千纪埃及文化对西北阿拉伯的影响》等，这些成果以文化交流为视角，展现出埃及文明对域外文明的深刻影响。

艺术史方面，重要的成果有《图坦卡蒙时代埃及的贵金属彩绘》、《新王国蓝冠的图像研究》、《颜色的仪式重要性》、《第6王朝时期地下装饰的革新》、《古埃及的舞蹈》以及2005年牛津出版社出版的《罗马埃及的漂亮葬礼：艺术、身份和葬礼宗教》等，展现出古埃及独特的艺术魅力和艺术创造力。

第三，考古学重大发现与新技术应用助力埃及学研究登上新台阶。

20世纪90年代以来，埃及考古取得了重大成就。例如，2005年澳大利亚考古小组在距埃及开罗以南15英里(1英里≈1.609千米)的墓葬群发现了保存最完好的木乃伊。2006年考古工作者在红海沿岸发掘出古埃及的造船厂及世界上最古老的船只。2017年考古学家在国王谷附近一个第18王朝的墓穴里发现了8具木乃伊和上千个陪葬雕像。

埃及考古不只局限于传统的田野发掘范围，新兴的水下考古、绿洲考古、航空考古也取得了丰硕成果。例如，考古工作者通过GPS，探测亚历山大里亚海港水下的托勒密王宫，并绘制出沉没的遗迹的地图；在开罗西南的拜哈里耶绿洲发现了大量公元1、2世纪的罗马化的埃及人木乃伊；考古学家通过人造卫星拍摄的图片发现了建于4000年前后的埃及古城。

新技术的应用也极大地推动了埃及考古的发展。从1993年以来，考古学者对国王谷的部分法老与王后的木乃伊的DNA进行了分析研究，初步确定了第18王朝法老与王后的王室谱系。2002年，埃及考古部门组织了胡夫金字塔“机器人探索之旅”大型考古活动，美国福克斯电视台进行了全球直播。2007年，考古学家通过CT扫描和DNA测试，证实了在国王谷一座坟墓中出土的一具木乃伊属于古代埃及著名女法老哈特谢普苏特。2013年，弗吉尼亚州博物馆的考古学家通过先进的医学扫描技术对距今约4000年的古埃及木乃伊进行研究。

埃及考古还不断修正了我们对古代埃及文明史的认识。例如，2001年《考古研究杂志》的《埃及前王朝考古的一些趋势》一文强调群体社会和政治发展与贸易的关系，该文认为，控制与南部黎凡特和美索不达米亚的贸易的努力，似乎鼓励了上埃及文化和政治影响向北方的扩张，并提出了古代埃及政治统一的新见解。2010年，通过10多年对金字塔建造者墓群的挖掘和研究，考古工作者证明了金字塔是由劳工而不是奴隶建造的。

埃及考古学是埃及学的重要组成部分，埃及考古新发现以及新技术在考古学中的应用，极大地推动了埃及学的蓬勃发展。

欧美的埃及学家虽然掌握了大量的资料，但除了巴凯尔的《法老埃及的奴隶制》以外，还没有一部古代埃及社会经济史方面的著作问世。在这方面，苏联的学者所做的工作要多得多。他们除了在20世纪二三十年代讨论过古代东方(包括埃及)的社会性质问题，50年代初对古王国时期的麦尔特的身份问题展开过讨论以外，还出版了若干社会经济史方面的专著，例如，萨维里耶娃的《古王国时期埃及的土地制度》、别列别尔金的《埃及古王国时期的大官经济》等。

直到现在，埃及学中还有许多问题尚未解决，如古代埃及国家起源中的若干问题、古代埃及的土地制度、古代埃及的主要生产者的身份问题、古代埃及的社会性质问题等。之所以这些问题还没有解决，一方面有资料不足的原因，另一方面也有研究不够深入及理论方面的原因等。

在我国，虽然也培养了一些懂得古代埃及文字的埃及学家，出版了一些埃及史方面的著作，如刘文鹏的《古代埃及史》①以及《埃及考古学》②，王海利的《失落的玛阿特——古代埃及文献〈能言善辩的农民〉研究》③，等等。但由于起步晚，懂得古代埃及文字的人比较少，占有的资料也很少，因此同其他国家相比，我国在古代埃及史研究方面还很落后，要在埃及学方面赶上并超过西方各国，还要走很长的路。

---

① 刘文鹏：《古代埃及史》，北京：商务印书馆，2000年版。

② 刘文鹏：《埃及考古学》，北京：生活·读书·新知三联书店，2008年版。

③ 王海利：《失落的玛阿特——古代埃及文献〈能言善辩的农民〉研究》，北京：北京大学出版社，2013年版。

# 第二章　石器时代的埃及

## 第一节　旧石器时代和中石器时代的埃及

### 一、旧石器时代的埃及

在很长一个时期里，人们曾经认为，埃及的历史只能追溯到旧石器时代晚期。但自 20 世纪以来，由于考古发掘的结果，埃及的历史被推前到六七十万年以前。①

早在 1867 年，乔弗里・贝比曾展览过一些埃及史前时期的人工制作的工具，其中包括旧石器时代的片状工具。20 世纪 20 年代，由洛克菲勒基金会赞助，美国著名埃及学家布利斯特德组织了一个考察组，前往埃及考察其史前时期的遗迹。他授权地理学家、考古学家 K. S. 桑德福德和 W. J. 阿尔基尔对尼罗河河谷及其台地的地层年代进行了考察，确定了尼罗河谷地及其台地的地层年代。

考古资料表明，埃及的旧石器时代分为始石器、早期旧石器、中期旧石器和晚期旧石器等。

20 世纪 20 年代，考古学家在开罗附近的阿巴西亚冲积层里发现的砍砸

① ［美］M. A. 霍夫曼：《法老前的埃及》，前言，可参见［布基纳法索］J. 基-泽博：《非洲通史》第 1 卷，北京：中国对外翻译出版公司，1984 年版。

器，属于旧石器时代早期的，被称为始石器。1880 年，德国的地理学家、考古学家乔治·斯契温福德在埃及附近的地区也曾发现过这种始石器。

现在所知下尼罗河旧石器时代早期最早的工具，来自阿布·辛贝尔拉美西斯二世神庙附近尼罗河对岸的山崖上，其地质年代属下更新世，约为 70 万年前。此外，桑德福德和阿尔基尔还在尼罗河的一处台地上发现了属于约 50 万年前的早期旧石器时代的“手斧”等石制工具。在开罗附近的阿巴西亚层叠遗址中，以及底比斯的遗址中，都发现了连续几层的，属于早期旧石器时代的阿舍利工业，有三面体工具、粗糙的双面工具和加工过的卵石。

基·卡通·汤普逊和艾·加尔德内尔在考察埃及西部沙漠的克哈尔加(Kharga)绿洲时，发现了距今约 25 万～9 万年前的中期旧石器时代的阿舍利工业和约 9 万～3 万年前的穆斯特型工业。20 世纪四五十年代，考古学家在东部沙漠的拉克伊特发现了很多燧石工业，有舍利和阿舍利型手斧采用了两面加工的技术。

1963—1965 年，由温多尔夫和卢西亚·萨阿德倡议，詹·赫斯特、菲·霍埃布莱和弗·埃狄等人考察了埃及西部沙漠的东古耳(Dungul)绿洲周围广大地区，发现了舍利型手斧。该处有两个旧石器时代遗址，人工制造的工具大多弃置于地表。其中一个遗址叫作乌姆-沙基尔或叫 8715 号遗址，在一个高近 46 米的小山顶上，159 件工具散布在 400 米×700 米的地区内。

1960 年，波兰考古学家瓦·克米耶列夫斯基在瓦迪·哈尔发的阿尔肯 8 号遗址，发现了丰富的石制工具(在 62 平方米的地区内发现了石制工具 2754 件，属阿舍利时期)。在该遗址中，人们还发现了在埃及知道得最早的掩蔽所或房屋似的建筑。一座建筑遗存是个深 30 厘米，1.8 米×1.2 米大小的坑；另一座由几个大沙石构成，形成一个帐篷似的圆圈，与东古耳绿洲的 8817 号遗址中的建筑遗存相似。

温多尔夫在利比亚沙漠的拜尔·撒哈拉洼地发掘了135-14号遗址，其最早年代为10万年前。人们在遗址中发现有鸵鸟蛋壳和用野驴骨建造的房屋似的建筑骨架。该遗址同阿尔肯8号遗址一样，是埃及旧石器时代重要遗址之一。在这里还发现了化石花粉和植物遗物，这表明，在旧石器时代的洪积期，这些绿洲(包括克哈尔加绿洲和东古耳绿洲)的植物食物可能是很丰富的。

1983年，温多尔夫率领的一支美国考古队在埃及南部的库巴尼耶，发现了一具人骨化石，其年代约为8万～6万年前，被认为是迄今为止在埃及发现的最古老的人类化石。在发现时，人骨化石基本完整，藏于像混凝土一样的沉积物中。

19世纪二三十年代，桑德福德和阿尔基尔曾记载，在离尼罗河台地9米多高的地方，在东部沙漠通往红海沿岸的道路上，在南部利比亚沙漠中的利其亚洼地都发现有中期旧石器时代的文化遗址。卡通·汤普逊也在克哈尔加和法雍发现了属于中期旧石器时代的遗址。克米耶列夫斯基在阿尔肯5号遗址100平方米大的地区里50厘米深的地方，发掘出了旧石器时期中期的大量石制工具，包括勒瓦娄瓦石核、小的手斧和尖状器，刀、凿、双刃的和横切的刮刀等，9769件用砂石制作成的工具，还有一些工具属于穆斯特型。

20世纪70年代，考古学家在尼罗河以西350千米处的拜尔-特法威发现了一个晚期旧石器时代的遗址，定年为44190±1380年前，属北非的阿特尔型。该遗址位于一个死湖的湖滩上。遗址中的动物遗体和人工制造的工具十分丰富，有白犀牛、已灭绝的更新世的单峰驼、野驴、两种瞪羚、狐狸、豺、野猪、羚羊、鸵鸟、龟、鸟等。可以说，这是埃及境内最重要的旧石器时代遗址之一。

在埃及西部的克哈尔加绿洲，安尼·阿特布利继卡通·汤普逊之后，发掘了属于晚期旧石器时代的E-76-4号遗址。

20 世纪 60 年代，安东尼·E. 马尔克斯在苏丹努比亚发掘了一个属于上更新世时代的遗址——克荷尔穆桑遗址。该遗址共有 5 处，考古学家在该遗址发现了丰富的遗物：片状石制工具和植物遗物，一些加工过的动物骨头、研磨过的赤铁矿粉。遗址面积很大，覆盖了几千平方米，遗址靠近尼罗河岸。石制工具包括 3 个类型：勒瓦娄瓦薄片、雕刻刀和小齿状石器。该遗址原定年为距今约 2.5 万～1 万年前，现在定年为距今约 2.5 万年前。该地居民虽以捕鱼和采集为生，但也狩猎大群动物。狩猎的动物包括野牛、野驴、瞪羚、羚羊和河马等。该遗址使用的时间可能达千年。

在瓦迪-哈尔发，也有晚期旧石器时代的遗址，定年为距今约 1.8～1.5 万年前，其中一处定年为 2.4 万年前。其工业的最早形式是以勒瓦娄瓦技术开始的。在这里生产的是一些小的，但是很好地加工过的工具，有弓、箭、渔叉等。居民以狩猎大群的动物（包括狩猎野牛和驴等）和捕鱼为生。从弓箭的存在看，这里可能是一处早期中石器时代的遗址，至少有从旧石器时代向中石器时代过渡的倾向。

在上埃及的埃德富，有两个晚期旧石器时代的遗址，定年为约公元前 15850—前 15000 年。该地居民使用了改进型的勒瓦娄瓦技术制作工具，他们不是以捕鱼和捕猎野兽为生，而是以陷阱和设套等方法捕猎野兽。

1920 年时，一个年轻的法国人埃德蒙·维纳尔德报告说，他在库姆·温布发现了石器。库姆·温布是尼罗河的一个大河湾，位于尼罗河东岸。在这里发现的史前遗址属于晚期旧石器时代，被命名为舍别林文化。该文化共分 3 个阶段，其工具始于勒瓦娄瓦类型，并使用了改进型的穆斯特型尖状器的少量小刻刀。石器是用本地产的花岗岩制成。到晚期，燧石代替了花岗岩，发达的小刀片工业代替了小刻刀工业。舍别林文化定年为距今约 1.5 万年前。①

---

① 本章有关旧石器时代文化的资料，主要采用[美]M. A. 霍夫曼的《法老前的埃及》及《非洲通史》第 1 卷中的资料。

关于库巴尼耶晚期旧石器时代文化遗址的发掘，曾引起考古界的极大关注。库巴尼耶位于尼罗河东岸，阿斯旺以北 20 千米处，是阿斯旺至卢克索(古代埃及首都底比斯)的最重要的一处排水盆地。该处共发掘出 8 处旧石器文化遗址。有的在库巴尼耶上游 2 千米处，有的则在城郊。有 1 处属于中期旧石器时代，其余 7 处为晚期旧石器时代，定年为约公元前 18300—前 17000 年，为临时营地，居民以采集和狩猎为生。

在该地晚期旧石器时代的遗址中，除一处以外，其余均发现有石磨具：石臼、石杵和石磨盘。这 6 处遗址的地理自然条件可分为两类：一类为沙丘遗址，另一类为冲积平原。在沙丘遗址中发现的伴生动物有：可食用的珠蚌、猫鱼、尼罗鲈鱼、倒刺鱼、河马、野牛、狷羚、瞪羚和狐狸等。

库巴尼耶的石器取材于本地的燧石，器型主要是打制的石核、刮削器(包括凹形刮削器)和刻刀。偶尔还发现有勒瓦娄瓦和哈尔发型石器。石臼最小的直径只有 15 厘米。石杵为圆锥形。石磨盘工作台面为卵形。石磨具常用石英玄武岩块或岩片制作。

库巴尼耶的晚期旧石器时代遗址的发掘之所以引起人们的重视，是因为发掘者温多尔夫和斯蔡尔德当时报告说，他们在该地的 3 号遗址和 4 号遗址中发现了炭化植物纤维和炭化大麦粒，而且是栽培的大麦粒。他们的报告说，在 4 号遗址发现的炭化大麦粒属多棱大麦亚种，主要有三粒。一粒保存有颖果，呈长方形，尺寸为 5.18 毫米×1.49 毫米，近似于野生大麦粒，上面还保存有颖片、一部分麦壳及连着外壳的主轴(另一端连着麦秆)；另一粒是保存得不太好的大麦粒，颖片已空，但从尺寸和外形看近似栽培的大麦；最后一粒并没有保存下来外壳和主轴，而只有一颗饱满的、栽培大麦的颖果，尺寸为 5.88 毫米×2.59 毫米。当时他们认为这是确凿无疑的栽培大麦粒。① 他们的报告在国际上引起了轰动。因为传统观点认为，大

① ［美］F. 温多尔夫等：《旧石器时代晚期埃及人对大麦的利用》，载《科学》(*Sceince*)1978 年第 205 期，第 1345 页。

麦的栽培是新石器时代的事。而他们发现的大麦粒却是约公元前18300—前17000年前的，比传统的说法提早了1万年，从新石器时代提早到了旧石器时代晚期，越过了中石器时代。因此，许多国家的报刊纷纷报道，不少学者还对此发表评论。

但是，在1984年，温多尔夫等人再度对库巴尼耶附近地区进行了发掘，并对其先前所得的遗存进行了分析，否定了他们自己先前的结论，认为那些植物遗存与其说是栽培的大麦，不如说是简单的采集物。①

## 二、中石器时代的埃及

中石器时代文化在上下埃及均有发现。

在开罗以南的赫尔旺，人们发现了箭头和用作镰刀的平薄石板，表明这里是一个中石器时代的遗址。

1949年，德波罗在东部沙漠的拉克伊特绿洲，也发现了属于中石器时代类型的工具：箭头、镰刀。还有一些小型的燧石工具(梯形和半月形)。

在上埃及，有一个距今约16070～15460年的法克朗遗址，人们发现细石器——3厘米以下的瘦长刀片，其活动范围在伊斯纳地区周围。他们在每年11月至次年6、7月间扎营于沙丘和尼罗河泛滥平原之间的边沿地区，因而可以利用尼罗河的渔业资源及狩猎任何来到这一地区的食草动物。

在埃及努比亚的图什卡遗址中，考古学家发现了一些石磨具和可能用作镰刀的磨光了的石片，据C14测定，其年代为14550±490年前。该地遗址是在一个由废弃的河道切断的古代河湾里。这里有丰富的动物遗存：野驴、瞪羚、河马、猫鱼等。在这里的湖相沉积中，考古学家曾发现某种未知其科属的禾本科植物的花粉，像患有小麦锈病的芽孢一样。

---

① ［美］R. J. 温克：《人类头三百万年的史前类型》，伦敦：牛津大学出版社，2007年版，第283～284页。

在库姆·温布，考古学家也发现了中石器时代的遗址，工具有石磨具和起着镰刀作用的石刀。在这里1公顷的范围内生活着160～180人组成的集体，其经济活动范围有350～400公顷。该遗址的年代有二：一为距今约13500±120年前，二为距今约13070±120年前。

1968年，由温多尔夫率领的一支美国考古队在伊斯纳至索格哈的区域进行发掘时，也发现了一些移住地，其年代为12600～12000年前，遗址中发现了石镰和石磨具等工具。

1962年11月，R. 帕庞和丁·古恰德在瓦迪·哈尔发以北尼罗河东岸的杰别尔-萨哈巴，发现了一些窄条石板掩盖着的小坑，坑中有3副人的骨架，该遗址编号为117号，其时间为约公元前12000—前10000年。遗址中还发现了110件人工制作的工具等。

卡当文化，年代为约公元前13000—前9000年前，石器基本上是细石器，刀片和薄片的出土增多。

费克里·哈桑发现的伊斯纳的遗址，像是一个农业村落，遗址中没有发现鱼的遗存。温多尔夫认为，这可能意味着与新的食物资源(谷类)的出现有关。在该地的一处湖相沉积的硅薄土中，考古学家曾得到一些粮食作物的花粉，这也被推测为一种大麦的花粉。

较晚的中石器文化遗址延续到了约公元前1万年以内的时期。例如，阿尔肯遗址的中石器文化，有细石器，同时也有大量的刀片和两头尖或双平面的石核。在遗址中发现了大量的来自尼罗河的各式各样的鱼，以及热带草原的野牛、驴、瞪羚和河马的遗存。现存居民点有13个圆形废墟，可能是一小群人的季节性营寨，其年代为约公元前7440±180年。

还有萨马尔肯的文化遗址，它延续的时间很长，可能属阿尔肯文化的一种，主要工具是细石器的薄片。其存在的时间为约公元前5750±50年。1967年以后，比利时人保尔·维尔米尔斯契在埃勒-卡布发现了一些几何形的细石器，其存在的年代为约公元前6400—前5980年。

## 第二节　新石器时代的埃及

### 一、塔萨-巴达里文化、法雍文化 A 和梅里姆达文化

埃及的新石器时代遗址，在上埃及有塔萨-巴达里文化，以及属于这个文化群的穆斯塔吉和马特马尔等，在下埃及有法雍文化 A 和梅里姆达文化等。

在塔萨文化遗址发现了多为黑色和灰色的陶器，石制工具包括用硅酸化石灰石制作的特大磨光石斧、刮削器、石刀和锥子，个人装饰品有戒指、象牙做成的镯子和穿孔的贝壳，骨制品有鱼钩和汤勺。此外还发现了用雪花石膏石制作的长方形调色板。在塔萨遗址中发现有坟墓，呈椭圆形或长方形。墓里的死者侧卧，手足蜷缩，头朝南，面向西，尸体用兽皮或麦席包裹，墓里还有工具、罐子和装饰品等作为陪葬品。塔萨时代的居民已经种植大麦、二粒小麦和亚麻，会利用非常原始的灌溉。遗址中还有绵羊骨和山羊骨，这说明已经有畜牧业。装饰品中的贝壳可能来自红海，表明这时或许已同红海有了联系。

巴达里文化遗址发现的陶器有红色、棕色和灰色等，其中的黑顶陶颇为著名，它的胎底是红色的，但因为在烧制时将器皿倒置，因而成为黑顶陶。有些陶器上有花纹。容器除陶碗以外，还有石头制作的河马形容器，用玄武岩制作的碗、高脚杯等。石制工具和武器有箭头和石刀等。骨制品和象牙制品有勺子、梳子、手镯、鱼钩、雕像等。有女人和河马的雕像。个人的装饰品有河马牙制作的手镯、石英珠子、长方形石制调色板等。农业(种植大麦、小麦和亚麻)、畜牧业(饲养牛和羊)和渔猎(狩猎小羚羊、鸵鸟和乌龟)都比较发达。坟墓主要有圆形、椭圆形，偶尔也有长方形的。死者屈身，一般都侧卧，头朝南，面向西，墓里有各种陪葬品。已知有铜器，

不过铜器都很小，到底是冶炼的还是天然的，抑或从外部进口的，尚不清楚。此地已同外部有了联系：从西奈或努比亚进口孔雀石(作化妆品用)，从红海进口贝壳(发现有用海贝制成的项链)。用象牙或黏土制成的妇女像，可能表明这时还存在对妇女的崇拜。据柴尔德推测，巴达里人大概身高为1.5～1.7米，体格匀称而强壮，稍有尼格罗人或南方人的特征。①

图2.1　黑顶陶。伦敦大英博物馆藏

图2.2　手镯。伦敦大英博物馆藏

法雍文化A出产一种单色调的陶器，表面光滑，呈红色、黑色或棕色，其器型有碗、高脚杯、茶杯、长方形桶等。石制工具采用两面加工技术，主要制品有箭头、尖状器、镰刀、磨光石斧和盘状榔头。此外，还有骨针、钻子和石灰石调色板。居民种植大麦、小麦和亚麻。在生活区发现有炉灶、地窖，窖里有很多篮子，用以储藏粮食等。动物遗存有猪、羊、牛、河马、龟。未发现坟墓。

梅里姆达文化遗址在尼罗河三角洲西部边缘地区，在1927—1929年由奥地利著名埃及学家容克尔发掘。该遗址在公元前4880年之前就已经有人

① ［英］柴尔德：《上古东方新证》，莫斯科：外国文献出版社，1956年版，第79页。

图 2.3　海贝项链。牛津阿什莫林博物馆藏

居住，存在约 650 年，占地面积约 600 米×400 米，居民可能超过 16000 人。该遗址分为 3 层。其中发现的陶器为单色，有各种类型的器皿。陶器上有花纹，或刻有垂线、浮雕。也有石制器皿，如用玄武岩或硬绿岩制作的罐子。石制工具有两面加工的成套石器。另外，还有 2 块调色板，一块是用板岩制作的，另一块是用花岗岩制作的。此外还有骨制品和象牙制品。居民的住所有 3 种：最早的是不结实的椭圆形小屋，用柱子支撑，非常简陋，有炉灶和垃圾坑；中间一层是比较坚实的屋子，也用柱子支撑，柱子较多；最上一层是一种有墙壁的椭圆形小屋，直径为 5～6 米，呈椭圆形、马掌形，屋顶用芦苇覆盖，墙用土坯砌成，厚约 1.5 米。小屋排列成行，形成街道。在小屋附近发现有地窖，后来，这种地窖被埋入地下的瓮所取代。死者埋葬在小屋附近，墓呈椭圆形，朝向小屋。死者屈身，面向东方，已发掘的多为女性(这或许表现了对女性的崇拜，或者说是表现了母权制的存在)，无陪葬品。居民种植大麦和二粒小麦。在最下一层，谷物保存在地

下的坑里；中间一层中，谷物保存在用泥制成的筐子里；最上一层则保存在罐子里。考古学家在该遗址发现有权标头。可能已经出现了纺织。器皿是用黏土和麦秸混合物制成的。

《非洲通史》一书认为，奥马里文化 A 也属于这一时期。该文化发现于赫勒万附近通向干河的通道。该通道长约 3/4 千米。其附属建筑物在一个悬崖顶端的台地上。此地陶器质地精良，种类很多，但多为单彩绘，表面光滑。石器有两面加工的燧石器、石刀、网坠，角制品有鱼钩。装饰品种类不少。居民种植大麦、小麦和亚麻，饲养牛、羊、猪、狗，还狩猎河马、羚羊、鸵鸟，也食用蜗牛、鱼和龟。果树有无花果树、枣椰树等。住房有两种类型，椭圆形和圆形，后者较大，部分埋入地下。有谷物储藏室。死者埋葬在村内，头朝南，面向西。其中一具尸体手中还握着一枚权标头，显系酋长一类人物。

新石器时代是农业起源的时代。从上述埃及各地发现的新石器时代文化看，此时埃及农业已经相当发达，而不是处于农业的起始阶段、发明阶段。那么，埃及农业起源于何时？是本地起源还是外来的？

一种十分流行的观点认为，埃及的农业是从外部来的，是由入侵者带来的，或从西亚引进的。

例如，鲍姆加特就认为："我们所有的证据表明，埃及最早的居民来自南方……法雍居民也属于他们这一族。"①

1980 年版的《剑桥考古百科全书》也认为："（埃及）新石器时代充分发展的农业，是同或从东北（利凡特）方面，或从西北（非洲）方面引进更高级的培植畜养方式一道发生的。这种引进，如果不是由入侵者集团带来，便是当地土著中石器时代居民从外面输入的。"②

---

① ［德］E. J. 鲍姆加特：《史前埃及文化》第 1 卷，伦敦：牛津大学出版社，1955 年版，第 49 页。

② ［英］A. 谢拉特编：《剑桥考古百科全书》，剑桥：剑桥大学出版社，1980 年版，第 128 页。

从他们的论述中，人们必然产生这样一些问题，即当时埃及为什么需要从外部引进农业，或者只有入侵者带来才能产生农业，而不能从自身的发展中产生农业？当时埃及是否已经具备从攫取型的采集经济向生产型的农业经济过渡的主客观条件？有什么证据表明存在过入侵者集团？有什么证据能说明埃及农业是从外部引进的？

农业的产生，即由采集经济过渡到农业经济必须具备这样一些条件：一是本地有禾本科植物(就近东地区而言，就是野生的大麦)；二是采集经济有了相当的规模，用以收集和加工野生谷类的工具(如石镰、石磨、石臼和石杵等)有了相当的发展；三是当地居民对野生的禾本科植物的知识已经有了相当的积累，对植物的生长规律已经有了相当的认识等。

那么，在巴达里时代，埃及是否已经具备了这样一些条件呢？我认为当时埃及已经具备了这样一些条件。

关于野生的禾本科植物，温多尔夫等人在库巴尼耶晚期旧石器时代的遗址中发现的炭化植物纤维和炭化大麦粒即使不是栽培的，也必定是野生的禾本科植物。开罗大学的N. E. 哈迪迪在亚历山大里亚西部台地某些绿洲中也发现了野生的大麦；在图什卡发现了一些禾本科作物的花粉；在伊斯纳也发现有粮食作物的花粉等。这些事实说明，埃及存在野生的禾本科植物，因而，没有外部因素的影响，埃及也可能从采集经济发展到栽培农作物。而在埃及的中石器时代，埃及人有了丰富的采集禾本科植物的知识，他们也完全有可能经过长时间的摸索，认识到禾本科植物的生长规律，从采集野生的禾本科植物发展到栽培植物。因此，虽然大多数学者认为，埃及的农业是外来的，但也有不少学者主张埃及农业起源于本地。①

① ［英］柴尔德的《上古东方新证》、［美］M. A. 霍夫曼的《法老前的埃及》等著作中有相关论述。

关于埃及农业起源外来说，却缺乏过硬的根据。

## 二、阿姆拉特时期的埃及(公元前4000—前3500)——埃及氏族制度解体的朕兆

阿姆拉特(Amrat)时期又称涅伽达文化Ⅰ(Nagada Ⅰ)时期。阿姆拉特在阿卑多斯附近，其遗址是1900年由旺迪耶发现的。涅伽达遗址是彼特里在1894年开始发掘的，总共约有2万个墓穴。在一些遗址中，阿姆拉特文化层与巴达里文化有直接的联系，可以说，阿姆拉特文化在时间上是直接继承巴达里文化的。

图2.4 红陶女人像。纽约布鲁克林博物馆藏

阿姆拉特时期陶器的制作比巴达里时期进步了许多，如在涅伽达发现的陶瓶上，有用白色线条画出的山和动物的画，它虽然仍然是手工制作的，但十分精美。陶塑女人像也非常漂亮。有石制权标头被保留了下来。还有用费昂斯(faience)制作的小鹰等工艺品。在一些调色板上有精美的浮雕，如猎狮调色板和动物纹调色板等。

在阿姆拉特时期，埃及虽然仍是混合型经济(包括农、牧、狩猎、捕鱼和采集于一体的经济)，但农业在整个经济中的比重增加了，居民点增多了，一个居民点存在的时间变得长久了。这表明了农业的发展，生产力的总的增长，从而出现了真正的定居。这时人们生活的地区接近于尼罗河，利用自然灌溉的土地。畜牧业在这时已不仅是为了肉食，也为了得到奶。

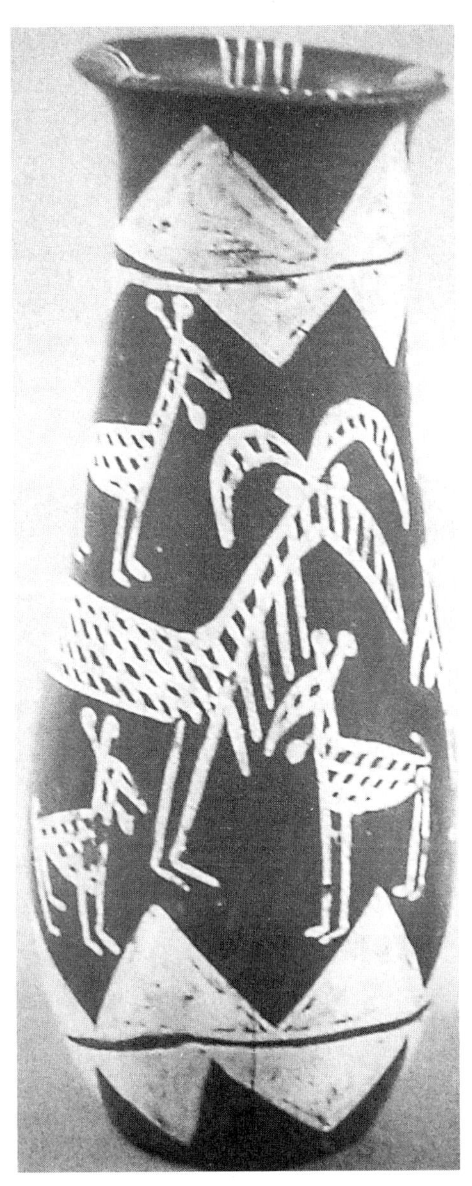

图 2.5　陶瓶。牛津阿什莫林博物馆藏

图 2.6　权标头。伦敦大英博物馆藏

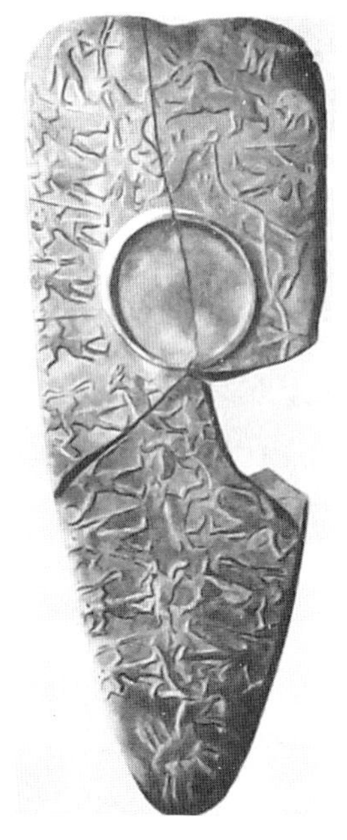

图 2.7　猎狮调色板。伦敦大英博物馆藏

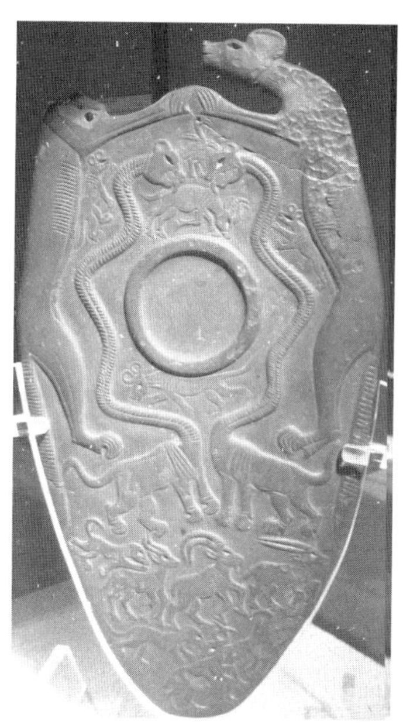

图 2.8　动物纹调色板。牛津阿什莫林博物馆藏

这时的埃及已经进入金石并用时代，人们发现有铜制的带索的渔叉。埃及人已会开采燧石，用以制作石瓶。埃及人用已经驯化的驴和纸草船作运输工具。在通往红海的瓦迪-哈马马特通道上，人们发现了几个可能属于这个时期的居民点，有学者认为可能是商队的驿站，这反映了尼罗河流域

同红海联系的加强。

在属于这个时期的墓里的陶器上均刻有符号，同一墓里陶器上的符号都相同，可能说明它们是同一个人的，而不同墓里陶器上的符号则不同，说明它们属于不同的人，这表明了私有制的萌芽。马迪耶认为，私有制的出现与畜牧业有关，发生在由母权制向父权制过渡的时期。在埃及，就是在涅伽达文化Ⅰ时期。

私有制的出现，不仅使得原来各部落之间的矛盾和斗争有了新的内容，即不仅为抢夺生存资源而斗争，而且还为了掠夺别人的财富而斗争，其规模也日益扩大，战争日益成为经常性的现象。战争的性质也逐渐发生变化。于是出现了有围墙的城市，用以保护本氏族部落的生命和财产安全。人们在狄奥斯波里·帕尔伏发现了属于这个时期的有围墙的城市模型，在涅伽达城的南部发掘出了城墙的遗址。这显然是战争(各氏族部落之间的战争)次数增多和战争规模扩大的反映。恩格斯曾形象地说道："邻人的财富刺激了各民族的贪欲，在这些民族那里，获取财富已成为最重要的生活目的之一。他们是野蛮人：进行掠夺在他们看来是比进行创造的劳动更容易甚至更荣誉的事情。以前进行战争，只是为了对侵犯进行报复，或者是为了扩大已经感到不够的领土；现在进行战争，则纯粹是为了掠夺，战争成为经常的职业了。在新的设防城市的周围屹立着高峻的墙壁并非无故：它们的壕沟深陷为氏族制度的墓穴，而它们的城楼已经耸入文明时代了。"①

这时的埃及，在它最先进的地区，已经面临氏族制度解体的形势了。

与私有制萌芽及战争性质发生变化相应的是，氏族部落首领的权力和身份也在发生变化，他们的地位在悄然发生变化——向王权方向变化。在涅伽达文化Ⅰ的末期，涅伽达1610号墓里的一个黑顶陶上，人们发现了后

① 恩格斯：《家庭、私有制和国家的起源》，北京：人民出版社，1972年版，第161～162页。

来象征王权的红冠的形象；在涅伽达文化Ⅰ的末期和涅伽达文化Ⅱ的早期交界时期，涅伽达的1546号墓里发现了最早的荷鲁斯王衔的形象，一只象征荷鲁斯的鹰的形象。这是王权萌芽和王权神化的反映。

在这时的涅伽达文化Ⅰ的遗址中，不仅发现了女性的塑像，而且还发现了男性的塑像，这表明，在这一时期埃及的父权制正在取代母权制。古代埃及的一个神话故事可能反映了这样一个过程。传说一个名叫奥西里斯的国王曾统治埃及，他的弟弟塞特想篡夺王位，并杀死了兄长奥西里斯，将他的尸体肢解成几块后抛到了尼罗河里。奥西里斯的妻子(也是他的一个妹妹)伊西斯到处寻找自己的丈夫，后来终于在尼罗河里找到了奥西里斯，把他的尸体拼合起来，使奥西里斯复活。但奥西里斯不再是人世间的国王，而是成了地下王国的国王。伊西斯在寻找奥西里斯的过程中还为奥西里斯生了一个儿子，就是荷鲁斯(以鹰为标志)。荷鲁斯为了替父亲报仇，同自己的叔父塞特进行了旷日持久的战争，他的一只眼睛被塞特挖出，分割成几块。后来，埃及的众神出来调停这个纷争，由九神组成的法庭判决，让塞特统治上埃及，荷鲁斯统治下埃及。这件事交由地神格伯来处理。格伯认为一个国家不应分治，便将整个国家的统治权交给了荷鲁斯。于是荷鲁斯便成了整个埃及的国王，此后，荷鲁斯便成为国王的保护神。埃及学家认为，荷鲁斯即位为王，反映了从母系继承的母权制(传弟是其表现形式之一)向父系继承(传子是其典型表现形式之一)的父权制的过渡，父权制战胜了母权制。

但母权制的残余在埃及曾留下很多的影响。

# 第三章　格尔塞时期(公元前3500—前3100)的埃及

——埃及文明的出现

## 第一节　关于古代埃及国家出现于何时的不同看法

格尔塞(Gerza)时期，又称涅伽达文化Ⅱ时期。格尔塞位于三角洲以南不远的尼罗河东岸，属于这个时期的还有北方的马阿迪、图拉、阿布西尔·埃勒-麦勒克等遗址。

这时的埃及仍然处于金石并用时代，但铜器数量增多了，手工业可能已经成为一些人的专门职业，即已经发生了农业和手工业的分工。例如，陶器制作及艺术手工业(制作调色板和权标头等)就可能已经成为独立的手工业部门，陶器的制造已经使用陶轮，这使陶器的制作达到很高的水平，如双足碗。但这个时期的典型陶器是彩陶，陶罐上有绘画，多是在黄色底子上用红色颜料画画。有学者认为，这种彩陶只是在这个时

图3.1　双足碗。纽约大都会艺术博物馆藏

期有。① 调色板和权标头上都有浮雕。石器的制作也达到了一个新的水平，这时制作石瓶的水平已经相当高了，如鸭形石瓶等。工艺水平也达到了很高的水平，如一个用河马牙制作的化妆勺，虽然勺的部分已残，但从它的柄(有一条狗和一头狮子)看，其工艺水平和艺术水平是很高的。随着生产力的发展，人们生产的东西逐渐丰富起来，不仅可以满足人们最低的生活需要，而且有了剩余，从而为剥削的出现创造了条件。在尼罗河三角洲这样富饶的地方，虽然当时生产力水平总体上还很低，但已经达到了产生剥削的条件。因此，在格尔塞时期，尤其是其晚期，私有制已经确立，阶级和等级分化已经很明显，国家已经形成。

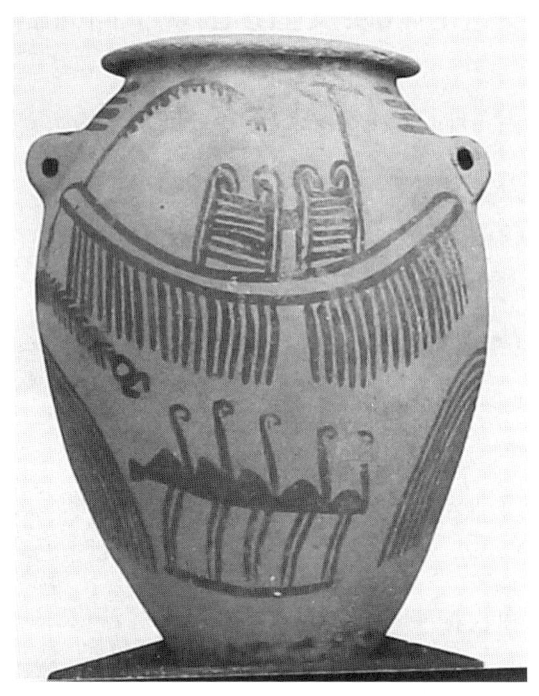

图 3.2　彩陶罐。开罗埃及博物馆藏

① ［美］劳伦斯・高文：《大英视觉艺术百科全书》第 1 卷，中文版，台北：台湾大英百科股份有限公司；桂林：广西出版总社、广西美术出版社，1994 年版，第 37 页。

从考古发掘的资料看，格尔塞时期，大约在公元前3200—前3100年，可能是国家形成的比较可靠的时期，但在古代埃及国家形成于何时的问题上，埃及学家至少有这样几种不同的看法：第一，认为古代埃及国家形成于前王朝时代后期，即格尔塞时期；第二，认为古代埃及国家形成于早王朝时期，即在公元前3100年以后；第三，认为古代埃及国家形成于古王国时期，不过持这种观点的学者比较少。

## 第二节　关于古代埃及国家的形成

马克思主义认为，国家是阶级矛盾不可调和的产物，国家是一个阶级压迫另一个阶级的工具。恩格斯指出："可见，国家决不是从外部强加于社会的一种力量。国家也不像黑格尔所断言的是'伦理观念的现实'，'理性的形象和现实'。勿宁说，国家是社会在一定发展阶段上的产物；国家是表示：这个社会陷入了不可解决的自我矛盾，分裂为不可调和的对立面而又无力摆脱这些对立面。而为了使这些对立面，这些经济利益互相冲突的阶级，不致在无谓的斗争中把自己和社会消灭，就需要有一种表面上驾于社会之上的力量，这种力量应当缓和冲突，把冲突保持在'秩序'的范围以内；这种从社会中产生但又自居于社会之上并且日益同社会脱离的力量，就是国家。"①

列宁说："研究国家问题的时候，首先就要注意，国家不是从来就有的。曾经有过一个时候是没有国家的。国家是在社会划分为阶级的地方和时候、在剥削者和被剥削者出现的时候才出现的。……历史告诉我们，国家这种强制人的特殊机构，只有在社会划分为阶级，即划分为这样一些集团，其中一些集团能够经常占有另一些集团的劳动的地方和时候，只是在

① 恩格斯:《家庭、私有制和国家的起源》，第167～168页。

人剥削人的地方，才产生出来的。”①

所以，作为国家形成的标志，首先是私有制和阶级的形成。

关于私有制的形成，在埃及，私有制的萌芽是在阿姆拉特时期，而私有制的确立则要到格尔塞时期，与阶级和国家的形成大体一致，国家的重要作用正是为了保护私有制。

私有制的出现和确立，在埃及也像别的地方一样，是生产力发展和社会分工的结果。例如，铜制工具的使用增多②，农业和畜牧业的发展，手工业及交换的发展。这时，在埃及，内部的交换行为也已存在。③ 交换行为的发展必然促进私有制的确立。

在前王朝晚期，埃及人开始使用圆柱形印章。阿什莫林博物馆收藏有一枚这个时期的圆柱形印章，这是我们见到的古代埃及最早的印章。该印章上面的图案是鱼和芦苇，这可能是一个人的名字。毫无疑问，印章是私有制的产物。

关于阶级的形成，恩格斯在《反杜林论》和《家庭、私有制和国家的起源》等著作中都指出，阶级的形成是通过两条途径实现的：一是公社内部分化出平民与贵族；二是战俘变成奴隶。在涅伽达文化Ⅰ时期的文物中我们就见到了被捆绑着的战俘的形象，在涅伽达文化Ⅱ时期的文物中也有抓获俘虏的情景，以及被抓获的战俘的形象，还有奴隶劳动的浮雕（蝎王权标头）。有学者认为，在蝎王权标头上劳动的奴隶并非埃及人，而是被抓获的战俘。有奴隶就有奴隶主，当时的国王和贵族就是奴隶主。

---

① 《列宁选集》第4卷，北京：人民出版社，1995年版，第27～28页。

② 霍夫曼指出：“像我们早已注意到的……在上埃及的巴达里和阿姆拉特遗址中就已知道了铜制工具（约公元前5500—前3600），但总体说来，这些工具是小的和简单的（打孔器、针、钻和有孔的小珠）。大多数专家都认为，它们与其说是用矿石熔炼而成的，不如说是用天然的铜打制而成的。而在公元前3500年左右，包括斧头、匕首和手斧在内的真正的铜工具，首先是在埃及南部的格尔塞遗址和三角洲顶端的马阿迪出现的。”参见其《法老前的埃及》，第207页。

③ ［英］柴尔德：《上古东方新证》，第96～97页；［苏联］金克：《法老前的埃及》，1964年版，第170页。

关于贵族与平民，二者是在氏族内部分化出来的。贵族不仅可以占有较多的土地和其他财富，而且可以占有奴隶，成为奴隶主。英国著名埃及学家A. H. 伽丁内尔在《古代埃及词源学》(*Ancient Egyptian Onomastica*)中指出，贵族的象形文字的拉丁文注音为Pct(帕特)，平民的象形文字符号为田凫，其拉丁文注音为rhyt(赖赫依特)。①

图3.3　调色板上的雕刻——田凫

《世界上古史纲》一书认为，贫富的分化和贵族与平民的分化发生于涅伽达文化Ⅰ时期："涅伽达文化Ⅰ时期，坟墓规模有大小之别，反映了居民贫富分化和社会地位不平等的现象。尤其是在最大的墓中还有巫术用品以为附葬。这种大墓的所有者，可能是巫医或宗教事务人员，甚至也可能是氏族首领……显然是从公社中分化出来的脱离生产劳动担任社会管理的专职公务员。"②

---

①　[英]A. H. 伽丁内尔：《古代埃及词源学》第1卷，伦敦：牛津大学出版社，1947年版，第100～108页。

②　《世界上古史纲》编写组：《世界上古史纲》上册，北京：人民出版社，1979年版，第248页。

不过，关于涅伽达文化Ⅱ时期（格尔塞时期）财产符号和阶级分化的程度，埃及学家有不同的看法。

如柴尔德，他虽然提出了在涅伽达文化Ⅰ时期有了私有制的萌芽，以及奴隶制出现的事实，但他同时又认为，到涅伽达文化Ⅱ时期“所有这些技术上和经济上的成就，促进了格尔塞时期埃及富裕的增长。很可能，财富现在分配得不像过去那么平均了。在墓的大小的差别和陈设方面使人们认为公社成员至少分成了比较贫困的和比较富裕的……但尽管墓穴建筑有这样的不同，在其中的陈设上的不平等还没有达到证明格尔塞居民分成领袖与普通公社成员的程度。从各方面的情况看，每一个村子还属于有自己图腾的单个氏族的村子”①。根据图拉南部（在那里也发现有蝎王名字的铭文）的资料，和同时期的阿布西尔·埃勒-麦勒克的资料，波斯托夫斯卡娅也认为，“当时（按：即蝎王时代）已开始了财产分化的过程，以及自然而然的，阶级分化的过程；但另一方面，这些陵墓的遗物还没有提供出象第1王朝时期那样激烈的财产不平等的情况”。“在图拉……其墓的大部分是简朴的坑穴，其中有些墓中发现的骨骼，仅偶尔用席子卷了起来；墓地南部只有几个墓看来是用砖砌成的。但它们也很少，且只有一个墓室；墓上面也没有覆盖物；在这里发现的陶器，基本上也全都属于前王朝的陶器类型，与第1王朝时期通常精心制作成的陶器截然不同。”阿布西尔·埃勒-麦勒克墓提供的情况“也基本如此”。因此，她认为，物质遗物资料证明，“在蝎王时代，在臣服于他的地区里，阶级分化才只是萌芽”。②

波斯托夫斯卡娅也不同意伽丁内尔关于这一时期存在用凤头麦鸡（田凫）表示的平民和贵族对立的观点。同时，她认为，格尔塞时期的陵墓遗存不能反映财富的极大分化，从而排除在那个时候存在阶级和国家的可能性。

---

① ［英］柴尔德：《上古东方新证》，第113～114页。

② ［苏联］H. M. 波斯托夫斯卡娅：《“蝎王”及其时代》，载《古史通报》1952年第1期。

我们只能假定，当时赖赫依特是一种人种术语，很可能是部落的名称，而“蝎子”是其领袖。①

其实，在格别陵发现的一段亚麻织品上的画，已经清楚地反映了当时埃及氏族内部的阶级分化。在这块亚麻织品上画有两艘船，其中一艘上画着一个坐着的人，他的双手放在膝上，在船尾有舵手，画上的桡夫没有保存下来。在另外一艘船上画有桡夫，他们留有胡须，这为该亚麻织品的时代定在前王朝时期提供了根据，因为在古王国时期及以前，除了贵族以外，埃及的男人们一般是不留胡须的。那个坐着的人显然是一个贵族。因为只有他坐着，别人都在划桨或掌舵，这表明他的社会地位高于其他人。而且，也只有贵族才可能拥有这样精美的亚麻布，并在上面绘有图画。其他那些人显然是平民。②

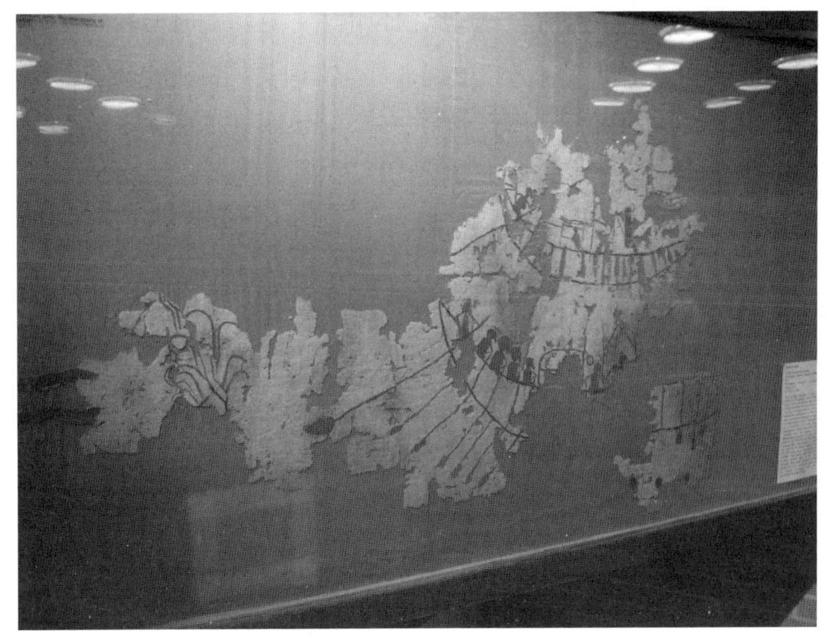

图3.4　亚麻织品。都灵埃及博物馆藏

① ［苏联］H. M. 波斯托夫斯卡娅：《“蝎王”及其时代》。

② 该亚麻布残片现藏都灵埃及博物馆，文物编号：INV. NR. S. 17138。

此外，前王朝时期的战争性质也与这个时期的情况相符。反映这个时期的战争的文物不少，如阿拉克刀柄上雕刻的水陆战图、画墓中的水陆战图、公牛击敌调色板上公牛击敌的雕刻、战场调色板上雕刻的鹰狮击敌的画面等。这些文物上的雕刻和绘画反映了小国之间或小国联盟之间的战争，战争的目的是为了扩大疆土，掠夺财富。

由于战争的增多，埃及开始出现了有围墙的城市。萨维里耶娃认为，早在公元前5000年纪，埃及就已经有城市类型的设防居民点。而在古王国时期，孟菲斯和一些诺姆的首府就已经是国内重要的政治、宗教、经济和文化的中心，从这些也可以看出，埃及也经历了其他近东国家所走过的城市国家的发展阶段。①

关于城市的出现，这时的城市多半是建立在交通要道上，而且由于战争频发，所以都用围墙包围着或用壕沟包围着，这从当时出现的城市的象形文字符号可以看出。这时的城市既是王宫和国家行政机关的所在地，也是该国所崇拜的主要神祇的神庙的所在地，像涅伽达、希拉康波里等都是如此。

例如，此时涅伽达的南城就是一座有防卫城墙的堡垒。狄奥斯波里·帕尔伏出土了有围墙包围的城市模型。② 后来象形文字中“城市”的象形文字很可能就是从史前(前王朝时期)时代晚期推导出来的。③

但对格尔塞时期战争的性质也有不同的观点，刘文鹏认为，这时的战争是当时已经形成的各个小国之间或小国联盟之间的战争。他说：“涅伽达Ⅰ的居民被称为‘城市居民’，他们在居地周围筑起城堡，建设防卫。根据考古发现，作为涅伽达城组成部分之一的‘南城’是涅伽达文化Ⅰ的一个重

---

① 《古史通报》1980年第2期，第215页。

② [美]M. A. 霍夫曼：《法老前的埃及》，第148页。

③ [美]M. A. 霍夫曼：《法老前的埃及》，第148页；[德]E. J. 鲍姆加特：《史前埃及文化》第1卷，第60页上的图。

要遗址。这里才发掘了一百多平方米的面积，但全城估计要大得多。城堡是由小石砖建设成的。有人认为涅伽达及其‘南城’可能是这一带的首府。恩格斯指出：‘用石墙、城楼、雉堞围绕着石造或砖造房屋的城市……这是建筑艺术上的巨大进步，同时也是危险增加和防卫需要增加的标志。’‘在新设防城市的周围站立着高峻的墙壁并非无故；它们的壕沟深陷为氏族的墓穴，而它们的城楼已高耸入文明时代了。’”①他认为，像战场调色板、蝎王权标头、纳尔迈权标头、纳尔迈调色板、利比亚贡赋调色板等文物上的雕刻就反映了这样的战争。

但波斯托夫斯卡娅则认为，这时的战争是部落或部落联盟的战争，而这种战争只是导致了国家的产生。她说：“若干事实证明，‘蝎子’时代又是导致了国家产生的那种部落之间流血战争的时期。……在‘蝎子’的狼牙棒上，他的胜利是以在绳套中捆着的凤头麦鸡和弓作为标志的。”“因此，‘蝎子’狼牙棒的雕刻证明，在埃及，国家发生的过程起源于部落之间的流血斗争的形式。……部落之间的斗争是由生产力的发展、私有制和财产不平等的发生所引起。后来，一些部落被另一些部落所征服，财富的掠夺(其中也包括奴隶)，加速了阶级形成和国家形成的过程。恩格斯写道，部落的联盟已意味着氏族组织破裂的开端。”②

古代埃及国家形成的主要标志应当是王权的形成。

在埃及，王权是什么时候形成的？我认为，古代埃及王权的形成大约是在格尔塞时代晚期，在约公元前 3200—前 3100 年的蝎王统治时期。

但关于王权形成的时间学界有不同看法。刘文鹏认为，埃及的王权形成于格尔塞时期。③ 他说：“古埃及的城市国家以城市的形成为基础，以王

① 刘文鹏：《古代埃及的早期国家及其统一》，见《埃及学文集》，呼和浩特：内蒙古大学出版社，1996 年版，第 81～97 页。

② [苏联]H. M. 波斯托夫斯卡娅：《“蝎王“及其时代》。

③ 刘文鹏：《古代埃及史》，第 65～72 页。

权的出现为标志。如果说对巴达里文化时代的城市产生还有些异议的话，那么到了涅伽达文化Ⅰ的末期和涅伽达文化Ⅱ时代，随着埃及城市化过程的展开，无疑的，埃及开始出现了城市国家或诺姆。涅伽达城出土了最早的王冠和王衔的符号，可以看作为王权统治的最早的城市国家。而希拉康坡里斯出土的权标头和调色板等文物，证明了它是又一个城市国家之所在。”①

但波斯托夫斯卡娅却不这么看，她认为：

在蝎王时代，“埃及还不存在国家，自然，把他称作王只是有条件的，其含义犹如在荷马时代希腊巴赛勒斯之被称作王一样”。她还指出：“需要重新审查在文献中居于统治地位的观点，根据这种观点……国家作为社会机关产生于尼罗河，是在‘蝎子’以前很久的时期。从前面所考察的事实里可以得出结论，在‘蝎子’以前的时期里，只能谈得上部落或部落联盟的领袖，而不是国王——国家政权的代表。无论如何也不能离开这样的事实，即在‘蝎子’时期，财产不平等，从而阶级的分化和斗争还没有达到可以作为统治阶级对被压迫阶级使用暴力的组织——国家产生创造了条件的那样一种规模。在财产不平等方面发生的激烈转变只是从第一王朝的第二个国王——捷尔时期才发现的。”②

王权形成的重要标志是王衔和王徽的出现。古代埃及的王徽是指国王所戴的王冠，在古代埃及的早期，国王所戴的王冠有 2 种：红冠和白冠。红冠的形象是一把座椅，加上一条眼镜蛇，意味着国王受到蛇神的保护；

① 刘文鹏：《古代埃及史》，第 66～67 页。

② 周启迪：《古代埃及史》，北京：北京师范大学出版社，1994 年版，第 50～52 页。

白冠的形象是一只鹰，意味着国王受到鹰神荷鲁斯的保护。古代埃及的王衔是指国王所崇拜的主要的神，以及王权的主要保护神，每个国王除了有自己的本名以外，还有王衔名。①

最早的红冠形象是彼特里在涅伽达1610号墓里发掘出来的，它刻在一个黑顶陶上。红冠被认为是最古老的王冠，最受崇拜的王冠形式。最早的白冠形象是在蝎王权标头上看到的，即蝎王所戴的王冠。埃及人的传统认为红冠代表下埃及，白冠代表上埃及，红冠早于白冠。

最早的王衔符号是彼特里在涅伽达1546号墓发现的，它在一块破陶片上，形象为一只鸟，栖止在一个圆形屋顶上。此鸟象征的是鹰神荷鲁斯。后来，作为王衔符号的还有塞特式、鹰蛇式(两妇人式)、树蜂式等。②

有红冠形象的陶器属于彼特里的年代顺序法或相对年代法的SD37，即涅伽达文化Ⅰ的晚期；有荷鲁斯形象的王衔符号的陶器属SD35～39，涅伽达文化Ⅰ的晚期，涅伽达文化Ⅱ的早期。

此外，作为埃及王权标志的还有权标。柴尔德指出，在埃勒-奥马里的一个埋葬中，“发现有一个木质的权标，在其末端有雕刻，像人们所说的那样，这使人想起在历史上成为下埃及王权标志的权标。可能，在埃勒-奥马里时代，权力在领袖手中。谁知道他们中之一注定不会成为整个下埃及的‘国王’呢?”③他把奥马里文化定为与塔萨、法雍、梅里姆达文化同时期的文化。涅伽达文化Ⅱ时期，在希拉康波里发现有蝎王权标头；猎狮调色板上的猎人都拿着权标，这些人可能是氏族部落的首领，也可能是小国的国王。

此外，后来成为国王标志的还有“腰挂牛尾”，而腰挂牛尾的最早形象是在猎狮调色板上的那些猎人，蝎王权标头上蝎王也在后腰上挂有牛尾。

---

① ［英］A. H. 伽丁内尔，《法老埃及》，伦敦：牛津大学出版社，1966年版。见其中王表。
② ［德］E. J. 鲍姆加特：《略论早王朝王衔的起源》，载《世界历史译丛》1980年第2期。
③ ［英］柴尔德：《上古东方新证》，第135页。

在古代埃及的文献中，特别是在一些王表中记载了若干前王朝时期国王的名字。例如，在《帕勒摩石碑》上，前王朝诸王中的上埃及诸王或诸神的名字已失，下埃及诸王中，9 个国王的名字中有 7 个是完整的，2 个有残缺：……普、塞卡、卡乌、梯乌、特什、涅赫布、瓦塞涅斯、墨克……阿……①没有记载他们的任何活动。此年代记编定于古王国时期的第 5 王朝，离前王朝已经七八百年，编定者究竟是根据文献还是根据传说，不得而知，因此其可靠性很难确定。

在新王国时期编定的王表中，前王朝时期的王都被认为是荷鲁斯的追随者。

在曼涅托的《埃及史》中，前王朝时期的国王被认为是一些神，是亡灵朝的统治者。②

现在埃及学家正依靠考古发掘的文物来确定前王朝时期的国王及其顺序。目前主要是根据南部埃及的希拉康波里的考古发掘资料。在这里，可能有 2 个国王是真实存在的，这就是在文物上可以看到的卡(Ka)王和蝎王。关于卡王的资料主要有：在希拉康波里出土的雪花石膏瓶上的卡的符号(K’)，且与蝎王的名字(一只蝎子)并列③；1899 年在阿卑多斯大墓的第 1 王朝王墓旁发掘的属于前王朝时期的 B7 号墓里出土的一些有“卡”符号的荷鲁斯名的陶片，以及在它的旁边发现的一些有同类符号的陶片，一个被打

① [美]J. H. 布利斯特德：《古代埃及文献》，厄巴纳-香槟：伊利诺伊香槟大学出版社，2001 年版。[英]W. M. F. 彼特里：《埃及史》第 1 卷，伦敦：Adamant Media Corporation，2001 年版，第 4～5 页。另[苏联]H. M. 波斯托夫斯卡娅：《“蝎王”及其时代》。阿卑多斯墓里出土的有关卡王的符号见[英]W. M. F. 彼特里：《阿卑多斯》第 1 卷，剑桥：剑桥大学出版社，2013 年版，图版 XLVⅡ、XLVⅢ中的 1632、1642、1722、1732、2087、2092、244y、248y6、257T、264x、265Q、270u 等，以及在赫尔旺出土的铭文，[苏联]H. M. 波斯托夫斯卡娅：《“蝎王”及其时代》。

② [古希腊]曼涅托：《埃及史》，残篇 m6，见[英]W. G 沃德尔编译：《曼涅托》，洛布古典丛书，伦敦，1948 年版。

③ [英]魁别尔：《希拉康波里》，安德斯特出版社，2017 年版，图版。

碎的器皿陶塞上的印章。埃及学家关于卡王存在与否有3种意见：第一，认为他是真实存在的人物，他的王位由蝎王继承；第二，认为卡王并不存在，只是国王的同貌人，即国王的卡像；第三，认为卡王与蝎王是同一个人。

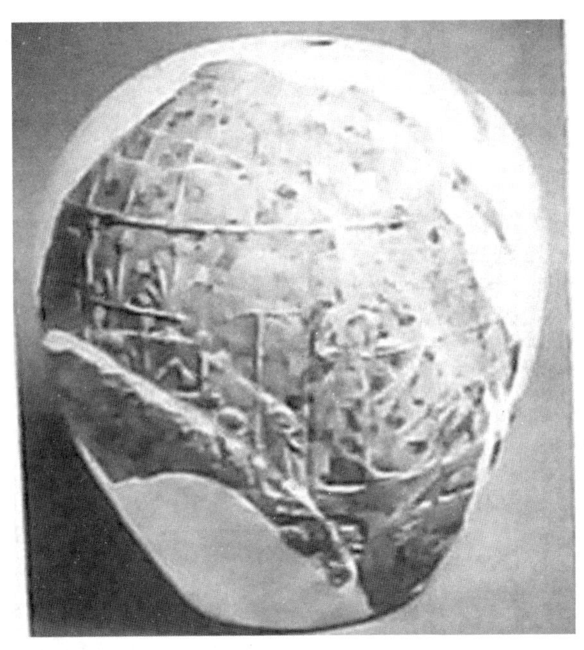

图3.5　蝎王权标头。牛津阿什莫林博物馆藏

蝎王的文物主要是在希拉康波里出土的蝎王权标头及其他器物。① 蝎王的存在也已经没有什么疑问。关于他的活动，从蝎王权标头上的浮雕可以看到，他曾领导过胜利的战争，打败了以田凫为标志的平民和以九弓为象征的“外国”，而后举行了农耕仪式，或神庙奠基仪式，或开渠仪式。在图拉出土的文物上有蝎子的名字的符号，表明他可能远征至三角洲与河谷交界的地方。至于蝎王统治的地区，即他仅仅是上埃及之王呢，还是已经

① ［英］魁别尔：《希拉康波里》，图版XXVic、XXV、Ⅻ2、ⅩⅦ、ⅩⅧ、XIX、XXXIV等。例如，在图拉出土的若干文物，［苏联］H. M. 波斯托夫斯卡娅：《“蝎王”及其时代》。

是上下埃及之王，还有不同看法。波斯托夫斯卡娅认为，蝎王权标头仅剩下1/3，在已经丢失的那一部分上，很可能还有一个头戴红冠的蝎王像，而现存的部分上是一个头戴白冠的蝎王，再加上他已经远征到了图拉一带，甚至可能到达三角洲地区，因此，他可能已经是上下埃及之王了。

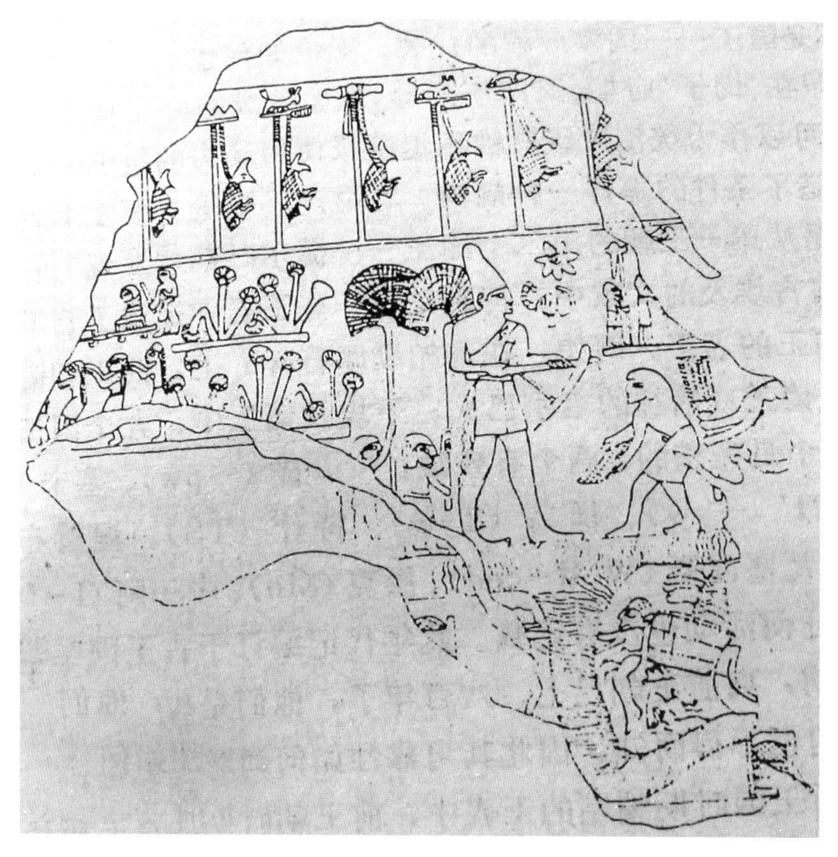

图 3.6　蝎王权标头上的浮雕

恩格斯指出，国家与氏族制度之间的不同点之一，是公共权力机关(军队、警察和法庭等)的形成，而公共权力机关是由官吏来管理的。所以，在公共权力机关形成的同时，就是国家形成的同时，官吏队伍也一定形成了。恩格斯说："官吏既然掌握着公共权力和征税权，他们就作为社会机关而驾于社会之上。从前人们对于氏族制度的机关的那种自由的、自愿的尊敬，即使他们能够获得，也不能使他们满足了。”①

在格尔塞时期，官吏队伍是否形成了呢？学者们有不同的看法。刘文鹏认为已经形成了，他的依据是蝎王权标头上有由国王和官吏组成的贵族阶级。而波斯托夫斯卡娅则认为尚未形成，她说：“但是，在‘蝎子’时候的文物中，还没有任何能证明国家机器存在的事实。诚然，在图拉出土的铭文中也有了可以解释作‘h，t，一c’称号的变种的符号。然而，为了证明这种解释的正确性，必须吸收头两个王朝的全部铭文资料。……但即使成功地证明图拉出土的铭文中的象形文字应当注音为‘h，t，一c’，这也还不一定意味着‘h，t，一c’在这里就被理解为国家机关的官吏，并且在那时已经存在这样的机关：很晚时期宗教仪式中‘h，t，一c’所起的仪式职能显然证明，这个称号是起源于原始公社时期的，当时，大概是部落的负责人之一。”②

以后的历史时期的文献资料表明，在蝎王权标头上的国王的持扇人和给国王提鞋的人都是国家官吏和贵族。而这些人也在第1王朝时期的纳尔迈调色板和权标头上出现过。

当然，在格尔塞时期，埃及的国家刚刚形成，国家机器刚刚从氏族制度中脱胎出来，因而不可能很复杂，官吏队伍的规模也不可能很大，国王既是军事首领，又是行政首脑，还是祭司长，其权力相对来说并不大。

文明时代的重要标志之一是文字的发明和使用。这也是阶级和国家形成的重要标志。那么，在格尔塞时期，出现文字了吗？古代埃及文字出现于何时？学者们对此也有不同的观点。

鲍姆加特认为：“涅伽达文化Ⅱ时期的居民把文字引进了埃及。”她认为文字不是埃及人自己发明和创造的，而是从外部传进来的。但她承认当时

---

① 恩格斯：《家庭、私有制和国家的起源》，第169页。

② ［苏联］H. M. 波斯托夫斯卡娅：《“蝎王”及其时代》。

埃及已经有了文字。①

刘文鹏也认为，在格尔塞时期埃及已经有了文字。他认为在涅伽达文化Ⅱ时期，即前王朝时代末期，埃及已经出现了文字。在这个时期的某些器皿上的绘画，可能像图画文字一样，具有一定的意义，而在某些墓墙上还出现了类似象形文字符号的文字。到了涅伽达文化Ⅱ的末期，显然在好多文物上，包括一些调色板在内，都可以见到象形文字的符号。②

由于波斯托夫斯卡娅认为在格尔塞时期还没有形成国家，因此，她也就认为当时还没有出现真正意义上的文字。她认为，在蝎王时代，“产生于社会分裂为相互对立的阶级基础上的，……为了剥削者少数的利益而钳制被剥削者多数的国家，在这个时期还不可能形成。在那时还很拙劣的文字水平发展也证明了这个观点的正确性。众所周知，文字发展是同国家的形成同时进行的，因为它构成了国家机关的不可缺少的需要之一”③。她在另一个地方还说道：“在萨卡拉发现的第1王朝的王墓证实了早先知道的我们对文物所产生的这样一种印象，即文明发展的这些最重要的成就是在极短的时期里达到的，是在第1王朝的头两个国王统治时期里达到的。这个印象首先是建立在这时文字发展方面发现的这个过程的基础之上的(从阿哈印章上的半是图画半是文字到登的铭文中广泛地运用音符)；其次是建立在这个短时期内政权机关结构方面的那些重要变化的基础之上的。……在社会生活和文化方面如此激烈的变革，发展过程的神速……不应当引起惊异，在这个国家形成时期来说，这完全是合乎规律的。国家的形成是最大的变革，它给了新社会关系的发展以强有力的推动。贵族夺取了政权，这成了他们剥削国家其余居民的工具和急速致富的源泉。国家的产生促进了在尼

① [德]E. J. 鲍姆加特：《史前埃及文化》第1卷，第51页。

② 刘文鹏：《论埃及文明的起源》，见《埃及学文集》，第36～62页。刘文鹏：《古代埃及的早期国家及其统一》，见《埃及学文集》，第81～97页。

③ [苏联]H. M. 波斯托夫斯卡娅：《“蝎王”及其时代》。

罗河河谷的条件下迫切需要的国家的统一。整个国家统一在集中化的君主专制的保护之下，首先促进了新社会制度的巩固：年轻的国家从国王登时起，已经开始进行掠夺战争(在全国范围内)，这也促进了统治阶级财富的增长。”①

可见，在埃及文字发展到什么程度才能算进入文明时代的问题上，学者们的看法是不一样的。

## 第三节　关于埃及文明形成时期的其他几个问题

### 一、埃及文明的起源

除了上面那些问题以外，有关格尔塞时期的情况，在埃及学家之间，还有一些问题是有争论的。其中之一是当时埃及文明是起源于南方还是北方。鲍姆加特认为，埃及文明起源于南部埃及，然后逐渐向北扩展。她认为：“红冠总是被视为最古的和最高贵的，它被当作女神来崇拜。它优先于白冠。关于最古的王冠和第1王朝前各君主的传说保留在帕勒摩石碑上。在该石碑上，记有其名字的前王朝诸王是戴着红冠的。知道他们的名字，必定是由口头传说保存下来。当国王戴上了红冠的时候，他们被看成是下埃及王国的国王，因为在更晚一些的时候红冠常常与下埃及有关。就所知道的这个时期来说，我们看不到埃及在阿西尤特以北有定居的居民……”②

与这种观点相反的一些学者认为，北方文化不仅比南方文化发展得更早，而且也更先进。例如，罗伯特就认为：“到大约公元前4000年代中叶的某个时候，有关新的和决定性的影响出现了，而这来自北方，来自三角

① ［苏联］H. M. 波斯托夫斯卡娅：《近年来考古发掘中的第1王朝统治时期的埃及》，载《古史通报》1948年第1期。

② ［德］E. J. 鲍姆加特：《略论早王朝王衔的起源》。

洲。一个或几个同亚洲有亲属关系的民族进入了上埃及，同其他地区，特别是同美索不达米亚的贸易和接触的迹象也有所增加。狩猎和临时的农耕为更加集约化的农业让了路；在艺术方面，浅浮雕出现了，它在埃及后来的传统中是十分重要的，铜制品变得更大量了。成为未来基本上是二重的政治结构的也是这个时期。同时，在公元前4000年代，两个王国形成了：一个在北方，一个在南方；一个是下埃及，一个是上埃及。大约也是在这时，文字记录开始了。因为文字在埃及历史的开端时早已有了，并且因为它的使用不仅是为了行政和经济的方便，而且也是为了记录事件于文物和遗物上，企图使之成为永久性的、它的文明的更加完善的历史的说明。”①

霍夫曼在《法老前的埃及》一书中，批评了自希罗多德以来就存在的那种认为三角洲实际上是一个不能居住的沼泽地的观点。② 他认为，北方的梅里姆达和法雍文化A与巴达里是同一时代的文化；而奥马里A(?)与阿姆拉特时期是同时代的，奥马里B(?)与早期格尔塞时期大致相当，马阿迪与晚期格尔塞相当。③ 苏联学者列捷尔认为，在三角洲，新石器时代(公元前5000年纪)就已经有人定居了。那里的农业、捕渔业、养猪业很发达，居民的定居比上埃及还要早。④

波斯托夫斯卡娅在评论鲍姆加特的《史前埃及文化》一书时指出，鲍姆加特提出的北部法雍和梅里姆达文化的年代是非常可疑的。她认为鲍姆加特关于法雍和梅里姆达制作的燧石工具同涅伽达文化Ⅱ的类似工具相同的论断，只是建立在她自己对旧的博物馆资料的研究基础之上，并且结论是难以验证的。波斯托夫斯卡娅认为，关于法雍和梅里姆达文化起源的问题，

① [英]J. M. 罗伯特：《世界史——到1500年》，纽约：克诺夫出版社，1976年版，第52页。

② [美]M. A. 霍夫曼：《法老前的埃及》，第27页。

③ [美]M. A. 霍夫曼：《法老前的埃及》，第16页上的列表。

④ [苏联]列捷尔：《古代埃及》，莫斯科：东方文献出版社，1960年版，第172～180页。

容克尔和阿尔克尔等人都与鲍姆加特的意见不同。①

从考古资料看，新石器时代以后，埃及南部与北部都有居民定居，他们创造了埃及的新石器文化，并大致在差不多的时间里进入了金石并用时代。在一些方面北方可能先进些，而在另一些方面南方又可能先进些，可以说各有所长，但发展总是不平衡的。由于地理环境和自然条件的关系，北方的文化遗存保存得比较少，或被发掘得比较少，而南方的文化遗存保存得比较多，发掘得也比较多。有人说北方的文化是南方文化移植的结果，或说北方在格尔塞时期之前是不适于人类居住的地区，是一片沼泽，并没有什么事实根据，这只是为了论证自己的论点而做出的假设，是为格尔塞文化的创造者来自美索不达米亚(由红海经瓦迪-哈马马特而达于尼罗河谷)的假说服务的。

## 二、埃及文明的创造者

涅伽达文化Ⅱ时期的文化是由什么人创造的？是埃及本土的居民还是外来人？埃及学家对此有 3 种观点。

第 1 种观点是，创造格尔塞文化的居民来自美索不达米亚。例如，鲍姆加特说：

> 在这个时期(涅伽达文化Ⅰ时期)之末，同涅伽达Ⅰ有商业关系的亚洲人侵入了尼罗河河谷。他们是涅伽达文化Ⅱ的建立者。这些人在知识方面远远高于涅伽达文化Ⅰ的人。他们同后者一道，开始向建设有史时期的埃及国家和文化的方向发展。他们在语言和心理习惯上同涅伽达Ⅰ人没有太大差别。他们说塞姆语，与涅

① 见波斯托夫斯卡娅在 1950 年第 3 期《古史通报》上发表的评鲍姆加特的《史前埃及文化》一书的文章。

> 伽达Ⅰ居民的哈姆语方言十分接近，最后就与之同化了。
>
> 他们基本上不同的燧石工业，使他们同涅伽达Ⅰ人明显地分了开来，与他们形成鲜明对照的是，他们是石刀制造者。
>
> 他们的陶器，在材料和制造方法上水平都比涅伽达文化Ⅰ的人要高，绘图风格也不一样。
>
> 他们在金属制造工艺方面非常高明，并拥有更充分的铜资源。他们引进了银。
>
> 我们不知道他们的祖籍在何处。但同红海的联系对他们来说十分重要，似乎他们是经由瓦迪-哈马马特进入埃及的。他们的文化观点不能说明他们来自三角洲，近来的发掘也未提供他们早期在那里的证据。
>
> 他们似乎曾先将瓦迪-哈马马特和科普托斯变成了兴旺的帕拉斯公社和纳伯特公社。在那里立足之后，他们发展出一种新型的我们称之为涅伽达文化Ⅱ的文明，并向下埃及殖民……
>
> 涅伽达文化Ⅱ居民把文字引进了埃及……①

不仅如此，鲍姆加特是一个不折不扣的外来论者。她认为巴达里文化和涅伽达文化Ⅰ的创造者也是外来的。

第2种观点也认为前王朝晚期的文化是外来人创造的，而且也是来自西亚。并认为不是来自南方，而是来自北方的人，他们将西亚的文化经由叙利亚、巴勒斯坦传入埃及的三角洲。持这种观点的人认为，北方，即三角洲、下埃及文化高于南方(上埃及)。例如，罗伯茨就持这种观点。②

相当多的学者不同意鲍姆加特的意见，并且针锋相对。他们形成了第3

① ［德］E. J. 鲍姆加特：《史前埃及文化》第1卷，第一部分结论。
② ［英］J. M. 罗伯茨：《世界史——到1500年》。

种意见，如柴尔德、波斯托夫斯卡娅等。

柴尔德仔细考察了埃及同苏美尔在远古的联系后，得出结论说："从北方来的人种因素可能在格尔塞和晚期格尔塞时期渗透到尼罗河流域，他们可能在某种程度上促进了埃及统一，但决不能认为，他们带来了比本地前王朝文化水平更高的某种现成的文化。"他还推测说，古代埃及人和苏美尔人之间不仅存在经济的，而且存在文化的联系。然而他认为，"在这里不存在扩散现象，而只有独立的发展"。他充分地研究和阐明了每一历史时期的考古学上的问题，充分地研究和阐明了在文化上相近的古代东方各民族发展的类似和联系问题，坚决反对片面地考察这种问题的企图，反对用"移民"来解释一切现象。他一方面指出了格尔塞时期在文化上同苏美尔地区之间的许多相似之处，另一方面又坚决认为："绝不能确有把握地说，所有这些共同的特征起源于苏美尔。实际上，无论是苏美尔的文字，还是埃及的文字，都在图画文字中找到了自己的起源。但在符号本身上却没有任何共同之处。唯一具体地类似在于利用某些具体的图画文字作为标音文字。……也不可能说，埃及是比较落后的国家，而文明是从更发达的苏美尔渗透到那里去的。而是相反，埃及文明比苏美尔地区更早、更富有。"①

在《评鲍姆加特所著〈史前埃及文化〉》一文中，波斯托夫斯卡娅对鲍姆加特提出的涅伽达文化Ⅱ居民外来说进行了猛烈的批评。她指出："总体来说，鲍姆加特著作中个别有积极意义的观点被为数众多的未经验证的假设所掩蔽。根据鲍姆加特的观点，整个原始时代的埃及史乃是一个外族不断入侵的链条。"由于鲍姆加特坚信移民论，因此，在提出有关社会的物质和精神生活变化的原因时，研究就陷入了死胡同。在企图回答这些问题时，鲍姆加特就诉诸外来推动力的理论，诉诸从各方面带来新的文化因素的理论，用"推动力"来解释涅伽达文化Ⅰ向涅伽达文化Ⅱ的过渡。埃及头两个

① ［英]柴尔德：《上古东方新证》，第159～160页。

王朝时期文明发展的速度也被用“推动力”来说明。鲍姆加特到处寻找移民运动，并将其看作历史过程的唯一动力，原始时代埃及发展中的每一个新阶段和技术方面的一切变化，都企图用新的居民集团的入侵来解释，鲍姆加特完全没有考虑到侵入尼罗河河谷的那些部落是从哪里取得新的技术成就的——这样一个自然会被提出的问题。

波斯托夫斯卡娅说：“在不否定原始时代部落移民的事实的可能性的同时，毕竟应当极力强调指出，历史过程的动力，自然不是移民运动，而是生产力的发展。”她还对鲍姆加特的一些具体论点进行了批评。她认为，鲍姆加特之所以会有这种错误，主要原因有二：一是缺乏野外考古的实践，而只是根据博物馆的死材料来研究问题；二是方法论上的极端简单化、现代化。①

1977 年出版的《考古插图百科全书》(*The Illustrated Encyclopedia of Archaeology*)对涅伽达文化Ⅱ的问题这样写道：“没有任何证据说在涅伽达文化Ⅰ的末期有一个亚洲民族侵入了埃及。涅伽达文化Ⅱ的一切新的特征均可用直接进口和同近东其他人，而特别是同美索不达米亚的与日俱增的文化接触来解释。”②

伽丁内尔也对鲍姆加特用移民运动来解释涅伽达文化Ⅰ向涅伽达文化Ⅱ的过渡的观点不以为然。③

## 三、埃及文明出现时的国家规模

在关于格尔塞时期国家形成的问题中，还有 2 个值得研究的问题：一是当时形成的是大国还是小国？二是当时形成的国家的统治形式是共和国

---

① ［苏联］H. M. 波斯托夫斯卡娅：《评鲍姆加特所著〈史前埃及文化〉》，载《古史通报》1950 年第 3 期。

② 《考古插图百科全书》，纽约：科罗威尔出版社，1977 年版，第 150 页。

③ ［英］A. H. 伽丁内尔：《法老埃及》，第 397～798 页。

还是君主专制?

关于第一个问题，列宁在《论国家》中曾经说过，最初出现的社会和国家比现在小得多，交通极不发达，没有现代的交通工具。当时的山河海洋所造成的障碍比现在大得多，所以国家是在比现在狭小得多的地理范围内形成的。技术薄弱的国家机构只能为一个版图较小、活动范围较小的国家服务。古代世界的许多地区在最初时期形成的国家都是小国寡民式的：两河流域、印度、希腊都是如此，古代埃及刚形成的国家也是如此。

摩赖在《尼罗河与埃及文明》一书中说，当时埃及形成的小国，“大率长可十五哩至二十哩，其广袤则视尼罗河流域之宽狭而定：狭者地跨两岸，河广之处，仅踞一岸，以河水中心为界”①。

古代埃及人称这种小国家为斯帕特，其象形文字为一块被纵横交错的河渠分隔开的土地。它们一般都以一个城市为中心，包括周围若干农业地区。国内的一些学者称这种国家为诺姆国家或将其译为州。我不太赞成这种叫法或译法，因为诺姆是人们对古代希腊的国家内的一个地区的叫法，而不是将刚形成的小国叫作诺姆；而州是我们中国对一个国家里面的一个地区的叫法，也不是将最初形成的小国家叫作州。因此，哪种叫法和译法都不准确，我认为最好是叫作斯帕特。据萨维里耶娃说，在古王国时期，上埃及有22个斯帕特，下埃及有14个斯帕特(而据刘文鹏的《古代埃及史》说，古王国时期，上埃及有16个，下埃及有10个)②。在新王国时期的资料中，上埃及有22个斯帕特，下埃及有20个斯帕特。不过，统一以后，这种斯帕特就成了统一国家中的一个地方行政单位，而一旦中央政权瓦解，斯帕特就又成了一个个的独立王国。

德国著名学者塞特在1930年曾以假定的方式提出，埃及在前王朝时期

---

① [法]A. 摩赖：《尼罗河与埃及之文明》，刘麟生译，长沙：商务印书馆，1941年版，第25页。哩即英里，1英里约合1.609千米。

② 刘文鹏：《古代埃及史》，第66页。

已经是一个统一的国家。不过他又指出，他所创造的这个远古埃及历史的公式(关于前王朝统一的公式)只是“根据个人的观点而提出的图画”。① 但许多西方学者却接受了这一公式，即认为前王朝时期埃及就已经是一个统一的大国了。

但在鲍姆加特的书中有一个积极的观点，即认为最初形成的国家是小国寡民式的，而且还驳斥了那种前王朝就是一个统一国家的观点。她指出，所谓前王朝统一的理论只是建立在纯粹臆测的体系之上的，没有得到任何一个坚实的证据性的事实的支持。波斯托夫斯卡娅肯定了鲍姆加特批评“前王朝埃及统一论”的观点，认为这是她这本书唯一有价值的地方。但从《“蝎王”及其时代》一文看来，波斯托夫斯卡娅似乎并不认为前王朝时期埃及没有统一，因为她认为，蝎王不仅是统治了上埃及的国王(他头戴白冠)，而且也统治了下埃及的一部分，统治了古王国法老所占有的整个地区。她写道：“对于把‘蝎子’只看作一个上埃及的统治者，没有足够重要的根据。相反，有根据认为，他是‘两个国家的统治者’。”②

苏联1979年出版的《古代东方史》也指出：“古代埃及地区的最初的国家是在不大的地区范围内产生的(诺姆)，它包括了在城市中心周围的几个居民点，领袖的宅邸和崇拜的主神的神坛也在这里。”③

## 四、埃及文明出现时国家的性质

在埃及，刚形成的国家是共和国还是王国，从现在掌握的资料看，古代埃及没有存在过共和国，相反，倒有关于存在王国的资料：蝎王权标头上的蝎王、红冠与白冠、王衔符号的存在等都可说明。虽然当时王权可能

---

① ［苏联］H. M. 波斯托夫斯卡娅：《评鲍姆加特所著〈史前埃及文化〉》，载《古史通报》。

② ［苏联］H. M. 波斯托夫斯卡娅：《“蝎王”及其时代》。

③ ［苏联］阿甫基耶夫：《古代东方史》，王以铸译，北京：生活·读书·新知三联书店，1956年版，第26页。

不很强大，还没有达到后来专制君主的程度，可能还要在一定程度上受到贵族们的约束。有学者认为，在当时存在“老人政治”，即贵族会议。

但关于老人政治的情况并不清楚，没有直接的资料说明。在第一中间期里的聂菲尔列胡预言中说到“京城议会”的议员，但那是否是贵族会议，我们无法肯定。也没有任何资料表明当时存在过公民会议。虽然从希腊和罗马的情况看，氏族制度末期到国家形成初期，贵族会议和公民会议是可能存在的，但没有任何具体的材料。

显然，和希腊罗马的早期国家相比，古代埃及在国家形成时期有某些自己的特点。在希腊和罗马，国家形成时期经过王权和贵族、平民之间的斗争，否定了王权，从而形成了共和国。在希腊的雅典又经过平民和贵族之间的斗争否定了贵族的特权，从而形成了民主共和国；而罗马，虽然也经过了平民和贵族之间的斗争，却没能否定贵族的特权，相反，贵族会议(罗马的元老院)却在国家政治生活中发挥了重要作用，从而在罗马形成了贵族共和国。但在埃及，国家形成时我们却既未见到平民与贵族的斗争，也未见到平民、贵族和王权之间的斗争，王权不仅没有被否定，相反却保存了下来，而且还由于种种原因得到了加强，最后形成了君主专制。从格尔塞时期的蝎王权标头上的浮雕，人们推测，当时蝎王可能不仅拥有行政权，而且还身兼军事首领，领兵打仗，又可能是祭司长，掌管宗教。但是他的权力可能在一定时期里会受到贵族们的约束。

恩格斯在《家庭、私有制和国家的起源》一书中，分析了国家形成的3种方式，即雅典式、罗马式和日耳曼式。那么，埃及属于什么形式？按照鲍姆加特的观点，埃及应当是日耳曼式，即外族入侵形成国家的形式：一些处于军事民主制阶段的来自西亚的部落侵入了尼罗河流域(经过瓦迪-哈马马特达到尼罗河河谷)。一方面军事民主制解体，氏族制解体；另一方面为了对被移住地居民进行统治而形成国家，首先在埃及南部，而后逐渐向北殖民，形成若干小国。

但实际情况如何呢？从前面关于埃及前王朝时期的社会经济状况的论述中可以看出，在那时，埃及社会已经发展到氏族制度解体的阶段，由于内部平民与贵族的分化，奴隶制的形成，从而导致了氏族制度的解体。完全不必用一个外部的推动力来自解释埃及社会的发展和变化。因此，埃及国家的形成是雅典式的而不是日耳曼式的，埃及没有形成民主共和国，而是形成了王国。

## 五、城市的出现，早期埃及城市的性质和作用

从理论上说，城市是文明时代的象征之一。许多学者认为，埃及在前王朝时期晚期的格尔塞时期即已进入文明时代，形成了阶级、等级和国家。所以，也应当承认，在那时也出现了城市。萨维里耶娃认为，早在公元前5000年纪，埃及已经存在“城市类型的设防居民点”。① 摩赖说，埃及前王朝时代的每一个诺姆都有首邑(当时小国家斯帕特的首都)，并认为，当时用以表示城市的象形文字符号已经出现。② 霍夫曼也说，古代埃及表示城市的象形文字几乎确定是起源于晚期史前时代。③ 考古发掘资料表明，在格尔塞时代，埃及确实已经出现了城市，或城市类型的设防居民点，或原始城市。④

那么，当时或稍后，例如，直至古王国时期，这类城市的性质和作用如何？我认为有以下几点。

第一，古代埃及早期的城市是作为防御工事、要塞堡垒而出现的，这有若干事实可以说明。例如，古代埃及表示“城市”、“城镇”的象形文字符号，不管它是在巴达里的陶片上，还是在狄奥斯波里・帕尔伏、涅伽达和

① 《古史通报》1980年第2期，第215页。

② ［法］A. 摩赖：《尼罗河与埃及之文明》，刘麟生译，第24～25页。

③ ［美］M. A. 霍夫曼：《法老前的埃及》，第148页。

④ 刘文鹏：《古埃及的早期城市》，载《历史研究》1988年第3期，第163～175页。

希拉康波里的文物上的这类符号①，表示的都是被围起来的城市或居民点。城市是用什么围起来的呢？既可能是城墙，也可能是护城河或壕沟。为什么要用城墙之类的东西围起来呢？显然是因为战争给人们带来了危险，居民需要用围墙、壕沟之类的东西来保护自己的安全。在稍晚的第1王朝时期的文物上，城市、居民点用围墙等保护起来的情况更为明显，不过，其形状大都不是圆形的，而是椭圆形或带锯齿状的长方形和正方形。例如，在纳尔迈调色板的正面最下一栏，两个正在逃跑的人的头上，有一个带锯齿状的长方形表示城市的符号，而在该调色板的背面的最下一栏中，一头公牛正用角破坏一个半椭圆形的带锯齿状的城墙。在利比亚贡赋调色板上，表示城市的则是一些带锯齿状的长方形的围墙。

恩格斯在《家庭、私有制和国家的起源》一书中说，有雉堞围绕的城市的出现，是危险增加和防卫需要增加的标志，因为战争及进行战争的组织已成为民族生活的正常职能。② 虽然恩格斯的这本书主要是根据希腊、罗马和日耳曼人的资料，而不是根据埃及的资料进行的概括，但显然具有普遍性，符合古代埃及的情况。早期埃及的城市是作为防御工事、要塞而出现的，是用有雉堞的围墙等围起来的。所以，表示城市的象形文字符号，将其主要特征表现了出来。

尤其值得注意的是狄奥斯波里·帕尔伏出土的一段城墙模型所表达的意思，据专家断言，在这段城墙模型上，有两个像是执行警戒任务的哨兵模样的人，正趴在城墙上警惕地注视着城外。③ 这个模型非常生动形象地表明了最初出现的城市的防御的、要塞堡垒的性质，它确切地说明那时各部落、部落联盟之间、各小国家之间存在着频繁的战争。霍夫曼认为，不理解战争，就不可能理解埃及文明的起源，格尔塞时期晚期和第1王朝时

① ［德］E. J. 鲍姆加特：《史前埃及文化》第1卷，第66页上的插图。
② 恩格斯：《家庭、私有制和国家的起源》，第24～25页。
③ ［法］A. 摩赖：《尼罗河与埃及之文明》，刘麟生译，第162页。

期的很多著名的文物和雕刻都是颂扬统一者的军功的。

前王朝和早王朝时期的一些绘画和浮雕也确实明显地反映了战争的存在。在阿拉克出土的一把石刀，用河马牙做柄，刀柄上的浮雕内容是水陆战斗的场面；在希拉康波里出土的象牙板上雕刻了被捆绑着双手的战俘，在这里发掘的画墓中，有一幅画也是水陆战图。著名的战场调色板(鹰狮击敌调色板)上，雕刻有鹰和狮子凶猛地攻击敌人，吞噬敌人的图像。纳尔迈调色板上，公牛践踏敌人，攻击有围墙的城市，纳尔迈征服三角洲地区，抓获 6000 俘虏，将其斩首，进行庆祝仪式。利比亚贡赋调色板上，一些战胜者用锄头挖掘敌人城墙。公牛击敌调色板上，公牛撞毁敌人的城墙，践踏敌人。这些都生动形象地反映了那时的战争情况。

表示城市的象形文字符号是有围墙的城市存在的客观反映。埃及早王朝和早王朝时期的城市遗址也表明，这时确实建有城墙，如涅伽达的南城就发现了用砖建筑的防御工事和城墙的残迹。在希拉康波里，人们发现了一座第 2 王朝末叶哈谢海姆威国王统治时期的建筑，该建筑有内墙和外墙两道围墙，其内墙厚 4.87 米，外墙厚 2.34 米，两墙相距 2.23 米，外墙低于内墙，围墙西南部分高达 8～9 米。当初，克拉克曾经称之为“要塞堡垒”的建筑，现在许多学者认为它只是一座神庙。① 但不管它是堡垒还是神庙，它的两道城墙显然不仅是用于防止盗贼偷窃的，也是防止战争侵袭的，是起安全防御作用的。

第二，古代埃及最早的城市，多半是作为行政中心，作为小国家(斯帕特)的首都而兴起的。

在格尔塞时期，埃及形成了数以十计的小国家，它们以城市为中心，包括附近若干农业地区，这些城市中有国王的王宫和政府机关。摩赖说：

---

① [英]魏吉尔：《上埃及(从阿卑多斯至苏丹要塞)古代指南》，爱丁堡、伦敦：布莱丁尼-汉森出版社，第 314～315 页。

“每一诺姆，有土地，有首邑，有防御工事。居其地者，有农民，有牧人，有猎户，有商贾，有官吏。所谓官吏者，即同一职业之人，聚居一处而已。所谓城邑者(Nut)，建于道路交叉处，观其标记，则知其圆形防御物也。城内则为茅屋，以供行人夜间息居及防身之用，又有仓廪市场，城隍庙宇宿舍等。至酋长或国王之署舍(Per)，则大于寻常屋宇(Hert)，且内部建筑亦较为复杂。”①

摩赖说，这种城市是诺姆“首邑”，有“国王之署舍”，我认为是正确的。事实上，在纳尔迈调色板和利比亚贡赋调色板上有雉堞围墙的城市，都不是表示一般的城市或设防居民点，而是作为一个国家的象征，即首都。在当时那种小国寡民的时代，未必还有首都以外的城市存在。所以，在两国交战中，城市的失守，也就意味着国家的战败和灭亡。在利比亚贡赋调色板上，一些象征着战胜者的国家的动物(如老鹰、狮子和蝎子等)正拿着锄头破坏战败城市的城墙(实际上也就是战败国家的象征)，在雉堞围墙中的动物或植物(如猫头鹰等)则是战败国的崇拜对象和标志。这可以说明，埃及早期城市多半是作为行政中心而出现的，还有一个稍晚的例子，就是孟菲斯的建立。古代埃及历史学家曼涅托和希腊历史学家希罗多德都说，这座城市是由埃及的第一个国王美尼斯(希罗多德称他为米恩)建立的，目的是作为一个要塞。② 但《剑桥古代史》的作者的论断或许更为正确些，他在谈到孟菲斯城的建立的目的时说：“关于它建立的目的，美尼斯很可能打算将它作为一个堡垒，可以保护上埃及不受来自三角洲居民的进攻。另一方面，由于位于两块土地的连接点上，它在管理新统一的王国事务方面占有最突出的位置，因而可能从一开始就是想将它作为首都和国王所在的地

① [法]A. 摩赖：《尼罗河与埃及之文明》，刘麟生译，第24～25页。译文有改动。

② [古埃及]曼涅托：《埃及史》，第29页；[古希腊]希罗多德：《历史》上册，王以铸译，第151页。

方。"[①]该书作者进一步指出，在《帕勒摩石碑》和《开罗年代记》中发现了支持这一观点的某些证据。据这两个文献记载，早王朝时代国王举行加冕礼时的两个最重要的因素就是庆祝两块土地的联合和绕墙游行，而这二者无疑都是在白城(孟菲斯)进行的，并且目的在于纪念美尼斯的两项杰出的功绩，即君主专制的统一和白城的建立。如果白城只是作为一个要塞而不是作为首都，那么对它的建立的纪念未必会在加冕礼时如此重要，或者加冕礼未必会在它的境内举行。虽然曼涅托把第 1 王朝和第 2 王朝同毗邻阿卑多斯的提尼斯连在一起[②]，但这一论断可以解释为他们是提尼斯的世袭，然而提尼斯并非是政府所在地。20 世纪 30—50 年代，艾麦里在孟菲斯附近的尼罗河西岸的萨卡拉地方，发掘出若干第 1 王朝的王墓和第 1 王朝登王的掌玺官海马卡的大墓，这也许可以说明，孟菲斯确实是从第 1 王朝时起的首都，曼涅托的某些记载也可以作为这一论断的旁证。他说，第 1 王朝的第 2 个国王阿托提斯统治时期，在孟菲斯建立了一个王宫，第 4 个国王瓦文涅菲斯在科科麦(人们认为它是萨卡拉)建造了一座金字塔。1937—1938 年，艾麦里确实在萨卡拉的第 1 王朝墓地中发现了一座砖造的层级金字塔结构的建筑物，而墓主人的名字不是瓦文涅菲斯，是涅别特卡。

第三，古代埃及早期城市是作为神庙所在地，作为祭祀中心出现的。

格尔塞时期乃至以后很长时期，埃及都是多神崇拜的国家，盛行自然崇拜、图腾崇拜。许多动物、植物和自然现象都被神化。因此，埃及人崇拜为神的对象很多，而每个神自然会有自己的神庙或神坛、神龛，每个神都有自己的祭祀中心。例如，希拉康波里是奥吐姆神崇拜的中心，登德拉最初是崇拜鳄鱼神索别克的，而后又崇拜哈托尔女神，科普托斯是闵神(Min)崇拜的中心，舍易斯被称为公牛之城，即崇拜公牛神，等等。

---

① 《剑桥古代史》第 1 卷第 2 分册，第 16 页。

② [古埃及]曼涅托：《埃及史》，第 29 页。

这各式各样的神，最初可能是氏族部落神，后来则转化为国神，国王的保护神。每个斯帕特(诺姆)除有自己崇拜的主神以外，还可能有其他的神祇崇拜，而首都自然是这些神崇拜的中心和神庙所在地。各国所崇拜的主神自然而然便成了该国的象征和标记，出现在文物上。这在蝎王权标头、纳尔迈调色板、利比亚贡赋调色板、战场调色板等文物上很明显地表现了出来。摩赖在《尼罗河与埃及之文明》一书中列举了很多诺姆的标记，它们大多是动物、植物和自然现象。①《孟菲斯神学》关于普塔赫神的活动说道："他完成了每一件事及神圣的法规以后，普塔赫因此而满意。他塑造了众神，他建造了城市，他创造了各个诺姆，他把众神安置在它们的神殿中，规定了它们的祭品，统治建立了它们的神殿。"②可见，建立神庙在古代埃及人心目中是多么重要。事实上，不仅在当时，就是在以后很长时期里，神庙都是埃及城市的一个重要的组成部分。希罗多德说，米恩(美尼斯)在建立孟菲斯城的同时，也在孟菲斯建立了一座神庙，"他在那里修建了一个最值得一记的伟大的海帕伊斯托斯神殿"。③ 第 18 王朝时期的埃赫那吞在修建新的首都埃赫塔吞时，也修建了他崇拜的阿吞神的神庙，可以说，早期埃及的城市，首先是神的城市，是神庙所在地和祭祀中心。

第四，埃及学家对古代埃及早期城市的作用和性质问题是有争论的，争论的焦点是其职能问题，即那时埃及的城市是否是经济中心，是否是工商业中心的问题。

摩赖说，那时诺姆的首邑中有"商贾"、"仓廪市场"，其根据是什么却不清楚。至少，他没有举出例证，而只有结论，不像他说有"城隍庙宇"、"酋长或国王之署舍"那样举出了例证。在萨维里耶娃提出埃及早在公元前

---

① ［法］A. 摩赖：《尼罗河与埃及之文明》，刘麟生译，第 25 页。

② ［美］J. B. 普利查德：《古代近东文献》，普林斯顿：普林斯顿大学出版社，1969 年版，第 5 页。

③ ［古希腊］希罗多德：《历史》上册，王以铸译，第 151 页。

5000年即已存在城市类型的设防居民点时，并没有提及这些设防居民点的经济职能，也未见报道这时的早王朝时期城市是否是经济中心，却一下子就转到了古王国时期，她认为，“在古王国时期，孟菲斯和一些诺姆的首府就已是国内巨大的行政、宗教、经济和文化中心”。并且，“由此也可以看出，埃及也经历了其他近东国家所走过的城市国家的发展阶段”。由于只有叙述，未见她的全面论证，因此不知道她有哪些根据。按从叙述的情况看，她最后的这一结论似乎是根据古王国时期的资料得出的，而不是根据前王朝时期的资料得出的。

那么，早期埃及城市的经济职能究竟如何？城市是否已经成为工商业中心、经济中心？

众所周知，古代埃及是一个以农业为经济命脉的国家，是世界农业文化发展最早的地区之一，而且主要是灌溉农业。发达的农业是其较早进入文化时代的主要原因。埃及的手工业发展也比较早，手工业比较发达，手工业门类也不少，如酿酒、采矿、冶金、建筑、造船、制陶和艺术手工业等。

农业和手工业在前王朝时代可能已经有了分工，但不一定所有手工业都从农业中分离出来(如酿酒、纺织和一些艺术手工业就未必已完全从农业中分离出来)。而且分离出来的手工业者是独立的，还是成了王室、神庙经济中的劳动者，不得而知。所以，他们可能仍然未和市场发生什么关系，依然不能促进商品货币关系的发展。

农业和手工业的发展当然会促进运输业的发展：运输农副产品、矿产和使用产品等，尤其是采矿业的发展必然会要求运输业有较大的发展。当时作为运输工具的有各式各样、大小不一的船只，此外还有陆上的运输工具——驴。从理论上来说，农业、手工业和运输业的发展，为商品货币关系的发展创造了条件。我们不能否定当时埃及存在商品交换，尤其是南北埃及之间通过尼罗河进行的商品交换。但到目前为止，我们还没有前王朝时期埃及国内(包括诺姆内部和各诺姆之间)的商品交换的资料，而只有埃及和外部世界进行交换的一些零星的资料。例如，在巴达里发现了来自西奈或努比亚的孔雀石、蓝宝石和红海的贝壳，在法雍发现的用贝壳制作的装饰品，还发现了非本地出产的天河石。在格尔塞时期，尼罗河河谷地区与红海之间的联系可能越来越紧密了，在尼罗河通往红海之间的交通要道瓦迪-哈马马特通道上发现了几处属于这个时期的居住地，有的学者认为它们可能是队商的驿站。在属于前王朝时期的涅伽达遗址中，发现了不是埃及出产的黑曜石，它们可能来自爱琴海的一些岛屿或外高加索、南阿拉伯和埃塞俄比亚等地。埃及从黎巴嫩进口雪松的时间有可能始于前王朝时期。①

这些事实必然会使人们提出这样一个问题，即这时的商品货币关系的发展，是否会使刚刚形成的城市本身成为工商业中心、经济中心？而且，人们自然会想到的是，作为要塞堡垒、行政、宗教中心的城市，难道不需要一大批手工业者、商人为其服务，从而自然而然地使城市成为经济中心、商品交换中心吗？难道可以只有城而无市吗？

理论上说，既然有商品交换，就应当有市场，不应当只有城而无市。但推论是一回事，实际又是一回事，这需要资料来证明。

就目前我们掌握的资料而言，在萨卡拉地方发现的属于古王国第5王朝时期的一座贵族墓，墓墙上有一幅反映市场情景的画，这是我们知道的最早的有关古代埃及市场情况的资料。就这幅画中所反映的情况看，一直到古王国时期后期，埃及商品交换的水平还是很低的，商品货币关系发展得还是很有限：没有职业商人，全是生产者自己交换自己的产品；没有货币或货币的等价物，只是物物交换；作为交换的商品种类和数量也很有限，有鱼、陶器、筐、金属钩子、亚麻布、芦苇、粮食等。

---

① ［苏联］金克：《法老前的埃及》，第116～117页。

有关早期埃及(古王国时期以前)国内商品交换的文献资料，如果不算《梅腾自传》中用酬金获得 200 斯塔特土地的记录，就我们所知，最早的是古王国时期后期的一份买卖房屋的契约。[①] 契约写明双方当事人、买卖物品及价钱外，还有誓约(保证物品让买者满意)，以及证人，双方都在契约上盖了印。支付给房屋主人的不是货币，而是实物：亚麻布、寝床。从这份契约的格式看，商品交换的实践已经有很长的时间了，已经形成了比较正规的契约格式，但即使是房屋买卖这类大型的交换活动几乎还是实物交换，这表明了当时商品货币关系发展的水平还是很低的。从古王国时期支付给手工业者的工资的情况看，当时的商品货币关系发展的水平也是很低的，都是实物：面包、蔬菜、油、衣服以及铜(在这里，铜和其他物品一样不是作为货币)。[②]

从格尔塞时期起直到古王国末期止，埃及已经经历了 13 个多世纪，我们却一直没有见到一个商人的资料，这是为什么？一种可能是这方面的资料因为时间太过久远而湮没了，或者没有发现。但更为可能的是，直到古王国末期，由于王室、神庙和官僚贵族的经济在埃及占了支配的地位，而他们的经济又是包罗万象的，既包括了农业，又包括了手工业、园艺业、畜牧业和捕鱼业等，当时，埃及城市经济是封闭型的自给自足的经济。他们不需要到市场上去卖出商品，一般来说也不到市场上去买什么，即基本不和市场发生关系。对外的交往也基本上控制在王室和神庙手中，没有私商活动的空间。所以，早期埃及城市的经济职能非常有限，未必能起到经济中心的作用。

所以早期埃及的城市实际上是有城而无市，至少市不能和城平起平坐，而且市的作用完全不能和城市的其他职能相平衡。

---

① [苏联]司徒卢威、[苏联]列德尔：《古代东方史文选》，莫斯科，1963 年版，第 28～29 页。

② [苏联]别列别尔金：《远古埃及的货币》，见《古代埃及》文集，1960 年版，第 162～172 页。

# 第二编

# 埃及文明的发展

# 第四章 早王朝时期的埃及

## ——统一国家的形成和君主专制的出现

早王朝时期包括曼涅托王表中的第 1 王朝和第 2 王朝(约公元前 3100—前 2686)。

关于早王朝时期的历史，在 19 世纪以前，人们只知道一些以传说的形式保存在很晚时期的文献中的情况。例如，写于古王国时期的第 5 王朝时的《帕勒摩石碑》上的一个年代记，即《上古埃及年代记》，公元前 5 世纪时的希腊人希罗多德的《历史》和曼涅托的书中提供的一些片段，其中包含一些非常荒诞的记载。而对这个时代的更多真实的情况，人们就不知道了。

19 世纪末 20 世纪初，摩尔干(Morgan)、彼特里、魁别尔(Quibell )等人在涅伽达、阿卑多斯和希拉康波里等地以及其他一些地方进行的考古发掘，为科学地研究、了解这一时期的历史奠定了基础。这些考古发掘和发现，引起了学者们对早王朝时期历史的无数研究。但因为发现的文献资料甚少(只在王陵地方有所发现)，因此很难使研究深入下去。到了 1936 年，艾麦里(Emery)在萨卡拉(Saqqara)惊人地发现了第 1 王朝第 5 个国王登(Den)的一个大臣海马卡的墓。第二次世界大战结束后，他又在那里发现了据说是第 1 王朝国王阿哈、哲尔(Djer)、捷特(Zet，或 Djet)、登，以及一些王后的墓，而且这些墓的规模和墓里的殉葬品水平都远远地超过了彼特里在阿卑多斯发现的那些王墓，从而大大地丰富了研究早王朝时期历史的资料，使得对于早王朝时期的研究向前迈进了一大步。

但是，即使如此，有关早王朝时期历史的文献资料仍然十分贫乏，无论有关制度方面的情况，还是人物活动的情况，往往只能靠非文献的文物资料来说明。因此，早王朝时期的许多历史问题还是不清楚的。

## 第一节　早王朝时期的社会经济状况

早王朝时期，埃及虽然仍然处于金石并用时期，但在当时的世界上，埃及却是生产力最发达的地区之一，也是社会经济最发达的地区之一。同格尔塞时期相比，早王朝时期埃及的经济有了很大的发展。国家逐渐走向统一，灌溉系统的发展，生产工具特别是铜制工具的增多，这些都大大地促进了埃及的发展。

### 一、灌溉农业

据柴尔德的《上古东方新证》和扎布罗奇卡的《近东古代史》，古代埃及的农民在争取生存的斗争中，很早便开始利用尼罗河水进行灌溉，并开挖沟渠，以排除尼罗河泛滥时留下的积水。至少在塔萨-巴达里文化时期埃及人已经知道灌溉。扎布罗奇卡认为，在尼罗河河谷，土地的开发是与灌溉同时发生的。① 在前王朝的格尔塞时期，灌溉农业肯定已经相当发达了。这有两方面的证据：一是当时形成中的国家被称作斯帕特，其象形文字就是一块被灌溉沟渠分割开的土地，说明那时已经存在灌溉系统了（虽然还只是在一个小国的范围之内）。在此之前的情况则不清楚。二是在格尔塞时代之末，希拉康波里出土的蝎王权标头上的浮雕中，蝎王手执锄头站在尼罗河岸边或站在水渠边，在离他不远的地方的田里（或者是在一个小岛上），有两个人可能是在加固河渠两岸的堤坝，其中一人使用锄头，另一个人空手劳作。在希拉康波里进行发掘并公布其成果的魁别尔认为，蝎王权标头

① ［苏联］扎布罗奇卡：《近东古代史》，莫斯科：莫斯科出版社，1989年版，第71页。

上画的情景就是国王在进行公共灌溉工作；沙尔波认为，权标头上画的是河渠奠基仪式；阿甫基耶夫认为，它同农业劳动的开始有关；别列别尔金将其看作是那时灌溉工作的证明。

在埃及，农业中的灌溉系统的重要性是由两方面的原因决定的：一方面，上埃及即南部尼罗河河谷地区，常年不雨，农业用水乃至人民生活用水，全靠尼罗河水，不修建引水渠引来尼罗河水，人们不仅无法进行农业生产，而且也无法生活。特别是在较高的地区，尼罗河水灌溉不到的地方，更需要修渠引水。另一方面，尼罗河每年泛滥，必然留下大量积水，如果不修渠加以排除，人们就无法进行耕种，在三角洲地区更是如此。

在早王朝时期，随着国家逐步走向统一，灌溉工程也就超越了前王朝时期小国范围内的灌溉网。当然，不能说这时已经完成，因为在以后，随着新的土地的开垦，还需要新修一些水渠(如中王国时期对法雍湖周围地区的开垦就是如此)。

古代埃及的灌溉工程，在国家形成以后，大概都是在国家的控制与监督之下进行的。实际上，这也是国家的一项社会职能。据《帕勒摩石碑》的资料，从第1王朝开始，就有关于尼罗河每年洪水泛滥高度的记载，如第1王朝“王T，第一年，六肘”，“第三年，四肘一掌”，“第五年，五肘五掌一指”，“第六年，五肘一掌”。① 记录这些情况的可能是国家官吏，也可能是神庙的祭司，如在第1王朝的文献中提到有“河渠的仆人”，在第3～4王朝的铭文中有“两个河渠的仆人”。阿甫基耶夫认为，在古代埃及，诺马尔赫(诺姆的首长)的职务，最初就是同灌溉工作和捕鱼业联系在一起的。② 因为当时的主要经济命脉是农业，剥削的主要来源也是农业的收入。国家控制了灌溉工程也就控制了农业，从而就可保证剥削。

---

① 在这里，肘、掌、指均为古代埃及的长度单位，一肘大约等于52.3厘米，一掌大约等于7.47厘米，一指大约等于1.87厘米。

② [苏联]阿甫基耶夫：《古代东方史》，王以铸译，第193页。

古代埃及的主要农具是锄、犁和镰刀。在前王朝和早王朝时期有很多使用锄的证据：在前王朝时期的蝎王权标头上，蝎王手拿着锄头，权标头下面一栏的3个人中有一个人手里拿着锄头。在早王朝时期的利比亚贡赋调色板上的浮雕中，一些象征性的动物（它们是一些诺姆或国家的图腾标志）正拿着锄头破坏被打败的一些诺姆或国家的城市的城墙。这时使用的多半是用两片木头做成的木锄，因为尼罗河流域土质松软，用木锄即可翻地。这时也用石锄。在阿卑多斯的前王朝时期的墓里，考古学家发现了用燧石制作而成的锄头残件，萨维里耶娃认为，它们可能是用来破坏那些用砖坯建成的居民点的。① 此外还用铜锄，虽然彼特里说，埃及在第5王朝时期才开始制作铜锄头，但艾麦里报道，他在北部萨卡拉的“铜库”中发现了47件有木把的铜锄。萨维里耶娃认为，这种铜锄一定是用来清除未开垦的土地的。②

古代埃及人至少使用过3种犁：一种是非常原始的犁，它更像是古代埃及人使用的翻过来的锄头，它的一边延长为辕杆的形状；另一种犁是古王国时期经常使用的犁，就是带有两个稍微弯曲的柄的直把犁，它要用两头牛牵引；第三种犁是装有横木把柄的犁，是在新王国时期才使用的。传到我们今天的以象形文字符号形式出现的第一个“犁”字，是在《帕勒摩石碑》上的铭文里，记在前王朝国王的名字里，这也许可以说，在前王朝时期已经有了犁。在第2王朝时期的文物上，表示犁的文字有时是同牲畜一起提到的。犁耕农业的出现无疑是一大进步，它有利于提高耕地的速度。

古代埃及很早就已经使用镰刀。在1万多年前的中石器时期，在埃及南部的图什卡、伊斯纳等地均有发现。早王朝时期，不仅发现了表示镰刀的圆形符号，而且也在考古发掘时发现了镰刀的遗存。艾麦里在第1王朝

---

① ［苏联］萨维里耶娃：《埃及古王国时期的土地制度》，第60～61页。

② ［苏联］萨维里耶娃：《埃及古王国时期的土地制度》，第61页。

时期的海马卡的墓里发现了4把真正的木镰刀，上面还有燧石齿。此外，他还发现3把镰刀的残件。

早王朝时期埃及种植的主要作物有大麦、二粒小麦和亚麻等。关于大麦，早在新石器时代的塔萨-巴达里、梅里姆达、法雍等遗址里都发现过大麦。艾麦里在萨卡拉墓地的第1王朝时期的墓里，也发现了大麦。在第2～6王朝的牺牲表里也列举了“大麦”、“上埃及大麦”和“晒干的大麦”等。

关于二粒小麦，在梅里姆达、塔萨-巴达里遗址里均有发现，早王朝时期的海马卡的墓里也发现了二粒小麦的麦粒，第2～4王朝的牺牲表里也发现了二粒小麦。

在前王朝时期给死者的牺牲中，麦粒往往是用模型来代替的，这可能表明当时谷物产量还不是十分充足，因而还不可能有很多谷物献给死者。早王朝时期，谷物生产有了较大的发展。一个明显的例子是，这时面包和啤酒生产的发展。面包是用大麦和二粒小麦制作的，啤酒则是用大麦酿制的。在第2王朝时期的铭文里，提到了很多种面包和啤酒的名称。

除谷物生产以外，早王朝时期，果树栽培也发展起来，主要有葡萄和无花果。在这个时期的文献里提到过葡萄园。例如，第1王朝时期国王阿扎布时的铭文中，提到了王室葡萄园管理者的官职；在第2王朝时期的哈谢海姆威时的印章上有国王之家——“红屋”和“食物之家”管理下的葡萄园；还在他的一份铭文中指出了葡萄的产地——下埃及第一诺姆(“白城”，即孟菲斯)。在古代，下埃及是栽培果树的主要地方，因为这里灌溉条件好，水源丰富。早王朝时期还传下来盛酒的器皿，器皿上有印章。在早王朝时期的墓里还发现了葡萄的核。

除了葡萄以外，早王朝时期栽培的另一种果树是无花果。在埃及，前王朝时期就已经开始种植无花果。考古学家在前王朝时期的墓葬里已发现了它的果实。在紧接着早王朝时期的第3王朝国王乔赛尔的金字塔附属建筑物里，人们不仅发现了葡萄核，还发现了干无花果核。

## 二、畜牧业

在早王朝时期的经济中，畜牧业还占有相当重要的地位。特别是三角洲地区，这里水草丰美，是发展畜牧业的好地方。古王国时期的铭文中曾讲到有大群大群的牲畜被从三角洲赶到奴隶主的家里去，说明那时三角洲是发展畜牧业的重要地区。

当时发展畜牧业的用途是什么？一是满足人们对肉和奶的需要。作为畜牧产品的肉不仅供人食用，而且用来给死者、神灵献祭。在前王朝时期就已经流行在死者墓里放置杀死的公牛和其他家畜不同部分的做法。古代埃及人非常珍视牛油。第 2 王朝哈谢海姆威时期的资料说，当时有专门加工和保存牛油的一个部门——“牛油之家”。在早王朝时期的一个器皿中，人们还发现了用山羊奶做的奶酪，这说明那时已能对奶进行加工。二是当时埃及人由锄耕农业转向犁耕农业，所以畜牧业的发展获得了新的意义，即满足农用牵引力的需要。在早王朝时期的文物上，可以看到有牲畜同犁画在一起的场面。古王国时期使用的是重犁，需用两头牛来牵引，这当然只有奴隶主才能使用。三是作为运输工具。用牛和驴作运输工具，在埃及早已有之。西奈半岛、瓦迪-哈马马特、哈特努布、努比亚沙漠的证据表明，在早王朝时期，埃及就对这些地方进行过远征，以获得铜矿、石材、黄金等，牲畜(牛、驴等)必是用作驮运的主要手段。有的研究者说，在努比亚沙漠的采石场的路上，留有牲畜粪便的痕迹，这可能说明当时曾用牲畜作为运载工具。

从所有的资料来看，早王朝时期埃及畜牧业的规模是很大的。在纳尔迈权标头上写着俘获小牲畜 142 万头、大牲畜 40 万头。从《帕勒摩石碑》上记载的古王国时期第 4 王朝国王斯涅弗鲁在击败尼西人后，获大小牲畜 20 万头来看，纳尔迈权标头上的数字虽有夸大，但反映了当时埃及拥有的大小牲畜一定是很多的。

早王朝时期埃及人饲养了牛、羊、猪、驴和骆驼等。纳尔迈权标头上雕刻了牛和羊，利比亚贡赋调色板上雕刻了驴和羊。在前王朝时期，下埃及饲养了猪，第1王朝时期的阿卑多斯地方的一座墓里发现了一件上了釉的猪形陶器。猪的饲养与定居，与农业有关，它不像羊一样可从一个牧场赶到另一个牧场。在当时，猪只供给肉、油，而不能供给奶和毛、皮。在古代埃及，猪是一种神圣的动物，不过人们一般把它同荷鲁斯对立起来，而往往和塞特相等同。下埃及三角洲的养猪业发展得很早，是当地居民肉食的重要来源(据说上埃及的居民忌食猪肉)。

在家禽饲养方面，古代埃及人很早就已经开始驯养鸡、鸭、鹅，可能还有鹤。早王朝以后，在给神庙祭祀用的牺牲中，给死者祭祀的牺牲中，都常常提到鸭、鹅，有时还提到鹤。古王国第5王朝时期的一个名叫提伊的贵族墓里，雕刻了一群鹤，可能是在其地产中饲养的。

在古代埃及，捕鱼业早已是社会经济中的一个门类，人们很早就食用鱼。尼罗河供给了埃及人丰富的鱼类资源。中王国时期的文物中有两艘船拉网捕鱼的形象。

## 三、手工业

早王朝时期，埃及的手工业无论在规模上还是在技术上都有了很大的发展，手工业者的技艺水平达到了前所未有的高度。手工业的发展当然取决于农业的发展水平。因为只有农业有了较大的发展，才能给手工业提供更多原料和手工业者食用的粮食，进而给手工业提供更加广阔的市场，同时也才可能使更多的人离开农业去从事手工业。另外手工业的发展也会反过来促进农业的发展。早王朝时期灌溉工程的扩大，犁耕的实行，都与手工业提供了更加完善的劳动工具分不开。

早王朝时期，埃及人的手工业原料除了铜以外，还有石料、木材、农产品等。石料是埃及人在建筑和雕刻方面的主要原料，木材是建筑、造船、雕刻的原料，农产品(包括粮食、亚麻、葡萄等果树)则是食品、酿酒、纺织的主要原料。

早王朝时期，埃及的金属工具使用得比过去更多了。20 世纪 30 年代，艾麦里在萨卡拉发现了第 1 王朝国王登统治时期的一座墓，其中汇集了丰富的铜制劳动工具和铜制武器。在 3 个大木箱里保存了约 700 件铜制品，包括后来古王国时期使用的一切类型的铜制工具的基本形式。而在此墓中发现的石制工具只有 100 多件(燧石工具和刮削具)，这些可能是用于仪式的。但也可能说明铜制工具逐步取代石制工具，因为石制工具容易破碎，还不易修复。有埃及学者认为，在新石器时代用来杀死动物并肢解动物的一种大而宽的燧石刀，它就是逐渐被铜制的刀所取代的，后来这种燧石刀只是在墓里或神庙里才被发现，而且十分粗糙，也很小。在上述铜库中却有 100 多件有木柄的铜制刀，说明这种石刀正被铜制刀所取代。除了有铜制的刀外，还发现有铜制的手斧和匕首。

这时铜器的制作技术有了很大的提高。例如，在阿卑多斯一座墓里发现的铜制匕首就十分精巧。

第 1 王朝时期已经使用铜锯，一些木制品上有金属锯的痕迹可以证明这一点。有埃及学者认为，从第 2 王朝起，犁可能是用金属制作而成的。在早王朝时期，石制工具和木制工具也常常是用金属工具加工成的，如木锄、石锄、带燧石齿的木镰刀等就是如此。但是，总的来说，早王朝时期的铜制品还是很少的，因而也是很贵重的。有些墓里，石制工具还是多于铜制工具。例如，海马卡的墓里，有燧石工具 100 多件，而铜制工具却只有 8 件铜制钻孔器(当然，也可能是铜制工具被盗墓者盗走了)。而且应当说，铜制工具取代石制工具的过程是缓慢的，这与铜的冶炼水平不高，铜矿资源紧张有关。因此，铜制工具还不能广泛流行。当然，铜制工具不能广泛流行也还有别的原因，那就是铜制工具在硬度上不如某些石制工具。

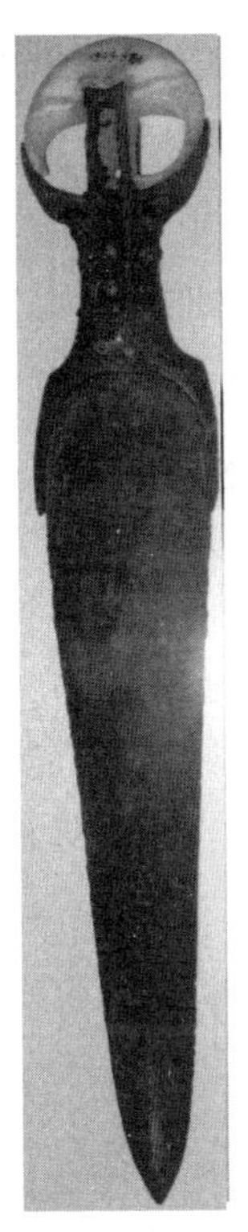

图 4.1　匕首。牛津阿什莫林博物馆藏

早王朝时期，埃及的铜矿主要来自西奈、东部沙漠地区和红海沿岸。早王朝时期的国王的名字大多留在了西奈的一些山崖上，说明他们曾远征过西奈半岛，或派遣远征队去过那里，或在那里开采铜矿的人们留下了这些国王的名字。

早王朝时期，虽然铜器多了，但铜的冶炼水平还很低，冶炼的方法还很原始，特别是提高炉温的方法很原始，这极大地限制了冶金业的发展。

当时除了使用铜以外，在金属的使用方面还有黄金和铅等。在早王朝时期的墓里，彼特里发现了国王登统治时期的黄金块。另外，哈谢海姆威国王的 4 个黄金手镯和黄金制成的王笏保留了下来。在《帕勒摩石碑》上记载有第 2 王朝晚期进行的第 7 次和第 8 次清查黄金的事件：“王 W……第 14

年，荷鲁斯祭。第 7 次清查黄金和土地"，"第 16 年，荷鲁斯祭。第 8 次清查黄金和土地"。这表明，当时黄金不仅被用来制作装饰品，而且是财富的重要形式之一。至于清查的原因是什么尚不得而知。早王朝时期的黄金来自何处？可能是埃及的东部沙漠地区，那里的铭文表明，在早王朝时期，埃及人就曾派遣探险队去探矿和采矿了。新王国时期有一张出自瓦迪-哈马马特的地图，可能是当时采矿者画的。此外，埃及也可能从努比亚获得黄金。中王国和新王国时期都有在那里开采黄金或努比亚人向埃及进贡黄金的资料。

早王朝时期，埃及人还使用铅，他们用铅制作指环、珠子、雕像和渔网的网坠等。埃及人使用的铅来自红海沿岸，因为在第 1 王朝时期埃及人的探险队就到过那里。

除了用金属工具以外，当时人们还使用石制工具。埃及有丰富的石材：玄武岩、雪花石膏石、石灰石、云斑石、黑色花岗岩、燧石、石英石、蛇纹石等。这为石制工具的流行提供了丰富的原料，也为其石制工具、用具制作技术的提高提供了物质条件。在早王朝时期，一些未被淘汰的石器的制作技术和制作工具被人们完善，其典型的例子是石钻和石制器皿的钻孔法。在前王朝时期，人们在石制器皿上钻孔还不曾采用旋转技术，因而钻的孔都很粗糙，也不均匀。在早王朝时期以后，人们采用了能旋转的平衡钻(虽然仍用石制钻)，使钻孔技术大为改进，钻出来的孔更加美观、精巧了。从第 1 王朝保存下来的大量用雪花石膏石、石灰石、玄武岩、云斑岩、板岩、白云大理石等制作的器具反映了技术上的这种进步。

随着生产工具的进步，埃及的手工业部门逐渐发展，除冶金以外，还有建筑业、制陶业、造船业、纺织业、制作面包和酿酒及艺术品制造业(如雕刻)等。

建筑业。在前王朝时期，房屋等建筑最好的材料是砖坯。在希拉康波里发现的可能是一座王墓，王墓的墓墙上有画，被称为画墓，这座画墓就是用砖坯建成的。人们在涅伽达也发现一座画墓，同样是用砖坯建成的。前王朝时期的其他建筑现在已经没有了。那时建筑的水平不可能很高。早王朝时期，在建筑材料方面最大的进步是用了石头作为建筑材料。考古发掘的资料表明，第 1 王朝的坟墓和神庙已经用石头作建筑材料。不过还只是用它作隔墙、神庙的大门和地板。在萨卡拉、赫尔旺、阿卑多斯、希拉康波里等地发掘出用石灰石、沙石和花岗岩建造的建筑。在《帕勒摩石碑》中有关于用石头进行建造的建筑："王 W，第 13 年〔号为〕女神阿卑多斯的庙，以石头建筑。"在以后的埃及史中，石头作为建筑材料获得了广泛的运用，而这是同工具的改进、开采技术的提高和建筑规模的扩大分不开的。

制陶业。早王朝时期，埃及的制陶业也有了很大的进步。这时已经完全用陶轮来制作陶器了。制陶已经是一个独立的手工业部门大概是没有什么疑问了，因为当时对陶器的需求量很大。这时生产的陶器都比较规范。例如，在纽约大都会艺术博物馆收藏的几个陶罐，以及在彼特里博物馆收藏的几个陶罐，都很规范。

图 4.2　陶罐。纽约大都会艺术博物馆藏

图 4.3　陶罐。伦敦彼特里博物馆藏

造船业。在前王朝时期的一些画上可以看到当时船的形象。例如，阿拉克刀柄上的水陆战图中的船、希拉康波里画墓中的绘画里的船，还有格别陵的亚麻织品上的船等。早王朝时期，随着国家的逐步统一，尼罗河作为联系各地的纽带的意义增强了。因此，造船业有了更大的发展。铜工具的使用，为利用木材造船创造了条件。在《帕勒摩石碑》上的铭文中有关于造船的记载：第 2 王朝末年，"王 W……第 17 年，第 4 次取得瓦塞法城，造船"(这可能是哈谢海姆或哈谢海姆威统治时期)。在第 1 王朝时期还有航行的记载："王 V……第 X+10 年，航行萨塞忒尼，击败威尔卡。"古代埃及用以造船的原料有 2 种——木材和纸草。纸草船早在涅伽达文化Ⅰ时期就已有了。[①] 用木材造船，在前王朝时期大概已经有了。但木材来自何处？埃及原本有大量的森林，但在前王朝和早王朝时期还有没有森林我们并不

① ［英］柴尔德：《上古东方新证》，图版Ⅵ.b。

清楚。如果没有，那么木材就只能来自黎巴嫩，因为后来埃及人用的好一点的木材都是从黎巴嫩进口的，例如，黎巴嫩的雪松。

纺织业。早王朝时期，埃及大概已经有了专门的纺织工匠(主要是王室和神庙的)，也有作为家庭副业的纺织业。纺织的主要原料是亚麻。早在巴达里文化时期的一些遗址里已经发现了亚麻布。在早王朝时期的墓里也发现了亚麻织品。亚麻除用于织布以外，人们还用亚麻制绳，制作绳床、座椅等。除了亚麻制品，可能还用羊毛作纺织原料。

在早王朝时期，一个重要的手工业门类是制作面包和酿酒。在王室经济和神庙经济中，它们大概也是独立的手工业部门。面包是用大麦和二粒小麦制作的，酒是用大麦和葡萄制作的。农业和园艺业的发展为面包业和酿酒业的发展创造了条件。

前王朝时期就已出现的艺术品制造业(如雕刻)，例如，制作权标头、调色板等，到了早王朝时期，得到了很大的发展。著名的纳尔迈调色板、纳尔迈权标头、利比亚贡赋调色板、哈谢海姆威的雕像，都是精美的工艺品。《帕勒摩石碑》铭文中记载有“高贵的哈谢海姆威的铜制雕像的诞生”①，现在已经有了实物(过去认为，只有到了古王国时期末期第 6 王朝的佩比二世时才有铜像)。在第 1 王朝登统治时期的大臣海马卡的墓里，艾麦里发现了一个圆盘，上面的浮雕中有动物：两只豺狼和两只羊，其中一只狼已经咬住了一只羊，另一只豺狼则正在追赶另一只羊，造型十分生动，表现了很高的艺术水平。开罗埃及博物馆收藏的几条项链，也反映了艺术品制造的发展：用肉红玉髓、松绿石、紫晶等制作的一条项链，还有一个牛头作为垂饰；另一条项链是用 faience 制作而成的，它还有一个用片岩作成的甲壳虫作垂饰，这种 faience 材料实际上就是埃及的瓷器。另外还有石罐或石瓶的制作，也已达到很高的水平。例如，在乔赛尔的层级金字塔发现的一些石瓶，以及在伦

① [苏联]司徒卢威、[苏联]列德尔：《古代东方史文选》，第 19 页。

敦大英博物馆收藏的石罐等，可以说都是精品。埃及艺术品制造的发展，可以说是当时整个生产力发展水平的综合表现：它既反映了当时生产力的提高、经济的发展，又反映了手工业技术的提高，还反映了人们欣赏水平的提高。

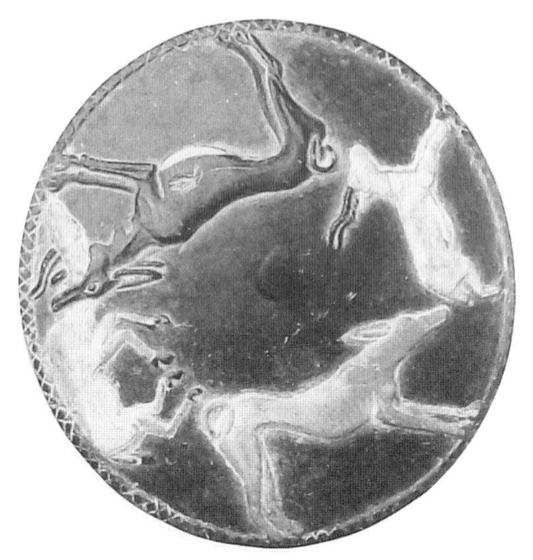

图 4.4　海马卡圆盘。开罗埃及博物馆藏

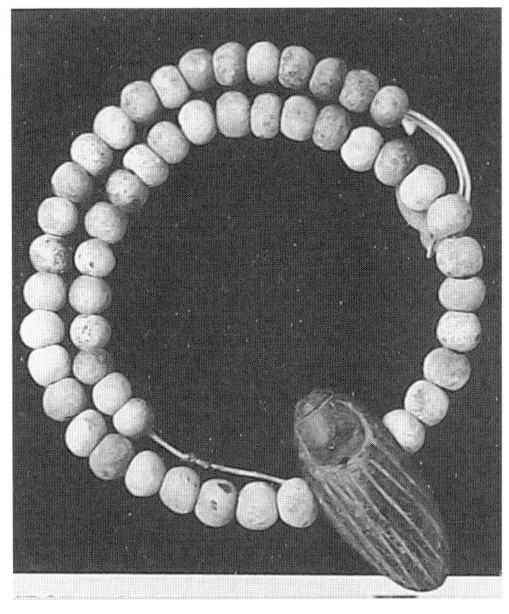

图 4.5　项链。开罗埃及博物馆藏

总之，国家的统一促进了社会生产的发展，促进了奴隶制经济的发展。而社会经济的发展反过来又推动了阶级的分化。

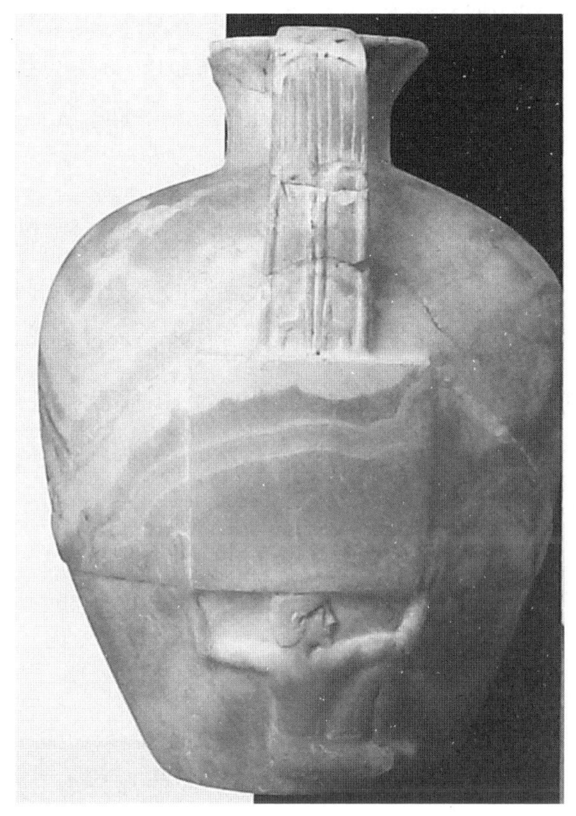

图 4.6　石瓶。开罗埃及博物馆藏

## 四、阶级分化的加剧

早王朝时期，随着奴隶制经济的发展和统一战争的进行，阶级分化不断加剧。阶级关系更加复杂化了，阶级矛盾也更加尖锐了。随着国家的统一，奴隶主在全国范围内成为统治阶级(以国王为首)；同时，也在全国范围内形成一个被压迫阶级。奴隶人数大为增加：第 1 王朝各国王墓里均有大量的人殉，其中当然有很多人是奴隶；纳尔迈权标头上说俘虏了 12 万人，其中也必定有很多俘虏成了奴隶。纳尔迈调色板上说俘虏了下埃及三角洲6000人，其中不少人成了奴隶。

从早王朝时期的埋葬情况(墓的大小、殉葬品的多少)也可以看出，这时阶级分化十分明显：王墓和少数贵族墓(马斯塔巴)不仅规模巨大，而且殉葬品极为丰富(虽然大多数被盗)，例如，海马卡的墓占地达到1512平方米，还有人殉。

在萨卡拉，除了有王墓以外，还有一些属于中等阶层的墓，以及一些官吏和宫廷人员的墓，其建筑与国王和大官们的墓相比就显得十分简陋了。更不用说广大的下层群众了，他们可能没有什么像样的墓，只是挖一个坑，用席子一卷就埋葬了。可惜的是，古代埃及的民居没有保存下来。不然，从埃及民居更能看出阶级分化的情况。

## 第二节　统一国家的形成

### 一、纳尔迈的统一活动

古代埃及和其他许多地区一样，最初形成的都是小国寡民式的国家，国土面积不大，人口不多。而刚形成的国家之间很难和平相处，它们为了争夺土地、劳动力和财富而战争不断。埃及国家的统一就是在这种争夺中逐步完成的。曼涅托说，埃及的统一是由美尼斯实现的，但考古发掘的证据表明，统一战争在所谓的美尼斯之前，至少在蝎王时期就已经开始了。蝎王的文物不仅在希拉康波里有发现，而且在北方的图拉也有发现，这说明他的活动范围至少已达到三角洲的附近。另外，在蝎王权标头的浮雕中，最上面一栏里雕刻了一排旗帜，每面旗帜顶上都有一个小国家的特殊标志。据推测，这一部分雕刻可能反映了蝎王领导的上埃及的一些小国战胜了生活于绿洲或附近沙漠中的外国人，也可能是征服了下埃及的某些地方，甚至可能是三角洲东部。①

但蝎王的统一活动仅仅是开始，并未完成。即使是征服了的地方，其统治也未必巩固。他以后的第1王朝的纳尔迈的统一活动规模比他要大得多，但纳尔迈也未能完成统一。此后第1～2王朝的许多国王统治时期，一直在进行战争就说明了这一点。

在叙述从纳尔迈开始的早王朝的统一战争之前，有2个问题需要说一说。

一个是关于美尼斯的问题。曼涅托说，美尼斯是埃及国家的建立者，埃及第1王朝的建立者和统一者。并说美尼斯在征服了下埃及(三角洲)之后，为了巩固对下埃及的统治，便在尼罗河河谷和三角洲交界的地方建立了一个要塞城市——孟菲斯(原名白城，因为该城的墙是白色的，这可能是因为用白石膏将其刷白的缘故，而非用白色石膏石砌成)，亦称海库普塔赫(Hikuptah)，意思是普塔赫的宫殿或邸宅。不过，海库普塔赫之名原来是第6王朝国王佩比一世在南部萨卡拉建造的一座金字塔的名字，只是到后来才用作白城的名字，希腊人称此城为孟菲斯。为使城市免遭尼罗河河水的淹没，便修建了一条长的堤坝。② 该城市作为要塞，主要是为防止来自三角洲的进攻，防止下埃及的反叛。《剑桥古代史》认为，该城从建立之日起便已经是国家的首都，传统上所谓的提尼斯是早王朝时期首都的说法并不可靠。③

现代的埃及学家有些把美尼斯与纳尔迈视作同一个人，例如，伽丁内尔在《法老埃及》一书的王表中就把纳尔迈看作美尼斯的荷鲁斯名，即看作

---

①　见[苏联]H. M. 波斯托夫斯卡娅在《“蝎王”及其时代》一文中的推测。《剑桥古代史》也持这种观点，不过它认为，蝎王战胜整个北方王国还不可能，因为他只戴了白冠，而未戴红冠。但是，该书又说，有一个国王坐在华盖之下，并戴着下埃及的王冠(在希拉康波里发现的另一个残件，但它是否属于蝎王还不能确定)。《剑桥古代史》第1卷第2分册，第3～7页。

②　[古希腊]希罗多德：《历史》上册，王以铸译，第151页。

③　《剑桥古代史》第1卷第2分册，第16页。

美尼斯的王衔名，艾麦里也持这种观点。① 但关于美尼斯，人们至今没有发现他的墓，也未发现有他名字的任何文物。因此有学者倾向于否定美尼斯是一个真实的历史人物，而认为他可能是一个传说中的英雄人物。②

另一个问题是，在埃及实现统一之前是否曾经有过南部埃及王国和北部埃及王国两个王国对立的局面？传统认为是存在过的，并提出了种种根据：南方王国定都于希拉康波里（涅亨），国王戴白冠，国库称为白库（白屋），崇拜荷鲁斯（鹰神）；北方王国定都于布托，国库称为红库（红屋），崇拜明神（蜜蜂）或眼镜蛇神。③ 但现在人们提出了不同的看法，认为在实现统一前，不曾存在过两个独立的王国这样一个阶段，统一是南方对北方的逐步殖民或征服。④

纳尔迈被现代的许多埃及学家认为是第 1 王朝的建立者，因为有确凿的文物作为其真实存在的证据，而不像美尼斯那样没有任何文物作为其存在的证据。有关纳尔迈真实存在的主要证据包括：纳尔迈权标头、纳尔迈调色板和利比亚贡赋调色板等。这些文物既是他真实存在的证据，也是他进行统一战争的证据。此外，柏林博物馆有一座狒狒像，上面有纳尔迈的名字；彼特里博物馆的一个陶罐上也有他的名字，彼特里博物馆还有一份泥印，上面的印痕包含了纳尔迈的名字，说明这可能是纳尔迈的印章。这些文物可能都是他的遗物。

纳尔迈权标头是魁别尔在希拉康波里发现的。权标头上雕刻的内容是头戴红冠的纳尔迈手执王笏（连枷和弯钩），坐在一个有 9 层台阶的平台上，头上有华盖遮挡太阳，台下有二人各执一伞，后有一人手提凉鞋，还有仪

① ［美］M. A. 霍夫曼：《法老前的埃及》，第 322 页所转述的他的观点。

② 见刘文鹏《古代埃及的早期国家及其统一》一文所转述的鲍姆加特的观点。

③ ［苏联］苏联科学院编：《世界通史》第 1 卷，北京：生活·读书·新知三联书店，1961 年版；《剑桥古代史》第 1 卷第 2 分册。

④ 《世界上古史纲》编写组：《世界上古史纲》上册。

图 4.7　纳尔迈头像。伦敦彼特里博物馆藏

仗队。在他的前方，有一乘轿子（称为抬床，类似蝎王权标头上的那乘抬床），上面坐着一位公主，人们认为这是他在战胜北方后，从北方迎娶来的。关于这位公主，萨阿德认为是国王阿哈的新娘，因为他认为阿哈是第 1 王朝的第 1 个国王；但艾麦里却认为纳尔迈是第 1 王朝的第 1 个国王，所以那个公主应当是纳尔迈的新娘，荷鲁斯·阿哈的母亲①，认为他试图通过这种联姻而使自己对北方的征服和统治合法化。霍夫曼认为，这位公主名叫涅特-荷特普(Neith-hotep)，在赫尔旺的 728H. 5 号墓曾发现有她的一个象牙板残片。所以一个北方的公主会埋葬在南方。同时很可能表明了南方的统治者纳尔迈在对北方的战争中打败了北方，占领了北方，在统治这一辽阔地区的同时也带来了北方王国的象征——红冠。

纳尔迈调色板也是魁别尔在希拉康波里发现的。调色板正面的雕刻有 3 栏，最上面一栏的内容是两个公牛头(是古代埃及王权的象征之一)，在两个公牛头之间是一个方框(象征的是王宫的正面)，方框内的内容是纳尔迈的名字的象形文字——一个锥子和一条鱼，其拉丁文注音为 NM，译为英文为 Narmer，说明这个调色板的主人是纳尔迈。第二栏雕刻的是头戴白冠的纳尔迈手执权标头正在击杀一个跪在他面前的三角洲地区的俘虏，有一把渔叉作为他的旗帜。在纳尔迈的正前方，还有一只鹰(象征鹰神荷鲁斯)站在象征三角洲地区的一束纸草植物之上，一只爪子抓着一条绳子，套着

① ［美］M. A. 霍夫曼：《法老前的埃及》，第 322 页。

象征三角洲地区的人头。这一组画面可能是表明纳尔迈曾在远征北方的战争中，得到了荷鲁斯的保护，因而取得了胜利，并带来了北方三角洲的俘虏，其数量是 6000 人。最下面一栏雕刻的内容，是正在仓皇逃窜的两个人，显然是北方的战败者。在调色板的背面，有 4 栏雕刻，第二栏雕刻的是纳尔迈头戴红冠，右手放在胸前，左手握一权标，在侍从的陪伴下检阅两排已经被杀头的俘虏(头被放在尸体的两脚之间)，在他前面有 4 个人各打着一面旗帜，人们认为这是纳尔迈进行统一战争时的同盟者的旗帜。最下面一栏还雕刻了一头公牛(象征强有力的国王或国王崇拜的公牛神)正用两只角破坏敌人的城墙，用蹄子践踏一个战败者。在这个调色板的两面，国王纳尔迈在正面头戴白冠，而在背面却头戴红冠，这可能是想表明这次远征征服了北方下埃及，获得了对下埃及的统治权，因而他戴上了象征上下埃及的王冠。

图 4.8　纳尔迈调色板。开罗埃及博物馆藏

利比亚贡赋调色板，现在只剩下半截，在这半截调色板的一面，雕刻了几个象征小国的图腾，纳尔迈正站在可能是被打败或被征服的国家或城市的城墙上，用锄头挖掘城墙。每一座城墙上都有象形文字，可能是该城

市或小国的名字。手拿锄头的动物还完整地保存了 4 个(一只鹰、一头狮子、一只蝎子和一只栖息在一段木头上的双身的鹰)。调色板的另一面雕刻了 3 列动物(两列是驴，另一列是羊)，还有一列植物(可能是橄榄树)。之所以将此调色板残片称为利比亚贡赋调色板，是因为在调色板上写有一组象形文字(在那一组植物中)，读作“耶赫努”(Tjehenu)，被认为是在三角洲西北边界附近的利比亚地方。在希拉康波里发现的一个象牙圆柱证实，纳尔迈确实曾指挥过一次对这个地方的远征。在那上面刻有他的名字和耶赫努，雕刻的是一个在战斗中被俘的失去自由的人。[①]《剑桥古代史》把另一个调色板(也是残件)看作纳尔迈的文物，这就是战场调色板。但也有人认为这个战场调色板是前王朝时代的文物。[②] 可以说，纳尔迈是古代埃及历史上统一的真正奠基人。但他也未完成统一，他的后继者继续了这一事业，直到第 2 王朝末，埃及的统一才最终完成。

图 4.9 利比亚贡赋调色板。开罗埃及博物馆藏

① [英]魁别尔：《希拉康波里》，图版XV.7，说明见该书第 7 页。

② 刘文鹏：《古代埃及的早期国家及其统一》，第 81～97 页。

## 二、第 1 王朝其他国王的统一活动

纳尔迈的直接继承者是国王阿哈，他的名字的意思是“战士”、“斗士”。这可能表明了他的性格。保存下来的有几件文物与他的统一活动有关。其中一件是在阿卑多斯发现的一个黑檀木楣，是纪念他远征努比亚的活动的；另一件是在一个文物上雕刻着俘虏的场面，并有铭文“得到上下埃及”。他还在三角洲地区建立了一个涅特女神的神庙，该女神为舍易斯地方所崇拜，这可能表明他“切望抚慰被征服的北方”。在《帕勒摩石碑》上第 1 王朝王名中的第 1 个人或第 2 个人向下可能记载的是他的事。

第 1 王朝第 3 个国王是哲尔，在他统治时期，对三角洲有过积极的活动。他留下的一个印章，表明他是作为上下埃及之王而即位的。在他统治中期，有一年被称为“击杀 Setjet 之年”。“Setjet”在后来时代指的是整个西亚，这在哲尔时期当然不可能是整个西亚，而很可能是远征西奈半岛。远征的目的大概是为了开采这里的铜矿，并获得松绿石。在阿卑多斯地方的哲尔墓里，发现有 4 个手镯上镶嵌了松绿石。他还可能向南进军到第二瀑布地方，因为在瓦迪・哈尔发地方发现了他的名字，并刻着一个战斗场面。他还可能领导过一次对利比亚的战争。

哲尔以后的一个国王是捷特，有的学者认为，他的名字或许应当叫作“瓦捷特”(Vazeti，或 Vazet)，意思是“三角洲女神的皈依者”。在他的王后麦伦特的墓里有刻着“葡萄园”、“东方诺姆”和“西方诺姆”的榨酒机字样的印章。这可能表明北部三角洲是在他的控制之下。因为三角洲地区是葡萄的主要产地，国王可能在征服这里之后将一部分土地划为自己的地产，并用来种植葡萄。而东方诺姆和西方诺姆一般是指三角洲的东部和西部。他也在南方进行过活动(或者是远征，或者是商业性的)，因为在埃德富(Edfu)附近的瓦迪・米亚(Wadi Mia)地方的岩石上发现了他的名字。

图 4.10　国王捷特的名字碑。巴黎卢浮宫博物馆藏

第 1 王朝最强盛的时期是该王朝的国王登(Den)统治的时期。艾麦里在萨卡拉发现了他的大臣海马卡的墓(约 1512 平方米)，这座墓比现在知道的第 1 王朝任何一个国王的墓都要大得多。在阿卑多斯地方的登的墓里，有一个象牙制品，上面雕刻着他正在用权标击杀一个跪着的人，上面的解释性铭文是"第一次击杀东方人"。在他统治的时期，第一次将红冠和白冠同时戴在自己头上，即采用了双重王冠。蝎王的头上只戴了白冠，纳尔迈只是在一种场合下戴白冠，在另一种场合下戴红冠，从未见他们同时戴上两个王冠。登还第一次采用了象征上下埃及的双重王衔——菅茅和蜜蜂。菅茅代表上埃及的保护神，而蜜蜂代表下埃及的保护神，其原来的意思是希拉康波里和舍易斯。在他的墓里还发现了几个要塞的名字。虽然人们认为在他统治时期，第 1 王朝达到了繁荣期，但有关他统治情况的资料我们却知之甚少。

图 4.11 击杀东方人的浮雕。伦敦大英博物馆藏

第 6 个国王阿涅德吉布(Anedjib)，和登一样采用了“上下埃及之王”的称号。有学者认为，《帕勒摩石碑》上记载的第 1 王朝某王统治的 14 年的活动应当属于阿涅德吉布(密俾斯)①，布利斯特德也认为，该王的名字可以恢复为 Miebis(密俾斯)②；但《剑桥古代史》却认为，这里记载的事应当属于登统治时期，而不是属于阿涅德吉布统治时期。③ 在这个国王统治之下的第 X+2 年记载“击杀洞穴之民”，这里的洞穴之民应当是居住于尼罗河与红海之间的民族或指西奈人。④

第 7 个国王名叫舍麦尔克赫提(Semerkhet)。在他统治时期，也曾扩大其势力于西奈和瓦迪·马格哈拉(Wadi Magehara)。在这两个地方发现了属于他统治时期的文物。不过，据曼涅托的资料，他的统治很散漫的，有很

① [苏联]司徒卢威、[苏联]列德尔：《古代东方史文选》，第 23 页，注 18。
② [美]J. H. 布利斯特德：《古代埃及文献》第 1 卷，第 59 页，注 6。
③ 《剑桥古代史》第 1 卷第 2 分册，第 26 页。
④ [苏联]司徒卢威、[苏联]列德尔：《古代东方史文选》，第 24 页。

多腐败的事情，因而国家陷于混乱的无政府状态。

第 8 个国王卡统治时期，曾同利比亚人有过战争。在属于他统治时期的一个象牙制品上雕刻了一个俘虏，可能就是利比亚人。

综观第 1 王朝时期，南方对北方的征服战争不止一次，而且战事还远不止于北部埃及的三角洲地区，而是已经达到了西部的利比亚和东部的西奈半岛。但这时期只是征而不服，北方对南方征服的反抗从未间断。尽管南方的统治者除了采用军事手段以外，还采用了联姻的方法，采用了安抚的方法，但都无济于事，都不能阻止北方居民(可能包括普通的居民，也包括贵族)的反抗。因为南方的统治者在征服过程中伴之以无数的杀戮、掠夺和破坏，给普通的居民带来无穷的灾难；同时也伴之以贵族权力的(政治的和经济的)丧失，因而必然会激起他们的反抗。这种反抗很可能是在北方贵族们的煽动和领导之下进行的。

## 三、第 2 王朝的统一活动

第 2 王朝的第 1 个国王名叫荷特普-舍克赫姆伊(Hetep-Sekhmui)，其意思是“使两个统治者满足”，或“两个权力和好”。有学者认为，这可能意味着该国两个不同部分——荷鲁斯部落和塞特部落的联合。

这个王朝的第 4 个国王伯里布森统治时期，采用了塞特的王衔，而不是传统的荷鲁斯王衔。但在大英博物馆收藏的他的名字碑上，在他的名字上方，却既有塞特，又有荷鲁斯，这说明他至少曾采用过双王衔，既把塞特作为自己的保护神，又把荷鲁斯作为自己的保护神。

但他是先采用双王衔，后来又放弃了双王衔而只采用一个王衔，还是先采用塞特作王衔，后来又采用了双王衔，情况不清楚。有学者认为他可能是一个篡夺者，而不是一个合法的继承者。

在埃及走向统一的过程中，第 2 王朝的最后两个国王或最后一个国王(如果是最后两个国王，那么就是哈谢海姆和哈谢海姆威，如果是一个国

图 4.12　国王伯里布森的名字碑。伦敦大英博物馆藏

王，那么就是哈谢海姆，因为有人认为，这两个国王是一个人。我们无法断定究竟是两个还是一个，暂且认为他们是两个国王）。可能起了十分重要的作用。

关于哈谢海姆，有这样一些文物可以反映他对北方的进一步征服和统一活动。一件文物是他的一座雕像，雕像的底座上雕刻了两个杀死敌人的数字："北方的敌人 47209 人"和"48205 人"。①这反映出对北方战争的规模和激烈程度。还有一个石瓶，上面雕刻了这样一幅情景：一位秃鹰女神，在国王的王宫前面，用一只爪子抓住象征上下埃及的植物，而用另一只爪子握着一个写有爪字的象形文字的圆圈。上面的解释性铭文是"攻击和杀死北方人之年"。旁边还有一个跪着的人，头上是象征三角洲的纸草，显然是象征被俘的三角洲的居民。② 哈谢海姆还对努比亚用过兵，有一个大的雕刻残件，表现的是国王正跪在一个匍匐于地上的努比亚人的身上，解释性铭文是："优秀的'凉鞋'反对邪恶，荷鲁斯-哈谢海姆。"

图 4.13　哈谢海姆威像。牛津阿什莫林博物馆藏

第 2 王朝最后一个国王哈谢海姆威统治时期，埃及的统一基本完成。他采用了荷鲁斯和塞特双重王衔，这两位神立于写有他的名字的方框(象征王宫正面)之上。在神话传说中这两位长期以来处于对立和战争状态的神能安居一处，这显然意味着互相对立的上下埃及的统一。

## 四、统一的历史作用和结果

前王朝和早王朝时期社会经济的发展要求有一个安定的环境，要求在更大范围内对尼罗河进行管理，要求在更大范围内发展灌溉事业。

---

① ［英］魁别尔：《希拉康波里》，图版 XL，解释见该书第 11 页，或见牛津阿什莫林博物馆收藏的哈谢海姆威雕像基座上的象形文字数字。

② ［英］魁别尔：《希拉康波里》，第 11 页，以及图版ⅩⅩⅩⅤ。

埃及的统一确实促进了埃及社会经济的发展。在《帕勒摩石碑》上，从第1王朝时期起，几乎每年都有关于尼罗河泛滥情况的记录，已如前述。关于尼罗河泛滥对农业的重要性，第3王朝的开国之君乔赛尔的一份铭文说道："尼罗河不泛滥，于今七年矣，五谷枯槁，民不得食，羸弱不能自立，朕之隐忧，曷为得矣！"①说明尼罗河不泛滥，作物得不到灌溉用水，将影响农业生产，从而造成灾荒，严重威胁到奴隶主的统治。从早王朝时期，特别是古王国时期，埃及奴隶制经济的长足进步来看，其统一确实促进了埃及经济的发展。

埃及南北自然条件很不相同，经济发展速度也有差异，物产各有所长。统一后可以利用尼罗河作为联系的通道和纽带，交流物产，交流技术，从而促进南北双方的发展(例如，南方的石材、粮食，北方的纸草、园艺和畜牧业等)。

但是，这种统一的要求，并不是以一种明确而有意识的形式表现出来的，而是统治阶级以武力扩大其统治和剥削范围的方式来进行和实现的。因此，这种统一必然会被打上统治阶级的烙印，打上奴隶主阶级的烙印。统一过程中，大批财富或被统治者掠夺去，或被毁坏；大批居民或被杀戮，或被掳掠，成为俘虏，成为奴隶。因此，埃及统一了，社会经济发展了，这仅仅是事情的一方面；另一方面，奴隶主阶级的统治范围扩大了，奴隶制发展了，人民群众在统一中并非真正的受益者。

埃及统一的结果，使全埃及奴隶主在全国范围内联合成一个统治阶级(虽然其内部也有矛盾，例如，征服者和被征服者中的奴隶主，其地位不会一样，获得的利益也不会一样，被征服地区原来的奴隶主可能丧失了某些政治经济利益和特权等)，加强了奴隶主阶级的力量；但同时也使被被剥削、被压迫者(包括农民、手工业者和奴隶)在更广阔的范围内联合起来，进行反对统治阶级的斗争，因为他们现在面对的是同一个统治阶级及其政

① ［法］A. 摩赖：《尼罗河与埃及之文明》，刘麟生译，第19页。

权机关。当然，这并不是自觉的意识，而是无意识的。因而阶级关系更复杂了，阶级斗争的规模扩大了(在第一中间期和第二中间期曾发生过贫民奴隶大起义就是证明)。

随着统一国家的形成，原来在小国范围进行统治的国家机器就显得太薄弱了，不能满足统治阶级加强统治的需要。为此，奴隶主必然进一步加强国家机器。从第1、2两个王朝的资料里，我们可以明显地看到，这时设立了许多新的官职。尤其明显的是，这些官职是以王权为中心而设立的。因此，统一战争也加强了王权，君主专制逐步形成。可以说，统一与君主专制是同步进行的。

## 第三节　君主专制的逐步形成

如果说，在格尔塞时期，由于国家刚刚形成，国小民寡，阶级关系还很简单，阶级矛盾还不甚尖锐，阶级斗争的规模也还不大，因而国家机器也还相对薄弱，王权还未强化，还带有浓厚的军事民主制残余的影响，还受到可能存在的贵族们的制约。那么，在早王朝时期，埃及的国家机器就随着版图的扩大，人口的增多，阶级关系的复杂，阶级斗争规模的扩大而日益加强，日益庞大和复杂。尤其是王权，逐渐摆脱了贵族们的约束，摆脱了军事民主制残余的影响，一往直前地发展起来，并逐渐被神化，成为埃及国家机器强化的显著特征。

### 一、国王地位的提高

虽然在蝎王权标头上我们已经看到国王的形象比其他人高大得多，但是，他终究还不是全埃及的国王。为了征服和统治全埃及，蝎王及第1王朝的国王纳尔迈等人还必须联合一些小国，他们相对这些小国的国王和贵族还未处于至高无上的地位，在某种程度上可以说，他们还处于联盟者的地位，最多不过是联盟的领导者，而尚未成为专制君主。《剑桥古代史》指出："各个调色板上的场面的意义，如果不是使人想起这些诺姆(以其旗帜为标志)表明了在物质上对统一的贡献的话，是很难理解的。尤其可能的是，它们意味着，希拉康波里的居于统治地位的国王还不是后来全能的专制君主，而毋宁说是作为反对一个共同敌人的各诺姆的联盟的领导者。"①

但是，蝎王和纳尔迈等人虽然是同盟者，但他们在同盟中已经不完全是与他人地位平等的一员，其他同盟者未必能和他们平起平坐，他们可能已是同盟中的霸主。尤其是，随着在他们领导之下进行的统一战争的胜利，他们的地位也就更加不同，他们逐渐地由联盟的领导者变成了联盟的统治者。更因为他们长期地占有领导地位，其势力会不断增强，势必使这种变化成为必然的。因此，我们不能一成不变地看待国王的地位，不能认为第1王朝开始时期的王权同第2王朝末期时的王权还是一致的。事实上，早王朝时期反复进行的统一战争的结果，是许多小国的灭亡，是许多小国国君和贵族的灭亡，一些原来的同盟者也可能被削弱，甚至被消灭。而这一切的结果，必然是领导统一战争取得胜利的国王的权力的加强。更何况，在长期的战争中，一些同盟者的军事力量很可能被领导这一战争的国王所控制，战争的胜利又必然会大大提高这些国王的威望。他们甚至被神化。因此，在早王朝末期，未曾发现过像前王朝和第1王朝时期的猎狮调色板、战场调色板、蝎王权标头、纳尔迈调色板、利比亚贡赋调色板等文物上所反映出来的同盟者"平等"出现的场面。实际上，在蝎王权标头、纳尔迈调色板上反映的蝎王和纳尔迈等与其他那些诺姆的国王的关系已经不完全是平等的了。

## 二、世袭权力的形成

原始社会晚期的军事民主制时期是选贤与能，但被选举的已经多半不

① 《剑桥古代史》第1卷第2分册，第11页。

是普通的氏族成员，而是贵族，并逐渐向世袭制转化，即军事首领（巴赛勒斯或“王”）多半是出自一个或几个贵族家族。进入阶级社会以后，在雅典和罗马，形成了共和国，选举制还保留着。但在其他很多地区，王权不仅没有消失，反而是在逐渐加强，世袭制代替了选举制。在埃及，前王朝时期的情况不清楚，没有资料说明国王究竟是选举的还是世袭的。但是，从第1王朝开始，显然已经是世袭制了（有学者认为，古代埃及王位世袭的一个显著特点是母权制的影响，其表现形式就是王位也可通过女系往下传）。一个王朝的国王、基本上是出自一个家族。例如，阿哈是纳尔迈的儿子，登是捷特和王后麦伦特之子（麦伦特可能还做过摄政王，她有自己的金库），舍麦尔克赫提则是阿涅德吉布和王后塔尔舍特（Tarset）之子等。

王位的世袭可能有这样一些原因：某个国王的威信非常高，其权力还不断增强，以致后来不能不让其拥有世袭的权力；反过来，世袭权力又进一步加强了国王的权势；不断的战争，使一些在战争中获得胜利的国王被神化，似乎他们是不可战胜的，使他们的威信提高到无以复加的地步；战争还使军事首领的财富极大地增加（通过掠夺和掠夺物的分配），从而增强了他们的经济实力，也就增强了王权的经济基础；等等。

王位世袭，国家政权变成了一家的政权，它既为奴隶主阶级服务，又为国王一己私利服务。不仅国家政权凌驾于社会之上，而且国王和王室家族也凌驾于社会之上。这在当时既为奴隶主阶级所需要，因而也为奴隶主阶级所容忍。世袭权力的形成在当时既起过进步性作用，又必然会为种种腐败现象的出现创造条件。

## 三、双重王冠的采用

王冠或王徽，是王权的标志之一。古代埃及国王所戴的王冠有多种：红冠（deshret）、白冠（hedjet）、兰冠（khepresh）、nemes 和 atef 等。

红冠，一般被认为是下埃及的王冠，代表下埃及，其形象最早出现在阿姆拉特末期的涅伽达 1610 号墓，在纳尔迈权标头和调色板的背面纳尔迈均戴有这种王冠，其形状像一把椅子，加上一条眼镜蛇(wadjet、uraeus)作为蛇标，意为受到眼镜蛇蛇神的保护。白冠，一般认为它是上埃及的王冠，代表上埃及，最早出现在前王朝晚期的蝎王权标头上，其形象为一只鹰，戴上它，意为受到鹰神荷鲁斯的保护。兰冠是在第二中间期出现的，新王国时期的国王多戴这种王冠，在它的前面也有一条眼镜蛇。nemes 这种头饰最早是哈夫拉金字塔前的狮身人面像的头上所戴的，后来被各个时期的国王广泛采用，它是一片亚麻布包裹在头上，前面也有一个蛇标。atef，其形象为白冠的两边各有一片羽毛，顶上有一个太阳圆盘，但不见蛇标，这是在国王举行某种仪式时所戴的一种头饰。双冠(pchent)即红冠和白冠同时戴在国王头上，这是在第 1 王朝的第 5 个国王登统治时期才开始戴的，戴上它们，表示对上下埃及的统治权。

但是，关于白冠代表上埃及王权，红冠代表下埃及三角洲王权的说法，埃及学家对此有 3 种不同的观点：第一，传统认为红冠代表下埃及三角洲的王权，但有一个问题，即红冠的形象首先是在上埃及的涅伽达发现的，它是如何在涅伽达文化Ⅰ时期，即阿姆拉特时期来到那里的，是交换还是什么原因？第二，否认红冠代表下埃及王权的说法，即红冠原来也是上埃及的，是属于涅伽达文化Ⅰ居民的；白冠是后来的，是外来的，是属于创造了涅伽达文化Ⅱ居民的。但也有一个问题，既然它们都象征上埃及的王权，为什么在传统中会出现它们代表上下埃及的王权这种说法？而且实际上在后来的历史中它们也象征了上下埃及的王权，这该如何解释。第三，霍夫曼在《法老前的埃及》一书中提出了一个新的解释，他认为，上下埃及、南北埃及只是相对的，在不同时期有不同的解释。在前王朝时期，希拉康波里与涅伽达这两座城市中，希拉康波里在南方，在上游；而涅伽达在希拉康波里的北部，在它的下游。红冠的形象最初出现在涅伽达，白冠的形象最初出现在希拉康波里，在涅伽达的南部。就是说，当时的上下埃及均在南方，希拉康波里是上埃及，涅伽达是下埃及。红冠代表下埃及，即代表涅伽达。[①] 但霍夫曼的这种解释又与我们通常所说的下埃及是三角洲地区，上埃及是自埃烈芳提那至孟菲斯的说法不一致了。而且还有一个问题，即白冠象征一只鹰，是荷鲁斯的形象；红冠上有一条眼镜蛇的形象，那是三角洲的布托地方崇拜的神，这又作何解释？所以，这还是一个没有解决的问题。

在第1王朝中期国王登统治时期，登同时戴上了红冠和白冠，显然意味着他同时代表了双重权力，统治了上下埃及(虽然实际上统一全埃及的事业并未完成)。

## 四、双重王衔的采用

第1王朝初期的国王只有一个王衔，都采用的是荷鲁斯衔，即他们都自认为他们的权力来自荷鲁斯，受荷鲁斯的保护，国王的名字写在一个长方形的框子里，框子上面站着一只象征荷鲁斯的鹰。

国王登统治时期，既采用荷鲁斯衔，同时为与双冠相适应而采用了两个新的王衔，即树蜂衔和菅茅衔，也是象征上下埃及的王权。人们普遍认为，第2王朝的伯里布森放弃了对荷鲁斯的崇拜，而崇拜塞特，所以采用的王衔是塞特。但有的文物上的雕刻显示，伯里布森时期采用的王衔有过变化，即他曾采用过荷鲁斯和塞特双王衔(在写有他的名字的方框之上既站着荷鲁斯，又站着塞特)，也曾采用过单一的王衔(在写有他名字的方框上只站着一只豺狼——塞特的象征)，即只采用塞特衔，只崇拜塞特神，只受塞特神的保护。但第2王朝末叶的哈谢海姆威最终采用了荷鲁斯衔和塞特衔双重王衔。这也表明了他将两个敌对的权力联合了起来，他的权力来自二者。

① [美]M. A. 霍夫曼：《法老前的埃及》，第322～324页。

王徽和王衔的采用都是神化王权的表现。那么，王权神化的历史背景和条件是什么？第一，国王既是行政首脑又是军事首长，还控制神权，是祭司长。他们既控制神权，当然也会利用神权来加强王权，神化王权。第二，国王的世俗权力不断扩大，统治的范围也不断扩大。每打一次胜仗，占领一个小国，其威信也就增长一分，而当全国统一时，他们几乎被看成是战无不胜的了，他们的能力也就几乎被神化了。在他们看来，国王之所以获胜，不仅是由于他们自己的能力，而且也由于神灵的保佑。当时的人们认识不到统一是社会经济发展的要求和结果，而把一切都归功于国王个人的作用，神灵的作用。第三，随着阶级矛盾的复杂化和尖锐化，统治阶级也需要神化自己的统治，而国王是其政权的象征，当然也就被神化。王权的神化和强化，既为国王本人所追求，也为奴隶主阶级所需要和容忍。尽管王权的强化和神化是以削弱奴隶主贵族的权力为代价，但是贵族们迫于无奈而不能不承认已经形成的局面。

## 五、官僚机构的复杂化

随着统一国家的形成，原来太过简陋的小国寡民式的国家机器已经完全不适应奴隶主阶级统治的需要了。因此，在第1～2王朝时期新设置了许多国家机构。但是由于资料的缺乏，我们至今仍不能恢复其国家机构的全貌。

例如，纳尔迈和阿哈统治时期设立的管家，哲尔时期的洪水管理人，捷特时期的酒的王室检查员，阿涅德吉布时期设立的王室葡萄园的管理人和洪水监督，麦伦特时期的酒的保管者，登时期的王室刻印者、掌玺官和王室建筑师，舍麦尔克赫提时期设立的贵族的领导者和国王臣仆，卡时期的仪式大师和国王侍从。彼特里在总结第1王朝的情况时说："在国内组织方面，我们看到逐渐生长出官僚政治……哲尔的统治是这种形式的第一个成就，在登统治下达到最辉煌的地步。"[①]第2王朝的伯里布森时期，设立

① ［英］W. M. F. 彼特里：《埃及史》第1卷，第25～26页。

了"南方一切文件的盖印者"、"国王之下条规记录者的首领"、"铭文、条规的记录者"、"莲米的采集者"、"Amu 条规的石屋"、"北方运输的管理人"，哈谢海姆国王时期设立了"宫廷条规记录者"、"一切东西的盖印人"，等等。

早王朝时期乃至整个古代埃及，国家机构的一大特点是设置极其混乱，带有很大的随意性，官职名称也极为混乱而庞杂，看不出层次。不过我们从现有的残缺不全的资料中仍然可以看出，这时的国家机构确实比前王朝时要复杂得多了。

早王朝时期官僚机构设置的另一个重要特点是，以国王为中心的，为国王服务的机构的形成。许多机构就是国王私人事务、王室家族事务的管理机构。这样的机构往往与国家机构或混杂或平行地存在着，起着作用。

## 六、双墓、三墓及其意义

古代埃及人非常重视给自己建造坟墓，而且在生前就开始建造，国王和王室家族就更是如此。古王国时期的一个王室成员哈尔德杰德夫在给自己的儿子的教训中说："在墓地修好你的居所，使你在西方(指尼罗河西岸，即古代埃及人的亡灵之地)的居所富有价值，假如死亡侵袭我们，倘若生命刺伤我们，死亡之屋可以用来生活。"许多国王还在活着的时候就开始修建金字塔。

在早王朝时期，王室和贵族的墓叫作马斯塔巴(形似现代阿拉伯人院子里的长凳，阿拉伯人称这种长凳为马斯塔巴，故埃及学家把古代埃及的这种墓也叫作马斯塔巴)，这种墓的规模比前王朝时期的墓要大得多，一般有两层，地上和地下各一层，每一层都有若干间屋子，除了存放尸体以外，还有陪葬者的房间(在早王朝时期存放陪葬的奴隶，国王的墓里还有陪葬妻妾和近臣等)、存放各种陪葬品的库房，以储藏各种粮食、油、酒和其他用品。古代埃及人认为，这些东西放置在墓里，可以通过魔法手段而为死者享用。值得注意的是，在阿哈的墓里还有一个王室地产的模型，大概他们以为在他死后还可以继续享用地产上的收入。

第1王朝的国王，大多有2个马斯塔巴，一个在阿卑多斯(提尼斯附近，这里据说是奥西里斯的故乡，因此很多国王把自己的墓设在这里)，另一个在萨卡拉(孟菲斯附近尼罗河西岸，这里在早王朝时期是埃及的首都)。个别国王还有第3个墓，在涅伽达(如阿哈的第3个墓就在涅伽达)。在2个或3个墓里，当然只有一座是真墓，其他的则是假墓，纪念碑(cenotaph)式的墓。

下面是第1王朝和第2王朝一些国王在阿卑多斯和萨卡拉的马斯塔巴墓的情况：

纳尔迈的墓长26步(每步长5尺)，宽16步，用砖坯砌成。

阿哈在萨卡拉的墓用砖砌成，有561平方米大。

哲尔的墓长28步，宽28步，周围有338个墓室；他在萨卡拉的墓有672.5平方米大，地下有8个墓室。

捷特在阿卑多斯的墓长29步，宽19步，附属墓室174个。他的王后麦伦特在阿卑多斯的墓长30步，宽21步，有42个附属墓室。

国王登在阿卑多斯的墓长50步，宽28步。他的宰相海马卡在萨卡拉的墓占地1512平方米。

阿涅德吉布在阿卑多斯的墓长22步，宽14步，祭品房长14步，宽9步，附属墓室64个。

舍麦尔克赫提在阿卑多斯的墓长22步，宽44步，附属墓室72个。

国王卡在阿卑多斯的墓长34步，宽17步，有14个存放祭品的墓室，另外还有24个附属墓室。

第2王朝最后一个国王哈谢海姆威的墓的中心墓室为长17

步，宽 10 步，6 步深，用石头建筑而成。整个墓长 223 步，宽 54 步，从北门进去通往墓室，共 2 排，33 个墓室，等等。①

如此众多而规模巨大的王室陵墓，说明了当时埃及经济实力的雄厚，尤其说明了国王权力的膨胀，以致可以动用众多的人力物力来修建坟墓。同时，也反映了这时贵族势力虽然也很强大，他们中一些人的墓规模也很大，但王权已经远远超过了贵族，在一般情况下，贵族已经不能和国王平起平坐了。

关于阿卑多斯和萨卡拉的王墓，有 2 个问题还有争论，还没有最后解决。

第 1 个问题是，在这 2 个王墓中哪个是真正的埋葬国王的墓，哪个是假墓，纪念碑式的墓？阿卑多斯王墓的发掘者彼特里坚持认为，他发掘的是真墓；而萨卡拉王墓的发掘者艾麦里也认为，他发掘的是真正的王墓。其他学者则各有自己的看法，或者同意彼特里的观点，或者同意艾麦里的观点。至今尚无定论。

第 2 个问题是，那个假墓，纪念碑式的墓，其作用是什么？艾麦里认为，两个墓的存在是同曾经存在过南北两个王国的情况一致的，一个墓代表上埃及的王墓，一个墓代表下埃及的王墓。斯卡尔弗认为，建造假墓的目的在于保证墓主人得到来自阿卑多斯的奥西里斯的祭祀仪式的恩惠；斯科特认为，阿卑多斯假墓是同加冕仪式相联系的；马迪耶和波斯托夫斯卡娅则认为，假墓的建造与赛德庆典有关。赛德庆典的主要部分是再现国王的仪式性死亡，国王复活后把自然界的魔法权力交还给他，以及他作为新的强有力的统治者重新即位。这种仪式，在古代原本应杀死那些已经衰老

① 作者自译，可参考[英]W. M. F. 彼特里的《第 1 王朝王墓》和[英]艾麦里的《第 1 王朝大墓》。

无能的部落领袖，后来是用奴隶和俘虏来代替，更后来则用雕像代替。假墓就是埋葬雕像用的。在中王国时期的孟图霍特普二世的假墓中找到过那样的雕像。但这个问题也还没有得到彻底地解决。

本书比较倾向于认为萨卡拉王墓是真墓，因为那里的墓更大，而且它位于首都附近。

## 七、王室经济的形成

前王朝时期有没有王室经济，现在缺乏证据来证明这个问题。但是早王朝时期，已经有了王室经济，这有两方面的证据：一是阿哈墓里的王室地产模型；二是这时的文物中有了管理王室经济的官职的印章。

在氏族制度晚期，按理说，氏族首领作为氏族贵族，应当有自己的地产，不过现在没有证据。在早王朝时期，王室地产主要是在对下埃及进行战争的过程中抢夺来的下埃及的土地等财产。这时的印章上有王室葡萄园的管理者的官职，说明已经有王室地产，而且是在三角洲，因为三角洲是当时和后来生产葡萄的主要地区。国王在每次获胜后，必然会将占领地的耕地中的一部分作为战利品划归自己所有，当然也会将一部分给予自己的将领和士兵。此外还会有劳动力和其他财富的收获。纳尔迈权标头上说，俘虏了 12 万俘虏、40 万头大牲畜和 142 万头小牲畜。这些东西中的一部分当然是在胜利者中进行分配的。王室经济的形成无疑将大大地提高王权的地位。

## 八、对全国土地、黄金、人口和牲畜的清查

君主专制的逐步形成，统治阶级统治的强化，一个重要的表现就是加强了对全国的控制，其中也包括对全国经济的控制。在早王朝时期埃及曾经不断地对全国的土地、黄金、人口和牲畜进行清查。这种清查开始于第 1

王朝时期，在《帕勒摩石碑》上记载："王 V 第 X+4 年：〔清查〕西、北、东各诺姆的所有人民。"据 1963 年版的《古代东方史文选》的意见，这应当是在阿涅德吉布统治时期，但据《剑桥古代史》的意见，则是在登统治时期。

图 4.14　帕勒摩石碑。帕勒摩博物馆藏

从《帕勒摩石碑》上的铭文看，第 2 王朝时期清查的记载比较多，如在涅泰里穆之子的 21 年中，共清查了 10 次，但未记载清楚清查的内容。在王 W 统治的第 14 年进行的 7 次清查中，提到了清查黄金和土地。

清查的目的是什么？一方面当然是为了征税，另一方面是为了加强控制。有学者认为，被清查的土地是私有的土地。

早王朝时期君主专制的形成有利于加强奴隶主阶级的统治，也有利于正在形成的国家的统一。因为，从古代埃及的历史看，王权是统一的象征，王权削弱意味着统一的削弱，而王权的崩溃，也意味着统一的崩溃。

# 第五章　古王国时期埃及统一的巩固

## 第一节　古王国时期的土地关系

古代埃及的土地关系问题(包括所有权问题、占有权问题、使用权问题和经营方式问题、土地上的劳动者的性质问题等)，是一个十分复杂的问题。由于种种原因(包括资料的不足、资料内容的模糊不清，以及学者们对这个问题在观念上的不同)，我们现在还不可能解决这一问题，这里只能提供一些资料和有关的分歧供参考，而不是企图解决。

### 一、关于古王国时期埃及土地关系的几种看法

现代学者对于古代埃及的土地所有制问题，存在着不同的观点，包括土地私有制说、土地国有制(或王有制)说等。

例如，苏联科学院主编《世界通史》的作者认为："土地所有者自由支配土地，早在第 3 王朝与第 4 王朝之交，连普通人都可以卖掉自己的土地。土地所有者还可以把土地送给或遗赠亲人"，"除了王室地产以外，还有土地所有者可以自由支配的领地"。①

刘文鹏先生在其《〈梅腾墓铭文〉所见的古王国时代埃及的土地私有制》一文中也认为："至少古王国时代梅腾的铭文可以证明，在第 3 与第 4 王朝

① ［苏联］苏联科学院编：《世界通史》第 1 卷，第 211 页。

之交，埃及已经有了土地买卖、继承、转让的现象，这是埃及土地私有制的重要表现之一。”“梅腾购买土地和继承土地，涉及土地所有权的转移，所以，除了当事人的买卖和继承外，必须获得法律上的承认。……不仅梅腾继承的土地根据‘国王证书’和‘各地方机关’的同意、批准取得了合法的土地所有权，而且梅腾购买来的土地和这一规定的审批手续相连系。也就是说，梅腾购买来的土地和继承下来的土地都通过合法的手续与证明，取得了土地的正式私有权。‘国王证书’一方面批准了地产的转移，同时也固定了新的占有者的土地所有权，从这个意义上说，国王表现为土地的最高支配者。但是，这并不妨碍上述土地的私有性质。相反，只有国王的批准，国家机关的承认，土地占有才具有合法的性质，才能成为真正的私有财产。”①

萨维里耶娃认为：“埃及的主要生产资料——土地——在古王国时期被集中于王室家庭、神庙、氏族的和服务的贵族手中，国王的土地不总是同国家的土地相区别，因为国王是全部土地的最高所有者。”“属于王室家族成员、显贵的地产的总和是用专门的术语‘私人的土地’(d. t)来表示的，而包括地产在内的全部家庭经济——是用术语‘私宅’(pr-d. t)来表示的。地产常常同私人的地名一起列举为‘他的’或‘她的’。这些术语反映了对土地和家庭的占有权。”②土地占有者可以将这些土地买卖、转让和继承，但在某些情况下，可能要求国王形式上的同意。对土地的私人占有受到法律保护。

司徒切夫斯基却认为，在古王国时期，神庙经济是王室经济的一个组成部分，是王室经济的经济细胞，不是一种独立的经济，只是到后期埃及才出现土地买卖现象。③

① 刘文鹏：《〈梅腾墓铭文〉所见的古王国时代埃及的土地私有制》，见中国世界史研究会：《世界古代史研究》第1辑，北京：北京大学出版社，1982年版，第12～24页。

② [苏联]萨维里耶娃：《埃及古王国时期的土地制度》，第173页。

③ 参见[苏联]司徒切夫斯基：《古代埃及王室经济的神庙形式》。

阿甫基耶夫认为，古代埃及“土地之集中于国家手中和管理全部人工灌溉系统的必要逐渐形成了最古老的财政——经济主管机构……公社实际是在公社占有制的基础上来领有土地的，但国家政权则自认是一切土地的最高所有者，并为了自己的利益而取得公社自由居民收入的一部分。”①

## 二、土地占有的几种情况

古王国时期埃及的土地所有制，至少就奴隶主阶级所占有的土地而言，有3种形式或3个层次，这就是国有、神庙集体所有和私人所有(包括王室家族所有、官僚贵族奴隶主所有和其他私有者所有等)。

第一，国有的土地。这是奴隶主阶级的所有制，虽然其收入直接归国库，但实际上，其收入都直接或间接地为奴隶主服务。所谓直接为奴隶主服务，如薪俸或俸禄田的收入；所谓间接为奴隶主服务，如用其养活军队、官僚机构等。因此，整个奴隶主阶级分享了它的收入，也就分享了它的所有权。

国家占有的土地，收入归国库。对这类土地，国王可作为政权的代表而加以支配。例如，国王可代表国家将部分土地捐赠给神庙、赐给有功之臣。战争费用、军队和行政官吏的薪给(是给实物还是给土地尚不清楚)、修建公共工程等开支，主要是由国有土地的收入支付。

从古王国时期的资料来看，国家占有的土地很多，遍布全国各地。例如，在《帕勒摩石碑》中记载的某个国王将某块土地捐赠给神庙，其中有些土地显然是国家占有的土地：第5王朝国王乌塞尔卡夫统治第5年，给予“拉〔神〕，在北部诸州的土地四十四斯塔特”②，“〔女神〕哈托尔，在北部诸

① [苏联]阿甫基耶夫：《古代东方史》，王以铸译，第198～202页。

② 吉林师大、北京师大历史系编：《世界古代史史料选辑》上，北京：北京师范大学出版社，1959年版，第10页。斯塔特为古代埃及土地面积单位，1斯塔特约等于2735平方米。

州的土地四十四斯塔特"①，"荷鲁斯〔……〕之屋的诸神，土地五十四斯塔特……"等等。②

在国王萨胡拉统治的第 5 年，给予神庙的土地，有的在克索伊斯，有的在布西里斯、孟菲斯，还有东部的土地、利比亚州的土地、东部肯特州的土地。第 13 年，给予神庙的土地，是北部和南部的土地，等等。③

在国家占有的土地中，有一部分是诺姆占有的土地。虽然现在我们没有诺姆占有土地的直接证据，但古王国时期末期的一些资料间接证明了它的存在。例如，在一些国王的敕令中提到有关诺姆的劳动，这种劳动大概是与诺姆土地有关的。诺姆土地的收入应当主要被用于维持诺姆的行政开支。诺姆土地可能起源于原来氏族部落的土地，主要控制在诺马尔赫(Nomarch，诺姆的长官)手中。有的学者认为，诺姆经济是与王室经济相对立的，即认为诺马尔赫可以利用自己控制经济的权力与王权相对抗。④

第二，神庙集体所有的土地。古王国时期各地崇拜的神很多，所以神庙也就很多。各地有供奉地方神的神庙，也有供奉全国都崇拜的神的神庙(如拉神的神庙)，还有国王贵族们的安灵祭祀神庙。这些神庙都占有土地以维持祭祀仪式，其土地有的主要来源于原诺姆(或氏族部落)，有的来源于国家、国王的捐赠、贵族的捐赠和转让。神庙所有的土地由祭司控制，其收入除了用于祭祀费用外，也用作祭司的薪给。祭司们并不从事物质生产，他们是奴隶主集团的一部分。所以，神庙所有实际上是奴隶主中的一个集团的集体所有。

第三，私有土地。私有土地即奴隶主个人所有的土地，包括王室家族成员、官僚贵族和其他奴隶主所有的土地。从涅库勒王子的遗嘱可以知道，

---

① 吉林师大、北京师大历史系编：《世界古代史史料选辑》上，第 10 页。

② 吉林师大、北京师大历史系编：《世界古代史史料选辑》上，第 10 页。

③ 吉林师大、北京师大历史系编：《世界古代史史料选辑》上，第 12 页。

④ [苏联]切列佐夫：《埃及古王国时期的土地关系问题》，载《古史通报》1949 年第 3 期。

王室经济分属王室各个成员，至少其中有一部分是如此，他们占有的土地，也像别的私有者一样，可以世袭，并传给子女或妻子。经过数代之后，这些土地实际上都会分散开，而与王室经济没有多大的关系，因为这些土地的占有者已经离开主干很远，成了离得很远的旁支。

王室土地大致可以分成2大部分：一部分用于祭祀基金，另一部分用于王室家族的日常开支和消费。现有证据可证明，王室土地最早出现在早王朝时期，以后，随着君主专制的形成和巩固，王室家族占有的土地越来越多。王室经济在整个国家经济中占有了越来越大的比重，成为君主专制的重要经济基础。从几个例子中可以看出王室占有土地的规模。第1个例子是哈夫拉的王子涅库勒的遗嘱，遗嘱中说他至少占有26个村镇地产和2份金字塔地产，这里面包含了多少土地虽然不清楚，但显然是很多的。① 第2个例子是《帕勒摩石碑》里不仅记载了国王将一部分国家占有的土地捐赠给神庙，而且还记载了国王把自己占有的一部分土地转让给神庙的事实。例如，乌塞尔卡夫统治第5年："赫里奥坡里诸神灵……在乌塞尔卡弗地产中〔……〕土地三十六斯塔特。"②"〔号为〕塞普·拉〔Sp-R'〕的太阳神庙诸神，在乌塞尔卡弗地产中土地二十四斯塔特。"③"上下埃及之王乌塞尔卡夫做出自己对拉神的纪念：耕地1704 $\frac{1}{4}$ 斯塔特。"④国王常常将大量土地赐给个别奴隶主。例如，第6王朝时期的地方贵族伊比就得到国王佩比二世赐给的土地203斯塔特。⑤ 由于国王占有大量土地，其中一部分用作维持金字塔的祭祀仪式，并因而设置了专门的人去管理，这种人就是亨提乌塞(其中显

① 北京师范大学历史系世界古代史教研室编：《世界古代及中古史资料选集》，北京：北京师范大学出版社，1999年版，第3～4页。

② 吉林师大、北京师大历史系编：《世界古代史史料选辑》上，第10页。

③ 吉林师大、北京师大历史系编：《世界古代史史料选辑》上，第10页。

④ 北京师范大学历史系世界古代史教研室编：《世界古代及中古史资料选集》，第8～9页。

⑤ 北京师范大学历史系世界古代史教研室编：《世界古代及中古史资料选集》，第8～9页。

然包括了管理者和租佃者），他们形成整整一个集团。切列佐夫认为，亨提乌塞的字面意义是“在水池前面的人”，萨维里耶娃认为，其字面意义是“在园子前面的人”。关于亨提乌塞是什么人的问题，也是众说纷纭。迈尔把这种人看作主要的租佃者。基耶什虽然同意他的意见，但有所保留，他认为，亨提乌塞是王室租佃者的特殊类型。容克尔和别列别尔金认为，亨提乌塞不止在金字塔附近的居民点有，而且也在王室庄园中有，他们不是租佃者，因为他们不仅从王室土地上获得收入，而且也负责管理王室土地。他们在金字塔附近的居民点中的主要职能是提供牺牲，而在庄园中则是提供粮食储备。别列别尔金认为，亨提乌塞是与宫廷和金字塔有特惠条件的地产有确定关系的人，他们中既有属于贵族的人，也有社会地位比较一般的人。他认为，亨提乌塞大概是王室土地的租佃者。① 切列佐夫认为，亨提乌塞是物质财富的自由生产者的特殊种类，他们彼此间是由共同的服役相联系的，并生活在一起，组织成公社。他认为，亨提乌塞在自由公社成员中占有特殊地位。他举出第 6 王朝国王佩比一世的达淑尔敕令，那里面说国王不允许贵族们的奴隶去耕种亨提乌塞的土地。他认为，由此可以得出结论，贵族们力图占有亨提乌塞的土地。亨提乌塞的土地和灌溉资源(水池、井等)不征税，但要为金字塔的祭祀仪式提供资财。根据这个敕令可以认为，亨提乌塞是小生产者，他们既不同于神庙土地的生产者麦尔特(切列佐夫将麦尔特看作奴隶)，也不是普通的公社成员，他们被豁免了赋税。虽然亨提乌塞中有个别贵族代表人物，但还不能证明所有亨提乌塞都是贵族和富有者。“亨提乌塞的首长”这一称号的存在也证明，亨提乌塞中的大多数人的地位比法老的官吏地位要低得多。卢利耶认为，亨提乌塞是贵族和富有的人，他们并不住在一起，亨提乌塞这个称号是很多受尊敬的和有收入的贵

---

① ［苏联］别列别尔金：《古代东方史文选》，“大臣乌尼传”中的注释，莫斯科：高等学校出版社，1980 年版。

族们的称号，他们获得的地产（据萨布尼的例子）分散于埃及各地，把他们看作小生产者绝然没有根据。他举出了一些贵族和富有的人是亨提乌塞的例子，其中有维西尔（Visier）、最高法官、最高祭司、王宫首长、国王的后代等。萨维里耶娃指出，在佩比一世给已经去世的第4王朝国王斯涅弗鲁2个金字塔附近居民点的达淑尔敕令中，谈到有小的、非贵族的土地占有者——亨提乌塞，他们拥有耕种这2个金字塔附近居民点耕地的特殊权利，收割土地上的庄稼，免除了若干义务。亨提乌塞中也有很多显贵的人，有国家官吏，国王还给予他们土地（如萨布尼），他们不住在一起、不是公社成员，他们的土地遍布各地，而不在一处。

这里还要提到官僚贵族奴隶主占有的土地，古王国时期，官僚贵族奴隶主包括行政官吏、高级军官、神庙高级祭司等。他们是古王国时期奴隶主阶级的主要组成部分。他们不仅在政治上居于统治地位，掌握军、政、神权，是王权的主要阶级基础，而且他们在经济上拥有雄厚的实力，占有大量土地、劳动力、畜群和其他财产。例如，第3王朝与第4王朝之交的大官梅腾，据铭文记载，他占有土地至少266斯塔特，还有葡萄园等。①第5王朝时期一个名叫普塔霍特普的贵族奴隶主在铭文中说，他地产上的庄稼在收割时有2500头驴从地里往外运送谷捆。有这么多驴往场上运送谷捆，那该有多少土地、多少劳动力呢？铭文没有说，但显然是很多的。值得注意的是，这样显示自己富有的贵族奴隶主在古王国时期的铭文中并不鲜见。伊比在自己的铭文中说，他自己拥有大量的产业（包括公牛、山羊和驴等），国王还给他许多土地。②

官僚贵族奴隶主占有的土地来自何处？从资料中反映的情况看，他们占有的土地的来源是多方面的，大约有这样几个方面：

---

① 林志纯主编：《世界通史资料选辑·上古部分》，北京：商务印书馆，1962年版，第1～6页。

② ［美］J. H. 布利斯特德：《古代埃及文献》第1卷，第171页。

一是由国王或国家赏赐的土地。伊比的铭文说："我主陛下给了我 203 斯塔特土地，使我富裕。"[①]第 6 王朝佩比二世时期的军官（也是个亨提乌塞）萨布尼在铭文里说，维西尔（宰相）给了他 30（＋x）斯塔特金字塔地产中的南方和北方的土地，以表彰他的服役。[②] 布利斯特德认为，30＋x 斯塔特不会多于 70 斯塔特，萨维里耶娃译为 24 斯塔特。[③] 卢利耶认为是 x＋34 斯塔特。[④] 第 4 王朝哈夫拉时期的一个已不知其名的官吏在铭文里说，他曾得到国王赐予的城镇、土地和人民。[⑤]

二是继承来的土地。梅腾墓里的铭文说，他从他母亲那里继承来土地，"由母亲涅布森特授予他五十斯塔特耕地"[⑥]。

三是转让来的土地。第 6 王朝佩比二世统治时期的一个名叫伊都（西涅尼）的人，在铭文里说，他将一些数目不详的土地转让给他的妻子狄斯涅克，作为她的祭祀基金。[⑦]

四是购买来的土地。梅腾墓里的铭文记载，他用酬金从许多国王的人们（尼苏提乌）那里获得耕地 200 斯塔特。

五是新开垦的土地。梅腾墓铭文记载，他在舍易斯州、科索伊斯州和列脱波利州创立了 12 个居住地。[⑧] 与梅腾同时的别赫尔涅菲尔在三角洲建立了 14 个居住地，第 4 王朝末第 5 王朝初的卡里尼苏特同其他人一起建立了 14 个居住地。这些居住地的建立，必然伴之以大量土地的开垦和新的灌溉渠道的修建，而新开垦的土地当然会有相当大的部分落入领导建立这些居住地的官僚贵族手里。

---

① [美]J. H. 布利斯特德：《古代埃及文献》第 1 卷，第 171 页。

② [美]J. H. 布利斯特德：《古代埃及文献》第 1 卷，第 164～169 页。

③ [苏联]萨维里耶娃：《古代埃及的土地制度》，第 169 页。

④ 《古史通报》1951 年第 4 期，第 81 页。

⑤ [美]J. H. 布利斯特德：《古代埃及文献》第 1 卷，第 91～93 页。

⑥ 林志纯主编：《世界通史史料选辑·上古部分》，第 3 页。

⑦ [美]J. H. 布利斯特德：《古代埃及文献》第 1 卷，第 115 页。

⑧ 林志纯主编：《世界通史资料选辑·上古部分》，第 5 页。

神庙所有的土地和私人所有的土地，其所有者可以说享有完全的所有权。

控制神庙经济的高级祭司和官僚贵族奴隶主都是剥削者，因为他们都通过占有土地或控制神庙土地的方式来剥削他人，都是靠劳动者来从事生产，自己则不劳而获。司徒切夫斯基认为，神庙经济是王室经济的一个组成部分，是王室经济的细胞。本书认为，实际并非如此。众所周知，古代埃及的神庙经济有其独立性，其收入归神庙，或用于祭祀，或用于祭司的报酬。祭司分享了神庙土地的所有权。因此，神庙祭司(当然主要是其中的高级祭司)是奴隶主阶级的一个组成部分，又是其中的一个独立的集团，有其独立的利益。如果神庙经济是王室经济的一个组成部分的话，那么，在古代埃及，国王一次次地把土地、劳动力和其他财富捐赠给神庙岂不是毫无疑义的事情吗？而且古代埃及还发生过像埃赫那吞没收阿蒙神庙土地及其他财产，并将之转交给阿吞神庙的事情。按照司徒切夫斯基的观点，岂不是没收王室经济的一部分再转交给另一部分王室经济吗？所以，正因为祭司奴隶主有其独立的经济实力，是一个独立的奴隶主集团，他们同国王才既有共同的利益又有矛盾，才会时常表现出独立性，同王权发生尖锐的矛盾。

## 三、关于小土地占有者和农村公社问题

关于小土地所有者占有土地的资料十分稀少。梅腾自传中说他用酬金从“国王的人们”那里获得土地，这里“国王的人们”(尼苏提乌)是什么人？容克尔把他们看作被国王连同地产一起出卖的依附农民，但不是农奴；基耶什认为，尼苏提乌是王室土地的“世袭租佃者”；别列别尔金认为，他们是小土地占有者；赫尔克和奥托把这些人称为“自由农民”、“自由农民的后代”。这些尼苏提乌出卖的土地是什么性质的土地？萨维里耶娃认为，梅腾获得的土地的卖者可能是小的个体土地占有者，他们把所有文据联合在一个文件中，因为向他们购买土地的买者是同一个人。古王国时期失去土地的人很多，若没有小土地占有者对土地的占有，这种现象似乎不可能出现，

但却没有什么资料可以说明。萨维里耶娃还推测说，不排除这样一种可能性，即尼苏提乌作为土地占有者和卖者的统一集体，这个集体是由家庭组成的，这些土地占有者和卖者不能单独地支配自己的土地，在这种情况下，可能就遇到了地域公社对土地的所有制及未分地产的集体或公社基金的处理问题。所以，关于小土地所有者的情况还不清楚，而只有推论。

关于农村公社的问题也是如此。虽然就当时埃及的商品货币关系发展的水平而言，似乎还不足以瓦解农村公社，但从古代埃及的整个历史发展过程来看，又没有发现农村公社存在的任何痕迹，没有任何表现其存在的资料。因此，关于农村公社的问题我们只能存疑。

从现有的资料看，当时的很多劳动者都已经失去了土地，如麦尔特(mr. t)、勒麦特(rmt)等，更不用说奴隶了。但这些劳动者都在一定程度上，以不同形式与土地有某种结合，这种结合就成为他们被剥削的不同形式，或奴隶主剥削他们的不同形式。劳动者同土地的结合，是奴隶主剥削劳动者的前提条件，也是劳动者被剥削的前提条件。劳动者是被剥削的对象，只要他们有一小块土地，他们就会成为剥削的对象、兼并的对象(用“合法”的形式，如“购买”；非法的形式，如强占)。

就当时埃及的土地绝大部分掌握在奴隶主手中的状况而言，劳动者对土地的“权利”大概有 4 个层次，或者说他们与土地有 4 种结合形式：第一，小所有者(如果存在的话)，他们拥有所有权，可以买卖、转让、世袭这些土地，但要纳税、服兵役及各种劳役。他们是各类劳动者中土地的权利范围最大的。第二，拥有占有权的劳动者，如农村公社的农民(如果存在的话)，他们可以终身使用，甚至世代相传，但大概不能买卖、转让或使土地荒芜。他们也要纳税和服各种劳役。他们对土地的权利显然不如小所有者。第三，只有使用权的农民，如佃农。他们当然不能买卖、转让他们所使用的土地，能否世袭租佃这些土地，不是由他们自己做主，而是要看土地所有者的态度。他们可能也要服兵役和各种劳役。第四，在奴隶主土地上劳动的劳动者，如麦尔特、勒麦特和奴隶。他们对土地没有任何权利，一切全凭奴隶主的安排。

## 四、土地的买卖、转让和继承

古王国时期的埃及，土地已经可以买卖了，上面提到的梅腾墓里的铭文可以说明。另外，第 4 王朝时期一个已经不知其名字的官吏在将土地转让给丧葬祭司作为祭祀基金时说："我不准基金的任何丧葬祭司把为我制作丧葬祭品的土地、人或任何我转让给他的东西，偿付给任何人；或作为财产给予任何人……"①这里的"偿付给任何人"就是卖给任何人，这也间接说明了土地是可以买卖的。

古王国时期的资料表明，当时没有生产资料的人很多，以致不少人无衣无食，生计无着。他们中的许多人只能依附于奴隶主，在奴隶主的土地上劳动，以获得生活资料(如在王室、神庙和官僚贵族的地产中劳动的麦尔特，就完全没有生产资料，只能靠在这些地产中劳动，领取食物、衣服等生活用品；另外一些人则靠奴隶主的施舍过活)。那时的很多贵族奴隶主(如亨库、佩比-纳克赫特、伊比等人)在自己的铭文中说，他们把面包给予饥饿的人吃，把衣服给予赤身裸体的人穿，以表示自己的仁慈。这说明当时没有土地的人很多。但是，关于土地转让的资料却很少。

其原因大致有以下几点：第一，古王国时期离现在已经 4000 多年，其间沧海桑田，经历了许多变迁，以致文献保存下来的本来就很少，所以有关土地买卖的材料保存下来的也很少。现在发现的古王国时期的纸草文献很少，大多数那时的文献都是坟墓中的自传体铭文，而这些传记铭文都很少涉及他们获得土地的方式。更何况，早在古代，很多坟墓就被盗、被毁，造墓的石头被他人挪走作为他用，上面的铭文也被毁坏。第二，在统一战

① ［苏联］萨维里耶娃：《古代埃及的土地制度》，第 142 页。

争过程中，战胜者往往把战败者的土地收为己有，而这是不可能在资料中保存下来的。但这种方式却可能是大量居民失去土地，成为麦尔特、勒麦特的主要原因。例如，纳尔迈权标头上说他俘虏了 12 万人，这些人当然完全失去了土地，成为王室、神庙和贵族们土地上的劳动者(麦尔特、奴隶等)。第三，古王国时期，许多人失去土地的原因可能是贵族们的强行兼并和霸占。这种方式当然不可能从贵族们的铭文中得到证据，而以这种方式失去土地的人又不可能有自己的墓，并在墓里留下如何失去土地的记录。但我们却有间接的证据。例如，最高法官霍特菲里阿克赫特在自己的铭文里说："我修造这座墓作为一种真正的财产，我绝没有拿过属于别人的东西……"①真是此地无银三百两。一个看来并非出身名门的涅吉米布的铭文中也说："在任何一个官吏面前，我从未因我的出身而被打败过，我从未强行拿过任何人的财产，(但)我是一个为所有人都感到满足的实行者。"②这些声明从反面说明，当时倚强凌弱，以富欺贫，强占别人财产的情况不仅存在，而且大概还很盛行。

当时那些土地是可以买卖的。国家和神庙的土地一般说来是不会买卖的。贵族们的土地中的某些部分，如继承来的土地大概是可以买卖的。但继承来的负有义务的土地似乎不能买卖，或随意处置。如果要买卖，那么买者必须承担相应的义务。例如，有的人把自己的一部分土地，交给丧葬祭司，作为将来对自己进行祭祀的基金，如果祭司要出让这类土地，获得这类土地的人也就必须承担这项义务。这在铭文中是说得很明白的。获赏的土地是否能够买卖，没有当时的资料能够证实。从新王国时期的资料看，这类土地可以继承，在分家析产时可以分掉，但能否买卖则不清楚。从梅腾的铭文可知，尼苏提乌的土地可以买卖，不管他们的那些土地是自己的

---

① ［美］J. H. 布利斯特德：《古代埃及文献》第 1 卷，第 125 页。
② ［美］J. H. 布利斯特德：《古代埃及文献》第 1 卷，第 125 页。

小块土地，还是公社的份地，或是国王给他们耕种的，总之可以买卖。而这样一来，这些土地就成了贵族奴隶主兼并的对象。

这种土地买卖的性质，是所有权的转移，还是占有权的转移？从梅腾墓里的铭文似乎看不出来，因为尼苏提乌对他所出卖的土地的权利如何尚不清楚。如果他出卖的是自己的私有地，那就是所有权的转移；但如果是公社的土地，那就只能是占有权的转移，而如果是国王的土地(因为他们既然被称为"国王的人"，这种可能性就是存在的，而且这种可能性还相当大)，那么就只能是使用权的转移。所以，土地占有的形式不同，其转移的性质就不同，这是显而易见的。

土地买卖需要什么手续才算合法？首先，需要签订一份契约。不过我们尚未发现古王国时期的这种契约，梅腾墓里的铭文记载的梅腾从尼苏提乌那里用酬金获得土地，那不是契约。但既然当时买卖房屋已经签订了契约(这种契约已经发现)，那么买卖土地需要签订一份契约就可以肯定了。而且，当时转让土地都要有凭证才算合法(这也已经有证据可以证明)。其次，需要有证人在场(从买卖房屋的契约可知)。最后，需要经过国王和有关政府机关的批准证书(从梅腾墓铭文可知，继承土地是需要这一手续的，所以，土地买卖也一定会要这一手续)。

有关古王国时期土地转让和继承的资料相对而言要多一些，并且也讲得明白和清楚一些。当时继承和转让土地的情况也不完全相同：第一，无附带任何条件的继承和转让。梅腾从其母亲那里继承的土地就不附带任何的条件，也无须承担任何义务；王子尼库拉的土地让他的妻子和子女继承也没有附带任何条件，继承者也无须承担任何义务；伊都转让给他妻子的土地也不附带什么条件，也没有要她承担什么义务。第二，有义务的继承和转让、附带条件的继承和转让。这主要是土地所有者将土地转让给祭司，作为自己死后的丧葬、祭祀基金。接受这类土地的祭司必须承担起祭祀的责任，否则，原所有者可以将其告到法院，也可将土地收回。这种继承和转让不是土地的所有权的继承和转让，而只是占有权的继承和转让。祭司涅康涅克赫作为一个祭司从国王处获得50斯塔特土地，这50斯塔特土地作为进行祭祀的报酬。后来，他又将这些土地传给他的孩子，条件就是要继续承担进行祭祀的义务。[①] 如果某人从其父亲那里继承了附有义务的土地而又不承担义务，那么，原主人也可收回土地。[②] 在当时，只继承土地或接受转让而不尽义务的情况大概时有发生，所以才会在铭文中出现这种强调要尽义务的说明。从古王国时期的资料看，接受这种附有义务的土地的人，也可能是自己的亲属。例如，一个名叫卡艾姆赫布的建筑师在自己的铭文里讲到把2斯塔特土地转交给他的兄弟赫门卡，作为自己的祭祀基金，也可能这个赫门卡是一个祭司。

作为财产而继承和转让的，除了土地以外，还有其他财产和劳动力，例如，梅腾墓里的铭文讲到转让的有人(勒麦特)和小型牲畜。

古王国时期的埃及，土地等财产传给谁，即谁有继承权呢?《世界通史》的作者认为，在古王国时期“土地所有者还可以把土地送给或遗赠亲人，继承人可以指定，但通常在大官死后显然是长子‘继承’他的‘全部财产’”。[③] 在该书作者看来，古代埃及实行的是长子继承制。

实际情况如何呢?古王国时期留下的若干资料说明，指定继承人确实存在，但并非通常由长子继承他的全部财产。例如，王子涅库勒的遗嘱中，是将土地给予他的妻子和几个儿女的，并未指定长子继承。而且，最初他是将这些土地遗赠给他的一个女儿的。但是这个女儿早逝，因此涅库勒又立遗嘱，将土地分给他的妻子和几个儿女。又如，上述涅康涅克赫从国王处得到50斯塔特附有祭祀义务的土地，他并未指定他的长子继承全部土地，而是平分给他的每个儿子，当然义务也是平分的。在梅腾墓铭文里，

① [美]J. H. 布利斯特德：《古代埃及文献》第1卷，第98～103页。

② [美]J. H. 布利斯特德：《古代埃及文献》第1卷，第107页。

③ [苏联]苏联科学院编：《世界通史》第1卷，第211页。

梅腾母亲涅布森特不是将土地给予梅腾一人，而是她的子女们。铭文记载："当她对子女做出关于家庭的那个决定时，他们根据国王证书和地方机关批准，正式取得所有权。"在这里，继承财产的不仅是梅腾，不仅是一个儿子，而是子女；不仅是"他"，而且还有"他们"。第6王朝的佩比-纳克赫特的铭文里说："我绝不使两兄弟中的一个享受不到他父亲的财产。"佩比-纳克赫特当然是想以此表明他为官清正廉明。但由此也可说明，当时埃及社会的风尚不是长子继承一切财产，而是由所有的子女继承父母的土地等财产。

## 五、古王国时期奴隶主经济的经营形式

古王国时期埃及各类奴隶主的经济基本上都是自给自足的。在他们的经济中，既有农业，也有手工业、畜牧业、园艺业，甚至捕渔业。奴隶主生活中所需的一切基本上都是自己经济中的产品，大概只有很少的奢侈品才需要从市场上购买。这说明了当时的自然经济性质。这种自然经济反过来又阻碍了商品货币关系的发展，加强了全国经济的自然经济的性质。

就土地经营而言，各类奴隶主都采用什么经营形式，是集中的经营，还是分散的经营？所谓集中经营就是在奴隶主的土地上集中许多劳动力(失去生产资料的农民、奴隶等)进行生产，产品归奴隶主，然后奴隶主向生产者发放口粮等。所谓分散经营，即采用租佃的形式。

奥地利著名埃及学家容克尔认为，王室、神庙和官僚贵族奴隶主的土地是在居民向土地占有者交纳租税的情况下，交给他们使用的，即这些土地是租佃出去的，采用分散经营的形式。① 萨维里耶娃认为，古王国时期贵族奴隶主的经济叫"私宅"，它可能包括很多村庄。"私宅"的地产与其说是出租，毋宁说是将人们强制地移住在领主的土地上，这些人使用属于土地所有者的工具和生产资料来进行生产，而以村镇为单位向土地所有者提

① ［美］J. H. 布利斯特德：《古代埃及文献》第1卷，第161～164页。

供“供给”和“礼物”，“私宅”乃是经济的或经济-贡赋单位。“私宅”的各个村庄以管理人为首，这些管理人承担着向“私宅”交纳租税的任务。①

别列别尔金则认为，古王国时期各类奴隶主的经济采用的是集中经营的形式，即他们的土地组成农庄，由劳动者组成一个个的劳动队进行生产。②

古王国时期的资料表明，当时集中经营的形式确实存在。一些贵族奴隶主的墓里的浮雕生动地反映了奴隶及其他劳动者在贵族奴隶主的经济中从事农业、手工业生产的情景。例如，第5王朝初年的提伊墓(位于萨卡拉)里的浮雕中有劳动者翻地、播种、收割的情景；第5王朝舍赫门涅菲尔的墓(位于吉萨)里的浮雕中有驮运谷捆的情景；第5王朝末的卡希弗的墓(位于吉萨)里雕刻有打场的情景；第6王朝维西尔扎乌等人的墓里(位于格布拉维)雕刻有耕地、收割、打捆、驮运等情景。上面说到有的奴隶主用2500头驴驮运谷捆等，都可以说是集中经营的事实。在这些农庄里还有手工作坊、畜牧业和园艺业等经济门类的情况也可以说是集中经营的形式。

但是并非只有集中经营这一种形式。从古王国时期留下的资料看，除了集中经营以外，还有分散经营的形式，也就是租佃的形式。例如，有的贵族奴隶主墓里的浮雕中雕刻有给墓主人送去礼物(羊、家禽及其他东西)的场面。如果只有集中经营的形式，产品不属于劳动者，而是全部归了奴隶主，劳动者根本没有自己的经济，只是从奴隶主那里领取口粮等，又怎么会有向奴隶主送礼之类的事呢？应当说，只有在分散经营的情况下，劳动者有自己独立的经济的情况下，才会出现送礼的事情。另外，在有的奴隶主的幕墙上雕刻有因为农民交不起租税而遭到捆绑、拷打的情景。③ 一般说来，在集中经营的情况下，是不可能发生这种情况的。在贵族奴隶主的墓墙上的浮雕中出现这种雕刻，表明当时是存在分散经营的形式的，有

① [美]J. H. 布利斯特德：《古代埃及文献》第1卷，第127页及以下。
② [苏联]苏联科学院编：《世界通史》第1卷，第213～222页。
③ [苏联]苏联科学院编：《世界通史》第1卷，第25页。

农民独立租佃土地的形式存在的。这些农民因为天灾人祸而交不起租税，所以被处罚。但我们无法知道分散经营的形式占多大的比例，也不知道租税占收成的比重有多大，不过断言说当时只有一种经营形式肯定是不符合实际的。特别是到中王国时期，租佃关系已经非常明显，它不可能是在那时才出现的，必定是在古王国时期就已经出现了。

## 六、奴隶主经济中的劳动者

古王国时期是埃及奴隶制社会的发展时期，君主专制的确立促进了奴隶制生产关系的发展，加强了奴隶主阶级对劳动者的剥削和统治。当时奴隶主剥削的对象是什么人，是奴隶还是形式上自由的农民和手工业者？苏联的一些学者认为，古代东方各国，其中也包括埃及，主要生产者是形式上自由的农民和手工业者，而不是奴隶。即使是在公元前1000年代古代东方各国奴隶制达于繁荣的阶段，奴隶劳动也从来没有从根本上排挤自由民的劳动；许多战俘也并没有变成奴隶，而是变成了定居于国家土地上的依附民，独立地管理经济，向国家交纳赋税。①

古代埃及有许多表示不同身份的人的专门术语，例如，古王国时期的尼苏提乌、亨提乌塞，中王国时期的涅杰斯，新王国时期的涅木虎等。关于生产劳动者也有一些术语来表示，例如，古王国时期的ISW. W、hm、hmw、B；K、麦尔特(mr. t)、勒麦特(rmt)等。弄清这些术语的含义，对了解这些人的地位及其在生产中的作用具有重要意义。但遗憾的是，这些术语往往是在铭文中上下文不清楚的情况下出现的，而且有关它们的资料又极度缺乏，所以它们的情况往往弄不清楚。虽然现代学者对此进行了很多研究，收集了不少资料，但往往看法不一，甚至尖锐对立。

---

① ［苏联］丹达马耶夫：《古代东方的社会关系和依附形式问题》，北京：科学出版社，1984年版。

ISW. W(ISW，ISWW)，复数名词，在古王国时期的铭文里提到过。卢利耶认为，这个术语大概也只是在古王国时期使用过的①，这种人是购买来的。第6王朝时的一份铭文里说："属于(我的)财产的ISWW，我买了他们，(他们)已经在一个盖了木印的契约上登记过了。"②萨维里耶娃认为，这种人可能是在奴隶主经济的手工作坊中作牺牲的，也可能在奴隶主经济的别的部门劳动。卢利耶认为，这种人属于慰灵仪式财产里的奴隶。③ 巴凯尔认为，这种人可能是奴隶，是在节日里服役的。④ Hm，巴凯尔注音为hmw，意为身体。伽丁内尔注音为hmy(w)(男奴)，hmy(wt)(女奴)。⑤萨维里耶娃认为，hm这个术语具有双重含义，即既可译为"仆人"，也可译为奴隶。古王国时期的一份铭文说："由国王的hm簸扬小麦(spelt)。"⑥巴凯尔认为，在古王国时期，hm曾在官吏的土地上劳动，可能属于国王在地方上的财产。⑦ 舍斐尔将hm看作是仆人，不过，他引证的例子在巴凯尔的书里却注音为B；K，是另一种人。在古王国的墓里(位于舍伊赫·赛义德和位于维德和扎维伊特·埃勒麦伊廷地方)的解释性铭文里，称hm为"国王的仆人"或"国王的奴隶"。卢利耶认为，hm是奴隶。汤普逊认为，hm是战俘奴隶。⑧

总体来说，上述3种人在古王国时期的资料里提到得很少，说明在当时他们可能人数不多，在生产中起的作用不会很大。

在古王国时期的生产中起作用最大的是麦尔特。切列佐夫认为，麦尔特是"古代埃及物质财富生产者最普遍的称呼之一"。在古王国时期，王室、

---

① 《古史通报》1951年第4期。
② [埃及]A. 巴凯尔：《法老埃及的奴隶制》，开罗，1952年版，第14页。
③ 《古史通报》1951年第4期。
④ [埃及]A. 巴凯尔：《法老埃及的奴隶制》，第68页。
⑤ [英]A. H. 伽丁内尔：《古代埃及词源学》第1卷，第215页。
⑥ [英]A. H. 伽丁内尔：《古代埃及词源学》第1卷，第20页。
⑦ [英]A. H. 伽丁内尔：《古代埃及词源学》第1卷，第20～21页。
⑧ 《埃及考古学杂志》1940年第26卷，第73页。

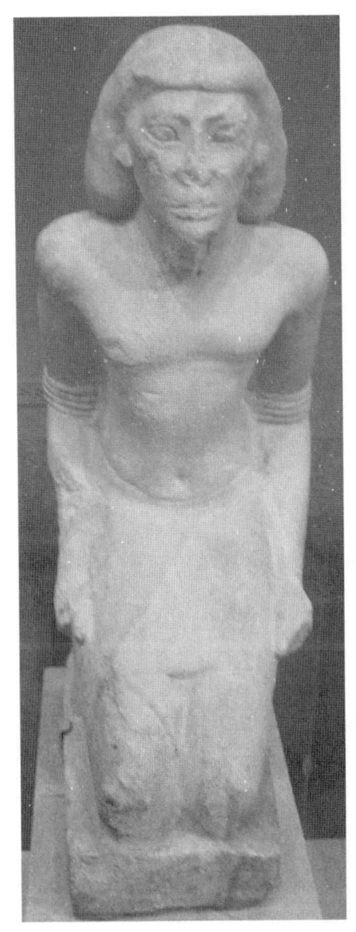

图 5.1　战俘像。巴黎卢浮宫博物馆藏

神庙和贵族奴隶主的经济中的主要劳动者就是麦尔特。① 萨维里耶娃认为，麦尔特是“王室、神庙和私人经济中的依附者的集合名词”②，是神庙经济的主要生产者。

有关麦尔特的资料主要存在于古王国末期一些国王的敕令里。另外，

① 《古史通报》1952 年第 2 期。

② ［苏联］司徒卢威、［苏联］列德尔：《古代东方史文选》第 1 卷，第 19 页和第 20 页上的注。

在一些贵族奴隶主的铭文里，在《帕勒摩石碑》和开罗博物馆的文物上也提到过他们。

例如，第5王朝时期的国王涅菲里耳刻勒的阿卑多斯敕令里说："我不允许任何人为了各诺姆的劳动而占有在任何神的耕地（一切祭司依以祭祀的）上的麦尔特。""至于任何诺姆的人，如果他带走耕种神的土地的麦尔特去往任何诺姆做事或劳动，那么，你就把他带到神庙大厅（法庭）去，以便将他自己安置去做任何事情或耕种土地。"在该国王的一个阿卑多斯敕令片段里还说："我没有给予任何人以夺取本是派去为任何神的奴隶（祭司）服务的任何神的耕地上的任何麦尔特，去为各诺姆做事和劳动的权力。"①若有人这样做，他应被"剥夺掉房屋、田地、人（勒麦特）、属于他的各种财产，而他自己〔应当被〕交付强制劳动"。②

国王佩比一世的达淑尔敕令里说："朕命令不让任何王后、任何王子和（王女）、任何朋友和官吏的麦尔特耕种两个金字塔（指斯涅弗鲁的2个金字塔）附近居民点的任何耕地……"③

佩比一世给其母的礼拜堂的庇护敕令里也说："朕已经命令豁免此礼拜堂，属于它的麦尔特以及大小牲畜。"④

伊比的铭文里说："我地产上的谷物、公牛和麦尔特。"⑤

《帕勒摩石碑》上说："上下埃及之王涅菲里耳刻勒，作为他的纪念——而在'大公'的要塞城墙上的牺牲台为拉神供奉牺牲。规定每日的牺牲份额为面包200和啤酒，为此而建立pr. sn⑥，并为此募集麦尔特。"切列佐夫认

---

① ［苏联］萨维里耶娃：《古王国时期埃及的土地制度》，第176页。

② ［苏联］切列佐夫在1952年的《古史通报》第2期上发表的文章，［苏联］卢利耶在1951年的《古史通报》第4期上发表的文章。

③ ［苏联］萨维里耶娃：《埃及古王国时期的土地制度》，第183页。

④ ［美］J. H. 布利斯特德：《古代埃及文献》第1卷，第28页。

⑤ 北京师范大学历史系世界古代教研室编：《世界古代及中古史资料选集》，第9页。

⑥ 其意义知道得不十分确切，它有时作为产品库房，有时又作为生产各种纺织品和装饰品的地方。萨维里耶娃认为，它更经常的是作为从事农业生产的地方而为人注意。

为，麦尔特总是作为劳动于 pr. sn 或 sn 中的人而被提到，因此主要是从事手工业生产的。但萨维里耶娃却认为，在神庙地产中，麦尔特虽然也劳动于 pr. sn 之中，即虽然也从事手工业生产，却通常是同地产——耕地和庄院(hw. t)联系在一起的，即主要是从事农业生产，作为农业劳动者而出现。

这些麦尔特之所以在各类奴隶主经济中劳动，是因为他们都是失去了生产资料，不在奴隶主经济中劳动，便无衣无食，无以为生。卡奇涅勒松认为，从涅菲里耳刻勒的阿卑多斯敕令中可以明显地看出麦尔特与祭司之间地位的差别：麦尔特是神庙土地的耕种者、劳动者，而祭司则利用这些土地上的收入，去完成对神的服务，即不仅用这些收入进行祭祀，而且从中获得报酬，即剥削麦尔特的劳动。神庙土地是控制在祭司手里的。切列佐夫也指出："从豁免敕令中我们看到，在神庙经济中，神庙(当然是通过祭司)是神庙经济中全部土地的占有者，而且没有其他占有者，而麦尔特则是劳动于其上的，是被神庙所占有的。关于麦尔特的私有土地问题，没有任何资料说明。因此，有权认为，麦尔特是丧失了土地的。"卢利耶也指出："当切列佐夫指出说，与亨提乌塞相反……在我们所知道的任何一个敕令中，麦尔特都没有作为土地的私有者出现时，他是正确的。"

不仅如此，在上述佩比一世给其母亲的小礼拜堂的敕令和伊比的铭文里把麦尔特和大小牲畜并列，说明麦尔特的社会地位极低。

至于麦尔特的身份问题，至今学者们认识极不一致：有的学者认为麦尔特是奴隶，有的认为是自由的公社成员，有的则认为是农奴、臣仆。在《埃及语大词典》里，麦尔特被翻译为"农奴、臣民"。在布利斯特德的《古代埃及文献》里的《帕勒摩石碑》中麦尔特被翻译为"农民、农奴"；在《伊比的铭文》里，译为"农民"；但他却将中王国和新王国时期的麦尔特翻译为"奴隶"。利希海姆在其编辑的《古代埃及文献》中国王佩比一世给其母的礼拜堂的敕令里，也将麦尔特译为"农奴"；威廉・海斯在《戴尔-巴哈利的图特摩斯朝片段选》中将新王国时期的麦尔特译为"农奴"。

20世纪50年代初，苏联学者曾对麦尔特的身份问题进行过热烈的讨论，意见很不一致。在1960年出版的《古代埃及》文集中，收录了切列佐夫的一篇名为《〈上古埃及年代记〉(帕勒摩石碑)和埃及古王国时代的文件》的文章，在这篇文章里，他将麦尔特直接翻译为“奴隶”。萨维里耶娃也认为麦尔特是奴隶，不过，她将其翻译为“仆役”。① 卡奇涅勒松也认为麦尔特是奴隶，但卢利耶却认为麦尔特不是奴隶，而是自由民，是失去了生产资料的公社成员。马迪耶也认为麦尔特不是奴隶，并指出，“在古王国时期，不能把麦尔特看作奴隶。而在中王国时期和新王国时期，麦尔特的地位……还需进一步研究。”司徒切夫斯基也认为，麦尔特不是奴隶，而是依附农民。

对麦尔特起源的看法也极不一致。切列佐夫和卡奇涅勒松认为麦尔特是奴隶，因此，他们认为其主要来源是战俘、罪犯、债务奴役等。卢利耶认为，麦尔特来源于失去土地的公社成员。弗朗措夫把麦尔特的起源和三角洲的农业文化联系在一起，萨维里耶娃似乎也同意这种意见。

另外一种数量较多的劳动者是勒麦特。关于勒麦特，伽丁内尔在其《古代埃及的词源学》一书中，将勒麦特翻译为“人们”、“人”，并将其与前王朝时代的赖赫依特联系在一起。萨维里耶娃认为，勒麦特不是表示某个社会集团的人们的专门术语，在古王国时期的铭文里，勒麦特常常能在表示“人民”、“人”的一般意义时碰到过，如“……这块土地上的所有人”，“……人们所喜爱的”。

从当时的资料里我们看到，勒麦特的社会地位很低。例如，梅腾墓里的铭文中几次都把他们同大小牲畜、物品并列提起：“列脱波利州之尼苏特亥庄的管理者，被授予他(按：指梅腾)和他的子女12斯塔特耕地，以及人们和牲畜。”“法官-书吏股普耶曼赫(按：梅腾之父)授予他(按：指梅腾)以

① [苏联]萨维里耶娃：《埃及古王国时期的土地制度》，第172～208页。

自己的财产，不是大麦和二粒小麦，任何家的东西，而是人们(和)小牲畜。”“门德斯州(居民地)绵羊市场的急使长官，4 斯塔特耕地、人们(和)一切物品命令被授予……”这几段里面的“人们”就是勒麦特，这些勒麦特显然都是失去了生产资料的人。但他们在生产中的地位如何则不得而知。但可以肯定的是，他们都应当是劳动者。没有资料说明他们与奴隶的关系，但他们绝对不是自由的公社成员。从上述引文可以看出，他们的社会地位非常低，和麦尔特差不多，也和奴隶差不多，完全受奴隶主摆布。

古王国时期的这种所有制关系对当时的阶级关系、政治制度等必然产生重大影响。例如，奴隶主对生产资料占有的这种情况，必然形成奴隶主的几个集团，并对他们在政治上的地位和作用产生极大影响：君主专制的存在，君主专制与神权势力以及其他贵族奴隶主相联合又相矛盾的形势；立足于奴隶制基础之上的新兴奴隶主阶级在所有制上的扩展极为艰难，在政治上也无足轻重等。又如，在当时这种所有制关系的格局下，农民没有或只有极少的生产资料，在政治上也处于无权地位，他们和奴隶之间的差别不大，因此，他们的阶级地位差不多，利益也差不多，他们在客观上就形成了一种同盟关系，和以法老为代表的贵族奴隶主形成对立，矛盾非常尖锐。在第一中间期里发生的贫民奴隶大起义就是证明。

## 第二节　古王国时期的君主专制

古王国时期是埃及奴隶制社会发展中的一个重要时期，它包括曼涅托王表中的第 3 到第 6 王朝。这是开始修建金字塔的时期，而且最大的金字塔也修建于此时，因此，这个时期又称为金字塔时期。

古王国时期，埃及曾不断对外扩张和征战，其疆域比前王朝时期大为增加，其北疆到了地中海南岸，东部到了西奈半岛，南边到了尼罗河第二瀑布以南的地方。

尼罗河流域的统一巩固了下来，统一促进了奴隶制政治、经济和文化的巨大发展。君主专制确立了起来。君主专制的确立，有助于统一的巩固，也有利于奴隶制政治、经济的发展，加强了奴隶主的统治。随着奴隶制经济的发展，统一的巩固，君主专制也愈加强化。这从许多方面得到了反映，包括国王对行政权力的控制，对军队的控制，对司法权力的控制，对地方行政的控制等。

## 一、国王对经济的控制

国王及其家族通过各种方式占有大量的土地，这些土地遍布全国各地，还占有大量劳动力、牲畜、手工作坊以及其他财富。国王可以控制国有土地，代表国家赏赐或捐赠国家的土地，支配国有土地上的收入；组织对全国进行的土地、人口、牲畜、黄金的清查；每年组织对尼罗河泛滥的情况的观测，控制全国的水利灌溉设施。在农业社会，修建和维护灌溉设施是国家政府的一项重要职能。全国统一后，这项职能落入专制君主的手中。于是这项职能，变成了一种权力。承担这项职能，国王实际上就控制了灌溉设施，控制了农业，也就是控制了全国的经济命脉，从而大大地巩固了其统治。恩格斯指出：“政治统治到处都是以执行某种社会职能为基础，而且政治统治只有在它执行了这种社会职能时才能维持下去。不管波斯和印度兴起或衰落的专制政府有多少，它们中间每一个都十分清楚地知道自己首先是河谷灌溉的总的经营者，在那里，如果没有灌溉，农业是不可能进行的。”①这完全适用于古代埃及。

国王可以动员全国的人力物力，修建公共工程，或者只是为了一己私利，例如，修建金字塔、祭祀神庙。朕即国家，在经济上的表现就是将全国财政收入置于国王的控制和支配之下。

① 《马克思恩格斯选集》第3卷，北京：人民出版社，1995年版，第219页。

## 二、国王对行政权力的控制

古王国时期，国王是国家的象征，他被称为法老，虽然在国王之下有一个行政首脑，即维西尔，古代埃及人称之为塔提(t；ty)，维西尔是阿拉伯语，是后来人们借用的一个词。维西尔在国王之下，主持日常行政事务，主管行政、司法、经济和神庙等事务，拥有很大的权力，相当于中国古代的宰相。但大事的决策权不是维西尔，而是国王，国王是最高行政权力的实际控制者。而且，维西尔和其他所有大臣也是由国王任命的，他们所做的一切也都听命于国王。这从《大臣乌尼传》反映的情况可以看出：乌尼被提升为朋友和国王金字塔附近城市的僧侣的监督。他是法官和涅亨的口唇①，当有秘密案件时，他都“代表国王、王家妇族和六个最高法庭，单独和最高法官——最高大臣一切审理”②。他还被任命为唯一的朋友和宫廷亨提乌塞的长官，组织警卫队，准备好国王道路，并建立驻屯所。他受命审理国王宫廷的秘密案件。国王派他率领军队去同贝督因人(Bedouins)作战，受他领导的有各地的大公、上埃及的国王司库官、王宫的唯一朋友、上下埃及的各首长和地方长官、商旅队长官、上下埃及的僧侣首长和司冕监督。他是宫廷的阿楚和法老御鞋的提携者、地方大公、上埃及的首长……在第5王朝时期的一位首席法官、维西尔、首席建筑师森涅吉米布的铭文中也有同样的反映。③

这些高级官吏既然受命于国王，当然对国王负责，向国王报告工作，并对国王感恩戴德，卑躬屈膝，似乎他们不是国家官吏，而是国王个人的差役。这从《大臣乌尼传》中可以明显地看到，当国王给他一副棺材时他说：“对于任何一个[其他]臣仆从来不曾这样的做，因为我得邀陛下的恩宠，因

① 涅亨是上埃及国王的官邸，在希拉康波里，涅亨的口唇即法官的职位。

② 吉林师大、北京师大历史系编：《世界古代史史料选辑》上，第17页。

③ [美]J. H. 布利斯特德：《古代埃及文献》第1卷，第121～125页。

为我得陛下欢心，因为陛下信任我。”①当他组织起警卫队，为国王准备好道路并建立起驻屯所时，“得到陛下的赞许，我所做的一切，都使陛下因此极端夸奖我”。当国王让他参与审理宫廷案件时，他说：“……陛下令我审讯，因为我比之他的其他大官，比之他的任何其他大臣，比之他的任何其他臣仆，更得陛下的恩宠。”②我们从未在任何资料里见过向维西尔负责的任何官吏。大概维西尔在国王面前也是这么卑躬屈膝的。

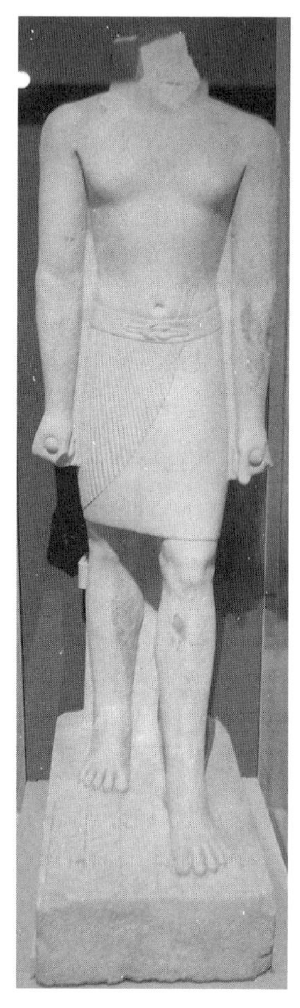

图 5.2　维西尔巴巴耶夫像。波士顿博物馆藏

① 吉林师大、北京师大历史系编：《世界古代史史料选辑》上，第 18 页。

② 吉林师大、北京师大历史系编：《世界古代史史料选辑》上，第 19 页。

古代埃及的官制十分混乱(至少表面上看是如此)，像是需要管理什么事便任命一个官吏，设立一个官职。例如，在《梅腾墓铭文》中我们可以看到这样一些官职："家"的管理者、村落的管理者、庄的管理者、州的主管人、大庄的管理者、州的划出地段的管理者、沙漠主管人、猎人的服务者、土地的领导者、委任的长官、法警、管理者、西部大门的领导者(或服务者)、粮食处的书吏长、粮食处的物品长官、州的人们(或被建立的居住地)的统计员、法院统计员、全部王家亚麻的长官、"家"和村落的指挥者、人们主管人、州的长官、"绵羊市场"的急使长官、上埃及的十大人、国王物品管理人、可耕地的管理者、庙宇的管理者等。在这些官职里很难说谁的地位高一些，谁的地位低一些，其设置显然有很大的随意性。同时，在这些官职里，何者为行政官员，何者为国王私人事务的管理人，往往难以分清。不过，总的来说，当时的官职大致可以分为 3 个方面：国家行政系统(包括行政、司法、军队、财政等方面)，王室系统，神庙系统。对这 3 个系统的官吏，国王应当是都能控制的，他君临一切，这是君主专制的重要表现。

## 三、国王对军队的控制

古王国时期埃及有一支相对于同时期的其他国家来说要强大的军队。当时战争的规模也能说明军队的数量很多：《帕勒摩石碑》的铭文，在斯涅弗鲁时，"击破尼西人的境土，获男女 7000，大小牲畜 20 万头"；《大臣乌尼传》中也说，他为反击贝督因人而募集了好几万军队。这说明战争的规模不小。战争规模如此之大，军队的数量也必然很大。一支强大的军队的存在，不仅是对外战争的需要，也是对内统治的需要。君主专制得以建立并维持其统治的主要物质力量就是军队。这支军队已经不完全是临时征召的，而是一支常备军(当然，在战时，也还需要临时征召)。例如，佩比·纳克赫特在自己的铭文里也说："我是众多的、强有力的和勇敢的军队的首脑。"当时经常有对努比亚、西奈和利比亚的远征，需要一支常备军，在边境地区建立的要塞也需要军队去驻守。《帕勒摩石碑》上的铭文说，在斯涅弗鲁时期，“建筑南境和北境的城墙，〔号为〕‘斯涅弗鲁堡’”。要塞的建立和存在既反映了同邻国关系的紧张，也说明了常备军的存在。

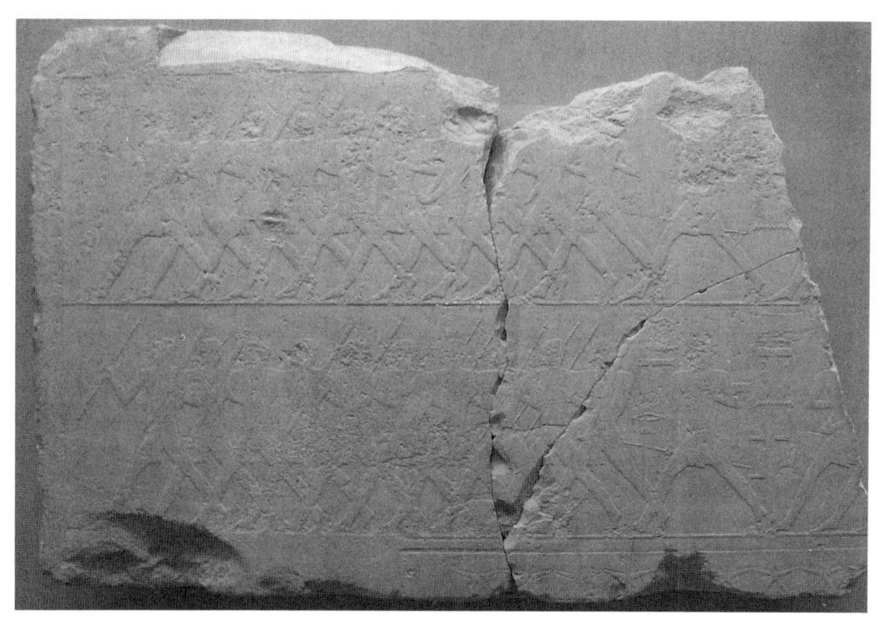

图 5.3　士兵浮雕。纽约大都会艺术博物馆藏

军队控制在国王手中，太子可以担任宰相，而宰相可以负责行政、司法、经济、神庙等事务，但没有军权，不管军队。军队由国王亲自统率，战时国王常常御驾亲征(在西奈、努比亚等地留下若干国王的名字，那可能就是国王远征时留下的纪念，也可能是一些将领代替国王留下的)；或国王派人远征，但此人必须常常向国王请示和报告情况。在这方面，霍尔胡夫(或译为胡夫霍尔)的铭文提供了一个鲜明的例子。霍尔胡夫是“下埃及国王司库”，“外国人部队的首长”，他奉命 3 次远征南方努比亚的伊阿马地方(在尼罗河第三瀑布库什的一个地方)，并可能攻入利比亚。在第三次远征时，他抓到一个会跳舞的小矮人(侏儒)，他立即将此事报告给国王，国王立即写了一封信给他(这大概是世界上现在知道的最早的一封信了)，要他务必好好地照看好这个矮人，

并将他送到王宫来，因为他要看这个矮人跳舞。霍尔胡夫接旨后倍加小心地照料矮人，直至送入王宫。① 这些军事将领对于国王的旨意是百依百顺，如同国王的奴仆，对于国王的恩宠也是感恩戴德。这在乌尼、佩比・纳克赫特和萨布尼等人的传记铭文里都有表示。军队数量庞大，但军队的系统却很乱。例如，《大臣乌尼传》里讲到有各地的大公、上埃及的国王司库、王宫的唯一朋友、上下埃及的各首长和地方长官、朋友、商旅队长官、上下埃及的僧侣首长和司冕监督，领导他们所属的上下埃及村落的队伍和这些地方的努比亚人队伍等。这些人都要统率军队，说不清谁可以统率谁。同行政官职一样，看不清层次，大概也没有统一的制度。

从《大臣乌尼传》来看，这时埃及的军队不仅由埃及人组成，而且也包括被征服地区的人：

> 陛下反击亚细亚柏都因人〔' 'm-hryw-s$^{c}$〕。陛下在全部上埃及，南起厄勒蕃廷，北至阿富罗底城区，在下埃及，在三角洲的东西两半的全境，在城堡〔?〕，在各处堡垒，向伊尔捷特〔yrtt〕的努比亚人，麦德查〔Md'〕的努比亚人，伊玛〔m'm〕的努比亚人，乌阿乌阿特〔W'w't〕的努比亚人，卡阿阿乌〔K''w〕的努比亚人，以及利比亚人的国境〔Tmh〕，募集好几万的军队。②

军队可能分为2部分，即常备军和临时征召的军队。临时征召主要用于战时，国王在对外远征时进行临时征召，战事结束即解散回家。

从《萨布尼的铭文》可知，贵族奴隶主可以有自己的私人军队，即"私宅"的军队。铭文说到，萨布尼的父亲在远征努比亚时战死，萨布尼便带领

---

① ［美］J. H. 布利斯特德：《古代埃及文献》第1卷，第150～154、159～161页。另［苏联］司徒卢威、［苏联］列德尔：《古代东方史文选》，第29～31页。

② 吉林师大、北京师大历史系编：《世界古代史史料选辑》上，第19页。

其“私宅”的军队去努比亚，把他父亲的尸体运回国来。①

## 四、国王对司法权力的控制

古王国时代及以后，维西尔似乎都是司法首脑，有司法权。但国王往往越过司法首脑维西尔自行任命法官审理一些重要案件(特别是有关宫廷的案件)，乌尼的铭文说：“当国王的宫廷发生秘密起诉王后乌勒特赫斯特〔?〕的案件时，陛下令我来〔?〕，以便一人进行审问，那里除我一个人以外，没有一个法庭首长——最高大臣，也没有一个[别的]大臣……”②

古代埃及没有留下像两河流域那样的法典，虽然在晚些时候的资料里说到有法律纸卷，例如，《伊浦味陈词》中说：“真的，议事会的法律被抛出；真的，在公共场所，人们在它们上面践踏，而贫民则把它们撕碎在街上。真的，贫民已达到九神的地位，而从前三十家(按：由大官吏组成的法庭审判团)的诉讼程序被泄露。”③在新王国时期的列赫米拉的铭文里则说到法律皮卷：“40卷法律皮卷正摊开在他面前。”④不过我们没有见到实物。

在古代埃及，国王的话就是法律，他颁布的敕令就是法律。古王国末期的第5、第6两个王朝的国王们颁布的敕令，就可免除神庙经济中的劳动者的赋税、徭役。古王国时期的一些官吏的铭文表明了国王的话是如何被当作法律一样地忠实执行的。

古代埃及有2类法庭，即世俗法庭和神庙法庭。世俗法庭的最高首脑名义上是维西尔。从森涅吉米布的铭文中我们知道，维西尔兼任最高法官。⑤ 实际上国王才是最高司法首脑。神庙法庭的审判即神判法，主要由

---

① [美]J. H. 布利斯特德：《古代埃及文献》第1卷。
② 吉林师大、北京师大历史系编：《世界古代史史料选辑》上，第18页。
③ 林志纯主编：《世界通史资料选辑·上古部分》，第13～14页。
④ [苏联]司徒卢威、[苏联]列德尔：《古代东方史文选》，第93页。
⑤ [美]J. H. 布利斯特德：《古代埃及文献》第1卷，第11～15页。

神庙祭司来判定是否有罪。不过，很多神庙都由世俗官吏来管理，例如，维西尔是最高祭司，而地方上的诺马尔赫也兼任地方神庙的祭司，大臣乌尼是城市祭司监督，佩比·纳克赫特也是一名祭司，所以神庙法庭实际上也控制在他们的手中。

关于神庙法庭的存在，有一个新王国时期的例子：有一个名叫阿门涅姆雅的女仆丢了5件衣服，她没有去找世俗法庭，而是诉诸神庙法庭，诉诸神的审判。她找的是底比斯的一个小神庙，求神揭露窃贼的名字。神答应了，于是村民被召集起来，祭司一个一个地叫名字。当叫到一个名叫柏提乌门狄阿蒙的村民时，神(大概是神像)点了一下头，表示是此人偷了那个女仆的衣服。此村民不信，便来到神面前，问是否自己偷了衣服。神又点了一下头，表示是他偷的。此人说这不是真的，他没有偷。于是神变得很愤怒的样子。此村民仍不服，又到另一个神庙去求神裁判，结果还是如此。他又到本村的阿蒙神神庙去求神裁判，结果还是一样。以后结局如何，由于铭文损坏，不得而知，但大概是判他偷了东西。这当然不是神判，而是人(祭司)捣了鬼。

至于古王国时期有关这2类法庭审判的情况，我们没有见到任何资料。

## 五、国王对地方行政的控制

反映古王国时期地方上的情况的资料很少，因为我们见到的考古发掘资料主要是首都地区的资料，对地方上的发掘很不充分。因此，以现有的资料勾画一个大概轮廓也是很困难的。不过，有几点可以说明一下。

在中央政权和地方诺姆之间，上埃及设有上埃及官邸，有上埃及首长。布利斯特德认为其可能设置于古王国末期。① 乌尼就曾做过上埃及首长。

① [美] J. H. 布利斯特德：《埃及史》，纽约：Charles Scribner's Sons，1905年版，第132页。

《剑桥古代史》的作者认为，下埃及官邸、下埃及首长的设立要晚些，可能要到第 11 王朝时期。① 但在《大臣乌尼传》里讲到国王任命他为“上埃及首长”时，还讲到“上下埃及的各首长和地方长官”，“上下埃及僧侣首长”，在《霍尔胡夫传》里也讲到他是“下埃及司库”，佩比-纳克赫特的铭文也称自己是“下埃及国王的司库”，等等。这表明，在古王国时期的末期，可能也设立了下埃及官邸和下埃及首长。但上下埃及首长是什么职务说不太清楚，从《大臣乌尼传》的内容看，它也有自己的赋税。铭文说：“我两次使所有应对这里上埃及官邸纳税的交税，两次使所有应对这里上埃及官邸担负义务的服役。”②

古代埃及地方上的行政单位是由原来的小国演变来的，它应当还叫作“斯帕特”，但现在一般都叫它“诺姆”或“州”。“诺姆”是希腊人的叫法，“州”则是我们中国人的译法。它的长官叫作“诺马尔赫”或“州长”。诺马尔赫大概是可以世袭的。从格布拉维地方发掘的资料看，这里的几个人，亨库、伊比和扎乌是一个家族的，他们都担任过诺马尔赫，因此可能是世袭的。但也不排除是任命的。例如，伊比不仅继承了提尼斯诺姆的诺马尔赫的职位，还因为他同色拉斯特诺姆的诺马尔赫的女继承人结了婚，他又被任命担任了色拉斯特的诺马尔赫。可能国王的这种任命只是一个形式，至少在古王国时期是如此。

从各种资料看来，诺马尔赫的职责是管理诺姆行政、司法、神庙、诺姆经济，并管理国家和王室在该诺姆的经济。至于掌管军队与否则不得而知。可能在战争时期，也要负责临时征召军队。至少在《大臣乌尼传》中有这方面的暗示。

古王国时期埃及诺姆的数量，据萨维里耶娃说，当时上埃及有 22 个诺姆，下埃及有 14 个诺姆。

---

① 《剑桥古代史》第 1 卷第 2 分册，第 483 页。

② 吉林师大、北京师大历史系编：《世界古代史史料选辑》上，第 21 页。

图 5.4　一名诺马尔赫。柏林博物馆藏

古王国时期的诺姆，可能原来就是以前的小国斯帕特，不过，古王国时期的诺姆总数比前王朝时期的斯帕特要多。诺马尔赫的官邸多半就是以前小国的首都，那里也是当地主神神庙所在地。

诺马尔赫中的许多人原来可能就是小国国王的后代，或其他贵族的后代。他们在诺姆中的势力很大，影响力也很大。但那些被打败并被消灭了的小国的诺马尔赫肯定已经换了人，换成了在统一战争中的有功之臣，他们成了新的统一王国的支持者。总的来说，在古王国时期前期，王权相对强大，旧的贵族与王权之间的矛盾还没有暴露，王权的威望还能驾驭地方贵族和诺马尔赫，地方贵族的分裂主义倾向还不严重，更不敢作乱。这从几个方面可以看出来：当时国王给地方诺姆的命令还能执行，梅腾的铭文表明，国王还可以向下面安插自己的亲信。例如，梅腾先后担任了几个州的主管人、州的管理者或长官等。国王和王室在各地的经济、国家在地方上的经济中的收入还能上缴，虽然这可能是由国王或国家派人去征收的。据萨维里耶娃，在伊梅尔出土的佩比安赫墓的资料说，他“对中部各诺姆征收公牛和山羊税，检查公牛和山羊”。容克尔认为，这不是佩比安赫个人的牲畜，而是国家地产上的牲畜。另外，在古王国时期后期一面萨卡拉墓墙上雕刻着装满各种麻织品的大木箱、装有酒的罐子被运往“白屋”(上埃及国库)的情景。其解释性铭文说：“把麻织品带入‘白屋’，把酒带入‘白屋’。”

后来，到第5王朝时期，可能王权与地方贵族的矛盾开始暴露，地方贵族的势力不断加强，其叛离倾向有所抬头。所以，一些诺马尔赫敢于经常以诺姆的事业为借口而侵犯神庙的利益，甚至侵犯国王的金字塔地产，使用地产上的劳动力。这表明诺马尔赫正乘王权削弱之机逐步壮大自己的经济实力，所以，国王们颁布了若干敕令以保护神庙的利益和金字塔地产。上埃及官邸的设立，也应当是有控制地方贵族势力的意思。

## 六、王室家族控制朝政

古王国时期的君主专制，除了表现在国王本人对各种权力的控制之外，还有一个重要表现，就是王室家族控制了朝政。王室家族控制朝政的一个表现就是由王子担任维西尔。这在古王国时期的初期和中期最为明显。《剑桥古代史》指出，孟菲斯第4王朝国王的专制权力是靠高级官吏在君主直系亲属中分配这一点来维持的，而最高行政职务维西尔一职则是由与国王有最密切的血缘关系的人来担任。[①] 摩赖更指出，第 4 王朝的维西尔都是由王子担任[②]，就是在第 5～6 王朝时期，也有王子担任维西尔的情况。例如，在萨卡拉的第 5～6 王朝时期的王子墓中，有个名叫涅菲尔·舍斯白门·舍斯玛特的人生前就曾担任过维西尔和国王一切工作的监督之职。

古王国时期末期，地方贵族在经济上和政治上的实力增强，有的人担任了维西尔(如提尼斯诺姆的贵族扎乌)，不过这种情况似乎还要和王室联姻，变成皇亲国戚才行。例如，扎乌的两个姊妹都嫁给了第 6 王朝的国王佩比一世。[③] 也就是说，通过联姻，这些贵族也成了王室家族的成员以后，才能担任维西尔这样的高级职务。摩赖认为："埃及人居官执政，即系参加宗教事业，被国王授官时，率涂油供养，如奉神明。居高位者，可参与宗教上巫术之秘密。自外人观之，即不啻加入皇族矣。在宫廷中得享受御膳，在外者亦得分其田土，唯辞职之后，则此项土田，仍归国王所有。"[④]

## 七、古王国时期的王权神化

王权神化，君主专制与神权结成联盟以强化王权，加强奴隶主的统治，在古代埃及历史上表现得十分突出，而且开始得很早。前王朝时期就已出现的红冠和白冠是王权神化的最初表现。早王朝时期又出现了王衔符号，使王权神化的过程更加复杂化。

到古王国时期，王权神化的表现就更多了。第 4 王朝时期的哈夫拉国王有一座圆雕像，在它的头的后部，有一只鹰张开双翅护卫着哈夫拉的头，这是象征鹰神荷鲁斯在保护国王。从前王朝时期的蝎王至第 4 王朝时期，埃及的国王们一直把鹰神荷鲁斯作为自己的主要保护神。

---

① 《剑桥古代史》第 1 卷第 2 分册，第 159 页。

② ［法］A. 摩赖：《尼罗河与埃及之文明》，刘麟生译，第 114 页。

③ ［美］J. H. 布利斯特德：《古代埃及文献》第 1 卷，第 157 页。

④ ［法］A. 摩赖：《尼罗河与埃及之文明》，刘麟生译，第 115 页。

图 5.5　哈夫拉雕像局部。开罗埃及博物馆藏

第 5 王朝时期，据《魏斯特卡尔纸草》的资料，该王朝的前三个国王都宣称自己是拉神的后代，是拉神同拉神祭司的妻子所生。[1] 因此，似乎他们夺取王权就是理所当然的。古代埃及有很多的神，前王朝时期，各诺姆有从氏族部落时就崇拜的图腾转化成为诺姆神。到古王国时期，除了各地的神依然存在以外，在全国出现了一个共同崇拜的神，开始时是鹰神荷鲁斯，到第 5 王朝以后是拉神(虽然在第 4 王朝时期，对拉神的崇拜就开始突出，当时的一些国王，把土地捐赠给拉神就是一种表现。拉神的崇拜中心是希利奥波里)。可以说，拉神成为全国崇拜的主神，是和君主专制的确立密切相关的。因为既然众神之中有一个最受崇拜的神，那么，在人世间就应当有一个最受崇敬的人，而这个人当然就是国王。他是神在人间的代表，他是代表神来统治人间的。所以，拉神成为最高的神，是为出现至高无上

① ［英］派特力：《埃及古代故事》，倪罗译，北京：作家出版社，1957 年版，第 13 页，注 21。

图 5.6　孟考拉和哈托尔女神。波士顿博物馆藏

的君主专制服务的。古王国时期，从第 4 王朝时起就有拉神成为国王名字的一部分的现象，例如，哈夫拉、孟考拉等。到第 5 王朝时期，国王名字中有拉的就更多了，例如，萨胡拉、涅菲勒弗拉、纽塞拉、杰德卡拉等。

古王国时期，国王的名字有了新的写法。在早王朝时期，国王的名字是写在一个长方形的框子里，这个长方形象征的是王宫的正面，在长方形框子的上面还站着一只鹰，例如，第 2 王朝的国王勒涅布的名字，但可能是从第 4 王朝时期起，国王名字的写法变了，不再写在一个长方形的框子里，而是写在一个椭圆形的框子里。古代埃及人称这个椭圆形的框子为 shenen(拉丁文注音)，现在人们说这个框子叫 cartoch(象形文字花框)。这个椭圆形框子的意思是什么？据说是表示太阳照耀的区域，反映了对太阳神的崇拜，说明国王受到太阳神的保护。① 在这个椭圆形框子的底下有一条黑线，据说这是表示也就到此为止。这种写法一直到罗马帝国统治埃及时还在沿用。

虽然古代埃及君主专制的物质力量是军队、官僚机器，以及雄厚的经济基础。但君主专制还需要借助神权的支持。因此我们才能理解，为什么在古代埃及，从古王国时期以后的文献中，经常可以看到国王向神庙捐赠土地、劳动力和其他财富的记载；才能够理解国王及奴隶主为什么花费那么多的财富去养活整个祭司集体。这无非是替奴隶主阶级的统治制造一种神圣不可侵犯的理论，制造君权神授的理论，使君主专制和整个奴隶主的统治披上一层神圣的外衣。可以说，大概要到古王国时期祭司们才成为全国性的奴隶主阶级的一个集团，构成奴隶主贵族中的一个重要部分。他们不仅在思想上有着重要的影响，而且在经济、政治、文化上都有着重要的影响。但祭司集团的成长，势力的扩大，对君主专制来说作用是两面性的：一方面，特别是在最初，它给了君主专制极大的支持。但另一方面，逐渐

① 可见，在这时国王已经是高高在上，其他臣民完全微不足道。

图 5.7　国王哈夫拉的名字和王衔

地它又走向了君主专制的对立面，它与地方贵族的势力联合起来，成了与君主专制分庭抗礼的力量，甚至要瓦解君主专制。这是在第 5 王朝以后逐渐清晰起来的。君主专制本身给自己制造了这样一个对立面，开始时是因为神庙祭司集团给了王权支持，所以国王们就大量地给予神庙财富，并越给越多。这可以从《帕勒摩石碑》上的铭文看出来，从开始时的三四十斯塔特，最少时只有 2 斯塔特，到后来最多时达到 1700 多斯塔特。终于，王权的实力下降，而神庙祭司的实力越来越强。所以在古王国时期末期，王权对神庙祭司集团的依赖越来越大，使其受制于神庙祭司集团和贵族。

## 八、国王对其臣民有无限的权威

古王国时期，随着君主专制政权的确立和强化，国王高高在上，其他一切人等皆成了他的臣民，甚至奴仆。所有人见了国王都要俯伏在地，甚至大臣、贵族见了国王也要吻国王脚前的尘土。如果有一个大臣、贵族被允许吻国王的脚，而不必吻其脚前的尘土，那就被认为是莫大的光荣。第5王朝时期一个奴隶主贵族普塔赫舍普舍斯，曾与王子们一起在宫廷中受过教育，并且娶了国王的公主，成为国王的驸马，这应当是很受国王宠信的了。但就是这样一位贵族，也因为国王允许他吻脚，而不必吻国王脚前的尘土而受宠若惊，在其墓里的铭文中津津乐道："作为国王陛下希望作的每件工作的顾问，〔萨胡拉的侍从，受国王荣宠多于〕任何臣仆；当陛下因为一件事而赞扬他时，陛下允许他吻他的脚，陛下不允许他吻地……"①

不过从资料上看，不同的人或在不同的时期，对国王的态度是不一样的。例如，在第3～4王朝之交的梅腾墓铭文中我们看到，这时的官吏还不像第5～6王朝时期的官吏那样对国王卑躬屈膝。梅腾墓铭文中只讲到他被委派担任何种官职，包括王家的官职，但却根本未提到国王，更无对国王感恩戴德、阿谀奉承之词，这与《大臣乌尼传》里面所表现的完全不同。当然，在第5～6王朝时期，地方贵族对国王也不像乌尼那样。例如，亨库、伊比等人的铭文中就没有那些谄媚之词。即使伊比从国王那里获得大量土地，也只是说："我主陛下给了我203斯塔特土地，使我富裕。"没有任何感激涕零的话。这大概说明，地方贵族不像中央的官吏那样与国王关系密切，不是靠国王提拔重用的，他们虽然无力摆脱王权的控制，但国王也不能完全控制他们，只能用财富以及高官来笼络他们，去换取他们的支持。因为地方贵族自认其权力来自世袭，而非来自国王的恩宠和提拔。更何况，这

① 北京师范大学历史系世界古代史教研室编：《世界古代及中古史资料选集》，第5页。

时的王权正处于衰落的时期，还处处有求于他们呢。

## 九、古王国时期的君主专制与贵族

君主专制是一种政体、一种统治形式。在古代，有过多种政体，有王国(如两河流域的苏美尔时代的小国、公元前 8—前 6 世纪北部印度的许多小国，以及格尔塞时期的埃及等)、民主共和国(如雅典)、贵族共和国(如罗马)和贵族寡头共和国(如斯巴达)等。后来，许多国家都走上了君主专制的道路(埃及是如此，两河流域、印度、希腊和罗马等地也是如此)。但各国走上君主专制道路的历史条件却不尽相同。

奴隶主采用什么统治形式，主要是看当时的阶级力量的对比情况和统治阶级认为什么统治形式对自己的统治最有利来决定的。也就是说，统治阶级采用什么统治形式来进行统治，不是某个人或某几个人随心所欲的结果，而是由当时的社会经济发展水平、阶级力量对比状况、统治阶级本身的状况，即当时该国社会的、历史的状况所决定的。君主专制作为一种政治体制，它有自己的经济基础和阶级基础，它是当时政治、经济发展的产物。在历史上，任何国家都不能凭空建立一个共和国，或凭空建立一个君主专制国家。共和体制或君主专制都是由一定的历史条件促成的。

古代埃及的君主专制产生于什么样的历史条件之下呢？埃及的生产力发展水平在当时世界不是很低，处于金石并用时代。古王国时期的后期，埃及人开始使用青铜器，或许可以说是进入了青铜时代。但总的来说，当时埃及的生产力发展水平还不是很高。其主要经济是农业，而农业生产工具落后，生产技术也很落后。尼罗河每年泛滥，提供了肥沃而松软的土壤，才使得古代埃及人以辛勤的劳动创造出了剩余产品，有了剥削的可能。奴隶主阶级只是靠对劳动者的残酷剥削和压榨，使劳动者处在极低的生活水平之下，才使奴隶主阶级及其国家能够剥削大量的物质财富。手工业和商品货币关系发展的水平还很低。各地的经济文化联系还不是很多，当时的生产力水平还不可能供养更多的脱离农业生产的人，也还不可能提供更多的作为交换的产品。剩余的产品大多数为奴隶主阶级占有，而他们的经济性质又是自给自足的。

由于生产力还不是很发达，商品货币关系也不是很发达，整体的经济发展很不充分。因此，当时埃及的阶级关系也还没有得到充分发展。奴隶主阶级的主要部分是由氏族贵族转化而来的贵族奴隶主。从奴隶制经济和商品货币关系的发展中成长起来的，与氏族制度没有关系的奴隶主阶级的产生条件很差，其活动余地极其狭小，政治经济实力十分弱小，在早王朝时期，甚至古王国时期，都还没有形成为一股独立的政治力量。虽然摩赖在《尼罗河与埃及之文明》一书中说，乌尼不是出身于贵族，而是出身于平民，布利斯特德在《古代埃及文献》的第 1 卷里收集了出身于非贵族的一个名叫涅吉米布的墓铭，第 6 王朝佩比二世时期曾任用了一个出身平民的女性大臣，等等。但这毕竟是很少的。不仅这个阶级的人数很少，而且发展也很缓慢。这是因为生产力水平低下，贵族奴隶主的剥削又十分沉重，使得中小奴隶主积累资金十分困难，十分缓慢。古代埃及人在修坟造墓方面耗费了大量的人力和物力，而没有把人力和物力用于农业的再生产。例如，出身平民的涅吉米布就花费了大量的人力和物力去修坟造墓，而不是积累资金发展农业生产。王室、神庙和贵族奴隶主占有了大量的生产资料，其他人却只占有极少的生产资料，而王室、神庙和贵族奴隶主却极少与市场发生关系，这就严重地限制了商品货币关系的发展，也限制了新兴奴隶主势力的发展。当时，埃及国内的商品货币关系不发达，而对外贸易又控制在国家和神庙手中。例如，第 6 王朝佩比二世时期，西奈的一个王后的铭文中所列举的远征队员名单就包括队商的首领，而这种队商的主要目的是为贵族和神庙换取装饰品和化妆品等，于发展生产和经济没有任何意义，却无谓地消耗了用于再生产的资本。霍尔胡夫的铭文说：“我装载着驮有香料、黑木、神香、雪豹皮、象牙和各种美妙而珍贵的东西的 300 头驴。”

雅典的民主共和国是新兴的奴隶主阶级的统治形式，这个新兴的奴隶主阶级是在和氏族贵族的斗争中成长起来的。后来的亚历山大帝国，那是希腊内部奴隶制发展，奴隶和奴隶主之间、平民和贵族之间阶级矛盾激化的结果，也是共和国的统治形式维持不下去的结果。罗马共和国是新兴的奴隶主阶级在同氏族贵族的斗争中和贵族妥协的结果。而后来的罗马帝国时期的君主专制也是其内部奴隶和奴隶主矛盾发展的结果。埃及的君主专制所依靠的阶级基础和它们不同，其所依靠的主要是贵族奴隶主。一个有着广泛联系、经济实力雄厚的新兴奴隶主阶级的存在，乃是战胜氏族制度及其象征——氏族贵族——的必要条件。而这在当时埃及还根本不具备。当时埃及有许多书吏、建筑师、医生、农业管理人员等，他们本身就出身贵族，或者依赖于贵族。他们很难冲破自身的阶级局限，成为新兴奴隶主阶级的代言人，更难成为一支独立的政治力量去反对旧贵族。

广大的劳动者(奴隶、农民和手工业者)在经济上根本不占有生产资料，或者只占有极少的生产资料，终日挣扎在饥饿线上，苦不堪言；在政治上也毫无权力和地位，他们和奴隶主及其国家是根本对立的，也不可能成为君主专制的阶级基础。

因此，古代埃及的君主专制只能去依靠贵族奴隶主。由于商品货币关系极不发达，以及整个奴隶制经济的极不发达，一方面，不能造就一个同旧的贵族奴隶主进行激烈斗争的强大的新兴奴隶主阶级(事实上，直至古王国时期末期，以新兴奴隶主为首的平民同贵族的斗争并未展开，氏族制残余大量保留下来，奴隶制不能完全取代氏族制，新兴奴隶主阶级不能取代氏族贵族)。另一方面，贵族奴隶主在政治上、经济上的实力都未受到多大的冲击，发展得很不充分的商品货币关系也不可能对贵族奴隶主在经济上造成多大的冲击。而且，由于王权在相当长的时期里还依靠着他们，因而他们无论在政治上、经济上，还是思想意识形态上，都有着强大的力量。

当然，贵族也要倚重王权统治下层劳动者，因而在很大程度上支持王权。贵族支持王权表现为：首先，为王权提供了大批军政官吏。国王要依靠军队和行政机关来统治和管理。软弱的新兴奴隶主不可能为王权提供如此多的军官和行政官吏，而贵族则是军官和行政官吏的主要来源。其次，提供了统治经验。贵族们具有长期的统治经验，没有他们古王国时期的君主专制是不可能巩固的。特别是当时国家刚刚实现了统一，在统一战争中，发生了大量的杀戮和抢掠，人们对此还记忆犹新，因此得到长期统治北方的贵族的支持，是巩固统一和君主专制的必不可少的条件。最后是神化王权，制造君权神授的理论，制造君权神圣不可侵犯的理论，在这方面，神庙祭司起了很大的作用。第 5 王朝可能是在人民起义后建立起来的，该王朝的前 3 个国王宣称自己是拉神之子，他们显然是得到了拉神祭司的支持才得以登上王位的。

但是，王权同贵族(包括神庙的祭司贵族和世俗贵族)也有矛盾，特别是在古王国时期晚期，贵族们的经济实力增强，他们也希望在政治上获得更大的权力，想靠削弱王权来增强自己的权力。而当时，国王经常大量地捐赠给神庙土地、劳动力和其他财富，赏赐给贵族大量的土地，其结果一方面是削弱了王权，另一方面又增强了贵族的权力。最后终于导致了古王国时期君主专制的瓦解，也使统一王国瓦解为一个个小的独立王国，诺姆的诺马尔赫成了一个个的小国王。

## 十、金字塔的修建及其结果

金字塔是自古王国时期至第二中间期埃及国王的坟墓形式，因其形似汉字中的“金”字，所以中国人称之为“金字塔”，古代埃及人称之为“麦尔”(M〔e〕r)，至少，他们是把角锥体叫作麦尔的。[①] 西方人称之为“Pyramid”，

---

① [英]I. E. S. 爱德华兹：《埃及金字塔》，伦敦：企鹅出版集团，1947 年版，第 7 章。

希罗多德说之所以称之为“Pyramid”，是因为古代埃及人痛恨修建了大金字塔的胡夫国王，人们鄙夷地用一个曾在该地放羊的牧人的名字来称呼金字塔，所以，“Pyramid”应当算是一个牧人的名字。不过有学者认为，可能希腊人从远处看金字塔，很像他们自己吃的糕点，故名之。①

作为国王坟墓的金字塔，是从第 3 王朝时期的乔赛尔国王开始的，在这之前，国王最大的坟墓是马斯塔巴。乔赛尔的金字塔是古代埃及著名的维西尔、建筑师和学者伊蒙霍特普设计和建造的。但他建造的不是我们通常见到的角锥体金字塔，而是一座层级金字塔，或叫作阶梯形金字塔。它实际上是在马斯塔巴墓上加上 5 层台阶，形成一座 6 层的马斯塔巴。这座层级金字塔不仅在规模上比马斯塔巴要大，而且在建筑材料上也有了很大的进步。以前的马斯塔巴是用砖或砖坯建造的，而乔赛尔的层级金字塔却是用真正的石头建造的。伊蒙霍特普除建造了一座埋葬用的层级金字塔以外，当时还在它附近建造了一座祭庙。

真正的角锥体的金字塔是从第 4 王朝的斯涅弗鲁国王开始建造的，不过，他的第一座位于麦杜姆的金字塔一开始还是为了建造一座层级金字塔。对此，斯涅弗鲁很不满意，于是设计者便在此基础上，将各层台阶填平，从而成为一座角锥体的金字塔。后来，他又在达淑尔建造了一座菱形的金字塔。他原本是要建造一座角锥体金字塔的，但因为设计的原因，角度太大，不得不急忙半途收缩，从而形成一座菱形金字塔。斯涅弗鲁当然不满意，于是他又在达淑尔建造了一座真正的角锥体金字塔，高 99 米。斯涅弗鲁一个人就建造了 3 座金字塔。

此后很长时期里，直到第二中间期，国王的坟墓形式主要就是金字塔。实际上，在中王国时期，虽然国王也建造金字塔，但其已经不完全是作埋葬用，而是作为坟墓的一种装饰品，而且规模也小了许多。

① ［英］I. E. S. 爱德华兹：《埃及金字塔》，第 7 章，第 284 页。

图 5.8　乔赛尔像。开罗埃及博物馆藏

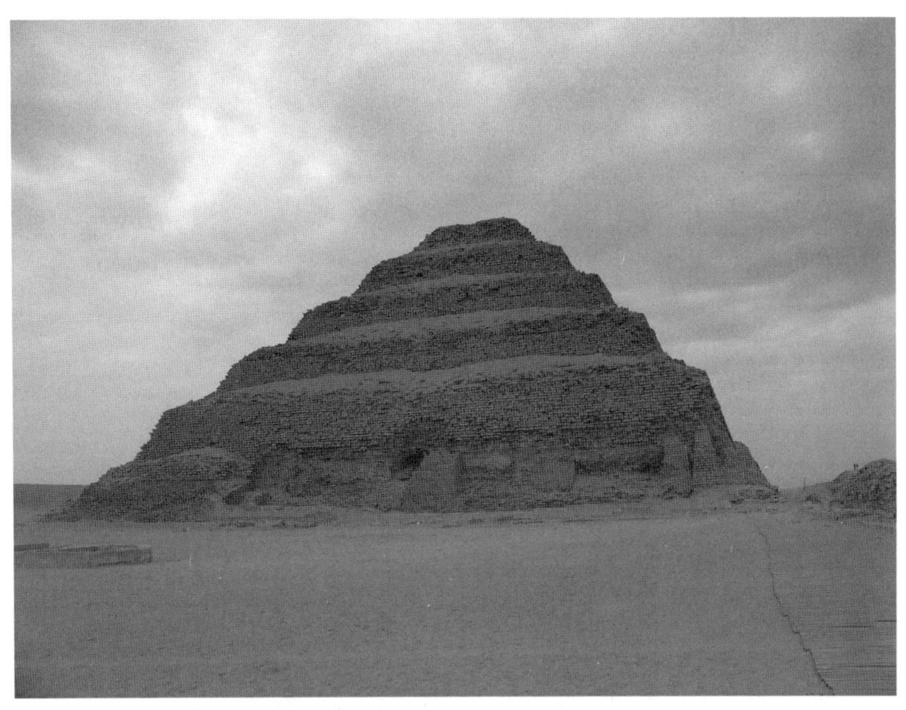

图 5.9　层级金字塔。现存萨卡拉

古代埃及最大的金字塔是斯涅弗鲁的儿子胡夫在吉萨地方建造的那座大金字塔。胡夫的大金字塔是由胡夫的兄弟海米昂设计并建造的，地址选在首都孟菲斯附近的吉萨西边沙漠边缘的台地上。这座金字塔高 146.5 米，因为长期风化，现在已经矮了大约 10 米。金字塔的基座每边长 230 米。人们推测，这座金字塔共用了 230 万块巨石，每块平均重约 2.5 吨。据说，拿破仑远征埃及时曾同他的将领们登上大金字塔顶，下来后他推算说，如果把吉萨 3 个大金字塔的石头用来砌一条 10 英尺(1 英尺≈30.38 厘米)高、1 英尺宽的墙，其长度可以绕法国一圈。

胡夫的金字塔除了以其规模巨大而令世人惊叹以外，还以其高度的建筑技巧而闻名。它的每块巨石之间没有用水泥灰浆之类的黏合剂，却垒得十分牢固，这是因为每块石头都磨得很平，使得石头之间的缝隙很小，故

图 5.10　维西尔伊蒙霍特普像。开罗埃及博物馆藏

能历数千年而不倒，这不能不说是建筑史上的奇迹。另外，在大金字塔塔身的北侧离地面 13 米高的地方，有一个用 4 块巨石砌成的三角形出入口。这个三角形用得非常巧妙，因为如果不用三角形而用四方形，那么，100 多米高的金字塔本身的巨大压力将会把这个出入口压塌。而用三角形，就使那巨大的压力均匀地分散开了。在 4000 多年前，埃及人能对力学原理有这样的理解和运用，能有这样的建造技术，确实是了不起的。

胡夫的金字塔，工程十分巨大。希罗多德说，这座金字塔的石头是从“阿拉伯山”（可能是指西奈半岛）开采来的。不过现在我们知道，石头多半是从本地开采的，修饰金字塔表面的石灰石，是从尼罗河东的图拉开采运来的。但在那时，开采石头并非易事，当时的埃及人并没有炸药，也无钢钎之类的工具，而可能是用铜凿子在岩石上打上眼，然后插进木楔，再灌上水，当木楔被水泡胀时，岩石便被胀裂。这样的方法，在今天看来也许显得笨拙，但在4000多年前，却是很了不起的技术。

图 5.11　胡夫的名字碑。伦敦大英博物馆藏

开采出来的石头体量巨大(平均重2.5吨，其中有的重达十几吨，乃至几十吨)，在既无吊车装卸，也无轮车运送的情况下，从采石场运到金字塔工地也实非易事。古代埃及人是将石头装在类似雪橇的装置上，用人和牲畜拉过去的。为此，需要修造宽阔而平坦的道路。希罗多德说，修筑运送石头的道路和开凿金字塔的地下墓室就用了10年的时间。而修筑金字塔本身用了20年的时间。在此过程中，遇到的最大难题是如何将巨大的石块从下面一层层往上垒起来。希罗多德引用了一种埃及人的传统说法，他认为，开始时，先修造成一座层级金字塔，然后再用短的木棍作杠杆将石头撬上

去，从上往下一层一层地把台阶填上，从而使其成为一座角锥体的金字塔。按照这种做法，最先修好的是塔顶，然后逐级往下，最后修好的是底座部分。但也有人认为，斯涅弗鲁在麦杜姆修建金字塔的方法，可能是直到第5王朝时期一直在实际运用的方法，即先修一座层级金字塔，它的核心是从中央向外在高度上逐渐降低的几层，其中每一层都用石灰石装饰表面，较低的一层靠在较高的一层上，它们与地面成70度角。在最外面又用石头将各层的台阶填平，从而成为一个角锥体的金字塔。第5王朝的萨胡拉在阿布西尔的金字塔就类似于此。位于吉萨的3个大金字塔是否是如此修建的，还有争论。

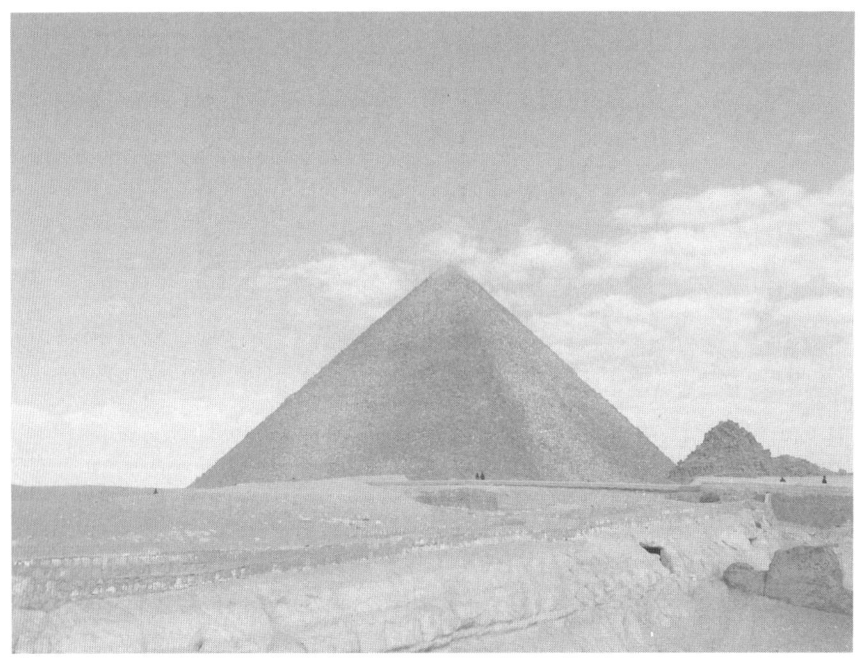

图5.12　胡夫金字塔。现存基泽

还有一种方法是，修建一条宽宽的斜坡通向金字塔，从斜坡上将石头运到金字塔工地。金字塔修多高，这个斜坡就修多高，并相应加宽，延长。按照这个办法，当金字塔修到100多米高时，这条斜坡一定是很宽很长的，否则，就会因为斜坡本身太陡而难以将石头运上去，或者因为斜坡太窄而垮掉。

无论如何，修建胡夫金字塔，一定是集中了当时人们的一切聪明才智，因为它需要解决的难题太多了。金字塔修建起来了，而且屹立了4000多年，这本身就是一大奇迹。金字塔是古代埃及人民智慧的结晶，是古代埃及文明的象征。

希罗多德说，胡夫强迫所有的埃及人为他做这件事，他们被分成10万人的群体来工作，每一大群人要劳动3个月。从考古资料我们知道，这些劳动者组成一些队伍，例如，在麦杜姆地方发现了这样一些名称："层级金字塔队"、"船队"、"强有力的队"、"北方队"等。在胡夫金字塔的一块石头上刻有"工匠队"、"克赫努姆·胡夫何其有力"等。据希罗多德记载，在金字塔的石头上有用象形文字记下的修建金字塔的劳动者购买萝卜、葱、大蒜等所花的钱的记录。近年来，又在金字塔附近发现了修建者的坟墓，更加肯定地证实了金字塔是古代埃及人民建造的。有的人不相信依靠简单的协作也可以创造出奇迹，不相信地球上的人类自身会建造出金字塔这样的奇迹，而把这种奇迹归之于天外来客。这显然是不对的，也无助于人类探索自己的历史，认识自己的能力。

胡夫之后的另一座大金字塔，是哈夫拉的金字塔，它比胡夫的金字塔矮了3米，但由于它修建在地势稍高的地方，因此看起来似乎比胡夫的金字塔还要高，而且其外形更为壮观。尤其是在这座金字塔前还有一座狮身人面像，用整块巨石雕刻而成。据说，头部是按照哈夫拉的模样雕成的。古代埃及神话中，狮子是各种神秘地方的守卫者，也是东方和西方地平线上的地下世界大门的守护者。狮子以斯芬克斯的形象出现，获得了守卫的职能，但被赋予了喻义太阳神奥吐门的人的特征，可能是因为死了的国王会变成太阳神的缘故。

在这两座金字塔旁的是孟考拉的一座较小的金字塔，它只有约66米

图 5.13　哈夫拉的金字塔。现存基泽

高，还不及胡夫金字塔的一半。

古代埃及国王为什么要将坟墓修成角锥体的形状？有的学者认为，这是古代埃及王陵形式自然发展的结果，即由马斯塔巴发展为层级金字塔，再由层级金字塔发展为角锥体的金字塔，这是自然进化的结果。但《埃及金字塔》一书的作者爱德华兹却认为，王墓的金字塔形式与其说是从实践中自然发展出来的，毋宁说是与古王国时期的宗教崇拜有关。他认为，第 1 和第 2 王朝时期的国王们的马斯塔巴是作为国王死后的永久性住所的。后来很可能是在第 2 和第 3 王朝之交，产生了另一种观念，即国王死后要成为神，他的灵魂要升天。《金字塔铭文》中有这样的话："为他建造起上天的天梯，以便他可由此上到天上。"很可能，层级金字塔就是这样的天梯。再后来，到第 3 和第 4 王朝之交，在选择坟墓形式上又可能有过宗教上不同派系的斗争。其中一派主张仍采用层级金字塔的形式，另一派则主张采用角锥体金字塔的形式。因此，斯涅弗鲁国王先修了一座层级金字塔，后来又修建了角锥体的金字塔。爱德华兹认为，在这两种宗教派系的斗争中，后一派可能占了上风，斯涅弗鲁又将层级金字塔改造成了角锥体的金字塔。此后，他的继承者们，除了胡夫的儿子拉吉德弗以外，都采用了角锥体金字塔作为坟墓形式。

角锥体的金字塔形式与宗教观念有什么关系呢？爱德华兹认为，它表示的是对太阳神拉神的崇拜，因为拉神的标志是太阳光芒。金字塔象征的就是刺破云天的太阳光芒。当你站在通往萨卡拉的路上，通过金字塔棱线的角度向西方看去的时候，可以看到金字塔像洒向大地的太阳光芒。《金字塔铭文》中有这样的话："天空把自己的光芒伸向你，以便你可以去到天上，犹如拉的眼睛一样。"后来，古代埃及人对方尖碑的崇拜也有这种意义，因为方尖碑也表示太阳的光芒。

从客观上说，由于修建金字塔需要解决许多科学技术上的难题，因此，它必然促进了当时埃及数学、建筑学等科学技术的发展，也会促进采矿、冶金、运输等方面的发展。修建金字塔场犹如开办一大所学校，培养了一代代的人才。

但金字塔的修建耗费了埃及的国力。大量的人力、物力被用在了这种毫无使用价值的巨大工程上，而不是用在扩大再生产方面，显然不利于社会经济的发展。

金字塔的修建还从两方面削弱了君主专制。首先，它激化了阶级矛盾，激起了人民的普遍愤怒。希罗多德说，胡夫和哈夫拉修建金字塔，给埃及人民带来了极大的灾难，使得埃及"曾有一百〇六年是在水深火热之中……人民想起这两个国王时恨到这样的程度，以致他们很不愿意提起他们的名字……"①戴奥多罗斯也记载说："这两个国王修建金字塔作为他们自己的

① ［古希腊］希罗多德：《历史》上册，王以铸译，第167页。

坟墓，但是他们都没有埋在金字塔里面。由于在建筑金字塔时人民受尽了千辛万苦，由于这些国王做了许多残忍的事，人们愤怒地起来反抗那些使他们受苦的人，并且公开地要撕碎国王们的尸体，并把他们的尸体狠狠地抛出坟墓之外。”①这也许说明，为什么胡夫金字塔中的棺材是空的，没有他的木乃伊。其次，它削弱了整个国家的经济实力，也削弱了君主专制的基础。与此同时，地方贵族和神庙却在不断加强自己的经济实力，并靠削弱王权来加强自己的力量。因此，第 4 王朝以后，埃及的君主专制开始衰落。第 5 王朝起，王权对神庙的依赖性加强。

自第 4 王朝以后，金字塔规模越来越小。到中王国时期以后，国王们虽然还在修建金字塔，但不仅规模较小，而且已经不再是作为坟墓本身，而是作为一种装饰品。到新王国时期，埃及成了一个地跨西亚、北非的大帝国，奴隶制经济也大为发展，君主专制得到强化，但那时的国王们，都不再修建像胡夫那样的大金字塔作为坟墓，而是在当时的首都底比斯附近的尼罗河西岸的山谷里凿洞为墓，这就是有名的“国王谷”和埋葬王后和王子们的“王后谷”。但是，不管是金字塔还是岩窟墓，都没有能成为他们的永久性居所。这些墓葬当时就已经开始被盗，或被起义人民掘掉，那丰富的陪葬品也被一扫而光。“永久性居所”并不永久，只有人民辛勤劳动的结晶——金字塔——还存在着，作为古代埃及人民勤劳和智慧的丰碑而存在着！

## 十一、古王国时期君主专制的崩溃

第 4 王朝国王们大肆修建金字塔，加剧了阶级矛盾，第 4 王朝末，埃及国内可能发生过人民起义，第 5 王朝就可能是在人民起义的过程中，或利用人民起义的形势，而建立起来的。

---

① ［古希腊］戴奥多罗斯：《历史集成》第 1 卷，64，4～5。

在第5王朝时期，君主专制与贵族之间的关系发生了明显的变化，为了维持自己的统治，君主专制不得不更多地依赖贵族，从而成为贵族的附庸，这表现在以下方面。

君主专制在与神权的关系上，由过去的主动态逐渐地变成了被动态，即从过去的君主专制利用神权、驾驭神权，变成了王权成为神权的附庸。正是因此，《魏斯特卡尔纸草》中说，第5王朝的前3个国王都自称是拉神之子，是拉神和拉神祭司的妻子结合而生。这表面上看是王权被神化了，实际上却是王权的地位比神权低。因此，从第5王朝时起，国王捐赠给神庙的土地、劳动力和其他财富的次数越来越多，数量越来越大。从而增强了神庙的实力。

君主专制与世俗贵族的关系也发生了变化。过去王权主要依靠王室成员，任命王室成员担任维西尔等高级官吏，而在第5王朝以后，地方贵族势力上升，他们被任命担任包括维西尔在内的高级官吏的情况增多了，从而更加强了地方贵族的实力。国王虽然也提拔过一些出身平民的人担任高级官吏，以抵消贵族的影响，但这样的平民担任官吏，特别是高级官吏的情况毕竟太少，根本不足以同贵族相抗衡。古王国时期的君主专制在第6王朝以后便崩溃了。

古王国时期的君主专制，作为奴隶制的政治体制，曾一度是生机勃勃，充满活力的：它是刚刚实现的统一的象征，削弱了贵族奴隶主的力量，促进了社会经济的发展，加强了奴隶制社会的经济基础，扩大了埃及的版图。它后来的衰落、崩溃完全是咎由自取。这是因为：第一，它用了大量的人力和物力修建金字塔，将大批土地和其他财富给了神庙和贵族，并豁免了神庙的各种义务，这些做法，不仅严重削弱了自己的经济基础，而且大大地增强了贵族的实力，也助涨了贵族的离心力。

第二，它没有可靠的阶级基础——新兴的奴隶制的代表新兴奴隶主，它依靠的主要是贵族奴隶主。而这些贵族奴隶主虽然和王权在对付劳动人民方面有其共同利益(剥削劳动人民并镇压人民的反抗)，但毕竟贵族奴隶主乃是氏族制的残余，是与奴隶制的上层建筑格格不入的。之所以出现这种情况，是和当时埃及的社会经济发展水平有关的。

第三，腐败风气的蔓延。这表现为厚葬之风的盛行。国王们以有一座金字塔，贵族们甚至一般人家以有一座马斯塔巴而沾沾自喜。而且墓里还花费大量人工雕刻各种图像，力图把他们在世时所享受的一切都雕刻出来，还有大量的陪葬品陪伴他们，似乎这样就可以永远享受了。为了祭祀死人而耗费了大量人力物力，这严重阻碍了社会经济的发展。腐败现象还表现为阿谀奉承之风的盛行，特别是一些受到重用和提拔的出身下层的官吏，对专制君主的感激之情溢于言表。① 因此，这些官吏不是集中精力于政事，而是尽力去迎合专制君主的嗜好。

## 第三节　第一中间期

第一中间期即统一的古王国时期和中王国时期之间的一个分裂混乱时期，包括第 7～11 王朝前期，历时 100 多年(约公元前 2181—前 2040)。这是一个经济上崩溃从而饥荒不断的时代，政治上分裂混乱，阶级矛盾十分尖锐的时代。

### 一、第一次贫民奴隶大起义和贝督因人的入侵

古王国时期末期，王权已经衰落，地方势力已经抬头。在第 6 王朝国王佩比二世的长期统治(据说他活了 100 岁，6 岁就登基为王)之后，古王国时期的统一局面不复存在，君主专制的中央集权统治也崩溃了，埃及重新回到前王朝时代小国林立的局面，各地贵族乘机扩大自己的势力范围，拥

① 《大臣乌尼传》，见[美]J. H. 布利斯特德：《古代埃及文献》。

兵自立。每个诺马尔赫都感到自己是一个不再受别人统治的小国的统治者，是一个独立的国王，自己城市的独立的统治者。他们往往把地方神的名字冠在自己的称号之中。据曼涅托王表，第7王朝的70个王只统治了70天（这些王可能是同时并立，而非互相承袭）。① 第8王朝统治时期有27个王，建都于孟菲斯，共统治146年。②

由于统一局面不复存在，灌溉系统也遭到破坏，国家对尼罗河的管理与控制也成为不可能。因此，原来的良田沃土，有的不能灌溉，有的积水排不出去，变成了沼泽地，以致芦苇丛生，耕地面积大幅度下降，经济处于崩溃状态。正像《聂菲尔列胡预言》所说："土地缩小了，（但是）它的行政人员却很多。土地荒凉不毛，（但）税却很重；只有很少的谷物，但量斗却很大，而且量时总是满得上尖。"③

政治的混乱，经济的崩溃，再加上奴隶主巧取豪夺，使被压迫者难以维持生计。

在《一个能言善辩的农夫》中，叙述了一个农民受到奴隶主欺凌的情况，虽然故事以喜剧的形式告终，但仍反映了奴隶主欺压穷苦人民的事实。故事说的是，一个名叫赛克亥特的农民，从西部一个绿洲牵着驴，驮着芦苇、盐、木料、豆荚、果核和种子等前往赫拉克列奥波里城去出卖。他需要通过一个名叫麦卢伊坦撒的王室总管的麦田。麦卢伊坦撒的管家亥木特让人拿了一块布铺在堤上，不让农民赛克亥特过去。赛克亥特只有从麦地里过去，而他的驴却吃了王室总管地里的麦子。于是亥木特就仗势欺人，说："你看，赛克亥特，我可要把你的驴带走，因为它吃了我的小麦了。看啊，我损失多少你就得赔多少。"亥木特不仅用柳枝抽打赛克亥特，而且

---

① 曼涅托，残篇23；而据残篇24，则为5个国王统治了75天。

② 曼涅托，残篇25；而据残篇26，则为5个国王统治了100年。

③ 北京师范大学历史系世界古代史教研室主编：《世界古代及中古史资料选集》，第13页。

将他的驴子赶进了自己的牧场，于是赛克亥特便到麦卢伊坦撒那里去控告亥木特。他讲了许多好听的话，这位总管觉得很有意思，便将此事告知了国王。国王命令他将此农民的话记录下来给他看。最后国王下令将农民的东西归还给了农民，并惩罚了亥木特，还将亥木特的财产和职务都给了赛克亥特。①

从《聂非尔列胡预言》、《祭司安虎同自己心灵的谈话》、《对美利卡拉王的教训》等资料可以看出，这时的阶级矛盾十分尖锐，可能还曾发生过大规模的贫民与奴隶起义。

《聂非尔列胡预言》②记载：

> 那是上下埃及之王，胜利者西诺夫鲁陛下在位的时候。一天，京城的议会团体来到王宫向万福万寿的国王致敬。然后，他们离开王宫，按照他们每天的惯例到(其他的)地方去行礼。那时万福万寿的陛下对在侧的掌印大臣说："把去行日礼的京城议会议员们召(回)来。"(当下，他们)立即被召回来。于是，他们再一次俯伏于皇帝陛下面前。
>
> 那时万福万寿的皇帝陛下对他们说："我召你们来是要你们为我寻找一个你们的聪明能干的子弟或一个作过好事的朋友，让他

① [英]派特力：《埃及古代故事》，倪罗译。

② 译文保留该埃及预言者姓名的传统读法"聂非尔列胡"。但晚近波森纳尔(G. Posener)已经获得证据证明这个人名很可能应读为"聂非尔提"[《埃及学评论》，Ⅷ(1951)，pp. 171-174]——英译本注。

本文原文出于列宁格勒国立博物馆收藏草纸第1116B号。该草纸于1913年由哥连尼舍夫公布。该草纸原为第18王朝时学校使用的手抄本，内容托言系第4王朝西诺夫鲁法老时代某一名聂非尔列胡的智者所做的预言。有些埃及学学者认为这篇文字原文应该是编写于中王国时期，所影射的是古王国末埃及国家衰落和第12王朝阿明尼赫特一世建国的事。

苏联的司徒卢威院士在他1919年的著作中曾认为这篇文章是新王国时代的作品，所讲述的是公元前1750年前后(中王国时期末期)埃及的贫民与奴隶大起义时的情况。

到目前为止，关于这篇文字所反映的时代问题，学术界尚无一致观点。

来给我讲些优美的话语或上好的演辞，使我听了得到欢娱。”

于是他们再次俯伏叩拜于万福万寿的皇帝陛下面前，然后他们向万福万寿的皇帝禀告说：“陛下我主，巴斯特神①有个大祭司名叫聂非尔列胡。他是一个勇敢的平民②，一个巧妙的书写人；他地位很高，他的财产比他的任何同侪都多。是否能允许他来觐见陛下呢？”于是，万福万寿的皇帝陛下说：“去（带）他来见我。”于是，他立刻被召来见他。他俯伏叩拜于万福万寿的皇帝陛下面前。万福万寿的皇帝陛下说：“来吧，聂非尔列胡，我的朋友，来对我讲说些优美的话语或上好的言辞，让我听了得到欢娱！”于是，祭司聂非尔列胡说：“万福万寿的统治者，我主，你是要听一些已过的事，还是一些未来的事呢？”万福万寿的陛下说：“宁可说些未来的。今天以前已过的事就让它（去）吧！”于是他伸手取下文具盒，从中拿出一卷草纸和书写文具，开始亲自记录（它）。

希利奥波利州人，巴斯特女神的祭司，聂非尔列胡，这个东方的智者，他沉思着（行将）在这土地上发生的事故。他想到东方的州，亚洲人将以其强大的武力入侵，将搅乱那些正在收割的人们的心，夺走耕牛的套具。他说：

我的心在战栗，你将（怎样）为这块你出生的土地而哭泣！缄默不言是罪恶。看吧，将要发生一些人们一提就感到恐怖的事，因为，你看，在你出生的这块土地上，大人物将要被消灭。不要漠不关心，看吧，它就在你面前！你应起来反抗在你面前的这一切，因为你看，虽然大人物们在管理着这块土地，但所做的正象

---

① “巴斯特”是三角洲东部布巴斯提洲的猫女神。——英译[本]注。俄译本“巴斯特”作“伊丝达”。

② 俄译本“勇敢的平民”作“强有力的涅杰斯”。

没有做的一样。赖神①必须(重新)创造(世界的)基础。这块土地将完全被毁灭(以致于)没有任何残余,(甚至连)指甲大的一点黑土都不留存。

这个地方被毁灭得如此彻底以致于没有人关心它,没有人说话,没有人哭泣。这个地方如何?太阳被遮住了。它不再为使人能见而照耀。当乌云遮住(太阳)时,无人能生存。由于缺乏阳光,人人都变成聋子了。

我只将述说呈现在我面前的一切,我不能预言未来。

埃及的河流空了,人(可以)徒步涉过。人们找不到能行船的水。河床变成了沙滩。沙滩上没有水,河床上也没有水……南风将要反抗北风②,空中不(再)是单一种风向了。一个异国的岛将要在北方的沼泽中出生。它在人的旁边筑了巢,而人民因为需要它,也让它靠近。真受损害的还是那些好东西,象那些充塞着鱼和水鸟,人们(常在那里)洗鱼的池塘。一切好东西都不见了,这个地方枯竭了,这是亚细亚人满布各地所带来的苦果。

敌人从东方兴起,亚洲人来到了埃及……没有庇护者听从……有人会进到堡垒中来。我整夜清醒不能入睡。沙漠中的野兽都走来饮用埃及河流的水,悠闲地在河岸上漫荡,因为没有人去把它们吓走。

大地上混乱无序,没有人知道结果如何,没人知道那藏在所说,所见,所听的后面的结果如何。人们都聋了,因到处遇到的是死寂。我来告知你这个颠倒错乱的大地。从来未发生过的事都发生了。人们拿起了武器,(因之)大地变得混乱。人们用金属制

① 即拉神,译文如此。
② 在埃及北风是凉爽宜人的。

作箭①，乞求用血做的面包，发出病狂的笑声。没有人因死亡而哭泣，没有人为死亡而在夜晚禁食，人们的心(只)追随着自己。蓬头乱服的哀悼形式在今天(已经)不实行了，因为人心已经完全不在这上面。当有人杀人时，别人只坐在自己的角落，背向不理。我知道有的儿子象仇家，兄弟象敌人，有人杀死(自己的)父亲。

每个人的口里都叨念着'怜惜我'，一切好的事都不见了。大地凋敝了，(好象)律法注定了让它这样：已作的事物遭到损害，现存的一切空虚让它空虚，无人理会，而那些从未做过的事，现在却做了。这一切都好象注定该如此。人们夺去某人的财产而将它给予一个外来人。我告诉你，有财产者将缺乏财物，而外来的人满足了。自己从来没有积蓄的人现在却把别人的积蓄用光了。人们将仇恨地对待(自己的)同胞，为的是使人口缄默。假如有人回答什么话，就会有人执棍出来叫：'杀了他!'心中要说的话象火一样。人们不能忍受一个人口说出的话。

土地缩小了，(但是)它的行政人员却很多。土地荒凉不毛；(但)税却很重；只有很少的谷物，但量斗却很大，而且量时总是满得上尖。

赖(太阳)离开了人类。假如它照耀，那(只)是短短的一小时。没人知道何时是中午，因为看不到日影。看到它时，它的脸面，也不是光亮的，眼角也不是湿润的，他在空中好像月亮一样。他的规定的时间没有迟误。它的光芒像以前一样照耀在(人们的)脸上。②

① 沃尔夫考证，金属箭头在埃及最早使用是在11王朝时期，约公元前2100年。——英译本注。

② 最后两句显然与前面提到的太阳光微弱像月亮一样的意思不符合，这里可能有遗漏。——英译本注。

我讲给你关于这个颠倒混乱的世界。没有武器的人(现在)变成占有武器者。人们(恭敬地)向以前鞠躬行礼的人鞠躬行礼。我告诉你，那最下面的到了顶上，他的变动就象我的腹背的转动一样大。人们住在坟场上。穷人发了财……穷人吃着供祭的面包，仆役们在欢乐。希利奥波利州，这个众神的出生之地将不存在于世上。

从南方将要来的一个国王，他的名字是阿明尼·胜利者。他是努比亚地方的妇人之子，他出生于上埃及。他将带〔戴〕白色王冠，他将戴红色王冠；他将联合这两个强者，他将满足两个主神①的愿望。他将成为绕地而行者，手握桨……

欢乐吧，他的时代的人民；人子将使自己的名字永垂不朽。凡想作恶或图谋叛变的因为惧怕他，都克制了自己的话语。亚洲人将被他的剑砍倒，利比亚人将被他的火焰消灭。叛徒将承受他的盛怒，心怀恶意者将惧怕他。他头上的蛇神替他平定了心怀恶意的人。

将要修建起万福万寿的统治者的长城——亚洲人将不许到埃及来，不能象惯常一样，为他们的牲畜乞求饮水。公正将被恢复，恶事将被赶走。那些能见到这些事的人和那些将为王服役的人都欢乐无穷。

学者们将为我洒水，当他们看到我说的话实现的时候。②

从所引的这些话可以看出：人们拿起了武器，打乱了统治阶级的统治秩序；发生了从未发生过的事情，穷人和富人的关系和地位发生了变化。

---

① 荷鲁斯 Horus 和塞特 Seth。——英译者注。

② 吉林师大、北京师大历史系编：《世界古代史史料选辑》上，第 37～41 页。

在《祭司安虎同自己心灵的谈话》中也有这方面的反映：

我思考着全国所面临的情况，变化正在发生，不同于过去的年代。一年比一年更艰难。国家发生了叛乱……真理被赶走，而非真理却在议会之中，神的指示常被破坏，他们的命令被轻视。国家经受着病态，悲伤到处皆是。城市和诺姆处于不幸之中，所有的人都陷入了贫困。人们不再注意体面，和平的人民遭到攻击。

整个国家处于大骚乱之中……心是悲伤的。给予命令的人是命令给予他们的那些人。①

《对美利卡拉王的教训》中说：

有害的人——这是煽动者，要消灭他，杀死(他)……抹掉他的名字，(杀死)他的同伙。他的部下喜欢他。对于市民来说，叛乱者——这是造成混乱的人，因为他从臣民中创造出两支年轻战士的队伍。如果你发现市民，并不知道他的事情，要将其报告给大臣们，他们将消灭他——他是敌人。对城市有害的人——这是煽动者。镇压成群结伙的人，消灭由它引起的热情。不要提高有敌意的人。贫困者——他是敌人。要仇视贫民……敌人在蹂躏埃及的首都，就像祖先们预言过的那样：埃及将在陵墓中战斗。②

当埃及处于分裂状态，国家被严重削弱之时，西亚的游牧部落贝督因人侵入到了埃及的尼罗河三角洲地区，可能是为寻找牧场。这在《聂菲尔列

① 《世界古代史文选》，莫斯科：国家教育出版社，1956年版，第21页。

② [美]J. B. 普利查德：《古代近东文献》，第414～418页。

胡预言》和《对美利卡拉王教训》中均有反映。

《聂菲尔列胡预言》中的内容见前文所引。

《对美利卡拉王的教训》中说：

> 看，要为亚细亚人定下界标。我在东方从赫努别特到荷鲁斯大道建立了边界。在那里有居民点，在其地界以内住满了优秀的人，以便阻止亚西亚人。……他生活的地方是不好的——是个缺水的地方，由于树林众多而难于通行，由于高山道路艰难，他不住在一个地方，他的双脚由于贫困而到处游荡。从荷鲁斯时代起，他便进行战斗，但未获胜利，而他自己也未被战胜。他像强盗一样不宣布战斗的日子，他们害怕武装的队伍。要像我一样是勇敢的，在要塞中弓箭手要如同战斧一般；我命令三角洲杀死他们。我洗劫他们的居民点，我夺取他们的畜群。对埃及来说，亚细亚人是更为可恶的……他攻击孤立的村庄，而不攻击有很多城市的地区……①

## 二、赫拉克列奥波里王朝

在第一中间期小国林立的局面中，位于中部埃及的赫拉克列奥波里(Heracleopolis)强大了起来，统一了北部三角洲和中部埃及，势力达到提尼斯附近，建立了第9和第10两个王朝，称雄于一时。

赫拉克列奥波里位于尼罗河谷与三角洲交界处不远的地方，这里土地肥沃，离法雍湖不远，有较好的灌溉条件，是一处粮仓。这里也是一条交通要道，不仅处于南北的交界点上，而且是与西部绿洲交通的重要枢纽，

① ［美］J. B. 普利查德：《古代近东文献》，第414～418页。

图 5.14　森努的墓碑。波士顿博物馆藏

因而成为一个重要的商业贸易中心。前文讲到的《一个能言善辩的农夫》中的农民赛克亥特正是从西部绿洲将物品运往赫拉克列奥波里去出售。随着古王国时期统一局面的瓦解，赫拉克列奥波里的地位逐渐提高，并终于称霸于中部和北部埃及。在它的统治下的有 2 个强大的诺姆——赫尔摩波里(Hermopolis)和喜乌特(Siut)。

第 9 王朝的奠基人克赫提(Kheti)一世可能曾统一过整个埃及，因为他的名字曾在第一瀑布附近的岩石上被发现。据曼涅托记载，第 9 王朝的第一个国王叫阿赫托伊(Achthoes)，非常残暴。①

他的继承者未能保持住对全埃及的统治，只统治了埃及的中部和北部。为了维持统治，第 9 和第 10 两个王朝的国王曾采取了若干措施：发展经

① [古希腊]曼涅托：《埃及史》，残篇 27，见[英]W. G. 沃德尔编译：《曼涅托》。

济，开发法雍湖附近地区，调整国内的经济关系，提出新的王权理论以重新加强王权，并注意对外政策，等等。

赫拉克列奥波里王朝在政治上的主张从《对美利卡拉王的教训》(以下简称《教训》)中可以看出来。这篇《教训》是第 10 王朝国王阿赫托伊给他的儿子美利卡拉的一份政治遗嘱，它从多方面阐述了这个王朝的政策，是研究这个时期政治的重要资料。这篇《教训》写在一份纸草上，其内容十分混乱、庞杂，没有一个清楚的思路。但它是埃及最早的“教训”文章之一，可以说是一篇政治论文，是一篇阐述在乱世中如何加强王权，维护统治的指导性的纲领性文件。

随着古王国时期社会秩序的崩溃，统一制度的瓦解，君主专制不复存在，因而古王国时期的君权神授的理论已不能令人信服。第一中间期里的现实也表明，君权并非神授，而是靠自己的实力建立起来的，谁的实力强大，谁就可能占领广大的地区，统治更多的人民，谁就可以称王，并在小国中称霸。在乱世中发展起来的赫拉克列奥波里王朝本身就是一个例证。因而这个王朝的统治者对君权神授的理论也不可能信服，他们的权力并非神授，而是从乱世中奋斗出来的。在《教训》中，虽然赫拉克列奥波里的国王还在继续鼓吹一些旧的君权神授的理论，但这篇《教训》让人感兴趣的是，它提出了一些新的观点，提出了一些新的王权理论。例如，它提出了王权合理性的思想，强调了王权存在的必要性：“他(按：指神)为他们(按：指普通人民)创造了统治者(王)作为支柱，以便支持软弱者的背。”鲁宾斯泰因指出，有关国王神圣出身的思想在《教训》中很少有反映，而关于王权的合理性、必要性的思想，作为应当加以确认和灌输到人们意识中去的新思想，在整篇《教训》中是占优势的一种思想。①

这些新的有关王权的思想可以归纳为以下几个方面：第一，国王也是

① ［苏联］鲁宾斯泰因：《法老阿赫托伊·瓦赫拉卡的内政》，载《古史通报》1948 年第 4 期。

人，但他的品质又高于人的品质，他的事情归神审判，不过对国王执行审判任务的神也听命于人。第二，国王是英明而强有力的。《教训》的作者一方面认为，国王的英明“这是他出娘胎时就具有的”，“博学（英明的智者）——这就是两块土地的统治者”，即国王的英明是天生的，是神给予的；另一方面又认为，国王的英明这种品质还应当进一步完善，他应当有一颗“熟练的心”，要有远见，以便不会被蒙骗。他不应当轻信，“因为轻信会变为不幸”。第三，国王应当是“仁慈的”。《教训》说：“你将不是邪恶的，因为仁慈会使你的心愉快。”国王要对臣民尽义务，从而使他的臣民支持、拥护他。国王应当关心那些软弱的人，“当你活在大地上时，你要创造真理，要安慰哭泣的人”，不要排斥“孤寡”。国王这样做了，就会“在世人中散布热爱你的种子”，“由于你的仁慈，从你身边会掠过赞扬，在神的面前祈祷你的健康”。这将是由于对他的臣民的热爱而建立的对国王的“最好纪念”。国王对臣民尽义务的思想同王权的使命紧密地联系在一起。在这里，王权的伟大，不是被理解为豪华的仪式，或国王的非人的力量，而是被理解为为世人服务。第四，国王的力量不仅在于军队等暴力机器，而且在于他们的话的力量，即要掌握说话的能力和技巧：“你可因巧于辞令而强有力。对于国王来说，实力——这就是强有力的语言，它应当是使一切人，甚至强有力的贵族都害怕的真正的话。”

在《教训》中，特别强调加强王权同贵族奴隶主的关系。贵族奴隶主仍是王权依靠的主要阶级基础。“要尊重你的大臣，保护你的人”，“要提高你的大官，以便他们按照你的法律行事”，“国王因自己的大官而变得伟大”。就是说，国王要保护官僚贵族奴隶主的利益，发展他们的势力，从而才能得到他们的支持，使王权更加强。但同时，要依靠新兴的奴隶主，依靠这时发展起来的一个新的奴隶主阶层——涅杰斯（原意为“小人”），《教训》说，不要在人之子（贵族）和普通人（涅杰斯）之间造成差别。因为，这时涅杰斯已经成为军队的重要来源。而且，强有力的涅杰斯已成为一支不可忽视的力量，是王权可以完全依靠的力量。

军队是赫拉克列奥波里王朝统治的主要物质力量。《教训》中对军队是十分重视的。“要提高年轻的战士，而首都将会喜欢你，从你的臣民中增加战士。在你的市民中有很多青年人，满了20岁的强有力的人。当其愿望得以实现时，将使年轻的战士感到愉快。……至于老战士，那么，在我统治的时代，我由于他们而提高。增加你的大官，提高你的战士，扩大追随你的青年的队伍。供给他们以财富，保障他们以土地，赏给他们以畜群。”这就是说，加强军队，一方面要从涅杰斯中募集年轻人，另一方面要给他们以财产(包括土地)。从混乱中发展出来的赫拉克列奥波里王朝是很懂得军队的重要性的。

对于人民起义和贵族的反叛要坚决镇压。对南方的底比斯，阿赫托伊告诫美利卡拉说：“不要同南方搞坏了关系……如果他们没有谷物，那应该给他们。”对于贝督因人游牧部落，一方面要建立起牢固的边界；另一方面要准备同他们进行无情的战斗，杀死他们，洗劫他们的居民点，夺取其畜群。

总之，赫拉克列奥波里王朝面临的形势是十分严峻的：内部的人民起义，贵族的反叛，强大的赫尔摩波里诺姆的分裂主义倾向；外部在南方有底比斯的兴起，在北方有贝督因人的入侵和威胁。因此，它必须进行顽强的斗争。但是，它最终也没能支撑下来，最后在同底比斯的斗争中失败。

## 三、底比斯的兴起及其与赫拉克列奥波里的争霸

底比斯(Thebes)位于埃及的南方。作为一个城市的名字，底比斯是希腊人的叫法。因为他们看到这里众多的巨大神庙的石门，犹如希腊的百门之城底比斯，因此便将卡尔纳克神庙和卢克索神庙所在地的这个埃及城市也称之为底比斯。

以底比斯为其首都的诺姆名叫瓦斯特(Wast)，又称查麦特(Tjmet)。

卡尔纳克和卢克索两个镇被叫作“双宝座(the Two Apts)”。卡尔纳克常常叫作阿普特-阿苏特(Apt-asut)，意为“阿普特的宝座”，卢克索叫作阿普特-勒苏特(Apt-resut)，意为“南方的阿普特”。①

戴奥多罗斯说，底比斯是最古老的城市之一。实际上，它最早的历史在卡尔纳克地方只能上溯到第2王朝时期。最初它有3个镇，后来合并成为一个城市。其中第1个是位于尼罗河西岸，位于阿蒙霍特普三世的王宫附近。在那里，人们发现了一些早期的墓和陶瓷碎片。第2个位于卢克索，第3个位于卡尔纳克，其中卡尔纳克可能是最古老的城市之一。第6王朝时底比斯逐渐重要起来。②

在第10王朝时期，底比斯逐渐强盛起来。这里的地理位置也十分重要：从红海经瓦迪-哈马马特到达尼罗河谷时，就到达底比斯。底比斯也可由此通向外海；向西可通往绿洲；往南可去埃烈芳提那，到达努比亚。所以，它是个枢纽。同时这里有一片平原，土地肥沃，盛产粮食，是周围地区的粮食供给地，因而很快成了周围各诺姆联盟中的霸主，成为与赫拉克列奥波里争夺霸权的对手。

底比斯同赫拉克列奥波里进行的斗争，开始于底比斯的安特弗二世(Antef Ⅱ)和赫拉克列奥波里王朝的阿赫托伊统治时期。

双方争夺的第一个目标是提尼斯，当时它处于赫拉克列奥波里的统治之下，但底比斯说提尼斯本属它所有，因此双方发生了冲突。

当时，与提尼斯相邻的喜乌特诺姆十分强大，它是赫拉克列奥波里王朝的重要支持者，该诺姆统治者的后代在赫拉克列奥波里的宫廷中受教育。当底比斯进攻提尼斯时，受到了喜乌特诺姆的诺马尔赫梯弗比的坚决反击，因而遭到失败。梯弗比在自己的铭文中叙述了对底比斯的胜利。③

① ［英］魏吉尔：《古代上埃及〈从阿卑多斯至苏丹要塞〉古代指南》，第60～61页。
② ［英］魏吉尔：《古代上埃及〈从阿卑多斯至苏丹要塞〉古代指南》，第62页。
③ ［美］J. H. 布利斯特德：《古代埃及文献》第1卷，第182～183页。

喜乌特诺姆之所以有力量，成了赫拉克列奥波里王朝的支柱，并打败底比斯，同它的统治政策有关。它的几个统治者梯弗比、克赫提一世、克赫提二世等比较注重发展生产，善待新兴的涅杰斯和下层人民。克赫提二世的铭文在说到自己的政绩时说，他挖掘了一条10肘宽的河渠，不仅灌溉本诺姆的土地以及高地，并供给邻近城市以水。① 在当时政局混乱，经济崩溃，饥荒不断的情况下，喜乌特诺姆的统治者们做了这些事，使自己粮食充足，人心安定，从而具有了较强的实力。

底比斯在第1次进攻失败后并不甘心，它重新募集军队，并装备了一支舰队，又让它周围的一些诺姆支援。于是战端重启，底比斯占领了提尼斯诺姆，摧毁了它的所有要塞，甚至进逼到喜乌特诺姆，威胁到它的安全。不过，喜乌特仍顶住了底比斯的进攻。

在安特弗二世的继承者统治时期，底比斯又向北方发动了第3次进攻。在喜乌特的统治者克赫提二世死后，喜乌特被打败，底比斯军队占领了喜乌特。这对赫拉克列奥波里王朝是一个沉重的打击，使它丧失了一个主要的同盟者。之后，面对底比斯的是赫尔摩波里。

赫尔摩波里是赫拉克列奥波里统治下的一个很有实力的诺姆，但它的统治者对赫拉克列奥波里王朝有很大的离心倾向，极力保持自己的独立性。还在古王国时期末期，赫尔摩波里的诺马尔尔赫就采取了越来越独立的政策，他们建造了自己的王宫，有自己的军队，称自己是托特神之子，如同法老称自己是拉神之子一样。在哈特努布(Hatnub)采石场的一些铭文表明，它的诺马尔赫同国王很少联系，其军队是从强有力的涅杰斯中招募来的。而且，它又被认为是拉神和托特神的诞生地，在宗教方面有很大影响。但它在相当长的一个时期里臣服于赫拉克列奥波里：一是因为它被夹在赫拉克列奥波里和喜乌特之间，不敢轻举妄动，否则它会招致灭顶之灾；二是因为灌溉系统控

① [美]J. H. 布利斯特德：《古代埃及文献》第1卷，第179～191页。

制在赫拉克列奥波里王朝手中。但它并不心悦诚服。喜乌特失败后，去掉了它的一个劲敌，也去掉了它同底比斯联系的主要障碍。于是它倒向了底比斯，成了底比斯的盟友。这使赫拉克列奥波里王朝陷于孤立的境地。底比斯由此掌握了重新统一埃及的主动权，因特弗一世建立了第 11 王朝。

第 11 王朝初期，底比斯继续同赫拉克列奥波里进行战争，以统一埃及，到第 11 王朝中期孟图霍特普一世时期取得最后的胜利。在孟图霍特普一世(或二世)的一个铭文中说，他打败了努比亚人、亚细亚人、利比亚人，并且“把 2 块土地的首领捆绑了起来，夺得了南方和北方的土地、高地和 2 个地区，九弓和 2 块土地”。①

布利斯特德认为，这个铭文可以说明，孟图霍特普一世显然已推翻了第 10 王朝的赫拉克列奥波里，并控制了整个埃及。②

但《剑桥古代史》认为，上述铭文是孟图霍特普二世的，因而中王国时期是从孟图霍特普二世统治的中叶(约公元前 2040 年)开始的，布利斯特德也说，孟图霍特普二世的名字出现在后来几代的文物上表明，他被看作底比斯世袭的第一个伟大的国王。③

① ［美］J. H. 布利斯特德：《古代埃及文献》第 1 卷，第 204 页。

② ［美］J. H. 布利斯特德：《古代埃及文献》第 1 卷，第 204～205 页。

③ ［美］J. H. 布利斯特德：《古代埃及文献》第 1 卷，第 207 页。

# 第六章　中王国时期的埃及

中王国时期包括《曼涅托王表》中的第 11 王朝后期和第 12 王朝时期，约公元前 2040—前 1786 年。

中王国时期是埃及奴隶制社会发展史上的一个重要时期。奴隶制经济的发展是其显著特征，这在阶级关系上的反映就是涅杰斯的兴起并登上政治舞台。随着埃及的重新统一，埃及人开始越出尼罗河谷，而去寻找新的土地，开始向西亚进行扩张。在内政上，王权战胜了地方贵族的势力。在文化上，中王国时期被称为埃及文化的古典时期。在文字上出现了僧侣体文字。在文学上出现了一些著名的作品，如《辛努海的故事》、《船舶遇难记》等。文化上的繁荣是其政治、经济发展的重要反映。

## 第一节　中王国时期的对外征服

第一中间期，埃及政局混乱，饥荒频生，人民起义，贵族争权，因而无暇也无力对外进行征服。相反，倒有贝督因人侵入了埃及本土(三角洲)。第 11 王朝时期，埃及逐渐走向统一，但各地贵族势力仍很强大，王权十分软弱，因而虽偶有对外征伐，如孟图霍特普二世对南方努比亚的战争，他在阿苏安附近留有铭文可以为证。[①] 但总的来说埃及对外没有太多的行动。

---

① ［美］J. H. 布利斯特德：《古代埃及文献》第 1 卷，第 206～207 页。

图 6.1　孟图霍特普二世像。开罗埃及博物馆藏

第12王朝时期，埃及的统一得到巩固，王权再度加强，奴隶制经济得到发展。于是，埃及奴隶主开始大肆向外扩张。这种扩张既是埃及奴隶主贪得无厌的反映，也是埃及奴隶制经济发展的要求。

第12王朝的第一位国王阿美涅姆赫特一世（Amenemhet Ⅰ）或阿美涅麦斯一世（Amenemes Ⅰ）统治时期就开始了对外的征服活动。他的铭文中就记载了他对努比亚地区的征服："我抓获了瓦瓦特的人民，我俘虏了马卓伊的人民。"①在科努斯科地方（在第一瀑布与第二瀑布之间）属于这个时期的铭文写道："永生的上下埃及之王舍赫特庇布勒（阿美涅姆赫特一世）第29年，我们推翻了瓦瓦特……"②

在他统治时期，还曾同北方的贝督因人和其他亚细亚人作战，当时一个名叫涅苏蒙图的军官的铭文说道："我打败了亚洲的特罗格罗迪特人、沙漠的居民。我推翻了游牧者的要塞，就像他们从未存在过一样……"③

阿美涅姆赫特一世的继承者辛努塞尔特一世（Senusert Ⅰ），也称塞索斯特里斯（Sesostris），继续了对外扩张的政策。他曾多次对南方用兵，最远处达到瓦迪-哈尔发地区（位于第二瀑布附近）。他的一个高级军官孟图霍特普在此留下了铭文："我为你而把努比亚的所有国家都带到了你仁慈的神的脚下。"④从所刻的浮雕上的解释性铭文看，至少有10个城市被占。⑤

同一时期的贝尼-哈桑诺姆（Beni-Hasan，位于埃及中部）的强有力的诺马尔赫阿美涅姆赫特（阿美尼）在其铭文中讲到，他曾参加过3次远征努比亚的战争。⑥

---

① ［美］J. H. 布利斯特德：《古代埃及文献》第1卷，第232页。
② ［美］J. H. 布利斯特德：《古代埃及文献》第1卷，第228页。
③ ［美］J. H. 布利斯特德：《古代埃及文献》第1卷，第227页。
④ ［美］J. H. 布利斯特德：《古代埃及文献》第1卷，第247页。
⑤ ［美］J. H. 布利斯特德：《古代埃及文献》第1卷，第247～248页。
⑥ ［美］J. H. 布利斯特德：《古代埃及文献》第1卷，第250～253页。

图 6.2　贝督因人及埃及陪伴者。维也纳艺术史博物馆藏

阿甫基耶夫指出："埃及人在这个时期征服了马卓伊人的部落。埃烈芳提那的州长，大官昔伦普特就在阿苏安地方自己的铭文中说，他得知从马卓伊人地区作为外国王公的贡物而送来产品的事情。"①

在阿美涅姆赫特二世执政时期，曾对西奈和努比亚用兵。在他统治时一个名叫西哈托尔的官吏(其官职是"assistant treasurer")在铭文中就说到对西奈和努比亚进行远征的事。他说："我作为一个青年访问了矿山(西奈)，并且，我迫使(努比亚)首领去淘金。我带来了孔雀石，我到达了尼格罗人的努比亚。……我来到了赫(按：可能是舍姆涅赫)，我去到了它的岛的周围，我带走了它的产品。"②

阿美涅姆赫特二世的一个名叫克亨特克赫特威尔的官吏还曾领导过一次到蓬特的探险，时间是在他统治的第 28 年，他留下了铭文。③

西奈的萨尔布特·埃勒-克哈登地方的铭文表明，在统治的第 24 年他开了一个新的矿。④

辛努塞尔特二世没有远征铭文传世，他的继承者辛努塞尔特三世却是中王国时期埃及南部国界的最后确定者(位于第二瀑布附近)，这是他多次对这一带用兵的结果。据铭文记载，他曾 4 次用兵努比亚："他的征伐把努比亚最后征服了。"⑤他在第二瀑布地方修建了几个要塞，其废墟一直保存到现在。

另一铭文说："陛下命令重开运河，该运河的名字是'美丽的是永生的克赫库拉之路'。当时陛下溯河而上去推翻可怜的库什。"⑥所以，修运河的目的是征服库什(Kush)。运河的长度是 150 肘，宽度是 20 肘，深度是 15 肘。一直到新王国时期该运河还在使用，并由图特摩斯一世和三世重新疏

---

① [苏联]阿甫基耶夫：《古代东方史》，王以铸译，第 243 页。
② [美]J. H. 布利斯特德：《古代埃及文献》第 1 卷，第 274 页。
③ [美]J. H. 布利斯特德：《古代埃及文献》第 1 卷，第 275 页。
④ [美]J. H. 布利斯特德：《古代埃及文献》第 1 卷，第 275 页。
⑤ [苏联]阿甫基耶夫：《古代东方史》，王以铸译，第 243 页。
⑥ [美]J. H. 布利斯特德：《古代埃及文献》第 1 卷，第 29 页。

图 6.3　辛努塞尔特三世像。巴黎卢浮宫博物馆藏

通清理。

对努比亚的远征是在辛努塞尔特三世统治的第 8 年进行的，这反映在其第 1 个舍姆涅赫石碑的铭文中。[①] 第 2 次对努比亚的远征在其统治的第 12 年，这反映在阿苏安地方的铭文中。[②] 第 3 次远征努比亚是在其统治的第 16 年，在舍姆涅特的一个石碑上的铭文和乌洛纳里提岛上的一个铭文副本里记载了这次远征。[③] 他统治的第 19 年对努比亚进行了第 4 次远征，这

① ［美］J. H. 布利斯特德：《古代埃及文献》第 1 卷，第 293～294 页。

② ［美］J. H. 布利斯特德：《古代埃及文献》第 1 卷，第 294 页。

③ ［美］J. H. 布利斯特德：《古代埃及文献》第 1 卷，第 296 页。

反映在伊克赫洛弗特的铭文中。①

辛努塞尔特三世时期一个颇受宠幸的军官虎舍贝克(或舍贝克-胡)曾参加过远征努比亚的战争，并因军功获得100名奴隶作为奖赏。② 辛努塞尔特三世时期还曾对北方的西亚进行过远征。这也在虎舍贝克的铭文中得到了反映。③

辛努塞尔特三世以后的阿美涅姆赫特三世也曾到过南方的第二瀑布，那里有他统治时期记载尼罗河水位的记录，但未见在这里有军事活动的记载，说明这时已巩固了在这一带的统治。

值得注意的是，第12王朝国王的多次远征铭文中，虽也记有一些掠夺、杀戮的情况，但同新王国时期第18王朝初年的国王们对亚细亚远征时的掠夺和杀戮相比，简直不值一提，甚至也不能同早王朝和古王国时期的情况相比。

从中王国时期的资料看，这时的对外征服，除了掠夺土地、人口和其他财富外，远征的一个目的是掠夺被征服地区的矿产资源，特别是西奈的铜矿和努比亚的金矿。

关于西奈铜矿的开发有不少资料。辛努塞尔特三世统治时期一个名叫阿美涅姆赫特的官吏，曾先后在瓦迪-马格哈拉和萨尔布特·埃勒-克哈登两地领导开采铜矿。④ 另一个名叫哈努勒的人，也曾在这两地领导过开采铜矿的工作，而且是在夏天被派去的。他7月到达瓦迪-马格哈拉，后又转到萨尔布特·埃勒-克哈登，到9月才完成任务。⑤

这些事实说明，中王国时期埃及在西奈地方迫切地开采铜矿，这既说明了远征此地的目的，也反映了奴隶制经济的发展，对铜矿需求的增加，

---

① [美]J. H. 布利斯特德：《古代埃及文献》第1卷，第297页。

② [美]J. H. 布利斯特德：《古代埃及文献》第1卷，第306页。

③ [美]J. H. 布利斯特德：《古代埃及文献》第1卷，第304～305页。

④ [美]J. H. 布利斯特德：《古代埃及文献》第1卷，第320～321页。

⑤ [美]J. H. 布利斯特德：《古代埃及文献》第1卷，第321～323页。

以致在通常并非开采铜矿的炎热夏季，也派出大队人马前去开矿。同时资料中也说明了开采铜矿的工人生活十分艰苦，环境也十分恶劣："夏天高地很热，大山烧烤着皮肤。"①工头们的态度也十分粗暴，哈努勒在铭文中说他对矿工的态度如何好，这从侧面反映了他们的态度一般说十分粗暴。

图 6.4　阿美涅姆赫特三世像。柏林博物馆藏

① ［美］J. H. 布利斯特德：《古代埃及文献》第 1 卷，第 322 页。

对努比亚金矿的开采和掠夺，这大概是多次远征努比亚的重要目的。不过关于开采金矿的情况，我们看到的资料叙述得十分简单。阿美尼的铭文中说："我航向南方，去为上下埃及之王克赫柏尔卡勒(塞索斯特里斯一世)带来金矿……我带来我精炼的黄金；我为此而在宫中受到赞扬，国王之子为我向神祷告。"①西哈托尔在铭文中也说："我迫使(努比亚人的)首领去淘金。"②

阿甫基耶夫指出："努比亚大部分国土之被征服，使埃及人有可能开发它的天然资源，首先是它那著名的金矿。在这一时期的铭文中，记述着奉国王之命派出的要从努比亚取得黄金的远征队。大官吏，有时是地区的统治者率领着大军向南出征，以便把黄金运回法老的宫廷。这是对努比亚天然资源的一种公然掠夺的开发和对土著居民的掠夺。埃及的大官公然宣布说，他们'强迫(努比亚的)领袖去淘金'，他们为了一种顶好的'白金'而特别感到自豪，这种'白金'是国王下令'要在战胜敌人和凯旋以后从努比亚运回来的。'"③

## 第二节　中王国时期的社会经济状况

### 一、埃及同外界商业贸易联系的增加

随着奴隶制经济的发展，同周围世界联系的增加，埃及同其周围地区的商业贸易也发展起来。埃及是当时世界上生产力最发达的地区之一，它的产品、技术吸引着周边各国；它也需要其他地区的产品、技术和资源。

但是，这种商业贸易仍然带有半掠夺的性质，而且主要是由国家进行

① [美]J. H. 布利斯特德：《古代埃及文献》第1卷，第251页。
② [美]J. H. 布利斯特德：《古代埃及文献》第1卷，第274页。
③ [苏联]阿甫基耶夫：《古代东方史》，王以铸译，第246页。

的。私人性质的商业贸易的资料很少，但也不是没有。在第一中间期里，有一个努比亚的商人名叫森努，他到埃及来做生意，后死在了埃及，他葬于格别陵附近的埃勒-里泽卡特，墓里有一块石碑，上面雕刻了他一家人，他正接受祭品。不过，这样的资料很少。

关于同叙利亚、巴勒斯坦地区的商业贸易联系，考古发掘的资料证明，中王国时期埃及已经对这一带有了很大影响。在耶路撒冷的西北部一个名叫盖泽尔(Gezer)的古代城市的废墟中发掘出了埃及的砂岩和花岗岩雕像，以及从埃及运来的各种象牙制品和其他制品(大约是第12王朝时期的)。而且，在这个城市的建筑中有埃及风格的建筑，可能还有埃及人的神庙，人们推测这大概是到这里来经商的埃及人的建筑。有一些有象形文字铭文的建筑物石块被保存了下来。

在腓尼基的毕不勒斯城市废墟中也发现了许多属于中王国时期的制品，有刻着阿美涅姆赫特三世名字的铭文及刻着阿美涅姆赫特四世名字的黑曜石器皿。在叙利亚古城也发现有刻着阿美涅姆赫特二世女儿的狮身人面像。在乌伽里特等地还发现有阿美涅姆赫特三世的狮身人面像的碎片，刻有城市长官、宰相、法官辛努塞尔特-昂赫名字的雕像群。

《辛努海的故事》讲到了埃及同叙利亚之间活跃的商业联系。故事说，辛努海在叙利亚的城市里可以听到有人讲埃及话，看到有埃及的商队。

贝尼哈桑墓中，画有37个亚细亚人，他们属于阿姆部落。他们在其部落领袖伊布舍的率领下来到埃及，可能是同埃及建立了商业联系。第12王朝时期的羚羊诺姆(Oryx nome)的诺马尔赫克赫努姆霍特普友好地接待了他们，并将这一情景刻在了自己的墓中。

考古发掘的资料还证明，这时埃及同巴比伦尼亚也建立起商业联系。1935年在陶德神庙的废墟里曾发现4个铜箱，里面装的尽是从亚细亚运来的产品，而且具有典型的美索不达米亚的风格的印章和护身符。时间是阿美涅姆赫特二世时期。

埃及同克里特岛的联系至少在这时已经建立起来。人们在卡呼恩地方发现了来自克里特的典型的卡马瑞斯式陶器的碎片，在克里特也发现了属于这个时期的来自埃及的产品。埃及同克里特的联系也许在古王国的第4～6王朝时就已开始(在克里特发现有属于埃及第4～6王朝时的石瓶)。

关于埃及同努比亚和蓬特的商业贸易联系，在第11王朝时期，一个名叫赫努(Henu)的官吏在铭文中说，埃及曾装备了一支相当庞大的商业远征队来到蓬特："我主……派我装备一艘船到蓬特去为他带回新鲜的木香。……陛下命令我从科普托斯上路，同我一起去的有羚羊诺姆的南方的一支军队……""我同一支300人的军队一起前去。"①"下埃及王的司库和宫廷首长亨特-黑特-乌尔"的铭文里说，他平安地从蓬特回来，他和他的战士安然无恙，而他的船舶在萨乌靠了岸。②

《船舶遇难记》这个故事中，讲到埃及的水手在去"法老的矿区"(显然是指西奈)时，途中船遇大风，可能把他们的船吹向了相反的方向。后来船坏了，船上的150名水手除一人外全部遇难。这名幸存的水手遇到了奇迹，一条蛇救了他。后来来了一艘船将他带回了埃及，那条蛇送给他很多珍贵的礼品：香料、肉桂、檀香木、眼圈墨、丝植、乳香、象牙、狒狒、猿等。这个水手和蛇相遇的地方就是蓬特。

从阿美涅姆赫特一世时起，埃及就极力向南边的努比亚推进自己的边界，与其共治的辛努塞尔特一世将边界向南推进到第二瀑布。辛努塞尔特三世在第二瀑布附近的库麦赫和舍姆涅赫建立了要塞，阻止尼格罗人及他们的牲畜越过边界，但允许他们来经商。③

为了征伐、统治和开发努比亚，发展同努比亚的商业贸易往来，第12王朝的国王在这里开凿过不止一条运河。这些运河直到新王国时期还在使用，它在战时可用于运兵，平时则可用于商业贸易往来。

---

① [美]J. H. 布利斯特德：《古代埃及文献》第1卷，第209页。

② [苏联]阿甫基耶夫：《古代东方史》，王以铸译，第241页。

③ [美]J. H. 布利斯特德：《古代埃及文献》第1卷，第293～294页。

## 二、社会经济的发展

埃及同国外贸易往来的加强，一方面是中王国时期对外征服的结果，另一方面也是埃及国内奴隶制经济发展的结果和要求。

中王国时期埃及农业有了进一步发展。这时国家的重新统一，克服了分裂时期的无政府状态，水利灌溉系统得到修复、改善和扩充，对尼罗河的观察范围扩大了，在舍姆涅特地方附近的岩石上有这时关于尼罗河水位的记载。这里发现的阿美涅姆赫特三世在位第 14 年的铭文记载说，那时的水位比现在要高。阿美涅姆赫特四世在位第 5 年在离此不远的库麦赫留下的铭文中，也记录了尼罗河水的高度。①

对法雍湖周围地区的改造无疑是这一时期农业方面的最大成就。这项工程早在第一中间期的赫拉克列奥波里王朝统治时期就已开始，但只是在中王国时期，特别是在第 12 王朝时期才大规模地展开并完成。这项工程主要是修建一条从法雍湖到尼罗河的水渠，中间还修有一些水闸和堤坝，以调节尼罗河到法雍湖的水量。当尼罗河水泛滥时，水可流入法雍湖；而当枯水季节，湖水又流回尼罗河。这些水利设施还有一个作用，即疏干法雍湖周围的沼泽地带，使之变为肥田沃土。由于这里大片土地的开垦，人口便迅速增加起来，从而形成了一个新兴的工商业城市——卡呼恩，或叫拉呼恩。

希罗多德关于莫伊利斯湖，即法雍湖的记述：

> 然而在它旁边的莫伊利斯湖却是更值得人们惊奇的。这个湖的周边长达三千六百斯塔迪昂或六十司科伊诺斯，这个长度相当于埃及全部海岸线的长度。它的长度是从北到南的；它最深的地

① ［美］J. H. 布利斯特德：《古代埃及文献》第 1 卷，第 328 页。

方是五十欧尔巨阿。从湖的本身可以看出，这湖是人工挖掘的，人工造成的；因为几乎在它的正中有两座金字塔，它们修建得水上水下各有五十欧尔巨阿，在每一座金字塔的塔顶上，有一个坐在王座上的巨大石像。因此这些金字塔就是一百欧尔巨阿高；一百欧尔巨阿等于一斯塔迪昂即六普列特隆，一欧尔巨阿等于六尺或四佩巨斯，一尺等于四帕拉司铁，一佩巨斯等于六帕拉司铁。湖里的水不是天然的(因为这一带地方的水异常缺乏)，而是通过一道河渠从尼罗河引过来的；有六个月水从河流入湖，六个月从湖倒流入河。在向外流的六个月中间，每天捕得的鱼可使王室的国库收入一塔兰特的白银，而在向内流的场合之下，每日的收入是二十米那。

(150)此外，当地的人还说，这个湖还通过一道地下的水流通到利比亚的叙尔提斯，它是沿着孟斐斯上方的山脉向西方的内地流的，在任何地方我都看不到从这个湖里挖出来的土，这一点使我颇费思索，于是我便去问那些住得离湖最近的人们，从湖中挖出来的东西都在什么地方。他们告诉我这些东西运到什么地方去而我立刻便相信了他们的话，因为我听到了在亚述的尼诺斯城所发生的一件类似的事情。尼诺斯的国王撒尔丹那帕洛司拥有巨大财富，他把这些财富收藏在地下的财库里。有一些贼想偷这个财库；于是他们计算通路并从他们所住的房子到皇宫挖了一条地道，而把挖出来的土在夜里抛到流经尼诺斯地方的底格里斯河，直到最后，他们达成了他们的愿望。我听说，挖掘埃及的湖的时候，情况也是这样，所不同的就是工程不是在夜里，而是在白天进行的。埃及人把挖出来的泥土带到尼罗河去，想来这样做是要河水把这些泥土冲走和散开。湖就是这样挖成的。①

---

① ［古希腊］希罗多德：《历史》上册，王以铸译，第177～178页。

农业的发展也反映在农具的改良方面：出现了新式的犁，这是新王国时期横木把手犁的前身。由于农业生产的发展，所以在第 12 王朝时期，关于饥荒的记载明显地减少了。

手工业方面，铜器和青铜器的使用更加广泛，石器的制作和使用仍十分流行。纺织业方面，使用了卧式织布机。中王国时期出土了卧式织布机的模型，即在戴尔·埃勒-巴赫利的墓中，有一个织布作坊的模型，在贝尼哈桑墓中画有这种卧式织布机的样式。这时还新兴起了一个手工业部门——玻璃制造业。卢卡斯认为，埃及至少从第 5 王朝时起便已开始制造玻璃，那时及以后的一些玻璃珠子和护身符保存了下来。① 由于商业贸易的发展，造船业也随之兴旺起来，西亚的黎巴嫩雪松成为埃及造船业重要

图 6.5　织布作坊。开罗埃及博物馆藏

① ［苏联］卢卡斯：《古代埃及的手工业及原料》，莫斯科，1958 年版，第 289～292 页。

的原材料。“中王国和上等木材供应国——腓尼基的联系密切起来，腓尼基的毕不勒斯城简直变成了埃及化的城市……”①

艺术手工业的发展，从很早的时候起，埃及的艺术手工业就发展了起来，在古王国时期达到了一个高峰，如当时用黄金制作的贝壳形容器和用黄金制作的腰带。到中王国时期，艺术手工业得到了进一步的发展，如用黄金制作的项链，以及从项链发展来的项链加胸饰等就是证明。

图 6.6　黄金腰带。开罗埃及博物馆藏

农业和手工业的发展，国内环境的相对稳定(特别是在第 12 王朝时期)，使埃及国内的商业贸易发展起来。法雍湖附近新兴的城市卡呼恩是一个以手工业和商业为主的城市，也可以说是中王国时期手工业和商业发展的一个典型表现。这个城市遗址已被发掘，人们不仅可以看到这个城市遗址的平面图，还发现有大量的商业文件，对研究这个时期的商品货币关系、城市生活具有重要意义。

① ［苏联］苏联科学院编：《世界通史》第 1 卷，第 363 页。

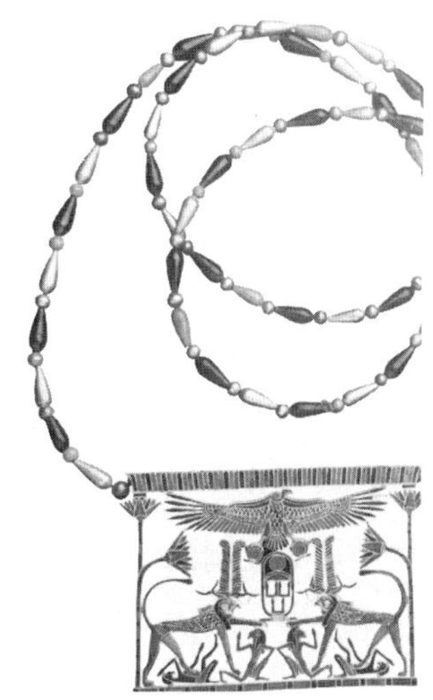

图 6.7　腰带(左)，项链(右)。开罗埃及博物馆藏

正是由于埃及国内生产力的发展，社会经济的发展，这时的埃及同外界的联系才有可能扩大。也正是在此基础上，一个中小奴隶主阶层——强有力的涅杰斯，在这时成为一支独立的政治力量，并走上了政治舞台。

## 三、涅杰斯的兴起

涅杰斯，象形文字拉丁文注音为 Nds。英文中有的学者译为穷人(如普利查德《古代近东文献》中的《对美利卡拉王的教训》就是这么译的)，也有的学者译为市民(Citizen)(如布利斯特德的《古代埃及文献》第 1 卷中，在伊提的铭文和赫普泽菲的契约中都是这么译的，他解释涅杰斯的原意是“小人”的意思)。

涅杰斯，其原意可能是“小人”，非门第高贵的人，非贵族的人的意思，是与大人、贵族、官吏等相对而言的。

涅杰斯这类人的起源是什么？有的苏联学者认为，涅杰斯起源于古王国时期末期，“是埃及的普通人，贫困的被剥削的自由民”①。也有的学者

① [苏联]司徒卢威、[苏联]列德尔：《古代东方史文选》，第 42 页，注 4。

认为，涅杰斯是从农村公社分化而来的。例如，阿甫基耶夫说："有一件事实指出了农村公社中的分化，即正是在这个时候，形成了小私有者的阶层，他们在这个时代的铭文中被称为'小人'(涅杰斯)。进一步的社会分化过程使涅杰斯又分成一方面的富裕所有主，和另一方面的只有极小一块土地的农民。""这一中等居民阶层(涅杰斯)的发了财的代表者形成了相当强大的由祭司、小官吏和史官、商人，甚至可能农夫组成的集团。"①司徒卢威也持此观点。1941 年出版的由他主编的《古代东方史文选》指出，在第一中间期，中央集权制的国家分裂成一个个的诺姆的同时，水利灌溉设施系统也解体了，因而经济，特别是农业经济受到很大破坏，许多低地在尼罗河泛滥时流进的水排不出去，于是沼泽化了，不能耕种了。在这种情况下，人口却在增长。于是，为了解决吃饭问题，一些比较殷实的农村公社成员，为了寻找出路，便到尼罗河自流灌溉不到的高地去开垦土地。这些土地成了他们世袭占有的土地，而不像低地那样属于农村公社。"在高地地区出现了相当广泛的中小土地占有者和奴隶主……"他们"由于自己的财产状况而从农村公社成员中游离了出来。在铭文中开始出现了强有力的涅杰斯(强有力的小人)，从这个时候起，初次开始了农村公社相当大的削弱"。他认为，在强有力的涅杰斯中，不仅有中小奴隶主，而且还有殷实的手工业者和商人，后者像拥有高地的那样一些奴隶主。②

卢利耶在其《埃及新王国时期的涅木虎》一文中指出，生活在第 12 王朝初年的阿美涅姆赫特一世统治时期的一个名叫涅苏蒙图的官吏的铭文中有这样的话："大人们(按：指贵族、官吏们)在他面前弯下了腰(按：即表示尊敬)，而涅杰斯则拜倒在他的面前。"③这说明"小人"涅杰斯的地位要低于

---

① [苏联]阿甫基耶夫：《古代东方史》，王以铸译，第 249 页。

② [苏联]司徒卢威、[苏联]列德尔：《古代东方史文选》，第 158 页。

③ [苏联]卢利耶：《埃及新王国时期的涅木虎》，载《古史通报》1953 年第 4 期，第 10 页。

大人们(贵族)，是与大人们有差别的，是与大人们对立的。《对美利卡拉王的教训》中的提法，也反映了涅杰斯是同贵族(人之子)之间的差别和对立："不要把人之子与穷人(涅杰斯)区别开来。"

图 6.8　收藏谷物壁画。都灵埃及博物馆藏

涅杰斯作为居民中一个集团或阶层，在第一中间期里已显示出它的重要性，他们成了各诺姆和赫拉克列奥波里王朝、底比斯的军队的主要来源，从而成为诺马尔赫和王权都十分倚重的力量。例如，喜乌特的诺马尔赫梯弗比说："我不反对涅杰斯，因为他不是作为请求者而仇视我，并衷心地给我赠礼。""我增强其地位，以便涅杰斯给我带来收入。"①赫拉克列奥波里王朝的阿赫托伊也教导他的继承人美利卡拉要调整贵族和涅杰斯的关系，以

① [苏联]司徒卢威、[苏联]列德尔：《古代东方史文选》，第 40 页。

便得到涅杰斯的支持。

鲁宾斯泰因指出，在哈特努布铭文中，谈到有一种队伍是由普通的自由民，即涅杰斯组成和补充的，而退役的老兵又回家去过涅杰斯的生活，即过普通自由民的生活。而且哈特努布的铭文中还提到普通的涅杰斯和强有力的涅杰斯组成的队伍，其中强有力的涅杰斯组成的队伍享有特权，他们是新兴的富有的奴隶主阶层。①

到中王国时期，随着奴隶主经济的发展，涅杰斯中的一些人不仅占有了奴隶和土地，而且走上了政治舞台，成了王权的重要支柱，在王权同地方势力的斗争中起了重要作用。

第11王朝孟图霍特普四世统治时期，一个名叫伊提的官吏在铭文中说：

这就是我，靠自己的手腕而奏效的善良的涅杰斯。这就是我，底比斯的伟大栋梁，在亨特提(上埃及)受到尊敬的那个人。

在困难的年代里，我养活了格伯陵：400人曾是我自己的……(而且)，我没有引诱过别人的女儿，我没有侵占过别人的田地。

我计有十群山羊，(同时)还有(看管)每群羊的人。

我得到过(字面意义是作成过)两群公牛和一群驴。我得到过小牲畜(群)。

我制作了一艘(长为)50(肘)的船，而另一艘(长为)30肘。

在格伯陵得到了供养之后，我把上埃及大麦给予了艾尔蒙特和赫法特。

底比斯航行到〔北方和〕南方〔运粮食〕，〔而〕我无论如何也不允许格伯陵航行到南北方别的诺姆去〔运粮食〕。

---

① 《古史通报》1950年第2期，第130～131页上的注。

当他是个大人物的时候，我伴随着我的统治者；当他是个小人物的时候，我也伴随过我的统治者，〔并且〕没有由此发生过任何不好的事。

我建造了装满一切好东西的房屋及田地……①

伊提作为底比斯的财政大臣，在这个铭文里不仅讲了自己的财富，也讲了他对国王的忠心和自己的政绩。

第12王朝国王辛努塞尔特一世统治时期，喜乌特诺姆贵族赫普泽菲留下的10个契约中，讲到涅杰斯占有土地，并有农民替其耕种，向他们交租的事。② 布利斯特德认为，中王国时期埃及存在着4个阶级，即贵族或诺马尔赫、官吏、市民(涅杰斯)和农民(属于此田地的人)。他认为，市民和贵族一样，都是从自己田地的收获中拿出一部分交给神庙。农民被称为他的(涅杰斯的)，可能是他们的农奴(serf)或奴隶(slave)。他们为涅杰斯耕种田地，将收获物交给神庙。③

在《聂菲尔列胡预言》中的智者聂菲尔列胡成了著名的祭司，拥有很高的地位："陛下我主，巴斯特神有个大祭司名叫聂菲尔列胡。他是一个勇敢的平民，一个巧妙的书写人；他地位很高，他的财产比他的任何同侪都多。""聂菲尔列胡，这个东方的智者"。④

一个铭文中也说："这是个手腕很强的涅杰斯，手很巧的官吏，他是可敬的。他比他的同类人有更多的财富。他是个发号施令的人"。⑤

这些事实说明，从第一中间期到中王国时期，涅杰斯这个阶层中确实

---

① 北京师范大学历史系世界古代史教研室编：《世界古代及中古史资料选集》，第15～16页。

② [美]J. H. 布利斯特德：《古代埃及文献》第1卷，第262页。

③ [美]J. H. 布利斯特德：《古代埃及文献》第1卷，第259页。

④ 吉林师大、北京师大历史系编：《世界古代史史料选辑》上，第38页。

⑤ [苏联]阿甫基耶夫：《古代东方史》，王以铸译，第249页。

有些人富有了，甚至参与了政治，担任了重要的官职，占有了土地和奴隶。1963年版的《古代东方史文选》的题注中把军官虎舍贝克也说成是涅杰斯，可能他原来是出身下层。苏联1943年版的《古代东方史》认为，《杜阿乌夫之子赫琪给其子柏比的教训》中的赫琪也是涅杰斯，他希望送自己的儿子去学校学习，学会书写，成为书吏，从而改变自己的社会地位。

但是，随着奴隶主经济的发展，涅杰斯这个阶层本身也在分化。早在第一中间期里，就出现了强有力的涅杰斯，即富有的那一部分，从而政治实力增强了；另一部分人则不那么富裕，甚至贫穷下来。在中王国时期形成了贫穷的涅杰斯，他们不得不亲自耕种土地，有的甚至丧失了生产资料，因而靠施舍过活。①

鲁宾斯泰因说："涅杰斯——小人，不总是能捍卫自己的权利，他可能失去自己的财产。绝非偶然的是，赫尔摩波里的诺马尔尔赫之一指出，在他当政的时期内，任何普通人(涅杰斯)都不曾从自己的份地上被赶走。"②

在中王国时期，涅杰斯阶层，特别是强有力的涅杰斯，可能是王权的主要阶级支柱。在王权同以诺马尔赫为代表的地方贵族势力的斗争中，涅杰斯显然是站在王权一边的，这是由他们的阶级利益决定的。

在第二中间期里，涅杰斯则成了贫民奴隶大起义打击的对象。

## 第三节　中王国时期的社会矛盾

### 一、王权同地方势力的斗争

古王国时期末期以来，地方势力和神庙势力在政治经济上的实力大为

① ［苏联］阿甫基耶夫：《古代东方史》，王以铸译，第249～250页。
② 《古史通报》1950年第2期，第132页。

膨胀。除了地方势力不断扩大之外，王权在很多方面要倚重于他们，因而也给他们许多政治经济特权。

从《大臣乌尼传》中所说的他“曾使应对上埃及官邸纳税的交税，应对上埃及官邸担负义务的服役”的情况来看，似乎有的人不缴税，不服役。所以乌尼说“以前，在这里，在上埃及，从来没有过类似的情形”，即从来没有过都缴税，都服役的情况，这说明地方势力已经坐大。赫拉克列奥波里之所以在古王国时期崩溃后不久就很快地兴起，并统一了北方，大概就与它的诺马尔赫在古王国时期末期就已强大起来有关。

在第一中间期，各地诺马尔赫没有了君主专制的束缚，为了扩大自己的势力或为了自身的生存，因而更肆无忌惮地加强自己的实力，扩张地盘，加强军队，鲸吞王室地产，使自己成为一个小国的国君。他们拥有自己的一套行政机关、自己的军队、自己的财产、自己的纪年(而不用全国统一的纪年)。其职务完全世袭，而不用国王的批准。他们的墓都建筑在自己的诺姆里，而不像在古王国时期那样位于国王金字塔的周围。他们大谈自己对其统治下的人民的恩惠，而不再谈论什么国王给予自己的恩惠。即使在赫拉克列奥波里王朝统治下的北方，像赫尔摩波里和喜乌特这样的诺姆，仍对赫拉克列奥波里王朝拥有相当大的独立性，其基础就是他们的实力。

第 11 王朝的前期是底比斯及其同盟诸诺姆与赫拉克列奥波里王朝进行斗争的时期，底比斯需要各诺姆的支持，不可能去限制、削弱地方势力，也无力去做这件事。在孟图霍特普二世的中期，底比斯才最后打败赫拉克列奥波里，真正统一了全埃及。他可以说是中王国时期真正的奠基人。因此，第 19 王朝的一个铭文中，把第 1 王朝的美尼斯、第 11 王朝的孟图霍特普二世和第 18 王朝的雅赫摩斯并列出来，作为各自统一时代开始的标志。①

当底比斯战胜赫拉克列奥波里之后，孟图霍特普二世曾加强了对中央

① 《剑桥古代史》第 1 卷第 2 分册，第 479 页。

的控制：3个底比斯人（大吉、贝比和伊庇）相继被任命为维西尔，另一个出身于王族的人（名叫伊提朱）被指定为下埃及地方长官。但孟图霍特普二世在地方上却很少作为。虽然与底比斯有不可调和矛盾的喜乌特的诺马尔赫由他派了一个王族成员（名叫麦利特提）来代替。但他却未敢去触动其他诺姆的诺马尔赫。中部埃及兔诺姆（Hare Nome）和羚羊诺姆的统治未受到多大干扰，其权力的世袭并未中断就是证明，赫尔摩波里诺姆也是如此。原来与底比斯结盟的南方各诺姆就更未敢触动了，因为第11王朝的胜利也有他们的一份功劳。因此，以诺马尔赫为代表的旧地方贵族势力仍然尾大不掉，中央政权一时还不能对它们予取予求。

第12王朝奠基人阿美涅姆赫特一世（他可能是第11王朝的一位老臣）上台以后，对诺马尔赫的政策严厉了起来：他阻止了各诺姆之间连绵不断的争夺地盘的战争和破坏各诺姆边界的行为，使得各诺姆边界被严格地划定了；他严令各诺马尔赫必须严格执行其职责，保证尼罗河河水的分配，从而保证灌溉；保证国家要求的各项供应，以及船队和军队的征集。他巡视各地，整顿社会秩序，整顿赋税，封疆划土。他派克赫努姆霍特普一时去担任羚羊诺姆的诺马尔赫，并将其与相邻诺姆（兔诺姆和豺诺姆）的边界做了清楚的划分。开始时克赫努姆霍特普只是作为东部高地的麦涅特-胡夫的贵族，后来成了整个羚羊诺姆的长官，其长子阿美尼也成了该诺姆的诺马尔赫，次子纳克赫特则管理麦涅特-胡夫；其孙子克赫努姆霍特普二世继承了在麦涅特-胡夫的统治权，并娶了第17诺姆的诺马尔赫之女为妻，生二子：一子名纳克赫特，继承了第17诺姆的诺马尔赫；另一子名克赫努姆霍特普三世，继承了麦涅特-胡夫的统治权。第15诺姆的诺马尔赫本可世袭，但后来他的权力受到了限制。他在阿美涅姆赫特一世统治时期，对贵族采取了两面性政策，即在打击、限制诺马尔赫的同时，他又恢复了一些诺姆统治者的古代的尊严和特权，恢复了一些“诺姆的伟大统治者”的称号。在埃烈芳提那，喜乌特、科赛等地，任命了一些新的地方统治者的家族去取代第11王朝时被镇压了的那些家族。他的一个铭文中说："他成熟了，他驱走了罪恶(叛乱)。像奥吐姆本身一样登上了(王座)，他修复了他在废墟中所发现的东西，使每个城市与其邻人分开，他促使每个城市都知道它的要塞朝向着它的(邻人的)城市。他再次竖起界石，(支持)上苍。他接收了文件中所记的他们的水，并按旧的文件确定了税收，出于他对正义的伟大的爱。"①

阿美涅姆赫特一世的继承者继续了同以诺马尔赫为代表的地方贵族的斗争，直至辛努塞尔特三世时期才基本结束。这一斗争的结果是地方贵族遭到沉重打击，从此地方贵族再也没有能力单独与王权相抗衡，王权得到暂时的加强。

## 二、其他社会矛盾

尽管中王国时期埃及的社会经济有所发展，但《杜阿乌夫之子赫琪给其子柏比的教训》②及其他资料却向我们展示了广大劳动者的艰难处境。其中叙述了雕刻匠、金工、磨制宝石的匠人、剃头匠、商人、小包工人、砌墙的人、种园子的人、佃农、纺织工、制造箭的人、信差、制作木乃伊的人、鞋匠、洗衣匠、捕鸟人、捕鱼人等的情况。他们劳动条件艰苦，或者生命得不到保障，或者终年劳作却不得温饱，或者受到残酷的虐待。因此赫琪要他的儿子柏比去京城读书，以便将来逃脱劳动者的命运而成为一个书吏，既不受风雨之苦，又可得到温饱："假如你会书写，那你的境况就会比我讲

① ［法］A. 摩赖：《尼罗河与埃及之文明》，刘麟生译，第237页。

② 《杜阿乌夫之子赫琪给其子柏此的教训》是中王国时编写的，但传到我们手中的都是新王国时代(第19王朝)学生习字的抄本：有3份纸草(撒和尔纸草Ⅱ，大英博物馆第10182号；阿那斯塔西纸草，大英博物馆第10222号；蔡斯特比阿提纸草ⅩⅨ，大英博物馆第10699号)，1个书板和60多片陶片。但抄本都不整，抄写也不清晰，可能也有错误，因此有许多意思暧昧不明的地方不能确切译出。

这篇训诫的内容特别值得注意的是它对于当时社会上流行的几种职业的从业者的生活状况做了生动的描述。这对于我们了解中王国时期的社会情况提供了有价值的材料。

本译文是参照［美］J. B. 普利查德：《古代近东文献》，第434～435页。

给你的那些职业要好……”当一个书吏，在成年时“他就达到地方官的位置”，可以因当书吏而得到“王家俸禄”：

这是一个“船舱之人”①名杜阿乌夫之子赫琪给他儿子柏比的教训的开始。他正溯流上航送他儿子到京城下部的书吏学校去和贵族子弟一同学习。他对儿子说：

我见过勤苦劳作的人是如何被迫不得不从事劳作的——你必须专心学习书写。我也观察过一个人怎样才可以摆脱劳苦负担——要知道什么也比不上书写……你在“结论”②之末尾可以读到，你会看见这句话，即是说：“至于书吏，他的任何职位都是在京城，因而他不会贫困，(但)假如他依靠别人的智慧，则他最后不会成功”。我见到过这些职业，它们正象格言所说。

我要使你爱书写胜过爱你(自己)的母亲；(这样)我将使书写的美好呈现任你眼前。善书写比任何(其他)职务都更伟大。在这个国度里，没有可与书写比拟的。当他③还(只)是一个孩童时，假如他开始有些成绩，人们已经很尊重他。一旦有人派遣他出去，把事务委托给他，那末他就不必回去穿(工人的)围裙了。

我从来没见过一个雕刻匠或金工被派遣出去。(但)我却看过在炉口干活的金工。他的手指像鳄鱼皮一样，他的气味比鱼子还难闻。

每一个执雕刀工作的工匠都比庄稼汉还累。他的田地是木头，他的工具是金属。夜晚他(庄稼人——俄译者注)可以闲下来，但

① “船舱之人”意不明，或为其父之头衔，或者说明讲这些教谕时其父所在之地位。俄译本此处空白，注：“赫琪头衔不明。”——中译者注。

② 此处“结论”或指一部著名的训诫书的书名，或即指本文之末尾。

③ 指书写人。

他(工匠——俄译者注)却还得作他双手做不完的工作。夜晚他是燃着灯火的。

磨制宝石的匠人须得对每一(种)硬石加工。当他工作完毕时，他的双臂麻木不仁，全身精疲力竭。他从早到晚长时间地坐着，他的腿和背都是弯曲的。

剃头匠直到昏黑(还在)替人剃须。当他委身于别人的下颏时，是把自己放在(自己)的肩上。① 他穿行着一条条的街道，寻找要剃胡须的人。就是这样，假如他有足够的勇气，他能用自己的手填饱自己的肚子，像蜜蜂为了作工而吃一样。

旅行的商人顺流下航到三角洲去作买卖。当他工作过度，力不能胜时，蚊蚋害了他，沙漠中的蝇子使他处境可怜可惨。最后，还有各种发炎的疾病。

小包工人经常背着泥土。② 因为要在泥里行走，他比藤葛和猪还要脏。他的衣服被胶泥沾得僵硬了，连他的皮带都要坏了。可怜他经常在风里工作。他人虽完好，但丧失了智慧。他用自己的脚来打击，用自己的身体来冲撞，当街道上有水时，他把每家的院子都弄泥污了。

我还要向你谈谈砌墙的人。他周身疼痛，因为他必得在露天劲风中工作。……他的双手被劳作弄得瘫痪了。他的衣衫褴褛不堪，他吃的是用自己的手指制做的面包。他每季(才)盥洗一次。他的景况惨而又惨……至于食物，他必须把它带回家，因为他子女众多。

种园子的人，他的双肩被……压着，……在他颈上。清早他

① 意为负担自己生活的责任。

② 制作泥砖。

得浇灌蔬菜畦，傍晚浇灌葡萄园……每天他这样劳动，但在这一切之后，他的腹中是空的……

佃农，他的计算无尽无休。① 他的声音比“阿菩”鸟还高。他比三角洲徒步旅行的人还要劳顿。他周身疼痛……他步行到场地去……晚上回到家里，他已走得疲惫不堪了。

纺织作坊的织工的处境比妇女还坏，他的大腿紧贴着肚皮。他吸不到新鲜空气。假如他没有如数织出一天的布来，他就要挨五十皮鞭。为了要见一点日光，他必须把食物送给守门人。

制造箭的人必须到沙漠里去②，他的处境也很艰苦。骡子的消耗比他劳动所值还要多。他必须把很多都给它。因此他徒步去了。当他晚上回家的时候，他疲惫已极。

当信差出发到外国去时，他首先要把财产移交给他的子女，因为惧怕狮子和亚洲人……

制作木乃伊的人③，他的手指发出恶臭，那是死尸的味气。他的双眼被高温熏烧。……他整天割撕破布④，布料对他都变成可憎的了。

鞋匠的处境更坏，他永远背着自己的一套工具。他可以免于饿死，因为他还可以嚼嚼皮子。

洗衣匠在河边洗衣，与鳄鱼为邻。当一个父亲从污水中出来时，他连自己的女儿都抵抗不了。一无所长的人，你见不到任何满意的职业。他被计算的差数搅得乱了……当他穿上一个女人的围裙时，他就可悲了。他一天在棍棒下生活，我为他哭泣……

---

① 他必须经常向田主缴纳地租。

② 取燧石来作箭尖。

③ 俄译本此处作“染匠”。——中译者注。

④ 为了包裹木乃伊之用。

捕鸟人经常望着空中的飞鸟，他处境也很凄凉。当水鸟掠过天空时，他说："我若有个网多好啊！"但是神轻视他的职位，总没有让他有个网。

让我再同你讲讲捕鱼人。他比一切其他职业都更苦。瞧吧，他在河里的工作没有一件不是与鳄鱼为伍。假如他没有交足公家要的鱼的数量，那就要挨骂。他甚至不会说："那里有鳄鱼"，因为恐怖使他变得愚昧。

你看，除了书吏之外，没有任何职业是没有主管的，书吏就是主管。

假如你会书写，那你的景况就会比我讲给你的那些职业要好。……你看，在我们上京城去的路上我这样讲给你，你知道，是出于爱护你才这样做。在学校一天，对你就是有益的。学校的功课是象山一样多得作不完。所以我告诉你，要"快，快"。

你看，我把你送到神的路上去了。一个书写人的好运是从他一生下来就注定了的。当他成年时，他就达到地方官的位置。你看，没有一个书写人得不到王家的俸禄……

注意吧，这些是我讲给你和你的子孙们听的。①

在新兴的卡呼恩城，城市西部是贫民区，房屋矮小拥挤；而东部的富人居住区，房屋面积超过贫民区的 50 倍，有的富人拥有 70 间房和走廊。在富人区和贫民区之间用一道坚固的墙隔开，这形象地反映了贫富之间的尖锐分化和对立。

在"布鲁克林纸草 34，1446 号"中关于埃及籍奴隶，逃犯家属被罚为奴的记载，都表明了社会矛盾的尖锐化。

① 吉林师大、北京师大历史系编：《世界古代史史料选辑》上，第 42～45 页。

在统治阶级内部，除了王权同地方贵族的矛盾斗争外，在王室内部，矛盾也很尖锐。第 12 王朝首都不在底比斯，而在三角洲和河谷交界地(靠近卡呼恩)的一座要塞堡垒中，名叫“伊堡伊”。有一位国王住在自己的寝宫中还遭袭击而死。①

第 12 王朝实行国王生前确定共治者的制度，以便在国王发生不测时，保证统治不会中断。《辛努海的故事》讲到阿美涅姆赫特一世国王死时，他正随王子辛努塞尔特一世远征叙利亚，他听到消息后，怕国内大乱受到牵连，便从军中逃跑了。这表明王室内部倾轧的激烈。

在一些大臣的铭文中，他们往往把自己说成是国王的亲信，审讯反对国王的人，或审讯心怀叵测的人，或镇压叛贼时得到信任的人。这也从另一个侧面说明了社会矛盾的尖锐性。因此，中王国时期强盛的时间不长，在第 12 王朝后，统一又一次遭到破坏，统一的王权也不复存在。于是埃及进入了第二中间期。

## 第四节　第二中间期

第二中间期包括《曼涅托王表》中的第 13 到第 17 王朝。第 13 王朝苟延残喘于南方，第 14 王朝则偏安于三角洲西部一隅。在此政局混乱之际，阶级矛盾十分尖锐，爆发了第二次贫民奴隶大起义；喜克索斯人也在此时大量涌入埃及，在三角洲站稳脚跟，相继在埃及建立了第 15 和第 16 两个王朝，统治了埃及相当大部分国土。最后，底比斯第 17 王朝的末代国王卡美斯(Kamos)领导埃及人民掀起了反抗喜克索斯人统治的斗争，其弟雅赫摩斯终于将喜克索斯人赶出了埃及。

---

① 曼涅托认为该国王是阿美涅姆赫特二世，是被宫廷宦官所杀，见片段 36；而《世界通史》的作者认为是阿美涅姆赫特一世，见[苏联]苏联科学院编：《世界通史》第 1 卷，第 372 页。

## 一、第二次贫民奴隶大起义

关于第二次贫民奴隶大起义的情况，反映在《伊浦味陈词》(或译为《一个埃及贤人的训诫》)①中。关于《伊浦味陈词》反映的时代，学者有不同的看法。有的学者认为，这篇文献反映的是第一中间期的情况②，有的学者认为属第二中间期③。这篇文献现藏于荷兰莱登博物馆(第 344 号纸草)，发现于孟菲斯附近的萨卡拉墓地。

这次贫民奴隶起义的背景有以下几点：

第一，激烈的阶级分化。中王国时期奴隶制经济的发展，促进了阶级的分化。阶级分化的情况已如前述。少数人富有，大多数人贫穷，这必然会激化阶级矛盾。

第二，下层劳动人民的悲惨状况。奴隶不用说，就是“自由的”劳动者的状况也是很悲惨的，前述《杜阿乌夫之子赫琪给其子柏比的教训》中有明显的反映。

第三，中王国时期社会秩序的崩溃，统一制度的瓦解，伴之而来的是政局的混乱和经济上的崩溃。这一切带来的苦难都必然落在劳动者的身上，使劳动者的处境更加艰难，也必然会激化阶级矛盾。

---

① 自从 1909 年英国埃及学者 A. H. 伽丁内尔研究《伊浦味陈词》时起，学者中通行的看法是，这一著作写成于，或者至少反映了埃及史上的第一个中间期。1917 年苏联的 B. B. 司徒卢威则提出，这篇文献描述了公元前 18 世纪中叶的一次大规模的社会运动。1964 年，美国的 J. V. 塞泰尔斯把这篇文献所反映的社会事件断代在第 13 王朝后期，即第二中间期。

《伊浦味陈词》描述了中王国崩溃后的埃及贫民奴隶的大起义。伊浦味本身显然是奴隶主贵族的代表，是这次起义打击的对象，因此，他常常歪曲和咒骂人民大起义。

原文较长，亦多重复。现仅摘译其中最重要的，记述所谓“国中灾难”的部分。译文据 R. O. 富尔克奈：《一个埃及贤人的训诫》，载《埃及考古杂志》1965 年第 51 卷，第 53～62 页。

② [英]A. H. 伽丁内尔：《法老埃及》，第 109 页；《剑桥古代史》第 1 卷第 2 分册，第 200 页。

③ [苏联]阿甫基耶夫：《古代东方史》，王以铸译，第 253～254 页；塞特尔斯：《训诫的年代在第一中间期》，载《世界历史译丛》1980 年第 2 期。

第四，中王国时期统治阶级内部的矛盾也十分尖锐。第12王朝初年阿美涅姆赫特一世与辛努塞尔特一世交替时反映出来的矛盾，以及王权同地方势力的矛盾等。这些矛盾都会影响到劳动者的状况。

第五，喜克索斯人的入侵也必然会影响到埃及劳动者的状况。

第六，中王国时期不断对外远征和开发，也必然加重劳动者的负担。

第七，中王国时期统一制度的瓦解，必然大大削弱统治阶级的力量。统治阶级内部的争夺更加分散他们的力量和注意力。

《伊浦味陈辞》这篇文献从多方面反映了这次起义的情况：

第一，起义的规模很大，参加者有奴隶及下层贫民(这反映了埃及的阶级对立：一方面是奴隶主及其国家，另一方面是奴隶和其他形式的自由劳动者)。

第二，奴隶主的财产被起义者剥夺(这在文献中有很多叙述)。

第三，在起义期间，统治阶级(王公贵族、涅杰斯、官吏等)皆被打倒："富豪饥饿而死亡"，"王公的孩子们被摔死在墙上"，"国家的长官被驱逐……"①

第四，神权遭到质疑。人们对神的信仰在动摇："人们已经起来反叛蛇标。"②(神和王的头饰上的蛇形标记，权力的象征)

第五，奴隶主的政治统治遭到沉重打击。"那保密议事室，它的文件被拿去而其中的秘密被暴露"，"政府机关已被打开，而它们的清单已被夺去"，"书吏被杀而他们的文件被夺去"，"地籍书吏的文件被毁"，"议事室的法律被抛出；真的，在公共场所，人们在它们上面践踏，而贫民则把它们撕碎在街上"，"贫民已达到九神的地位，而从前三十家的诉讼程序被泄露"，"大议事室是人民大众常来场所，而贫民来往于大宫之中"，"国王已

① 林志纯主编：《世界通史资料选辑·上古部分》，第11～15页。

② 林志纯主编：《世界通史资料选辑·上古部分》，第14页。

被暴徒废黜”，“国家已被少数不知法律的人们夺去了王权”，“无边无际的国家的秘密已被泄露，而官邸在霎那间已被拆毁”。①

第六，在中王国时期上升为统治阶级，成为王权阶级支柱，许多当了大官的奴隶主涅杰斯，在这次起义中成了打击的对象，“庶民（涅杰斯）来来去去在死亡之中……”

伊浦味这位“智者”显然是站在奴隶主的立场上叙述这一切的。因此，他对起义者进行咒骂，对起义期间发生的一切事情十分仇视，但又无可奈何。起义最后显然是被镇压下去了。

> 真的，面孔是苍白的；〔……〕祖先预言的事情已达到〔结果(?)……〕。国家充满着党羽，而人带着他的盾牌出去耕田。
>
> 真的，温和的人说：〔“……〕面孔〔的人……〕〔是〕和出身高贵的人一样。”
>
> 真的，〔面孔〕是苍白的；弓箭手已准备好，到处是非法行为而没有昨天的人。②
>
> 真的，抢劫者到处〔……〕而仆人③拿去他所发现的东西。
>
> 真的，尼罗河泛滥，但是没人因此而耕田。每个人都说：“我们不知道整个国家将要发生什么事情。”
>
> 真的，妇女不生育又无人怀孕。克努穆④因国家的情况再不造（人）。
>
> 真的，贫民⑤已变成财富的所有者，而不能为他自己制做便

---

① 林志纯主编：《世界通史资料选辑·上古部分》，第13～14页。

② 即没有一个世袭的人维持秩序。——英译者原注。

③ 原文 b ꜣk，英译 Servent，应为奴隶。见《埃及考古杂志》1964年第50卷，第17、24页。——中译者注，下略。

④ 克努穆(Kbnum)是埃及创造力之神。

⑤ 贫民(Poor man)，俄译为“平民”(простолюдия)(见《古代东方史选读》，第65页)。

鞋的人现在是财宝的占有者。

真的，人们的奴隶，他们的心是悲伤的，而长官当他们的人民呼喊时(?)不能同他们的人民(?)亲善。

真的，〔心〕是暴虐的，疫病遍及国家，到处流血，死亡不乏其人，而木乃伊封布甚至在一个人接近它之前就示意。

真的，许多死者被葬在河里；河流是坟墓，而尸体防腐的场地已变成河流。

真的，贵族是不幸的，然而贫民则十分愉快。每一个城市都说：“让我们镇压我们中间的有势力者吧。”

真的，人们像朱鹭①一样。污秽遍布国家，真的，这时穿白色衣服的人没有了。

真的，国家象陶轮一样翻转过来；强盗是财宝的占有者，而〔富人则变成了(?)〕抢劫者。

真的，忠实的仆人〔象(?)……〕；贫民②〔苦诉(?)〕：“多么可怕啊！我怎么办呢?”

2·10 真的，河流是血，但人们还喝它。人们害怕人类生存，而渴望水。

真的，城门、列柱和墙壁(?)化为灰烬，但是王宫的大厅(?)坚固而持久。

真的，〔南方的〕船③已破坏；城市被毁灭而上埃及已变成空虚的荒野。

---

① “朱鹭”实则“黑鹭”(Black ibises)。《埃及考古杂志》1964年第50卷，第24页。

② 此处“贫民”一词，有人译为“公民”，俄译本音译为涅德耶斯(Неджес)，上引书，第65页。另见《埃及考古杂志》1954年第50卷，第25页富尔克奈的注释。这个阶层是这次革命运动的对象。

③ 在古埃及文献中，常常把国家比作船。

真的，鳄鱼〔吃饱了(?)〕它们抓到的鱼①，而人们自愿走向它们那里；那是国家(?)的毁灭。人们说："不要走到那里；看哪，那是罗网。"②看哪，人们象鱼一样走向〔土地(?)〕③，而受惊的人因恐怖而不能(?)辨认它。

真的，人是不多的，而把他的兄弟置之于地面上的人到处皆是。当聪明人说话时，〔他立刻(?)逃走〕。

真的，出身高贵的人因没有认识〔……〕，而他的夫人的孩子已变成他的女仆的儿子。

3·1 真的，沙漠遍及国家，各州荒凉，而蛮人从国外已进入埃及。

真的，人们到达〔……〕并且真的不论何处都没有埃及人。

真的，黄金和天青石，白银和绿松石，光玉髓和紫水晶，伊布赫特④石和〔……〕都串挂在女仆的项颈上。善良的事遍及国家，(但是)家庭主妇说："啊，愿我们有吃的东西啊！"

真的，〔……〕贵妇人。她们的肉体由于(她们)的衣衫褴褛而陷入苦境，而当〔一个人向另一个人(?)〕问好时，她们的心情颓丧(?)。

3·5 真的，黑檀木箱被拆散，而贵重的 ssndm 木材碎裂成堆(?)〔……〕。

真的，〔金字塔(?)〕的建筑者⑤〔已变成〕耕耘者，而本来在神

① 见伽丁内尔在训诫中的注释，第 29 页是关于这个不可靠的一节。——英译者原注。按："鱼"一词或许指人。

② "罗网"，俄译本为"水"，见上引书，第 65 页。

③ [以色列]M. 利希海姆译为"像鱼一样拍击"。见《古代埃及文献》第 1 卷，伯克利：加利福尼亚出版社，1975 年版，第 151 页。

④ 位于尼罗河第二瀑布以北，确切地点不详。

⑤ 俄译本为"陵墓建筑者"。

船中的人们现在则束缚〔于船(?)〕上。今天真的没人向北航行到毕布罗斯①；为了给我们的木乃伊用的杉木料，僧侣埋葬用杉木制品和远至刻佛提攸②的〔首领〕涂尸防腐用杉木油，我们将怎么办呢?③ 它们不再来；黄金缺乏〔……〕而用于各种工艺的材料(?)已断绝来源。宫廷的〔……〕被掠夺。绿洲人民何以常常带着他们节日的香料、席子(?)和皮革(?)，带着鲜嫩的 rdmt 植物、[3·10]鸟的油脂(?)……前来?

真的，厄勒蕃廷④和提尼斯⑤(?)〔是在〕上埃及的〔系统(?)中〕，(但是)由于内部斗争而不纳税。缺乏谷粒(?)、木炭、irtyw 果子、m³ᶜw木材、nwt 木材和柴薪。工匠的工作和〔……〕是宫廷的利益(?)。国库没有其收入还有什么用途? 当真理来到国王那里时，他的心情才是愉快的！而每一个外人的国土〔到来(?)〕！那是我们的命运，并且那是我们的幸福！我们对于它能够作些什么呢? 一切是毁灭！

真的，笑声已经消失，而且是〔不再〕出现；呻吟遍及国家，与怨言交织在一起。

真的，所有死去的人象是出身高贵的人。本是埃及人的那些人[4·1]〔已经变成〕外国人而被推开。

真的，每个人的头发[已脱落]，而显贵的人不再能与微不足道的人区别开。

真的，〔……〕由于骚动；骚动不是〔……〕。在骚动的年代，

① 地中海东部沿岸腓尼基人的著名城市之一。

② Keftiu，即克里特。

③ 这一句的译文出入很大。美国 J. V. 塞泰尔斯摘译的引文见《埃及考古杂志》1964 年第 50 卷，第16 页。

④ 尼罗河第一瀑布附近的岛和岛上的城市。

⑤ 或称提斯，上埃及第八州的首城，确切地点不详。

骚动没有止境。

真的，大人和小人说："我愿我能死。"小孩子们说："他不该使<我>生存。"

真的，王公的孩子们被摔死在墙上，而抱颈①的孩子们被抛在高地上②。

真的，那些曾在涂尸防腐场地的人已被抛在高地上，而涂尸防腐的秘密已因它(?)而被揭破。③

真的，4·5昨天见到的人已经死亡，而国家留给它的懦弱就像切断的亚麻④。

真的，全部三角洲不再有所隐藏，而下埃及处于听任践踏的道路上。一个人能够做什么呢？没有〔……〕到处存在，而人们说："到秘密的地方去全都毁灭吧！"看哪，它是掌握在不熟悉它的那些人而象是熟悉它的那些人的(?)手中。沙漠居民已熟练三角洲的工艺。

真的，公民已被折磨成为磨谷人，而经常穿着精细麻布的那些人也遭到……殴打。从未见到白昼的那些人已经外出无阻(?)；本来在她们丈夫床上的那些人4·10，让她们躺在筏子上。关于筏子运载没药的事，我说："这对我是太繁重的。"用装满了〔……〕的容器来折磨她们，〔好让(?)〕她们熟悉什么是乘具！⑤ 说到管家，他破产了。那是没有补救的；贵妇人象女仆一样受痛苦，吟游诗人是在纺织室的织机房，而他们对诗歌女神所歌唱的是那么悲伤。

---

① 指幼小的孩子(《埃及考古杂志》第50卷，第26～27页)。

② 与下文5·16重复。——英译者原注。

③ 与下文6·14重复。——英译者原注。

④ 与下文5·12—5·13重复。——英泽者原注。

⑤ 在这两句中"她们"大概指出身名门的贵妇人。——英译者原注。

谈话的人(?)〔……〕磨谷者。

真的，所有的女奴隶随便讲话，而当她们的女主人说话时，女仆是厌烦的。

真的，树木被砍倒(?)，而枝子(?)被剥光。我已和他以及他的家内奴隶分离,①5·1而人们当他听到它时就要说："大部分孩子们缺乏糕饼；没有食品〔……〕。今天，它是什么滋味呢?"

真的，富豪饥饿而死亡，侍从由于控诉而得到随侍〔……〕。

真的，性情急躁的人说："假如我知道神在哪里，我就要服侍它。"

真的，〔正义〕名义上充满着国家，但是人们信任它就是错误。

真的，侦探们正在战斗，争夺强盗〔的〕掠夺品(?)5·5，并拿走他的全部财产。

真的，所有的动物，它们的心悲叹；家畜由于国家的形势而呜咽。

真的，王公的孩子们被摔死在墙上，而抱颈的孩子们被抛在高地上②。克努穆由于他的厌倦而呻吟。

真的，恐怖行杀③；受惊的人反对进行对付你的敌人(?)的事情。此外，少数人是高兴的，然而其余的人(?)是……这是由于追随鳄鱼(?)而把它破裂分开吗？这是由于杀死狮子放在火上烤吗？〔这是〕由于为普塔④洒水而获取〔……〕？你为什么给他？达不到他。那是苦难，苦难是你给他的。

真的，奴隶(?)〔……〕5·10遍及国家，而有势力的人差遣每一

① M. 利希海姆译为"而仆人离弃了他的家务"。

② 4·3的重复。——英译者原注。

③ 可能有遗漏。——英译者原注。

④ 孟菲斯城的主神。宇宙的创造者，艺术的保护神。

个人；一个人殴打他的母方的兄弟。已经完成的是什么呢？我(?)对破产的人说。

真的，道路是〔……〕，大路被监视；人们坐在丛林中直到赶路到黑的旅客到来，以便抢劫他们的挑担，并把挑担上的东西夺走。他被棍棒痛击而被杀害。①

真的，昨天见到的人已经死亡，而国家留给它的懦弱就像切断的亚麻②，庶民③来来去去在死亡之中〔……〕。但愿人类灭绝，不怀孕[6·1]，不生育！那时国家将从吵闹中安静下来而不再骚动。

真的，〔人们吃〕草并且用水把＜它＞咽下去；既不能找到果实也没有草＜以供＞鸟类食用，而〔……〕被从猪的口里拿走。由于(?)饥饿，你为(?)我而〔……〕的脸面没有光采。

真的，大麦到处已经枯萎，而人们被剥夺去衣服、香料(?)和油；每个人都说："一点也没有了。"仓库是空虚的，而它的保管人已被打倒在地；一桩快乐的事态！……[6·5]但愿我在那个时刻提高我的声音，或许它会把我从我所处的痛苦中拯救出来。

真的，那保密议事室④，它的文件被拿去而〔其中(?)〕的秘密被暴露。

真的，魔术的咒语被泄漏；šmw-和 sḫnw-咒语(?)因它们被人们记住也失效了(?)。

真的，政府机关⑤已被打开，而它们的清单已被夺去；农奴

---

① 直译为"不正当杀死"。——英译者原注。

② 俄译本为"国家在其软弱无力中，就像被收割的亚麻田一样"(见上引书，第 66 页)。

③ "庶民"(Commoners)与前译的"贫民"(Poorman)二词的象形文字原文同为 nḏs(涅杰斯)。M. 利希海姆译为"公民"。

④ "议事室"(Council-chamber)一词，A. H. 伽丁内尔旧译为"审判厅"。另有译为"档案室"、"大监狱"等。《埃及考古杂志》1964 年第 50 卷，第 18、30 页。

⑤ 俄译本为"档案室"，见上引书，第 67 页。

变成了农奴(?)的所有者。①

真的,〔书吏(?)〕被杀而他们的文件被夺去。由于这个时期的苦难我悲伤!

真的,地籍(?)书吏的文件被毁损,而埃及的谷物是公共的财产。

真的,议事室的法律②6·10被抛出;真的,在公共场所,人们在它们上面践踏,而贫民则把它们撕碎在街上。

真的,贫民已达到九神的③地位,而从前三十家的④诉讼程序被泄露。

真的,大议事室是人民大众常来场所,而贫民来往于大宫⑤之中。

真的,富豪的孩子们被驱逐出街头;聪明的人同意而愚蠢的人则说"不";在那些对此什么也不知道的人的眼中,是愉快的。

真的,那些曾在涂尸防腐场地的人已被抛在高地上,而涂尸防腐的秘密已因它而被揭破⑥。

7·1看啊,火已高高地升起,而它的燃烧正朝着国家的敌人蔓延。

看啊,过去很长时间不曾发生的事情已经做出来了;国王已被暴徒废黜。

看啊,像鹰一样被葬的人〔缺少(?)〕棺材,而金字塔所掩藏的已变成空虚。

---

① 俄译本为"奴隶变成了奴隶占有者"。

② J. V. 塞泰尔斯摘引的译文为"监狱法"。《埃及考古杂志》1964年第50卷,第18页。

③ 九神,指埃及的九大神集团(包括最初的太阳神以及他的四子:Shu,Tefnut,Keb,Nut。以及Keb和Nut的四子:Osiris,Jsis,Set,Nephthys)。

④ 由大官吏组成的法庭审判团。

⑤ 法官会议的大宫。

⑥ 4·4部分的重复。

看啊，事情已发生，国家已被少数不知法律的人们夺去了王权。

看啊，人们已经起来反叛蛇标①，拉②的〔……〕，正是她使两地按抚。

看啊，无边无际的国家的秘密已被泄漏，而官邸③在刹那间已被拆毁。

看啊，埃及已被开始[7·5]灌水，而在地面上灌水的人已夺去了在不幸中的有势力的人的生命。

看啊，蛇已从它的窝巢中被捕捉，而上下埃及国王的秘密已被泄漏。

看啊，官邸因贫困而忧愁，而〔人们④来来去去(?)〕不受约束地去煽动不和。

看啊，国家已纠结成若干党派，而懦夫拿走了勇敢的人的财产。

看啊，蛇〔……〕死者；不可能为他自己制造一口石棺的人现在是陵墓的所有者。

看啊，陵墓的所有者被赶到高地上，而不能为他自己制造一口棺柩的人现在是宝藏的＜所有者＞。

看啊，人们已经发生这种情况：不能为他自己建筑一所房屋的人现在是墙壁的所有者。

看啊，国家的长官被驱逐，遍及各地；＜……＞从王宫中被赶走[7·10]。

---

① 神和王的头饰上的蛇形标记，权力的象征。

② 太阳神，崇拜的中心在希利奥波里城。

③ 俄译本为“首都”。

④ “人们”(men)，象形文字原文为 rmt，《梅腾自传》，第 6 页，注⑥。

看啊，贵妇人现在在筏子上，而长官在劳动的机构之中①，然而甚至不能睡在墙上的人现在是睡床的所有者。

看啊，财富的所有者现在渴望过夜，而从前为他自己乞求渣滓的人现在是碗盘丰盛的所有者。

看啊，袍服的所有者现在衣着褴褛，而不能为他自己穿戴的人现在是精细亚麻布的所有者。

看啊，不能为他自己建造一只小船的人现在是船队的所有者；它们的先前的所有者注视着它们，但是它们不是他的。

看啊，没有树荫的人现在是树荫的所有者，而从前的树荫所有者现在处于烈风暴雨的严重摧残(?)之中。

看啊，不知七弦琴的人现在是竖琴的所有者，而从未为他自己歌唱的人现在夸张诗歌女神。

看啊，那些占有铜器皿架子的人＜……＞现在没有一只瓮曾有修饰(?)。

看啊，本来因贫困而睡眠[8·1]无妻的人却〔寻求〕财宝，而他从未见过的人，站着哀叹(?)。

看啊，没有财产的人现在是财富的所有者，而富家的人却赞颂他。

看啊，国家的贫者变成了富者，而＜从前＞财产的(所有者)则是一无所有的人。

看啊，服侍的人们已变成了管家的主人，而先前曾是信差的人现在却有东西送人。

看啊，没有一块面包的人现在是谷仓的所有者，而且他的仓库充满着他人的货物。

---

① M. 利希海姆译为“王公在贫民习艺所中”。

看啊，头发脱落而没有油脂的人现在已变成了一瓶芳香没药的所有者。

[8·5]看啊，没有箱子的女人现在是钱箱的所有者，而曾经对水照脸的女人现在是镜子的所有者。

看啊，＜……＞①。

看啊，吃自己的食物的人是幸福的。以喜悦的心情并且无阻碍地消费你们的财物吧，因为吃自己的食物的人是快乐的；神命令把它给他所宠爱的人＜……＞。

＜看啊，本来不知道＞他的神＜的人＞现在用另一个不知道[此神(?)]的人的香料来供奉他的神了。

[看啊,]伟大的贵妇人，从前本是财宝的占有者，现在则交出她们的孩子来换睡床。

看啊，[给自己娶(?)]贵妇人为妻的人，她的父亲保护他，而没有〔……〕人杀死他。②

看啊，长官的孩子们是〔……〕牛的〔犊(?)〕[8·10]〔被抛弃给(?)〕抢劫者。

看啊，僧侣(?)侵犯贫者〔……〕的牛。

看啊，不能为他自己屠宰的人现在屠宰公牛，而不知如何切割(?)的人现在知道〔……〕。

看啊，僧侣(?)因用鹅代替公牛献神而犯罪。

看啊，女仆〔……〕献鸭子；贵妇……③

看啊，贵妇逃亡；〔……〕的监督(?)及其〔孩子们(?)〕因畏死

---

① 这里有不少省略。——英译者原注。

② 俄译本为“(显贵的人给自己娶)高贵的女人为妻，她的父亲保护他，(而现在)没有那样岳父的人则杀死他”。

③ 原稿中空白。——英译者原注。

而意气懊丧。

＜看啊＞，国家的首长逃亡；他们因穷困而无目标。〔……〕的主人〔……〕。

〔看啊，〕[9·1]那些从前占有睡床的人现在是在地上，而从前睡在垃圾(?)上的人现在给自己铺放皮垫。

看啊，贵族人陷于饥饿，而僧侣饱食为他们准备好了的东西。

看啊，政府机关都不在它们应在的地方①，就象畜群没有牧人而乱跑一样。

看啊，牲畜失散而无人集合它们，但是每个人把烙上自己名字的那些牲畜带给他自己。

看啊，一个人在他们兄弟身边被杀死，他的兄弟跑开并抛弃他(?)以拯救自己的生命。

看啊，没有一对牛的人现在是畜群的所有者，而自己没有耕牛的人现在是牲畜的所有者。

看啊，没有谷粒的人现在是谷仓的所有者[9·5]，而必须为自己贷谷的人现在是发放贷谷的人。

看啊，没有扈从的人现在是农奴的所有者，而过去是＜富豪＞的人现在执行他自己的差使。

看啊，国家的有势力的人们，人民的情况不报告＜给他们＞。一切是毁灭！

看啊，没有工匠工作，因为国家的敌人已使这个国家的工匠变穷了。

〔看啊，先前曾是记载(?)〕收成的人现在对收成什么也不知道，而从来没有〔为自己〕耕作的人〔现在是谷物的所有者；收割

① 即在混乱中。——英译者原注。

(?)〕已进行但不报告。书吏坐在他的办公室(?)中，但是他的手〔在那里是空闲无事的(?)〕。①

## 二、喜克索斯人对埃及的入侵和统治

在第二中间期里，还发生过喜克索斯人入侵并统治埃及的事件。他们在埃及建立了第15和第16两个王朝。

有关喜克索斯人入侵并统治埃及的资料很少：第一，曼涅托的《埃及史》片段中有这方面的一点简短记述。第二，喜克索斯人自己遗留下来的一些文物：蜣螂石雕刻、陶器，以及为数不多的一些雕像和石碑。第三，20世纪内发现的几份有关埃及人赶走喜克索斯人的文献。因此，有关喜克索斯人的情况我们不是很清楚，许多问题还有争论。

### (一)关于喜克索斯人的起源问题

曼涅托的记载没有说明这个问题，他只是说喜克索斯人是"种族不明的"，来自"东方地区"。现代学者关于喜克索斯人是什么人，来自何处的问题，推论很多，其说不一，大致有这样几种说法：

有的学者认为，喜克索斯人的主要的或起主导作用的是胡里特和雅利安人的部落。后者的主要根据是，据说正是喜克索斯人把马和战车引进了埃及，而马和战车在西亚的出现又是与进入印度和伊朗高原的雅利安人部落一起出现的。② 现代学者一般都认为马和战车是喜克索斯人引进埃及的，但也有不同看法。例如，J. M. 怀特认为，早在中王国时期埃及已经有了马。其根据是，1959年，艾麦里教授在埃及努比亚地区的属于中王国时期

---

① 林志纯主编：《世界通史资料选辑·上古部分》，第7～18页。

② 斯托克就持这种观点，见他所著《喜克索斯人在埃及的统治》，载《埃及考古学杂志》1951年第37卷。以及内比斯的《关于喜克索斯人在埃及统治的新资料》一文，载《古史通报》1958年第3期上所转述的有关观点。

的一个名叫布亨的要塞遗址中就发现过马的骨骼。[1] 内比斯指出，古代埃及人表示马和战车的术语具有塞姆语的性质。他认为，没有理由认为埃及人是直接从雅利安人那里学习使用马和战车的方法，更不能由此推测出喜克索斯人起源于雅利安人种。[2] 阿甫基耶夫也认为，“在喜克索斯时代渗入埃及的表示马和战车的词也带有明显的塞姆性质”。[3]

关于喜克索斯人的胡里特起源问题，人们也提出了怀疑。J. 科因尼格指出，考古资料没有证实喜克索斯人中有胡里特因素。在相当于埃及第12～13王朝时期，巴勒斯坦地区的陶器类型不曾间断过。如果有外国部落在这时侵入巴勒斯坦，并由此进入埃及，应当会在物质文化等方面留下痕迹，但考古发掘却未发现这方面的痕迹。A. 阿勒特原来也曾拥护过喜克索斯人的胡里特-雅利安部落起源说，但在1954年，他写了一本书，推翻了自己过去的观点，他在分析了那一时期两河流域北部的马里和阿拉拉赫的铭文后指出，在这些地方没有发现任何一点大规模移民的证据。T. 萨弗索德贝格也指出，从巴勒斯坦的陶器和雕刻艺术的资料看，没有外国部落入侵巴勒斯坦的迹象。有的学者认为喜克索斯人起源于西亚的塞姆人部落。不少人认为，喜克索斯人的出发点应是接近于埃及的地区，即叙利亚、巴勒斯坦地区。阿甫基耶夫认为，加入喜克索斯人部落的既有胡里特-苏巴里部落，也有塞姆人的部落。某些喜克索斯人的名字带有明显的塞姆人的性质。伊普伊特王后的萨卡拉墓中发现有某个阿布德名字的棺材，在那里面发现的匕首上有喜克索斯国王阿波比的名字，以及某个叫涅赫门的名字。而阿布德和涅赫门这两个名字无疑是塞姆的起源；在喜克索斯人的名字中还发现有叙利亚的女神阿纳特和古迦南人的英雄雅可布的名字和成分。在

---

① ［英］艾麦里：《古代埃及的日常生活》，第17～18页。

② 内比斯：《关于喜克索斯人在埃及统治的新资料》，载《古史通报》1958年第3期。

③ ［苏联］阿甫基耶夫：《古代埃及军事史》，莫斯科：苏联科学出版社，1948年版，第133页。

新王国第18王朝初年的《桡夫长雅赫摩斯传》中引用的19个喜克索斯俘虏中，有3个塞姆人的名字；喜克索斯人带进的马和战车是用明显的塞姆语来表示的。①

阿勒特也认为，喜克索斯人的基本群众应是塞姆人，是起源于叙利亚阿拉伯草原的部落，他们由于需要更换牧场而进入了埃及；但也有定居的巴勒斯坦人加入了这个大的潮流中去。喜克索斯人的名字大多是塞姆人语性质的也证明了这一点。

科因尼格更具体地认为，喜克索斯人是属于讲塞姆语的阿摩利人，这些阿摩利人中的一支东侵进入了两河流域，他们建立了自己的国家，其中最著名的有古巴比伦王国。另一支则西侵进入了埃及，这就是喜克索斯人。俄国的图拉耶夫也持这种观点。②

内比斯认为，喜克索斯人的基本群众是说塞姆语的部落，但其成分是十分复杂的，也掺杂进一些别的人种成分，如印度-伊朗语的成分，胡里特人的成分，等等。但没有证据认为是讲印度-伊朗语的人和胡里特人统率了喜克索斯征服者。③

**(二)关于喜克索斯人入侵的方式问题**

曼涅托说，喜克索斯人采用了大规模武装入侵的方式："图提迈乌斯，在他统治之时，我不知由于何种缘故，神的狂风打击了我们。而种族不明的侵略者自东方地区以必胜的信心突然推进到我们的国土。他们没有袭击而用主力轻易地侵占了它。打败了国土的统治者之后，他们残暴地烧毁了我们的城市，彻底毁灭了神庙，用残酷的手段对待所有的本地人，杀死一些人，并将其他人的妻子和孩子卖为奴隶。最后，他们指定了他们众人中

① ［苏联］阿甫基耶夫：《古代埃及军事史》。

② 参见内比斯的文章。

③ 参见内比斯的文章。

的一个名叫萨里梯斯的人做了国王，他把孟菲斯作为中心，向上埃及和下埃及征收赋税，并且总是在最有利的地方派兵驻守。”①

但现在的多数学者认为，喜克索斯人并非采用大规模武装入侵的方式，而是采用了和平渗透的方式。他们指出，在中王国第 12 王朝以后，埃及的统一又瓦解了，因而无力抵御来自叙利亚、巴勒斯坦的游牧部落的渗透。这些游牧部落最初是为了寻找新的牧场而来到三角洲的，开始规模也不大，因为在埃及可以找到早已来到这里作为奴隶的塞姆人的支持，所以他们的渗透变得十分容易(据布鲁克林纸草第 35・1446 号纸草的记载，一个奴隶主的 95 名奴隶中至少有 49 人是亚细亚人)。有些亚细亚人成了士兵(中王国时期末期的一个蜣螂石上说，有 120 个亚细亚人组成的部队，这个蜣螂石是埃及人乌赫尔赫特的)。还有其他一些在埃及劳动的人，如在西奈铭文中的记载，在派往西奈去远征开矿的人中有亚细亚人。② 在卡呼恩的铭文中，人们发现在那里有过亚细亚人的劳力营，有官员负责管理的记载③，人们在阿卑多斯发现的一座石碑残片上，描绘有亚细亚人奴隶劳动的情景。④

因此，尽管许多学者认为，居住在叙利亚、巴勒斯坦的部落不可能对埃及进行有力的进攻，但人们仍然认为，喜克索斯人的起源及其移动的出发点应是接近埃及三角洲的叙利亚、巴勒斯坦地区，以及与其相毗邻的草原一带。他们的入侵是长期渗透到三角洲的结果。三角洲那个地方，水草丰美，是理想的牧场。在三角洲东部，第二中间期的初期，埃及人由于本身统治的软弱，使得渗透到这里的亚细亚人逐渐地扩大了自己的影响，并建立起自己的统治。

① 曼涅托，残篇，第 42 页。

② 《世界历史译丛》1980 年第 2 期中《训诫的年代在第二中间期》一文对此有所论述。

③ [英]B. G. 特里盖：《古代埃及社会史》，剑桥：剑桥大学出版社，1983 年版，第 155～156 页。

④ [英]凯恩斯：《阿卑多斯不寻常的石碑》，载《埃及考古学杂志》1960 年第 47 卷。

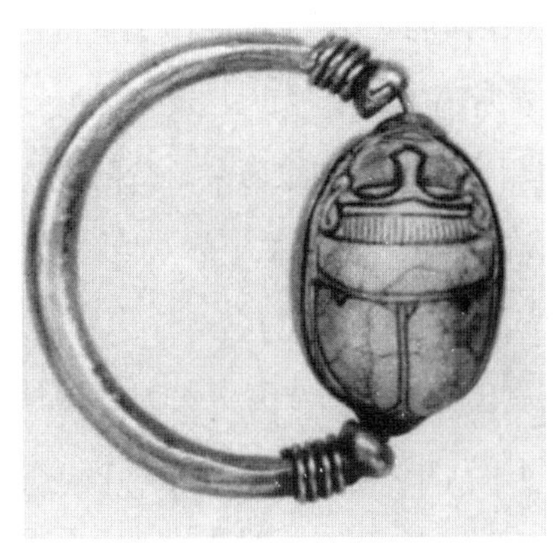

图 6.9　阿波比的戒指印章。纽约大都会艺术博物馆藏

## (三)喜克索斯人在埃及的统治

喜克索斯人在埃及的三角洲地区站稳脚跟后，便建立起自己的政权①，后来又逐渐地将其统治扩大到埃及中部，建立了埃及的第 15、16 两个王朝。喜克索斯人不仅统治了埃及的中部和北部，而且还统治了西亚的很大一部分地区，他们还联合了埃及以南的努比亚地区的库什王国来共同压制埃及人。底比斯的第 13 王朝和后来的第 17 王朝似乎都曾对喜克索斯人称臣纳贡，受喜克索斯人的气，《萨勒纸草Ⅰ》(*Sallier Ⅰ*，大英博物馆，第 10185 号)记载，当时阿波比(喜克索斯人的一个国王)在阿瓦利斯，“全国都臣服于他，向他纳贡”②。该纸草还讲到，阿波比派了一位使臣前往底比斯，给在底比斯的第 17 王朝的国王舍克伦拉·塔阿捎去了一个口信，要底比斯国王把位于底比斯城郊池塘中的河马杀死，因为据说这些河马的吵嚷声使远在三角洲的阿瓦利斯的喜克索斯人难以安眠。这位使者说：“他(指喜克索

① 据《400 年石碑》记载，这块石碑约在公元前 18 世纪后期，在第 19 王朝的谢提一世或拉美西斯二世时代为纪念塔尼斯城的塞特神庙建立 400 周年而竖立的。塞特神在三角洲地区被崇拜的时间很早，至少在古王国时期。但只是在喜克索斯人统治时期这个崇拜仪式才占了统治地位，因此可根据这个石碑竖立的时间来推断喜克索斯人在埃及统治的大致时间。

② [美]J. B. 普利查德：《古代近东文献》，第 321～322 页。

斯国王)派我来办的这件事，必须办到!"底比斯的第17王朝的国王只得用好饭好菜招待这位使者，以求他能在喜克索斯国王面前美言几句。铭文说："南方城市的王(底比斯的第17王朝国王)用肉、饼等好东西来款待阿波比的使者，而后，南方城市的王对他说：'告诉你的君主，关于你对他(底比斯王)所说的每一件事情，我都要做到，就这样告诉他吧。'"①

据在中部埃及的伊斯塔博·安塔尔地方的一个哈特舍普苏特时代的神庙正面上的铭文(在驱逐喜克索斯人之后约100年)说，喜克索斯人不信奉拉神。《萨勒纸草Ⅰ》也说，在埃及的喜克索斯人崇拜埃及的塞特神，而不崇拜埃及的其他神。但实际上，喜克索斯人也崇拜拉神(太阳神)，因为他们的一些国王的名字中也有拉的名字，如阿乌舍拉、苏伦舍拉等，也有的国王称自己是"拉之子"。

关于统治埃及的喜克索斯人的行政机关，几乎没有什么资料，他们最初可能采用了原来埃及的一套行政机关和人员，如他们设有下埃及国王的司库和司库首长的官职。

喜克索斯人的首领原来称为赫卡·哈苏特，在喜克索斯人的蜣螂石雕刻上和杜林王表中都是这么称呼的。在《辛努海的故事》中也用赫卡·哈苏特称呼叙利亚、巴勒斯坦的部落首领，在贝尼·哈桑墓中对亚细亚部落首领也用的是赫卡·哈苏特。"赫卡·哈苏特"的意思是"外国的国王"。喜克索斯人在埃及建立政权后，他们的国王也采用了埃及人的叫法称为法老，称为"拉之子"，并且也像埃及法老一样，将王名写入一椭圆形的框子中。这既是为了适合埃及人的习惯，也反映出他们吸收了埃及的文化。

喜克索斯人的首都是在三角洲东部某地，他们称它为阿瓦利斯(Avaris)，曼涅托、《桡夫长雅赫摩斯传》，以及其他铭文均如此称呼。但这个阿瓦利斯城在三角洲地区东部的什么地方，现代学者对此众说纷纭，至今尚无定论。

---

① 《萨勒纸草Ⅰ》，大英博物馆，第10185号。

大概有这样几种看法：第一，有些人认为阿瓦利斯就是三角洲地区的塔尼斯城；第二，有些人认为阿瓦利斯在三角洲地区的舍易斯诺姆的布巴斯提斯附近的尼罗河支流往东；第三，有些人认为阿瓦利斯与希利奥波里是同一座城市；第四，彼特里认为是在泰勒·埃尔-耶呼迪埃附近；第五，阿甫基耶夫认为是在三角洲地区东部一个对喜克索斯人有利的地理位置上，它也是通往埃及的要冲。

可能，在喜克索斯人统治下的各地有相对的独立性。

## 三、卡美斯领导的反对喜克索斯人的战争

卡美斯是第 17 王朝最后一个国王，他的父亲是舍克伦拉·塔阿。据《萨勒纸草Ⅰ》，塔阿国王在送走阿波比国王的使者后，曾召集群臣商议如何应对喜克索斯国王的无理要求。他的大臣们都长时间地沉默不语，不知如何回答。后面的情况因纸草损坏而未保存下来。人们猜测，他可能和喜克索斯人进行了战争，根据是这个国王的木乃伊的头上有 5 处伤口，学者们推测，这可能是在他同喜克索斯人进行战争时受的伤。

在卡美斯时期，底比斯也曾同喜克索斯人进行战争。这一点有文献资料可以证明。一份资料是“卡尔纳尔丰板”(Carnarvon Tablet Ⅰ，因此板的收藏者而得名)，1908 年发现于西部底比斯，它几乎是在事件发生时记述的，是有关第 17 王朝末年政治形势的重要文件。

从“卡尔纳尔丰板”可知，当时埃及分成了 2 个部分，喜克索斯人统治的北方和底比斯统治的南方。卡美斯不愿与喜克索斯人分享统治权，因而召集大臣会议。他向大臣们讲了面临的形势，并征询他们的意见，看是否要同喜克索斯人进行战争。他的大臣们倾向于同喜克索斯人和平相处，理由是，他们的牲畜可在北方喜克索斯人的统治区放牧。但卡美斯却决心同喜克索斯人进行战争，他不能忍受喜克索斯人的侮辱。铭文接着叙述了战争的情况。站在卡美斯一边的还有努比亚地区的马扎伊人的队伍。卡美斯

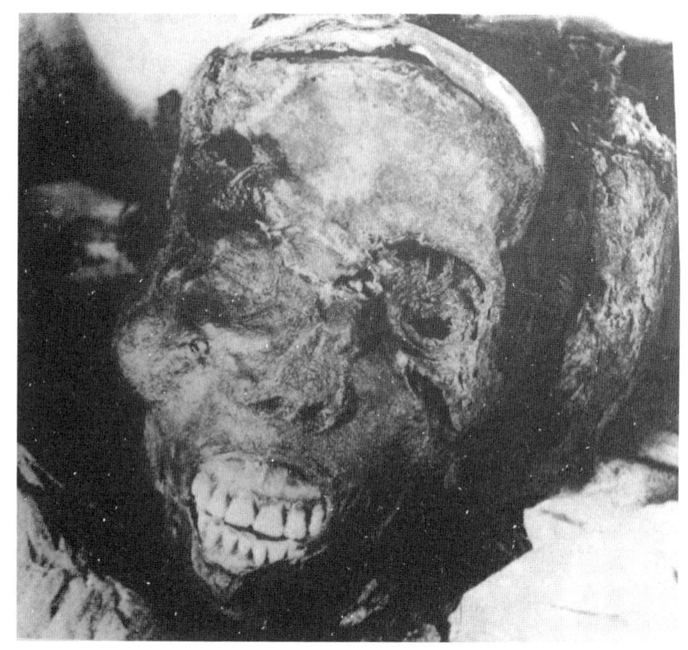

图 6.10　舍克伦拉·塔阿的木乃伊(头部)。伦敦大英博物馆藏

取得了战争的胜利，但铭文却中断了。

由于这个时代的文献资料很少，因此，我们将此“卡尔纳尔丰板”的主要内容转述如下：

> 陛下在他的王宫中对作为他的侍从的贵族会议说：“让我明白我的这种实力是干什么的吧!”一个君主在阿瓦利斯，另一个在埃塞俄比亚〔按：努比亚的库什的国王〕，我(在这儿)同一个亚细亚人和一个尼格罗人合伙坐天下！每个人都占有一块同我瓜分的埃及国土。我不能经埃及水路从他旁边远抵孟斐斯，(因为)，看啊，他占有赫尔摩波里。由于遭受亚细亚人赋税的劫夺，没有一个人能够安居。我愿同他战斗，我可以剖开他的肚子！我的愿望是挽救埃及，并消灭亚细亚人。

他的会议的大人物说："看啊，亚细亚人的水现在远至库沙〔按：库沙即库什〕，他们已伸出了他们的舌头，以致他们可以彼此无话不谈，(而)我们在我们埃及的(部分)是怡然自乐的。埃烈芳提那是巩固的。……他们最整齐的田地是为我们耕种的，而我们的畜群在三角洲放牧。埃墨尔小麦为我们的猪送了来。我们的畜群不曾被带走……他据有亚细亚人的土地；我们据有埃及。如果有某个人做出〔反对我们〕的行动，那么我们就会行动起来反对他！"

其时他们伤了陛下的心："至于你们的这个计划……同我瓜分国土的他将不会尊敬我。〔我会尊〕敬来自于他的……这些亚细亚人吗？〔如果我同〕这些亚细亚人〔战斗〕，成功将会到来。如果他想满足于……哭泣，那么整个国土就……底比斯中部的〔统治〕者，埃及的保护者卡美斯！"

我到北方去了，因为我已强大到〔足以〕经过阿蒙的命令，通过最正确的忠告，去攻击亚细亚人了。我的英勇的军队在我的前方，像一阵火。马扎伊的军队在我们营幕的上方，寻找亚细亚人并推回他们的阵地。东方和西方都有富饶的物产，而军队到处搜索财物。当我在日间巡逻时，我派出了马扎伊的一支强大的军队，包围培比之子特提〔按：大概是喜克索斯国王统治下的一个臣属〕于涅弗鲁西城内。当我阻止住反抗埃及人的亚细亚人时，我不愿让他跑掉。他曾使涅弗鲁西成为亚细亚人的巢穴。我怀着愉快的心情在我的船上度过了夜晚。

天破晓了，我像鹰一样向他冲去。早餐时间到来时，我攻击了他。我破坏了他的城墙，杀戮了他的人民，并且使他的妻子下到河岸。我的士兵们像雄狮一样，带着他们的战利品，有奴隶、牲畜、牛奶、肥肉和蜂蜜，瓜分了他们的财产。他们的心是快乐的。涅〔弗鲁西〕地区多少有点衰落了；在他的首脑被围困之前，它并不是敌不过我们的。

佩尔-沙克〔地区〕，在我到达时正在打输。我们的马在里面奔驰。巡逻……①

有的学者曾经认为"卡尔纳尔丰板"是一部文学作品，而不是一份历史文献。但是，1928 年，在卡尔纳克神庙找到了 2 个卡美斯石碑的残件。上面记载的内容与卡尔纳尔丰板完全一样，可惜其结尾也和卡尔纳尔丰板一样被损坏了。但这 2 个片段却证实了卡尔纳尔丰板属于历史文献范畴，而不属于文学作品。

有关卡美斯与喜克索斯人斗争的第 2 个重要文献是涅西石碑(因刻写此石碑的书吏而得名)。该石碑发现于 1954 年，也是在卡尔纳克神庙发现的。就其内容而言，可以说完全是卡尔纳尔丰板的继续，甚至它或许就是与卡美斯石碑同时竖立起来的。它记载了卡美斯同喜克索斯人之间战争的详细情况。特别是叙述了喜克索斯国王派遣使者前往库什，企图联合库什国王一起攻打底比斯，但使者被卡美斯抓获，使者带给库什国王的信件也被查获，使卡美斯知道了这一阴谋。由于使者未能到达库什，喜克索斯人的联合计划也未能实现，埃及人因此而免受两面夹击之苦。铭文内容如下：

**(卡美斯致喜克索斯国王书)**

有关你的城里〔按：指喜克索斯人的都城阿瓦利斯〕情况恶化的消息。你同自己的军队相分离。你想将我变成一个官吏，但你的口过于狭窄，因为你——(只是)有求于你的那些人的统治者。

你将被送上断头台(?)你将要退却。对追踪着你的我的军队来

① 北京师范大学历史系世界古代史教研室编：《世界古代及中古史资料选集》，第 21～23 页。

说将是不走运的。阿瓦利斯的妇女将不会妊娠。她们的心将不会在他们胸中跳动，(因为)她们听到了我的军队的战斗吼声。

**(向阿瓦利斯进攻)**

我靠近了别尔捷德肯，心中充满了喜悦。我让阿波比看一眼很坏的一瞬间。双手沾满了卑鄙污秽的列腾努的统治者在心中谋划了恶毒的计谋。(但)这些计谋没有能降临到他的身上〔按：即喜克索斯国王没有能实现自己的恶毒的计谋〕。我到达南方的伊尼特，我因它们(恶毒的计谋?)而过了河，以便报复他们。我将船只彼此连在一起。我将我的卫队中的前卫(?)安置在舵机(?)上，我的前卫队犹如苍鹰一般沿河疾驰。我的金制的大船出现在他们面前，而我像〔神鹰一样〕站在他们前头。我给了勘查河岸的(?)“麦克”号大马力船，而“扎特”号船尾随其后……在阿瓦利斯登了陆。我看见了他(喜克索斯王)那在家中阁楼上的妻子们，她们正在从他家中的窗户里往外看。当她们看见我时，没有挪动她们的身体。她们像是洞穴中的跳鼠(?)的崽子一样从自己的大门里，从自己的墙缝里往外看，并说：“他来了!”

看啊，我来到了！我亲手成功地实现了我的事业。我的事业何等好啊！凭强有力的阿蒙的名义起誓，我不会丢下你不管，我不让你践踏我的田地。同时，我将不会为了你而使自己隐匿(?)起来。啊！沾满了卑劣污秽的亚细亚人！看啊，我喝着你园中的葡萄酒，这是亚细亚人因我夺取了园子而为我酿制的。我捣毁你的住处，我砍去了你的树木。而后我把你的妻子们抓进了船舱。我捕获了你的战车部队。我连一片小劈柴也没留下，而后用300艘幼雪松制作的“巴乌”船装载了无数黄金、天蓝石、白银、蓝宝石、铜斧，还不算橄榄油、神香、油、蜂蜜、伊特利树、舍舍吉树和舍普尼树，以及所有他们珍贵的树木。列腾努各种极好的贡赋——我夺走了(?)它的一切。由于它的恶毒(?)我什么也没给阿瓦利斯留下。你走开吧，让你的心。啊，卑劣污秽的亚细亚人！我说：“我就是统治者，从赫尔摩波里到‘哈托尔之家’没有别的任何人。”因为(?)阿瓦利斯变成了一条河。由于他们在埃及作出的伤害，将阿瓦利斯置于(某种坏的境地中了)，那里没有人了，我摧毁了他们的城市，我烧毁了他们的住处，使其永远变为废墟。在他们那里发生了这样的事：在他们，还有他们的女主人从埃及退出之后，它(阿瓦利斯)听到了亚细亚人的呼喊。

**(抓获派往库什统治者处去的喜克索斯人的使者，**

**他带有喜克索斯国王的信)**

我从上述(南方的)(?)绿洲抓获了一个带有正式信函的使节，他正前往南方的库什。我在信中发现了阿瓦利斯统治者亲手所记的如下内容：“阿乌舍拉，拉之子、阿波比向我的儿子、库什的统治者致意。为什么你作了统治者，但没有通知我？莫非你没看见埃及在作反对我的事？统治者，在那里(埃及)，被赋予生命的卡美斯-肯把我从我的土地上赶出去。他使两块土地(埃及)，即我的国家和你的国家遭受贫困。他使它们变得荒芜了。快往北边来。看，他在我这里。在埃及没有任何一个人向你进攻。看，在你到来之前我不给他路。那时我们将瓜分埃及的城市，(彼此之间)……都将高兴。”

被赋予生命的瓦吉赫别拉-肯，他的行为足以使人大受损失。我使所有的外国和河流都同样臣服于我。

当发现(使节?)抵达的道路时，我同自己的军队不是软弱的，(但)我未占领我以北(?)的地方，因为当我乘船北上时，他害怕我。在我到达之前，我们(?)没有发生战斗。当他看见我火气正盛时，派人直到库什，以便寻找自己的保护人。我在路上截获了它(信函)，没让信函送到。当时我命令夺下信函，并将使者遣返回去，还发现了一条从提别呼通往东方的道路。

我的势力已深入到他的心脏，而当他的使节对他叙述了我作出的反对先前在他控制下的基洛波里特地方时，他大吃一惊。

**（回到南方）**

我派遣了一支强有力的弓箭手部队前去摧毁捷斯捷斯(绿洲)，而我在萨卡，不让敌人在我的背后。

我勇敢地航行到了南方，同时我的心是高兴的。我消灭了前进道路上的每一个敌人。这次进军对于统治者(祝他长寿、健康、幸福!)及其前面的军队是多么好啊！(在他)们之中没有损失。人们同他的同行者(?)没有争论，他们的心没有哭泣。

我在汛期推进到了喜乌特。所有的(人)是快乐的(幸福的)，国家处于平和(?)状态，堤坝……

底比斯诺姆在举行庆典，男男女女都来看我。每个妇女都搂着自己的伴侣。没有一个人哭泣。神香因某个人在邸宅中而(受到过分赞扬)，在那里人们说："拿走好的东西是按照他(神?)的意志，他给阿蒙之子(祝他长寿、健康、幸福)以力量，被赋予生命的、永恒的幸福的国王瓦吉赫别拉、拉之子、卡美斯-肯，他打败了南方，攻击了北方，胜利地控制了这个国家。愿他的心灵如同拉的心灵一样永远永远高兴!"

陛下命令……涅西(?)："望将朕所作之一切刻(记)于石板之上，并将其永远永远置于底比斯诺姆的卡尔纳克。"

而他(涅西)对陛下说："人们一定把(遵照?)国王的仁慈所做的一切记于石板之上(?)。"①

① 北京师范大学历史系世界古代史教研室编：《世界古代及中古史资料选集》，第23～27页。

但是，卡美斯显然并未完成赶走喜克索斯人的战争。他只是占领了从南方的库什到北方涅菲努西斯地区，把喜克索斯人赶到了基诺波里诺姆，并夺取了阿勒格什。他的弟弟，第18王朝的建立者雅赫摩斯(Ahmose)一世继续了这场战争，并终于将喜克索斯人赶出了埃及。

《桡夫长雅赫摩斯传》中讲到，他在国王雅赫摩斯一世统治时期，参加了反对喜克索斯人的战斗：

到我成家之后，我便被“北方”号船所雇用，因为我勇敢。我徒步追随平安而健康的吾王万岁，护送着他乘战车出发。

当围攻阿法里斯〔Ht-w$^{c}$r. t〕城时，我徒步走在他的战车之前，表现自己的勇敢。由是我派到“孟斐斯光明”号船上去。

血战在阿法里斯的[P'-ddkw]帕泽库[运河?]水中进行。我获得战利品，并捕获了手①，国王的传报人得到了关于手的报告于是我领到勇敢的黄金。……阿法里斯被占领了。我在那里又夺得战利品：一个男人和三个女人，共四头。陛下把他们给我为奴隶。

沙鲁亨〔S'-r'-h'-n'〕围攻三年。陛下攻占了它……②

普希金造型艺术博物馆藏有雅赫摩斯国王在占领喜克索斯人首都阿瓦利斯(阿法里斯)时夺得的一柄青铜矛头。其上的铭文为：“年轻的神(涅布赫别提拉)，被给予生命的太阳之子(雅赫摩斯一世)，他从自己在阿瓦利斯(阿法里斯)的被蔑视者那里取得的胜利中运回的物品。”

占领阿瓦利斯(阿法里斯)的时间是在雅赫摩斯一世统治的第17年。

① 从打死的敌人身上砍下的手，是勇敢的证据。

② 吉林师大、北京师大历史系编：《世界古代史史料选辑》上，第46～47页。

# 第三编

## 古代埃及文明的繁荣
## 帝国时期的埃及

# 第七章　埃及帝国的形成及其初期统治

## 第一节　第 18 王朝初期的对外征服和帝国的形成

新王国时期又被称为埃及帝国时期，它包括《曼涅托王表》中的第 18 到第 20 王朝。这个时期是古代埃及历史上政治、经济、军事最强盛、最繁荣的时期。特别是第 18 王朝的前期，经过一系列的对外战争，埃及的版图极速扩大：它的北部疆界达到小亚细亚与叙利亚交界的幼发拉底河的上游地区；南部疆界到尼罗河上的第四瀑布，远远地深入到努比亚腹地，形成一个地跨西亚北非的奴隶制大帝国。这不仅在古代埃及历史上，而且在公元前 2000 年代后期的地中海世界也是空前的。它对当时地中海东部地区产生了强烈的影响。

埃及帝国的形成是第 18 王朝初期的几位国王连续征战的结果，大约经历了 100 年的时间。

第 17 王朝末代国王卡美斯及其兄弟雅赫摩斯一世领导埃及人民赶走了喜克索斯人，雅赫摩斯一世(据说，雅赫摩斯的意思是“月亮出来了”)建立了第 18 王朝，由此开始了新王国时期。

据《桡夫长雅赫摩斯传》，在国王雅赫摩斯一世时，为追击喜克索斯人，埃及军队已经到达了南部巴勒斯坦的沙鲁亨。为攻下沙鲁亨，埃及军队用了 3 年时间。而据《雅赫摩斯-彭-涅克赫别特传》，埃及军队甚至在国王雅赫摩斯一世率领下到达叙利亚南部：“我随国王尼布柏提泰勒(雅赫摩斯一世)……我在扎西为他捉到一个活的俘虏和一只手”，据布利斯特德的观点，扎西是在叙利亚。①

雅赫摩斯一世不仅对北方的叙利亚、巴勒斯坦用兵，还南侵努比亚。据《桡夫长雅赫摩斯传》："当陛下击溃邻近的亚细亚部落〔Mntyw Stt〕之后，他就沿尼罗河上驶到了北部努比亚〔Khenthennofer，Hnt-hn-nfr〕，目的在于驱逐努比亚的游牧人。陛下使他们遭到可怕的毁灭。"②

图 7.1　雅赫摩斯一世头像。纽约大都会艺术博物馆藏

雅赫摩斯一世的继承人阿蒙霍特普一世统治时期，继续对努比亚进行征服。《桡夫长雅赫摩斯传》中说："我用荡桨船运送了上下埃及之王，已故的约塞卡拉〔Dsr-k'-R-ᶜ〕，那时他沿着尼罗河上驶，到努比亚去，目的在扩大埃及的边境。陛下在他的兵士中间击败了努比亚游牧人。……在两日内我送陛下由上科罗德西到埃及。"③(按：上科罗德西位于尼罗河第二瀑布附近)在《雅赫摩斯-彭-涅克赫别特传》中也说："我随国王泽舍尔卡勒……我在库什为他捕捉了一个活的俘虏"，另外，

① ［美］J. H. 布利斯特德：《古代埃及文献》第 2 卷，第 10 页。
② 吉林师大、北京师大历史系编：《世界古代史史料选辑》上，第 47 页。
③ 吉林师大、北京师大历史系编：《世界古代史史料选辑》上，第 48 页。

图 7.2　桡夫长雅赫摩斯墓里的铭文。现存维赫摩斯墓

他还"在伊穆克赫克的北方为他抓到三只手"。①

阿蒙霍特普一世的女婿，他的继承人图特摩斯一世是埃及帝国的奠基人。他将埃及的北部疆界推进到了北部叙利亚，到达幼发拉底河上，打败了西亚强国米坦尼王国，南边进到了尼罗河第三瀑布以外。据该国王在阿尔科岛上的一个铭文记载。他曾到达第三瀑布以南 40 多英里的地方。②

图拉的传记铭文中说，在图特摩斯一世时，他成了努比亚的总督，这说明努比亚的被征服地区已基本稳定下来了。"上下埃及之王奥克赫柏尔卡

① ［美］J. H. 布利斯特德：《古代埃及文献》第 2 卷，第 18 页。

② ［美］J. H. 布利斯特德：《古代埃及文献》第 2 卷，第 28 页。

图 7.3　阿蒙霍特普一世头像。纽约大都会艺术博物馆藏

勒，他指定我为库什的王子(努比亚的总督)。”①

《托姆波斯石碑》也表明，图特摩斯一世打败并征服了努比亚，还在托姆波斯(在尼罗河第二瀑布以南 75 英里)建立了要塞。②

在此之后，图特摩斯一世又掉转头去进一步远征叙利亚。在《托姆波斯石碑》说：

> 他使自己的统治达于地球之末端，他以其强有力的风暴蹂躏了它的两极，到处寻求战斗，但他发现无人敢面对他。他穿过了国王的祖先们不曾知道的那些河谷，戴着双重王冠的人不曾见过的河谷。他的南方边界远达这块土地(努比亚)的要塞，他的北方

① ［美］J. H. 布利斯特德：《古代埃及文献》第 2 卷，第 27 页。图特摩斯一世的《加冕礼敕令》：“国王给国王之子、南方各国的统治者，胜利的图拉”，见［美］J. H. 布利斯特德：《古代埃及文献》第 2 卷，第 24～25 页。

② ［美］J. H. 布利斯特德：《古代埃及文献》第 2 卷，第 27 页及以下。

边界远至水倒流……的地方(幼发拉底河)。①

图 7.4 图特摩斯一世像。都灵埃及博物馆藏

① [美]J. H. 布利斯特德:《古代埃及文献》第 2 卷, 第 30～31 页。

图特摩斯一世之子图特摩斯二世虽然统治时间不长，但也曾南征北战。不过主要是巩固其前辈的征战成果，而没能进一步地征服。一方面，因为他统治时间不长(8 年)；另一方面，他的前辈们征服的地方太多，很难一下全都巩固下来。因此，图特摩斯二世不得不花费时间和力气去巩固已征服的地区。他统治时期的阿苏安铭文中讲到了库什地区(属努比亚)的起义及起义被镇压，讲到了国王对努比亚的远征。① 但未超出其父辈们征服的范围。在《叙利亚的远征》中谈到了他对叙利亚的战争，是在"上列腾努，尼伊的土地"。②

图 7.5　哈特舍普苏特头像。开罗埃及博物馆藏

① ［美］J. H. 布利斯特德：《古代埃及文献》第 2 卷，第 48～50 页。
② ［美］J. H. 布利斯特德：《古代埃及文献》第 2 卷，第 51 页。

图特摩斯二世死后，他的妻子哈特舍普苏特当了女王。在她统治时期，虽也有过几次小的战事，但无较大的建树。只有她对南方的蓬特进行的半是掠夺性远征，半是贸易的活动，被大肆渲染。①

哈特舍普苏特执政 20 年后死去，图特摩斯三世恢复王位。此时应是他即位的第 21 年。重新获得王权的图特摩斯三世，在国内极力抹去哈特舍普苏特的一切遗迹，包括她的名字；在国外，则进行了前所未有的大规模征服。

据图特摩斯三世的年代记记载，他一生征战 17 次，在西亚，打败了以卡迭石(Kadesh，又译为卡叠什)为首的叙利亚联军，并经过 20 年左右的多次反复征战，巩固了其在叙利亚的统治。他还打败了米坦尼国王，当时米坦尼王国是西亚大国，对叙利亚也是垂涎欲滴，早有吞并之心。埃及征服叙利亚，这无疑大大地刺痛了米坦尼。在图特摩斯三世统治的第 33 年，米坦尼终于败北，被迫撤军至幼发拉底河以北。雄心勃勃的图特摩斯三世还穷追不舍，并从腓尼基运来船只，载着自己的军队渡过幼发拉底河，迫使米坦尼军队继续后退。在其执政第35 年和第 42 年，他 2 次战败米坦尼。后来，米坦尼后又面临赫梯的威胁，不得不与埃及讲和，从此，米坦尼成为埃及在西亚的盟友。埃及对米坦尼的胜利，无疑震撼了整个西亚。所以，亚述和巴比伦尼亚也纷纷与埃及修好，巴比伦尼亚还将一位公主送给埃及国王为妃。因此，图特摩斯三世时期最后形成了埃及帝国。

在他的年代记中，他对第一次同以卡迭石为首的叙利亚联军的战争做了较为详细的记载。其中包括召开军事会议，商讨进军路线，叙述了图特摩斯三世如何力排众议，冒险穿越一条狭谷，突然出现在联军的美吉多城下，出其不意地打败了联军的情况，并显示了他的雄才大略和埃及的军事实力。

---

① ［美］J. H. 布利斯特德：《古代埃及文献》第 2 卷，第 102～122 页。

图 7.6　图特摩斯三世像。都灵埃及博物馆藏

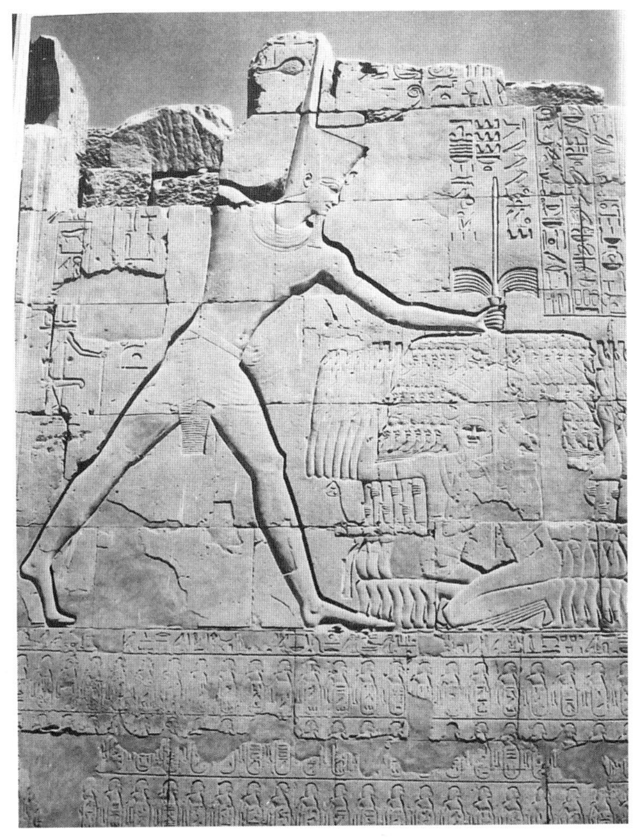

图 7.7 图特摩斯三世击杀俘虏的浮雕。现存卡尔纳克神庙外墙

图特摩斯三世还对努比亚进行了进一步的征服战争，把埃及的南部疆界推进到尼罗河第四瀑布以外。

《图特摩斯三世年代记》①：

① 在现存的象形文字的历史文献中，这是最长的和内容最重要的一种，其中详细说明了第 18 王朝法老图特摩斯三世进行亚细亚远征的情形。这一文献不但详尽地介绍了法老征服者把自己领地扩大到北起幼发拉底上游，南至尼罗河第四瀑布的军事事件，介绍了埃及人的战略方式，而且也证明了他们曾有过记载一切重要事件的编年史。有一个塔涅尼可能就是这篇年代记的作者。在底比斯附近尼罗河西岸的崖石中发现过他的坟墓，从墓内的铭文中看出，他追随图特摩斯三世，并“记载他在各地所获得的胜利，根据事实，以书面叙述之”。这些史实先是记在皮卷上，皮卷虽然不传世了，但它的内容曾被转载在庙墙上面。

## 远征的开始

第二十三年，孟夏之月，第四日，即国王登极之日，[他来到]“君主的领地”伽查图〔G'-d'-tw〕①城。

第二十三年，孟夏之月，第五日，由这个，强权、[力量]、威力、胜利的地方出发，为了推倒那可鄙的敌人，为了扩大埃及的边界，象他的父阿蒙·拉所命令的那样……

## 军事会议

第二十三年，孟夏之月，第十六日，[王来]叶赫木〔Yhm〕②城。

[陛下]和自己勇敢的军事长官举行会议，说道：“这个敌人由卡叠什〔Kd-sw〕③来，并进入美吉多〔My-k-ty〕，他现在正在[那里]。他给自己集合了一切服属于埃及的国家统帅，那哈里纳〔N-h-ry-n〕④，叙里亚〔Kharu，H'-rw〕，克德〔Kdw〕，它们的马，它们的兵士，[它们的人]，他这样的说：‘我起义，要在美吉多⑤[和陛下作战]。’您们告诉我，[您们以为如何?]”

他们在陛下面前说道：

“我们沿着这条这么狭仄的道路怎么走呢？要知道他们来[报告]说，敌人停在那里，[等待着，并且他们控制着]对抗许多人的道路。难道不是要一匹马跟着[一匹马，而且一个人跟着]一个人走吗？难道不是我们的前卫将在那里作战，而我们的后卫

---

① 即伽萨(Graza)——南部巴勒斯坦的城市，在地中海沿岸。

② 北部巴勒斯坦之一城，在卡麦尔山脉的西坡。

③ 叙利亚奥伦特河上游的一个城市，这个城市的国王领导着与埃及为敌的叙利亚各王公。

④ 那哈里纳大概和米坦尼国家的疆界相符合。在西方，它以奥伦特河为界。在北方，以阿曼为界，因此，它包括叙利亚境内的北部和北部美索不达米亚的一部分。

⑤ 北部巴勒斯坦的设防城市。

还站在阿鲁那〔⊂⊃ -rw-n'〕而不能作战吗？要知道还有两条道路：一条路——看，它对于我们君主是合适的，因为它通往塔阿那克〔T'- ⊂⊃ -n'-k'〕①，另一条——看，它[引向]泽夫提〔Df-ty〕以北的道路，使我们得从美吉多北上。让我们常胜的主人凭他的心所[认为正确的一条]出发，但我们不要沿那条[困难]的道路走”……

“[朕发誓]，象拉爱我和我父阿蒙夸耀我那样，象生命和力量使呼吸新鲜那样，朕要走前往阿鲁那那条道路！您们中谁愿意的可以走您们所说的路，您们中谁愿意的也可以跟朕走！真的，这些被拉所憎恶的敌人将说：

‘难道陛下走别条路？他开始害怕我们了——他们这么想。’”

他们于是在陛下面前说道：

“愿你父阿蒙，底比斯的主宰，卡纳的第一人，遵照你的心意而创造！看啊，只要陛下到那里，我们就也跟那里去，因为奴仆总是在自己主人的后面”。

于是[陛下]向全体兵士发出命令：

“[我们每个人要勇敢，我们的步伐要坚定，向那狭仄的道路前进]”。

[于是陛下发]誓道：“[我绝不让我的任何一个兵士在这里走]在朕的前面”。

于是他自己率领自己的军队，用自己的步伐给每一个人指出道路，一匹马跟着一匹马[走]，陛下率领自己的军队……

于是陛下常胜军的后卫[还在]阿鲁那城，而前卫已经到达[奇]那谷地，他们塞满了这个谷地的入口处。

于是他们对生存、康健、安乐的陛下说：“看，陛下率领自己

① 北部巴勒斯坦的一个城市，在卡麦尔山脉的东坡。

的常胜军出发，他们已经布满谷地。愿我们常胜的主人这一次听我们的话！愿我们主人为着我们保护自己军队和自己部下的后卫！让军队的后卫前进到我们后面，而后我们和这些外人作战，我们不必顾虑我们军队的后卫！”

于是陛下驻在外面，保护自己常胜军的后卫。

当队伍向这条道路出发的时候，影子正转了方向，而在陛下到达美吉多以南奇那溪流沿岸时，已经是太阳转向以后的第七点钟了。

## 美吉多阵营

陛下在那里立营，并对全军下令说：

“准备好！磨快你们的武器，因为我们将要出发，将在早晨和那……敌人作战”……

于是[国王]在王的帐幕中休息，大臣们组织好，侍卫们准备好。

而后卫兵来了，他们就说：“警戒！警戒！别睡觉！别睡觉！保卫吾王的生命和帐幕，愿他生存、康健和安乐！”

他们来告诉陛下说：“土地良好，南军和北军也一样”。

## 美吉多之战

第二十三年，孟夏之月，第二十一日，新月的节日，[即]吾王登极的日子，早晨——全军奉令攻击……

于是陛下驾着金银战车，配备着自己的战斗武器，象常胜者荷鲁斯，象威力的主宰一般，象底比斯的蒙特①一般，出发了；他的父阿蒙加强他的双手。

① 蒙特——底比斯和赫尔蒙提斯所崇拜的太阳神。在上古时期，他被认为是南埃及的最高神。后来他成为战神，被描绘成鹰首人形。

陛下军队的南角①在奇那〔Ky-n'〕[溪流]以南的山地，北角则在美吉多的西北，陛下在它们的中间，而阿蒙是他身体的庇护者……

于是陛下率领自己的军队开始战胜他们了，当他们看到陛下战胜他们时，他们就带着恐惧的脸孔，没有秩序地逃往美吉多去。他们抛弃自己的马和自己的金银制的战车。于是〔城内的人〕拉着他们的衣服，让他们登上这个城来，因为这个城里的居民已经对他们关上了门，[并放下衣服]，以便把他们拉进这个城里去。

当卡叠什的……敌人以及这个城的……敌人正在匆忙拖拉，使他们登上他们城里去的时候，如果陛下的军队不是一心一意只去劫夺敌人的财物，那么他们在当时也就会占有美吉多了，因为害怕陛下的心理已经深入敌人的肢体，他们的双手无力了，[而]陛下的蛇标〔Uraeus〕战胜了他们。

于是他们的马被夺去了，他们的金银战车成为战利品了，他们的力士张开四肢躺着，就象池塘岸上的鱼那样，陛下的强大军队点着他们的财物。

于是那……敌人的[镶着银的]帐幕被占领了……

全体军队欢呼起来，并赞美阿蒙，为着他在那天所赐给自己儿子的胜利。他们也赞美陛下，称颂他的威力。

于是他们拿走他们所夺得的战利品——手，活俘虏，马，金银战车……

于是陛下下令自己的军队说："要好好打，好好打，我的勇敢的军队！看，依照今天拉的(旨意，所有外国都在这个城市)，因为一切国家的一切王公都集合在这个城里，因为占有美吉多——

① 即两翼。

这就是占有几千个城市。要好好打，好好打!”

〔以下损坏的若干行，记美吉多之围。〕

陛下攻击这个城市，攻击那个……敌人及其……军队的一切，都逐日记下……并且把它载在阿蒙神庙的皮卷上……

### 美吉多之降

于是这些国家的王公们用自己的腹部爬行而来，为着要在陛下力量的面前嗅到土地的气味，为着要恳求陛下宏大威力给他们的鼻子以气息……

[于是所有王公们]都给陛下威力送来了自己的礼物——银、金、蓝宝石、孔雀石，给陛下的军队送来了谷、酒、大小牲畜……

### 美吉多的贡物

陛下军队从美吉多城所取来的战利品一览：战俘三四〇人，手八三只，马二〇四一匹，幼马一九一匹，牡马六……本为那个敌人所有的镶金的且有金辕杆的战车；属美吉多大公所有的镶金的优美战车……军队的战车八九二辆，〔战车〕共九二四辆，那个敌人的优美的青铜甲胄；美吉多大公的优美的青铜甲胄……军队的〔皮革〕甲胄二百副；弓五〇二件；那个敌人帐幕的镶银麦鲁木制的竿七根。

于是[陛下的]军队占有[这个城市的牲畜]……三八七，大牲畜一九二九，小牲畜①二千，白色小牲畜②二万零五百。

### 图特摩斯三世第六次远征记

第三十年。陛下在列腾努③，在他的第六次胜利远征中。

① 山羊。

② 绵羊。

③ 叙利亚。

### 卡叠什之毁灭

他来到卡叠什居住地，毁灭它，砍伐它的林木，夺取它的收获品。

### 两城之毁灭

他航行到塞什里都〔S-y-wt〕①，他来到查米鲁〔D'-my-r'〕居住地，他来到伊尔捷特〔'-r'-t-wt〕居住地，并毁灭这些地方。

### 列腾努国家的贡物

由于陛下的威力，这一年列腾努国家的王公们送来的贡物列举如次。

王公们及其兄弟的儿童被运走，以便送往埃及，作为人质。如果这些王公②中有人死去，陛下就派他的儿子来接替他的位置。

这一年送走的王公儿童们的数目：三十六人。

奴隶和女奴一八一个。

马一八八匹。

金银制的和彩色涂饰的战车，四〇辆。

### 图特摩斯三世第八次远征记

第三十三年。陛下在列腾努国家……

### 建立纪念柱

陛下航行幼发拉底河，率领军队到这条河以东。他建立另一根〔石柱〕，在他的父亲上下埃及之王图特摩斯二世③的石柱之旁。

陛下顺流而下，为着占领城市，为着毁灭国家，尤其是对于这个……那哈里纳〔N-h-ry-n〕。

---

① 卡迭石(卡叠什)以北的地区。

② 列腾努国家的王公。

③ 按英、俄译本均作图特摩斯一世，其实图特摩斯三世是二世的儿子而不是一世的儿子。

## 在这里得到的战利品

全体军队(在此地所拿走的战利品表)：

王公三人。

妇女三十人。

战俘八十人。

奴隶及女奴，连他们的儿童，共六〇六。

## 列腾努国家的贡物

陛下从这个国家得来的贡物表。

奴隶及女奴五一三。

马二六〇匹。

黄金四五得朋二又九分之一基特①。

作为查希〔D'-hy〕国家捐税的银杯……

一切的军[需品]……

[银制战车]……

牡牛、无角牛、阉牛二八。

牛五六四。

小牲畜五三二三。

神香的容器二〇二八件。

## 森格尔国家贡物

森格尔〔S'-n-g-r〕②大公的贡物：

真蓝宝石 4＋x 得朋。

人制的蓝宝石二四得朋。

巴比伦〔B-b-r'〕的蓝宝石……

---

① 1得朋(等于12基特)为91厘米。

② 大概是南部两河流域 Сеннаар。

羊头——真蓝宝石。

### 亚述的贡物

[亚述大公这一]年的(贡物)：

真宝石十五基特和容器……

大赫梯[1]这一年的贡物：

银环八，重四〇一得朋。

光宝石〔玻璃?〕二六块。

### 图特摩斯三世第九次远征记(第三四年)

### 塞浦路斯的贡物

伊斯〔Ysy〕[2]大公这一年的贡物：

铜一〇八块。

不成块的铜二〇四〇得朋。

铝五块。

铅块一二〇〇。

蓝宝石一一〇得朋。

象牙一枝。

察加〔Чara〕木棒二根。

### 努比亚的赋税

……库什的赋税。

黄金300+x得朋。

黑[人的奴隶和女奴]300+x。

伊尔木〔Yrm〕大公之子……

① 赫梯人。

② 塞浦路斯。

总计　六四

牡牛和无角牛一〇五。

牛一七〇。

总计　二七五

装运象牙和此地的任何一种真黑檀木以及库什的产品的[船]。①

图特摩斯三世以后的阿蒙霍特普二世时期，也曾对西亚进行过大规模的战争，主要是镇压那里的起义，特别是纳哈林，大概是反抗埃及统治的主要力量。阿蒙霍特普二世的一个远征记叙述了他勇敢地参加战斗，甚至单枪匹马地冲入敌阵。铭文最后讲到这一次战争夺取了10万俘虏以及其他大量战利品，反映了埃及人对敢于反抗自己统治的西亚被征服地区的残酷镇压，在新王国的历次战争中，其残酷程度是罕见的。但他并未占领新的领土。②

之后的图特摩斯四世也曾对叙利亚和努比亚用兵③，从而基本上保持了他的前辈的征服结果。

阿蒙霍特普三世是在宫廷中长大的，未曾经历过什么大的战阵。但当时图特摩斯三世及阿蒙霍特普二世时代的埃及雄风尚存，因此，他还能平平安安地进行统治，甚至到叙利亚草原上去狩猎狮子。他统治的时期是埃及最繁荣的时期，他还修建了很多的建筑。

第18王朝初期埃及长期大规模的对外战争，是埃及奴隶制经济发展的需要，也是埃及奴隶主贪婪野心的反映。

---

① 吉林师大、北京师大历史系编：《世界古代史史料选辑》上，50～58页。

② 北京师范大学历史系世界古代史教研室编：《世界古代及中古史资料选集》，第27～31页。

③ [美]J. H. 布利斯特德：《古代埃及文献》第2卷，第324～326页。

图 7.8　阿蒙霍特普二世像。
都灵埃及博物馆藏

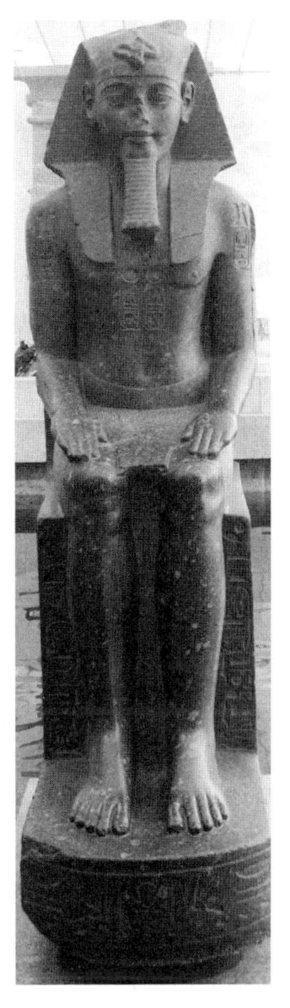

图 7.9　阿蒙霍特普三世像。
纽约大都会艺术博物馆藏

大规模的对外战争给埃及带来很大的影响，帝国的版图扩大了①，大量的劳动力及财富流入埃及(战争中的掠夺和战后的贡赋)。战争的胜利提高了国王的威信，加强了君主专制，也促进了国内的阶级分化。埃及成了地中海的一个霸主，对地中海东部产生了很大的影响。

① 关于埃及帝国统治的亚洲地区，见[美]J. B. 普利查德：《古代近东文献》，第 242～243 页。

## 第二节　帝国初期的统治

新王国时期，埃及奴隶主阶级仍然采用君主专制的统治形式。第 18 王朝初期的国王在两种性质的战争中为自己树立了威信：赶走喜克索斯人，使他们成了民族英雄；对西亚和努比亚的侵略战争，使他们成了奴隶主崇拜的偶像。因而，在第 18 王朝初期，埃及国王的威信大大提高，权力空前加强，他们的统治几乎得到了奴隶主阶层和集团的支持。

他们长期领导对外战争，并且常常取得胜利。因此军队拥护他们。每次胜利的战争，军队不仅可以掠夺财富，还可得到国王的赏赐，国王成了军队的偶像。

行政官吏们代表国王管理、控制这空前强大的帝国。他们可以施展他们的才干，也可从胜利的战争中，从奴隶主阶级的发展中，从国家的富强中，获得好处。他们对国王也是感激不尽的。

帝国时代奴隶制经济和政治的发展也为奴隶主的发展开辟了较为广阔的前途。对外战争的胜利给他们的发展带来了好处，他们不仅可从供应国王、军队中获得较多的报酬，而且可以从政治的相对稳定、新土地的获得、劳动力的大量涌入和补充、资源的极大丰富等各方面得到好处。这些都是奴隶制经济发展的必需条件，这些条件是过去不具备或不完全具备的。这个时期一个新兴的奴隶主阶层——涅木虎开始形成并逐渐成为王权的重要阶级基础。

神庙奴隶主也从对外战争的胜利中和王权的加强中获得了好处，而且可以说是奴隶主阶层或集团中获益最多的。这从两方面可以说明：新王国时期的国王们在每次胜利的对外掠夺战争后，都要给神庙很多的捐赠(包括土地、奴隶及其他财富)；新王国时期修建了许多大型的神庙，而且都十分壮观。著名的卡尔纳克神庙和卢克索神庙(均位于首都底比斯)都是在这个时期修建起来的。

新王国时期的国王们一方面紧紧地将军队控制在手里，将其作为自己统治的主要物质力量；另一方面，又极力利用神权作为自己统治的精神支柱，把每次战争的胜利都说成是神的保佑和指引。还把大量财富给予神庙，这虽然加强了王权，但也在以后造成严重后果。

在新王国时期，国家官吏已不完全像古王国时期那样仅仅或主要从王室家族中、皇亲国戚中挑选，而主要是从整个奴隶主阶级中挑选，这反映了君主专制的阶级基础的扩大，也表明了埃及奴隶主阶级的逐渐成熟和壮大，这也说明了君主专制真正成了整个奴隶主阶级的政权和统治形式，而不仅仅是一个家族的政权。这是建立在奴隶制经济广泛而长久发展的基础之上的。因为正是奴隶制经济广泛而长久的发展，才不仅使旧式的贵族奴隶主被改造成立足于奴隶制经济基础之上的奴隶主，而且形成了新兴的完全立足于奴隶制经济基础之上的奴隶主阶层，从而为君主专制扩大其阶级基础创造了条件。

新王国时期，国王之下的最高官吏仍然是维西尔。为了适应管理和统治这空前庞大的帝国的需要，维西尔的职位被一分为二，即原来设置的 1 个维西尔，现在变成了 2 个。一个管理上埃及和努比亚地区，官邸设在底比斯；另一个管理下埃及，包括西亚属地，分界点在埃及中部的赫尔摩波里。一般来说，管理上埃及的维西尔权力较大，国王出征时，他往往代行朝政，代替国王处理一切事务。这时之所以设置 2 个维西尔除了上述帝国庞大、政务繁多的原因之外，还有国王企图削弱相权的考虑。2 个维西尔互相牵制，有利于王权的巩固。①

从第 18 王朝国王图特摩斯三世给维西尔列赫米留的训令来看，维西尔

① 但至少在第 20 王朝时，维西尔一职又只有一人担任了，见《古史通报》1951 年第 4 期，第 230 页，注 2。

的职责是多方面的，国家的各方面事务几乎都在他的管理范围之内(除了军事之外)，其职责是管理行政、司法、经济、神庙。作为司法首脑，他的胸前佩戴着真理之神的标记；他管理神庙，因而往往兼任神庙最高祭司，特别是阿蒙神庙祭司。土地诉讼、分家析产、灌溉、遗嘱、农事、赋税等都在维西尔的管辖范围之内。①

当时管理各种具体事务的都有专门的官吏，如管理北部港口的专门官吏，管理“南方大门”的专门官吏，管理土地问题的专门官吏等。但当时究竟有什么部门，它的层次、职能、权力如何，由于资料的贫乏，我们还无法弄清楚。②

地方行政管理也是十分模糊的，有关资料也很少，中王国时期，地方上的诺马尔赫曾嚣张一时，经过第12王朝的战争后，受到严重削弱。到新王国时期，诺马尔赫及地方贵族势力已经不能独力地起来同王权做斗争，而只是躲在神庙祭司贵族背后活动。这时诺马尔赫的权力来自何处，世袭还是由中央任命，或者兼而有之我们尚不清楚。不过，世袭的可能性很小，而由国王任命的可能性较大。

新王国时期军队的作用是显而易见的。这时的军队不仅由埃及人组成，而且还有外国雇佣军，特别是名为沙尔丹的外国雇佣军(据说这是由于他们来自地中海的萨丁岛)。在阿马尔那时代的墓画中就可看到沙尔丹雇佣军；在拉美西斯二世(第19王朝国王)同赫梯作战时，也有雇佣军。第20王朝的一份重要纸草《维勒布尔纸草》中，还记载有沙尔丹，或沙尔丹的仆人租佃土地的事。可能雇佣军中的某些人比较富有，因而拥有仆人；但有些人也并不富裕，因而不得不租佃土地。他们租佃土地也要交租税，这一点同其他自由民和奴隶一样。他们有些已在埃及有了家庭和独立的经济。雇佣

---

① [美]J. H. 布利斯特德：《古代埃及文献》第2卷，第226～295页。另见[苏联]司徒卢威、[苏联]列德尔：《古代东方史文选》，第92～96页。

② [英]B. G. 特里盖：《古代埃及社会史》，第56～66页上的表。

军的出现及其比重的增加，说明战争发生的频繁并带来严重的后果，也说明奴隶制经济的发展，使得阶级分化加剧，农民破产人数增多，他们也因此丧失了服兵役的能力。

军队分步兵和战车兵。战车兵是新王国时期的新兵种，具有较强的战斗力和机动能力。当战车兵的都是富有的人。一个战车兵往往要好几个奴隶伺候。一辆战车由 2 匹马拉，马也需奴隶伺候，马可能是自备的。除步兵和战车兵外，还有舰队。早在前王朝时期的一些画(希拉康波里的画墓中的画)和雕刻(如阿拉克刀柄上的水陆战图)中就已有舰队。在第一中间期里，底比斯在同喜乌特作战时，双方都有舰队。新王国时期，拉美西斯二世在同赫梯争霸时，也曾使用过舰队。

军队是新王国时期对外战争的主力，也是巩固奴隶主统治和君主专制的主力。军队，特别是它的军官和战车兵，他们在战争中获得了大量的战利品和赏赐，是战争的受益者(从《桡夫长雅赫摩斯传》等资料中可以证明)。我们从这一时期的资料中也可以看到，从军官到一般士兵，是如何狂热地在战争中捕捉俘虏，抢掠财物，追求国王的赏赐的。战争确实使一些人变成了奴隶主，发财致富，或升官发财。因此，在第 18 王朝前期，军队是忠诚的，是支持王权的。

在司法方面，维西尔仍是司法首脑，许多有维西尔的裁决的铭文保存了下来。列赫米留的铭文中说，在他面前摊开有 40 张法律皮卷。

法庭仍分为世俗法庭和神庙法庭。由神庙法庭审理的多为民事纠纷，而刑事、财产等问题是由世俗法庭审理裁决的。据缪亨博物馆收藏的《莫克纸草》记载：一位名叫麦利的军官控告宝库首长舍别克霍特普未征收某个哈托尔女神神庙的税(可能是怀疑此宝库首长受贿)，该案件结果由 2 个维西尔及其副手组成的法庭审理。

总的来说，在第 18 王朝前期，埃及的统治是牢固的。无论是劳动人民同奴隶主的矛盾，还是统治阶级内部的矛盾，都不曾有过严重的对抗(即使哈特舍普苏特和图特摩斯三世之间的夺权斗争也没有采用过于激烈的方式)。但是，矛盾在不断地酝酿和积累、激化，特别是统治阶级内部不同阶层或集团之间的矛盾在逐渐激化，最终出现了第18王朝晚期的埃赫那吞改革。

对于被征服地区，埃及人派总督去治理，并派兵(虽然每个地区派驻的军队不很多)去驻防。在努比亚地区做总督的人往往被称作“库什的儿子”(King's-son of kush)。同时还利用当地的王公们进行统治，埃及人主要是监督。埃及人还将当地统治者的孩子带到埃及来，一方面作为人质，另一方面让他们在埃及受教育，准备让他们长大后回去治理他们的家乡，即让这些对埃及驯服的、已经埃及化的人去统治。在新王国时期的文献中，我们常常看到埃及国王在战争中的俘虏里，列举有当地统治者的孩子们。如《图特摩斯三世年代记》中第6次远征列腾努时列举的贡物有：“王公们及其兄弟的儿童被运走，以便送到埃及，作为人质。如果这些王公中有人死去，陛下就派他们的儿子来接替他的位置。”①

这庞大帝国的经济来源，一方面是向各征服地索取贡赋②，另一方面是在国内征收赋税。

① 吉林师大、北京师大历史系编：《世界古代史史料选辑》上，第55页。

② 《列赫米留之墓的赋税表》，见[美]J. H. 布利斯特德：《古代埃及文献》第2卷，第283～289页。

# 第八章　新王国时期社会经济的繁荣

## 第一节　新王国时期经济的发展

### 一、手工业和农业的发展

新王国时期埃及的生产力获得重大发展。这时金属的冶炼已经用脚踏风箱来提高炉温。① 卢卡斯认为，埃及只是在第 18 王朝时期才采用了这项技术。② 从文物资料上可以看到，当时一个人可以同时踩两只风箱。脚踏风箱的使用，大大提高了炉温，对于需要更高炉温才能冶炼的青铜乃至铁器，这是十分必要的。

制作铜制品的方法也有改进。以前基本上是用锻造，新王国时期使用了新的方式——铸造法，这要求更高的工艺水平。在列赫米留墓中讲到的给卡尔纳克阿蒙神庙制作金属门的过程，就是用的铸造法。③

在新王国时期，青铜器得到了广泛应用是确定无疑的。它不仅用于制作各种生产生活用具和武器，而且用作支付手段，虽然它不是唯一的支付手段。

铜器这时并未因青铜的广泛应用而丧失其重要性：1922 年发掘的轰动

① ［苏联］苏联科学院编：《世界通史》第 1 卷，第 447 页插图。

② ［苏联］卢卡斯：《古代埃及的手工业及原料》，第 337 页。

③ ［苏联］卢卡斯：《古代埃及的手工业及原料》，第 349 页。

一时的图坦卡蒙墓中，铜器的数量多于青铜器的数量就是一个证明。①

新王国时期开始使用一种新的金属——铁，在图坦卡蒙墓中发现有一把保存完好的铁剑，还有其他一些铁制品。铁的使用无疑会对生产和战争带来巨大的影响。但一般学者认为，新王国时期的铁来自小亚细亚的赫梯，可能是赠送的。据说有埃及向赫梯请求赠送铁的书信。彼特里认为，埃及使用铁矿砂冶铁的最早证据是在公元前 4 世纪时，在三角洲西北部的瑙克拉梯斯，那里发现有冶铁遗址。②

新王国时期，建筑业仍是一项重要的手工业。这时建筑业方面最重要的成就是卡尔纳克神庙和卢克索神庙的修建(虽然它们既不是从此时开始，也不是完全在此时建成，但主要的建筑多半是在这时进行的)。这些建筑都以石头为原料。它们的特点都是有高大的石柱，特别是卡尔纳克神庙的圆柱大厅，十分雄伟。新王国时期不仅在首都底比斯有许多大规模的建筑，在埃赫那吞改革时，迅速建成了一座新的首都——阿马尔那(Amarna)；在第 19 王朝的拉美西斯二世时，又在三角洲东部很快建造了一座新都——培尔-拉美西斯。这些新的首都不仅有王宫、官邸及一般的居民住宅，还有神庙建筑。而且建筑的时间都很短，这不仅说明了手工工匠的技术水平很高，而且表明手工业者(特别是建筑工人)的规模庞大。据考古发掘的资料表明，底比斯西部墓地的手工业者住地曾有过几次大规模的搬迁，显然与这些新的首都的建造有关。在第 18 王朝中叶以前，埃及的建筑大概基本上是用石灰石作为原料；在第 18 王朝中叶以后，开始利用砂石作为原料。砂石的开采比石灰石要难得多，因而砂石用作建筑材料，说明在采矿技术方面有了新的进步。据说，这时修建的卡尔纳

① [苏联]卢卡斯：《古代埃及的手工业及原料》，第 347 页。
② [苏联]卢卡斯：《古代埃及的手工业及原料》，第 372 页。

克神庙、卢克索神庙，以及在麦迪涅特-阿布、戴尔-艾勒-麦迪涅、登德拉、伊斯纳、艾德弗、库姆温布、菲勒等地的神庙都是用砂石建造的。哈特舍普苏特在戴尔-艾勒-巴哈利的埋葬神庙则是用石灰石建造的。除用石头作建筑材料外，这时也还用未经焙烧的砖坯作材料。第 19 王朝时曾有少量建筑是用熟砖建造的。卢卡斯认为，埃及用熟砖作建筑材料，主要是在罗马人统治的时代。①

新王国时期，艺术手工业也有很大发展，有非常多的精美文物保存下来，如收藏在纽约大都会艺术博物馆的哈特舍普苏特的狮身人面像，象牙雕刻的小羚羊，收藏在柏林博物馆的紫水晶项链和石罐，收藏在开罗埃及博物馆的黄金手镯，收藏在纽约大都会艺术博物馆的圣甲虫戒指。

图 8.1　哈特舍普苏特的狮身人面像。纽约大都会艺术博物馆藏

① ［苏联］卢卡斯：《古代埃及的手工业及原料》，第 105 页。

图 8.2　小羚羊。纽约大都会艺术博物馆藏

图 8.3　紫水晶项链。柏林博物馆藏

图 8.4　戒指形印章。纽约大都会艺术博物馆藏

新王国时期，第 18 王朝时，玻璃的制作已很广泛，生产技术已达到很高水平。[①] 在底比斯，人们发现了几个属于第 18 王朝时期的制造玻璃的工场，其中最早的属于阿蒙霍特普三世时期，还有三四个属于埃赫那吞时期。[②] 这时埃及已能生产紫水晶玻璃，黑、蓝、绿、红、白、黄玻璃，以及无色透明玻璃等许多品种。这时主要是生产不透明玻璃，但偶尔也有透明的玻璃制品传世，如属于新王国时期的发圈。

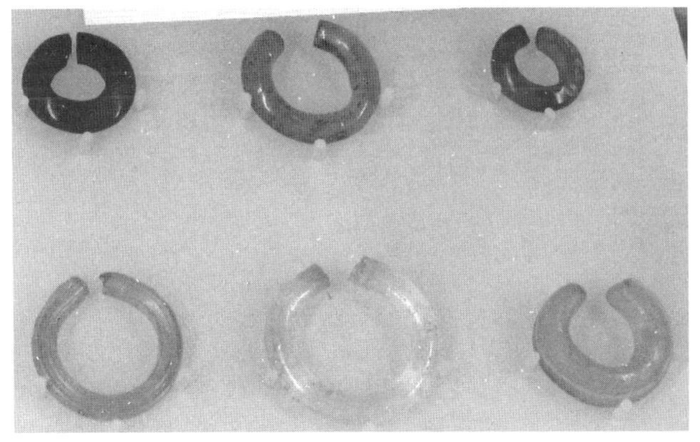

图 8.5　玻璃发圈。伦敦彼特里博物馆藏

① ［苏联］卢卡斯：《古代埃及的手工业及原料》，第 259 页。

② ［苏联］卢卡斯：《古代埃及的手工业及原料》，第 296 页。

新王国时期，人们还用不透明的玻璃制作瓶子，制作的护身符等。在古代埃及，人们从很早的时候起就使用一种名叫 faience 的原料来制作物品，如第二王朝时期用 faience 制作的项链(图 8.8)。古王国时期用 faience 制作了瓷砖，它是用来装饰乔赛尔的层级金字塔的。中王国时期，埃及人用 faience 制作了河马和刺猬塑像。新王国时期，使用 faience 来制作的东西更多了，如用它制作瓶子、沙瓦布提(侍者)甬。这时的很多贵族墓里，包括国王图坦卡蒙墓里都发掘出来一些 faience 制作的沙瓦布提甬。这时用 faience 生产各类制品的作坊或工场可能规模很大。

图 8.6　玻璃瓶。波士顿博物馆藏

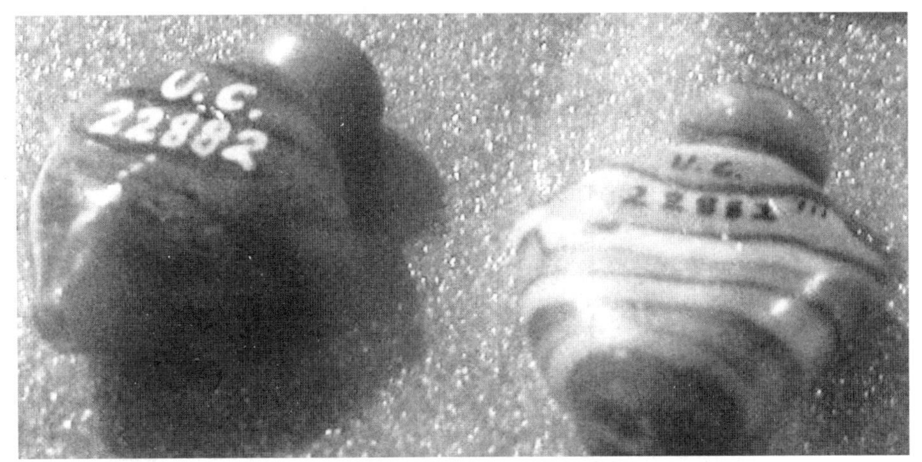


图 8.7　玻璃护身符。伦敦彼特里博物馆藏

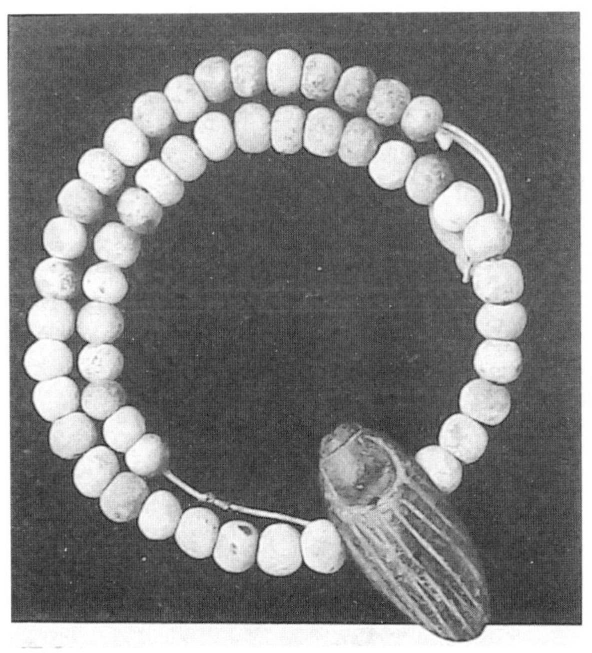

图 8.8　用 faience 制作的项链。开罗埃及博物馆藏

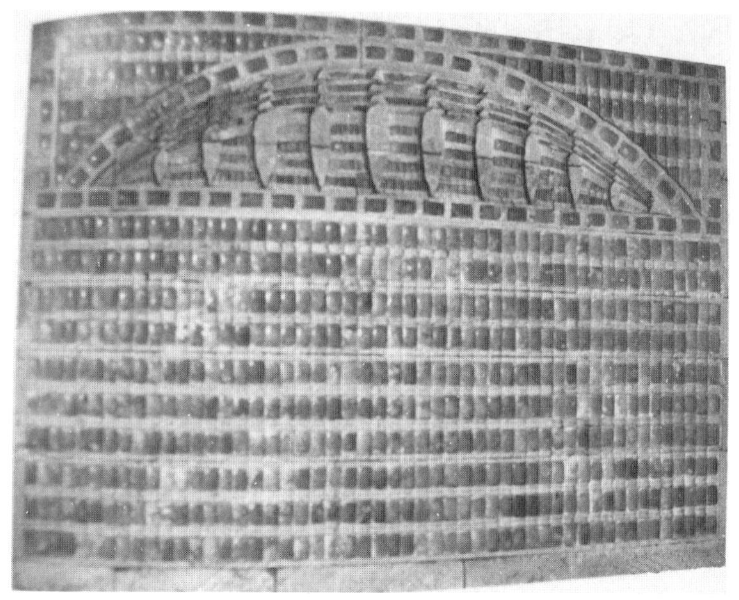

图 8.9 埃及瓷砖

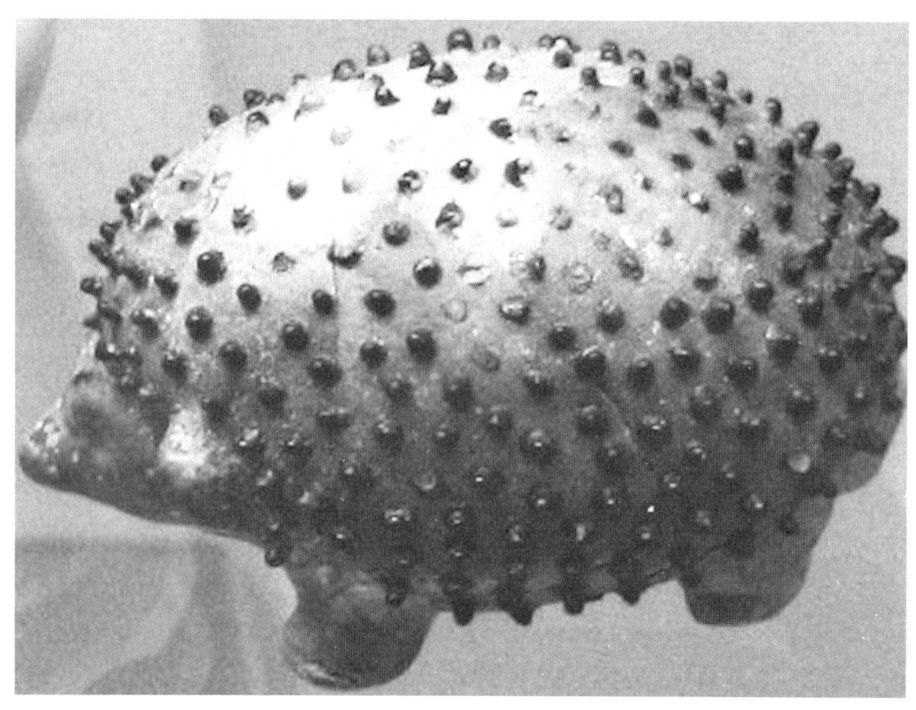

图 8.10 刺猬。牛津阿什莫林博物馆藏

图 8.11　用 faience 制作的瓶子。纽约布鲁克林博物馆藏

在新王国时期埃及已有比较发达的用亚麻和羊毛作原料的纺织业。在图特摩斯四世墓和图坦卡蒙墓中发现的一些亚麻制品残片，表明当时纺织技术有了很高的水平。新王国时期，纺织机械方面也有革新，这就是用垂直织布机代替了过去的卧式织布机。这种垂直织布机只需一人操作即可，不像卧式织布机需要两人操作。而且垂直式织布机可织出比卧式织布机更宽幅的布。

轮车的出现和使用使陆上运输也大为发展。虽然最初轮车只限于军用，但逐渐地用于民用运输。这比肩挑及用牲口驮运要进步很多。

这时期埃及在农业方面进步也很大，特别是给高地灌溉用的工具沙杜夫的使用，为高地的开垦创造了条件，等等。

## 二、商品货币关系的发展

生产力的普遍增长，对外战争中大批财富流入埃及，奴隶制经济的发展，对外经济联系的加强和发展，使得新王国时期商品货币关系比过去有了更大的发展。这表现在许多方面：金属(包括金、银、铜、青铜等及其制品)作为支付手段的发展，借贷关系的发展，雇佣关系的发展，奴隶制受到影响(奴隶的买卖、出租)，商品货币关系深入农村，加剧农村的阶级分化和土地流转，真正商人的出现，等等。

新王国时期，用金属作为流通手段的情况增多了。这与金属生产数量的增加，国外贸易的增加，对外战争的掠夺和属地贡物的流入等有关，也与商品货币关系的总体发展，从而使金属作为交换媒介的作用明显增大有关。不过这时还没有铸币活动。

黄金的产地，一是埃及东部的沙漠地区，二是努比亚。黄金作为财产的一种形式出现得很早，很可能在前王朝时期就已存在，而到早王朝时期就已有了文献的记载，在《帕勒摩石碑》上有清查黄金的记载。

人们用银作为交换媒介和价格尺度的情况比较多，如《麦西档案》(《摩塞档案》)中租用女奴、购买土地时，虽然给的是实物，但是都用银作价格尺度来折算。第 19 王朝的一份象形文字纸草上记载的购买女奴的契约中，银也作为价格尺度。阿蒙霍特普四世时一个木板上的铭文中，讲到雇佣奴隶时，是用银来支付的。在这里银成了交换媒介。用铜器和青铜作交换媒介的情况在新王国时期就更多了。

苏联科学院编《世界通史》第 1 卷指出：

> 但是，货币流通还没有多大发展。在第 18 王朝时代，虽然也使用金，然而，作为主要价值尺度的则是银。到新王国后半期，“银”这个字的意思就是“钱”。在第 19～20 王朝时代，铜和银竞争。尽管从叙利亚、巴勒斯坦和邻近各国都有银的流入，但是在第 18 王朝中期银和金的比价还是 5∶3；银和铜的比价在第 19 王朝时代是100∶1，在第 25 王朝末期是 60∶1。铸币还未出现，起着铸币作用的是下述金、银、铜的重量单位。第 18 王朝时代的重量单位是德本(等于 91 克)和沙特(德本的 1/2，约等于 7.5 克)；第 19～20 王朝时代的重量单位是德本和开德特(计算较为方便，为德本的 1/10 等于 9.1 克)。人们有时用货币支付，但是甚至到第 20 王朝时代，取得一袋谷物和取得一德本银看不出有什么区别。人们习惯于古老的方式以物易物，不过预先用货币来估价物品……①

商品货币关系发展的另一种表现形式是借贷关系的发展，借债要立字据，保证偿还，有证人签字。例如，第 19 王朝时期的一份象形文字铭文(在戴尔·艾勒-麦迪拉发现，编号第 61 号的一个残件)，是一份债务草稿，

① [苏联]苏联科学院编：《世界通史》第 1 卷，第 494 页。

讲的是一个名叫萨乌哲特的人，借给一个弓箭手长官(其名字已失)1.5 沙特。此弓箭手长官保证将此 1.5 沙特还给萨乌哲特，并说，如果在期满之前(1 个月)不还的话，甘愿加倍偿还。在同一地方发现的另一个象形文字铭文(编号第 56 号，也是一份借据)中，一个名叫伊耶尔努特弗的人起誓到期一定偿还给涅菲尔斯姆恩的借款。由于借贷关系的发展，有关借贷的诉讼也时有发生，如在戴尔·艾勒-麦迪拉发现的属于第 20 王朝拉美西斯三世统治第 31 年的象形文字铭文(编号第 51 号)中，讲到一个名叫彭塔乌尔的人起誓说，他在托特神庆典之前已偿还了他所借的手工业者队伍长官助手哈伊的债，但可能是哈伊说他还未偿还，因此彭塔乌尔说："如果我没有付给属于他的钱的话(下面的文字已失)。"现藏杜林博物馆的一份第 20 王朝时期的象形文字纸草文献中也讲到因借二粒小麦而引起的诉讼。遗憾的是，这些资料中很少谈到利息的多少，因而很难弄清当时高利贷的残酷程度，及其对农村侵蚀的程度。

但是商品货币关系的发展必然侵蚀农村，加剧农村的阶级分化，其表现形式之一就是土地买卖的存在。一些人因此而丧失了生产资料，另一些人则将生产资料集中到自己手中。《麦西档案》中的一份资料讲到王家牧人涅布麦西将自己的 3 斯塔特耕地卖给有角畜的主人麦西，其价值是 0.5 德本的银，但不是交纳的银，而是实物——一头乳牛，显然这场交易有贱买贱卖的性质。侵蚀农村的另一种形式则是债务奴隶制的存在(卢佛尔博物馆收藏的第 3230 号纸草上记载的女奴可能就是一个债奴)。

商品货币关系的发展，也对奴隶制的发展有很大影响，这除了反映在债务奴隶的存在上，即反映在奴隶的来源上之外，又反映在奴隶的买卖和出租上。《麦西档案》的资料表明，王家牧人涅布麦西多次将自己的女奴出租给有角畜的主人麦西。第 19 王朝时的一份纸草上记载了一件因购买女奴而引起的诉讼案。①

① 北京师范大学历史系世界古代史教研室编：《世界古代及中古史资料选集》，第 42～44 页。

商品货币关系的发展，也可能影响地租的形式，即可能出现货币形式的地租。一份资料中讲到一些涅木虎经营国王的土地，他们缴纳地租可能不是缴纳实物，而是缴纳黄金。①

真正的商人的出现，是商品货币关系发展的不可置疑的反映。苏联科学院编《世界通史》指出：

> “商人”这个词是从新王国时才被证实的。新王国时期经济还继续停留在自然经济的基础上，但在第18王朝时代，内部交换毕竟十分活跃。流传到现在的一本很有趣的商业日记尤其证明了这一点。这本日记记载着某一神庙农庄每天把公牛的头、脊骨、腿、肉块，以及酒、饼干、粮食、馅饼交给商人。……货物交换价格是用银或金来表示的。可见当时有很大一批购买食物的人，对剩余品(显然是神庙祭品)安排了销路。在第20王朝时期的学校抄本中有着商人沿河流下行、上行和把一个城市的“货物”运到另一个城市的记述。②

第18王朝时期的《波拉克纸草》No. 11记载，商人明-纳克赫特和舍利布思得到肉、葡萄酒和糕点。明-纳克赫特在40天内至少在10种不同情况下收到这些供应品，收受的金额常常是不小的，这样就容易为一些很小的店主所处置，甚至让小贩带着他的商品挨门挨户叫卖。出售商品(肉、葡萄酒和糕点)时他暗示，商品是出售给居民中较为富有的阶层的——无论如何不会卖给最穷的人。

这些事实说明，在新王国时期，商品货币关系的发展是很明显的、普

① [苏联]卢利耶：《奴隶——神庙土地的持有者》，载《古代通报》1955年第1期。

② [苏联]苏联科学院编：《世界通史》第1卷，第448～449页。

遍的，特别是同古王国时期相比较，前进了一大步。但尽管有这样的进步，应当说，在新王国时期，商品货币关系的发展仍是很不充分的。例如，在交换中物物交换的情况(这是商品交换最原始的形式)还很普遍，衣物、亚麻布、牛、谷物等仍可作为等价物，作为交换媒介而存在。在经济生活中，自然经济仍占主导地位，全尼罗河流域尚未形成统一的市场。商人虽已出现，但作为一个阶层，其力量很小，人数很少。这是与当时生产力发展水平，以及埃及社会经济中王室、神庙及官僚贵族奴隶主经济的自给自足成分过重，金属主要控制在奴隶主手中，不是作为流通手段，而是作为制作奢侈品的原料，给手工业者、官吏的报酬和薪金都是实物，对外贸易控制在国家手中等有关。

## 第二节　新王国时期奴隶制的繁荣

古代埃及的奴隶制度，从前王朝时期的涅伽达文化Ⅱ时期，到新王国时期这2000年里，经历了产生、发展和走向繁荣的漫长过程。

第18王朝初年大规模的长期对外征服战争，以及第19王朝的对外战争，极大地促进了奴隶制的发展。因为战争不仅扩大了埃及的版图，而且扩大了埃及奴隶的来源；战争中掠夺来大量的财富，为奴隶制经济的进一步发展提供了条件。而奴隶制经济的进一步发展，又反过来需求更多的奴隶。战争和奴隶制经济的发展，也促进了阶级分化的加剧，一个新的奴隶主阶级出现了，这就是涅木虎。

在新王国时期，埃及奴隶制达到了繁荣阶段。新王国时期埃及奴隶制的繁荣表现在以下几个方面。

### 一、奴隶人数的大量增加

虽然我们不可能知道新王国时期奴隶的总数量，甚至也不知道各类奴隶主占有奴隶的数量，因为没有这方面的任何统计资料。但是，新王国时期奴隶的数量大大增加，则是无可怀疑的。新王国时期的许多资料都谈到奴隶主拥有大量的奴隶。

图特摩斯三世在一个铭文中说，他奉献给神庙以外国的俘虏："我用来自南方和北方的许多国家的俘虏充满了它〔按：神庙〕，（他们）是列腾努〔按：叙利亚地区〕首领们的孩子和克亨色诺弗尔〔按：努比亚地区〕首领们的孩子。"①

图特摩斯三世在另一个铭文中说，他把一些男女亚细亚人、男女尼格罗人给了阿蒙神，还给了1578个叙利亚人。②

图特摩斯四世在一个铭文中也说，他在远征叙利亚的盖泽尔城后，在神庙围墙里建立了叙利亚人的移民村镇。③

在阿蒙霍特普三世的一个铭文中说，他在卡尔纳克建起一座纪念建筑，用围墙将其围了起来，里面全是奴隶(麦尔特)，他们是来自所有被征服国家的首领们的孩子。还说神庙的库房中全是女奴隶，是他俘虏的所有被征服者的首领的孩子。④

阿蒙霍特普三世统治时期的一个重要官吏哈皮之子阿蒙霍特普在自己的铭文中说，作为阿蒙霍特普三世的最高书吏，他用国王在战场上俘获的最好的俘虏补充了臣民，记录下来作为神庙臣民的俘虏的数目。⑤

建筑师伊涅尼(Ineni)在自己的自传性铭文中说，国王给了他农民-农奴(peasant-serfs)。⑥

---

① ［美］J. H. 布利斯特德：《古代埃及文献》第2卷，第67页。

② 北京师范大学历史系世界古代史教研室编：《世界古代及中古史资料选集》，第33页。

③ ［美］J. H. 布利斯特德：《古代埃及文献》第2卷，第326页。

④ ［美］J. H. 布利斯特德：《古代埃及文献》第2卷，第355～357页。

⑤ ［美］J. H. 布利斯特德：《古代埃及文献》第2卷，第376页。

⑥ ［美］J. H. 布利斯特德：《古代埃及文献》第2卷，第44页。

第 20 王朝时期的《哈里斯大纸草》(*Papyrus Harris*)中，记载了拉美西斯三世给予各种神庙以众多财产的情况，其中也包括给予神庙很多的劳动者的情况。有的学者认为，给予神庙的劳动者不都是奴隶，有的学者则认为都是奴隶。纸草中写道，“我供给他们农奴-劳动者，我用众多的人满足了他们”，“我用精选的奴隶充满了它”，“我供给他们食物和口粮、奴隶”，“我分配给它农奴-劳动者”，“我供给它以奴隶，俘虏和人”，“我为他带来了女奴隶的战利品、银、金、王家的亚麻……”上引各段中讲的情况很不一样，有的是“人”(people)，有的是“人和奴隶”(people and slaves)，有的是“奴隶”(slaves)，有的是“农奴-劳动者”(serf-laborers)，有的是“奴隶、俘虏和人”(slaves, the captives and people)，“男女奴隶战利品”(tribute of male and female slaves)。因此，显然不能都说成是奴隶，但其中也确有奴隶。该纸草中共计给神庙劳动者 107615 人(但应注意，这份纸草保存不完整，大约只保存下 1/3。因此，实际给予神庙的，应比这个数字多得多)。

奴隶的来源是什么？第 1 个来源是战争俘虏。第 18 王朝时期留下来的大量铭文可以证明。从这些铭文中我们看到，那时的军队，从国王到士兵，是多么狂热地在战争中追逐俘虏。

《桡夫长雅赫摩斯传》中记载，“血战在此城之南的埃及[方面]进行。我捕到一个俘虏——男俘”，“阿法里斯被占领了，我在那里又夺得战利品：一个男人和三个女人，共四头。陛下把他们给我为奴”，“沙鲁亨〔S'-r'-h'-n'〕围攻三年……我在那里又夺得战利品：两个妇人和一只手”。① 在努比亚，“我在那里又夺得战利品：两个活男人和三只手”。② 在镇压埃及国内暴动时，“我由暴徒的船上捕获两个年青的兵士为俘虏。于是领到五头[奴隶]和份地，凡耕地五斯塔特”。③ 在镇压另一次暴动时，“我领到三头[奴隶]和在

① 吉林师大、北京师大历史系编：《世界古代史史料选辑》上，第 47 页。

② 吉林师大、北京师大历史系编：《世界古代史史料选辑》上，第 47 页。

③ 吉林师大、北京师大历史系编：《世界古代史史料选辑》上，第 47 页。

我的城市的五斯塔特的耕地”。[1] 在追随阿蒙霍特普一世远征努比亚时，“我捕获一个战俘，也交与陛下”，“我还捕获两个女奴为战利品”。[2] 在追随图特摩斯一世远征叙利亚时，“我夺得一辆战车，它的一对战马，以及车上的人，作为俘虏，他们被送给陛下”。[3]

《图特摩斯三世年代记》中，记载了他在每次远征中的俘获情况。图特摩斯三世时代一个名叫澳门涅姆赫布的人在叙利亚追随国王远征亚细亚时“带走 3 个人，作为活的俘虏”，“当陛下来到纳哈林时，我从那里的战斗中带走了 3 个人，我将他们作为活的俘虏置于陛下之前”。

在《阿蒙霍特普二世的亚细亚远征》中，记述了国王阿蒙霍特普二世在叙利亚战争中的情况，记述了以国王为首的埃及奴隶主在战争中追逐俘虏的疯狂活动：

> 他在其第一次胜利的远征进入列腾努……他抵达沙马什-艾多门……他在其名为“……勇士阿蒙”的他的战车上，他的武器的战利品清单：活着的亚细亚人——335 个，公牛——22 头。
>
> 他在危险的河水上像勒舍弗[4]那样渡过奥隆特河……在这一天内，他俘获的物品清单是：王侯 2 人，亚细亚战士 6 人，以及他们的战车，他们的骈马和他们的全部战斗武器。
>
> ……他乘车前往哈萨布……并带来 16 个活着的亚细亚战士……20 个人（走）在他的马的前面，在他前面还赶着 60 头公牛……
>
> 正当他南去沙隆平原中部时，他遇到了纳哈林王侯的带泥板

① 吉林师大、北京师大历史系编：《世界古代史史料选辑》上，第 48 页。
② 吉林师大、北京师大历史系编：《世界古代史史料选辑》上，第 48 页。
③ 吉林师大、北京师大历史系编：《世界古代史史料选辑》上，第 49 页。
④ 一个亚洲神，可能类似于埃及的战神蒙图。

书信于其颈项的信使。他将他作为活俘虏而押解在他的战车一侧。他坐着战车沿西行轨迹前往埃及，带着同他独乘一车的活战俘亚细亚战士。

他抵达孟斐斯，这大能的公牛，他的心情非常喜悦。其战利品清单：亚细亚战士——550人，他们的妻子——240人，迦南人——640人，王侯的儿子——232人，王侯的女儿——323人，各外国王侯的宠妾——270人连同使她们喜欢放在她们肩上的金、银装饰品，共2,214人①。马——820匹，战车——730辆，连同其全部战斗兵器……②

他第2次远征时，在征讨伊图宁和米格多-伊温城时：

他带走了他的王侯——34人、显贵的叙利亚人③(?)——57人、活亚细亚人——131人，人手——372只，马——54匹，战车——54辆，连同全部战争兵器，列腾努每一个身强力壮的人，他们的孩子、他们的妻子和他们的全部财产……

在他的加冕节日那天，安那哈拉特遭到抢劫。这一天内他的战利品清单：显贵的叙利亚人④——17人，王侯们的孩子——6人，生俘亚细亚人——68人，人手——123只，骈马——7匹、金银战车——7辆，另加他们的全部战争兵器，公牛——443头，牛——370头，以及各种牲畜不计其数……

① 应是2255人。

② 北京师范大学历史系世界古代史教研室编：《世界古代及中古史资料选集》，第27～29页。

③ 英译文为“他们的奴隶”。

④ 英译文为“亚细亚战士”。

> 他抵达孟斐斯城……他带来的掳获品有：列腾努的王侯——217 人，王侯的兄弟——179 人，阿别鲁人——3600 人，沙苏人——15200 人，叙利亚人①——36300 人，拉阿沙人②——15070 人，他们的从属——30652 人，总计——89600③ 人……④

奴隶的第 2 个来源是家生奴隶，即奴隶的子女。第 20 王朝时期一个名叫涅布涅菲尔的骑兵军官同其妻子，塞特神的女歌手勒涅菲尔有一个名叫狄纳哈托利的女奴，此女生有 3 个小孩(1 男 2 女)，均成为他们的奴隶。现藏杜林博物馆的第 2021 号纸草，内容是一份结婚析产证书，其中也讲到奴隶及其孩子们。⑤

奴隶的第 3 个来源是债务奴隶。古代埃及有关债务奴隶的资料很少，只是从某些资料看，有些奴隶可能是债务奴隶。例如，中王国时期末期或第二中间期初年的《关于女奴森别特的报告》中讲到的森别特，原本还占有土地，很可能是因欠债而为奴的。又如第 18 王朝的一份纸草(卢佛尔博物馆第 3230 号纸草)中记载的也似乎是债奴。该纸草说，司库官塔伊将自己的一个小女奴转让给了别人，小女奴的母亲对小女奴的保护人，可能是塔伊家的一个奴隶总管之类的人阿赫摩斯提出了抗议。她在给阿赫摩斯的信中说："当她在那儿同你在一起时，是你允许我的女儿被带走的。"阿赫摩斯也为此而向塔伊提出了这件事。⑥ 从这个小女奴还有一位自由民的母亲的情况来判断，她也可能是因债务而沦为奴隶的。

---

① 英译文为"哈鲁人"(Kharu)。

② 英译文为"内吉斯人"(Neges)。

③ 从上述各项数字统计结果，应为 101218 人。

④ 北京师范大学历史系世界古代史教研室编：《世界古代及中古史资料选集》，第 30～31 页。

⑤ 北京师范大学历史系世界古代史教研室编：《世界古代及中古史资料选集》，第 46～48 页。

⑥ 北京师范大学历史系世界古代史教研室编：《世界古代及中古史资料选集》，第 40 页。

## 二、奴隶主阶级的扩大

古王国时期，主要是王室、神庙和官僚贵族奴隶主拥有奴隶；中王国时期兴起一个涅杰斯阶层；到新王国时期，又兴起一个涅木虎阶层。这反映了奴隶制经济的发展。新王国时期，随着奴隶的增多，也使越来越广泛的阶层拥有了奴隶，而不再限于王室、神庙和官僚贵族了。从新王国的资料看来，中等阶层的人，甚至牧人、商人、手工业者、士兵和看门人都可能拥有少量奴隶。

《麦西档案》中，牧人涅布麦西和麦西占有不止一个奴隶。涅布麦西还多次将自己的奴隶出租。《桡夫长雅赫摩斯传》中讲到这个新王国初年的老兵至少拥有 19 个奴隶。在《开罗石碑$\frac{27\mid 6}{24\mid 3}$》中，凉鞋制造人、女市民也拥有奴隶。

据底比斯西部王陵的资料，第 19 王朝后期，陵墓手工业者一个分队队长涅弗尔霍特普至少拥有 5 个奴隶，其中有的是家生奴。拉美西斯二世统治时期一个名叫曼涅弗尔的女市民将 8 个成年奴隶及他们的 3 个孩子转交给自己的儿子、雕刻家克恩。王陵书吏拉摩斯也拥有奴隶。第20 王朝拉美西斯十一世统治的第 19 年，军队中一个名叫荷尔的书吏拥有一名女奴。

> 在第 18 王朝末期，一个牧人至少有 1 个奴隶和 2 个女奴隶，一个看门人至少有 3 个女奴隶。在两座新王国后期的二等祭司的坟墓中，一座画有 7 个带孩子的女奴隶像，另一座画有 9 个男女奴隶像……在第 19 王朝时代，按照学校校规接受战车兵训练的男孩子，录取的要有 5 个奴隶伴他到受训地点，不过给他留在那里的只有 2 个。①

---

① ［苏联］苏联科学院编：《世界通史》第 1 卷，第 435 页。

商人拥有奴隶。第 19 王朝的一份纸草上，记载了一个名叫拉伊阿的商人把一个叙利亚籍奴隶卖给了一个名叫伊林涅菲尔的女市民。①

图特摩斯三世时一名国王的理发师名叫撒巴斯特提，在战场上捉住了一个俘虏，名叫阿麦尼乌。后来就成了他自己的奴隶。之后由于某种原因，这位理发师宣布将此奴隶释放。

当然，当时占有奴隶最多的仍然是王室、神庙和贵族奴隶主集团。

从《桡夫长雅赫摩斯传》可知，在战场上，士兵们抓住的俘虏都要上交，交给国王，然后国王再论功行赏，而国王本身会得到最多的俘虏。

其次是神庙，神庙奴隶多为国王赠予。除前面列举过的例子外，还可再举若干，如拉美西斯一世在《瓦迪-哈尔发石碑》中讲到，在一次对努比亚的远征之后，他给予孟菲斯的明-阿蒙神庙很多的祭品，“使神庙库房充满了陛下俘获的男女奴隶”。② 谢提一世(第 19 王朝的国王)在卡尔纳克神庙中为他的一次远征胜利而留下的铭文中几乎写下了同样的话。③

其他贵族奴隶主也占有众多的奴隶。上面提到过伊涅尼和哈皮之子阿蒙霍特普等人，他们都是拥有奴隶的。还有一个阿蒙霍特普三世时期的总管，也叫阿蒙霍特普，在他的铭文中说：“由于 2 块国土的统治者荷鲁斯哈艾姆耶特的恩宠，我成了富有奴隶、牲畜和无限多财产而无所希求的人”，“为了这个雕像〔指阿蒙霍特普三世为普塔赫神制作的雕像〕，我立文契处置了来自我的田地、我的奴隶，以及我的牲畜的财产”。

此外，底比斯西部的王陵机关手工业者集体还拥有奴隶。例如，第 20 王朝拉美西斯十一世统治的第 29 年，一个军官在一封信中说到把在库什俘

① 北京师范大学历史系世界古代史教研室编：《世界古代及中古史资料选集》，第 42～44 页。

② ［美］J. H. 布利斯特德：《古代埃及文献》第 3 卷，第 36 页。

③ ［美］J. H. 布利斯特德：《古代埃及文献》第 3 卷，第 42 页。

虏的5个俘虏作为奴隶送给王陵机关；上面说到的这位国王在位第19年时，军队书吏荷尔从父亲那里继承来的一个女奴被没收，转交给了王陵机关。

## 三、奴隶在生产劳动中的作用增加了

新王国时期，奴隶人数大量增加，他们多数都用于从事各类生产劳动，从而增加了奴隶在生产劳动中的比重。

伊涅尼的铭文中所说图特摩斯一世给他农民-农奴，显然是从事农业生产的。

图特摩斯三世在《征服的庆典和献纳》中写道，他在第一次远征亚细亚回来后，送给神庙的奴隶，是要他们为神庙制作王家的亚麻布，从事田间劳动，以便提供收成去充实神庙的仓廪。①

图特摩斯四世建立了叙利亚人的俘虏的村镇②，这些村镇的俘虏显然也是从事手工业或农业生产的。

哈皮之子阿蒙霍特普在自己的铭文中说，国王阿蒙霍特普二世曾建立了一个礼拜堂，并且赠给男女奴隶，以便为他的基金开垦田地。③

阿蒙霍特普三世在他所建的一个神庙周围建立了叙利亚人的俘虏的村镇："它(指神庙)被同王公们的孩子一起殖民的叙利亚人的移民点所包围"。④

这些奴隶显然都是从事生产劳动的(包括农业劳动和手工业劳动)。从这个时期的一些墓画中，我们也可看到奴隶从事劳动的情况。⑤ 当然，在

① [美]J. H. 布利斯特德：《古代埃及文献》第3卷，第42页。
② [美]J. H. 布利斯特德：《古代埃及文献》第2卷，第248页。
③ [美]J. H. 布利斯特德：《古代埃及文献》第2卷，第278页。
④ [美]J. H. 布利斯特德：《古代埃及文献》第2卷，第278页。
⑤ [苏联]苏联科学院编：《世界通史》第1卷，第448、454、460页；朱龙华：《古代世界史参考图集》，北京：北京人民教育出版社，1960年版，第27页，图180。

古代埃及，奴隶从未成为主要的生产者(就整体而论)，主要的物质财富的生产者是名义上的自由的农民和手工业者。王室和神庙地产都是如此。奴隶在人数上同自由民相比仍占极少数。这是埃及同希腊和罗马所不同的地方之一。我们所讲的埃及奴隶制的繁荣，是指它自身发展过程中的一个阶段，而不是指它同希腊罗马一样。

在这时，哪些人可称为奴隶，从资料中看至少有下面几类：

一是 hm。《维勒布尔纸草》中的奴隶属于此类，拉美西斯二世时期的女市民曼涅弗尔交给她儿子的 8 个成年奴隶及 3 个孩子也属此类，桡夫长雅赫摩斯的男女奴隶也属此类。

二是 B；K。上面讲到的第 19 王朝后期底比斯王陵手工业者分队队长涅弗尔霍特普的 5 个奴隶就属此类，其中有的是家生奴隶。《萨勒特纸草》124(大英博物馆第 10055 号)中记载："彭涅布把我父亲的 5 个 B；K 给了后来成了维西尔的普列姆赫布。"①卢佛尔博物馆第 3230 号纸草中的奴隶也属此类。

三是麦尔特。哈特舍普苏特在从蓬特返回时所带的大量"物品"中，也包括被称为麦尔特的人，这显然是奴隶。在图特摩斯三世的《征服的庆典和献纳》中，赠给阿蒙神庙奴隶以生产各种亚麻布的那些人也是麦尔特。在伊涅尼的铭文中所讲的"陛下给我'农民-农奴'"也是麦尔特。阿蒙霍特普的建筑铭文中记载，他在卡尔纳克建立了一座纪念性建筑物，里面充满了奴隶，这里的奴隶，也是麦尔特。

## 四、奴隶的社会地位及其反抗

马克思说："奴隶要用别人所有的生产条件来劳动，并且不是独立的"，"在奴隶劳动下……他的全部劳动甚至剩余劳动或无酬劳动也表现为有酬劳

① 《埃及古代考古学杂志》1929 年第 15 卷，第 244 页。

动。在奴隶劳动下，所有权关系掩盖了奴隶为自己的劳动，而在雇佣劳动下，货币关系掩盖了雇佣工人的无偿劳动”，“在奴隶关系……的下面，只有奴隶主……才是产品的所有者，才是产品的售卖者”。①

斯大林也说：“在奴隶占有制度下，生产关系的基础是奴隶主占有生产资料和占有生产工作者，这些生产工作者就是奴隶主可以把他们当作牲畜来买卖屠杀的奴隶。”②

列宁说：“在任何古代史讲习班听讲这一课时，你们都会听到君主国家和共和国家互相斗争的情况，但基本的事实是不把奴隶当人看待；奴隶不算公民，而且不算是人。罗马法典把奴隶看成一种物品。关于杀人的法律是把奴隶除外的，更不用说其他保护人身的法律了。……在这些国家中，奴隶主享有一切特权，而奴隶按法律规定却是一种物品，对他不仅可以随便使用暴力，就是把他杀死，也不算犯罪。”③

奴隶制社会中的奴隶同封建社会中的农奴(农民)，资本主义社会中的无产者虽然同是被压迫、被剥削者，都是物质财产的生产者，但有一个本质上的不同之处，就是奴隶是主人的财产，而农民和无产者则不是。在奴隶制社会中，奴隶的情况虽然千差万别，从形式上看很不一样，但本质都是奴隶主的财产。正是从这一点上，我们看到古代埃及的奴隶与希腊、罗马的奴隶没有本质的不同。

下面我们来看看新王国时期埃及奴隶的状况。

第一，奴隶作为主人的财产可以随意买卖。上引第 19 王朝的一份纸草中讲到，女市民伊林涅菲尔向商人拉伊阿购买了一个叙利亚籍女奴，名叫格门赫利门特提，是用实物(衣物、青铜器皿等)作价后给予拉伊阿作为女奴的身价的，共计值 4 德本 1 基特。苏联科学院编《世界通史》指出：

---

① 《马克思恩格斯全集》第 23 卷，北京：人民出版社，1972 年版，第 924、591、364 页。

② 斯大林：《列宁主义问题》，北京：人民出版社，1964 年版，第 650 页。

③ 《列宁选集》第 4 卷，北京：人民出版社，1972 年版，第 49 页。

在第19王朝末期买一个女奴隶，一度要付出价值28沙特(即210克)白银的牲畜。为了便于比较，我们可以举例：当时一头母牛值银6至6.5沙特，1阿鲁尔(即0.27公顷)耕地值银2沙特，1头山羊值银0.5沙特。新王国后半期，奴隶价格大大提高了。例如，购买上面提到的那个叙利亚姑娘，就花了价值白银373克的货物。在第20王朝末期，用银、铜、谷物和衣服购买奴隶，一般价格超过360克白银。但是，同样在第20王朝末期，有一次购买一个奴隶，只花180克白银。那时，1克白银可买到772.5公升谷物。①

第二，奴隶作为财产可以任意转让、继承。卢佛尔博物馆第3230号纸草上记载的第18王朝时期一个名叫塔伊的司库官将自己的小女奴转让给别人。第19王朝时期的一个涅木虎，骑兵军官布涅菲尔将自己的4个奴隶转让给自己的妻子，并立有字据。早在中王国时期，就有资料说明了奴隶的转让，在布鲁克林博物馆第35.1446号纸草上就记载了一个奴隶主帕伊将自己的95名奴隶(尚保存80多个奴隶的名字)转让给自己的妻子的事。② 阿蒙霍特普三世的一个总管阿蒙霍特普在刻于调色板上的铭文中说，将自己的众多奴隶、土地、牲畜等转让给普塔赫神的一个雕像作祭祀基金用。底比斯西部王陵手工业者艾弗纳姆恩在遗嘱中将一名女奴给予自己的儿子、军队书吏荷尔。拉美西斯二世时期的一个名叫曼涅菲尔的女市民把8个成年奴隶及其3个孩子转交给自己的儿子、雕刻家克恩。

第三，奴隶可被出租和雇佣。在这方面，《麦西档案》给我们提供了很

① [苏联]苏联科学院编：《世界通史》第1卷，第454页。

② [苏联]司徒卢威、[苏联]列德尔：《古代东方史文选》，第62～63页。

好的例子。牧人麦西(法雍湖地区)先后向好几个奴隶的主人租用奴隶：他曾向王家牧人涅布麦西租用女奴哈里特和赫努特；向军官门赫别尔之子阿提租用女奴赫努特；向女市民彼阿赫及祭司米尼租用女奴哈利特和赫努特；还向哈提租用过女奴马阿特涅弗列特，并曾因此而发生过诉讼。关于向女市民彼阿赫及米尼租用女奴的契约说：“在这一天(阿蒙霍特普三世在位第33年阿赫特季第1月第5日)，牧人麦西付给女市民彼阿赫及其子祭司米尼的女奴哈利特的17个工作日和女奴赫努特的4个工作日的工钱。当时他们说：‘如统治者长在，如果在这些天她们生病了，病了一天，加罚一天，因为我对工钱是很满意的。’”在租用阿提的女奴赫努特的契约中说：“在这一天(阿蒙霍特普四世统治第3年伊丝达女神诞生之日)，军官门赫别尔之子阿提向有角畜的牧人首领麦西说：‘你得到赫努特的两天，愿将她的价钱(?)给予我的主人作为交换……’当时有角畜的牧人麦西给了她的工钱：青铜器伽依(按：青铜器名)一件，值2.5沙特(银)，衣服……一件，值1沙特，衣服舍狄特(衣服名)一件，值0.5沙特，共值4沙特，他说：‘我完全满意我女奴的工钱，像阿蒙长在一样，如果女奴赫努特在我给你的这两天病了，将付双倍的罚款……’”在这里，女奴的工钱不是给予女奴本人，而是给予了她的主人。奴隶只是作为其主人的财产而存在，而租给别人使用。

第四，奴隶主在分家析产时，将奴隶作为财产而分给奴隶主的家庭成员。保存在杜林博物馆的第2021号纸草上的铭文，就是第20王朝时的一个奴隶主的析产证书。一个名叫阿门克哈乌的奴隶主，他的妻子可能死了，孩子同外祖父住在一起，他又同另一个妇女，名叫安洛克苏洛吉门结了婚。这时，他将自己的一部分奴隶给予了前妻的孩子们。此事经维西尔判决为合法。“维西尔问这几个孩子说：‘关于你们的父亲先知阿门克哈乌所作的陈述，你们有什么要说的？关于他说他给你们的那九个奴隶，是他同你们的母亲，连同(你们的)外祖父一家一起分到的三分之二一事是否真实?’他们异口同声地说：‘我们的父亲说得对，他们确实(?)归我们所有。’维西尔说：‘关于你们的父亲为他的这个妻子、女公民安洛克苏洛吉门正在作的这种安排，〔你们有什么想法〕?’他们说：‘我们的父亲正在作的事情我们已经听说了(?)，至于他在作什么，谁会管他呢？他的财产是他自己的，让他把它给予他愿意给的人吧。’维西尔说：‘即使他所爱的、他给予其财产的不是他的妻子，而是一个叙利亚人或一个努比亚人，但谁又能使他所说的事情无效呢？……让事情按照先知阿门克哈乌……所说的完成吧。’”①

第五，奴隶也可能像奴隶主的财产一样被国家没收。拉美西斯十一世在位第 19 年，军队书吏荷尔从其劳动于王陵机关的父亲艾弗纳姆恩那里继承来一个女奴隶，但在其父死后，他的父亲被指控参与了掠夺陵墓的活动，因此判决没收他的这个女奴，将其转交给王陵机关。

当然，奴隶的境况并不都是一样的。有的奴隶的情况可能由于某种原因稍好一些。有的奴隶可能由于某种原因而被释放，获得自由。图特摩斯三世时代，就有一个释放奴隶的声明。奴隶主是国王的一个理发师，名叫撒巴斯提特。被释放的这个奴隶是理发师在战场上抓获的一个俘虏。声明说：“撒巴斯提特，国王的理发师，出现在国王宫廷的 hra-n-KP(按：一种特殊法庭，其意义不详)的面前，说：‘名叫阿麦尼乌的这个人，被算作是我的一个奴隶，他是我随国王亲征时亲手抓获的。……他将不会被打，他将不会被强制为国王服役。我把我自己的姊姊涅别塔之女嫁给他为妻，(她的名字叫)阿克阿门特，并且我将让他同我的妻子和姊姊一样分配。他也不会有贫困之虞。……如果他完成我姊姊的服役量，他将永远不会受到任何人的不良对待。”这份声明表明，释放奴隶需经一种法庭的批准方为有效，并且要有公证人和证人参加。②

也有的奴隶被收为养子，并可继承家产。骑兵军官涅布涅菲尔将几名

① 北京师范大学历史系世界古代史教研室编：《世界古代及中古史资料选集》，第 47～48 页。

② 卢浮宫博物馆石雕，No. 11673，载《古史通报》1952 年第 1 期，第 222 页。

奴隶转让给自己的妻子勒涅菲尔，后来他们又宣布将几个奴隶收为养子，并将其中一个女奴嫁给勒涅菲尔的幼弟为妻，还声称，他们可平分家产。铭文说：

（被收为养子的孩子之出身）

在这一天，骑兵长官涅布涅菲尔同其妻子、斯别尔麦利的塞特（神之）女歌手勒涅菲尔一起宣布："我们获得了女奴狄纳哈托利利，而她生了三个孩子——一个男孩和两个女孩，共是三人。而我收留了他们，我养大了他们，我使他们长大成人了。并且我同他们一起活到了今天，他们也没有对我做过坏事，他们对我作了许多好事。除他们之外，我膝下无儿无女。

（勒涅菲尔将帕狄乌收为养子，并将被收养的长女嫁给他）

骑兵长官帕狄乌进了我的家门，他把他们的长姊塔阿蒙作为自己的妻子——而他是我的亲属——他是我的幼弟。为了她①，我接纳了他，迄今他同她生活在一起。

（塔阿蒙及她所生之子将成为涅木虎）

而后，我使她②作了……法老土地的涅木虎，当她生下儿女时，——他们也将成为……法老土地的涅木虎，同骑兵长官、我的兄弟帕狄乌一样。

（指定帕狄乌为被收养孩子的保护人）

而这些孩子将会同他们的姐姐一起在帕狄乌，这个骑兵长官、我的幼弟的家中。今天我使他对待他们，完全像对待自己的孩子那样。"

① 塔阿蒙。
② 塔阿蒙。

（勒涅菲尔保证收养并威胁那些对收养权利提出异议的人们的誓辞）

她说：“……我把这些人作为被登记注册于……法老土地的涅木虎来对待。而如果他们的母亲或他们的父亲的儿子或女儿、兄弟或姊妹对他们的权利提出异议，除了我的儿子帕狄乌之外——他们被托付给他①根本不是作为奴隶（bik・w）——他们被托付给他是作为兄弟或姊妹，是作为……法老土地的涅木虎，谁若把他们当作奴隶，……”

（勒涅菲尔把自己的全部财产遗嘱给被收为养子的人们）

而如果我有田地，如果我的田地上有任何财富，如果我在商人那里有任何东西，它将由我的四个孩子——帕狄乌是其中之一——加以分配。

（帕狄乌被指定为全部遗产的管理人）

至于我所说过的事情，——它们完全被遗嘱托付给帕狄乌，我的儿子，他在我成了寡妇和我的丈夫去世之后对我做了好事。②

还有的奴隶，虽未脱去奴隶的身份，但已占有土地等财产，或已独立经营，独立租佃土地，有自己的家庭，自己的经济。

例如，在巴凯尔的《法老埃及的奴隶制》一书中公布的《开罗石碑$\frac{27|6}{24|3}$》中，记载了几个占有土地的奴隶。这几个奴隶可能是由于“度着穷困的生活”而被迫出卖自己占有的土地。石碑的铭文说：

---

① 这些奴隶被托付给帕狄乌。

② 北京师范大学历史系世界古代史教研室编：《世界古代及中古史资料选集》，第45～46页。

凉鞋制造者别尼乌恩的声明，他说："至于我，女市民舍狄谢，我的奴隶(hm)来对我说：'在我还活着之时，关心我一下吧。而你将获得属于我的土地。别让我将它给予(或卖给)别人，不认识的人。'他给了我1.25克赫特土地。我为此而给她的东西的清单是(布匹、谷物和其他各种好东西)。"

女市民塔阿特的声明，她说："至于我，我的一个奴隶塔白斯来对我说：'我生活在困境之中，愿给我一点东西，而我将把属于我的，同我在一起的土地给你。不要让我将它给予(或卖给)某个别人。'她给予(或卖给)我的土地的清单是(在激流地区的纳赫布特处的8纳乌比阿土地……)，为此而给她作为交换的是(衣服、谷物、油等等)。"①

又如，在伽丁内尔的《维勒布尔纸草》中，记载了若干个独立租佃土地的奴隶。在该书第59节中记载说：

26.35 丈量给帕涅布塔乌　奴隶　阿鲁尔 3·1 谷物标准 $1\frac{2}{4}$②；

26.36 丈量给塔巴斯　女市民·阿鲁尔 3·1 谷物标准 $1\frac{2}{4}$；

26.37 丈量给帕哈努　沙尔丹之仆人·阿鲁尔 3·1 谷物标准 $1\frac{2}{4}$；

…………

① [埃及]A. 巴凯尔：《法老埃及的奴隶制》，第85～86页；并见[苏联]司徒切夫斯基：《论埃及新王国时期奴隶制的特殊形式》，载《古史通报》1960年第1期，第3～10页。

② 1阿鲁尔相当于1斯塔特，是土地面积单位。"3"是指他租种的土地数量是3阿鲁尔，而"1"是指在此情况下应纳税的土地是1阿鲁尔。1阿鲁尔为2735平方米。$1\frac{2}{4}$是指每阿鲁尔土地征收1哈尔谷物。一般$1\frac{2}{4}$为1哈尔，等于72.68公升。下同。

26.42 丈量给纳赫特阿蒙　放牧山羊者　　　•5•1 谷物标准 $1\frac{2}{4}$……①

在该纸草第 228 节中记载说：

81.45 丈量给拉伊阿　　祭司　已死，在(他)孩子手中•5；没被注意到②；

81.46 丈量给涅布涅菲尔　奴隶，已死，在(他)孩子手中，5J 阿鲁尔 $1\frac{2}{4}$ 谷物标准 $1\frac{2}{4}$。③

从《维勒布尔纸草》的资料看，这些奴隶在以下 4 个方面同其他自由民有相同之处：一是同样独立地佃耕土地；二是按同样的比率缴纳租税；三是同样可以将自己佃耕的土地转交给自己的孩子，即世袭租佃(为此而需要何种手续则不得而知)；四是同样有自己独立的家庭，有自己独立的经济，因为没有独立的家庭，就不会有自己的孩子，没有独立的经济就不可能佃耕土地，缴纳租税。

被释放的奴隶，被收为养子的奴隶，占有财产并可独立经营的奴隶的状况虽然比别的奴隶可能要好一些，但是他们的处境也是很艰难的(至少其中的大多数会是这样的)。因此，在《开罗石碑 $\frac{27|6}{24|3}$》中，那些奴隶才会因为

① 北京师范大学历史系世界古代史教研室编：《世界古代及中古史资料选集》，第 50 页。

② “已死，在他孩子手中”，是说拉伊阿已经死了，这块土地现在由他的孩子耕种着。“没被注意到”，即以前征税者未发现的土地。

③ 北京师范大学历史系世界古代史教研室编：《世界古代及中古史资料选集》，第 51 页。

十分穷困而不得不将自己占有的土地拿去卖掉。在《维勒布尔纸草》中记载的佃耕土地的奴隶，他们佃耕的土地很少，维持生计也十分艰难。

所以，在新王国时期，奴隶也曾有过各种形式的反抗斗争。例如，有的奴隶偷盗奴隶主的财产。莱登博物馆收藏的一份纸草记载，第 19 王朝时期，一个女奴偷盗了引路人帕哈利的很多东西：青铜器皿(洗涤用具)1 件，值 20 德本，赔偿金为 40 德本铜；青铜器 1 件(具体名字不详)，值 6 德本，赔偿金为 18 德本铜；青铜痰盂 1 件，值 6 德本，赔偿金为 18 德本铜；青铜器 1 件，值 3.5 德本，赔偿金为 10.5 德本；青铜器 1 件，值 1 德本，赔偿金为 3 德本；上好的埃及质料的衣服 2 件，赔偿金为 6 德本铜；上好的上埃及质料的被扔弃的衬衫 1 件，赔偿金为 3 德本铜；线 17 捆，赔偿金 51 捆线；毛发……1，赔偿金 3。① 这些赔偿金由谁出铭文没有讲。

逃亡是奴隶采用的最通常的反抗形式。有 2 份资料可以说明：一份是波隆博物馆的第 1086 号纸草，另一份是大英博物馆的《阿纳斯塔西纸草》。二者均属第 19 王朝时期。

波隆博物馆的第 1086 号纸草上的铭文说的是追踪孟菲斯的托特神庙的一个叙利亚籍奴隶纳卡狄的事。铭文内容如下：

> 书吏白肯阿蒙致托特神庙祭司拉麦斯……我寻找过(有关)托特神庙的叙利亚人，关于他的情况你在给我的信中曾经写到。我找了他，在第 3 年舍姆季第 2 月第 10 日，他作为要塞首长带来的运输船上的一个奴隶，成了你管理之下的托特神庙的农民。你知道——他的叙利亚名字是纳卡狄，舍列尔奇之子，他的母亲是克狄，他出生于伊鲁都——他是托特神庙运输船船长克恩利船上的奴隶。他的监督说："法老……iwjt 队伍的报告人首长哈艾米别特为了带走他而抓住了他。"我赶到法老的……iwjt 报告人哈艾米别

① 《古史通报》1952 年第 1 期，第 224～225 页。原载《埃及考古学杂志》第 13 卷，第 186 页。

特处——他否认有此事。他安慰我说："维西尔麦利舍赫麦特抓住了他，以便带走他。"我赶到维西尔麦利舍赫麦特处，他和他的书吏一起否认了此事，说："我们没见过他。"我每天搅扰S·K.t长官，对他说："把你抓到的那个托特神庙的叙利亚籍农民交出来吧，以便把他带给他的祭司。"我同他一起在大法院进行了辩论……①

但是最后仍无结果。

《阿纳斯塔西纸草》讲到追捕2个逃亡奴隶的事，内容而下：

特库弓箭手长官卡·克·威尔致安尼弓箭手和巴-克-普塔弓箭手长：

……另有一事就是：我受陛下……的派遣，在第3季的第3月第9日的晚上追踪这两个奴隶。现在当我于第3季第3月第10日到达特库边境时，据说他们在第3季第3月第10日时经过了这里。当我来到关塞时，人们告诉我说守兵从沙漠来说他们已过了谢提米尔-尼普塔……的米格多要塞以北的长城。

你收到我此信后，希函复有关他们的一切情况。谁发现了他们的踪迹？哪个守兵发现他们的踪迹？什么人在追踪他们？写给我有关他们的一切情况，以及你派了多少人去追捕他们。②

① 波隆博物馆，No. 1086。

② 北京师范大学历史系世界古代史教研室编：《世界古代及中古史资料选集》，第53～54页。

# 第九章　新王国时期的土地关系

新王国时期埃及奴隶制经济的繁荣、生产力水平的提高、整个奴隶制经济的极大发展、商品货币关系的发展，这一切对埃及的土地关系产生了什么影响？自古王国时期以来，埃及经过这么长时期的发展，在土地关系上发生了什么变化？

## 第一节　新王国时期土地占有的情况

就现有资料来看，新王国时期土地占有的总的格局同古王国时期相比没有发生什么大的变化(至少就奴隶主阶级对土地占有的情况而言是如此)，但在某些方面也出现了一些新的情况，农村公社问题更加模糊不清了。

### 一、国家和国王占有的土地

国王占有的土地仍然很多，遍布全国各地。《维勒布尔纸草》中的某些部分，记载了国王在中部埃及占有的大量土地。纸草“A”中的第196节中记载说：“72.6在宝库首长蒙图塔维管理之下的法老的宝库。72.7为北部绿洲之驴而生产牲畜饲料的该家(按：指国王之家)的领地”。第198节记载说：“72.20法老之MUHT-土地(按：为法老占有土地之一类)，在祭司首长麦利巴利斯特管理之下。”第201节记载说：“72.34在他(大概是指在第200节中的征税首长)管理之下的法老的哈达-土地(按：也是法老占有土地的一类)。”①

在屏洛墓的铭文中，记载了第20王朝国王拉美西斯二世一个雕像的祭田及其四周的地界。其表明，国王对如此遥远的沙漠地区也占有不少土地。因为屏洛是在努比亚的戴尔这个地方任职的，国王的这座雕像及其祭田就在他管辖的地区里。雕像的祭田当然是属于国王所有的，共5块，23克赫特(按：每克赫特Khet等于10斯塔特或10阿鲁尔)，共230斯塔特。这些祭田四周还有不少国王的土地。例如，其第1块祭田的地界：“南边是长眠于米阿姆的国王之妻涅弗列泰勒的领地的土地。”第2块祭田的地界：“北边是法老的亚麻田。”第3块祭田的地界：“北边是在瓦瓦特总督领地中的法老的亚麻田。”第4块祭田的地界：“南边是法老的亚麻田。”

国王经常向神庙捐赠土地。第18王朝国王图特摩斯三世的《加冕礼铭文：建筑和献纳》中记载说，在他的加冕礼时，一次就赠给阿蒙神庙土地2800斯塔特，还有南方和北方的很多土地，以及其他许多东西。②

国王赐给个人以土地的一个例子是第18王朝末叶的一个铭文《埃耶的界标》。国王埃耶将154斯塔特土地赐给他的一个官吏(其名字和官职已失)及其妻子(名叫穆特涅吉麦特)。③

管理王室地产的专门官职的设立，这从另一个侧面说明了王室地产的规模。例如，第18王朝女王哈特舍普苏特统治时期的一位宠臣、阿蒙神庙的高级祭司森穆特，在他的铭文中说，他受二君(哈特舍普苏特和图特摩斯三世)的宠幸，被任命为遍布全国的国王地产的长官：“她指定我做她遍及全国的地产的首长。”④第18王朝阿蒙霍特普三世统治时期的著名贵族哈皮

---

① 《古史通报》1961年第3期，附录。

② [美]J. H. 布利斯特德：《古代埃及文献》第2卷，第428页。

③ [美]J. H. 布利斯特德：《古代埃及文献》第2卷，第428页。

④ [美]J. H. 布利斯特德：《古代埃及文献》第2卷，第152～153页。

之子阿蒙霍特普在铭文中提到，有“地产监督首长”的官职。① 图特摩斯三世时的《传令官殷特弗的石碑》中讲到有“国王地产一切劳作的领导人”的官职，这位殷特弗的官职也是管理国王地产的。②

国家土地，其收入归国库，但显然，国王也可以支配这项收入(如代表国家捐赠给神庙、赠赐给个人)。

## 二、神庙占有的土地

《哈里斯大纸草》中记载的第20王朝拉美西斯三世国王赠送给各类神庙的土地数量惊人(共计1070419斯塔特)。据布利斯特德推算，在《哈里斯大纸草》中记载的神庙土地占全国土地的15%，劳动力占全国劳动力的2%③；而据谢德勒的推算，该纸草中记载的神庙耕地占全国耕地的10%，劳动力占全国居民的6%。司徒切夫斯基认为，该纸草现在仅剩下1/3，因而实际上纸草上记载的土地和劳动力应更多，占的比重应更大。④

在此后不久的拉美西斯五世时代编成的《维勒布尔纸草》“A”中，所记录的大部分土地是属于各类神庙的(这份纸草就是一份土地丈量清册，丈量的土地在中部埃及)：

(第51节)

21.17 在阿蒙(最高)祭司拉麦苏纳赫特管理之下的神之王阿(蒙-拉)之家。

21.18 在管理人戈尔涅非之手的该家(按：即阿蒙拉之家)之田产。

① [美]J. H. 布利斯特德：《古代埃及文献》第2卷，第179页。

② [美]J. H. 布利斯特德：《古代埃及文献》第2卷，第299页。

③ [美]J. H. 布利斯特德：《埃及史》，第175页。

④ [苏联]司徒切夫斯基：《古代埃及王室经济的神庙形式》，第10～12页。

（第 58 节）

25.21 上下埃及之王乌舍尔马阿特拉斯（赫别伦尔）的多年的神庙。

在〔阿蒙〕最高祭司管理之下的该家田产。

（第 60 节）

在阿蒙之家，（上）埃及之王赫克马阿特拉索特潘之神庙。

在涅莫阿布（他已死）管理之下的该家之田产。

在副手伊维管理下的该家之田产。①

神庙土地除国家、国王捐赠的之外，还有私人捐赠的。例如，在斯特拉斯堡埃及学研究所保存的编号为第 1378 号的石板上有一个铭文（属于第 19 王朝的拉美西斯一世时代），铭文说：

上下埃及之王、拉之子、拉美苏（永远赋予生命的）……在位第 1 年舍姆季第 1 月第 10 日，在这一天，弓箭手长官、要塞长官伊依说："我把 50 阿鲁尔土地作为给要塞的阿蒙拉神的神圣牺牲。我给 21 阿鲁尔土地作为自己的贡献，也像……阿鲁尔土地作为……之子安提阿伊的贡献一样。"②

又如前面提到的阿蒙霍特普三世时期的一个王家总管阿蒙霍特普在自己的一个刻于调色板上的铭文中宣布将自己的土地、奴隶及牲畜全部捐赠给普塔赫神庙的一座雕像，而他的土地有几百阿鲁尔。在开罗博物馆保存有一份编号为第 65834 号的石板，上面有一个铭文（发现于努比亚的伊普萨

① 《古史通报》1961 年第 2 期，附录。

② 《古史通报》1952 年第 1 期，第 248 页。

门布勒），记载的是库什地方一个名叫帕沙尔的王子赠给神庙 7 克赫特土地的事。此铭文属于第 19 王朝拉美西斯二世国王在位时期。①

## 三、神庙对所占土地的权利

神庙土地来源多样，其享有的权利也不一样。

司徒切夫斯基认为，新王国时期的神庙经济同王室经济是一个统一的整体，神庙经济是王室经济的细胞，是依附于王室经济的。他认为，新王国时期"法老们同底比斯祭司集团的冲突和斗争是在统一的世俗—祭司行政机关中，王室—神庙经济内部进行的，当时还保持着国家的政治统治，神庙领地没有分开，而是继续起着整个国家体系的细胞作用"。② 西方的一些学者则持与此相反的观点。例如，著名的法国埃及学家马斯伯乐认为，在新王国时期，底比斯的王神阿蒙，可能比埃及的国王们享有更多的对帝国北部和南部的军事行动的成果。③ 迈耶尔认为，马斯伯乐所说的那种情况的后果是，当"王权越来越削弱时，阿蒙最高祭司的作用就增长起来"。布利斯特德也持这种观点，他说，据《哈里斯大纸草》的资料，神庙拥有大量的财产。他强调说，神庙"对国家经济的稳定是一个威胁……因此，他的(按：指拉美西斯三世)收入逐渐衰落的宝库必须清除这个压在他身上的沉重的捐助的负担"。他们把神庙经济同王室经济完全对立起来，并用法老们对神庙的慷慨捐赠来解释新王国后期王权的衰落。在他们看来，新王国末叶底比斯的神庙起了国中之国的作用。④

应当说，这两种对立的观点虽然都有一定的道理，但又同样具有片面性。

---

① 《古史通报》1952 年第 1 期，第 248 页。

② ［苏联］司徒切夫斯基：《古代埃及王室经济的神庙形式》，第 7～8 页。

③ ［苏联］司徒切夫斯基：《古代埃及王室经济的神庙形式》，第 5 页。

④ ［苏联］司徒切夫斯基：《古代埃及王室经济的神庙形式》，第 5～6 页。

一方面，忽视神庙经济同王室经济的区别和相对独立性，把神庙经济说成是王室经济的一个组成部分是错误的，其错误在于：第一，它过分地夸大了国王对神庙经济的控制，没有看到神庙经济并不等于王室经济，它拥有相当大的独立性，并低估了古代埃及神权的相对独立性，神庙祭司是奴隶主阶级中一个十分强大的集团。虽然在古代埃及(包括新王国时期在内)，高级行政官吏、维西尔，往往兼任神庙最高祭司，管理神庙财产。但在一般情况下，国家、国王也不能随意地支配神庙的经济收入和财产，不能随便动用神庙的土地和劳动力。因为神庙的土地、财产和劳动力是属于神的。第二，没有看到正是因为神庙经济上拥有相当大的独立性，所以它在政治上也拥有相当大的独立性，甚至还在一定时期里与王权相对立(当然不是在所有时期)，企图驾驭王权。第 18 王朝的阿蒙霍特普四世之所以要进行改革(著名的埃赫那吞宗教改革)，在某种程度上说，就是为了要摆脱神庙妄图对王权进行控制的企图，改革反映了王权同以阿蒙神庙祭司为首的神权势力的矛盾。试问，如果神庙经济是王室经济的一个组成部分，是附属于王室经济的，那为什么埃赫那吞改革时还要没收阿蒙神庙的财产而转赠给阿吞神庙，改革失败后阿吞神庙的财产又归还给了阿蒙神庙。捐赠或没收神庙财产，不正好说明神庙经济不是王室经济的一部分，而是彼此有区别的，说明神庙经济是一个独立的部分吗？第三，神庙土地必须向国家纳税，而从未听说过王室土地也要向国家纳税一说。例如，缪亨博物馆收藏的一份纸草，即《莫克纸草》中的铭文说，第 18 王朝国王图特摩斯三世在位时期，一个名叫麦利的军官控告宝库首长舍别克霍特普未征收一个哈托尔女神神庙的税。后来法庭判决说，这个问题是一个已经解决了的问题，麦利的控告是一种诬告，因而判处他挨 100 棍。①

另一方面，夸大王室经济同神庙经济的对立性，从而夸大它们在政治

① 《古史通报》1952 年第 1 期，附录。

上的对立，这也是片面的、不对的。因为：第一，如果它们是完全对立的，那为什么国王还要一而再再而三地将大量财产捐赠给神庙呢？那不是完全不可理解的吗？第二，应当说，新王国时期王权同神权总体上说是互相支持、互相利用的。特别是当时神庙奴隶主已不再是氏族制残余，而是奴隶制的产物，它们和王室同是奴隶主阶级的一部分，它们的共同利益大于它们的分歧和矛盾。事实上，新王国时期王权之所以将大量财富给予神庙，是因为神权在维护、巩固王权方面起过重大的作用，起过独特的作用。王权给予神庙的财富绝不是给予自己的政治敌人。

应当说，在新王国的不同时期，王权与神权的关系是不一样的，是有变化的，它们有共同的利益，也有存在矛盾，既互相支持，也互相利用。它们在权力和财产的再分配上也有过严重的斗争。

## 四、私人占有的土地

新王国时期奴隶制经济发展和繁荣的一个重要表现和结果，是私有奴隶制经济的发展。在所有制方面则表现为私人占有形式的发展，这在主要的生产资料土地的占有方面也明显地表现了出来。从古王国时期的资料中，我们看到私人占有土地者基本上是官僚贵族奴隶主(如梅腾、伊比)。在新王国时期，虽然私人占有土地最多的仍是官僚贵族奴隶主，但是中下层居民占有的土地明显增加了。

《麦西档案》中讲到，王家牧人涅布麦西占有土地，并将其卖给牧人麦西。因此，麦西也是占有土地的。麦西不是什么官僚贵族，而是中下层，但占有土地。

在《开罗石碑$\frac{27|6}{24|3}$》中讲到奴隶占有土地并将其卖给他们的主人。凉鞋制造人、女市民等可以买到土地，从而占有土地，他们都不是官僚贵族，而是普通居民。屏洛墓铭文中讲到国王雕像的祭田四周时说到，其第 3 块

土地的“北边是牧人巴虎的地”，第 4 块土地的北边是一个名叫阿拉萨的人的土地。牧人巴虎不是官僚贵族，而是普通居民，阿拉萨也显然不是官僚贵族，至少铭文中没有提到他的官职。

柏林博物馆馆藏的一份编号为第 8523 号的纸草，记载了第 20 王朝时期一个名叫舍德苏洪苏的弓箭手长官，洪苏之家的书吏给他的佃户、一个努比亚农民帕涅别纳吉德的一封信，要收回此佃户租佃他家的地，后又允许他继续租佃的事情。这个舍德苏洪苏虽然也有点小职位，但大概算不上一个贵族。他占有土地，并用以出租。①

这些中下层居民占有的土地一般在数量上不会很多。涅布麦西一次卖给麦西的土地才不过 3 斯塔特。《开罗石碑$\frac{27|6}{24|3}$》中，奴隶出卖土地的数量也很少，一个卖 1.25 克赫特，即 12.5 斯塔特，一个卖 17 纳乌比阿，一个卖 8 纳乌比阿(按：1 纳乌比阿的确切数量不清，但大概不会大于 1 斯塔特)。桡夫长雅赫摩斯久经沙场，多次得到赏赐才不过 60 斯塔特土地。

但每个贵族占有的土地却要多得多。阿蒙霍特普三世的总管阿蒙霍特普占有土地达 430 阿鲁尔，其中国王赐地 220 阿鲁尔。哈皮之子阿蒙霍特普大概也占有许多土地，以至于国王命令用奴隶去为其耕种卡-礼拜堂的祭田。国王埃耶赠给已失去名字的官吏 154 斯塔特土地。

苏联科学院编《世界通史》的作者指出：“随着古代世界贵族势力最后残余(州长的大官农庄)的消灭，‘私宅’这个词在新王国就不再使用了。”②第 18 王朝时期的一个铭文，隐约地提到一个大臣在上埃及和下埃及占有领地。在一些墓壁上常常绘着不少人，在田间和打谷场替墓中死者干活的情景。但是我们还没有得到任何证据可以证明第 18 王朝大臣的领地规模接近古王国时期大官的领地或中王国时期州长的领地。新王国时期的史料没有

① 《古史通报》1952 年第 1 期，第 253～254 页。

② [苏联]苏联科学院编：《世界通史》第 1 卷。

什么能与古王国时期的大官的几十个村子的表册相比的东西。在第 18 王朝末，有一个被法老“从低微地位”提拔起来的军事长官，他想夸耀自己的新地位，可是他却只能自称是一个村子的“主人”。①

这说明，旧式的贵族或者被消灭，因而其地产也就因之而瓦解，不复存在；或者这些贵族子女世代相承，也逐渐将贵族的地产肢解了。于是旧式贵族的大地产被奴隶制的较小的地产所代替。这些地产或靠国王赏赐，或靠世袭，或靠自己积累，但不可能那么庞大了。

私人占有土地的来源，从这时的资料看，有继承、买卖、获赏等。

关于继承和遗赠土地的例子，如在萨卡拉出土的属于第 19 王朝拉美西斯二世时期的一个名叫麦西的人的墓墙上的铭文中说，麦西的祖先涅斯因功而得到第 18 王朝的开国君主雅赫摩斯的赐地(其数字不详)。这块土地经过世代相传承袭下来，直到麦西的时代。而在麦西的父亲赫维时期，这块土地作为遗产而在赫维及其兄弟姊妹间瓜分了。但在赫维死后，他的妻子即麦西的母亲涅布涅菲尔特前去耕种自己那一份土地时，别人(可能是麦西的叔伯们)却不让她耕种，以致引起一场诉讼，麦西的母亲将此事告到了维西尔处。

《维勒布尔纸草》中讲到佃耕的土地也可继承下来继续佃耕。纸草中多次说到此地已不在承租人之手，而在其子手中。

关于土地买卖，似乎有以下几种情况。

上面讲到的《麦西档案》中的王家牧人涅布麦西将一块土地卖给大有角畜牧人麦西，铭文记载：“今天，涅布麦西又向牧人摩塞请求，致辞如次：‘请给我一只乳牛，作为三斯塔特耕地的买价’。于是摩塞给他一只乳牛，值[银]二分之一得便……”②这个铭文就是一份契约，有时间，有人物，有

① [苏联]苏联科学院编：《世界通史》第 1 卷，第 466 页。

② 林志纯主编：《世界通史资料选辑・上古部分》，第 20～21 页。

土地数量及代价，还有证人。不像梅腾墓铭文中那样是一笔糊涂账。自然，仅凭这份契约本身很难肯定地说，这块土地是涅布麦西的私有地，还是他作为王家牧人而给的份地。但从契约看，似乎这种买卖是十分自由的，没有去征求国家机关的许可，就像涅布麦西将自己的奴隶租给他人一样，因而很像是出卖自己的私有土地。在契约中，买卖双方都未申明土地是第三者所有，这在一般情况下似乎只能说，土地原来就是卖者的，而不是别人给的或别的什么所有者的。如果是这样的话，那么，这种买卖应当说是所有权的转让，卖者出卖的是所有权，买者得到的也是所有权。《世界通史》作者认为："在整个新王国时期都有关于私人领地的记载，但是这种土地是私有财产或者仅仅是领地，在每一个别情况下很难肯定地说明。"①

《开罗石碑$\frac{27|6}{24|3}$》中所反映的土地买卖，即奴隶出卖土地的现象，似乎可以说是一种特殊形式的土地买卖关系。在一般情况下，奴隶不占有生产资料，不拥有财产权，他们的人身不属于他自己，而属于他的主人，他们自己就是他主人的财产。但在新王国时期却出现了不仅占有土地，而且可以将土地出卖的奴隶。这种土地是否是奴隶的私有财产，这种土地买卖是否是所有权的转让，我们并没有这些奴隶所占有的土地的来源的任何资料来证明这一问题，因而无法说出其享有的实际权利。但我们至少可以肯定两点：第一，奴隶主不是他所购买的土地的所有者，因为如果他是土地的所有者，他又花钱再去买一次，就不合情理了。第二，奴隶对他所出卖的土地的权利比使用权大，因为他们可以自由地去处置它，甚至可以较自由地卖掉它。虽然奴隶要首先去问问他的主人是否想买，即他的主人有优先购买的权利。如果他们的主人不想买，那么他们就可卖给别人。从两河流域地区新巴比伦王国时期的情况看，独立经营的奴隶所拥有的包括土地在

① ［苏联］苏联科学院编：《世界通史》第1卷，第466页。

内的财产，奴隶对其不一定拥有最后的使用权。因为这些奴隶只有在他们的主人允许其独立经营时，他们才有一定的独立性，拥有一定的自由。他们的自由和独立性随时都可能被其主人收回，从而他们的财产也会被其主人收回，所以最后的使用权实际上还在他们主人手里。埃及的情况如何我们不得而知。

此外，在《维勒布尔纸草》中还反映了一种土地转手的情况，似乎也与土地买卖相类似。在第 84 节中有这样的记录：

> 35.31 法老的 npuctahb，在戈尔都(地区)。
>
> 35.32 被丈量的是从帕马镇往南(之地)。
>
> 35.35 普拉赫拉涅麦尔　　御手　　土地在农民阿蒙莱米别特手中。205 • 谷物量 1 $\frac{2}{4}$。①

在这里，原本是普拉赫拉涅麦尔租种法老的土地，却转到了农民阿蒙莱米别特手中。是通过什么方式转手的呢？是买卖还是转租？转手的土地并非他们的私产。这种转手似乎未经王室经济的管理机关的许可，因而在丈量土地时才知道已经不是原来的人在耕种了。如果这是通过买卖的方式实现的，那么只能是使用权的转让。

上述有关土地买卖的资料说明，这时土地买卖的事实肯定要多得多，而且同古王国时期相比反映的深度也不可同日而语。这说明了奴隶制经济、商品货币关系已发展很充分了，对土地所有制关系产生了很大的影响。

关于赐地，除了上面已提到过的以外，还可举出第 18 王朝初年图特摩斯一世时期一个名叫玉弗的人的石碑上的铭文资料。该石碑记载，王后阿

---

① 《古史通报》1961 年第 2 期，附录。

霍特普曾赐给他“高地和低地”。①

从前文所引的麦西的例子来看，因功而获赏的赐地完全可以像私有土地一样来处理，可以世袭，在分家时可作为财产而分掉。从总管阿蒙霍特普的调色板上的铭文可知，赐地也可转赠他人。虽然他不是转赠给私人，而是转赠给神庙。

在讲到古王国时的土地关系时我们曾经指出，目前史学界对古代埃及的土地关系问题有着不同的见解，或者认为是王有、国有，或者认为是私有，而且各有所据，各有所本。他们的共同点则是认为古代埃及的所有制是单一的，是固定不变的，没有发展变化。

本书认为，这种看法不妥。从实际资料看，古代埃及并非单一的所有制，而是多层次或多种形式的所有制，而且处在不断变化之中。

当然，在这时这种多层次或多种形式的所有制都是奴隶制的所有制关系。就奴隶主内部而言，每个层次或每一种形式都表明了他们对土地的所有权，都可将其所有的土地遗赠、转让、买卖，并都以此去剥削劳动者而获得剩余产品。

多层次或多形式的所有制，是与当时生产力发展的水平，整个奴隶制经济发展的水平相适应的，也是由它决定的。当时奴隶主阶级中那么多层次、集团(王室家族、神庙祭司、贵族奴隶主、中小奴隶主)是多层次或多种形式的所有制在阶级关系上的反映。

国家或国王不是全部土地的所有者，无论名义上还是实际上都不是，这在新王国时期尤其如此。也不是全部土地都归私人所有，神庙更没有控制全部土地。应当说，这几个层次或形式是互为补充，互相渗透的，国家的和国王的土地可能改换成私人的和神庙的，而私人的和神庙的土地也可在一定条件下变成国家的和国王的。国家的土地打上了奴隶制的烙印，而

① ［美］J. H. 布利斯特德：《古代埃及文献》第 2 卷，第 45 页。

私人的和神庙的土地也在某种程度上打上了君主专制的烙印。

至于各类奴隶制所占生产资料的比重，因无确凿的统计资料而无法说出肯定的意见。但总体似乎可以说，其所有制在发展，但速度十分缓慢。其原因在于：第一，国家、国王和神庙占有的土地非常多，且控制得十分牢固，不易进入流通领域，不易成为私人所有的生产资料，这就大大限制了所有制的范围。第二，商品货币关系相对不发达，这也大大限制了生产资料私有化的速度，限制了所有制的发展水平。

但是，在新王国时期，在奴隶主阶级内部，所有制的形式或层次由过去的3种或3层变成了4种或4层，即国家、神庙、官僚贵族、一般奴隶主(或中下层奴隶主)。这是商品货币关系发展的结果，奴隶制经济总的发展的结果。

## 五、新王国时期奴隶主土地经营的主要方式

新王国时期，奴隶主的土地采用的经营方式是集中的还是分散的，从古王国时期以来在经营方式上有什么变化?

从苏联科学院编的《世界通史》所引用的资料及其他资料来看，奴隶主经济中，特别是王室经济中，仍然存在集中经营的形式："第19王朝末期一个青年书吏写给指导人(管理人)的一封报告信中叙述了国王田地上的劳动情况。大麦成熟季节的一天中午，书吏派出做工的人去收集麦穗，只有拿前一天收集的麦穗来交差的人才准许走开。书吏每天给每个收麦人发放口粮，每月发放涂身油料。书记特别报告了运送大麦到打谷场的驴只数字。"①这是典型的集中经营的例子，从一些图画中也可看到集中劳动的情况。②

① [苏联]苏联科学院编：《世界通史》第1卷，第459页。

② 朱龙华：《古代世界史参考图集》，第22页，图154、155。

但是，土地经营方面，在新王国时期更多的则是分散经营，即采用租佃的方式经营。无论是王室、神庙还是私有奴隶主都是如此。可以说，租佃的方式在新王国时期是十分普遍的。

《维勒布尔纸草》①中记载的王室和神庙在中部埃及的若干土地，采用的完全是租佃的方式。

第一，《维勒布尔纸草》中记载的王室地产被租佃的例子(下面的译文是根据俄文译出)：

(第 6 节)

在祭司涅菲尔监督之下的该家(按：指 4 中的“两块土地之王戈尔舍弗之家”)应得谷物·税的份额。

6.8 已丈量由阿特普塔赫摩斯之家居民点往南(之地)：9〔普法伊〕，祭司，耕种舍别克家土地至〔合股〕者、10 祭司〔戈尔〕之田产，20.5 谷物标准 $1\frac{2}{4}$②。

6.11 已丈量赫利雅居民点的水塘附近(之地)：12 农〔民……〕耕种法老(长寿、健康、永生)的克哈达(khato)-土地(按：这是国

① 《维勒布尔纸草》是古代埃及纸草文献中字数最多的一份纸草，虽然它的长度不及《哈里斯大纸草》和《埃伯尔医学纸草》(《维勒布尔纸草》长 10 米多一点，《哈里斯大纸草》长 45 米，而《埃伯尔医学纸草》长 20 米)。纸草是用僧侣体文字写成的，其内容是关于新王国时期第 20 王朝拉美西斯五世统治时期在埃及中部地区的土地测量记录，包括谁的土地、土地的数量、谁佃耕的、佃耕者的身份、佃耕的数量、应当缴纳的租税数量等。纸草分 A、B 两个部分，其中 A 是关于王室的土地的，B 是关于神庙土地的。

② 这里的 20 谷物标准 $1\frac{2}{4}$中的 20 是此人持有的土地面积为 20 阿鲁尔，5 是在此情况下应当征税的土地面积，$1\frac{2}{4}$是指从 1 阿鲁尔(即 2735 平方米，约等于 0.27 公顷)土地上征收的标准。这个标准除了特殊情况以外，一般平均为 $1\frac{2}{4}$哈尔，约等于 72.68 公升。“。”可能类似于引号。

王土地中的一类)之合股者，13(此地)在祭司涅菲尔的(监督之下)，〔30〕。7 $\frac{3}{4}$(英文为7 $\frac{1}{2}$)谷物标准 1 $\frac{2}{4}$。

14 已丈量从涅赫赫居民点的土堤往北(之地)：15 帕……农民，耕种该家土地之〔合股者〕……

16 已丈量赫〔利尔〕卡居民点(之地)：17 帕塞德，农民……

6.18 已丈量涅尼尼苏特居民点偏南的帕乌恩地方附近(之地)：19 帕……农民，耕种该家土地之合股者，……〔20.5〕谷物标准 1 $\frac{2}{4}$。

6.20 已丈量在……新地前面的普……帕达一土地(之地)(帕达土地也是王室土地中的一类)：21 帕艾尼利，祭司，土地肘(1 肘＝27.35 平方米)10.40；22 又为他丈量。50；没被耕种的；23 又为他丈量。12；没被耕种的；24 阿门哈，祭司。10＋x；25……伊利……；26〔又〕为他〔丈量〕……。

6.27 已丈量在……新地偏东之帕达一土地中(之地)：28 舍德(艾门)杜阿，〔农民〕……29〔哈〕艾米别特，祭司……30……〔缺几行〕。

6x＋1……赫尔哈伊弗……；2 又……尔提，祭司。35；没被耕种的；3 戈里，祭司，阿之子。20.8；4 伊舍尼，祭司。2.48；5 塔，祭司，戈里之子。2.34；6 还有。舍德(艾门)杜阿，农民。12；没被耕种的；7 白肯阿蒙，祭司，。20.8；8 舍别克荷特普，祭司。100；没被耕种的；9 别涅菲尔，……100；没被耕种的；10 又，伊舍尼，祭司……24；没被耕种的；11 又，舍别克荷特普，祭司。50；没被耕种的；12 又哈艾米别特，祭司。24；无水的(即没被灌溉的，或灌溉不足的)；13 安哈，农民。10.40。

6x 十 14 已丈量涅尼苏特居民点偏西的岛上(之地)：15 阿萨

艾门赫布，牲畜管理人，在……菜园第中之地：16又为他丈量了。12；没被耕种的；17又为他丈量了种亚麻之地。10.40；18又为他丈量了。20.80；7.1〔又〕为他〔丈量了〕。60.140；2又为他〔丈量了〕。100；没被耕种的；3〔又〕为他〔丈〕量了。60.140；4〔又〕为他〔丈〕量了。20.180；5〔又〕为他〔丈〕量了。200；没被耕种的；6〔又〕为他〔丈〕量了。75；没被耕种的；7阿门哈，〔农〕民。2.10；8帕安涅尼尼苏特，〔农〕民，2.10。

7.9已〔丈〕量涅尼苏特居民点偏西之塔乌阿赫尔恰伊弗(之地)：10戈里，祭司，涅菲尔赫之子。4.20；11又为他〔丈〕量了。6；没被耕种的；12又为他〔丈〕量了。2.10；13〔又〕为他〔丈〕量了。4.20；14〔又〕为他〔丈〕量了。5.45；15彭塔乌尔，〔农〕民，10.40；16利比，〔农〕民。10.40；17涅菲尔赫，……5.95；18戈里，祭司。10.90；19〔又〕为他〔丈量了〕10.90；20〔又〕为他丈量了。100；没被耕种的；21哈托尔，女市民，5.1/4谷物标准12/4；22又为他丈量了。20.80；23又为他丈量了100；没被耕种的；24又，戈里，祭司。5.9〔5〕；25，又为他丈量了。50；没被耕种的；26〔又〕为他丈量了。24；没被耕种的。

…………

7.27已丈量帕伊乌居民点偏西之河岸第：(28—39行缺)

7.40阿门哈，〔农〕民，……

7.41已丈量此地方之……新地中9之地)：42伊涅纳，农民，……50；43戈尔舍弗家之麻田……2(十x)；没被耕种的；44又丈量了……20；45.……农民，〔20.〕80；46吉呼提艾门赫布，祭司……100；47又为他丈量了……。50；48麻田……100；没被耕种的；49又〔为他〕丈量了……；50又〔为他〕丈量了……100；

51已丈量……此地：……52.……53 2.〔4〕8；54.……

〔20.8〕……55.……

56 已丈量……此地：57.……4.20；58.……〔1〕2，没被耕种的。

…………

8.1.……2 利比，〔农民〕……3 又为他〔丈量了〕……4 戈尔舍弗之麻田……5 又帕哈尔，农民，在三处……6 又，利比，农民，在三处……

8.7 已〔丈〕量在〔这地方〕前面之修复的土地：8 舍别克荷特普，书吏，土地肘 24；没被耕种的；9 又为他丈量了。50；没被耕种的；10 又为他丈量了。12；没被耕种的。

8.11 又为他丈量此地偏东之帕特一土地：12 帕伊尔，祭司，土地肘 2.4〔8〕；13 又在三处为他丈量了。75；没被耕种的。

8.14 已丈量此地偏南之岛上(之地)：15 帕伊尔，祭司。2.7〔3〕；16 又为他〔丈〕量了。24.……17 又〔为他〕丈〔量了〕。50；没被耕种的；18 又〔为他〕丈〔量了〕。12；没被耕种的。

8.19 已丈量列萨提……偏西之修复地：20 阿萨艾门赫布舍德，牲畜管理人，土地肘……；21 又为他丈量了。200；没被耕种的；22 又为他丈量了。10.190；23 又为他丈量了。200；没被耕种的；24 伊涅纳，祭司。5.45；25 又为他丈量了。12；无水的；26 又为他丈量了〔。〕5.……；27 又为他丈量了……；28.……

…………

8.32 丈量阿萨艾门赫布舍德……33 伊涅〔纳〕，祭司，……；牲畜管理人……；35.……

8.36 已〔丈〕量……之新地：37 彭涅斯塔威，农民，土地肘〔10〕。14；38 戈尔舍菲纳赫特，农民，〔10〕。14；39 又彭涅斯塔威，农民，……；没被耕种的。

8.41 已丈量在……努赫什偏西之帕特一土地：42 伊赫门特弗，祭司，土地肘 20.……；43 又为他丈量了。50；没被耕种的；44 又为他丈量了。24；没被耕种的；45 又为他丈量了。100；没被耕种的；46 又为他丈量了。50；没被耕种的；47 瓦比斯特，祭司。20.80；48 又为他丈量了。50；没被耕种的；49 又为他丈量了。24；没被耕种的；50 又为他丈量了。100；没被耕种的；51 又为他丈量了。50；没被耕种的；52 纳哈，奴隶。2。10；53 帕安别尔，预言者，在祭司伊赫〔门特弗〕的手中……。

（第 86 节）

36.34 在此田产中的法老的田地。

36.35 已丈量赫特撒赫特居民点偏南(之地)：36 在那里初查手中之城市阿蒙之应得份额，10—＋5.1/2 谷物标准 1 2/4。

36.37 已丈量霍特普塔的水池附近(之地)：38 麦杰德姆雅，女市民，已死。10—＋5.1/2 谷物标准 12/4；39 马厩首长帕巴斯养马之牧场，10—＋5.1/2 谷物标准 12/4。

36.40 已丈量从扎斯提镇往西北(之地)：41 法老文件删了之应得份额，在祭司普拉艾门赫布之手，40；干旱的；42 马厩首长马哈布赫养马之牧场。5.；——。。——；43 舍特哈，沙尔丹之持旗人。5.——。。——。

36.44 已丈量从拍卢安居民点往北(之地)：45 亨努，女市民，已死。10；干旱的；46 阿门哈，沙尔丹。10；——。。——；47 拉莫斯，沙尔丹之仆人……；48，阿门纳哈，牧人，……；49 初初，马厩首长，……；37.1 涅布纳赫特，马夫。5,；干旱的；2 阿门麦纳，祭司。5；——。。——。

37.3 已丈量扎斯提镇往西北(之地)：4 塔伊利，女市民。5；干旱的；5 彭塔乌尔，战士。阿鲁尔 3.1/4 谷物标准 1 2/4；6 帕阿布谷，马厩首长。5；干旱的；7 彭阿蒙，马厩首长。5。1/4 谷物标准 12/4；8 舍得提，沙尔丹之仆人。5；干旱的。

37.9 已丈量从别尔赫弗特居民点往北(之地)：10 哈比奥，马厩首长。5。1/2 谷物标准 1 2/4。

37.11 已丈量瓦吉麦斯堡垒往北(之地)：12 卡里阿，女市民。5；没检查的。

37.13 已丈量阿恩地方之河岸地：14 拉美苏阿蒙赫尔赫别舍弗，国王之子；在农民舍特哈之手。22—＋5.1 谷物标准 1 2/4；16 舍特哈，农民，土地肘 4.20；帕伊瓦，鳄鱼的接近者(可能是祭司的一种称号)，阿鲁尔 3.1 谷物标准 1 2/4；18 舍特麦斯，(牲口的)烙印者，阿鲁尔 3.1 谷物标准 1 2/4。

37.19 已丈量从提恩特尼乌特堡垒往南(之地)：20 本城之狮的阿蒙之家。10—＋5.1 谷物标准 1 2/4；21 塔伊威，女市民。阿鲁尔 3.1/2 谷物标准 12/4。

37.22 已丈量从扎斯提地方之土堤往西(之地)：23 在普拉艾门赫布之手的普罗廷的塞特应得部分。20—＋5.1/4 谷物标准 1 2/4。

37.24 已丈量从查穆特地方之土堤往西(之地)：25 法老之诸神的土地，在女市民塔卡利监督之下。20.1/4 谷物标准 1 2/4；26.……战士。阿鲁尔 3.1 谷物标准 1 2/4。

37.27 已丈量麦利舍特之塔往……：28〔舍得门〕赫布，牧人。10—＋5.1/4 谷物标准 1 2/4；29 伊赫门涅特弗，牧人。10—＋5.1/2 谷物标准1 2/4.

(第 123 节)

46.1 在戈尔都地区中的该家(按：指在上下埃及之王乌舍尔玛阿特拉索特尔之多年的神庙)应得份额之田产。

46.2 T. 已丈量涅哈湖(附近)沙拉别德之井(hnm.t)的附近(之地)：3 舍别克荷特普，农民，法老之帕特一耕地之合股者，在征税首长监督下，5.1/4 谷物标准 12/4；4 献给法老之诸神的土地，在书吏拉莫斯的监督之下。10—+5.1 谷物标准 12/4；5 帕伊瓦，战士。5.1 谷物标准 1 2/4；6 克恩桑赫，沙尔丹。10—+5.1 谷物标准 1 2/4；7 沙拉别特居民点之统治者舍别克的份额，在舍德门赫布之手中，阿鲁尔 3.1 谷物标准 12/4。

46.8 T. 已丈量沙拉别特居民点偏东之水池附近(之地)：9 献给法老之诸神的土地，在书吏拉麦苏的监督之下，20—+5.1 谷物标准 12/4；10 献给法老之诸神的土地，在此前的案头书吏拉麦苏的监督之下，80—+5. 阿鲁尔 2 谷物标准 12/4；11 献给法老之诸神的土地，在书吏帕涅赫西的监督之下，20—+5.1/4 谷物标准 12/4；12 献给法老之诸神的土地，在法老之盾牌手舍特赫尔赫别舍弗的监督之下，20—+5.1 谷物标准 12/4；13 依努尔，农民。阿鲁尔 3.1 谷物标准 12/4；14 瓦的统治者舍柏克的份额，在帕哈尔之手中。5.；没检查的；15 马厩首长伊涅纳所说的养马匹的田地。5；没检查的；16 马厩首长涅布阿所说的用于养马的田地。5；没检查的；17 马厩首长卡玛所说的用于养马的田地。5。1 谷物标准 12/4；18 帕伊利，战士。3 阿鲁尔 3.1/2 谷物标准 12/4；19 尼乌特哈提，女市民。3 阿鲁尔 3.1/2；谷物标准 12/4；20 帕乌恩什，奴隶。3 阿鲁尔 3.1/2；谷物标准 12/4；21 阿麦尼恩苏，女市民。5.1/2 谷物标准 12/4；22 舍特赫尔赫别舍弗，马厩首长。3 阿鲁尔 3.1/2 谷物标准 12/4；23 克恩阿蒙，战士。3 阿鲁尔 3.1/2 谷物标准 12/4；24 涅希阿蒙，战士。3 阿鲁尔 3.1/2 谷物标准 12/4；25 伊伊涅菲尔，战士。3 阿鲁尔 3.1/2 谷物标准12/4；26 舍利拉，女市民。3 阿鲁尔 3.1/2 谷物标准 12/4；27 舍特麦斯，织工。阿鲁尔 3.1/2 谷物标准 12/4；28 涅布阿，初克(利比亚部落之一的名称)军队的持旗人。5；没检查的；29 塔伍尔特，女市民。阿鲁尔 3.1/4 谷物标准 12/4；30 塔伍尔特哈，女市民。5.1/4 谷物标准 1 2/4；31 纳赫托，马厩首长。阿鲁尔 3.1/4 谷物标准 1 2/4；32 帕伊利，养蜂人。阿鲁尔 3.1/4 谷物标准 1 2/4；33 阿吉杜，祭司。阿鲁尔 3.1/4 谷物标准 1 2/4；34 阿门哈，战士。阿鲁尔 3.1/4 谷物标准 1 2/4；35 亨努阿提，女市民。阿鲁尔 3.1/4 谷物标准 1 2/4；36 乌努西，女市民，帕哈尔之女。阿鲁尔 3.1/4 谷物标准 1 2/4。

46.37 T. 已丈量从纳伊拉提居民点往东南(之地)：38 帕哈尔，农民，法老之哈达一耕地之合股者，在税务长的监督之下。20.5 谷物标准 1 2/4。

46.39 T. 已丈量从奥特查之塔(赫)沙拉奥之土堤往南之地：40 麦尔涅普塔赫陛下之御手，马哈从前的……(在这里伽丁内尔读作 rn，并译为："(以)名义"，卢利耶认为这个读法值得怀疑，因此没有翻译)马扎伊人；41 马西。20—+5.1 谷物标准 1 2/4；42 阿门哈，阿门莱姆维阿之子，马厩首长。5.1 谷物标准 1 2/4；43 拉麦苏，马厩首长。5.1 谷物标准 1 2/4；44 又为他丈量了。10—+5.1 谷物标准 1 2/4；45 舍特纳赫特，书吏，在马厩首长舍德门赫布之手中。。5.1 谷物标准 1 2/4；46 帕瓦阿蒙，农民，法老宝库耕地之合股者，47 为了饲养该家〔北部〕绿洲之驴，在他的监督之下的田产。3. 阿鲁尔 2 1/4 谷物标准 1 2/4；48 帕恰伊呼，书吏，耕种〔法老之宝库〕的土地之合股者，在河之左边；49(为了)饲养该家之北部绿洲的驴，在他的监督之下的田产。9. 阿鲁尔 2 1/4 谷物标准 12/4。

47.1 T. 已丈量从此地往西北，2 帕赫尔土堤偏西(之地)：3

塞德洪苏，法老宝库书吏。5.1 谷物标准 1 2/4；4 舍德门赫布之子，马厩首长阿门哈所说的用于养〔马〕之田地。5.1 谷物标准 1 2/4；5 舍德〔门〕赫布，马厩首长。5.1/2 谷物标准 1 2/4；6 涅巴努，战士。5.1/2 谷物标准 1 2/4；7 塔赫维拉拉，女市民。5.1/2 谷物标准 1 2/4。

47.8 T. 已丈量从卡马姆居民点之粮库往东北(之地)：9 马厩首长彭帕伊德呼所说用于养〔马〕之田地。〔5〕。1 谷物标准 1 2/4；10 马厩首长帕恰尔所说用于养〔马〕之田地。〔5〕。1 谷物标准 1 2/4；11 马厩首长舍德麦斯〔所说用于养马〕之田地。5。1 谷物标准 1 2/4。

47.12 T. 已丈量从此地往北(之地)：13 帕涅吉门，沙尔丹持旗人。5。1 谷物标准 1 2/4；14 奥舍提，祭司。〔阿鲁尔 3〕。1 谷物标准 12/4；15 白肯普塔赫，马厩首长。〔阿鲁尔 3〕。1 谷物标准 12/4；16 纳赫特赫尔和别舍弗，马厩首长。阿鲁尔 3。1 谷物标准 12/4。

47.17 T. 已丈量从彭拉呼往北(之地)：18 舍特纳赫特，马厩首长，乌什赫提伊之子。5.1/2 谷物标准 12/4；19 阿门来米别特，战船上的士兵。5.1/2 谷物标准 1 2/4；20 图门纳赫特，马厩首长。5.1/2 谷物标准 1 2/4；21 潘涅布德米，马厩首长。5.1/2 谷物标准 1 2/4；22 舍特桑赫，马厩首长，舍特麦斯之子。5.1/2 谷物标准 1 2/4；23 卡美斯，涅弗提德之家的祭司，〔。〕5.1/2 谷物标准 1 2/4；24 哈托拉米亚，女市民，〔。〕5.1/2 谷物标准 1 2/4；25 塔伍尔特舍得苏，女市民，〔。〕5.1/2 谷物标准 1 2/4；26 舍德门赫布，马厩首长。5.1/2 谷物标准 1 2/4；27 舍德门赫布，祭司，〔。〕5.1/2 谷物标准 1 2/4；28 阿哈乌提涅菲尔，祭司，〔。〕5.1/2 谷物标准 1 2/4；29 安尼，副战车(长)，从前的……(按：

见46.40的注)；30图门纳赫特，马厩首长。5.1/2谷物标准1 2/4；31舍德那木，马厩首长。5.1/2谷物标准1 2/4；32麦利哈托尔，女市民，〔。〕阿鲁尔3.1谷物标准1 2/4；33舍德姆雅，马厩首长。5.1/2谷物标准1 2/4；34塔米，女市民，伊尼乌赫之女。5.1谷物标准1 2/4；35帕巴萨，马厩首长，阿门来米别特之子。5.1谷物标准1 2/4。

47.36 T. 已丈量从别尼提居民点往北(之地)：37 伊利涅菲尔，牧人，〔。〕5.1谷物标准1 2/4；38帕恰尔，祭司，〔。〕阿鲁尔3.1谷物标准1 2/4；39哈德纳赫特，水手。阿鲁尔3.1谷物标准1 2/4；40舍特纳赫特，祭司，同其兄弟姐妹一起。阿鲁尔3.1谷物标准1 2/4；41洪苏，祭司，恰奥之子。阿鲁尔3.1谷物标准1 2/4；42乌斯赫特，仆人。阿鲁尔3.1谷物标准1 2/4；43彭塔乌尔，牧人。阿鲁尔3.1谷物标准1 2/4。

47.44 T. 已丈量从彭拉艾尼布居民点往北(之地)：45舍特纳赫特，代理人，帕萨尔之子，10—+5.1/2谷物标准1 2/4；46阿门(莱姆)赫特帕麦沙，祭司。5.1谷物标准1 2/4；47吉呼提艾门赫布，沙尔丹，〔。〕5.1谷物标准1 2/4；48涅菲拉布，沙尔丹。5.1谷物标准1 2/4；49卡美斯，水手。5.1谷物标准1 2/4；48.1恰奥，祭司，同其兄弟姐妹一起。5.1谷物标准1 2/4。

48.2 T. 已丈量从彭莎苏居民点往东南(之地)：3舍特哈，水手。5.1谷物标准1 2/4；4白肯舍提，牧人。阿鲁尔3.1谷物标准1 2/4；5阿门哈，战士。阿鲁尔3，1/4谷物标准1 2/4；6奥，沙尔丹。阿鲁尔3.1谷物标准1 2/4；7彭塔乌尔，沙尔丹。阿鲁尔3.1/4谷物标准1 2/4。

48.8 T. 已丈量从斯别尔麦努居民点往东南(之地)：9献给法老之诸神的土地，在thr战士首长(wr)乌舍尔玛阿特拉那赫特的监督之下，20—＋5.1 谷物标准 1 2/4；10 戈尔麦斯，御手，在〔其〕子之手中。5.1 谷物标准 1 2/4；11 舍特纳赫特，战士，恰奥之子。5.1/4 谷物标准 1 2/4；12 哈托拉姆亚，女市民，白肯哈托尔之女，5.1 谷物标准 1 2/4；舍特哈，祭司。阿鲁尔 3.1 谷物标准 1 2/4；14 thr 战士之首长(wr)拉麦苏涅布涅菲尔，在 15 普拉帕涅弗之手中。5.1 谷物标准 1 2/4；16 帕哈尔，祭司，已死，在〔其〕儿子们手中，阿鲁尔 3.1 谷物标准 1 2/4。

48.18 T. 已丈量从低往西南，彭努吉呼居民点偏北(之地)：19 阿门(埃姆)赫特帕麦沙，祭司，同其兄弟姐妹一起。10—＋阿鲁尔 2.1 谷物标准 1 2/4；20 奥恰伊提弗，祭司，同其兄弟姐妹一起。阿鲁尔 2.1 谷物标准 1 2/4；21 吉呼提艾门赫布，仆人，同其兄弟姐妹一起。阿鲁尔 2.1 谷物标准 1 2/4；22 麦尔舍提，马夫。5.1 谷物标准 1 2/4；23 阿蒙霍特普，仆人，勒麦琪(?)扎雅之子。5.1 谷物标准 1 2/4；24 阿杰杜，沙尔丹。5.1 谷物标准 1 2/4。

48.25 T. 已丈量从斯别尔麦努居民点往东北(之地)：26 涅菲利提，女市民。阿鲁尔 3.1/2 谷物标准 1 2/4；27 帕阿布艾门赫布，沙尔丹之仆人。阿鲁尔 3.1/2 谷物标准 1 2/4；28 涅巴尼布，沙尔丹。阿鲁尔 3.1/2 谷物标准 1 2/4；29 伊伊尼乌提弗，牧人，，同其兄弟姐妹一起。阿鲁尔 3.1/2 谷物标准 1 2/4；30 涅吉巴沙，女市民，已死，在〔她〕孩子们手中。阿鲁尔 3.1/2 谷物标准 1 2/4；31 阿门哈，战士，哈特努弗尔之子。。阿鲁尔 3.1/2〔谷物标准〕1 2/4；32 舍特麦斯，法老之盾牌手，帕涅切尔之子。阿鲁尔 3.1/2 谷物标准 1 2/4。

48.33 T. 已丈量从赫维伊尼乌提居民点往东(之地)：34 马厩首长，阿布别吉所说的用于养〔马〕的田地，5.1/2 谷物标准 1 2/4；35 马厩首长帕恰拉奥希所说的用于养〔马〕的田地，5.1/2 谷物标准 1 2/4；36 舍得门杜阿，战士。阿鲁尔 3.1/2 谷物标准 1 2/4；37 彭索荷麦特，战士。阿鲁尔 3.1/2 谷物标准 1 2/4。

48.38 T. 已丈量从伊特弗特粮库往东北之地：39 帕乌尔杜，战士。阿鲁尔 3.1/2 谷物标准 1 2/4；40 哈德纳赫特，战士。阿鲁尔 3.1/2 谷物标准 1 2/4；41 帕纳赫特艾门尼乌特，农民，在阿蒙之家的神庙的合股者，42 舍特(赫尔)乌来麦弗的田产，10. 阿鲁尔 2 1/2 谷物标准 1 2/4.

48.43 T. 已丈量从别罗努居民点往西北(之地)：44 舍〔德门〕赫布，御手。10。10—+5.1 谷物标准 1 2/4；45 麦尔列普塔赫，陛下之御手，在 46 沙尔丹撒普塔赫之手中，阿鲁尔 20.1 谷物标准 1 2/4；47 普塔哈，马厩首长。5.1 谷物标准 1 2/4；48 赫努门纳赫特，马厩首长。5.1 谷物标准 1 2/4；49 舍德舍提，马厩首长。5.1 谷物标准 1 2/4；50〔舍特〕哈，马厩首长，舍〔德门〕赫布之子。5.1 谷物标准 1 2/4；49.1 帕伊瓦，……5.1 谷物标准 1 2/4；2 阿蒙霍特普，…… 。5.1/4 谷物标准 1 2/4；3 彭提恩特赫麦特，〔养蜂〕人。5.1/4 谷物标准 1 2/4；4，帕伊瓦伊瓦，沙尔丹，(在)5 赫克玛阿特拉索特潘阿蒙神庙的牧人的田地中，阿鲁尔 50—+20.1 谷物标准 1 2/4。

49.6 T. 已丈量从奥努(亚)居民点往西北(之地)：献给法老之诸神的土地，在法老盾牌手首长阿哈提涅菲尔的监督下，8 在马厩首长奥别赫提之手中，20—+5.1 谷物标准 1 2/4；9 舍德门赫布，战士。阿鲁尔 3.1/4，谷物标准 12/4；10 彭娜尼阿蒙，战士。阿鲁尔 3.1/4，谷物标准 12/4；11 帕哈尔，战士。阿鲁尔 3.1/4，谷物标准 12/4；12 阿门麦斯，法老哈达一土地之田地的奴隶，13 在征税首长监督之下。5.1/2 谷物标准 1 2/4。

49.14 T. 已丈量在斯别尔麦努居民点偏北之低地：15 塔卡

利，女市民。10.1/2 谷物标准 1 2/4；16 沙克特，书吏。5.1/2 谷物标准 1 2/4。①

第二，《维勒布尔纸草》中记载的神庙土地被租佃的例子：

（第 218 节）

77.1 在该家（按：指 214 节中所说的在阿蒙之家的拉美西斯阿蒙赫尔赫别舍弗麦利阿蒙多年的神庙）在戈尔都地区的应得部分之田产。

77.2 T. 已丈量萨克居民点偏西之高地上（之地）：3 麦利拉，牧人。5.1/4 谷物标准 12/4；4 姆提斯特，女市民。5；没检查的；5 帕涅赫西，马厩首长。5。1/4 谷物标准 12/4；6 吉呼提艾门赫布，养蜂人。5。1/4 谷物标准 12/4；7 阿西，祭司。5；没检查的；8 塔米，女市民。5。1/4 谷物标准 12/4；9 吉呼提艾门赫布，养蜂人。5。1/4 谷物标准 12/4；10 献给法老之诸神的土地，在祭司卡涅菲尔之监督下，20—+5。1/4 谷物标准 12/4；11 帕伊瓦伊瓦，给尸体涂香料者。5。1/4 谷物标准 12/4；12 涅非勒恩别特，马厩首长。5。1/4 谷物标准 12/4；13 帕赫利别吉特，牧人。阿鲁尔 3.1/4 谷物标准12/4。

77.14 T. 已丈量在此地偏北之高地上（之地）：15 苏艾恩拉，生命之家的书吏。5。1/4 谷物标准 12/4；16 苏艾恩拉，沙尔丹。5。1/4 谷物标准 12/4；17 姆提斯特，女市民。5。1/4 谷物标准 12/4；18 帕奥勒麦琪，祭司。5；没检查的；19 塔菲，女市民。5。1/4 谷物标准 12/4；20，又，姆提斯特，女市民。5；没检查

① 《维勒布尔纸草》第 3 卷第 3 部分，载《古史通报》1961 年第 2～4 期，附录，第 48～51 页。

的；21 亨努吐阿提，，女市民。5。1/4 谷物标准 12/4；22 麦莱米姆，女市民。5。1/4 谷物标准 12/4；23 塞普舍特穆特，女市民。5。1/4 谷物标准 12/4；24 米，女市民。5。1/4 谷物标准 12/4；25 伊麦尔哈提，女市民。5。1/4 谷物标准 12/4；26 帕舍得特，祭司。5。1/4 谷物标准 12/4；27 穆提哈提，女市民。5。1/4 谷物标准 12/4；28 又，姆提斯特，女市民。5；没检查的；29 伊斯特哈提，女市民。5。1/4 谷物标准 12/4；30 又，姆提斯特，女市民。5。1/4 谷物标准 12/4；31 拉涅菲尔，祭司。5。1/4 谷物标准 1 2/4；32 洪苏麦斯，牧人。5。1/4 谷物标准 12/4；33 普塔赫艾门赫布，代理人。10；没检查的；34 阿门哈，马厩首长。5。1/4 谷物标准 12/4；35 阿哈乌提克，战士。阿鲁尔 3.1/4 谷物标准 12/4；36 帕乌赫德，战士。阿鲁尔 3.1/4 谷物标准 12/4；37 帕哈尔，战士。阿鲁尔 3.1/4 谷物标准 12/4；38 巴塔艾姆赫布，沙尔丹。阿鲁尔 3.1/4 谷物标准 12/4；39，戈里，戈里之子。阿鲁尔 3.1/4 谷物标准 12/4；40 帕赫姆涅切尔，马厩首长。5。1/4 谷物标准 12/4；41 拉哈乌提涅菲尔，马厩首长。5。1/4 谷物标准 12/4；42 赫维巴尔，给尸体涂香料者。5。1/4 谷物标准 12/4；43 奥安卡乌提，农民。5。1/4 谷物标准 12/4；44 卡涅菲尔，战士。5。1/4 谷物标准 12/4；45 巴塔荷特普，Tjuk。5。1/4 谷物标准 12/4；46 舍特纳赫特，Tjuk。5。1/4 谷物标准 12/4；48 又，别恩熙买，Tjuk。5。1/4 谷物标准 12/4；49 塔萨卡，女市民。5。1/4 谷物标准 12/4；50 舍特纳赫特，粮库书吏，在洪苏麦斯之手中。5；没检查的；51 拉涅菲尔，巴塔之家的祭司，5——》》——‘52 阿门哈，马厩首长。5。1/4 谷物标准 12/4；54 帕卡拉伊，战士。阿鲁尔 3.1/4 谷物标准 12/4；55 又〔亨〕努吐阿〔提〕，女市民，……；又…… 。

78.1 T. 已丈量从卡拉提土堤往北，2 纳阿乌提居民点偏东(之地)：3 哈特塞普苏斯，女市民。5；没检查的；4，哈托勒姆赫布，女市民。5——。。——；5 赫伦舍努，女市民。5——。。——；6 帕哈德，牧人。5——。。——；7 塔普联，女市民。5——。。——；8 伯肯努尔特，女市民。5——。。——；9 伯肯洪苏，已死，在(他)孩子们手中。5——。。——；10 别尼德苏，农民。5——。。——；11 伊努阿，马厩首长。5——。。——；12 帕瓦阿蒙。马厩首长。5——。。——；13，瓦布舍特涅菲尔，女市民。5——。。——；14 在阿门努阿赫苏之手中的阿蒙一涅斯塔乌之应得份额。5——。。——；15 哈都艾乌哈，马厩首长。5——。。——；16 帕维尔，马厩首长。5——。。——；17 布特赫斯，女市民。5——。。——；18 帕伊纳赫特门尼乌特，奴隶。5——。。——；19 帕卡卡尔，牧人，阿鲁尔 3——。。——；20 帕涅布舍亨努，马厩首长。5——。。——；21 阿门那赫特，马厩首长。5——。。——；22 哈拉，马夫。5——。。——；23 戈里，马夫。5——。。——。

78.24 T. 已丈量从纳哈纳什居民点往西南(之地)：25 赫维，马厩首长，同其兄弟姐妹一起。10；没检查的。①

80.19(在)该家戈尔都地区里的(即在 220 节中所说的“在阿蒙之家中的上下埃及之王乌舍尔玛阿特拉麦利阿蒙之神庙)应得部分之田产。

80.20 T. 已丈量从赫尔什居民点往北(之地)：21 拉涅菲尔，马厩首长。5—十阿鲁尔 1.1/4 谷物标准 1 2/4；22 普拉(赫尔)乌列麦弗，马厩首长。5—十阿鲁尔 1.1/4 谷物标准 1 2/4；23 纳赫

① 《维勒布尔纸草》第 3 卷第 4 部分，附录，第 81～83 页。

特赫尔和别舍弗，马厩首长。5—十阿鲁尔 1.1/4 谷物标准 1 2/4；24 戈里，马厩首长。5—十阿鲁尔 1.1/4 谷物标准 1 2/4；25 纳赫特赫尔和别舍弗，马厩首长。5—十阿鲁尔 1.1/4 谷物标准 1 2/4。

80.26 T. 已丈量从纳阿乌提尔卡克居民点往西北(之地)：27 阿蒙一斯塔尔查之〔应得部分〕，在祭司帕纳海姆尼乌特之手中，10—十5.1/4 谷物标准 1 2/4。

80.28 T. 已丈量帕乌阿恩居民点往西北(之地)：29 拉赫卡(艾尔)涅赫赫，战士。3 阿鲁尔—十1 阿鲁尔 .1/4 谷物标准 1 2/4；30 纳赫特赫尔和别舍弗，skt一战士。5—十1 阿鲁尔 .1/4 谷物标准 1 2/4；31 帕伊斯，马厩首长。5—十阿鲁尔 1.1/4 谷物标准 1 2/4；32 阿门那赫特，战士。阿鲁尔 3—十阿鲁尔 1.1/4 谷物标准 1 2/4；33 阿蒙霍特普，战士。阿鲁尔 3—十阿鲁尔 1.1/4 谷物标准 1 2/4；34 涅布阿伊，战士。阿鲁尔 3—十阿鲁尔 1.1/4 谷物标准 1 2/4；35 纳赫特赫尔和别舍弗，战士。阿鲁尔 3—十阿鲁尔 1.1/4 谷物标准 1 2/4；36 塔赫利杜艾弗，战士。阿鲁尔 3—十阿鲁尔 1.1/4 谷物标准 1 2/4；37 克恩阿蒙，马厩首长，阿门莱姆赫布之子，5—十阿鲁尔 1.1/4 谷物标准 1 2/4；38 帕瓦阿蒙，战士。阿鲁尔 3—十1.1/4 谷物标准 1 2/4；39 克恩赫尔赫别舍弗，马厩首长。5—十阿鲁尔 1.1/4 谷物标准 1 2/4；40 瓦拉马，马厩首长。5—十阿鲁尔 1.1/4 谷物标准 1 2/4；41 涅布阿伊，马厩首长。5—十阿鲁尔 1.1/4 谷物标准 1 2/4；42 吉呼提艾门赫布，战士。阿鲁尔 3—十1.1/4 谷物标准 1 2/4；43 阿恩提艾门赫布，战士。阿鲁尔 3—十1.1/4 谷物标准 1 2/4；

44 帕纳海姆尼乌特，持旗人，5—十阿鲁尔 1.1/4 谷物标准 1 2/4；45 在帕萨尔手中之舍别克的份额 10；没检查的，46 麦利拉，马厩首长。5—十阿鲁尔 1.1/4 谷物标准 1 2/4。

81.1 T. 已丈量从塔森努特居民点之土堤往西北(之地)：2 帕萨尔，马厩首长。5；没检查的；3 舍别克荷特普，马厩首长。5。1/4 谷物标准 1 2/4；4 帕奥艾姆尼乌特，战士。阿鲁尔 3。1/4 谷物标准 1 2/4。

81.5 T. 已丈量萨卡居民点偏东南(之地)：6 麦利艾米别特，战士。阿鲁尔 3。1/4 谷物标准 1 2/4；7 普塔海姆赫布，战士。阿鲁尔 3。1/4 谷物标准 1 2/4；8 帕乌布赫特，战士。阿鲁尔 3。1/4 谷物标准 1 2/4；9 阿门来米别特，战士。阿鲁尔 3。1/4 谷物标准 1 2/4；10 普拉哈姆，战士。阿鲁尔 3。1/4 谷物标准 1 2/4；11 涅布阿，战士。阿鲁尔 3。1/4 谷物标准 1 2/4；12 阿蒙霍特普，战士。阿鲁尔 3。1/4 谷物标准 1 2/4；13 涅菲尔赫尔，马厩首长。阿鲁尔 3。1/4 谷物标准 1 2/4；14 洪苏，战士。阿鲁尔 3。1/4 谷物标准 1 2/4；15 阿奥，战士，舍别克纳赫特之子。阿鲁尔 3。1/4 谷物标准 1 2/4；16 麦利艾米别特，战士。阿鲁尔 3。1/4 谷物标准 1 2/4；17 克恩阿蒙，马厩首长，5.1/4 谷物标准 1 2/4；18 舍别克纳赫特，马厩首长，5.1/4 谷物标准 1 2/4。

81，19 T. 已丈量从别里希居民点之堤坝往北(之地)：20 彭帕伊希，祭司。5.1/4 谷物标准 1 2/4；21 彭塔乌尔，马厩首长。5.1/4 谷物标准 1 2/4；22 献给法老之诸神的土地，在神之父哈艾姆提利的监督之下，10—+阿鲁尔 1。1/4 谷物标准 1 2/4。

81.23 T. 已丈量从卡什镇往西北(之地)：24 哈艾姆提利，马厩首长，20—+5.1/4 谷物标准 1 2/4。

81.25 T. 已丈量从伊伊麦尔涅弗居民点(按：据卢利耶的看法，这大概是伊伊麦努特涅弗的另一种写法，但是错误的写法)往南(之地)：26 帕萨尔，祭司，在伊伊麦努特涅弗居民点里的舍别克之家的耕地的合股者。10. 阿鲁尔 2 1/2 谷物标准 1 2/4。

81.27 T. 已丈量从舍别克神庙往西南(之地)：28 帕伊哈伊，书吏，舍别克家之耕地的合股者，29(从)第二祭司戈里的田产(里)。5.11/4 谷物标准 1 2/4；30 萨乌弗，祭司，同自己的兄弟姐妹一起，5—十阿鲁尔 1。1/2 谷物标准 1 2/4。

81.31 T. 已丈量从此地往西南(之地)：32 伊伊艾姆尼乌特，沙尔丹，“鳄鱼的接近者”(这大概是一种祭司的称号)；5—十阿鲁尔 1。1/4 谷物标准 1 2/4；33 滕盖法老之诸神的土地，在首都马厩首长哈艾姆提利的监督之下，20—十阿鲁尔 1。1/4 谷物标准 1 2/4；34 帕纳赫特纳赫特，仆人，5—十阿鲁尔 1。1/4 谷物标准 1 2/4。

81.35 T. 已丈量此地偏西南之河岸地：36 哈拉，维西尔之书吏。20—十5.1/4 谷物标准 1 2/4。

81.37 T. 已丈量从此地往东南(之地)：38 哈拉。祭司，彭塔乌尔之子，同自己的兄弟姐妹一起，5—十阿鲁尔 1。1/4 谷物标准 1 2/4。

81.39 T. 已丈量从此地往东北，扎乌提居民点的丛林一哈努附近(之地)：40 萨乌艾弗，祭司，同自己的兄弟姐妹一起，60—十1。1/4 谷物标准 1 2/4.

81，41 T. 已丈量在拉之灌木丛中的舍别克神庙往北(之地)：42，帕伊哈伊，书吏，舍别克家之耕地的合股者，43(在)第二祭司戈里的田产中，20.5 谷物标准 1 2/4.

81.44 T. 已丈量从麦南赫居民点往东南(之地)：45 拉伊阿，祭司，已死，在(他)孩子们手中。5；没检查的；46 涅布涅菲尔，奴隶，已死，在(他)孩子们手中，5—十阿鲁尔 1。1/4 谷物标准 1 2/4；47 帕萨尔，〔农民〕，……；48 奥提，……；〔牧人〕，……；49.…… 。

82.1 哈艾米别特，牧人，5；没检查的；2 纳赫特舍别克，奴隶。5——。。——；3 纳赫特赫尔赫别舍弗，祭司。5——。。——；4 涅菲拉别特，马厩首长。5——。。——；5 帕克阿蒙，祭司。5——。。——；6 纳赫特赫尔赫别舍弗，书吏。阿鲁尔 3——。。——；7 塔克门，女市民。5——。。——；8 帕阿布纳赫特，祭司。5——。。——；9 乌舍尔哈纳赫特，祭司。5——。。——；10 阿门哈，管理人。5——。。——；11 别恩阿蒙，细木匠(hm. w)，麻伊之子。5——。。——。

82，12 T. 已丈量从赫尔什居民点往东南(之地)：13 彭帕麦尔，战士，阿鲁尔 3；没检查的；14 赫利涅菲尔，战士，阿鲁尔 3。1/4 谷物标准 1 2/4；15 帕涅赫努，战士，阿鲁尔 3。1/4 谷物标准 1 2/4；16 哈艾姆赫努，战士，阿鲁尔 3。1/4 谷物标准 1 2/4；17 麦利拉，马厩首长。5.1/4 谷物标准 1 2/4；18 纳赫特赫尔赫别舍弗，马厩首长。5.1/4 谷物标准 1 2/4；19 阿蒙霍特普，马厩首长。5.1/4 谷物标准 1 2/4；20 恰伊赫提弗，马厩首长。5.1/4 谷物标准 1 2/4；21 帕恰赫提弗马厩首长，哈艾米别特之子，5.1/4 谷物标准 1 2/4；22 纳赫特赫尔赫别舍弗，马厩首长，舍得特之子，5；没检查的；23 帕艾门尼乌提弗，马厩首长。5.1/4 谷物标准 1 2/4；24 献给法老之诸神的土地，在第二祭司的监督之下；25 哈艾姆提利，阿鲁尔 10.1/4 谷物标准 1 2/4.

82.26 T. 已丈量从瓦恩提居民点往南的高地：27 哈艾姆提利，宝库首长，在 28 农民拉麦苏之手，20；没检查的；29 塔米，女市民。10——。。——；30 涅吉麦特，女市民，同她兄弟姐妹一起，10——。。——。

82，31 T. 已丈量从季德苏居民点的土堤往西(之地)：32 洪苏，战士，阿鲁尔 3；没检查的；33 献给法老之诸神的土地，在祭司普塔赫摩斯的监督之下。40；没检查的；34 哈特纳赫特，书吏，在他手中，20——。。——；35 献给法老之诸神的土地，在哈艾姆提利，36 首都马厩首长的监督之下。20——。。—。①

在《剑桥非洲史》和《古代埃及社会史》中，引用了赫尔克书中的一个表，统计了《维勒布尔纸草》中记载的各类租佃者租佃土地的情况②：

**表 9-1　租佃者租佃土地情况表**

| 小块地的规模（阿鲁尔） | 祭司(%) | 女市民(%) | 士兵(%) | 马厩首长(%) | 牧人(%) |
|---|---|---|---|---|---|
| 2 | 2.91 | 2.63 | — | — | — |
| 3 | 16.50 | 23.16 | 93.22 | 2.89 | — |
| 5 | 62.14 | 59.47 | 5.08 | 92.13 | 80.67 |
| 10 | 17.48 | 10.53 | 16.90 | 3.94 | 13.45 |
| 20 | 0.97 | 4.21 | — | 1.05 | 5.88 |

这个表并未包括全部在《维勒布尔纸草》中记载的租佃者，还有奴隶、养蜂人、农民的租佃情况等在表中都未反映出来。

从《维勒布尔纸草》的资料看，土地租佃大致有 4 种情况：

第一，一般自由民租佃土地，他们有的是完全没有土地或其他生产资料，有的是生产资料太少，不足以维持生计，只有租佃一部分土地。上面这个表中基本上都属于这种情况。他们租佃的土地都不多，从 2 阿鲁尔到 20 阿鲁尔不等。

从《维勒布尔纸草》的第 84 节中，我们可以看到有这样一些自由民租佃土地的记载：女市民哈托尔同其兄弟姊妹一起租种 3 阿鲁尔土地，戈尔 10 阿鲁尔，御手普拉赫努涅麦尔（在农民阿蒙莱米别特手中）20 阿鲁尔，女市民塔克阿蒙 5 阿鲁尔，女市民勒吉苏舍提勒吉苏舍提 5 阿鲁尔，牧人舍特

① 《维勒布尔纸草》第 3 卷第 4 部分，附录，第 85～87 页。

② 所引表格略有改动。

艾门赫布 5 阿鲁尔，养蜂人帕哈尔 5 阿鲁尔，仆役纳赫特赫尔赫别舍夫 5 阿鲁尔，马厩长官克恩赫尔赫别舍夫 5 阿鲁尔，养蜂人普塔赫麦斯 5 阿鲁尔，等等。

第二，一些奴隶主、富有者租佃土地。他们当然不仅是为了养家糊口，也不会是由自己耕种。因为他们租种的土地很多，不可能由自己去耕种，可能是由奴隶耕种，或再转租出去，从中获利。

例如，《维勒布尔纸草》第 12 节中记载了一个名叫哈阿的人，租种了神庙的 19 块土地，数量达 175 阿鲁尔以上(因为其中有些块土地的面积不清，纸草已损坏，无法知道它的数量，故未计算在内)，每一块土地的面积是(以阿鲁尔为单位)：15、5、25、12、6、6、4、8、8、11、42、10、5、3……

又如，《维勒布尔纸草》第 13 节中记载了一个名叫舍别克纳赫特的“农民”，租种13 块土地，总数是 172 阿鲁尔，每一块土地的面积是(以阿鲁尔为单位)：10、20、5、15、15、20、10、10、15、20、10、17……

再如，《维勒布尔纸草》第 13 节中还记载了另一个“农民”(实际上只能是奴隶主)租种 17 块土地，总数达 222 阿鲁尔，每一块土地的面积是(以阿鲁尔为单位)：45、10、20、10、12、10、20、5、10、20、7、5、3、10、2、10……

像这样租种大量土地的人，在《维勒布尔纸草》中并不鲜见，说明当时这种情况很多。

出现这种情况，也说明由于当时王室和神庙占有大量土地而又不投入流通，因而一般奴隶主很难占有生产资料，只有通过这种大量租佃的办法来分享剥削成果。

第三，雇佣兵沙尔丹及其仆人租佃土地。新王国时期，大概是由于阶级分化，使埃及的大量自由民丧失生产资料，无法去服兵役。因此，出现了雇佣兵。既然是雇佣兵，当然会有薪饷，但可能薪饷不多，故而还租佃土地。在《维勒布尔纸草》中记载了许多沙尔丹租种土地。例如，上述表中统计说，有 235 个沙尔丹租佃了土地(王室和神庙的土地)，少者 3 阿鲁尔，多者10 阿鲁尔。

第四，奴隶租佃土地，独立经营，这在《维勒布尔纸草》中也有反映。

土地的个体经营形式的发展(租佃制是其表现形式之一)，在那个时代是生产力发展的反映和结果，这说明由于生产力的发展使得分散的、个人的耕作成为可能，成为有利可图的事。分散的经营对奴隶主来说也是有利的，它可省却许多管理上的麻烦，同时又不减少收入，又可使土地占有者与无地者之间的关系得到某种缓和。

## 六、新王国时期土地租佃者的状况

耕种各类奴隶主土地的农民的状况是很复杂的，有各式各样的人，这在《维勒布尔纸草》中可以看出来。

我们这里不准备讲那些富有的佃耕者的情况，因为我们除了从《维勒布尔纸草》中知道有这类人存在之外，没有别的资料。我们主要讲一讲大多数小佃租者的情况。

外国学者根据《维勒布尔纸草》的资料，推算新王国时期农民缴纳的租税约占收成的 1/2，也有的估计不超过 1/7。① 还有的学者根据波隆博物馆第 1086 号纸草指出，一个农民一年要缴纳 200 袋谷物。②

新王国时期的租税大概是很沉重的。一个农民若交不起租税，其命运是很悲惨的。据《兰辛克纸草》记载的逼交租税的情况可见一斑。纸草说："书吏靠近堤岸，登记收获，后面跟着手持棍棒的看门人和手拿树枝的黑人。书吏对农民说：'给谷子。'而他没有。他被打倒，被捆起来扔进了河

① 《古史通报》1961 年第 2 期，第 184 页。

② 《古史通报》1981 年第 1 期，第 20 页，注⑧。

渠。他头朝下沉没下去。他的妻子被捆着躺在他面前，孩子也遭连累，他的邻居都跑了，因为他们没有谷子。”①

有的农民租佃的土地被无端收回。柏林博物馆藏的第8532号纸草(第20王朝时期)记载的一封信说，一个名叫帕涅别纳吉德的努比亚农民，租种了弓箭手长官、家之书吏洪苏·舍德洪苏的土地。此人突然给这个努比亚农民一封信，要他交回土地。不过后来由于洪苏·舍德洪苏的妻子干预，这位弓箭手长官又给这位努比亚农民一封信，让他继续耕种。这说明，租佃者的地位是很不牢固的，即使缴纳很重的租税，也不能保证自己的租佃权。

据另一资料记载，一个替国王养马的马夫，得到30阿鲁尔土地作为服役份地，但却突然让他交回这些服役份地，连一点理由都不讲：“为饲养法老的马匹，给了我30阿鲁尔土地，它在我的支配之下。而现在，你看，从我手中把土地夺走了，而将其转交给了上下埃及之王乌舍尔马阿特拉哈特宾拉之殿堂的涅查姆之家的长官，在阿蒙之家。还说：‘当此信达于你手，你即赶快安排交回这30阿鲁尔土地给马厩长官阿蒙涅姆阿伊阿乌。阿蒙莱米别特之子……快，现在就赶快。’”②

有的税吏横行霸道。例如，人们在埃烈芳提那发现的一份纸草记载的麦利昂致税收机关长官明马阿特拉赫的信中就抱怨说，税吏帕塔乌耶门迪阿蒙来到麦利昂处，要他交纳由涅木虎耕种的国王的土地税100哈尔谷物。而麦利昂说，他并未耕种这块土地。但在税吏的逼迫下，他只好带了自己的农具，牲畜去耕种那块土地，然后将土地上的收成40哈尔谷物交给了税吏，从而无端地加重了麦利昂的负担。③

---

① 《古史通报》1961年第2期，第181～182页；而据[苏联]司徒卢威、[苏联]列德尔《古代东方史文选》中的内容则是《萨勒纸草》。

② 转引自《古史通报》1958年第1期，司徒切夫斯基的文章。

③ 转引自《古史通报》1955年第1期，卢利耶的文章《奴隶神庙土地的持有者》。

有的税吏往往任意加重税额和横征暴敛。例如，第 19 王朝末期谢提二世时期的一份资料记载，有一个税吏在自夸对统治者的忠心时说，他在征税时大大地增加了税收额。他应征谷物为 7 万哈尔，他却实收 14 万哈尔，应收一种好酒 4632 单位，他却收 3 万单位。①

因此，农民的状况是很苦的。有的农民不仅没有土地，要向奴隶主租佃土地，还要向奴隶主租用农具、种子、牲畜等，并因此而给奴隶主更多的报酬。再加上新王国时期战争频繁，兵役、劳役负担也很重，农民处境十分艰难。苏联科学院编的《世界通史》在谈到新王国农民的状况时说："埃及人的广大阶层（'人民之子'）跟大臣是尖锐对立的。……文献说，'孩子一出娘胎，就（已经）送到长官面前。男孩子送给军人当向导（听差），青年送去当新兵，老头送去当农人……'""在记载中列有名字的这类农人，大多数在国王和神庙土地上都有份地。他们归工头管辖，在工头的'棍棒'监督下做工。据记载，还有一些归私人所有的农人。""埃及籍'农人'被叫作'国王的人'，在第 20 王朝时期的税册中，凡是拥有某种份地的人（甚至包括祭司），和不是出身卑微的人，通通列作'农人'。在第 19 王朝时期，神庙'农人'本人也可以有奴隶。由此可见，埃及人所称呼的'农人'，就其社会关系来说不是一种人。他们不是奴隶。在农人中间大约有不少公社社员。在公社社员-农人中，发财致富的只是少数，大多数都越来越穷了。"②

从《维勒布尔纸草》可以知道，神庙和王室土地可以世袭租佃。例如，第 218 节中有这样的记载："78.5 别舍洪苏，他已死，（土地）在他儿子手中，·5，没被发现。"③第 228 节中有这样的记载："81.45 拉伊阿，祭司-yaó，他已死，（土地）在（他）孩子手中，·5 没被发现。"④至于这种世袭租佃需要什么

① 转引自《古史通报》1955 年第 1 期，卢利耶的文章《奴隶神庙土地的持有者》。

② ［苏联］苏联科学院编：《世界通史》第 1 卷，第 457～458 页。

③ ［英］A. H. 伽丁内尔：《维勒布尔纸草》。

④ ［英］A. H. 伽丁内尔：《维勒布尔纸草》。

手续，我们则不得而知。

在王室土地的租佃和经营者中，有一个特殊的种类，这就是涅木虎，或称为王室土地的涅木虎。在上面提到的第 19 王朝的一份纸草中所记载的涅布涅菲尔及其妻子勒涅菲尔关于将他们的女奴及女奴的子女收为继子时称他们作了法老土地的涅木虎，“我把这些人作为被登记注册于……法老土地的涅木虎来对待”。他们被托付给勒涅菲尔的弟弟帕狄乌，“不是作为奴隶”，而是作为他的兄弟姊妹，作为“法老土地的涅木虎”。耕种法老土地的涅木虎可能有世袭租佃权，而且身份似乎也可以世袭。他们要向法老的宝库交纳租税，甚至可能是交纳黄金。在上面提到的在埃烈芳提那发现的麦利昂致税收机关长官明马阿特纳拉赫的信中就讲到被涅木虎撂荒的土地要交纳 100 哈尔谷物的黄金(也许是交谷物折合成黄金)。

这些事实说明，新王国时期对外战争的掠夺，奴隶制经济的发展，对于广大劳动者来说，除了增加自己的负担和被剥削量而外，并没有得到什么好处。战争中的掠夺和奴隶制经济的发展只是给奴隶主带来了好处。

# 第十章　埃赫那吞改革

## 第一节　埃赫那吞改革的背景和内容

### 一、埃赫那吞改革的背景

埃及新王国时期第18王朝的前期，是一个生气勃勃的时期。这时的埃及统治者，不仅赶走了统治埃及达一个半世纪的喜克索斯人，而且还进行了长达一个世纪的对外侵略战争，征服了广大地区，掠夺到无数的土地、奴隶及其他财富。埃及成了当时地中海世界首屈一指的奴隶制帝国，对当时的近东国家产生了巨大的影响。

但是，在帝国走向其强盛的顶点之时，它内部的矛盾也在酝酿和发展，直至发生阿蒙霍特普四世的改革，即历史上著名的埃赫那吞改革，将矛盾推向了顶点。

在埃赫那吞改革前，除了存在奴隶主阶级同广大劳动群众(包括奴隶、农民和手工业者)的矛盾之外，统治阶级内部的矛盾也逐渐尖锐。

在第19王朝中期，图特摩斯三世和他的摄政者哈特舍普苏特之间发生过争夺王位的尖锐斗争。图特摩斯三世是图特摩斯二世一位妃子的儿子，而图特摩斯二世的王后哈特舍普苏特(她也是图特摩斯二世的姊妹，图特摩斯三世的姑母和异母)又未生子。图特摩斯三世即王位时还年幼，于是哈特舍普苏特便成了摄政王和共治者。不久，哈特舍普苏特更将图特摩斯三世撇在一边，让他到阿蒙神庙去做了一名祭司，而由她自己当国王。为了巩固自己的统治，她利用阿蒙神庙祭司的支持。她的宠臣森穆特和哈普辛涅布都是阿蒙神庙祭司，哈普辛涅布还是哈特舍普苏特时的维西尔。在哈特舍普苏特晚年或死后，图特摩斯三世又在阿蒙神庙祭司的支持下恢复了王位。他恢复王位后，便极力消除哈特舍普苏特女王的一切影响和痕迹。

阿蒙霍特普三世在位时，还发生过阿蒙霍特普三世同贵族之间的一场冲突。起因是阿蒙霍特普三世违反传统，没有娶一位王族或贵族妇女为王后，而是娶了一位出身平民的女子提伊为王后，这招来了贵族的不满和非难，但阿蒙霍特普三世没有退缩，并对此事大肆宣扬。①

当时有两个重要的矛盾导致了改革。这就是第 18 王朝中叶以后君主专制同以阿蒙神庙祭司为首的贵族奴隶主之间的矛盾，以及世俗奴隶主(包括军事行政奴隶主和涅木虎中小奴隶主)同神庙祭司奴隶主之间的矛盾。

### (一)君主专制同阿蒙神庙祭司集团之间的矛盾

古代埃及从古王国时期起君主专制即已确立。虽然这种统治形式有时被削弱，甚至处于瓦解状态(如在两个中间期里)，但每当一个新的强大的王朝兴起之后，这种君主专制的统治便又恢复起来，甚至更加强化，君主专制的理论更加完善，君主专制的机构也更加完备。新王国时期，特别是第 18 王朝时期，是埃及奴隶制经济和政治的繁荣时期，也是君主专制最强大的时期。

第 18 王朝初期的法老们赶走了喜克索斯人，解放了埃及的国土，使他们赢得了政治声誉。随后进行的多次大规模对外征服战争的胜利，更增强了他们的实力，似乎他们是不可战胜的，从而大大巩固了他们的权力，法老们被认为是拥有一切才能、一切权力的，他们是法律的制定者，国家的象征，“朕即国家”，“朕即法律”，法律不过是用文字表达出来的他们的意志。

---

① ［美]J. H. 布利斯特德：《古代埃及文献》第 2 卷，第 345 页。

法老政权的阶级基础是王室经济和法老对国家经济的控制，对国家经济命脉农业的控制。法老政权的阶级基础是奴隶主阶级，法老政权的物质力量是军队，法老政权的精神支柱是神权。

古代埃及君主专制的显著特点之一，是王权同神权结成联盟，法老利用祭司奴隶主来维护、神化自己的统治，祭司也利用王权来为自己谋求政治上、经济上的利益。祭司集团因对君主专制的巩固起过重要作用，因而获得了大量赠予，特别是底比斯的阿蒙神庙(卡尔纳克神庙和卢克索神庙)获得的赠予最多。因为这时阿蒙神已取代拉神成了全国的主神(有时阿蒙神与拉神合而为阿蒙-拉神，成为国王的保护神，国王往往被称为“阿蒙-拉之子”)。新王国时期国王的赠予主要是给予阿蒙神庙的。因此，底比斯的阿蒙神庙不仅在意识形态上处于统治地位，而且在经济上也拥有了越来越大的经济实力。古代埃及神庙可以说是仅次于国王的大土地占有者、大奴隶主、大富翁。

随着祭司集团在经济上实力的增强，他们在政治上也就不再甘心作为法老的附庸，而要反过来限制甚至控制王权，将法老变成他们的工具。在这方面，祭司集团可以利用其拥戴国王的特殊地位来达到自己的目的。古王国时期第 5 王朝初年的拉神祭司曾演出过拥戴的闹剧；在新王国时期的第 18 王朝中叶，又几乎重演了这种拥戴的闹剧，不过这次是由阿蒙神庙祭司们来扮演罢了。这就是在图特摩斯三世与哈特舍普苏特争权期间，阿蒙神庙祭司纵横捭阖，左右逢源，两面讨好，先是拥戴哈特舍普苏特，继而又拥戴图特摩斯三世为王。

从此以后，阿蒙神庙祭司参与朝政，哈特舍普苏特的宠臣之一哈普辛涅布既是阿蒙神庙高级祭司，又是维西尔，一身而二任，将神权与行政权集中于他一人手中。阿蒙霍特普三世统治时期，阿蒙神庙的高级祭司之一普塔赫摩斯(Ptahmose)也是国王的 2 个维西尔之一。可能反对阿蒙霍特普三世同提伊的婚姻的就是以阿蒙神庙祭司为首的贵族，普塔赫摩斯也许是其中之一。

这些事实说明，在埃赫那吞改革前，阿蒙神庙祭司集团在政治经济上实力的增长，已使他们的势力膨胀到危及王权的地步。他们的政治野心也逐渐暴露出来。再前进一步，他们或许就要问鼎王位，要取王权而代之了。阿蒙霍特普三世显然已严重地感觉到了这一点。因此，他用一个非阿蒙祭司的拉莫斯(Ramose)做维西尔，取代了普塔赫摩斯的维西尔职位。正如布利斯特德所说，他“曾明白无误地做出尝试，去摆脱那如此沉重地压在王位上的祭司们的手”。①

这一事件使王权同阿蒙神庙集团的矛盾表面化了。阿蒙神庙祭司大概还企图干涉王位继承，以使阿蒙霍特普四世不能继承王位。这就使继承了王位的阿蒙霍特普四世对阿蒙神庙祭司怀恨在心，从而把这一矛盾公开化了。

阿蒙神庙祭司集团势力的强大及其对王权的威胁，不仅引起了法老对阿蒙神庙祭司集团的疑虑，并防范其政治野心，力图摆脱他们在政治上的影响，而且还引起了法老对阿蒙神作为国家主神的疑虑和反感。因而，早在埃赫那吞改革之前的一些法老，就开始了崇拜阿吞神。可以说，对阿吞神的崇拜在第 18 王朝开始抬头，是王权同阿蒙神庙祭司集团之间矛盾激化的结果。

第 18 王朝中后期，图特摩斯四世和阿蒙霍特普三世时期，开始崇拜阿吞神。阿吞神是一位古老的神，至少在古王国时期就受到崇拜，但却未成为全国崇拜的主神。阿吞神的标志是一太阳圆盘。它在第 18 王朝中后期重新被崇拜，并为国王所重视，这有着明显的政治意义，显然反映了国王对阿蒙神及其祭司集团的不满。

关于在图特摩斯四世和阿蒙霍特普三世统治时期即已提出了崇拜阿吞

① ［美］J. H. 布利斯特德：《埃及史》，第 362 页。

神，有不少证据可以证明这一点。

图特摩斯四世留下的一个圣甲虫形(Scarab)文物上，有一个赞颂阿吞神的铭文：

> 当孟-克赫普鲁-勒①从(?)他的王宫中出来时，带着自己贡物的纳哈林(Naharin)的王子们前去拜见他。他们倾听他犹如努特(Nut)神②之子(一样的声音)，他犹如苏(Su)神③的继承者之子一样，手持一弓。如果他奋起战斗，有阿吞神在他前面，他就毁灭山岳，踏平外邦，侵入纳哈林和卡洛伊(Karoy)，以便带来像永远属于阿吞神统治(?)的臣民那样的外邦居民。④

该铭文可能是纪念法老的一次远征叙利亚的胜利的，它说明图特摩斯四世时就已崇拜阿吞神了。虽然阿吞神还未成为主神，但在这里，指引国王取得战争胜利的不是阿蒙神，甚至不是战神，而是阿吞神。国王取得战利品和俘虏后也不像通常所做的那样献给阿蒙神，而是献给阿吞神，这是值得注意的。

阿蒙霍特普三世统治时期，有关阿吞崇拜的事实就更多了：他曾在底比斯修建了一座阿吞神庙；他曾为王后提伊修建了一个供游乐的湖，并曾同王后一起乘坐一艘“阿吞的闪光”号游船泛舟湖上；他的一支卫兵队也用阿吞神的名字来命名。

这些事实说明，在古代埃及，神权是为王权服务的，某个神的地位的提高，是与专制君主对它的态度分不开的。某个神能为加强、提高王权服

① 图特摩斯四世。
② 努特神是古代埃及的天神。
③ 苏神是古代埃及的空气神。
④ 北京师范大学历史系世界古代史教研室编：《世界古代及中古史资料选集》，第34页。

务，那这个神就能为国王所青睐，就有可能被提升为全国的主神；某个神对王权已失去保护意义，它的地位也会发生动摇。阿吞神在第 18 王朝中后期的兴起，显然具有动摇阿蒙神地位的作用，是王权同阿蒙神庙祭司之间矛盾的反映。

### (二)世俗奴隶主同神庙祭司奴隶主之间的矛盾

第 18 王朝前期胜利的对外战争，埃及帝国的建立，是军队南征北战的结果，战争也锻炼出一支强大的军队；庞大的埃及帝国是由行政官吏来管理和统治的，它有一支人数众多、经验丰富的官吏队伍。第 18 王朝的法老们需要这两支队伍，这两支队伍也都为巩固奴隶主统治，巩固法老的君主专制统治立下了汗马功劳，因而也得到了法老很多的赏赐。

图 10.1　拉莫斯浮雕像。现存卢克索西库尔纳拉莫斯墓

但第 18 王朝的法老们又将战场上取得的一切胜利归之于神的保佑，特别是归之于阿蒙神的保佑。法老们需要神庙这根精神支柱，因而不惜给予丰厚的赠予，从而大大加强了阿蒙神庙及其祭司集团的政治经济实力，而且这种实力逐渐地大大超过了世俗的军事行政奴隶主。厚此薄彼，这就不可避免地引起矛盾。尤其当祭司们不以神庙职务为业，而要插手世俗政权，干预政治，甚至兼任包括维西尔在内的高级行政职务，大有挤掉世俗奴隶主之势时，更不可避免地引起世俗奴隶主对神庙祭司奴隶主的嫉恨。因而，这些军政官吏必然支持法老同阿蒙神庙祭司集团进行斗争，以削弱其实力和影响。

新王国时期的世俗奴隶主中，除了军事行政奴隶主以外，还有一个起自下层自由民的中小奴隶主阶层——涅木虎。涅木虎这个词最初见之于中王国时期，属于涅木虎的人最初多半是孤儿、寡妇、鳏夫，贫穷的或类似于此的人们。① 不过开始时涅木虎这类人还不具有什么社会意义。到新王国时期，涅木虎开始具有了与贵族相对立的社会地位。他们可能经营王室土地，成为法老土地的涅木虎，还在国王军队中服役，或为国王提供其他服务。他们中有的人拥有奴隶，成为奴隶主，有的人也可能担任了一定的官职。他们是王权的重要阶级支柱。涅木虎逐渐成为一个中小奴隶主阶层，这主要是新王国时期奴隶制经济发展的结果。他们在政治上、经济上的发展都碰到了强大的贵族势力(以阿蒙神庙祭司为代表)的阻拦。因此，他们要在政治上、经济上获得更大的、更充分的发展，必须同贵族势力进行斗争，而这光靠他们自己的力量是不行的，他们必须依靠王权。因此，神庙势力的增强和猖獗不仅与王权的利益发生冲突，而且与涅木虎的利益相冲突。在王权同以阿蒙神庙祭司为代表的贵族势力进行斗争时，涅木虎是站在王权一边的。

---

① ［苏联］卢利耶：《埃及新王国时期的涅木虎》，第 9～18 页。

埃赫那吞改革有其深厚的政治、经济和思想根源，而不是偶然的心血来潮，更不是个人品质的病态反映。

## 二、埃赫那吞改革的内容

改革在阿蒙霍特普四世即位之始就着手进行了。不过，最初他并不是提出崇拜阿吞神来取代崇拜阿蒙神，而是提出崇拜太阳神拉-哈拉克赫提(Re-Harakhti)①来对抗阿蒙神的崇拜，并自称是拉神的祭司长，在底比斯给拉神建造神庙。据说，为了给这个神竖立一座方尖碑，国王曾把从埃烈芳提那到三角洲的所有工匠都给召来了。

阿蒙霍特普四世的措施显然引起了阿蒙神庙祭司及其他一些神庙祭司的反对。因此，阿蒙霍特普四世在位的第 6 年，他采取了断然措施：宣布只崇拜唯一的神——阿吞神，而不允许崇拜阿蒙神和其他地方神。为阿吞神建造新的神庙，没收阿蒙神庙和其他神庙的财产，将其转交给阿吞神庙。国王的名字由阿蒙霍特普四世改名为埃赫那吞(Ikhenaten 或 Akhenaten)，意为“阿吞的光辉”。为了摆脱底比斯阿蒙神祭司的控制和影响，决定将首都从底比斯迁往埃及中部尼罗河东岸的泰尔·埃勒-阿马尔那(Tell el-Amarna)，新的首都取名为埃赫塔吞(Ikhetaten 或 Akhetaten)，意为“阿吞的视界”(Horizon of Aten)。埃赫那吞提拔了一些出身下层的人与涅木虎担任高级官吏，在新首都大兴土木，修建王宫、官邸、神庙等。为此，可能将底比斯的手工业工匠都调了去(从考古发掘可知，底比斯西部墓地手工业者的居住地的生活在这个时期曾有中断)。铲除一切建筑物上的阿蒙字样(他父亲的名字都不能幸免)，不给阿蒙神崇拜留下一点点痕迹。

① 实际上是拉神的另一个名字。太阳神在早上称为 Horus 或 Harakhti，中午称为拉，晚上叫作 Atum。

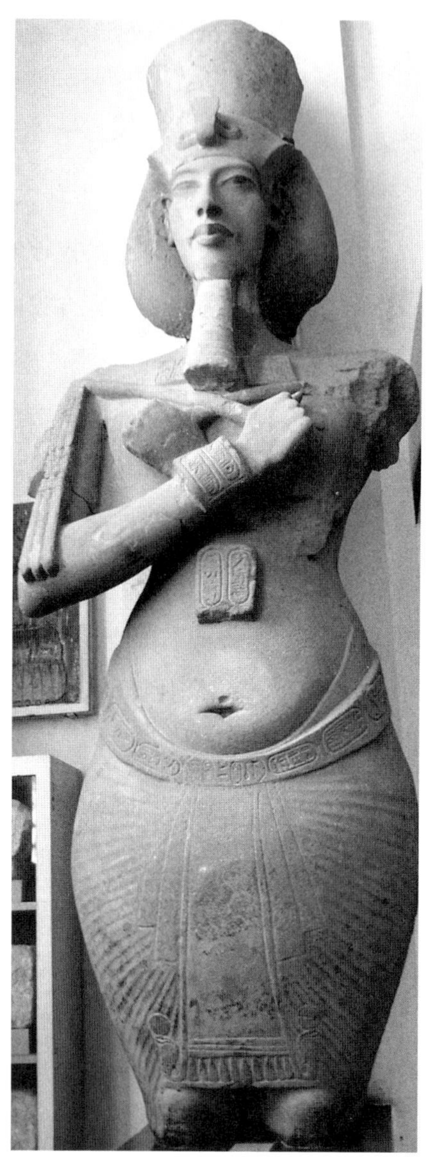

图 10.2　埃赫那吞像。开罗埃及博物馆藏

20 世纪 20 年代以后对埃赫塔吞的发掘表明，这里除了王宫以外，还有国家机关的建筑物、国家文书库建筑和书吏学校（“生活之家”）的建筑物。还有一些中等阶层的住宅、手工业者的住宅、贫民的住宅等。

埃赫那吞和他的家属（除母后提伊以外）、大臣、显贵、阿吞神的祭司都迁到了新的首都。

## 三、埃赫那吞改革的性质

从改革的背景中可以看出，改革是奴隶主阶级各集团或阶层之间的权力和财产再分配的斗争。王权要巩固自己的权威，新兴的奴隶主、军事行政奴隶主要扩大自己的政治、经济实力，他们的矛头一致集中到神庙奴隶主（以阿蒙神庙祭司奴隶主为代表，包括地方神庙祭司）的身上。

这场斗争可以说是古代埃及社会特定历史条件下的平民与贵族斗争的延续。古代埃及在国家形成时期和以后一段时期里（直至古王国时期为止），平民与贵族的斗争没有充分展开，至少没有资料可以说明。当时平民显然还未成为一支独立的政治力量，在中王国时期兴起了涅杰斯，它们与王权结盟同以诺马尔赫为代表的贵族势力进行了斗争，从而在政治上显示了自己的存在。这一斗争使得以诺马尔赫为代表的地方贵族势力一蹶不振，以后再也没有独树一帜来同王权进行斗争，而是隐蔽在了其他势力的后面。到新王国时期，涅木虎又兴起了，他们也与王权结盟，同以阿蒙神庙祭司为代表的贵族势力进行了斗争，显示了新兴奴隶主的存在和影响。不过，这时新兴奴隶主同贵族奴隶主的斗争，在性质上已与国家形成时期的平民与贵族的斗争有所不同。这时贵族奴隶主经过了近 2000 年的发展，已基本上立足于奴隶制的经济基础之上了。从表面上看，似乎是平民与贵族的斗争，实质上已成了奴隶主阶级内部权力和财产再分配的斗争。

埃赫那吞改革是在宗教外衣掩盖下进行的，从内容看似乎是纯宗教性的，关于信仰什么，不信仰什么。这是由于世俗的贵族奴隶主在长期的发

图 10.3　埃赫那吞一家人祭拜阿吞神。开罗埃及博物馆藏

展中（或者由于人民起义，或者由于统治阶级的内部混战和政治斗争）已大为削弱，不能独树一帜，而神庙势力却一直为统治阶级及其国家所重视，政治经济实力不仅从未削弱，反而日益增强。于是，神庙势力成了一切旧式贵族奴隶主的代言人、保护伞。一些旧式贵族往往站到神庙势力背后去，成为神庙势力的支持者而不再是领导者。尤其埃及是一个以农业立国的国家，农业对神权是极敬重的，神权对他们拥有极大的影响，再加上神庙对文化的控制和影响。因此，神庙势力成了一切旧式贵族的堡垒，成了同王权相抗衡的主要力量，因而这场斗争就不得不披上宗教的外衣，打出宗教改革的旗帜。这场改革在宗教方面的性质是否像许多欧美学者所断言的那样，是实现了真正的"一神教"呢？例如，伽丁内尔在《法老埃及》一书中说："阿吞主义不仅是有形的理论，而且是一个真正的一神教"①，"……他（埃赫那吞）暂时代之以一个他自己发明出来的严厉的一神教"②。拉西尔·A. 怀特说："在公元前 14 世纪的埃及，发生了一些著名的事件。一神教出人头地，并对多神教作了战，除了一个神以外，所有的神都被取消了，并且他（指还存在的那个唯一的神——阿吞神）成了一切的主宰，神庙被关闭，它们的祭司被驱逐，它们的土地和岁入被没收充公，一个新的首都建立了起来，政府被改组，在艺术方面也发生了显著的变化，埃及的整个制度改变了它的模样。"③1982 年出版的《剑桥非洲史》也说，"埃赫那吞独特的一神教是它本身，多少是国王专制主义的不成功的衍生物。旧宪法完结了，但（为了他自身的利益）国王在人和新的、非历史上的神之间作为中介人而保持了它的传统作用④，他（埃赫那吞）奖励了一种基于阿吞（太阳圆盘）的宗教的一神教

---

① ［英］A. H. 伽丁内尔：《法老埃及》，第 226 页。

② ［英］A. H. 伽丁内尔：《法老埃及》，第 214 页。

③ ［美］D. M. 卡甘：《古代史问题》，伦敦：麦克米伦出版社，1966 年版，第 36～37 页。

④ 《剑桥非洲史》第 1 卷，第 868 页。

形式。”①

苏联的学者讲得比较谨慎，甚至对此提出了怀疑。例如，阿甫基耶夫在其《古代东方史》中说：“阿蒙霍特普四世向强大的底比斯祭司挑战，他提出了一种新的崇拜，对单一的最高的太阳神阿吞的崇拜……”②“阿吞神从这时起就被宣布为单一的国神。”③在这里，他只讲是单一的国神，而不是讲一神教。苏联科学院编《世界通史》中说：“对旧神的崇拜失去了国家过去那样的慷慨支持，被唯一的国神崇拜所排挤，有的完全消灭了，不过现在一般人认为阿蒙霍特普四世的新信仰是一神制，这种见解是不符合实际的。”④

本书认为欧美学者的结论离古代埃及的实际太远，而苏联学者的看法比较符合实际。

埃及一直到埃赫那吞改革之前，都是多神崇拜。虽然全国有了一个主神(这与君主专制的确立有关)，但并未排斥其他的神。埃赫那吞取消除阿吞神以外的一切神，是王权同神庙祭司之间矛盾的结果，是王权消除自己政敌的一种斗争手段。这个斗争与其说是宗教上的一神教同多神教的斗争，毋宁说是王权打击阿蒙神庙及其他神庙势力，削弱其影响的一种努力，而不是为了建立一神教。

从客观上说，当时埃及政治、经济、文化等各方面的发展水平，也还未为一神教准备好条件，宗教同其他任何事物一样有其发展规律，离不开它所处的历史条件。一神教的出现在经济上需要商品货币关系有较大的发展，从而使各地在经济上的差距逐步缩小；在政治上需要在较大空间里消除政治上的隔绝孤立状态，消除种族、民族和等级间的隔阂对立状态；在

① 《剑桥非洲史》第1卷，第867页。

② [苏联]阿甫基耶夫：《古代东方史》，王以铸译，第281页。

③ [苏联]阿甫基耶夫：《古代东方史》，王以铸译，第284页。

④ [苏联]苏联科学院编：《世界通史》第1卷，第478页。

文化上不仅要有较高的发展水平，而且各地的文化上要有频繁的交流和融合，哲学思想有一定发展，而这一切在当时的埃及还不完全具备。

更何况，埃赫那吞改革就其在宗教方面的内容而言，并不是一神教，最多只能说是一神崇拜。并且就连这个一神崇拜也还不是当时埃及宗教自然发展的结果，而是当时政治斗争的产物。

实际上，埃赫那吞在宣布阿吞为唯一的神之后，也并未真正实行一神教。有的学者认为，埃赫那吞除了要求崇拜阿吞神以外(由他及其家族来崇拜)，还要求他的大臣和人民崇拜他(像崇拜阿吞神一样崇拜他)。所以实际上就有两个神：阿吞神和埃赫那吞。而阿吞神则成了埃赫那吞的家族神。这个说法是否合适，还有待讨论。但因此可以说明，阿吞神的崇拜是与第18王朝中叶以后加强君主专制的要求相适应的。崇拜阿吞神的目的是要人民崇拜埃赫那吞国王。而埃赫那吞之所以要取缔其他一切神，是因为它们威胁了王权。这个问题在埃赫那吞时大概已是非常严重了，因此，埃赫那吞才下了那么大的决心，采取了一些果断措施，用行政暴力手段反对传统，这恰好反映了君主专制同反对、削弱君主专制势力的尖锐斗争。这不是真正实行一神教，而是要实行真正的个人专断和独裁。

西方学者对埃赫那吞本人及其改革动机提出了种种看法，一种占统治地位的观点是，将这次改革归之于他的个人意志、品质和作用。更有甚者，一些西方学者竟然将这样一场政治斗争，归之于埃赫那吞个人的“固执”、“癫狂”、“冷酷”、“极度不容异说”、“某种狂热和变态”、“受幻想支配”，是因为埃赫那吞的“血统中有很多外国血统”，而这帮助了他在始终缺少创见的埃及人中“显得突出”，在他的种族背景中有“雅利安血统的混合物”，等等。① 这些论断是不符合实际的，有些近乎人身攻击。不能想象，埃赫那吞领导的这样一场改革会是一个人的变态反应的结果。

① 见 D. M. 卡甘书中有关埃及的各篇。

## 第二节　埃赫那吞改革期间的斗争和改革的结局

### 一、埃赫那吞改革期间的斗争

改革措施的施行，十分激烈而彻底，这不仅触及阿蒙神庙祭司及其他一切地方神庙的祭司，而且触及了原先依附于这些神庙的人们(如农民、手工业者、商人)，甚至触及了被埃及征服的一些地区。

埃赫那吞改革在初期大概得到了一切与阿蒙神庙祭司有矛盾的阶层和集团的支持；也遭到了阿蒙神庙祭司、地方神庙祭司及支持他们的地方贵族们，以及依附于他们的一些人的激烈反对。因此斗争异常尖锐而激烈。

一些出身下层的人被提拔起来当了高级的、中低级的官吏，如大臣麻伊的铭文说："我——按父母双方来说都是涅木虎，君主玉成了我，他使我成为……而(先前)我是一个没有财产的人。他使我得到(很多的)人。他提拔我的兄弟们，他使所有我的人们关心(?)我。当我成为一村之长时，他下命令，使我兼任大臣之(职)和'王友'，而(先前)我曾(要过)面包。"①在阿马尔那发掘出好几个人的铭文都讲到他们出身涅木虎(而且都是官吏)，说明这些人是改革的受益者，当然也是支持改革的。麻伊的铭文说："他(即法老)加到我身上的恩惠像沙子那样数不清。我是在全体人民之上的百官之长，我的统治者提拔我，因为我遵循他的教训。我又经常注意他所讲的话。我的眼睛每天都洞察你的美丽，我那像阿吞一样圣明，以真理为满足的统治者啊，遵从你的处世教训的人过着多么幸福的生活啊。"②另一个名叫麦利列的人是阿吞神的高级祭司和监督，也是个涅木虎，他的铭文也说到国

① 北京师范大学历史系世界古代史教研室编：《世界古代及中古史资料选集》，第36页。

② [美]J. H. 布利斯特德：《古代埃及文献》第2卷，第412～413页。

王给了他很多恩惠。[①] 这些人当然是支持改革的。

反对改革的阿蒙神庙祭司中的一些人可能在国内待不下去了，因而跑到了国外，跑到被埃及征服的叙利亚一带去，鼓动当地居民起来反对埃及，因此，曾发生过埃赫那吞派人到叙利亚要求引渡这些祭司的事。[②]

反对改革的人甚至曾组织过暗杀埃赫那吞的阴谋。阿·费克里说："阿肯那顿[③]在泰尔埃勒阿马尔那的生活是不平静的。他的生命曾受到威胁，这是我们在泰尔埃勒阿马尔那的警察总监的墓上看到的。甚至发生了一次谋害，但凶手在行凶之前就被抓获了。"[④]阿甫基耶夫也指出："埃赫那吞反对底比斯高级祭司的斗争引起了国内支持底比斯高级祭司和州长的一部分人暗中的但有时是积极的反抗，各州的奴隶主显贵不满于政府政策的新方针，他们组织了阴谋，甚至企图谋杀这位进行宗教改革的大胆的国王。保存在首都警察长玛浒的墓壁上的一幅画便指出了这一点。我们在这里看到，玛浒怎样把一些重要的国事犯——一个埃及人和两个外国人——押解到宰相和其他高级官吏那里去。宰相因阴谋被揭发和主要教唆者被捕而感到欢喜。他就赞颂阿吞神和国王。玛浒以发觉了这次阴谋而自豪，所以把这幕景象画在自己的墓壁上。"[⑤]这说明了改革期间斗争的激烈性。

反对改革的势力十分强大。他们甚至迫使住在底比斯的太后提伊从底比斯去到埃赫塔吞，让她劝说埃赫那吞放弃改革。这大约发生在埃赫那吞执政的第 12 年，即进行改革的第 6 年。由于提伊太后的干预改革，使得埃赫那吞发生了动摇，大概他同意放弃改革。于是发了一系列变故：埃赫那吞的女婿，共治者施门克赫卡勒(Semenkhekare)被派往底比斯，可能是去

---

① [美]J. H. 布利斯特德：《古代埃及文献》第 2 卷，第 406～407 页。

② 《古代埃及考古学杂志》1921 年第 7 卷，第 45 页。

③ 埃赫那吞。

④ [埃及]阿·费克里：《埃及古代史》，高望之等译，北京：商务印书馆，1973 年版，第 132 页。

⑤ [苏联]阿甫基耶夫：《古代东方史》，王以铸译，第 284～285 页。

图 10.4　亲吻女儿的埃赫那吞。开罗埃及博物馆藏

图 10.5　埃赫那吞和涅菲尔提提。巴黎卢浮宫博物馆藏

实施同阿蒙神庙祭司及其支持者的和解措施的。他一直待在那里，直至死去(在埃赫那吞死后4年他也死了)。埃赫那吞同王后涅菲尔提提(Nofertete)之间也发生了裂痕，她可能要坚持改革，于是失宠了。她只好和她的支持者一起搬出了王宫，迁至城北的另一个王宫中去了。后来，埃赫那吞同自己的第4个女儿结了婚，这显然是同涅菲尔提提发生矛盾的结果。①

## 二、图坦卡蒙放弃改革的铭文

在埃赫那吞活着时，改革声势浩大。在他死后不久，改革就停止了。埃赫那吞在位约17年，他的共治者施门克赫卡勒在他之后4年也死了(死于底比斯，他是去同祭司们和解的，或者是作为人质而住在了底比斯。人们认为他可能是被迫害致死的)。此后，埃赫那吞的第3个女儿安克赫森普安吞(Ankhesenpaten)的丈夫图坦阿吞(Tutankhaten)继承了王位。他没能继续改革，而是放弃了改革。他留下了放弃改革的铭文，铭文在谈到他即位之前的情况时说：

从埃烈芳提那直至三角洲的沼泽地的男女众神的神庙被……置诸脑后，不知道自己的家，陷入了毁灭的境地，成为长满毒草的废墟。它们的安宁就像不曾存在过一样，它们的庭院成了过道。

国家处于衰落之中。众神离弃了这个国家。

如果把军队派往巴勒斯坦去扩大埃及的边界，那么，它不会取得任何成就。

如果人们向神祷告，以求得到它的忠告，那么它根本不会到来。如果向任何女神做同样的祷告，那么她也根本不会到来。它

---

① ［美］D. M. 卡甘：《古代史问题》第1卷，第42页；《剑桥古代史》第2卷第2分册，第600页。

们的心已经自然而然地变软弱了，难以扫除已做的坏事。①

他执政以后的铭文说，他放弃了对阿吞神的崇拜，恢复了对阿蒙神的崇拜，首都迁回了底比斯，国王的名字也改为图坦卡蒙(Tutaankhamen)，王后的名字改为安克赫森普阿蒙(Ankhesenpamen)，阿蒙神庙的财产被交还，并且国王还给了很多新的馈赠：

为父辈们(祖先们)和所有的神作了有益之事的仁慈的统治者。他使在永恒的纪念中衰落了的东西巩固了起来。他在两块土地上清除了虚伪。正义开始恢复了它的地位。他使恶成为憎恶的对象。国家(变成了)它自己原来的样子。……埃及和异族的国家处于他的管辖之中。整个国家拜服于他的威力之下。

陛下在"阿赫别尔卡勒"宫中的殿堂里犹如拉神在天上一样。正是陛下在关怀着这个国家，关心着两岸的日常需求。

陛下还同自己的心腹一起深思谋略，探索一切美妙的事情，寻找对其父阿蒙有益的东西，为其塑造真正的金银合金的贵像。

他增加了先前作过的东西。他为其父阿蒙制作的(雕像)要用十三根大竿来抬运。而它的圣像则是用金银合金、天蓝石、松绿石以及各种宝石制作而成的。而这个曾被废弃的尊贵的神先前是用十一根竿子来抬的。他为普塔赫神"从他的墙往南"、"两块土地的生命的"统治者制作了(雕像)，而它的贵像——用金银合金作成，用十一根竿子抬运，它的圣像用金银合金、天蓝石、松绿石以及各种宝石制作而成，虽然先前这位曾被废弃的高贵的神是用

① 北京师范大学历史系世界古代史教研室编：《世界古代及中古史资料选集》，第37～38页。

七根竿子抬的。

陛下还为众神建造了纪念碑，他用外国所有最好的金银合金制作了它们的偶像，建造永恒的、能万世长存的碣碑而使它们重新得到安宁，每日给它们献祭牺牲，把它们的祭祀面包放置于地上。

他增添了先前所有的、他模仿祖先时代做过的事。他任命各城市的大官孩子们作为知名的大人物之子担负“清洁者”祭司和“神的奴隶”祭司之职。他将大量的黄金、白银、青铜、铜作为它们的祭品，而不限其数。

他用作为陛下虏获物的男女奴隶去充实它们的服役。给神庙的一切[捐税都大为增加]，而且作为赋税的白银、黄金、蓝宝石、松绿石、各种宝石、“王家的”亚麻布、白色纺织品、细麻布、橄榄油、树脂、油脂……神香、安息香和没药增加了二至四倍。各种好的东西都没有限制。

…………

陛下……奉献了男女奴隶和舞蹈者，他们先前都是宫中的仆役，当时他们的工作都被算在……两块国土的宫中。

我命令，使它们受到“保卫和保护”，这是为了祖先和众神的利益，由于愿完成有利于众神之卡的事情，以使它们(众神)得到满足，从而使他们保佑埃及……①

但是，图坦卡蒙上台执政时才不过 9 岁，他死时也只有 18 岁，执政 9 年，他不可能对如此重大的问题做出独立的判断和决断。这一切变化的发

① 北京师范大学历史系世界古代史教研室编：《世界古代及中古史资料选集》，第 36～39 页。

生，一方面无疑是在阿蒙祭司及反对改革的势力压迫下做出的；另一方面是由辅佐他的人们中倾向于恢复改革前状态的人做出的。这说明反对改革的势力十分强大，以致即使这个改革是由国王提出和执行的也不能进行到底。

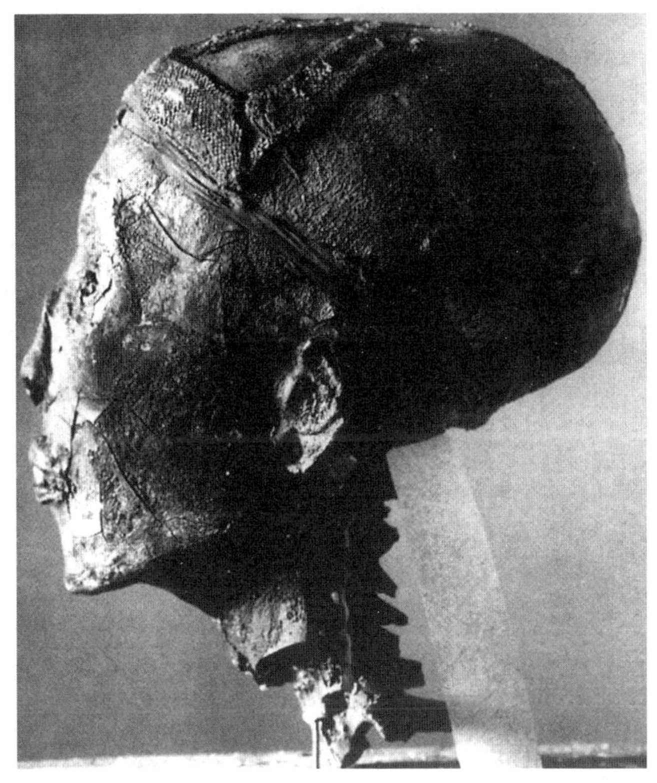

图 10.6　图坦卡蒙的木乃伊头部。开罗埃及博物馆藏

图坦卡蒙死后，埃耶(Eye)即位为国王。埃耶是埃赫那吞时的旧臣。他之所以被宠幸并作了国王，无疑与他同埃赫那吞的一个保姆(也叫作提伊)结婚有关。他有一座墓是在埃赫那吞进行改革时建造好的。因此墓中的铭文充满了对于埃赫那吞和阿吞神的赞美。但在他成为国王后，可能也是迫不得已，而放弃改革，恢复对阿蒙神的崇拜。不过他统治的时间也不长，他在位仅 4 年就去世了。

继埃耶之后登上王位的是埃赫那吞时的军队总司令霍连姆赫布。在埃赫那吞改革时，他未随国王去阿马尔那新都，而总是驻在其司令部的所在地——孟菲斯，这虽有其职务上的理由——防止被征服地的反叛，但更重要的原因可能是他不大支持改革。所以，他即位后，便更加彻底地放弃改革，恢复旧秩序。他将阿马尔那的阿吞神庙拆除，用这些建筑的石头去修建新的神庙。埃赫那吞的陵墓也被破坏，埃赫那吞的尸体下落不明。而且，霍连姆赫布还自称是继承阿蒙霍特普三世的王位，从而将埃赫那吞及其3位继承者从王位世袭表中排除了出去，将那一段历史勾掉了(在第19王朝时编的王表中也是这么做的)，霍连姆赫布建立了第19王朝，埃赫那吞成了“埃赫塔吞的罪人”。埃赫那吞改革失败了，阿蒙神庙祭司及其支持者取得了完全的胜利。

## 第三节　改革失败的原因和意义

第一，改革遇到的敌人太强大了，这包括：阿蒙神庙祭司、其他神庙祭司、地方贵族(包括许多诺马尔赫)，以及其他依附于神庙、与神庙有联系、其利益与神庙有关的一些阶层或集团。尤其是阿蒙神成为全国崇拜的主神已有几百年的时间，在精神上统治了埃及，其影响是很大的，一旦这一切被否定，必定会让人们在感情上难以割舍。改革进行得十分激烈而迅速，人们对旧的信仰未完全抛弃，而新的也未完全熟悉。因此，倡导改革的国王一死，改革的主要推动力便消失了，改革也就进行不下去了。

第二，改革派内部的分裂，削弱了改革的力量。分裂的原因是多方面的：阿蒙神庙祭司的压力，使一部分人动摇，放弃改革；王室家族内部的分裂，提伊王后对改革的态度对改革无疑影响很大。相当一部分军事行政奴隶主放弃了改革，其原因很大程度根源于阿蒙祭司的压力。改革期间停止了对外战争，因而他们掠夺不到新的土地、奴隶及财富，得不到战利品。

埃赫那吞对属地的不闻不问，使许多属地丧失，也引起奴隶主的不满。

第三，改革所依靠的阶级基础——新兴的中小奴隶主涅木虎，发展缓慢，力量十分弱小。他们不仅人数少，且经济实力、政治思想上的影响和号召力还远不如祭司奴隶主。这是埃及奴隶制经济基础发展不充分的反映。虽然新王国时期是埃及奴隶制经济走向繁荣的时期，但由于王室、神庙和官僚贵族奴隶主控制了大部分生产资料，使得新兴奴隶主得以生存和发展的空间过于狭小。埃及商品货币关系的不发达，也不足以瓦解贵族们的经济，不能为新兴奴隶主的发展开拓出广阔的道路。可以说，古代埃及的新兴奴隶主(包括中王国时期的涅杰斯和新王国时期的涅木虎在内)，是在王室经济、神庙经济及贵族奴隶主经济的缝隙中生长和发展起来的，他们之间既有冲突，又有千丝万缕的联系，新兴奴隶主可能在某些方面还要依赖于这形形色色的贵族奴隶主经济，这就是它的软弱性所在。例如，许多手工业者、商人寄生于神庙经济。因此，新兴的中小奴隶主是很软弱的，不可能同贵族们进行顽强而坚决的斗争，一部分涅木虎甚至可能也放弃了改革。

第四，人民群众的不理解和不热情可能是改革失败的重要原因之一，即改革没有广泛的群众基础。因为，改革没能给广大人民群众带来什么实际好处，相反在很短的时期里，新建起一座都城，给人民群众带来的负担之重却是可想而知的。再加上改革的许多措施来得太猛，广大群众对旧的信仰习惯了，而对新的却不甚理解。改革是自上而下进行的，既未发动群众，也不是为了群众，改革者把广大群众置之不顾，广大群众也对改革持观望态度。改革只是加重了他们的负担，这样的改革当然不可能得到群众的支持。

因此，改革以失败告终。改革之都阿马尔那被抛弃，逐渐荒芜，成了一片废墟。直至 1887 年秋天，当尼罗河水退下，农民开始耕地时，从阿马尔那的地下犁出了数以百计的楔形文字泥板。这些泥板被送到伦敦，引起了人们的重视，被专家们认出是阿蒙霍特普三世和埃赫那吞时期与西亚一些国王的通信。于是人们开始了对阿马尔那的发掘，埃赫那吞改革也才为人们所了解。

应当说，埃赫那吞作为一个政治家，在同阿蒙神庙祭司的斗争问题上，是反映了时代的潮流的。改革沉重打击了旧的神庙势力及其支持者，在文学艺术方面，在思想意识形态方面具有启蒙的作用，在文学艺术领域带来了一股清新的气息，这时创作的许多雕刻、绘画和诗歌，较为接近现实。这次改革是古代埃及史上一个重大的事件。

# 第四编

# 埃及和赫梯的争霸战争 埃及文明的衰落

# 第十一章　埃及同赫梯的争霸

在公元前2000年代后期发生的以叙利亚、巴勒斯坦为舞台的埃及同赫梯之间的争霸战争，就是早期大国争霸战争中的一个重要事件。这次争霸前后持续了一个多世纪，其间互有胜负，相持不下，最后双方迫于国内外形势而不得不缔结了和约，瓜分了在叙利亚、巴勒斯坦地区的势力范围。这场争霸战争给两国人民带来很大的灾难，削弱了双方的力量，而尤其是给作为争霸战场的叙利亚、巴勒斯坦人民带来了严重的灾难。战争及最后缔结的和约充分反映出两国奴隶主之间既争夺又勾结，宰割弱小民族的本质。

埃及自古王国时期以来(甚至更早，在早王朝时期)就对其近邻进行过不断的侵略和掠夺。新王国时期，这种侵略和掠夺战争的规模越来越大，侵占的地区越来越多。在西亚，这种掠夺不仅受到当地人民的反抗，而且常常受到西亚其他大国的侵略野心的阻挡。在第18王朝的图特摩斯三世前后，埃及曾同米坦尼发生过多次冲突，因为米坦尼王国也对这一带垂涎已久，而埃及对叙利亚的征服也触及了米坦尼王国的利益，后来，米坦尼王国受到亚述(中期亚述时期)和新兴起的赫梯王国的威胁和内部不稳的影响，不得不放弃同埃及争夺西亚霸权的野心，并同埃及成了盟国。米坦尼王国的公主一再嫁给埃及国王(图特摩斯四世至阿蒙霍特普四世)，以求得到埃及的支持，埃及也因此而暂时巩固了在西亚的统治。但很快，赫梯又向埃及在西亚的霸权提出了挑战。

## 第一节　争霸的原因和阶段

### 一、争霸的原因

埃及同赫梯的争霸，是由这两个霸国的奴隶制本质所引起的。奴隶制的发展需要不断得到新土地，不断补充新的劳动力，以保证奴隶制生产持续不断地发展。而不断增殖自己的财富，扩大自己的剥削范围和统治地区，也是包括奴隶主在内的一切剥削阶级的共同特性。当时埃及同赫梯都正处在奴隶制发展的鼎盛时期，它们必然不断地向外扩张，当这两个强国在对外扩张中碰到一起而又互不相让时，战争就不可避免了。

公元前2000年代后期埃及同赫梯角逐的焦点是西亚的叙利亚、巴勒斯坦地区。这一地区是古老的文明中心。它的北部与木材、矿产资源丰富的小亚细亚相连；东部与另一个古老文明中心两河流域相接，并通过两河流域与伊朗高原、中亚草原相通；西部频临地中海，有许多优良港口，与地中海各地的海上交往十分方便，商业贸易十分活跃；南部与古老的埃及相通。因此，这里是一条重要的商道，且具有十分重要的战略意义(自古至今一直如此)。谁占有了这个地区，就意味着占有了重要的商业通道和战略要地。更不用说这里拥有丰富的资源。而这里文明起源虽然很早，却一直未形成一个强大而统一的奴隶制国家。因而这个地区就成了其他大国掠夺的对象，争夺的焦点。

此外，埃及同赫梯发生战争，还与埃及要保护自己的盟友米坦尼有关。米坦尼战败，必然会使赫梯危及埃及在西亚的利益，削弱埃及在西亚的实力和地位。

前面已经说过，埃及对叙利亚、巴勒斯坦早有野心，并已基本征服了此地，不仅从战争中掠夺了大量财富，而且在战后每年还会得到被征服地区的大量贡赋。所以，当赫梯兴起，染指叙利亚一带时，埃及是必然要与其相争，绝不会轻易放弃的。

而小亚细亚东部的赫梯王国，虽然直至公元前 2000 年代前期才进入阶级社会，形成国家，但它发展很快，公元前 16 世纪初，竟然南下灭了古巴比伦王国；公元前 16 世纪后期又经过铁列平改革，使国内形势更趋稳定，在公元前 15 世纪至公元前 13 世纪时达到强盛时期。国王苏庇鲁里乌马什(Shupiluliumash)统治时期，赫梯同米坦尼王国进行了两次叙利亚战争，打败了米坦尼，将米坦尼的势力从北部叙利亚挤了出去，而将北部叙利亚的若干地区置于自己的控制之下，兵锋直抵阿勒颇(Alepo，属埃及控制地区)。乌伽里特和阿穆路也同赫梯结成了同盟。于是赫梯成了北部叙利亚的霸主，并同埃及直接相对。

## 二、争霸的阶段

延续了一个多世纪之的埃及同赫梯的争霸战争的第一阶段，开始于埃及第 18 王朝末期的埃赫那吞改革前后，这是争霸的初期阶段，在这一阶段赫梯处于攻势，埃及则处于守势，处于被动状态。

第 18 王朝国王图特摩斯三世打败以卡迭石为首的叙利亚联军，使埃及占领了北部叙利亚，将埃及占领区扩大到极点。图特摩斯三世以后的其他埃及国王在叙利亚所进行的战争都不曾占领新的领土，而只是巩固了图特摩斯三世所占领的地区。直到图特摩斯四世和阿蒙霍特普三世时期，埃及还基本上能维持在叙利亚的统治。

埃赫那吞改革期间，法老忙于国内政治斗争，无暇顾及其叙利亚属地，对外战争也完全停止了。于是赫梯乘虚而入，从一些资料中可以看出，小亚细亚的赫梯虽然与埃及维持着外交关系，但已蚕食埃及的北部叙利亚的属地(使埃及只能驻防于南部叙利亚和巴勒斯坦①，一些埃及的叙利亚属地

① ［美］J. H. 布利斯特德：《古代埃及文献》第 2 卷，第 404 页；［美］J. H. 布利斯特德：《埃及史》，第 381 页；《剑桥古代史》第 2 卷第 2 分册，第 83 页。

也纷纷起来摆脱埃及人控制而独立，或依附于赫梯)。

为此，埃及驻叙利亚的一些官吏曾写信给埃赫那吞，希望他关心一下他的属地，并派兵救援。① 一些仍忠于埃及的亚细亚属地的王公贵族，也多次请求法老派兵保护其领地，以免受赫梯及其支持者的欺凌。② 但埃赫那吞对此不感兴趣，无动于衷。埃及驻叙利亚的官吏和埃及的叙利亚属地的王公贵族的求援信如石沉大海，毫无结果。埃赫那吞甚至还指责他们干扰了他的改革。从而，赫梯人能肆无忌惮地南下，占领埃及的亚细亚属地。③

在此情况下，埃及在叙利亚的属地陷于一片混乱。埃及的官吏也往往弄不清楚谁还忠于埃及，谁已倒戈支持赫梯。④ 因而偶尔派到西亚去的军队没有攻击埃及的敌人，却攻击了埃及的支持者，这使局势更加混乱。

当然这并不是说，在这时埃及的属地都已丧失，那时埃及还占有一些亚洲属地。资料表明，这时还有一些叙利亚人、黎巴嫩人向埃及赠礼。⑤ 另据 A. H. 舍易斯的《图坦卡蒙死后发生了什么事》一文提供的资料说，图坦卡蒙时期，埃及同赫梯的疆界还在叙利亚的阿门伽(Amga)⑥，在《穆尔西里关于传染病的祈祷》一文中，也提到此地。⑦

埃赫那吞的继承者图坦卡蒙在其统治时期，虽然曾派兵去西亚，希望恢复失去的属地。但是，一方面由于他统治的时间很短，年纪也小；另一

---

① [苏联]阿甫基耶夫：《古代东方史》，王以铸译，第 278～279 页；[美]J. H. 布利斯特德：《埃及史》，王以铸译，第 386 页。

② [苏联]阿甫基耶夫：《古代东方史》，王以铸译，第 278 页；[美]J. H. 布利斯特德：《埃及史》，第 382～383 页；[美]J. B. 普利查德：《古代近东文献》，第 483～490 页。

③ 《埃及考古学杂志》1921 年第 7 卷，第 39～52 页。

④ [美]J. H. 布利斯特德：《埃及史》，第 386 页。

⑤ [美]J. H. 布利斯特德：《古代埃及文献》第 2 卷，第 404 页。

⑥ A. H. 舍易斯：《图坦卡蒙死后发生了什么事》，载《埃及考古学杂志》1926 年第 12 卷，第 168～176 页。

⑦ [美]J. B. 普利查德：《古代近东文献》，第 395 页。

方面，由于他的那些顾问们忙于内部斗争，因而不可能同赫梯人进行认真的斗争，更不可能有多大的成就。

图坦卡蒙死后，他的寡后，埃赫那吞的三公主安克赫森普阿蒙，出于对恢复阿蒙崇拜的反感，曾私自向赫梯王提出，要他派一位王子到埃及来同她结婚，并答应让此王子为埃及法老。这时的赫梯王苏庇鲁里乌马什几经犹豫后，才决定将自己的一位王子送到埃及去。但这位王子到埃及后尚未见到王后便被反对这门婚事的埃及人杀了，从而引起了赫梯同埃及人之间的一场战争，结果埃及惨败。只是由于埃及士兵的传染病也传染给了赫梯人，战争才得以停止。

战争的第二阶段，是第19王朝初年的霍连姆赫布至谢提一世统治时期进行的。这是埃及从埃赫那吞改革的震荡中全面恢复的时期。这时埃及内部稳定了下来，对外战争又重新开始。

埃赫那吞改革时期，对外战争停止了，军队不能借战争发财了，于是改革热情顿然消失，军队总司令霍连姆赫布可能反映了军队的这种情绪。因此，他继埃耶之后登上王位后，一方面，在国内彻底地恢复旧秩序，扫除改革的影响；另一方面，立即恢复对外战争，特别是对西亚的战争，恢复在西亚的属地，以赢得军队及其他奴隶主的支持。

当时赫梯国王穆尔西里二世也面临着巩固其前辈在叙利亚地区夺得的属地的任务，他面对着许多敌人：正在复兴中的埃及，被征服地区不断反抗的人民，东方正在兴起的亚述(它对赫梯正形成越来越大的威胁)，东北方的卡斯凯部落。

霍连姆赫布统治时期，对赫梯的战争取得了一些胜利，夺得了一些战利品和俘虏，在卡尔纳克神庙第11个塔门上的一个名表中有赫梯(Kheta)。在一个表现霍连姆赫布领着3行俘虏到阿蒙神、穆特神和洪苏神面前的雕刻中，俘虏的服装及其相貌表明其是亚细亚人。[①] 但他的胜利显然微不足道，很可能只是同赫梯的支持者之间的战争，因而并未给赫梯带来什么损伤。

霍连姆赫布之后的拉美西斯一世统治的时间很短（只有两年），且年纪较大。记载在他名下的亚细亚战争，实际上可能是他的共治者和继承者谢提一世进行的。

谢提一世自命不凡，自称为再生者，即复兴的创造者，并以此作为自己的座右铭和荷鲁斯名。据保存下来的有关资料看，他可能进行了 4 次亚细亚远征。其中，前 3 次显然都不是直接同赫梯交锋，而是扫除横亘在埃及和赫梯中间的一些支持赫梯的北部巴勒斯坦和南部叙利亚的小公国。

他的第 1 次亚细亚远征，主要目标可能是北部巴勒斯坦的伯善（Bathshama）、哈马丹（Hamath）、雅洛阿姆（Yanoam）等地。据在伯善发现的一个谢提一世的玄武岩石碑上的铭文说："他使叙利亚王公退却"。

第 2 次远征是对卡迭石和阿穆路（Kadesh and Amurru）。

第 3 次远征是对黎巴嫩。

第 4 次亚细亚远征才是直接与赫梯交锋的。争夺的主要地区在卡迭石以北的地区。显然谢提一世取得了胜利，不仅带回了赫梯战俘，而且占领了卡特纳和图尼普等地。谢提一世在卡尔纳克神庙上的铭文中说道："杀死亚细亚人，打倒赫梯人，杀死他们的首领。"在卡尔纳克雕刻中提到的谢提一世占领的地方（仅就西亚而言）有：刻赫塔（赫梯）、纳哈林、阿拉萨、阿科、西姆拉、柏赫尔、伯沙纳尔、克哈麦赫姆、耶洛阿姆、乌拉扎、卡麦德、图勒、奥苏、伯萨纳特、卡勒米姆，还有一些其他的地方。[②]

---

① ［美］J. H. 布利斯特德：《古代埃及文献》第 3 卷，第 20 页。

② ［美］J. H. 布利斯特德：《古代埃及文献》第 3 卷，第 55 页。

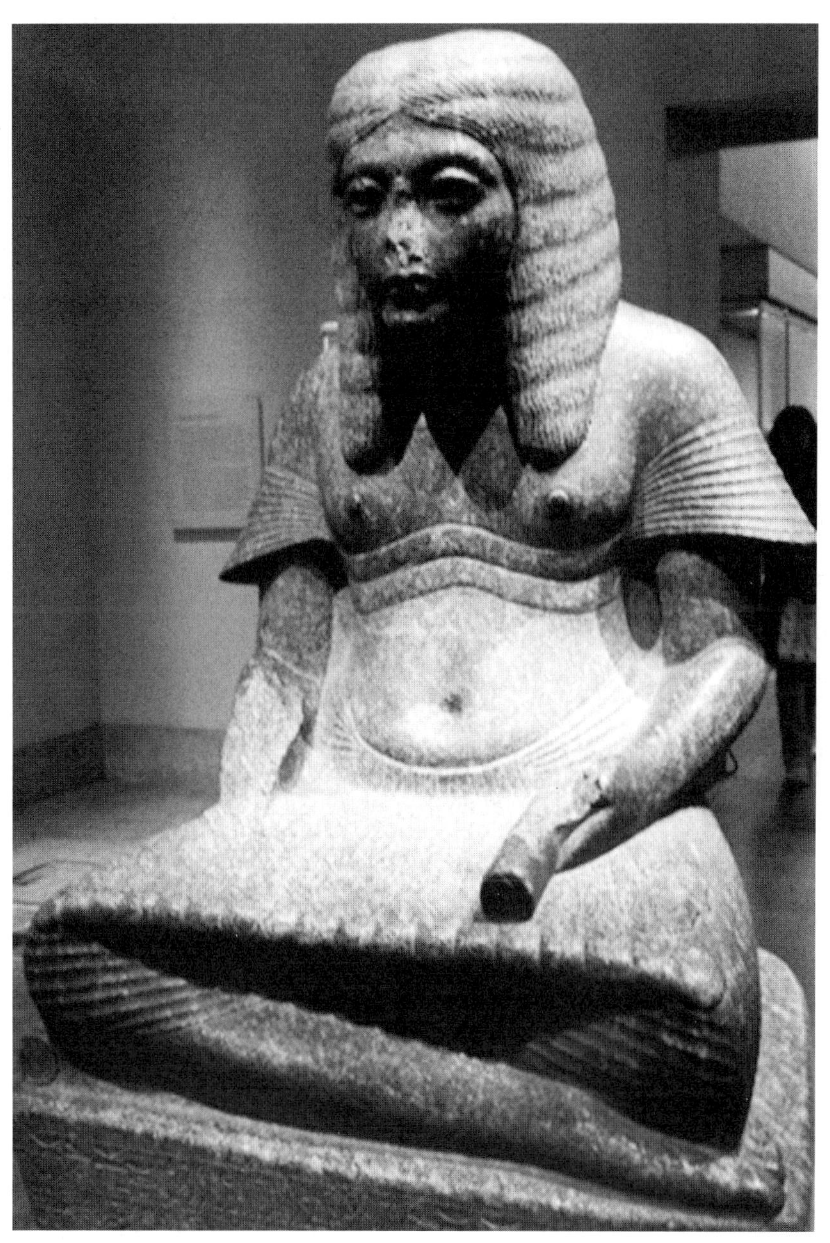

图 11.1　霍连姆赫布像。纽约大都会艺术博物馆藏

从这些资料可以看出，谢提一世统治时期，埃及在同赫梯的战争总体说是胜利的，基本上阻止了赫梯进攻的态势，夺回了被赫梯人占领的一些亚细亚属地，稳住了埃及在西亚的阵脚。

争霸战争的第三阶段是在埃及第19王朝的拉美西斯二世(Rameses Ⅱ)和赫梯的穆瓦塔鲁(Muwatallis)统治时期进行的。

谢提一世虽然从赫梯手中夺回了一些属地，但并未能完全恢复图特摩斯三世的帝国，而且赫梯还处于进攻的态势。因此，拉美西斯二世即位后，仍把对赫梯的战争摆在十分重要的地位，他将首都从底比斯迁到了三角洲东部的培尔-拉美西斯。

赫梯国王穆瓦塔鲁也十分重视对埃及的战争，他也将首都从哈图什城迁到了小亚细亚南部的达塔什城(位于哈里斯河以南)，靠近叙利亚战场。

当时与埃及为敌的，不仅有赫梯本身，还有叙利亚的一些公国，如纳哈林、阿尔瓦德、卡尔赫美什、科迪、卡迭石、努格什、乌伽里特和阿勒颇等，因此，拉美西斯二世要想恢复图特摩斯三世的帝国，任务是很艰巨的。

为了复兴帝国，为了同赫梯争夺叙利亚，拉美西斯二世组建了4个军团：阿蒙军团、拉军团、普塔赫军团和苏特克赫军团。此外，还有沙尔丹雇佣军等，约有3万人。

拉美西斯二世的计划是，像图特摩斯三世一样，先占领叙利亚、巴勒斯坦的沿海地带，取得立脚点和海上交通线，使自己能从海上迅速与埃及本部取得联系。在其执政第4年所进行的一次预备性远征就是为了这个目的。这次远征目标是腓尼基沿岸，并到达贝鲁特。①

埃及同赫梯争霸战争的高潮是在拉美西斯二世统治时期的第5年进行的，地点在叙利亚的卡迭石。

---

① [美]J. H. 布利斯特德：《古代埃及文献》第3卷，第125页。

在拉美西斯二世在位第5年的4月末，当叙利亚雨季过去时，拉美西斯二世从自己位于三角洲的要塞城市萨鲁出发。

图11.2　拉美西斯二世像。现存阿布·辛贝尔神庙

当时赫梯人也做了充分准备。他们把2万人的军队隐蔽在卡迭石城的东边，准备将埃及人引诱至卡迭石城后，发动突然袭击，加以歼灭；并派出细作，以探听埃及军队行进的情况。当拉美西斯二世率军到达萨布吐纳(Shabtuna)时，捉住了2个贝督因人，二人乃赫梯人的细作。他们告诉拉美西斯二世说，附近并无赫梯人，赫梯人远在阿勒颇地区，还说叙利亚人都准备投靠埃及。① 拉美西斯二世听信了他们的情报，率领阿蒙军团，孤军深入到了卡迭石城的西边，其他几个军团则离阿蒙军团很远：拉军团尚在由萨布吐纳前往卡迭石的途中，普塔赫军团和苏特克赫军团则还未到达萨布吐纳。② 直至此时，拉美西斯二世对赫梯人的位置、军力及计划还一无所知，也不知道自己处于极端的危险之中。

在卡迭石西北扎营之后，拉美西斯二世再度审问被捉的2个贝督因人细作，得知了严阵以待的赫梯军队就在附近时，大吃一惊。他急忙命随同

① ［美］J. H. 布利斯特德：《古代埃及文献》第3卷，第144页。

② ［美］J. H. 布利斯特德：《古代埃及文献》第3卷，第103页上的埃及军和赫梯军的态势图。

图 11.3　拉美西斯二世击杀俘虏。现存阿布·辛贝尔神庙

进军的一个维西尔去催促后面的军队赶快前来与他会合，但为时已晚。赫梯军见埃及人中计，便迅速用几倍于阿蒙军团的战车兵将拉美西斯二世及其阿蒙军团包围起来，进行攻击。还派遣战车兵去截击埃及的后续部队，将正在行军途中还什么也不知道的拉军团打得七零八落。阿蒙军团被赫梯军打得狼狈不堪，拉美西斯二世也险些被捉。

拉美西斯二世幸运逃脱得益于2个因素：一是由于赫梯军队尚不知拉美西斯二世就在阿蒙军团，因而没有集中精力去攻击拉美西斯二世，而是贪心于抢劫被打败的埃及阿蒙军团的财物，从而使拉美西斯二世免于被擒；二是埃及的援军——普塔赫军团及被打散的拉军团的一部分士兵及时赶到。于是，埃及人重整旗鼓，打败了赫梯的战车兵，化险为夷，最后取得了这场战役的胜利。但是，这是皮洛士式的“惨胜”，因为埃及的两个军团也差不多被消灭了。

卡迭石战役的结束，实际上也标志着拉美西斯二世这次远征的结束，标志着埃及与赫梯之间在叙利亚、巴勒斯坦争霸战争的基本结束。在此之后，拉美西斯二世还曾在其统治的第7年重占阿什卡隆，第9年重占伽利里的一些地方和阿穆路地区的达普尔城(Deper)，第10年又到过纳赫列尔-卡尔布，第11年曾突破赫梯人的防御而侵入过叙利亚，在某个时期里控制了图尼普、卡特纳，还进到了科迪。但是这些战事规模并不大，且主要是同叙利亚、巴勒斯坦人作战。因此，埃及同赫梯之间长达百年的争霸基本上是以卡迭石战役结束而告终的。

拉美西斯二世的多次远征，只是使埃及对西亚的控制稍微往北推进了一点(与谢提一世时期相比)。基本上还是在叙利亚南部，而未能到达帝国极盛时期所控制的地区。这也是他的力量所及的最大范围，当时埃及的国力已不允许他实现那么大的抱负了。

赫梯在这次战役中的损失也是惨重的，其战车兵几乎全军覆灭。加之赫梯国内外形势的变化，因而也无力将战争再继续下去了。

# 第二节 埃及与赫梯的和约

## 一、和约的内容

在拉美西斯二世在位第21年，赫梯国王哈吐什尔（Hattusilis或Khatasar）向埃及提出了缔结和约的要求，并派出使者向拉美西斯二世递交了一份铸在银板之上的和约草案。拉美西斯二世同意了这一提议，并在赫梯人提出的和约草案的基础上拟定了埃及的和约草案，送给赫梯国王。和约缔结，从而结束了两国长达一个多世纪的战争状态。

这个和约的内容除了说明性的部分外，包括1个序言和9个条文：(1)永久和平的确立；(2)互不侵犯的条约；(3)赫梯国王执行先前条约的义务；(4)埃及法老拉美西斯二世执行现今条约的义务；(5)军事互助的相互义务；(6)赫梯国家不接纳埃及亡命者的义务；(7)埃及不接纳赫梯的亡命者的义务；(8)神对违约者的威胁和对守约者的加恩诺言；(9)亡命者的引渡等。①

条约部分内容：

> 第二十一年，冬季（第二季）第一月，二十一日，在上下埃及之王乌谢尔·玛特·拉，索特普·恩·拉②，拉之子，拉美西斯·美里阿蒙万岁……在位时代。
>
> （接着是法老的头衔）

① 林志纯主编：《世界通史资料选辑·上古部分》，第21～27页。

② 拉美西斯二世的御名。

## 赫梯使者的到来

在这一天，陛下居住在帕尔·拉美西斯①，为了尊敬自己的父亲阿蒙·拉，哈拉胡梯，阿通，赫利奥玻里地方的两地主宰，拉美西斯的阿蒙，拉美西斯的普塔和强力的伟大者〔苏特赫〕②，努特③之子，正如他们使他永远有永恒的节日④，得到幸福的年代，而低地和高地在他的凉鞋底下永远伸展⑤——在这时候，来了……国王的使者……国王的使者……和赫梯国家的使者，为的是送来赫梯国家的伟大的大公哈吐什尔寄给法老——愿他生存，健康无恙——的银板，以便向上下埃及之王，像他的父亲拉一样万寿无疆的拉美西斯二世求得和平。

## 条约原文的标题

赫梯国家的伟大的大公哈吐什尔，通过自己的使者塔尔奇谢布和他的公使拉美斯，送给法老的银板副本……为的是向统治者的金牛，拉姆西斯二世陛下，求得和平，请按照自己愿望确定每一个国家的自己的边界。

## 缔约双方

〔赫梯国家强壮伟大的大公〕苏比鲁留姆之孙，赫梯国家强壮伟大的大公穆尔舒尔之强壮的儿子，赫梯国家伟大的大公哈吐什尔，和强壮伟大的埃及统治者，拉美西斯一世之孙，强壮伟大的埃及统治者塞特一世之子，强壮伟大的埃及统治者拉美西斯二世，在银板上做出的条约，是永远赋予和平的……和平与兄弟关系的

① 直译为“拉美西斯之家”——拉美西斯在三角洲东部建立的城市。某些研究者把它与阿瓦利斯视为一个地方。

② “塞特”神的又一名称。

③ 天空女神，地神盖伯之妻。

④ 国王的纪念节日，最初法老登基后30年举行，后来经过短期就重复一次。

⑤ 英译本作“一切土地和所有外国永远匍匐在他脚下”。

最好的条约。

## 条约的目的

〔序言部分〕

神按照伟大的埃及统治者以及赫梯国家伟大的大公的意愿，今后到永远的最后，通过条约，不使我们之间发生敌对。

虽然在我的兄长，赫梯国家大公穆瓦塔尔时代，他同伟大的埃及统治者，〔拉美西斯二世〕，打过仗，然而从今后，自即日起，赫梯国家伟大的大公哈吐什尔自己草拟了条约，制定了由拉和苏特赫为埃及领土以及赫梯国家所作成的方案，使我们之间永远不发生敌对。

这就是他们，赫梯国家的伟大的大公哈吐什尔与伟大的埃及统治者拉美西斯二世，一起定下的条约，为的是自即日起，在我们之间永久有美好的和平和美好的兄弟关系。他和我是兄弟关系，和我和平，而我和他也是兄弟关系，也和他和平，永远如此。

当我的兄长，赫梯国家伟大的大公，穆瓦塔尔，达到了自己命运的界线(死亡)而哈吐什尔在自己父亲的宝座上即位为赫梯国家伟大的大公之时，他就希望与伟大的埃及统治者，拉美西斯二世一起……以和平和兄弟关系相处，远胜于从前大地上曾经有过的和平和兄弟关系。

## 永久和平的确立

就这样，我，赫梯国家的伟大的大公，与伟大的埃及统治者〔拉美西斯二世〕，一起以美好的和平和美好的兄弟关系〔相处〕。而赫梯国家伟大的大公的子子孙孙与伟大的埃及统治者拉美西斯二世的子子孙孙也〔将〕以兄弟关系和平相处。他们将遵循我们的兄弟关系的方案和我们的〔和平〕的方案。〔而埃及的国土〕与赫梯的国土〔将〕和我们一样，也永远以和平和兄弟关系相处，在他们之间永远不发生敌对。

### 互不侵犯的条约

赫梯国家的伟大的大公永远不侵入埃及领地，掠夺埃及的财富，而伟大的埃及统治者，拉美西斯二世，也永远不侵入〔赫梯〕的领土，〔掠夺〕赫梯的〔财富〕。

### 赫梯国家的伟大的大公执行先前条约的义务

至于赫梯国家的伟大的大公苏比鲁留姆时期的公正的条约，赫梯国家的伟大的大公，我父①穆瓦塔尔时期的公正的条约，我要遵守它。

### 拉美西斯二世执行现今条约的义务

伟大的埃及统治者，拉美西斯二世，从即日起，就遵守他与我们所订立〔的和约〕。而我们将根据这些公正的方案去做。

### 军事互助的相互义务

假如其他的敌人进犯伟大的埃及统治者拉美西斯二世的领土，而他派人到赫梯国家伟大的大公那里，说："请到我那里并给予力量以反对他"，——赫梯国家的伟大的大公应该〔到他那里〕。赫梯国家的伟大的大公将击破他的敌人。

假如赫梯国家的伟大的大公〔自己〕不来，他应当派遣自己的军队，自己的战车，而他将击破他的敌人。

（根据保存下来的已经严重破坏的第十七至二十行中的文字判断，下文是拉美西斯二世在类似的情况下也有帮助赫梯国家伟大的大公的完全一样的义务。）

### 赫梯大公不接纳埃及亡命者的义务

〔假如显贵的人由埃及领地潜逃，而他来到〕赫梯国家的伟大

---

① 穆瓦塔尔非哈吐什尔之父，当系"我兄"之误。

的大公的〔领土上〕，或者市民，或者〔属于〕伟大的埃及统治者拉美西斯二世土地上的〔人〕，他们来到赫梯国家的伟大的大公这里——赫梯国家的伟大的大公将不接纳他们。赫梯国家的伟大的大公将把他们送还给他们的主宰，伟大的埃及统治者，拉美西斯二世。

假如不知道为谁的一个人或两个人，潜逃到赫梯国土，为的是变成他人的纳贡者——他们不得留在赫梯国土，而他们应被送还给伟大的埃及统治者，拉美西斯二世。

## 法老不接纳赫梯国家亡命者的义务

假如显贵的人由赫梯国土潜逃，而来到〔伟大的〕埃及〔统治者〕拉美西斯二世的领土，或者市民，或者一个地区的人，或者属于赫梯国家土地上的人，他们来到伟大的埃及统治者拉美西斯二世这里，埃及伟大的统治者拉美西斯二世将不接纳他们。伟大的埃及统治者拉美西斯二世将把他们送还给〔赫梯国家的伟大的〕大公。他不留他们。

同样地，假如不知道为谁的一个人或两个人，潜逃到埃及领土，为的是变成他人的纳贡者——伟大的埃及统治者拉美西斯二世不得留他们：他要把他们送还给赫梯国家伟大的大公。

（接着五行几乎写满了作为本条约证明人的埃及和赫梯的神的名字。）

## 神对违约者的威胁和对守约者的加恩诺言

……至于这银板上关于赫梯人国土和埃及人国土的言辞，谁不留心它，那么赫梯国土的成千的神以及埃及国土的成千的神就要毁坏他的房屋，他的土地，他的仆人。

同样，谁留心这银板上的言辞，不论他们是赫梯国家的或是埃及的人，他们不违反它①，那么赫梯国土的成千的神，以及埃

① 指本条约上的言辞。

及领土的成千的神，将给他连他的房屋，连他的〔土地〕，连他的仆人一起，以幸福和生命。

亡命者的引渡

假如一个人，或两个或三个，由埃及的领土潜逃，为的是到赫梯国家的伟大的大公那里，那么赫梯国家伟大的大公要抓住他们，并命令送还给伟大的埃及统治者，拉美西斯二世。至于被引带给伟大的埃及统治者拉美西斯二世的人，则不要处罚他的罪过，不要毁坏他的房屋，他的妻子和他的子女，〔不要杀害他〕，不要损伤他的眼睛，他的耳朵，他的嘴和鼻子……他的一切。

同样，假如一个人，或两个或三个，由赫梯国家潜逃，而他们来到伟大的埃及统治者拉美西斯二世那里，〔伟大的埃及〕统治者，拉美西斯二世要抓住〔他们，并命令〕送还给赫梯国家的伟大的大公，而〔赫梯国家〕伟大的大公不要〔处罚〕他们的罪过，不要毁坏他的〔房屋〕，他的妻子和他的子女，不要杀害他，不要损伤他的耳朵，他的眼睛，他的嘴和鼻子，不要处罚他的一切的罪过。

（末尾是关于刻着条约原文的银板的说明。）①

## 二、和约的性质

和约的内容表明，它是两个奴隶制国家又争夺又勾结的结果，是两个奴隶制国家掠夺本质的反映。

第一，这是两个奴隶制国家瓜分势力范围，并企图保持其在叙利亚、巴勒斯坦所占有的属地的条约。条约说：“赫梯国家的伟大的大公哈吐什尔……送给法老的银板副本……为的是求得和平，请按照自己愿望确定每

① 林志纯主编：《世界通史资料选辑·上古部分》，第21～27页。

一个国家的自己的边界。”①埃及和赫梯的边界本来相距甚远，却在远离本土的叙利亚划定界限，实质上是划定其势力范围的边界，“按照自己的愿望”当然是不可能的，因为它们都想多占些地盘。划定这样的边界，只能看它们的实力，看其当时实际占领的情况。双方争战一个多世纪，目的是要独霸这一块地方，独霸不行，又打不下去，就只能分割这块土地。因此，这个条约是一个分割势力范围的条约，是一个牺牲叙利亚、巴勒斯坦人民民族利益的条约。

第二，这个和约是两个奴隶制国家为巩固其国内政治统治的一种政治手段。这从条约中有关互不接纳对方的亡命者和引渡亡命者的条文可以看出，所谓亡命者，既有“显贵的人”，即政治上的反对派，也有“市民”和其他人。他们或者与本国国王有严重的矛盾，因而在国内待不下去了，不得不逃居国外，以寻求庇护和支持；或者是下层人民因不能忍受国内奴隶主的残酷压迫和剥削，而不得不逃离本国，以求生路，因而成了“纳贡者”；有的可能曾起来反抗奴隶主统治，但失败了，不得不逃离国内，但这种人对奴隶主统治来说是危险的，因而要追捕，要引渡。这表明了两国国内政治形势的不稳定。事实上，赫梯在哈吐什尔死后就发生了争夺王位的斗争。所以，提出引渡亡命者并非无因。

第三，这个和约也是个军事同盟条约。双方保证互相进行军事援助，以反对第三国的进犯。订立带有这样条款的和约，对双方来说反映了两国在外交上都碰到了麻烦，特别是赫梯。

古代近东世界奴隶制国家林立。由于政治经济发展的不平衡，一些国家，甚至落后的部落、部落联盟突然兴起，打败、甚至灭掉一些曾经的强国。赫梯自己就曾灭了古巴比伦王国。在埃及同赫梯签订和约之时，亚述正在兴起，在小亚细亚还有卡斯凯部落兴起，这二者均威胁着赫梯。不久之后发生的席卷地中海东部的所谓“海上民族”(Sea People)入侵，不仅使埃

① 林志纯主编：《世界通史资料选辑·上古部分》，第22～23页。

及受到很大损失，更使奴隶制强国赫梯遭受了灭顶之灾。这说明签订条约虽具有深刻的现实意义，但实际上两国却没能因这个条约而避免劫难。

拉美西斯二世将这个和约的签订看作是自己的胜利，因为：第一，是赫梯人首先提出要缔结和约的；第二，赫梯国王哈吐什尔不惜将自己的公主嫁给拉美西斯二世为王后，以巩固这个同盟；第三，赫梯国家内忧外患不绝，显然需要埃及的援助或需要与埃及保持和平状态。许多现代的学者认为，对于埃及来说，实际上同样需要和平，需要结束同赫梯的争霸战争。① 这是因为，从第18王朝后期开始埃及国内激烈的阶级斗争，特别是统治阶级内部的斗争，严重地削弱了埃及的政治、经济和军事实力。第19王朝初年几个法老的努力也未能使埃及恢复到第18王朝初年那样的状态，已没有了锐气。且年年征战，奴隶制经济的发展，使阶级分化加剧，农民破产者日多，兵源减少，雇佣兵越来越重要。所以，埃及的国力也已不允许埃及将战争继续进行下去。长久的争霸战争并未给埃及带来多少实际好处没占领多少新领土；而要打败赫梯，当时埃及还没有那么大的力量。拉美西斯二世显然也是了解这样一种形势的。因此，当赫梯人提出签订和约，并带来具体条款后，拉美西斯二世便欣然同意了。

## 三、叙利亚、巴勒斯坦人民的苦难和反抗

埃及同赫梯的争霸战争，完全是为两国统治阶级的利益而进行的，是非正义的，两国人民都是受难者。战争加重了人民的负担，造成两国人民生命财产的很大损失。他们要为奴隶主当兵打仗，流血牺牲。战争中的掠夺物不是落入国王和军政奴隶主手中，就是落入神庙奴隶主手中。②

---

① 《剑桥古代史》第2卷第2部分，第259页；[苏联]阿甫基耶夫：《古代东方史》，王以铸译，第293页等。

② 谢提一世的《卡尔纳克雕刻》和拉美西斯二世的《亚细亚战争》，见[美]J. H. 布列斯特德：《古代埃及文献》第3卷。

在两国长期争霸战争中受难最深的当然还是叙利亚、巴勒斯坦的人民。两国争霸的战场就在这里，所以这里的人民饱受战火的熬煎，两国争霸的目的是为了掠夺、奴役和统治，因此，无论两个霸国中哪一方获胜，结果都是被占领地区的土地被抢走，人口被掠为奴，财产被劫掠一空，城镇被毁灭，房屋被烧掉，几乎变为一片废墟。

在埃及的铭文中，关于抢掠、破坏被征服地区的记载可以说是俯拾皆是。在霍连姆赫布留下的文物维也纳片段中(该片段上有铭文，还有雕刻)，一些埃及官吏躬身站立于霍连姆赫布之前，接受有关如何对待被攻击、破坏了的亚细亚人的城镇的居民的指示。这些亚细亚人是在埃赫那吞改革期间因受到赫梯人的攻击而流落到埃及来的难民，他们四处漂泊，居无定所，忍受了无穷的痛苦。铭文记载："他们已遭到破坏，他们的城镇遭到蹂躏，……他们的国家正在挨饿，他们像山上的山羊一样生活，他们的孩子……一些不知道将如何生活的亚细亚人，已开始在法老统治的地方安家。"①在这时埃及的许多铭文中，还讲到埃及军队在这里进行掠夺，获取俘虏和财物的事情。②

由于叙利亚、巴勒斯坦人民遭受的苦难十分深重，因此，这里的人民常起来反抗。拉美西斯二世统治时期的第5～8年的某个时候(在埃及同赫梯之间的重大战役刚结束不久)，巴勒斯坦的阿什卡隆就发生了起义，"当阿什卡隆叛乱之时，陛下占领了这座可怜的城市"，与此铭文一起还有一幅雕刻，刻在卡尔纳克神庙的大圆柱大厅的南墙的外部。③

其统治的第8年，拉美西斯二世又在北部巴勒斯坦进行了战争，并俘虏了西部伽利里地方的首领。④

---

① [美]J. H. 布利斯特德：《古代埃及文献》第3卷，第7页。
② [美]J. H. 布利斯特德：《古代埃及文献》第3卷，第20、42、43、157页。
③ [美]J. H. 布利斯特德：《古代埃及文献》第3卷，第158页。
④ [美]J. H. 布利斯特德：《古代埃及文献》第3卷，第158～159页。

# 第十二章　帝国的衰落　晚期埃及帝国

第 19 王朝后期和第 20 王朝时期，埃及国内和国外的矛盾均极尖锐，并发生了一系列重大事件，最终导致埃及帝国的瓦解。

## 第一节　“海上民族”的入侵

### 一、麦尔涅普塔赫统治时期和“海上民族”的战争

公元前 13 世纪末至公元前 12 世纪初，“海上民族”①横扫地中海东部。埃及第 19 王朝晚期麦尔涅普塔赫统治时期和第 20 王朝初拉美西斯三世统治时期，埃及也遭到利比亚人和“海上民族”的 2 次入侵。

在麦尔涅普塔赫统治的第 5 年，“海上民族”第 1 次侵袭埃及。当时，利比亚人的邻居和同盟者麦什维什(Meshwesh)部落同“海上民族”的沙尔丹(Sherden)、舍克列什、埃克维什、卢卡和特列什等部落一起侵入埃及三角洲西部。

---

① 关于“海上民族”，有不同说法。一般认为，他们来自地中海一些岛屿和小亚细亚(见[英]N. K. 桑达尔斯：《海上民族：公元前 1250—前 1150 年古代地中海世界的入侵者》，伦敦：泰晤士和哈德逊出版社，1985 年版)。但亚历山大·尼比却认为，“海上民族”并非埃及语“ym”(广大的绿色)一词理解上的错误造成的。他认为“ym”并非是指海，而是指三角洲。因为古埃及人在很长时期里都认为三角洲是九弓之地，是外国的土地(见该书前言及正文)。不过，从当时留下的雕刻看，“海上民族”从人种上与埃及人显然不同。因此，说他们是下埃及三角洲居民似乎不妥。见[澳]亚历山大·尼比：《海上民族和埃及》，新泽西：诺伊斯出版公司，1975 年版。

关于沙尔丹或萨尔丹纳(Shardana)，有的学者认为他们来自萨丁岛，但还不能确定。早在埃赫那吞改革时和拉美西斯二世时，他们已在埃及当过雇佣兵。公元前14世纪至前13世纪时，在毕不勒斯也曾有过关于他们的记载。但他们来自什么地方人们却不知道。在麦尔涅普塔赫统治时期，沙尔丹是入侵者，但也有一部分沙尔丹是埃及的战士，参加过反对“海上民族”的战斗。

舍克列什(Shekelesh)可能同西西里人有关。

埃克维什(Ekwesh)，在此前的铭文中未曾见到过。在大卡尔纳克铭文中，萨尔丹纳、舍克维克和埃克维什被叫作“海上的国家”(the Countries of Sea)。他们可能是阿希雅瓦(Ahhiyawa)，同米利都有关。

卢卡(Lukka)，在埃及同赫梯争霸时的卡迭石战役中，他们曾是赫梯人的同盟者。他们可能来自卡里亚沿海地区。

特列什(Teresh)可能与塔尔维萨(Tarwisha)或泰尔森诺伊(Tyrsenoi)、埃特鲁里亚人(Etruria)有关。①

因此，埃及人同“海上民族”的斗争，实际上是同利比亚人、地中海的岛民和部分小亚细亚人之间的斗争。在“海上民族”中，可能还有以色列人，因为，在麦尔涅普塔赫的纪念战胜“海上民族”的胜利而立的石碑上的铭文中，提到了“以色列人”：

> 诸王被打倒……在九弓中没有一个人保留了他的头。以色列被荒废了，其子嗣亦断绝。巴勒斯坦因埃及而变成寡妇。……捷赫努荒废了，赫梯亦被平定，迦南与每一个不幸者一起遭到劫掠，奥斯卡隆被攻陷，盖泽尔被夺取。②

---

① 关于“海上民族”各支的情况，见[英]N. K. 桑达尔斯：《海上民族：公元前1250—前1150年古代地中海世界的入侵者》，第106～113页。

② 胜利石碑，现藏开罗埃及博物馆。

麦尔涅普塔赫统治时期，埃及人同“海上民族”的战争是在埃及三角洲西部边界处的派来拉(Perire)进行的。当时，利比亚国王麦利耶(Meryey)率领能进行战争的人来到派来拉，他们使用了最好的武器。埃及国王麦尔涅普塔赫也亲临前线，来到派来拉。

这场战争进行了6小时，利比亚人及其同盟者“海上民族”大败。据《大卡尔纳克铭文》记载，埃及人共俘虏9376人(其中利比亚人6359人，非利比亚人3017人)，杀死9300人。①

## 二、拉美西斯三世和“海上民族”的战争

第20王朝的拉美西斯三世统治的第5年和第8年，“海上民族”再次侵袭埃及。这次参加侵袭埃及的“海上民族”，其成分包括帕列舍特(腓力斯丁人)(Paleset)、泽克尔(Theker)、舍克列什(Shekelesh)、登尼恩(Denyen)和维舍什(Weshesh)。②

“海上民族”这次对埃及及其西亚属地的入侵，既来自海上，也来自陆上。陆上的进攻可能在海上进攻之前。在三角洲东部的“Usermare-Meriamon-is-Chastiser-of-Temeh”城镇，埃及军队同“海上民族”发生激烈战斗，杀死“海上民族”12535人，俘虏至少1000人。③

拉美西斯三世虽然打败了“海上民族”的入侵，使埃及幸免于难，但埃及也受到沉重打击，其实力受到严重削弱。而且“海上民族”的一支帕列舍特人，即腓力斯丁人还在埃及的西亚属地巴勒斯坦南部沿海地区定居了下来，他们建立了5个城市国家(City-State)。此外，一些利比亚人也在埃及

---

① ［美］J. H. 布利斯特德：《古代埃及文献》第3卷，第250页，注a，并见第248～250、255～256页。

② ［美］J. H. 布利斯特德：《古代埃及文献》第4卷，第38页。

③ ［美］J. H. 布利斯特德：《古代埃及文献》第4卷，第30页。

定居，他们在后期埃及时期在埃及建立了利比亚人的王朝。

## 第二节　帝国晚期的阶级矛盾

埃及帝国晚期，劳动者和统治阶级的矛盾不仅表现在第19王朝末期发生的伊尔苏奴隶起义这件事情上，而且还表现在第20王朝时期首都底比斯西部墓地手工业者罢工这件事情上。

### 一、伊尔苏奴隶起义

关于伊尔苏奴隶起义，主要记载在第20王朝时的《哈里斯大纸草》中。据资料，这次起义是由叙利亚籍奴隶伊尔苏领导的：

王乌塞尔·马勒·拉·麦利阿蒙……伟大的神主对官员们、各地首领、步兵、战车兵、沙尔丹、众弓箭手以及埃及的一切人宣告：

听吧。我要使你们知晓在我做万民之王时所完成的功绩。埃及国家曾被弃置不顾，每人各自树立（自己的）正义（标准）。直到某一时期之前，有许多年，他们没有首领，埃及的土地属于大家和地方首领，人们互相残杀，无论高贵者或者卑贱者都如此。随后到来的某一时期是一些空虚的年代，这时……一个叙利亚人在他们之中自立为王。他把整个埃及大地变成他的附属物。人们参加他的队伍为的是抢掠到别人的财产。他们对待神像对待普通人一样，对神庙不作任何供奉。

但是当神们回心转意，大发慈悲，要把这块土地恢复它的正常状态时，他们树立自己的儿子，从他们身体上生出来的乌谢尔-卡-拉-塞特普-恩-拉-麦利阿蒙……拉之子塞特-纳赫特-麦利勒-拉，麦利阿蒙……在他们的伟大王国为各地的统治者……在他被激怒时，他是卡普里-塞特的化身。他把曾经叛乱的整个国土恢复了秩序。他把那些在埃及心怀不满的人杀死了。他净化了伟大的埃及王国。①

从上述这些话来看：第一，伊尔苏起义是爆发于第19王朝末叶一个混乱的年代里，当时经济崩溃，政治上的统一瓦解，王权衰落，阶级矛盾十分尖锐；第二，起义的规模不小，起义者曾剥夺了奴隶主的财产，也不再供奉神明，即不仅反对世俗奴隶主的统治，也冲击了神权；第三，起义导致了第19王朝的灭亡和第20王朝的诞生，第20王朝是在镇压伊尔苏起义的基础上建立起来的；第四，为了巩固自己的政权，新王朝的统治者进一步投靠了祭司奴隶主。

## 二、底比斯墓地手工业者的罢工斗争

关于底比斯墓地手工业者罢工的情况，反映在墓地手工业者的日志中。

新王国时期，在首都底比斯附近的尼罗河西岸，有国王谷和王后谷，新王国时期的国王和王后的陵墓位于这两个山谷之中，大多是凿于山岩之中。

为替国王和王后修坟造墓(也为一些达官贵人修坟造墓)，一些造墓工人在王陵附近定居，形成了一个造墓工人的村落。该村落形成于第18王朝的图特摩斯一世时期，到第20王朝时开始衰落，第21王朝时则完全不复存在。

初时，该手工业者村落只有40户，图特摩斯三世时达到52户，第19

① 北京师范大学历史系世界古代史教研室编：《世界古代及中古史资料选集》，第54～55页。

王朝的谢提一世时，规模最大，达到 120 户。初时，村子由围墙包围着，墙高六七米。谢提一世时，由于户数大增，墙内容纳不下，所以有大约近半数的手工业者不得不在围墙之外建造住宅。村中的房屋彼此相连，房屋的布局基本相似。每户 150～180 平方米，由四间房屋组成。该村落现在叫作戴尔·埃勒-麦迪那。考古学家在这里发现了大量的铭文，包括部分手工业者的日志，对了解墓地手工业者的状况提供了丰富的资料。

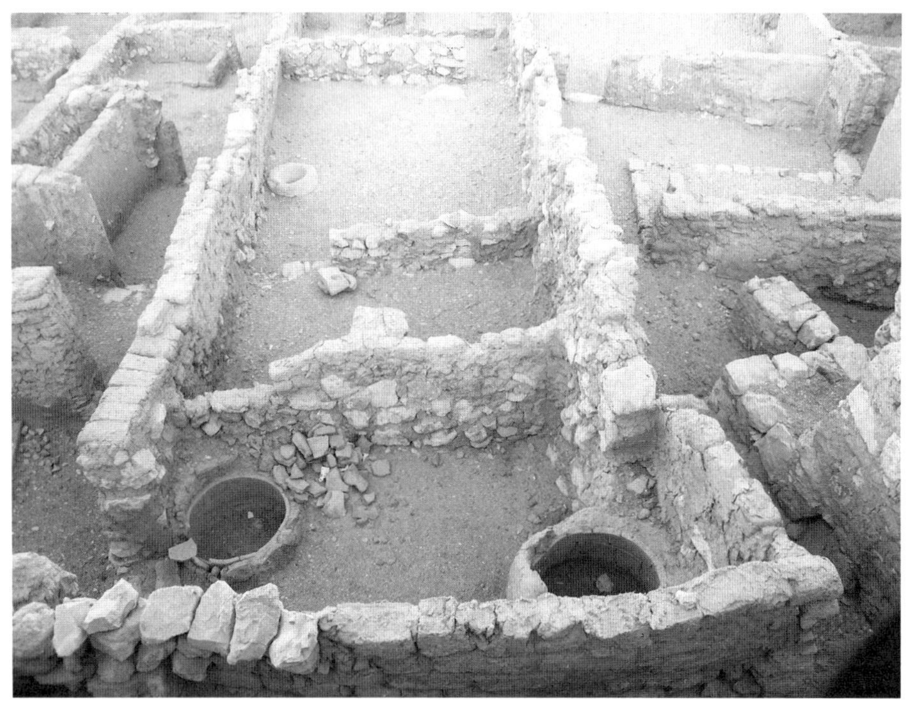

图 12.1　手工业者村遗址局部。现存古都底比斯西部

王陵手工业者叫作“rmtis·tnp·hr”，或简单地叫作“rmtis·t”，埃及语大辞典中相应地译为“陵墓劳动者(或工人)”和“劳动者、工人”。陵墓工人分为两队，称为“左队”和“右队”。每队有自己的队长、书吏。每队的成员相应地住在村里的左边和右边。

这些手工业者的职业世袭，甚至队长、书吏等职务也是世袭的。他们除为国王、王后等修造坟墓外，也为私人劳动，如制作棺材、绘画，并因此而获得报酬。但他们的生活来源由国家提供的，按时分发给他们物资，包括粮食、油、蔬菜、衣服、工具等。

属于第20王朝的铭文说：

> 〔舍姆季第1月〕给右队。舍姆季第2月分发的口粮。给手工业者队伍的首长：2哈尔(大麦)、5.5(哈尔波尔巴小麦)。给书吏：哈尔(大麦)、5.5(哈尔波尔巴小麦)。成员：17人，给每人1.5哈尔大麦、4(哈尔波尔巴小麦)，共计25.5哈尔(大麦)、68(哈尔波尔巴小麦)。青年2人，每人0.5(哈尔大麦)、1.25(哈尔波尔巴小麦)，共计1哈尔(大麦)、3(哈尔波尔巴小麦)。警卫：1.25哈尔(大麦)、3.25(哈尔波尔巴大麦)。女奴1.5(哈尔波尔巴小麦)。给看门人0.5哈尔(大麦)、1(哈尔波尔巴小麦)。给医生：0.25哈尔(大麦)、1(哈尔波尔巴小麦)。共计32.5哈尔(大麦)，84.75(哈尔波尔巴小麦)。舍姆季第2月117.25哈尔，舍姆季第3月117.25哈尔，舍姆季第4月117.25哈尔。①

手工业者获得的口粮，不仅用以维持他个人的生活，而且用以维持其全家人的生活。因为在资料中没有给予妇女、儿童的口粮的记载。

在第20王朝拉美西斯三世及其以后，由于不能按时发放口粮，且经常拖欠口粮，有时还拖延很长时间，因而曾不止一次地发生手工业者的抗议活动。

例如，拉美西斯三世统治第29年的阿赫特季第2月21日的日志上记

① 1哈尔等于72公升(在第20王朝前期值1～2德本铜)。因此，手工业者队伍首长每月获得540公升谷物；而一般手工业者仅得到396公升谷物(波尔巴小麦亦译为二粒小麦)。此处统计与前面各数的和不符，存疑。《古史通报》1951年第4期，第228页。

载道：一个月过去20天了，还没有给他们口粮。所以他们罢工，集合起来前往阿蒙之家中的霍连姆赫布神庙。当局不得不给了他们46哈尔波尔巴小麦(在阿赫特季第2月23日给予的)。

此后，这些手工业者为了获得报酬而不得不一再地采取罢工手段。例如，拉美西斯九世统治第13年的阿赫特季第1月4日的日志说，由于该国王统治的第12年的舍姆季第3、4月和第13年的阿赫特季第1月附加的几天没有给予口粮，手工业者们没有出工。在这一月的11日至18日的日志中也有同样的记载。在拉美西斯九世统治第17年的一段日志中记载说："……手工业者的队伍未曾出工。他们挨着饿。因为别勒特季第2月他们没得到口粮。"未给的口粮数达374哈尔(约合26938升)。在拉美西斯第十一世统治第3年，一个不知名的官吏写道："望把谷物给他们(墓地手工业者)送去，以便手工业者不致挨饿，并且不再停止法老托付的工作。"

卢利耶认为，这时之所以发生经常拖欠手工业者口粮的情况，可能是由于管理粮库的官员们贪污引起的，因为粮库中根本没有粮食。①

墓地手工业者的罢工抗议活动，以拉美西斯三世统治第29年的一次最为激烈。据日志记载，在这一年的别勒特季第2月10日和随后的几天里，手工业者们的罢工抗议队伍通过了王陵的几道围墙，聚集到了图特摩斯三世神庙的后墙下，围住了祭司和官吏。他们说："我们已经饿了18天了!"后来又进入了拉美西斯二世的神庙。当局企图把他们骗回去，可罢工者说，我们是被饥渴赶到这里来的。我们没有衣服，没有油膏，没有鱼，没有蔬菜。罢工者要求当局解决食品问题，并指斥当局做了恶事。罢工从单纯地要求解决拖欠食品的行为发展成略为带有政治色彩的活动。一直罢工到国家满足了他们的要求才结束。②

---

① 《古史通报》1951年第4期，第231页。

② 《古史通报》1951年第1期，第84～85页。日志记载说，在这一个月的第17日当局就给予手工业者2月份的口粮："(拉美西斯三世统治)第29年别勒特季第2月第17日，给了第2月的食品。"

## 三、王权同神权的矛盾

埃赫那吞改革失败后，阿蒙神庙势力迅速恢复，祭司们以胜利者自居，气焰十分嚣张。至少从第19王朝前期起，底比斯的阿蒙神庙高级祭司的职位便开始世袭。拉美西斯二世时的阿蒙神庙高级祭司别克涅克洪苏将自己的职位传给了儿子罗麦，罗麦又将职位传给了自己的儿子罗伊(生活于麦尔涅普塔赫时代)，罗伊也将职位传给了自己的儿子别克涅克洪苏(与自己的曾祖父同名)。[①] 这样一来，这个职位至少在这个家族中传了4代，将近100年。阿蒙神庙高级祭司职务世袭的后果，不仅加强了这一家族在阿蒙神庙中的地位，也加强了这一家族在社会中的地位。

阿蒙神庙势力的迅速恢复和增强虽然是埃赫那吞改革失败后的一些法老支持的结果，但法老们似乎对阿蒙神庙势力(其中心在底比斯)敬而远之。例如，图坦卡蒙虽然恢复了对阿蒙神的崇拜，放弃了改革，将首都迁回了底比斯，并给予阿蒙神庙许多恩惠，但他却不住在底比斯，而是住到了北方的孟菲斯。彻底恢复阿蒙神庙势力的第19王朝的创建者霍连姆赫布，在被拥立为法老之后，一方面保护支持过改革的涅木虎；另一方面也不住在底比斯，而是去到了北方。谢提一世也是长期住在孟菲斯。拉美西斯二世则干脆放弃了底比斯，而在三角洲东部营建了一个新都塔尔-拉美西斯。这虽是为同赫梯进行战争的需要，大概也与远离阿蒙神庙势力有关。

到麦尔涅普塔赫统治时期，王权同阿蒙神庙祭司集团的矛盾显然再度尖锐化了，他主要不是崇拜阿蒙神，而是崇拜普塔赫神和拉神。[②]

但是，麦尔涅普塔赫同阿蒙神庙势力的斗争显然又以失败而告终。因此，在动乱后建立的第20王朝的统治者们，从拉美西斯三世起，就完全投

---

① ［美］J. H. 布利斯特德：《古代埃及文献》第3卷，第264～270页。

② ［美］J. H. 布利斯特德：《古代埃及文献》第4卷，第261～263页。

靠了阿蒙神庙势力，把大量的土地、劳动力及其他财富送给神庙，尤其是阿蒙神庙。神庙产业表①如下：

**表 12-1　神庙产业表**

| | 底比斯 | 希利奥波里 | 孟菲斯 | 诸小神庙 | 共计 |
|---|---|---|---|---|---|
| 人民（包括奴隶和农民） | 86486② | 12364③ | 3079 | 5686④ | 107615⑤ |
| 大小牲畜 | 421362 | 45544 | 10047 | 13433 | 490386 |
| 园圃与树林 | 433 | 64 | 5 | 11 | 513⑥ |
| 田地 | 814168.25 斯塔特 | 160084.75 斯塔特 | 10154 斯塔特 | 36012 斯塔特 | 1020419⑦ 斯塔特 |
| 船舶 | 83 | 3 | 2 | 无 | 88 |
| 手工作坊 | 46 | 5.5 | 无 | 2 | 53.5 |
| 埃及城镇 | 56 | 103 | 1 | 无 | 160 |
| 叙利亚和库什城镇⑧ | 9 | 无 | 无 | 无 | 9 |
| 城镇总数 | 65 | 103 | 1 | 无 | 169 |

而且，阿蒙神庙势力这一次的胜利看来是彻底的，一劳永逸的，以至于第 20 王朝末，阿蒙神庙的高级祭司赫里荷尔竟然取王权而代之，从而结束了第 20 王朝，也结束了新王国时期。

① 此表系布利斯特德据《哈里斯大纸草》资料做成，所用数字都经过核算（改正了原纸草统计数字的错误）。［美］J. H. 布利斯特德：《古代埃及文献》第 4 卷，第 97 页。

② 此项原纸草总计无误。

③ 此项原纸草总计作 12963。

④ 此项原纸草总计作 5811。

⑤ 此项原纸草总计作 113433。

⑥ 此项原纸草总计作 514。

⑦ 此项原纸草总计作 1071780。

⑧ 库什，即今天的埃塞俄比亚。

# 第三节　后王朝时期的埃及

## 一、利比亚舍易斯时期

利比亚舍易斯时期包括第 21 王朝至第 26 王朝。第 21 王朝(约公元前 1085—前 945)建都于北方的塔尼斯城，南方底比斯实际是独立的，埃及陷于分裂局面。利比亚人雇佣兵在新王国晚期就逐渐占据重要地位，第 21 王朝时，他们势力更加强大。后来，利比亚雇佣兵领袖在北方的塔尼斯和布巴斯提斯建立了第 22 王朝(约公元前 945—前 730)和第 23 王朝(约公元前 817? —前 730)，底比斯仍然在南方保持独立地位。第 23 王朝后期，北方舍易斯城的统治者特夫纳赫特(也是利比亚人)据地独立，并逐渐向南扩展势力，而南方的努比亚人也进入埃及，向北扩展。特夫纳赫特在北方建立第 24 王朝(约公元前 730—前 715)。① 努比亚人在南方建立第 25 王朝(约公元前 730—前 656)。第 25 王朝晚期，亚述侵入埃及，与努比亚人反复争夺于孟菲斯、底比斯之间。特夫纳赫特的后裔舍易斯的普萨姆提克建立第 26 王朝(公元前 664—前 525)，曾再度统一埃及。

希罗多德记载的普萨姆提克(普撒美提科斯)取得王位及其统治：

(151)这十二个国王的行动一直是公正的；过了若干时候，他们终于到海帕伊司托斯神殿来奉献牺牲了。在宴会的最后一日，当他们正要举行灌奠之礼的时候，祭司长拿出了他们通常用来行礼的金杯；但是他算错，而只给了他们十二个人十一个杯子。因

---

① 曼涅托认为第 24 王朝只有一个法老，即特夫纳赫特之子波克霍利斯。见曼涅托残篇 64；65，a；65，b。那么第 24 王朝时间约为公元前 720—前 715 年。

此他们中间最后的一个人普撒美提科斯便没有得到杯子。于是他便摘下他的青铜头盔；拿着它来行灌奠之礼。所有其他的国王通常也戴头盔，而那时也是戴盔的；当时普撒美提科斯拿出他的头盔来并不是故意想出的什么谋略，但是其他的人看到普撒美提科斯的做法却想到神托所说的话，即谁用青铜器举行灌奠之礼谁便成为全埃及的国王的话。因此，虽然他们认为普撒美提科斯还不应当被处死，因为他们调查过他并发现他是在无意中这样做的；但他们却决定剥夺他大部分的权力并且把他赶到沼泽地带去，不许他和埃及的其他部分发生关系。

(152)这个普撒美提科斯以前是在叙利亚的，他是从杀了自己的父亲涅科斯的埃西欧匹亚人撒巴科斯那里逃到叙利亚去的。那时，当这个埃西欧匹亚人由于他在一次梦中的所见而离开的时候，撒伊司诺姆的埃及人便把他从叙利亚带了回来。而当普撒美提科斯由于使用青铜头盔的缘故而被十一个国王赶到沼泽地带去的时候，他已经是第二次做国王了。因此他认为他自己受到了他们的极其粗暴的对待，并想对把他赶出来的那些人进行报复，于是他便派人到布头城去请示列托的神托，因为这是埃及最确实可靠的一处神托所。神托回答说，如果他看到有青铜人从大海那方面来的时候，他就可以进行报复。普撒美提科斯心中暗里不相信青铜人会来帮助他。但是在不久之后，四方航行进行劫掠的某些伊奥尼亚人和卡里亚人被迫在埃及的海岸停泊，他们穿着青铜的铠甲在那里上了陆；于是一个埃及人便到沼泽地带来把这个消息带给普撒美提科斯说，青铜人从海的那方面来了，并且正在平原上掠夺粮草。至于普撒美提科斯，则他在先前是从来没有看见过穿着铠甲的人的。普撒美提科斯认为这样神托的话已经应验了；于是他便和伊奥尼亚人与卡里亚人结为朋友，并答应说如果他们与他联合起来的话，他将给他们以重大的酬谢；因而在争取到他们之后，他便借了愿意跟他站到一起的埃及人以及这些联盟者的帮助，废黜了十一个国王。

(153)他做了全埃及的主人之后，他就在孟斐斯修造了海帕伊司托斯神殿的一个向着南风方向的门殿，并在这门殿的对面修建了阿庇斯的一个方庭，而无论什么时候阿庇斯出现，它都是在那里吃饭的。这个方庭内部四周都是柱廊，方庭还有许多雕刻的图像；屋顶是支撑在有十二佩巨斯高的人形的巨大石柱上。阿庇斯在希腊语里面称为埃帕波司。

(154)对于帮助普撒美提科斯取得了胜利的伊奥尼亚人和卡里亚人，普撒美提科斯给他们以在尼罗河两岸上相对峙的土地来居住，称为“营地”；在这之外，他又把以前许给他们的一切都给了。此外，他又把埃及的孩子们交给他们，向他们学习希腊语，这些埃及人学会了希腊语之后，就成了今天埃及通译们的祖先。伊奥尼亚人和卡里亚人在这些地方住了一个很长的时候；这些地方离海不远，在布巴斯提斯下方附近，尼罗河的所谓佩鲁希昂河口上面。在很久以后，国王阿马西斯从那里把他们迁移开去并使他们定居在孟斐斯作他的侍卫以对抗埃及人。由于他们住在埃及，我们希腊人和这些人交往之后，对于从普撒美提科斯的统治时期以后的埃及历史便有了精确的知识，因为作为讲外国话而定居在埃及的人，他们要算是第一批了。直到我的时代，在伊奥尼亚人和卡里亚人移走的地方那里，仍然有他们的船舶的起重器和他们的房屋的废墟。普撒美提科斯成为埃及国王的经过就是这样了。

(155)在前面我常常谈到埃及的神托所，现在我要对它加以说明，因为它是值得一述的。这个埃及的神托所就是列托的种殿，从海溯河而行，则它位于尼罗河所谓赛本努铁斯河口附近的一个大城市之内。神托所所在的那个大城市的名字是叫作布头。我在前面已经提过了这个名字。在布头有一个阿波罗和阿尔铁米司的神殿。神托所所在的这个列托神殿本身是非常大的，单是外门便有十欧尔巨阿高。但是我要说的是在这里看到的一切东西当中最值得惊叹的东西。在圣域之内的列托圣堂，它的墙的高和宽方面都是用一块石头造起来的；每一面墙的高和宽相等，即各四十佩巨斯。另一块石头用来做屋顶，它的檐板则有四佩巨斯宽。

(156)因此在这座神殿里面，这个圣堂是我见到的一切东西当中最值得惊叹的了；而其次，最值得惊叹的要算是称为凯姆米司的岛了。这个岛位于布头神殿附近的一个宽而深的大湖上面，埃及人说它是一座浮岛。①

**希罗多德论后期埃及的繁荣和对希腊人政策，说道：**

(177)据说阿玛西斯②的统治时代，是埃及历史上空前繁荣的时代，不拘是在河加惠于土地方面，还是在土地加惠于人民方面都是如此。而在当时的埃及，有人居住的市邑有两万座。国王阿玛西斯还规定出一条法律，即每一个埃及人每年要到他的诺姆的首长那里去报告他的生活情况，而如果他不这样做或是不来证明他在过着忠诚老实的生活时，他便要被处以死刑。雅典人梭伦从埃及那里学到了这条法律而将之施用于他的国人中间，他们直到今天还遵守着这条法律，因为这的确是一条很好的法律。

(178)阿玛西斯对希腊人是抱着好感的。在他给予某些希腊人

① ［古希腊］希罗多德：《历史》上册，王以铸译，第178～181页。

② 第26王朝法老雅赫摩斯二世。

的其他优惠当中，他特别把纳乌克拉提斯这样的城市给予愿意定居在埃及的希腊人居住。对于那些愿意在沿海进行贸易，但不想定居在埃及国内的人们，他答应给他们一些土地，使他们用来安设祭坛和修建神殿。在这些地方当中，最大的和最有名的，也是参拜者最多的圣域是被称为海列尼昂的圣域。这是伊奥尼亚人、多里斯人和爱奥里斯人共同修建的；参加修建的城市属于伊奥尼亚人的有歧奥斯、提奥斯、波凯亚和克拉佐美纳伊；属于多里斯人的城市有罗德斯、克尼多斯、哈立卡尔那索斯和帕赛利斯；属于爱奥里斯人的城市则只有一个米提列奈。圣域便是属于这些城市的，而任命港埠监督的也是这些城市。如果任何其他城市也声明神殿有它们的一份的话，那它们便是要求根本不属于它们的东西了。①

在利比亚舍易斯时期，埃及的生产力又有了新的发展。第 25 王朝至第 26 王朝时期，铁器普遍使用，埃及进入铁器时代。这时，金属器皿制造、制陶、纺织等手工业都很发达，国内和国外贸易十分活跃，城市也有增加。据希罗多德说，第 26 王朝时，埃及“有人居住的市邑有 2 万座”。这可能有些夸大，但说明当时埃及经济的发达。为了发展商业，当时埃及的统治者还鼓励希腊商人移居埃及，给这些移居者以土地。这时，埃及国王尼科还曾开凿尼罗河与红海之间的运河(到波斯统治时期才完成)，还派遣一支以腓尼基人为海员的舰队绕航到非洲。这些措施都反映了当时商业发展的要求。

希罗多德关于尼科(涅科斯)修建运河的记载如下：

① [古希腊]希罗多德，《历史》上册，王以铸译，第 189 页。这些市邑大概是些较大的居民点。戴奥多罗斯《历史集成》中记载托勒密时埃及有“重要的村和城镇”3 万个以上，则以前与有 1.8 万个以上。

(158)普撒美提科斯有一个儿子涅科斯，涅科斯后来也成了埃及的国王。涅科斯第一个着手把一条运河修到红海去，但完成这项工作的却是波斯人大流士。这条运河的长度是四天的旅程，它挖掘的宽度足够两艘三段桡船并排行进。它的水是从尼罗河引来的，它的起点是布巴斯提斯稍上方的一个阿拉伯的帕托莫司城附近而一直流入红海。开始挖掘的地方是在埃及平原离阿拉伯最近的那一部分；向孟斐斯方面延展的山脉，也就是采石场所在的那个山脉，离这个平原是很近的；河渠就沿着这山脉的低低的山坡从西向东走很长的一段，然后进入一个峡谷，更折向南流出山区而通向阿拉伯湾。而从北向南方的海或红海的最短的和最便捷的道路，是从作为埃及和叙利亚的边界的卡西欧斯山到阿拉伯湾，这段路程不多不少正是一千斯塔迪昂；这是最直接的道路，但河渠则要长的多，因为它是比较曲折的。在涅科斯的统治期间，死于挖掘工程的有十二万埃及人。只是由于一次预言，涅科斯才停止了这项工作，因为预言指出他正在为一个异邦人操劳。埃及人称所有讲其他语言的人为异邦人。

(159)涅科斯于是停止挖掘河渠而从事于战争的准备工作了；他的一些战船是在北海上修造的，有一些是在阿拉伯湾，红海的海岸上修造的。这些船的卷扬机现在还可以看到的。他在需要的时候便使用这些船，他还率领着自己的陆军在玛格多洛斯迎击叙利亚人并击败了他们，而在战后更攻取了叙利亚的大城市卡杜提司。他派人到米利都的布朗奇达伊家去，把他在取得这些次胜利时所穿的袍子在那里献给了阿波罗。在统治了十六年之后不久他便死了。他的儿子普撒米司继承了他的王位。①

① [古希腊]希罗多德：《历史》上册，王以铸译，第181～182页。

随着商品货币关系的发展，再加上不断的分裂、混乱、王朝战争，这个时期埃及的阶级分化十分剧烈，不仅大批小土地所有者，而且一些中等阶层，都纷纷破产，卖掉土地，被大土地所有者、大奴隶主所兼并。例如，第 23 王朝时期的《阿蒙关于地产转让的指示》记载，底比斯阿蒙神庙的最高祭司伊乌列契，把自己的领地转让给自己的儿子哈恩努阿塞特。这份材料说，伊乌列契从 15 个人那里，16 次用白银购得了土地 556 斯塔特，此外还有 3 个奴隶和其他男、女 32 人。从这份材料可以看出，出卖土地少的只有 1 斯塔特，多者达 236 斯塔特。具体情况如下表①：

**表 12-2　伊乌列契购买土地情况表**

| 姓名 | 职业 | 土地数（斯塔特） | 姓名 | 职业 | 土地数（斯塔特） |
|---|---|---|---|---|---|
| 涅苏洪苏 | 祭司 | 236 | 伊阿虎宾 | 盾牌手 | 10 |
| 捷木提乌芳赫 | 青年② | 71 | 肯麦楚华尔 | 青年 | 1 |
| 雅赫麦斯 | 青年 | 69 | 捷霍利乌芳赫 | 青年 | 5 |
| 别那蒙 | 盾牌手 | 30 | 帕阿阿 | 青年 | 15 |
| 塔舍利吞尼阿赫 | 市民 | 10 | 涅西洪苏 | 市民 | 10 |
| 列木尼普弗 | 青年 | 37 | 捷洪苏 | 青年 | 2 |
| 恰威乌 | 樵夫 | 3 | 涅西 | 青年 | 7 |
| 霍尔 | 青年 | 45 | 捷木提乌芳赫 | 青年 | 5 |

阶级分化的另一个表现是，随着商品货币关系的发展，债务奴隶制大大发展起来，到第 24 王朝时期，形势达到十分严重的地步，于是出现了波克霍利斯的改革。

据戴奥多罗斯所记，波克霍利斯改革的主要内容是关于债务问题：第一，禁止本利之和超过本金双倍，即利息不得超过本金；第二，债权人只能索取债务人的财产作抵偿，而不能占取债务人的人身，因为财产属于个

① ［苏联］别列别尔金：《古代东方史文选》，第 147～149 页。

② 这通常是对贵族地产上的劳动者的称呼。

人，而公民人身属于国家，国家需要他们服役。“他认为，一个为祖国出征的士兵竟因负债而被债主强行拘押，私人之贪欲竟危及全体之安全，那是荒谬的。”①他之所以改革，显然是由于债务奴隶制的发展，一方面使阶级矛盾十分尖锐，另一方面使国家兵源受到了严重影响。在当时的条件下，这场改革显然不会有多大效果，也不可能认真地得到贯彻执行。

利比亚舍易斯时期，严重的阶级分化和统治阶级的争权夺利的斗争，削弱了埃及的力量。公元前525年，埃及被东方兴起的强国波斯所灭。

## 二、波斯帝国统治下的埃及

公元前530年，波斯帝国的居鲁士去世，其子冈比西斯（又译为刚比西斯）二世（以下简称冈比西斯）继承了王位。公元前525年，冈比西斯开始远征埃及。

波斯帝国是西亚的伊朗高原兴起的一个国家。公元前6世纪中叶，当波斯刚刚兴起于伊朗高原西南部时，还是一个不为人知的国家。它与埃及之间也相距很远，中间隔着两河流域、叙利亚和巴勒斯坦，以及整个阿拉伯半岛。但经过居鲁士20多年的征战，波斯占领了整个西亚，以及中亚的广大地区。在埃及与波斯之间没有了缓冲地带，埃及与波斯直接相对了。

在波斯人征服的地区中，叙利亚和巴勒斯坦一直被埃及人认为是自己的势力范围，而吕底亚（Lydia）和新巴比伦王国又是埃及的盟友。这些地区都被波斯人占领，这不仅使埃及陷于完全的孤立状态，而且也使埃及人感受到了波斯的强大。

波斯人入侵埃及，一方面，埃及是个有着悠久历史的、富饶的国家，这不能不使波斯人垂涎三尺。在波斯人征服巴比伦时，埃及是巴比伦人的盟友，埃及人由于短视而没有派兵去支持巴比伦人。另一方面，埃及是一

① ［古希腊］戴奥多罗斯：《历史集成》第1卷，79，1～3。

个正在走下坡路的国家，波斯人觉得它是完全有可能被征服的：当时的埃及，在政治上，由于长期的君主专制统治，使统治阶级腐朽不堪，也严重束缚了人民群众的政治积极性。在军事上，由于统治阶级的残酷剥削和压迫，阶级分化十分严重，这甚至使兵员不足，所以不得不依靠雇佣军。埃及早已不是一个军事强国，这就使它成为波斯这样正处在上升时期的强国的征服目标。埃及是一个古老的文明国家，在公元前 4000 年代至公元前 2000 年代，在政治、经济、军事和文化等方面一直都是走在前列的。到公元前 1000 年代以后，埃及虽然在经济上似乎还很繁荣，但在政治上和军事上，已经没有了公元前 2000 年代后期新王国时期的那种霸气。而且，在公元前 1000 年代前期，埃及还遭到利比亚人、埃塞俄比亚人、亚述人的入侵。还曾败在新巴比伦王国手下，实际上它已变成了一个二等国家。在冈比西斯继居鲁士之后成为波斯国王时，统治埃及的阿马西斯国王认识到，同波斯的战争不可避免。因此，在外交上，他力图使埃及摆脱孤立状态。他同希腊萨摩斯岛的僭主波吕克拉特、北非的希腊人殖民地昔勒尼等保持了友好的联系；但在冈比西斯发动对埃及的远征时，埃及已没有盟友，原来和它结盟的新巴比伦王国已经被波斯征服，原来是埃及朋友的僭主波吕克拉特，这时候也已经投靠了波斯，他还向冈比西斯提供了一支有 40 艘舰船组成的舰队以进攻埃及。在国内，埃及建立了一支由希腊人组成的雇佣军。法老们依靠希腊人，给希腊商人以优惠待遇，但普通埃及人同希腊人相处得并不融洽。公元前 526 年，阿马西斯死去，他的继承人普萨美提克三世仅仅统治了几个月便遇到了波斯人的入侵。

冈比西斯发动侵略埃及的战争的起因只有希罗多德的一个类似于传说的说法。希罗多德书中的记载，事情的起因是冈比西斯派了一名使者到埃及去，求娶阿马西斯的女儿。但阿马西斯却把他之前的一个国王(他的名字是阿普里埃司)的女儿(她的名字是尼太提司)送给了他，而尼太提司将情况说明了后，冈比西斯十分生气，于是就率领波斯军队去远征埃及了。

波斯人的资料没有说到参加远征埃及的军队的数量有多少，也没有说有哪些民族参加了远征。但可以肯定的是，参加远征的不仅有波斯人，而且有许多被波斯人征服地区的人。希罗多德的书中说，其中有小亚细亚的希腊人(伊奥尼亚人和爱奥里斯人)，如希罗多德的故乡哈利卡尔那索斯人。吕底亚原来的国王克罗伊索斯作为冈比西斯的顾问也在远征军中；据巴比伦尼亚的资料，也有巴比伦人参加了远军，一个参加远征军的巴比伦弓箭手从埃及带回来一个埃及人及其女儿；腓尼基的海军帮助波斯人运送了远征军，据希罗多德的记载，他们是自愿前来投靠波斯人的；阿拉伯人也对波斯人提供了帮助。据希罗多德的记载，一个在埃及充当雇佣兵的卡尔那索斯人帕涅司因对当时的埃及国王阿马西斯不满，因而投靠了波斯人，他向冈比西斯建议派人到阿拉伯的国王那里去，向他请教安全行军的方法，而冈比西斯听从了他的建议，找到了阿拉伯人，阿拉伯人同意帮助波斯人。双方缔结了盟约，在波斯人穿过到埃及去的沙漠地带时，阿拉伯人带着盛有水的皮囊，赶着骆驼，引导波斯人穿过了沙漠地带。由于这件事，在波斯帝国里，阿拉伯人享有同盟者的地位，而不是被征服者的臣民地位。①

波斯人远征埃及的第一仗是公元前525年春在埃及的东部边境城市别努西亚进行的，战斗进行得非常激烈。当时，埃及的军队主要是希腊雇佣军，虽然他们的司令官法涅斯已经投降，但这些雇佣军士兵的战斗却异常顽强，尸骸枕藉，几十年后，希罗多德到那里访问时，还能看到遍地尸骨，“在曾经进行了这场战斗的战场这里，我看到了当地人指给我的十分奇妙的现象。双方在这场战斗当中的战死者，他们的遗骨是分别地散在那里的(原来波斯人的遗骨在一个地方，而埃及人的遗骨则在另一个地方，因为两军在起初便是分开的)。”②这场战斗以埃及人的失败而告终。此后，波斯人对

① ［古希腊］希罗多德：《历史》上册，王以铸译，第193～196页。
② ［古希腊］希罗多德：《历史》上册，王以铸译，第197页。

埃及的远征就比较顺利了：在别努西亚失败的埃及军队逃到了孟菲斯，埃及军队的司令官乌扎戈勒森特叛变投敌，并交出了三角洲地区的重要城市舍易斯和他所率领的海军舰队。他们还向波斯人提供了他们掌握的各种情报，如埃及人的准备情况，埃及人的工事的情况，以及应当如何绕过这些工事等。得到这些投敌者和他们提供的情报的冈比西斯的远征军，沿水陆两路长驱直入，追至孟菲斯城下。冈比西斯派人去劝降孟菲斯的守城者，但使者被杀。波军在攻下城池后，有2000埃及人被杀，以报复波斯使者之被杀。① 不久，埃及全境都落入波斯人之手。波斯军队大概对埃及进行了大肆掠夺，在波斯的王宫中发现了大量有尼科、阿马西斯和普萨美提克等法老名字的物品。埃及被征服了，波斯成为一个地跨西亚与北非的帝国。

公元前525年8月，冈比西斯被正式宣布为埃及之王。冈比西斯不承认原先的埃及法老普萨美提克三世统治的合法性，而把自己看作阿马西斯的直接继承者，并将普萨美提克三世统治的6个月算在了自己的统治时期里，甚至有的埃及文件把冈比西斯在埃及的统治时间，提早到公元前530年，说他在埃及统治了8年(公元前530—前522)。但波斯人在进一步去征服利比亚和埃塞俄比亚时，却由于准备不足而遭到惨败。对此，希罗多德有详细的记载。②

当冈比西斯远征埃塞俄比亚和利比亚失败的消息传到埃及后，埃及人发动了反对波斯人的起义。这里面当然有埃及原来的统治阶级中的人在挑动，如原来的埃及国王普萨美提克三世也参与了此事。希罗多德说他“策划了不正当的行动并得到了自己的报应；原来他在埃及人中煽动暴动的时候被捉住了；而当这事传到刚比西斯那里去的时候，普撒美尼托斯便喝了牛血而立刻死掉了”③。希罗多德说，假如他不参加起义的话，按照波斯人的

① [古希腊]希罗多德：《历史》上册，王以铸译，第198～199页。

② [古希腊]希罗多德：《历史》上册，王以铸译，第204～205页。

③ [古希腊]希罗多德：《历史》上册，王以铸译，第200页。

政策，有可能让他继续统治埃及。起义很快被镇压下去了。

除了远征失败以外，据希罗多德记载，冈比西斯在埃及犯下了多种罪行。① 但现代的学者认为，古典作家对冈比西斯的指控，实际上是不存在的。例如，说冈比西斯杀死了埃及的圣牛阿匹斯，但现在已经查明，在阿马西斯第 27 年出生的阿匹斯圣牛，是在冈比西斯统治第 6 年自然死亡的，而且在该牛死后，冈比西斯曾捐赠了一口漂亮的棺材。因此，对冈比西斯的这项指控，大概是在冈比西斯死后杜撰出来的。

初时，冈比西斯也像居鲁士一样，以波斯和埃及联合的形式对埃及进行统治。他按埃及的习惯加冕，称自己为"埃及之王，各国之王"，并用"拉(神)、荷鲁斯(神)、奥西里斯(神)的后裔"的称号。公元前 525 年 8 月底，冈比西斯被承认为埃及之王。从这时候起，埃及进入了波斯人统治的第 27 王朝时期。公元前 522 年，波斯本土发生高墨达暴动时，埃及也发生了暴动，反对波斯人的统治，这在大流士的《贝希斯敦铭文》中有所反映："当我在巴比伦的时候，下列诸省叛离了我：波斯、依蓝、米底、亚述、埃及、帕提亚、马尔吉安那、沙塔吉地亚、斯基泰。"高墨达暴动历时约 7 个月(从 3 月到 9 月)，后高墨达被大流士等 7 个贵族杀死，暴动被镇压，大流士上台当上了波斯帝国的国王。他镇压了各地反对波斯人统治的起义和暴动。埃及的暴动也被镇压，但暴动和镇压暴动的情况则均未曾细说，因此，我们一无所知。被冈比西斯任命管理埃及的阿律安戴斯镇压过利比亚人的起义，但在镇压高墨达暴动期间的埃及起义方面大概未起什么作用。据希罗多德说，由于他铸造了成色十足的银币和谋叛而被大流士处死。② 此后，埃及被降为波斯帝国的一个行省，由波斯总督统治。大流士曾在公元前 518 年夏末到过埃及，住在孟菲斯，在埃及有不少有关大流士的铭文。可能正

---

① ［古希腊］希罗多德：《历史》上册，王以铸译，第 198～201、205～212 页。

② ［古希腊］希罗多德：《历史》上册，王以铸译，第 331～332 页。

是在这时他处死了阿律安戴斯，并任命费伦达特为埃及总督。在统治埃及期间，大流士命令修建了从尼罗河至红海的运河。这使埃及可从海路直达波斯。在大流士的一个用古埃及的象形文字、古波斯语、埃兰语、阿卡德语的楔形文字写成的石碑铭文中，叙述了这条运河的修建，说："我是波斯人，我从波斯征服了埃及。我命令从经埃及，直至从波斯延伸出来的海的皮朗河(尼罗河)起开凿这条运河，而后，像我命令的那样，这条运河被开凿出来了。船舶也从埃及经由这条运河来到了波斯，因为这是我的意志。"①

波斯人统治埃及的期间，派有军队驻守埃及，如在南部埃及的埃烈芳提那就驻有由犹太人组成的军队，作为统治和镇压埃及人起义的工具。这些驻防军在此安家落户，生儿育女，被分给土地作为报酬(这些犹太殖民者的使命大约在第29王朝时期结束，那时埃及由出自中部三角洲的门德斯城的涅菲利特统治)。

一些埃及官吏和贵族投靠了波斯人，成为波斯人的代理人，原埃及海军司令乌扎戈列森特就是最典型的代表。他在波斯人入侵时，没有下令舰队同敌人进行战斗，而是把首都舍易斯和自己的舰队交给了波斯人。在波斯人统治时期，他仍然担任高官和神庙的高级祭司，成为波斯人统治埃及的顾问。还有很多埃及官吏在波斯人统治时期继续担任官职。不过，埃及人不可能担任总督这样的高级官吏，而只能担任相对较低级的官吏，如州长等。

波斯人还大肆掠夺埃及人的土地，把它们分配给波斯人和波斯在埃及的驻军。波斯的贵族们在埃及和其他被征服地区抢占了大量土地。例如，波斯王子、埃及总督阿尔沙马，他在从埃及到苏撒的沿途有多处地产。在他的一封致他的埃及等地地产管理人的信中就说到多处地产："阿尔沙马

① ［苏联］司徒卢威、［苏联］列德尔：《古代东方史文选》第2卷，第33页。

致……地方的管理人马尔都克、纳西尔地方的管理人纳布·达拉毕，阿尔祖辛地方的管理人扎托西，阿尔贝拉地方的管理人乌巴斯塔巴拉，沙拉姆地方的管理人哈尔初、马特·阿勒·乌巴什和巴迦法尔纳，大马士革地方的管理人弗拉达法尔纳和迦瓦扎纳。信的内容如下：纳赫特·荷鲁斯，我的管理人前往埃及。望你从你所在地区的属于我的财产的粮食中，每天给他 2 单位白面粉、3 单位低等面粉、2 单位葡萄酒或啤酒，以及 1 只牡羊。而给他的 10 个仆从，每天 1 单位面粉(和)相应的马的干草，并给两个基里基亚人(以及)1 个手工匠——共 3 人——还有我的一个奴隶(他们与他同行前往埃及)，每人每天 1 单位面粉。”①

波斯人还利用各种机会兼并埃及人的土地。例如，这个阿尔沙马在给纳赫特·荷鲁斯的另一封信中讲到，在公元前 462 年，埃及发生了反对波斯人的起义。在起义过程中，一个名叫贝特·奥西里的山林看守员家的份地就被阿尔沙马的下属强占了。后来，此人向阿尔沙马投诉，要求把这块土地还给他。据阿尔沙马给自己在埃及的监察员的来信，另一位波斯王子瓦洛希也在埃及占有土地。瓦洛希给阿尔沙马在埃及的监察员的信中也谈及此事。不过，瓦洛希似乎不像阿尔沙马那样幸运，因为从信件中人们知道，他在埃及的地产管理人常常不把地产上的收入给他送去，以致他不得不求助于阿尔沙马及其在埃及的地产管理人和监察员纳赫特·荷鲁斯。这些波斯贵族霸占大量土地，却并不自己经营。他们住在远离埃及的巴比伦、苏撒等地，成为外在地主，而让当地的人为他们经管，为他们劳动。他们只管剥削，而不管经营。

波斯人把埃及的手工业者掳掠到波斯去从事建筑劳动。戴奥多洛斯说，波斯人带走了埃及的手工业者，目的是让他们去修建帕塞波里斯、苏撒和

① 阿拉美亚文件 VI，简写为 AD VI，见[苏联]司徒卢威、[苏联]列德尔：《古代东方史文选》第 2 卷，第 54 页。

米底的王宫。① 大流士在一个铭文中也说到利用各被征服地区的物资，并利用包括埃及人在内的各被征服地区的人作为劳动力修建王宫的事："这就是我在苏撒建造的王宫。王宫的装饰品是从远方运来的。……加工黄金的金制品是由米底人和埃及人制作的。制作……的是吕底亚人和埃及人。制砖的人是巴比伦人。装饰城墙的人是米底人和埃及人。"②

波斯贵族还把埃及人变成格尔达(按：关于格尔达的地位问题，有不同看法，有的学者认为他们是奴隶，有的学者则认为他们是非奴隶的依附民)。例如，阿尔沙马在一份信中说到要把埃及的手工业者变成自己的格尔达，给他们打上烙印。从格尔达被打上烙印的情况看，格尔达似乎应当看作是奴隶。

波斯人向埃及人征收沉重的赋税。大流世上台后，规定了各被征服地必须缴纳的税额，其中埃及要缴纳 700 塔兰特白银(1 塔兰特约合 26 千克)。此外，还要缴纳实物税。例如，希罗多德就说，埃及除缴纳白银外，还要缴纳渔税，"对居住在孟菲斯的'白城'的波斯人和他们的佣兵要配给十二万美狄姆诺斯的谷物。"③(1 美狄姆诺斯约合 52.53 千克)埃及还有一个城市名叫安提拉，据希罗多德说，这是个有名的城市："它是专门指定为统治埃及的国王的王后供应鞋子的。自从埃及被波斯人征服以来，事情一直是这样的。"④

波斯人在埃及的统治，先是所谓第 27 王朝(公元前 524—前 404)。公元前 404 年埃及又争取独立，经历了第 28(公元前 404—前 399)、第 29(公元前 399—前 380)和第 30(公元前 380—前 343)三个王朝。公元前 343 年波斯人再度征服埃及，建立第 31 王朝(公元前 343—前 332)。

---

① [古希腊]戴奥多罗斯：《历史集成》第 2 卷，46，4。
② [苏联]司徒卢威、[苏联]列德尔：《古代东方史文选》第 2 卷，第 38～39 页。
③ [古希腊]希罗多德：《历史》上册，王以铸译，第 237 页。
④ [古希腊]希罗多德：《历史》上册，王以铸译，第 150 页。

波斯人把埃及作为帝国的一个行省，每年要埃及向它缴纳大量的贡赋。波斯贵族把大批肥沃的土地据为己有，于是在埃及形成了许多属于波斯奴隶主的、由格尔达(或库尔塔什)劳动的大地产。这些波斯奴隶主贵族并不住在这些地产上，而是住在埃及或两河流域的大城市里，吮吸着埃及劳动人民的膏血。

波斯奴隶主贵族的野蛮统治和残酷剥削，在埃及引起了一次又一次的反对波斯人统治的斗争。还在冈比西斯刚征服埃及继而向利比亚进军时，埃及人民便起而反抗，在所谓高墨塔暴动以后，埃及又掀起了反波斯的起义。

公元前 486 年，在大流士因马拉松战役失败，并准备对希腊进行报复的战争时，埃及发生了骚动。据埃及官吏赫努麦马赫特从埃烈芳提那送给波斯帝国驻埃及总督费伦达特的信中提供的信息，一个名叫奥索尔康的人命令赫努麦马赫特带上埃烈芳提那岛上的犹太驻防军的波斯司令官阿尔塔邦前往埃塞俄比亚，以便从那里用船运输谷物。但运来的谷物卸在河岸后，却被起义者抢走了。因此，奥索尔康要求费伦特命令阿尔塔邦对船队进行监护，把卸在岸上的谷物尽数运到埃烈芳提那的西耶恩城(今阿斯旺)。这年 10 月，骚动转变成起义，11 月，大流士死了。据出自科普托斯的一个铭文记载，继承了王位的薛西斯在公元前 484 年镇压了起义，并对起义者进行了残酷的报复。希罗多德也说，薛西斯在大流士死后第 2 年，就向背叛者进军了，他征服了埃及人并使埃及人受到比在大流士的时代要苦得多的奴役，他把统治权交给了大流士的一个儿子，他的亲兄弟阿凯美涅斯(阿赫明纳)，让他担任了埃及总督，以代替费伦达特。[①] 从很多神庙的财产被没收，以及神庙祭司把薛西斯称作恶魔等情况看，可能一些神庙的祭司也卷入了这次起义。

---

① ［古希腊］希罗多德：《历史》上册，王以铸译，第 466 页。

公元前460—前455年，埃及发生了新的起义。关于起义的情况，在希罗多德、修昔底德、克特西乌斯和戴奥多罗斯等人的著作中都或多或少有所反映。在这次起义中，总督阿赫明纳被杀。希罗多德说："在阿凯美涅斯担任埃及太守的时候，他却被一个利比亚人、普撒美提科斯的儿子伊纳罗司杀死了。"①修昔底德说："埃及边界上的利比亚国王萨美提卡斯的儿子伊那罗斯在腓罗斯岛之南一个市镇美里亚，发动了几乎整个埃及的暴动，脱离波斯国王阿塔薛西斯而独立"，起义者还寻求雅典的支援，这时候"正碰着雅典人率领他们自己的和同盟国的船舰二百条，准备远征塞浦路斯岛；他们放弃了这个远征，来到埃及，由海道入口，溯尼罗河而上。他们控制了尼罗河和孟菲斯城的三分之二，于是他们企图攻下其余的三分之一，那个地方叫做白塞，那些逃走了的波斯人和米底人以及没有参加暴动的埃及人都住在那里"。②

起义者的领袖是伊那罗斯和阿米尔提。起义者赶走了波斯的贡赋征收人，控制了三角洲地区，并向河谷地区推进。总督阿赫明纳调动了一支相当大的军队来镇压起义，但在公元前460年的一次大会战中却遭到惨重的失败。阿赫明纳就是在这次会战中被杀的。在雅典人的帮助下，起义者对孟菲斯围攻了一年多，雅典人遭到重大损失，但始终未能攻下该城。后来，波斯国王阿塔薛西斯派河外省的总督麦加比兹前去镇压起义，伊那罗斯同自己的部分起义者、雅典人一起逃到了三角洲西部的普罗索比提岛上。在那里，公元前454年，他们被波斯人包围。半年后，伊那罗斯同部分支持者，还有部分雅典人投降，部分雅典人突围到了昔勒尼。赶来援助起义者的一支雅典舰队被波斯人消灭。只有阿米尔提率领的一支起义者队伍在三角洲西部的沼泽地带隐蔽了下来，未被消灭，仍坚持战斗，但影响已不很大。波斯人

---

① ［古希腊］希罗多德：《历史》上册，王以铸译，第466页。

② ［古希腊］修昔底德：《伯罗奔尼撒战争史》上册，谢德风译，北京：商务印书馆，1960年版，第73页。

巩固了自己在埃及的统治。大流士之孙阿尔沙马被任命为埃及总督。

公元前 4 世纪末，对波斯帝国来说，是一个多事的时期。希腊的伯罗奔尼撒战争(公元前 431—前 404)给了波斯人一个很好的发展机会，可以加强对希腊的影响，可以加强对帝国内各被征服民族的控制。但是，在此时执掌政权的大流士二世和波斯统治集团却未能把握好这个机会，波斯的宫廷倾轧和阴谋不断，这削弱了帝国的实力，转移了人们的注意力，特别是那时正是埃及发生阿米尔提二世起义的时候。波斯帝国内部的这些矛盾和内耗，对起义的发展是很有利的。

阿米尔提二世大概是前述阿米尔提的孙子，起义发生于哪一年还不能确定，可能是在公元前 405 年。在起义发生前，在埃及南部的埃烈芳提那已发生骚动，摧毁了犹太军事殖民者的神庙。在公元前 404 年时，起义者已占领了下埃及，到公元前 400 年又把上埃及控制到了自己手中。据阿拉美亚纸草文献(AP35)，这时候在埃及的犹太殖民者也转到了起义者一边。阿布洛科姆率领的波斯驻守叙利亚的军队准备去镇压起义，但小亚细亚发生的小居鲁士叛乱打乱了他们的计划，阿布洛科姆不得不去帮助国王对付小居鲁士，这给了埃及的起义者很好的机会以发展自己。他们甚至将军事行动扩展到了叙利亚。波斯人在埃及的统治暂时中断了。阿米尔提二世建立了第 28 王朝，首都舍易斯。

据曼涅托提供的资料，第 28 王朝只有阿米尔提二世一个国王，他统治了 6 年(公元前 404—前 399)后被推翻，取代他统治的是出自中部三角洲门德斯城的涅菲利特。他试图同斯巴达结盟，公元前 395 年，他曾派了一支舰队到罗得斯岛的斯巴达舰队那里去，但却落入雅典人手中。过了两年，即到公元前 393 年，涅菲利特之子阿荷利斯即位为王。一方面，他注重国内经济的发展，加强军事力量(主要是利用希腊雇佣军)；另一方面，同雅典、塞浦路斯岛上的艾瓦尔戈、小亚细亚的比西狄人和部分阿拉伯人等结成同盟，反对波斯的统治。还支持腓尼基和小亚细亚的基里基亚反对波斯人的斗争。公元前 385—前 383 年，波斯人对阿荷利斯发动了大规模的军事进攻，但遭失败。阿荷利斯一直统治到公元前 382 年。他死后，他的儿子普撒姆提克只统治了一年。而后上台的涅菲利特二世也只统治了几个月，又被出自三角洲的舍百尼塔地方的涅克塔涅布夺取了政权，他建立了第 30 王朝。公元前 373 年，波斯军队在法尔纳巴兹的率领下，向埃及发动进攻，他的舰队在尼罗河口登陆后，大肆进行抢劫，并对居民进行屠杀或将他们卖为奴隶。此后，又向孟菲斯推进，但这次波斯人又遭失败。后来，埃及内部发生内讧，严重地削弱了自己的实力。公元前 343 年，终于被波斯人重新占领。此后波斯在埃及统治直到公元前 332 年，马其顿亚历山大帝国占领埃及。

## 第四节　希腊人和罗马人统治下的埃及

### 一、希腊人统治时期的埃及(公元前 332—前 30)

亚历山大东侵，灭了波斯帝国，建立起一个庞大的亚历山大帝国，包括原来的希腊、埃及和西亚、南亚次大陆西北部等地。公元前 323 年，亚历山大去世，其部将托勒密、安条克、塞琉古等展开了争夺统治权的斗争。经过 20 多年混战，帝国被瓜分了，托勒密统治了埃及(其盛时包括埃及本土、地中海的一些岛屿、小亚细亚的一些地方，以及叙利亚、巴勒斯坦的一些地方)，史称托勒密埃及。

亚历山大和托勒密王朝诸王宣布保护埃及的神庙和宗教信仰。埃及神庙的祭司们，也就感激涕零地宣布他们是神在地上的化身。希腊的统治者们也想极力把埃及上层奴隶主贵族拉到自己一边，极力笼络他们。例如，原埃及法老涅克坦尼布的一个曾孙，被任命为希腊人军队中的一个军事首长。①

① [苏联]拉诺维奇：《希腊化时代及其历史作用》，苏联科学院，1950 年版。

但是，托勒密王朝所依靠的主要是希腊-马其顿的殖民者。他们不仅控制了整个国家的中央政权，而且控制了各个州的政权，州长、各州的财政官也都是由希腊人担任，各地还有由希腊人组成的驻防军。希腊人一般住在城市里，特别是集中在3个自治市里：亚历山大里亚、瑙克拉第斯和托勒迈伊。亚历山大里亚是由亚历山大建立起来的，后来成了托勒密埃及的首都，在希腊人和后来的罗马人统治时期，这里成了地中海地区商业、文化的中心，拥有当时世界上第一流的图书馆，许多著名的学者(如欧几里得、阿基米德等人)都来此研究学问，许多学科(如数学、力学、地理学、天文学、解剖学、生理学等)都获得很大的发展。因此，恩格斯说："精确的自然科学研究只是在亚历山大里亚时期的希腊人那里才开始"①。

托勒密王朝时期，全埃及的土地被认为属于王有。但土地的实际占有情况分为两大类。② 一类是"王田"，即直接由王室支配的土地。另一类是"赐田"，包括授予神庙的田地、授予文武官员作俸禄的田地、授予希腊人城市的田地和授予军事移民的田地。"赐田"的最高所有权仍属国王。当然，还有私有土地，土地买卖也是一种合法现象。例如，公元前107年的一份纸草文书说到，有3个波斯籍妇女把她们的3.5阿鲁尔土地卖给另一家波斯人4兄弟，地价是铜9塔兰特，兄弟4人平摊。该文书说明了土地的邻界，还说明了买卖双方人物的身体特征。③

土地的耕种者主要是"王田农民"(劳伊)，他们耕种王室土地，也可耕

---

① 《马克思恩格斯全集》第20卷，北京：人民出版社，1971年版，第23页。

② 现在要确定两类土地各占多少，是不可能的。见[美]M. 罗斯托夫采夫：《希腊化世界社会经济史》(M. Rostovtzeff, *The Social and Economic History of the Hellenistic World*)第1卷，牛津：牛津大学出版社，1986年版，第276页。《泰布塔尼斯纸草》说明某地4700阿鲁尔土地中，"王田"就占2247$\frac{19}{32}$阿鲁尔，超过50%，由此可见一斑。见[苏联]拉诺维奇：《希腊化时代及其历史作用》，第194～154页。

③ 《纸草文书选》(A. S. Hunt, C. C. Edgar 编译 Select Papyri, Loeb 本)第1卷，第81～83页。

种神庙土地或其他土地。他们租地，一般都订有契约。佃耕土地的租税是很重的，每阿鲁尔土地要交 4～6 阿尔塔巴(1 阿尔塔巴约合 39.3 升)谷物。此外，还有许多苛捐杂税，如给神庙的捐款，保卫王室谷仓的捐税，丈量土地税，以及其他一些捐税。农民负担很重的一项支出是，向政府借贷种子，需要付给政府 50%的利息。① 王田农民构成居民的主要部分，他们有人身自由，是自由民，但无论政治上还是生产上都受到严格的监督。② 从这种“王田农民”中孕育了封建生产关系的最初萌芽。

托勒密王朝时期，奴隶制还是很盛行的。奴隶劳动被使用在农业、手工业上。③ 国王的金矿中使用大批奴隶(主要来自罪犯和战俘)，他们在十分恶劣的条件下从事极其沉重的劳动。④ 奴隶买卖通常都有契约，如公元前 259 年的一份纸草文书中说，一个名叫尼康诺尔的人把一个 7 岁左右的巴比伦女孩以 7 德拉克马的价格卖给了一个名叫芝诺的人。文书说明了立约的时间，还写明了中间人的姓名。⑤ 公元前 198—前 197 年的一项法令还规定了奴隶买卖的税收标准。⑥ 可见当时奴隶主对奴隶的所有权是合法的并受法律保护的。

奴隶主阶级的残酷剥削和压迫，使劳动者既无法再生产，也无法生活下去。许多人因交不起欠租、欠税而被卖为奴隶。因此，农民、手工业者大批逃亡，耕地荒芜，织机无人操作，油坊的榨油工具无人使用。据《泰布塔尼斯纸草》记载，公元前 118 年在克尔凯伊奥西里斯地方的 2424 多阿鲁

① ［苏联］拉诺维奇：《希腊化时代及其历史作用》，第 195 页。

② 林志纯主编：《世界通史资料选辑・上古部分》，第 327～330 页。

③ 有些纸草文书说明，奴隶主在自己的农业经济中使用 10～30 个奴隶劳动的情况是不少的，纺织则往往用女奴劳动。见［苏联］拉诺维奇：《希腊化时代及其历史作用》，第 204 页。

④ 见［古希腊］戴奥多罗斯《历史集成》第 2 卷，12。公元前 312 年，托勒密一世于加沙之战后将 8000 战俘带回埃及，分派到各州(见［古希腊］戴奥多罗斯：《历史集成》，85)。大概就是战俘奴隶。

⑤ 《纸草文书选》第 1 卷，第 97 页。

⑥ 《纸草文书选》第 2 卷，第 39～43 页。

尔王室土地中，播种的仅仅1139.25阿鲁尔，不及一半，而在这未耕种的土地中，只有83.75阿鲁尔是不适宜耕种的土地。① 这使得托勒密埃及的经济从公元前2世纪便开始走下坡路了。

托勒密王朝时期，埃及人民曾经多次发动起义。公元前206年，底比斯、利科坡里、孟菲斯等地都爆发了起义。起义延续了20年，托勒密五世(公元前210—前180，公元前205年正式即位，前5年与其父托勒密四世共治)用了很大力量才镇压了起义。约公元前165年，狄奥尼修斯(又名佩托萨拉庇斯)曾企图利用国王兄弟间的矛盾夺取政权，失败后，继而组织起约4000名士兵暴动，又被国王击败，“狄奥尼修斯被迫赤身渡河，退入内地(或作退入‘埃及人中间’)，力图在那里煽动民众暴动。由于他是一个活动家，在埃及人中又得人心，他很快就招募到许多愿意参加他的事业的人”②。这次起义后来被镇压了。公元前88—前86年，又发生了以底比斯为中心的人民大起义。这次起义被镇压后，底比斯城就此被严重地破坏。

托勒密王朝时期，不仅有着频繁的人民反抗斗争，而且在托勒密王室内部、托勒密王朝统治者与塞琉古帝国统治者之间的矛盾和战争也是很多的。

托勒密王朝时期的埃及在长期的内外复杂斗争中日益削弱，最后于公元前30年为罗马所灭。

## 二、罗马人统治时期的埃及(公元前30—公元642)

公元前30年，统治罗马的屋大维吞并了埃及。由于埃及的富庶，屋大维成为元首(公元前27年建立罗马帝国)之后，便把埃及划为他的私人领地，而不是像其他被征服地区那样划为罗马的一个行省。埃及的全部收入都归元首私人，全部土地都属元首所有，元首派总督行使一切大权。公元

① [苏联]拉诺维奇：《希腊化时代及其历史作用》，第225页。

② [古希腊]戴奥多罗斯：《历史集成》第31卷，15a。

395年，罗马帝国分裂为东、西罗马帝国，埃及成为东罗马帝国(拜占庭帝国)的一部分。

罗马帝国统治时期的埃及，罗马人、希腊-马其顿人是享有特权的人，他们被免除各种税收，与他们对立的是非特权的埃及人①，他们必须缴纳人头税。按罗马政府规定，每14年进行一次户籍调查(包括身份和财产)，年满14岁的人，都必须由父母申报登记，开始缴纳人头税。因此，罗马帝国统治时期的埃及，不仅有奴隶和奴隶主的对立，而且有非特权的埃及人同享有特权的罗马、希腊-马其顿人的对立。

罗马帝国统治时期，由于托勒密王朝末期的混乱状态有所扭转，埃及的生产活动曾一度有所发展。不过这种情况为时不长。因为罗马政府的剥削甚至比托勒密时期还重。据统计，罗马人加于埃及人民身上的实物税达50种，货币税竟达450种以上。埃及成为罗马帝国的主要粮食供应基地之一。

罗马帝国统治时期，埃及仍然存在奴隶制，不过已处在衰落的过程中。农村中仍有奴隶，但大概为数不多，据估计，奴隶少的地方只占人口1%～2%，稍多的地方占7%。手工业中奴隶较多，尤其是纺织业中有较多的奴隶劳动。奴隶或在主人家劳动，或被主人出租到其他作坊中去劳动，或独自经营而将收入一部分上缴主人。据估计，奴隶人口不超过自由民人口的10%。② 如同在罗马帝国其他地区一样，释放奴隶的情况在埃及也是屡见不鲜的。但是，罗马帝国的政权起着维护奴隶制的作用。在埃及，要奴隶出席法庭作证，照例仍然要把奴隶鞭打一遍，国家仍然赋予奴隶主对奴隶实行体罚之权。③ 罗马的法律还限制释放奴隶，公元2世纪的一份法律纸

① 有特权的祭司不在内。

② [美]威廉·威斯特曼：《古代希腊罗马奴隶制度》，邢颖译，郑州：大象出版社，2011年版，第87～88、120～122页。

③ [美]威廉·威斯特曼：《古代希腊罗马奴隶制度》，邢颖译，第105页。

草文书中规定："被释放者年逾 30，则为合法之释放"，"年不及 30、得长官之释放令而获释者，视同年逾 30 而获释者"[①]。当然，这种限制看来不可能长远有效。例如，公元 3 世纪的一份纸草文书中说到，一个名叫奥里略·息奥多尔的人遗嘱规定，在他死后，他所买的 13 岁的女奴达梅德连同她的全部"比库里"(奴隶所占有的财富)，即获释放。[②] 释放的奴隶增多，说明奴隶制生产关系已经过时；限制释放奴隶，说明旧的上层建筑在起着拖延旧生产关系没落的作用。

在罗马帝国统治埃及的初期，屋大维及其继承者，将托勒密王室的土地继承了下来，使之成了元首的财产。整个埃及的土地，在名义上也归元首所有。但是，埃及的土地私有制逐渐发展起来，这种私有土地的来源如下：第一，原来军事移民的份地变成了世袭的地产，这在托勒密统治末期就已开始，到罗马时期持有这种土地的人连服兵役的义务都没有了；第二，罗马政府将没收的土地加以拍卖，从而使之变成私有的土地；第三，有的荒地被出价招募人来开垦，这也逐渐变成私有土地；第四，强制代耕或派耕土地，也逐渐变成私有土地。

公元 1 世纪中叶开始，由于罗马剥削的沉重，埃及农民(劳伊)又开始大批逃亡，使得土地荒芜，国库收入锐减。例如，据帝国时期的一份纸草文献中记载：有一个村的"大部分人都不见了，因为从前村里有 85 人，而现在他们的数量减少到只剩 10 人，他们(10 人)中有 8 人也离开了，并且，他们应付出 9 年的金额……"[③]

为了保证国库收入，罗马政府一方面采用逮捕逃亡者家属的办法，胁迫逃亡者返回自己的居住地，让其耕种土地；另一方面还采取了强制代耕，甚至派耕的方法，使尽可能多的土地得到耕种。这样，虽然土地暂时有人耕种

---

① 《纸草文书选》第 2 卷，第 45 页。

② [苏联]乌特琴科编：《古代罗马史文选》，莫斯科，1962 年版，第 418 页。

③ [苏联]乌特琴科编：《古代罗马史文选》，第 445 页。

了，从而也暂时地保证了国库的收入，但官吏趁机滥用权力，为非作歹，坑害人民，敲诈勒索，给未逃亡的农民带来极大的灾难。这种代耕或派耕的王田，久而久之就变成了私田，并为大土地所有者所兼并。无力承担代耕或派耕义务以及其他苛捐杂税和劳役义务的农民，往往寻求大土地所有者的“庇护”，于是像在罗马帝国其他地区一样，庇护制在公元 3 世纪以后盛行起来。为了能得到“庇护”，农民不得不把他们的土地交给大土地所有者，甚至人身也要依附于大土地所有者。这种大土地所有者的势力越来越大，形同独立王国，他们有自己的军队、警察、监狱等机关。已经势衰力竭的罗马政府，对此也毫无办法。这些大土地所有者，逐渐向封建主转化。

此外，强制公职的实行，也促进了庇护制的发展。当时罗马政府强制公务员担负某项公共义务，甚至担负其职务范围内的费用，或包下所辖范围内的税收，由于纳税人逃亡而征不上来的税都要由他们补足上交。这使中等阶层的居民不胜负担，叫苦不迭，纷纷破产。在 3 世纪危机以后，罗马帝国为了增加国库收入，就更加扩大实行这种强制公职法。这使许多不堪负担的中等阶层居民，也向大土地所有者寻求庇护。

埃及劳动人民反抗罗马统治者压迫和剥削的斗争，其主要方式是逃亡和武装起义。逃亡是经常的斗争形式，又往往是起义的准备阶段。

更为积极的斗争是武装起义。从公元 2 世纪末(罗马皇帝马可·奥勒略时期)即已开始的布科里起义①，时起时伏地延续到公元 5 世纪末，特别是在公元 3 世纪时，曾给罗马统治者以沉重打击。布科里起义爆发于尼罗河三角洲一带，这里河汊港湾很多，纸草灌木丛生，便于起义者隐藏和打击罗马统治者。参加起义的都是反抗奴隶主和罗马政府压迫和剥削的逃亡农民、奴隶。起义者不仅曾多次打败过罗马军团，而且曾进攻亚历山大里亚城，袭击罗马和拜占庭的驻军和行政机关。布科里起义打击了罗马奴隶主

① 布科里，希腊语，意为“牧童”。

在埃及的统治，是推动罗马帝国由奴隶制向封建制转化的一次重要运动。

公元 274 年，在亚历山大里亚还曾爆发城市工商业主的起义，即费尔姆起义。费尔姆本是一个经营纸草贸易的大商人和手工场主，非常富有。由于罗马帝国的政策妨碍了亚历山大里亚城的商人和手工场主的利益，费尔姆领导了起义。后来起义失败，费尔姆被捕，受尽酷刑后被处死。亚历山大里亚城受到了严重摧残，它的城墙被拆除，部分土地也被掠夺。

上述这些起义，虽然都失败了，但埃及人民的斗争打击了罗马的统治，为奴隶制的灭亡、封建制的诞生起了催化作用。

公元 7 世纪，阿拉伯帝国兴起，埃及又成为阿拉伯帝国的一部分。古代埃及的居民融入阿拉伯人之中，古代埃及文字逐渐被人遗忘，直到 19 世纪才又被释读出来。

古代埃及文明的消亡，是人类文明史上的大悲剧之一。其原因值得人们深思。这里简要归纳为：

第一，在古代埃及长期占统治地位的是包括神庙祭司集团在内的贵族集团，他们起源于氏族制时代晚期。在国家形成后，他们又控制了国家政权，经济和文化方面实际上也由他们控制。他们因循守旧，不思改革，扼杀任何革新之举，使得埃及在 4000 年的古代文明中，进步、变化极其缓慢。而一些原本落后的民族、国家和地区却后来居上，使得曾一度向外大肆扩张的埃及，成了他人侵略和掠夺的目标和猎物。

第二，古代埃及君主专制的长期统治，禁锢了人们的思想，抹杀了人们的积极性、主动性和创新精神。

第三，古代埃及的统治阶级将大量的人力、物力不是用于发展生产，发展经济，而是修坟造墓，修建神庙，用于祭祀(对神和死人)，这成为阻碍生产力发展、经济发展的极大障碍，也严重削弱了国家的经济实力。生产力发展的成果为极少数人所攫取，大多数人享受不到经济发展的成果，享受不到文明发展的成果。

第四，统治阶级的穷奢极欲同广大劳动群众的艰难处境和政治上的无权状态形成鲜明对照。平时对人民专横跋扈的少数统治阶级的领导人物，在面临外敌入侵时，却不敢发动和领导人民为保卫民族生存和国家主权而斗争，却往往卖国求荣。波斯人入侵埃及时，埃及的海军司令乌伽戈列森特投靠波斯人就是一例。

第五，文化为极少数人所控制，大多数人连温饱都难以维持，更难以去读书识字，享有文化成果。因此文化的发展极其缓慢，象形文字系统也过于复杂，不可能为大多数人掌握。由象形文字发展变化而来的僧侣体文字，和由僧侣体文字发展变化而出的世俗体文字也是如此。因此，随着国家的灭亡，作为古埃及文明成果和象征之一的象形文字也就被人遗忘了。

# 第五编

# 古代埃及的社会和文化

# 第十三章　古代埃及的社会

## 第一节　文物中反映的古代埃及人的婚姻和家庭

### 一、文物中反映的古代埃及人的婚姻

自人类社会形成以后，婚姻和家庭关系就一直是社会中十分重要的关系，今天我们司空见惯的婚姻关系——一夫一妻制，并非是人类社会一形成就有的。按摩尔根的说法，人类社会形成以后经历了乱婚、血缘婚、对偶婚和一夫一妻制的婚姻。在一夫一妻制的婚姻出现以后，虽然它成了主要的婚姻形式，但也并不是只有一夫一妻制这一种婚姻形式。事实上，在奴隶制社会、封建社会和资本主义社会中，除了一夫一妻制以外，还残存着一夫多妻的状况。

古代埃及在进入文明时代以后，它的婚姻关系如何？是一夫一妻制还是一夫多妻制？对此，古典时代的希腊作家有不同的说法。例如，希罗多德说，埃及人像希腊人一样，每人只有一个妻子；而戴奥多罗斯则认为，埃及人中祭司只娶一个妻子，其他人，每人想娶多少就娶多少。

从文献资料和文物资料中，我们了解到的是，古代埃及人的婚姻关系存在有一夫多妻制和一夫一妻制两类。王室、贵族的婚姻和普通人的婚姻有着很大的不同。国王有三宫六院，后宫中妃嫔成群；贵族们大多也是妻妾成群的，所以他们的婚姻基本上是多妻制；而普通人，由于经济条件的

限制，所以基本上是一夫一妻制。普通人中是否有多妻的，我们没有资料证明其存在，虽然在底比斯西部工人村的墓里的铭文中说到有多达5个妻子的事，但他们是同时的，还是有先后顺序的，我们不得而知。① 不过有一点是可以肯定的，那就是在普通人中即使有一夫多妻的情况也是很少的，这是由经济状况所决定的。

关于古代埃及国王的婚姻，国王结婚的对象，大致有以下几种情况：国王与本国非王室成员的婚姻(当然主要是与贵族之间的婚姻)、国王与自己的姊妹之间的婚姻(亲姊妹、堂姊妹或同父异母姊妹之间的婚姻)、国王与自己的女儿之间的婚姻、国王与自己父亲后宫中的女人的婚姻、国王与被征服的附属国妇女的婚姻和以和亲的方式缔结的与某些外国公主的婚姻等。

关于国王婚姻的缔结方式可能有以下几种：父母之命，媒妁之言，这大概是其主要的方式或途径。自己选择(自由恋爱)，如阿蒙霍特普三世与王后提伊之间的婚姻。选送的外国公主(自愿的和被迫的，多半是被埃及征服地区的公主)，如图特摩斯三世在底比斯西部埋葬了自己的3个外国妻子，她们是玛露塔(Maruta)、曼哈塔(Manhata)和曼鲁瓦(Mannuwai)；据布利斯特德的《古代埃及文献》，埃及国王图特摩斯四世和米坦尼的公主穆特姆雅(Mutemuya)、阿蒙霍特普三世和古鲁西帕(Guluhhipa)、阿蒙霍特普四世和塔杜克西帕(Tadukhipa)结了婚。和亲，如拉美西斯二世和赫梯王国在卡迭石战役之后，赫梯王国提出缔结和约，并把自己的一个公主嫁给拉美西斯二世，以示友好。

国王的婚姻是多妻制的，这是没有问题的，在这一点上，古代中国和古代埃及是相同的。为什么会有这种多妻的情况呢？这是君主专制的产物，

① [法]安德烈·比尔基埃等：《家庭史》第1卷，袁树仁、姚静、肖桂译，北京：生活·读书·新知三联书店，1998年版，第213页。

是剥削阶级的产物。因为君主专制有权，剥削阶级有钱，可以为所欲为。古代埃及没有法典传世，所以，可以说他们的婚姻没有法律约束他们。同时这种多妻制也是剥削阶级腐朽生活方式的反映。

关于古代埃及国王的多妻制，如古王国时期第 4 王朝的胡夫国王，至少有两位妻子：Henutsen 和 Mertiotes。但这两位妻子是一前一后还是同时的呢，我们不知道，姑且不论。胡夫之后的一位国王吉德弗拉或叫拉吉德弗同时有两位或两位以上的妻子这是可以证明的。因为据说他谋杀了他的兄长、王位的合法继承人卡瓦布(Kawab)，从而篡夺了王位，并与卡瓦布的遗孀、国王胡夫的公主赫特菲勒斯二世(亦即和自己的一位姐妹)结了婚。但她并非是卡瓦布的结发妻子(虽然他们婚后也有孩子：我们见到一座母女皆为王后的雕像，母亲是赫特菲勒斯二世，女儿是麦勒桑克赫三世，是王子卡瓦布的女儿，吉萨第二大金字塔的建造者哈夫拉的妻子。雕像发现于女儿的墓里，是母亲送给女儿的。这种母女皇后的雕像是很少见的)。卡瓦布的结发妻子是克亨特滕卡(Kehentetenka)。所以，可以肯定卡瓦布是同时有两位或两位以上的妻子的。

再如第 18 王朝国王阿蒙霍特普三世的结发妻子是王后提伊，他们是自由恋爱结的婚。但在阿蒙霍特普三世的后宫里面却还可能有成百位妃子，其中不少是外国的公主，如他至少娶了一位米坦尼公主、两位叙利亚公主、两位巴比伦公主和一位阿扎旺公主为妃。但他并不满足，还不断地要求外国的公主嫁给他。例如，一次阿蒙霍特普三世派了一位信使去巴比伦，求娶该国的一位公主为妻时，该国国王回信说，你已娶了我的姐姐，而我的姐姐在你那里无足轻重，我们从未见过她，也不知她是死是活。阿蒙霍特普三世回信说她仍然在世，不过是不受宠。据有的学者说后来成了阿蒙霍特普四世即埃赫那吞王后的涅菲尔提提也是一位外国的公主，是阿蒙霍特普三世的一位妃子，但他最宠爱的还是他的结发妻子提伊。提伊死后他与自己的一位女儿结了婚。

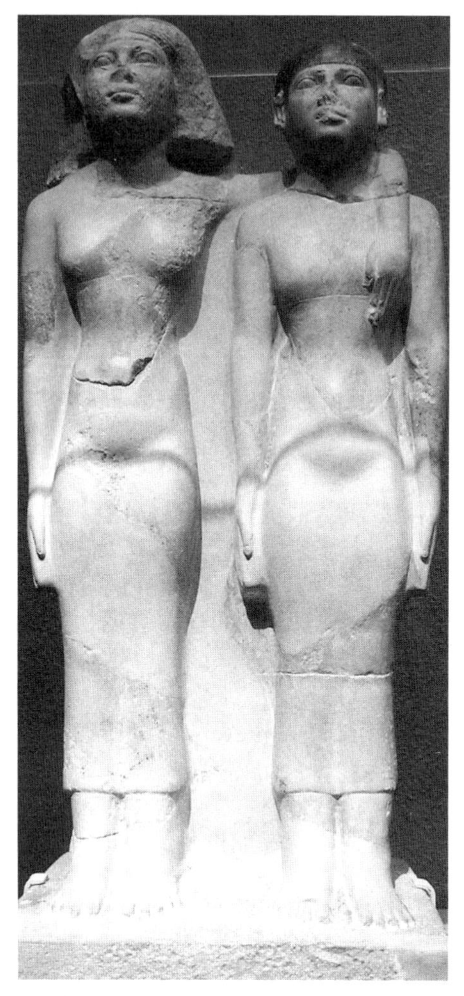

图 13.1　赫特菲勒斯二世和麦勒桑克赫三世像。波士顿博物馆藏

再如，第 19 王朝的拉美西斯二世有涅菲尔塔利二世做他的王后，在他的后宫中有多少妃子，我们不知道，但数量很多，这一点是可以肯定的，因为他有 79 个儿子和 59 个女儿，就足以证明他的后妃是不少的。

关于王子的婚姻，可能有以下 2 种情况：王子和公主之间的婚姻、王子和王室以外的人的婚姻。

关于王子和公主之间的婚姻，在古王国时期，拉荷特普夫妇就是王子和公主之间的婚姻，拉荷特普是一位王子，而他的妻子诺夫尔特据说是一位公主。他们那座并肩而坐的组雕是非常著名的，该雕像为色石灰石，男高 121 厘米，女高 122 厘米。1871 年 A. 马里埃特（A. Mariet）于美杜姆（Meydum）地方拉荷特普的马斯塔巴（Mastaba）墓中发现该雕像，属古王国第四王朝初期斯涅弗鲁时期，现藏开罗埃及博物馆。

在小说《厄运被注定的王子》中说到，一个埃及国王婚后很久还没有儿子，便向神祈求一子，果然，他得到了一个儿子，但神又告诉国王说，此王子注定要因鳄鱼、蛇或狗而丧。为防不测，国王为王子在沙漠上建造了一所房屋，并派人严加防范，不许王子外出。王子长大成人后，不愿整天待在房子里，便写信给父王说："为什么把我关在这里呢？既然我注定了非遭 3 种厄运不可，那就让我随心所欲好了，任凭神灵按照他的心愿去做吧。"于是王子便被允许带着武器和自己养的狗出游，最后他来到西亚的米坦尼王国。米坦尼国王有一位公主，国王为公主建造了一所高大的房屋，并许诺谁能爬上房屋的窗户，就把公主嫁给谁。最后，王子娶了公主，夫妻很是恩爱。王子把自己的厄运告诉了公主，公主很是为他担心，不让他单独出去。一天，一条鳄鱼爬到了王子所在的地方，威胁到了王子的安全，但被大力士捉住后放走了；后来，又有一条蛇威胁到了王子，公主把蛇给杀死了；再后来，王子在田地上散步时，他的一条狗追赶野物到了河里，王子也随狗到了河里，被鳄鱼捉住（此后故事残缺）。从这个故事，我们可以看到 3 点：一是埃及王室家族和外国的婚姻确实存在，二是王室成员和外国公主的婚姻也可能是很好的，三是自由恋爱的婚姻可能是存在的。

关于王室以外的人的婚姻状况，可以分为两种：官僚贵族的婚姻和真正普通人的婚姻。由于古代埃及没有法典传世，也几乎没有公元前 1000 年前的婚约保存下来，因此，有关这些人的婚姻和家庭方面的资料是非常零散的，有时甚至是非常矛盾的。只是到了公元前 1000 年代，才可能找到以合乎规范的形式起草的婚约。而在此之前的私法方面的资料主要靠圆雕、浮雕和绘画作品等获得。

可以肯定的是，官僚贵族的婚姻虽然名为一夫一妻制，但实际上是一夫多妻的，而且常常是三妻四妾。不过，我们见到的他们和自己的几个妻子在一起的资料很少，只见到了 2 座一夫二妻的雕像：一座是现藏美国波士顿精美艺术博物馆的乌克霍特普二世（Ukhotep Ⅱ）的一座家庭组雕。此家庭组雕是用花岗岩雕刻而成的，高 37 厘米，出自麦尔（Meir，在阿马尔那附近尼罗河西岸，古代上埃及第 14 诺姆所在地）地方他的墓里，属中王国第 12 王朝辛努塞尔特二世或三世时期。组雕上的人物有乌克霍特普二世，他的两位妻子（名叫克赫涅姆-霍特普和涅布卡乌）和一位女儿。

另一座是在开罗埃及博物馆收藏的一座一夫二妻的石雕像，丈夫的名字叫韦克赫-霍特普（Ukh-Hotep），他们也有一个女儿，雕像也是出自麦尔，此韦克赫-霍特普是一个州长（诺马尔赫）。

图 13.2　韦克赫-霍特普家庭组雕。开罗埃及博物馆藏

新王国时期有一座家庭组雕，有可能也反映了一夫多妻的事实，这就是普塔赫马伊的家庭组雕，出自萨卡拉，属新王国第 19 王朝时期，现藏德国柏林博物馆(文物编号：INV-NR，2297)。这一家五口人，3 个大人，2 个小孩。3 个大人坐在高靠背椅子上，2 个小孩站在他们之间。丈夫光头，坐在中间，2 个女人头戴长长的假发，穿长裙，坐在两边(她们和普塔赫马伊的关系如何尚不清楚，这 2 个女人都是普塔赫马伊的妻子呢，或者一个是他的妻子，另一个是他的女儿，德国柏林博物馆没有给出说明。有可能是他的 2 个妻子，但不能肯定。普塔赫马伊左手边的女人用手搂住他的腰，右边的那个女人左手已残，但显然没有搂住男人。2 个孩子中，一个是男孩，另一个是女孩。

图 13.3　普塔赫马伊家庭组雕。柏林博物馆藏

在非王室人员中存在一夫多妻现象，可能有这样一些原因：古代埃及人也有多子多福的思想，多妻是多子的一个前提条件；一些人有权有势，他们利用自己的权势和财富而多娶妻子；奴隶制的存在，女奴是多妻的一个来源；社会上对多妻现象的容忍；政府没有颁布禁止一夫多妻的法律；当妻子不能生孩子时，丈夫为了财产的继承而另娶妻子，等等。但在古代埃及，大多数情况下是一夫一妻制。戴奥多罗斯的说法似乎把个别事例当成了普遍存在。关于在王室家庭中常见的近亲结婚问题，在普通的埃及人中，也有兄妹结婚的，但这种情况很少。有学者说，兄妹结合是婚姻策略中的有限情形，目的在于集中权力，保持家庭的凝聚力，是在非如此办不可的情况下才采取的没有办法的办法。

古代埃及大多是小家庭，即由一个丈夫与自己的妻子、孩子组成，很少有三代在一起的，在古王国时期的萨特马瑞特的家庭中有一位祖母，在其他雕刻中就很少见。

在墓碑中记载的家庭中，夫妻总是恩恩爱爱，非常和谐而融洽。但在现实中，离婚也是常有的。在古代埃及，夫妻关系破裂并不一定要得到法律认可，法律只是认可个人对于结束共同居住状态的决定，而这个决定是由男人或女人自己的判断做出的。除非妻子与人通奸，否则妻子在离婚时都可以得到补偿，不论是哪一方做出的决定。

普通人的婚姻的缔结大概有两种形式：自由恋爱和父母之命、媒妁之言。不过文物中我们无法判断谁的婚姻是自由恋爱的，谁的是父母之命的，文献中也没有这方面的记载。

从古代埃及保存下来的爱情诗歌看，当时的埃及人可能是存在自由恋爱的。这些诗歌主要保存在以下四种文献中："《切斯特·贝蒂纸草》第一部分、《哈里斯大纸草》第500号、《都灵纸草》片段及开罗博物馆的陶片片段。其中以《切斯特·贝蒂纸草》第一部分保存最为完好……"①

① 于殿利：《世界古代前期文学史》，北京：中国国际广播出版社，1996年版，第115页。

关于古代埃及的爱情诗，《切斯特·贝蒂纸草》写道："妹妹，她举世无双，众香国里最芬芳！她有如一颗晨星，升起在幸福年华之初。她的皮肤白皙、闪亮，她的目光美丽动人……她令所有的男人都频频回首，款款深情，欲睹芳容；享受她拥抱之人多么快乐，他是天下最快乐之人！她庭外散步，宛若又一个太阳！"①

## 二、文物中反映的古代埃及人的家庭

多妻必定意味着家庭关系的复杂化，意味着家庭内部矛盾重重，而且有时矛盾还很尖锐，这也就意味着婚姻的不稳固。实际上，也确实如此，国王的婚姻稳固的可能不会很多。这是由于：第一，国王后宫中的人很多，因此国王见异思迁的可能性很大，所以国王和王后的关系长期较好的可能不多；第二，国王和王后可能由于政见不和而分手；第三，后宫中争风吃醋，为自己争权夺利或为了儿子而争权夺利的斗争时有发生，甚至发生谋害国王的事件；等等。

所以，我们知道的国王夫妇关系较好，白头到老的很少，至少我们在文物中见到的国王和王后在一起和美恩爱的雕像很少。我们见到的只有下面几座。

在古王国时期的文物中，我们见到的国王和王后在一起的雕像只有一座，那就是第 4 王朝的国王孟考拉和王后在一起的雕像，由粘板岩雕刻而成，高 142.2 厘米，属古王国时期，现藏美国波士顿美术精美艺术博物馆。这是古王国时期的一座著名的双人立像，国王夫妇并肩而立，王后用右手从后面搂住孟考拉的腰，左手从前面扶住他的左臂，表现得十分亲密。在这个组雕中，孟考拉头戴"nemes"，上身赤裸，下穿短裙，两手自然下垂，紧贴身体，两手握拳。王后头戴假发，身穿薄薄的衣服。他们二人均左脚

① 于殿利：《世界古代前期文学史》，第 116 页。

向前半步，双眼直视前方。这是我们见到的古代埃及最早的王后与国王在一起的雕像。我们知道孟考拉至少有 2 个妻子（Khamernebti Ⅱ，Meresankh Ⅲ?），其中的 Khamernebti Ⅱ的金字塔就在孟考拉金字塔的东侧（那里共有 3 座小金字塔），是座角锥体的金字塔，其外观已经被侵蚀得残破不堪。

图 13.4　孟考拉夫妇像。波士顿博物馆藏

古王国时期没有其他国王和王后的组雕传世，中王国时期也没有国王和王后的组雕传世。

新王国时期有几个国王和王后在一起的组雕：一个是阿蒙霍特普三世和王后提伊在一起的组雕，至少有 2 座，下面一座是其中之一。还有门农巨像，那是他和王后及子女在一起的组雕，不过，在这座雕像中，王后和国王不是平起平坐的。

图 13.5 阿蒙霍特普三世和王后提伊像。开罗埃及博物馆藏

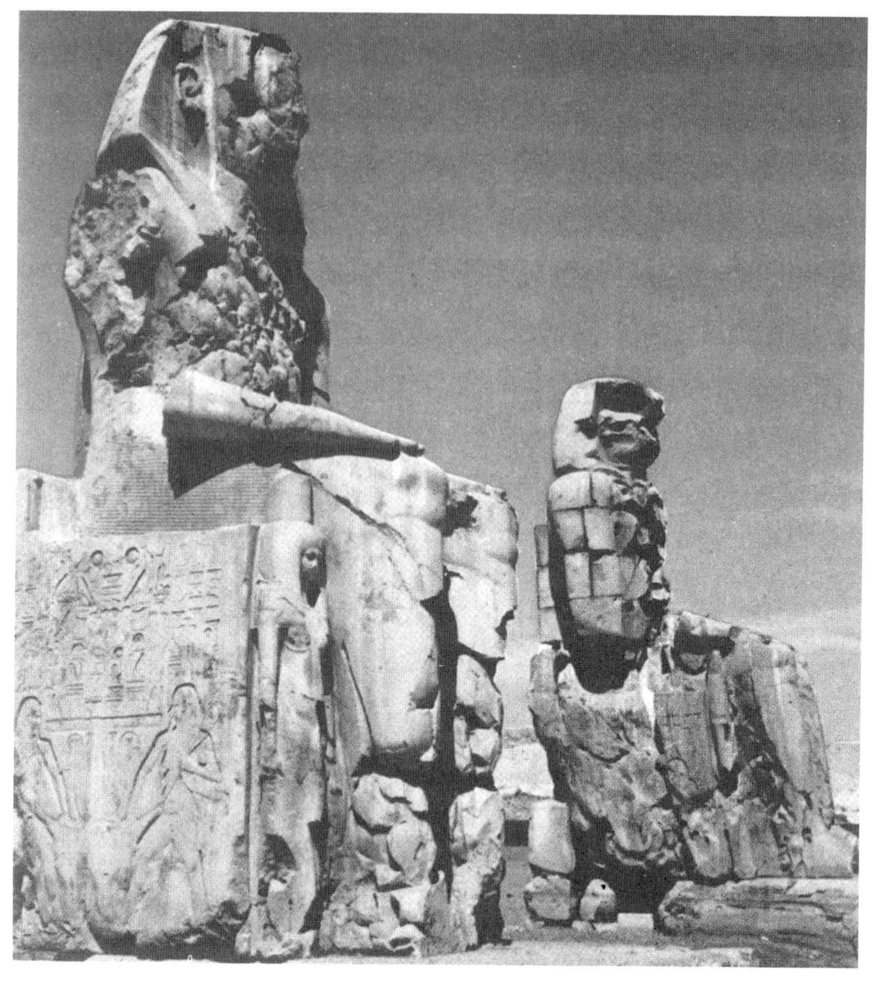

图 13.6　门农巨像。现存底比斯西部

在新王国第 18 王朝的阿马尔那时期，埃赫那吞和王后涅菲尔提提的关系是不错的，至少在埃赫那吞没有放弃改革之前他们的关系是很好的，所以，在浮雕中我们经常能够看到他们在一起的情景。例如，表现他们二人在一起享受天伦之乐，还有表现他们二人在一起时涅菲尔提提两只手拿着鲜花，其中一只手上的鲜花是送给埃赫那吞的，表现了他们二人恩爱的情景。

图 13.7　埃赫那吞一家人在一起。柏林博物馆藏

图 13.8　埃赫那吞夫妇在一起。柏林博物馆藏

第 19 王朝时期的开国之君霍连姆赫布有一座他和他的妻子穆特涅捷迈特(Mutnedjemet)在一起的雕像。在这座雕像中霍连姆赫布右手似乎拿着象征王权的弯钩，左手放在膝盖上，可惜的是他的头部已经不在了，被毁掉了；他的妻子头前有蛇标，用右手揽住自己的丈夫，左手放在膝盖上，显示了他们夫妻之间的关系颇为恩爱。我们在前面已经说到，霍连姆赫布这个人颇为开明，他没有让自己的子女继承王位，而是把王位让给了与自己没有血缘关系的拉美西斯一世。

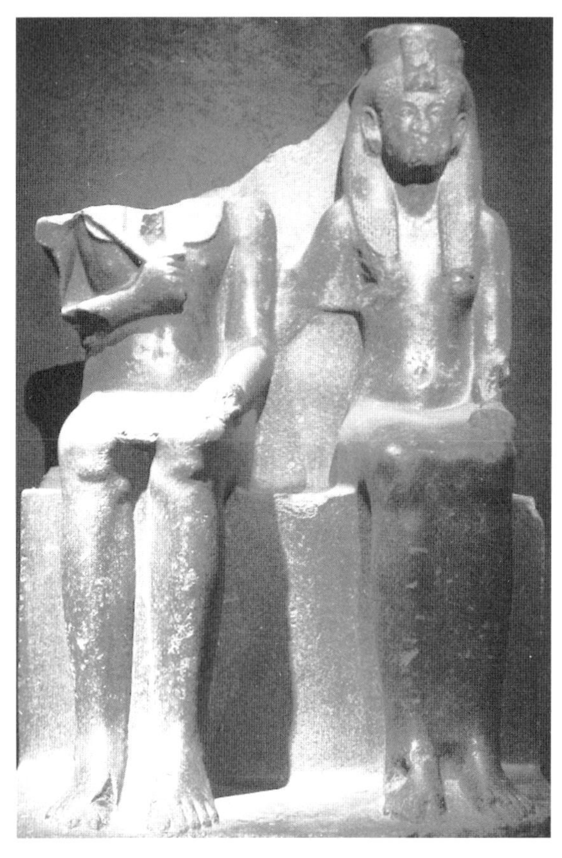

图 13.9　霍连姆赫布夫妇像。都灵埃及博物馆藏

第 19 王朝时期，还有一位国王和自己的王后关系很好，就是拉美西斯二世，但是他们没有一座比肩而立或并肩而坐的雕像，在阿布·辛贝尔的

正门前的几座大的雕像中，拉美西斯二世坐着，他的王后涅菲尔塔利二世只是站在他的旁边，而且要小得多。但他在阿布·辛贝尔神庙旁边为自己心爱的王后和哈托尔女神单独开凿了一座神庙，这在古代埃及历史上是独一无二的。而且在王后谷中为涅菲尔塔利二世开凿了一座崖墓，其墓里的壁画精美绝伦，是其他任何一座王后墓里的壁画所不可比拟的。

古代埃及有那么多的国王，但夫妻在一起的雕像却少得可怜，说明了什么？一种情况是岁月流逝，使许多这类国王夫妇组雕被毁坏；而更可能的是双方的婚姻关系不好，其重要原因之一就是后宫里的后妃太多。这些后宫佳丽不仅自己争风吃醋，而且为了儿子们的权力而彼此斗争，甚至和国王本人斗争，常常发生宫廷案件。《大臣乌尼传》中说道："当国王的宫廷发生秘密起诉王后乌勒特赫特斯(?)的案件时，陛下令我来(?)，以便一人进行审问，那里除我一个人以外，没有一个法庭首长——最高大臣，也没有一个[别的]大臣"。[①] 虽然铭文没有说明这个宫廷案件的内容是什么，但多半是后妃之间或后妃和国王之间的矛盾引起的，而且性质十分严重。在第 20 王朝时期，从拉美西斯三世统治的后半期起，直至 20 王朝末，常常发生篡权和宫廷阴谋。其中，拉美西斯三世统治末期发生的后宫篡权事件最为著名。当时，拉美西斯三世的第 2 个妻子泰伊为了自己的儿子彭特维拉能当上国王，继承王位，发动了一场阴谋政变，企图杀害国王拉美西斯三世，但是阴谋败露了。从《都灵纸草》记载的内容来看，卷入阴谋的除了后宫的人以外，还有许多军政官员。许多人被判刑，有的人自杀。为了审理这个案件，成立了一个特殊法庭委员会。此后，拉美西斯三世的儿孙们争权夺利的斗争仍然层出不穷，一直延续到该王朝末期。这些斗争严重削弱了王权的统治。所以，古代埃及表现国王夫妇恩爱的组雕很少。

---

① 吉林师大、北京师大历史系编：《世界古代史史料选辑》上，第 18 页。

关于妻子在家庭中的地位，希腊人对此有所记载，希罗多德说："他们上市场买卖的都是妇女，男子则坐在家里纺织。"①戴奥多罗斯说："女子对丈夫拥有全权，在婚约中，丈夫许下诺言在一切方面屈从于妻子的强权。"②这些说法似乎与古代埃及的事实相差甚远。虽然在古代埃及，没有像在希腊和罗马那样丈夫有权对妻子进行监护，在埃及妻子被视为法人。而作为法人，她们可以作证，立遗嘱，进行诉讼，拥有自己的财产。其社会地位比希腊罗马的女性要高，但她们毕竟是处在男权社会里，因此，她们在政治上的地位明显地不如男人，像哈特舍普苏特那样当上国王的只是少数。而且，即使是哈特舍普苏特当了国王，也是觉得心虚，不得不把自己说成神的女儿，因而有权当国王。

图 13.10　佩比二世和安可赫勒斯-麦利勒二世像。纽约布鲁克林博物馆藏

女性作为妻子，在家庭中的地位相对地说要高一些。她们的职责之一是哺乳小孩，这有古代埃及的文物作证。古代埃及中有一些妇女哺乳孩子的雕像。例如，佩比二世和他的母后安可赫勒斯-麦利勒二世像。佩比二世幼年当政，母后为其共治者或摄政王。此雕像就表现了这样一个情况。还有哺乳的妇女石瓶，哺乳的妇女青铜像，哺乳的妇女石灰石雕像出处不清，属新王国第 18 王朝的

① ［古希腊］希罗多德：《历史》上册，王以铸译，第 123 页。

② ［古希腊］戴奥多罗斯：《历史集成》第 1 卷，27，2。

图 13.11 哺乳的妇女石瓶。巴黎卢浮宫博物馆藏

图 13.12 哺乳的妇女青铜像。纽约布鲁克林博物馆藏

图 13.13 哺乳的妇女石灰石雕像。纽约布鲁克林博物馆藏

阿蒙霍特普三世统治时期，现藏布鲁克林博物馆。不管这座雕像是出自一位妇女的墓里还是出自她和自己的丈夫共有的墓里，这座雕像表现的一位女性正在哺乳的神态是很自然而真实的。

非王室成员的婚姻，特别是普通人的婚姻一般来说比王室婚姻和贵族官僚富人的婚姻要稳固得多，因为没有那么多的争权夺利。

从古王国时期起，在有关家庭的组雕中，就有不少表现夫妻恩爱的作品，她们同自己的丈夫平起平坐，相互用一只手搂着对方。这也许是古代埃及女性有较高社会地位的一种反映。

例如，第 5 王朝时期的阿克夫妇并肩而坐的石像，高 49 厘米，出自萨卡拉，属古王国第 5 王朝时期，现藏开罗埃及博物馆。这是已经形成了艺术规范而雕刻成的埋葬雕像，无论是坐姿、肤色、服饰等都是如此。夫妻二人均头戴假发，丈夫脖子上有宽的项圈，上身赤裸，皮肤呈暗红色，下穿短裙，赤足，双手放于膝盖上。妻子身穿白色连衣裙，赤足，右手揽住丈夫的腰，左手放在膝盖上，表现了一种夫妻恩爱的和睦气氛。雕像基本保持完整，但有着色脱落的现象。在他们的脚边有他们的名字，妻子名叫霍特普-黑尔-诺芙勒特(Hetep-her-Nofret)。他们的眼睛都没有镶嵌东西。

书吏拉赫尔卡夫妇比肩而立的石像，着色石灰石，出处不明，属第 4 王朝至第 5 王朝时期，现藏卢浮宫博物馆。夫妇二人并肩而立，妻子用左手扶着丈夫。丈夫头戴假发，上身赤裸，皮肤呈深红色，下穿有褶皱的亚麻布短裙，用腰带系住，腰带在前面打了一根结。他采取前进姿势，左脚往前踏出半步，双手自然下垂，两只手里各握着一根短木棍。妻子头戴中分假发，上身似乎未穿衣服，肤色较浅，下穿白色亚麻布长裙，长及脚跟，这应当说明当时埃及的妇女有较高的社会地位。

图 13.14　拉赫尔卡夫妇像。巴黎卢浮宫博物馆藏

图 13.14　拉赫尔卡夫妇像。巴黎卢浮宫博物馆藏

祭司塞尼布和自己的妻子并肩而坐的石像，着色石灰石，高 33 厘米，属第 5 王朝晚期至第 6 王朝早期，于 1926—1927 年容克尔发现于塞尼布在吉萨的墓里，现藏开罗埃及博物馆。塞尼布是一个埋葬祭司，这个组雕是反映塞尼布家庭关系的。有人说，雕刻家在安排这组像时颇费了一番心思。因为塞尼布是个侏儒，而他的妻子则是个健全而颇为漂亮的女人，如何把他们安排在一组雕像里而又不损害塞尼布的形象呢？雕刻家把塞尼布安排

图 13.15　塞尼布夫妇像。开罗埃及博物馆藏

成双腿盘坐在石凳上，他双腿的前方，安排了他的2个孩子站在那里。他的妻子与他一起坐在石凳之上，但双脚落地，用右手从后面搂住塞尼布的右肩。这样从表面上看至少是和谐了，而且还出现了一幅一家人共享天伦之乐的情景。这件作品因其构图的新颖设计而非常著名。也说明他们夫妻之间是平等的，不过人们也许会说，可能是因为男人是一个侏儒，所以雕刻成了这样。

彭麦努的家庭组雕，着色石灰石，出自吉萨2197号墓，属古王国第5王朝时期，现藏波士顿博物馆。3个大人，2个小孩。彭麦努站在中间，他的妻子站在他的左手边，用右手放在她的肩上，表现了夫妻亲密的关系。在彭麦努的墓里还有表现彭麦努3个年龄段的雕像(也可能是表现他担任不同官职的雕像)。

图13.16　彭麦努的家庭组雕。波士顿博物馆藏

涅弗（Nefu）和他的妻子克亨麦特-舍菊（Khenmet-Setju）的家庭组雕，花岗岩，出自吉萨 7946 号墓，属古王国第 5 王朝时期，现藏波士顿博物馆。涅弗是一个宝库监督。他的妻子拥抱着他，非常恩爱。这说明在古代埃及人的家庭关系中，男女的关系有平等的一个方面。这可能是一对年轻的夫妇，还没有孩子，至少在此雕像中没有反映出来。

图 13.17　涅弗夫妇像。波士顿博物馆藏

现藏都灵埃及博物馆的一幅浮雕中，丈夫和妻子各自抱着一个孩子，表明了在家庭中夫妻之间的和睦关系。

另外一幅浮雕也是收藏在都灵埃及博物馆，在这幅浮雕中，丈夫抱着孩子，而妻子是空着手的。

图 13.18　夫妻各抱一个孩子。都灵埃及博物馆藏

图 13.19　抱着孩子的丈夫。都灵埃及博物馆藏

但有的资料反映的情况又是与此矛盾的。例如，从很多雕像可以看出，妻子不论采取何种姿势，总是比自己的丈夫矮小，或是丈夫坐着，而妻子则是站着，甚至是跪着。有人指出，古代埃及留下的墓葬都是男人的，即

都是丈夫的，而没有妻子的，墓里的浮雕和绘画也反映出，女性实际上是处于附属地位，说明女性在家庭中的地位不高。例如，在下面这个尼库拉的组雕中，尼库拉的妻子不是与她的丈夫并肩而坐，而是跪在丈夫的脚边。此雕像是用石灰石雕刻而成，出自萨卡拉墓地中一个小的、未曾装饰的马斯塔巴墓，1952 年被美国大都会艺术博物馆收藏。尼库拉是第 5 王朝晚期的人，其官衔是谷仓管理人。从雕像上看，他是坐在一个石墩子上，头戴假发，上身赤裸，下穿短裙。他的妻子名叫涅布库(Nebku)，跪在他的左脚边，他的女儿名叫尼库涅布提(Nykunebty)，可能年龄还小，所以赤裸着身体站在他的右脚边。

图 13.20　尼库拉家庭组雕。纽约大都会艺术博物馆藏

再如下面这座出自萨卡拉的雕像，属第 5 王朝时期，现藏德国柏林博物馆。丈夫坐在凳子上，他头戴假发，上身赤裸，下穿短裙，双手放在膝盖上。他的妻子头戴中分假发，上身赤裸，下穿白色亚麻长裙，却是跪在他的右边，用左手搂住丈夫的小腿。儿子(头已经毁坏了)站在他的左边，全身赤裸。从这个组雕可以看出，在这个家庭中妻子和丈夫的地位不是平等的，妻子不是和丈夫相亲相爱地坐在一起，也不是和丈夫一起站着，甚至不是丈夫坐着，妻子站着，而是妻子跪在丈夫的旁边。可能正是由于丈夫是一位大官，地位很高，或者丈夫的大男子主义太严重等原因，使得在墓里的组雕中出现了如此不平等的夫妻关系。

图 13.21　家庭组雕。柏林博物馆藏

我没有见到中王国时期的家庭组雕，因此，关于中王国时期文物中反映的夫妻关系没有什么可说的。

新王国时期的家庭组雕中反映的却都是夫妻平等的。没有见到那时的夫妻关系像古王国时期差距那么大的情况。

例如，新王国第 18 王朝的图特摩斯三世和阿蒙霍特普二世时期的卡米门(Kamimen)家庭组雕(石灰石，现藏巴黎卢浮宫博物馆)中，卡米门夫妇坐在一把宽大的高靠背椅子上，他们的儿子则坐在他们之间靠前一点的一把矮的凳子上。夫妻两人各用一只手揽住对方，以示亲密。

图 13.22　米卡门家庭组雕。巴黎卢浮宫博物馆藏

再如萨蒙特夫妇像(石灰石，现藏巴黎卢浮宫博物馆)，这是一座夫妻双人雕，他们夫妇生活在新王国第18王朝的图特摩斯三世和阿蒙霍特普二世时期。他们均头戴假发，上身赤裸，下穿白色长裙，长裙上有象形文字，那显然是他们的名字。他们坐在一把高靠背椅子上，各用一只手揽住对方，以示亲密，另一只手则放在腿上。

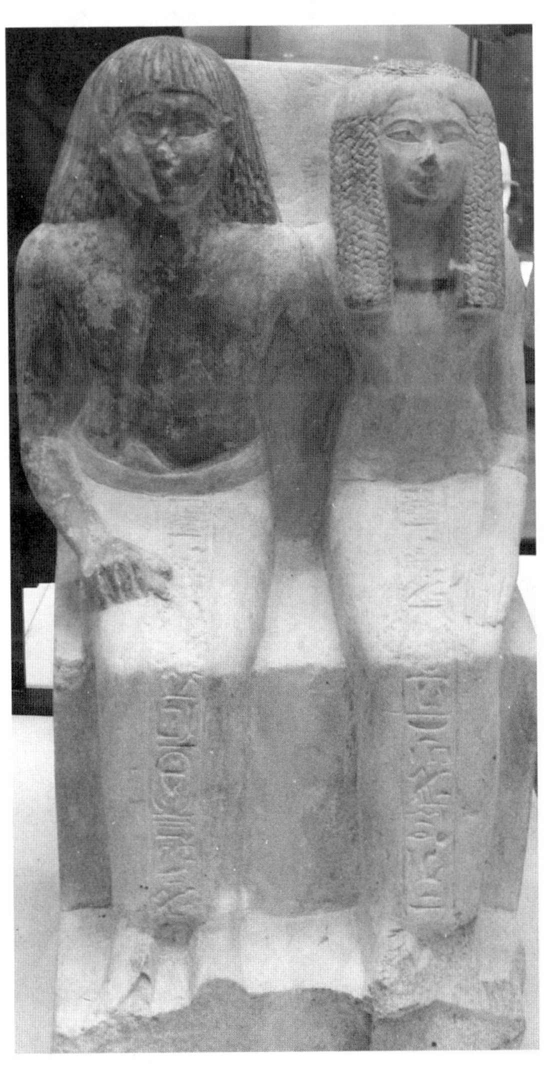

图13.23　萨蒙特夫妇像。巴黎卢浮宫博物馆藏

还有一组着色雕像(石灰石，由 Schiaparelli 发掘于麦迪纳，现藏意大利都灵埃及博物馆，文物编号：C3056)，可能是一座夫妻组雕。他们都头戴假发，身穿白色长裙，长裙上有他们的名字。他们坐在一把高靠背椅子上，各用一只手揽住对方，以示亲密。

图 13.24　家庭组雕。都灵埃及博物馆藏

在新王国时期的家庭组雕中，我们没有见到夫妻不平等的现象。新王国时期的绘画中反映的也是夫妻之间的相对平等，如在梅纳墓里的一幅渔猎图中，梅纳和他的妻子都是站在船上，只是他的妻子稍矮一点而已，只有他们的女儿是蹲在梅纳的两腿之间，这可能是因为画面已经很满，没有

地方可以容纳下她的缘故。

古代埃及普通人一般是一夫一妻制，但也有少数人有 2 位妻子的情况。例如，在底比斯西部的造墓工人村中，据记载，有一个人有 5 位妻子。不过，我们不知道这 5 位妻子是同时的，还是有先后顺序的。普通人，由于经济等原因，不可能是多妻的，只能是一夫一妻的。古代埃及的家庭状况也说明了这个问题，即古代埃及多半是小家庭：丈夫、一位妻子和孩子。文物也说明了这个问题，从古代埃及的组雕看，基本上是一夫一妻的，一夫两妻的很少。

关于古代埃及女性的社会地位，虽然一般说妇女在社会上的地位较高，但从整体上看，女性在婚姻关系中仍然不占主导地位，男子在各方面(包括政治、经济、文化、更不用说军事了)都占主导地位。在婚姻关系上也是如此。有人根据新王国时期的资料指出，在新王国时期的婚姻关系中，夫权制有如下几方面的表现：从考古发掘看，私人墓地大多为男性所有，女性一般没有自己的墓地和祭堂，她们只能葬入为其丈夫准备的坟墓中，墓室中的一切铭文和装饰图案都以男性墓主为主题，在墓里虽然有墓主的妻子的形象，但基本上都与墓主人的事务有关，而很少与妻子自身的有关。在墓室铭文中，墓主人与其妻子所生的孩子一律被称为“他的儿子”或“他的女儿”，而从来不称为“她的儿子”，或“她的女儿”，或“他们的女儿”。不过，妇女也不是绝对没有自己的墓，甚至墓里还有自己的礼拜堂，从考古发掘的资料看，古代埃及也有女性的墓，不仅公主、王后有自己的墓，有些贵族女性也有自己的墓，如在波士顿博物馆展出的文物中，一个名叫萨廷特提(Satinteti)的女性的墓就有小礼拜堂，此墓属萨卡拉地方第 6 王朝国王特提的墓地，在这个小的礼拜堂中假门占据了一面墙。

从古代埃及的文物中我们看到，古代埃及人是希望一家人和睦相处的，许多墓中的浮雕都反映了一家人在一起其乐融融的情景。

图 13.25　妇女萨廷特提墓里的礼拜堂假门。波士顿博物馆藏

阿美涅姆赫特(Amenemhet)的埋葬石碑，着色石灰石，高 30 厘米，宽 50 厘米，1915—1916 年大都会艺术博物馆于阿萨希弗(Aassasif)地方的 TTR4 号墓发现该石碑，属中王国第 11 王朝时期，现藏开罗埃及博物馆。这座石灰石石碑上浮雕的内容像是冥世的一次家庭宴会的情景。在这场宴会上，整个家庭的成员都出现了，他们是墓主人及其妻子、他们的儿子(名叫安特弗，Antef)和儿媳妇(名叫伊庇，Ipi)。父母和儿子坐在一条长凳子

上(凳子的两端有挡板，凳子腿被雕刻成动物的腿形)，父亲和儿子相对而坐，儿子的双腿在这边，父亲的双腿应当在另一边，但我们现在看到的却是父亲的双腿似乎也在这边，这是因为古代埃及人不会透视的缘故，所以，看起来很别扭。儿媳妇站在他们的对面。父亲和儿子似在拥抱，母亲的双手也放在儿子的双肩上，很是亲热。凳子下面有一个篮子，里面装有东西；地上有 2 个装香料的容器，桌子上堆满了食物(肉、蔬菜等)。石碑上的铭文为祈祷奥西里斯供给墓主人及其妻子以食物。

图 13.26　阿美涅姆赫特的埋葬石碑。开罗埃及博物馆藏

但是，在古代埃及的文献中我们也可以看到夫妻不和的现象，如古代埃及的一个故事《昂普、瓦塔两兄弟》。故事说，从前，一家有两兄弟，哥哥叫昂普、兄弟叫瓦塔。哥哥昂普娶有一妻，此妇人不守妇道，要勾引弟弟瓦塔，被弟弟拒绝，妇人恼羞成怒，便恶人先告状，对丈夫说瓦塔勾引她，使兄弟两反目，她还要丈夫杀死弟弟。瓦塔向兄长说明了真相，后兄弟两分开了，瓦塔离开哥哥后住到了一个叫作松树谷的地方。当时埃及的九神为瓦塔造了一个女人，作为他的妻子。但此女被国王见到了，并让她

成为自己的王后，此女命人砍倒了瓦塔灵魂所在的那棵松树，从而使瓦塔死了。但后来他的哥哥昂普又把他复活了，瓦塔复活后看到自己的妻子成了王后，十分气愤，王后又要杀害瓦塔……这个故事说明，即使是普通人的婚姻，也可能现出因为妻子红杏出墙而破裂的情况。

所以，古代埃及人也有女人是祸水的观念，古王国时期的《普塔霍特普的教谕》中就说："不论走到哪里，千万不要接近女人！接近女人是多么不幸，打扰女人又是多么不受欢迎。成千的男人丧失了美德：片刻间宛若梦幻，死神就将降临，只因他认识了女人。"①这篇教谕写成于第 6 王朝后半期，在《昂普、瓦塔两兄弟》中，说到哥哥昂普的妻子想勾引弟弟瓦塔，但弟弟不上当，结果嫂子反污蔑瓦塔，使两兄弟反目，这也是说坏事都是缘于女人的过错。

从古代埃及的教谕文学的内容看，当时，父亲对子女不仅有养育的义务，而且有教育子女的责任，他们教育子女如何做人和做事，如何待人接物，也教育子女要孝顺父母。例如，新王国时期的《阿尼的教谕》中就说："对母亲赐予你的食物你要加倍奉还，赡养她就像她养育你一样；你给她带来了沉重的负担，但她并未抛弃你。当你经过几个月的孕育而降生后，她仍然被你所束缚，她以乳汁喂养你三年。当你稍稍长大，粪便令人作呕，但她并不厌烦，说：'我能做什么?'当她送你上学后，你便开始学习书写，她整天看护你，在房子里存有面包和啤酒。当你成为一位青年时便娶上妻子，她为你安顿好住所；要照顾好你的后代，像你妈妈抚养你一样，使他长大成人。不要让他有理由责备你，免得她对着神举起双手，让神听到她的哭泣。"②

① 于殿利：《世界古代前期文学史》，第 130 页。

② 于殿利：《世界古代前期文学史》，第 146～147 页。

# 第二节　古代埃及人的风俗习惯

## 一、文物中反映的古代埃及人的墓葬习惯

世界各国各民族有不同的风俗习惯，在丧葬形式方面也是如此，如有的是土葬，有的则是火葬，还有的是水葬等。

古代埃及人的丧葬习惯有和别的民族相同的地方，也有不相同的地方。

古代埃及人实行墓葬，而且十分重视修坟造墓，这和他们对人生的看法有关。他们认为，人的现世是短暂的，死后的生活才是长久的。他们有灵魂转世的观念，认为人死是人的灵魂和肉体的暂时分离，只要有条件，人死后可以复活。并且，死后的生活和现世没有什么区别，因此，一般人并不怎么重视修建住房，但却十分重视修坟造墓。他们把它当作死后永久的居所。古王国时期的一位王子哈尔德杰德夫对其子的教训中就说："在墓地修好你的居所，使你在西方(即尼罗河西岸，古代埃及人认为尼罗河东岸是人居住的地方，而西岸则是死人埋葬、居住和生活的地方)的居所富有价值。假如死亡侵袭我们，倘若生命刺伤我们，死亡之屋可以用来生活。为自己寻找水源充足的田地……在你的田地中为祭司选择一块，保证其每年都得到良好的灌溉。他甚至比你的儿子更能使你受益，你要喜欢他甚至胜过你的子嗣。"①

古代埃及人的坟墓从前王朝到新王国经历了多种变化，大致经过了这样几个发展阶段：最早的墓很简单，只是在地上挖一个坑，将尸体用芦苇席包裹起来就埋掉了，后来，在前王朝时期晚期，即格尔塞时期，国王或贵族的墓开始用砖坯砌起来并在墓墙上画上画，这就是在希拉康波里发现

---

① 于殿利：《世界古代前期文学史》，第124页。

的画墓。到早王朝时期，国王和贵族的墓称为马斯塔巴，这种墓可以是上下两层，每一层可以有许多房间，其中，除了存放尸体(包括墓主人的尸体和陪葬者的尸体)以外，其他的房间则是为墓主人准备的各种物品，包括吃的，穿的、用的。这种房间多者达一两百间。早王朝时期的一个国王的墓里甚至还有一个地产的模型，这说明他们仍然希望在死后还能享用自己地产上的产品或剥削奴隶和劳动者。到古王国时期，国王开始建造金字塔作为自己的坟墓，而贵族则仍然用马斯塔巴作为坟墓。到新王国时期，国王不再建造金字塔，而是在底比斯西部的国王谷开凿岩墓，一些地方贵族早在中王国时期就已经开始开凿岩墓(如埃及中部的贝尼哈桑地方就有不少中王国时期的贵族墓)，一些贵族也是如此(当然不是在国王谷，而是在其他地方，如在底比斯西部的库尔纳就有许多新王国时期的官僚贵族的岩墓)。但在新王国时期，在民间，特别是一些贵族、富人和高官中，用金字塔形装饰品作为坟墓中的一种装饰的现象却延续了很长时间，如一个名叫滕涅尔努特(Tennernut)的人的墓里安放的金字塔形装饰品：石灰石材质，属新王国第19王朝时期，现藏波士顿博物馆，三角形石碑上雕刻了墓主人在向奥西里斯、伊西斯和哈托尔顶礼膜拜的情景。

埃及人修建坟墓，放置那么多的物品让死者享用，但有一个前提条件，那就是人要复活，复活必须有一个载体，那就是肉体。但肉体在人死后很快就会腐烂，怎么办呢？于是人们想出了一个办法，那就是制作木乃伊，所以，古代埃及人制作木乃伊乃是为了给灵魂有一个可以依附的载体。但如果木乃伊也腐烂了又怎么办呢？埃及人想出了一个可以替代的办法，那就是制作一座雕像放在墓里，一旦木乃伊腐烂了，灵魂还可以依附于雕像上，从而可以复活。所以，在古代埃及人的墓里一般都有安置雕像(可以是木质的，也可以是石质的)的习惯，其目的就是为灵魂的复活找一个载体。这在其他各地是没有的。

雕像可以是石头的，也可以是木头的，如卡艾门森努(Kaemsenu)的木

图 13.27　滕涅尔努特墓里的金字塔形装饰品。

波士顿博物馆藏

雕像，出自他位于萨卡拉的墓里，属古王国第 5 王朝的纽塞拉统治时期，现藏大都会艺术博物馆。

雕像可以是死者个人的，也可以是死者及其妻子和孩子，如拉霍特普和他妻子的雕像，以及涅库勒及其家庭成员的雕像等。这些雕像都是从他们的墓里发现的。在个别贵族的墓里，还放置有埋葬祭司的雕像，如呈跪姿的卡艾姆克德(Kaemked)的雕像，出自萨卡拉地方的乌里尔尼(Urirni)的墓里，属古王国第 5 王朝时期，现藏开罗埃及博物馆。此人是乌里尔尼的一位埋葬祭司，乌里尔尼是王子和宝库长，卡艾姆克德的这个雕像是和乌里尔尼许多仆人的雕像一起被发现。

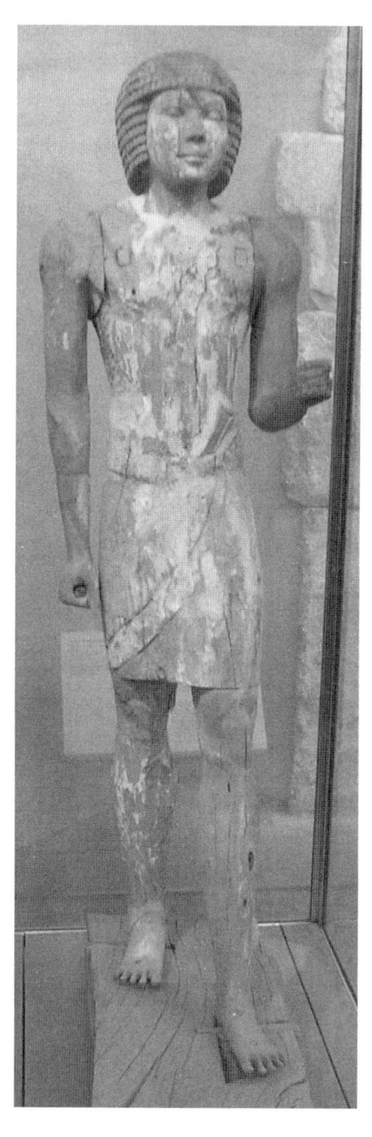

图 13.28 卡艾门森努木雕像。纽约大都会艺术博物馆藏

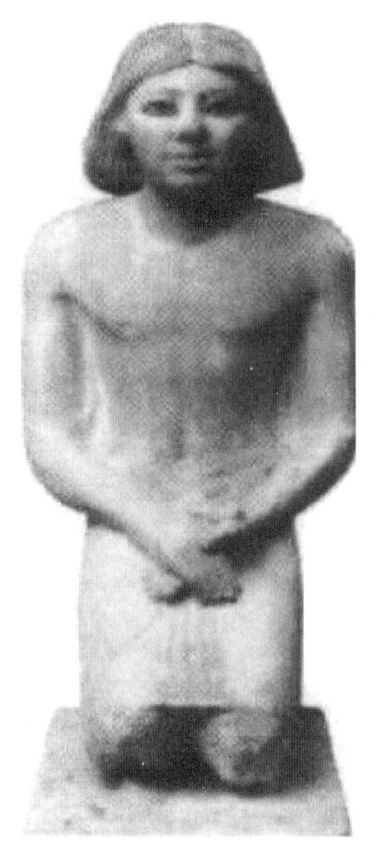

图 13.29　卡艾姆克德像。开罗埃及博物馆藏

墓主人的这些雕像放置在什么地方呢？一般来说都是放置在假门与祭桌之间的。因为埃及人认为，复活的人也需要吃喝，于是埃及人想出了在墓里放置大量的陪葬品，贡献祭品的办法。而贡献祭品的办法有 2 个：一个是在人死前和祭司签订一份协议，协议规定在人死后由祭司提供祭祀的东西，死者要给祭司一份财产(主要是土地)，祭司得到这份土地以后，就有提供包括为死者进行祭祀的义务。另一个办法是在死者的墓里放置一张献祭桌，上面放上祭品，或雕刻一些祭品的浮雕。祭桌的形式多种多样，如第 12 或第 13 王朝时期的一个名叫阿美涅姆赫特的人的献祭桌，黑色花岗岩，现藏大英博物馆，这张献祭桌表面雕刻了食物和饮料的图案。再

图 13.30 献祭桌。伦敦大英博物馆藏

如涅菲尔卡(Neferka)的献祭桌：石灰石材质，出自萨卡拉涅菲尔卡墓的，现藏美国布鲁克林博物馆。献祭桌上雕刻了给死者的食品。还有一张片麻

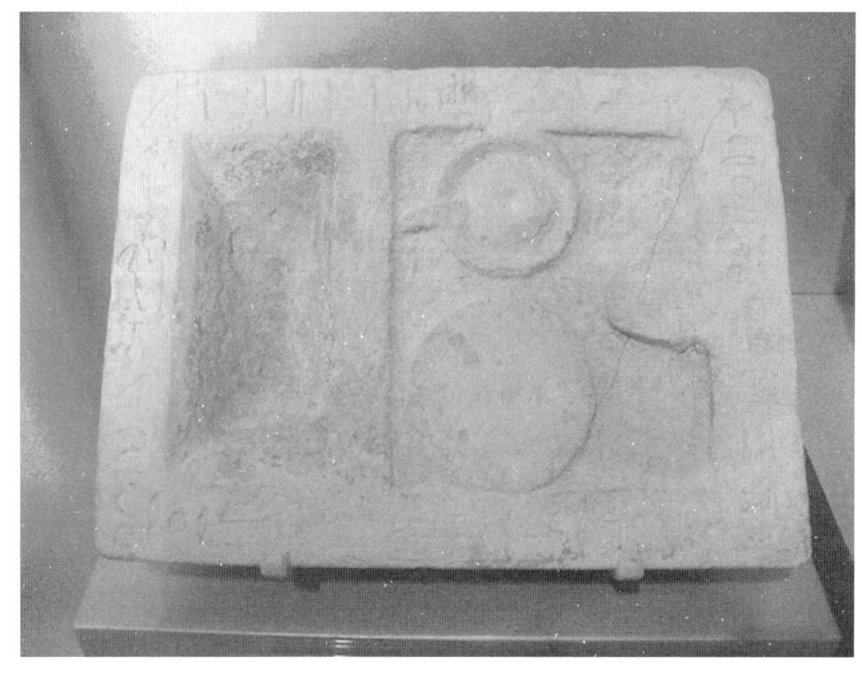

图 13.31 涅菲尔卡的献祭桌。纽约布鲁克林博物馆藏

岩献祭桌，可能出自萨卡拉，属第 2 王朝(?)时期，现藏布鲁克林博物馆，这张献祭桌是我们见到的最早的一张，和后来的献祭桌完全不一样。它完全像一张桌子，和古王国时期一些墓里发现的石板浮雕上看到的，死者坐在一张献祭桌前享受祭品的那种献祭桌差不多：一根柱子上面一个平台，平台上堆满祭品。不过，墓里石板浮雕中的献祭桌基本上都是方形的，而这张是圆形的。这张献祭桌上没有在桌面雕刻什么食品和饮料之类的浮雕。

图 13.32　已知现存早期的献祭桌。纽约布鲁克林博物馆藏

墓里的献祭桌放在什么地方？从考古发掘的资料我们知道，它是放在墓里的一个假门前面的，如叶赫门-涅弗勒特(Uehem-neferet)的假门(false-door)：石灰石，1903 年 Schiqpqrelli 发掘，属第 4 王朝时期，现藏意大利都灵埃及博物馆。叶赫门-涅菲勒特是古王国第 4 王朝的开国之君斯涅弗鲁的一位公主，这件文物是在她位于吉萨的一座马斯塔巴墓里发现的。不过，她的假门没有那么复杂，没有檐板，而且只有一个门楣。此公主假门的浮雕内容，是公主坐在堆满面包等祭品的献祭桌前，在下面一个门楣上的铭文是："他父亲所喜爱的、尊敬她的父亲和母亲的国王的女儿，叶赫门-涅弗勒特。"在假门

两侧的侧柱上雕刻着死者的埋葬祭司。原来假门上涂了一层粉红色的灰泥，现在已经脱落，但仍有痕迹可见。献祭桌在她的假门前被发现。

假门是古代埃及贵族们死后埋葬在墓里的一种设置，是古王国时期埋葬建筑中一种必不可少的内容，也是古王国时期坟墓建筑中的一个特点。它是从早王朝时期马斯塔巴墓入口正面的一种仪式性小神龛发展而来的。它面对西方，代表阴阳两界的交界点(The point of contact between the world of the living and the dead)。古代埃及人相信，死者的灵魂或卡魂可以穿过它来往于墓里和来世，死者还可穿过门槛拿取祭品。假门有用石头做的，也有用木头做的。它形似门，但实际上只有门框，真正的门是被封闭的。

据刘文鹏先生的《埃及考古学》一书介绍，一般的假门的最上方有一个檐板，檐板的下面是门楣，门楣一共有 3 个，在第 2 个和第 3 个门楣中间有一个嵌板，在第 3 个门楣下面是一个圆柱形壁，在它下面是一堵墙，在两侧有环形花边、外侧柱、中侧柱和内侧柱。① 而在那一堵墙的前面站着死者的雕像，在雕像前或者说在假门前有一张献祭桌或献祭台，上面摆放供给死者的祭品或在献祭桌上雕刻出祭品。整个场景就像是死者随时都可抬步前来拿取祭品一样。后来，古王国时期的假门到中王国时期及以后，被矩形的或上圆下方的石碑所取代，即后来的石碑是从古王国时期的假门发展而来的。在古王国时期贵族的墓里，这种假门和假门前的献祭桌是必不可少的。

但是，埃及人特别是贵族还不满足，在他们的墓里还有一块木板或石板，上面雕刻了死者坐在一张献祭桌前，祭桌上放满了面包、牛腿等祭品，另外还有酒等饮料这样一些浮雕，如胡夫的一个公主墓里的石板浮雕：石灰石材质，出自吉萨，属古王国第 4 王朝胡夫统治时期，现藏巴黎卢浮宫博物馆。从石板上的象形文字看，祭品包括面包、牛腿和禽类，非常丰盛，显示了王室家族的气派。

---

① 刘文鹏：《埃及考古学》，第 129 页。

图 13.33　胡夫的一个公主墓里的石板浮雕。巴黎卢浮宫博物馆藏

除此之外，古代埃及人还在墓里把死者生前所享受的一切用浮雕的形式雕刻在墓墙上面或画在墓墙上面。例如，我们在古王国第 5 王朝时期的贵族提伊墓里的浮雕和新王国时期的梅纳墓里的绘画中所看到的那样：农民在生产（耕地、播种、收割，用牲口从地里运载粮食到场上，脱粒、簸扬，收进谷仓等一系列过程）、狩猎、捕鱼、捕鸟等，贵族视察自己的农庄，地产中的农民把产品交给贵族，地产中的手工业，包括冶炼金属，制作雕像，制作面包、啤酒，采摘葡萄和酿造葡萄酒，酿造啤酒，等等。

在一些大官或贵族的墓里，还修建了礼拜堂，如妇女萨廷特提（Satinteti）的墓里的礼拜堂。

此外，古代埃及人的墓里还放置有墓碑，有学者认为，墓碑是从假门发展来的，即以后没有了假门，便放置一块墓碑。这种说法是否正确，如果对的话，那么第 1 王朝时期的捷特的名字碑是否是墓碑的一种？如果是墓碑的一种，那么上述说法就值得怀疑了。如果不是，那算什么？有学者认为，墓碑的出现大概是在中王国时期，至少是在中王国时期才大量流行的。也有人认为墓碑是在古王国时期出现的。[①]

墓碑的形式有 3 种：矩形(长方形)、上圆下方形和所谓的 V 字形。

长方形的墓碑，如伊提的墓碑石灰石，出自格别陵，属中王国第 11 王朝时期，现藏大英博物馆(文物编号：EA586)。石碑高 75 厘米，宽 47 厘米(?)，不是上圆下方的那种石碑。石碑上面部分为铭文，下面有两栏浮雕。上面一栏浮雕的内容是，墓主人和他的妻子坐在椅子上，他们的前面

图 13.34　伊提的墓碑。伦敦大英博物馆藏

① ［美］劳伦斯·高文：《大英视觉艺术百科全书》第 1 卷，第 42 页。

是一张堆满祭品(瓜果菜蔬等)的桌子，在他们对面站着 2 个男人，可能是他们的儿子，也可能其中一个是儿子，另一个是祭司。他们手提禽鸟，供奉给墓主人。下面一栏浮雕的内容是，墓主人手拿权杖站在那里，在他的对面是 2 个女人，可能是他的妻子和女儿，她们一手拿着鲜花(莲花)，一手提着禽鸟，显然也是奉献给墓主人的祭品。

上圆下方形的墓碑，如勒尼森涅布(Reniseneb)和他的家庭石碑，着色石灰石，可能出自阿卑多斯，属中王国时期晚期，现藏阿什莫林博物馆。

图 13.35　勒尼森涅布的家庭石碑。牛津阿什莫林博物馆藏

墓碑上的浮雕一共有4栏，最上面一栏表现的是传令官勒德叶桑克赫(Redeyesankh)从他儿子勒尼森涅布手中接受献祭的食物，当时，一个诺姆的书吏涅菲尔门特提(Neferimentet)坐在右边。下面几栏表现的是这个家庭的各个成员，包括勒尼森涅布的妻子、母亲和祖母。

墓碑上的浮雕大概分为两部分，即人物活动和铭文。人物活动主要是墓主人享用祭品、祭拜神灵及和家人团聚，铭文的内容多半是祈求能得到祭品等。墓碑上的浮雕一般都是着色的，有的还很鲜艳。

所谓的V字形墓碑很少，如图13.36中的石碑，着色石灰石，高56厘米，大约属中王国时期晚期，1889年从卢克索购得，现藏开罗埃及博物馆。从形式上看，它们类似于神龛，但神龛是摆放人像的，而V字形石碑不放雕像，只有浮雕和铭文。在古王国时期及之前未曾见过这种石碑，只见过神龛。在中王国时期及以后才见到这种石碑。这种石碑上的铭文和图像分3层：最上面一层是象形文字铭文，共3行，是用黑墨水写在黄色底子上的，其内容是献祭给奥西里斯神的献祭公式。中间一层画的是墓主人及其妻子。墓主人右手持一件权标类的东西，左手持一根长棍。妻子站在丈夫身后，但不在同一水平上，而且与丈夫相比矮了许多。画面上满是祭品，最下面一栏是放在桌子上的4个罐子。

在这3种墓碑中以上圆下方形的墓碑最多和最典型。

古代埃及人在死后不实行火化，而是进行埋葬，其典型的形式是在将尸体制作成木乃伊以后，放入棺材中埋葬。如果不算国王(如图坦卡蒙)的金棺，古代埃及人的棺材有木棺和石棺两种，古代埃及留下很多的木棺和石棺，人们在参观欧美一些大型博物馆时都能够看到。棺材的形状有长方形、椭圆形和人形3种，以长方形和人形最多。

例如，胡夫之子维西尔杜阿-恩-拉(Dua-en-Re)的石棺花岗岩，1838—1839年发现于吉萨地方杜阿-恩-拉的马斯塔巴墓，属古王国第4王朝时期。该石棺呈矩形，无铭刻，用独石制作而成。此人是胡夫的王子，曾在孟考

图 13.36　V 字形墓碑。开罗埃及博物馆藏

拉统治时期做过维西尔。这是我们见到的最早的石棺。石棺当然是最坚固的，所以古代埃及的王室成员和贵族都常用石棺。有的人甚至有几个石棺（如新王国时期的女王哈特舍普苏特就有至少 3 个石棺）。此石棺略有残损，但基本保存完好。大概是为了把棺盖揭开或盖上，所以在棺盖的 2 个窄边留了 2 个凸饰，以方便移动。

图 13.37　胡夫之子的石棺。都灵埃及博物馆藏

再如哈特舍普苏特的一个石棺：花岗岩，属新王国第 18 王朝时期，现藏开罗埃及博物馆。

还有森穆特的石棺：棕色石英石，出自库尔纳，现藏大都会艺术博物馆。此石棺呈椭圆形，和哈特舍普苏特的石棺不一样。

图 13.38　哈特舍普苏特的石棺。开罗埃及博物馆藏

图 13.39　森穆特的石棺。纽约大都会艺术博物馆藏

王子图特摩斯的雕像和石棺：滑石，属第 18 王朝时期，约公元前 1360 年，现藏德国柏林博物馆。这副棺材很特别，王子雕像平躺在盖子上。实际上，这是一副人形式棺材，但棺材和棺材盖并没有分开，所以，他实际

上是躺在一个平台上(平台像两头狮子，有头和腿、脚等)，在他的胸前有一只张开双翅的鹰，似在保护着他，造型别致。

图 13.40　王子图特摩斯的石棺雕像和石棺。柏林博物馆藏

图 13.41　舍塔伊的人形棺材盖。伦敦大英博物馆藏

人形的有埃及驻库什的总督舍塔伊的人形棺材盖：花岗岩材质，第 19 王朝时期，现藏大英博物馆。图 13.42 中是一副完整的人形棺材，现藏大英博物馆。长方形木质棺材，如图 13.44 所示，属新王国时期，现藏大英博物馆。

图 13.42　一副完整的人形棺材。伦敦大英博物馆藏

既然古代埃及人认为人死后的时间会很长，那么，如何保护好尸体就很重要了，所以就有了制作木乃伊的事情。制作木乃伊是很费时费钱的，一般人是制作不起的。好在埃及这个地方天气干燥炎热，穷人死后，把尸体往沙漠里一扔，也可能不会腐烂，皮肤和骨头都会保存完好，这就是干尸。

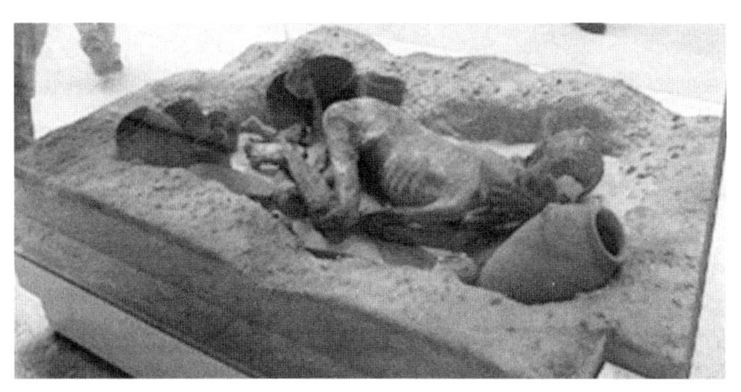

图 13.43　干尸。伦敦大英博物馆藏

古代埃及人制作木乃伊主要是为了使人能够复活。

关于木乃伊的制作方法，在希罗多德的著作《历史》一书中有详细的叙述，他说：

(86)有一些人是专门做这件事情的，他们有这一行的专门的手艺。当一个尸体送到他们那里去的时候，这些人就把涂画得逼真的木制尸体模型拿给送尸体的人们看。他们说，有一种最高明的制作木乃伊的手艺，掌握它的人的名字在谈到这类问题时，我是因禁忌而不能讲出来的。他们提到的第二个办法不如第一个完美，价钱也比较便宜，第三个办法最便宜。他们给人看过这些后，就问尸主他们希望用什么办法处理尸体。尸主和他把价钱谈妥之后就走开，而留在那里的工人们便动手把尸体制成木乃伊。如果他们使用最完美的办法来加工的话，他们首先从鼻孔中用铁钩掏出一部分的脑子并且把一些药料注到脑子里去清洗其他部分。然后，他们用埃西欧匹亚石制成的锐利的石刀，在侧腹上切一个口子，把内脏完全取出来，把腹部弄干净，用椰子酒和捣碎的香料加以冲刷，然后再用捣碎的纯粹没药、桂皮以及乳香以外的其他香料填到里面去，再照原来的样子缝好。这一步做完了之后，这个尸体便在硝石当中放置七十日。超过了这个时间是不许可的。到了七十天过去的时候，他们便洗这个尸体，并把尸体从头到脚用细麻布的绷带包裹起来，外面再涂上通常在埃及代替普通胶水使用的树胶，这之后尸体便以这个样子送回给他的亲属，亲属得到这个尸体，便把它放到特制的人形盒子里去。他们把木盒子关上，便把它保管在墓室里，靠墙直放着。

图 13.44　木棺。伦敦大英博物馆藏

(87)这便是费用最贵的那一种调理尸体的方法。如果人们不愿意化[花]费太多，而选择第二种，即中等办法的话，那末便是这样的：制作木乃伊的人先把注射器装满杉树制造的油，然后把它注射到尸体的腹部去，既不切开尸体，也不掏出脏腑。注射是从肛门进去的，但注射后肛门便被堵上以防流出。然后在规定的日子中间浸在硝石里，而到了规定的日期，他们就叫杉树油再流出来。正是由于杉树油的作用的关系，整个内脏和肠子都被溶化而变成了液体。这时硝石已经分解了肌肉，因而这个尸体剩下的便只有皮和骨了。尸体便这样地归还了死者的亲属，再也不加什么工了。

(88)再穷一些的人是用第三种办法来制作木乃伊的。这种方法就是把腹部用泻剂清洗一下，然后把尸体放到硝石里浸七十日，再把它交回尸体的亲属带回去。①

制作木乃伊时，掏出来的内脏是分别放在几个陶罐或石罐里的。例如，第 18 王朝时期一个名叫卡提-纳克赫特(Katy-nakhte)的臓器罐，出自底比斯，属新王国第 18 王朝时期，现藏大都会艺术博物馆。大概从古王国时期开始，埃及人在制作木乃伊时就将死者的内脏分别放在几个罐子里。一般是 4 个罐子(它们或是陶罐，或是石罐)，罐上面有塞子或盖。每个罐子上面的盖子或塞子分别是荷鲁斯的 4 个儿子的头像。荷鲁斯的 4 个儿子分别叫作伊姆塞提(Imsety)、杜阿穆特(Duamutef)、卡贝赫森奴艾弗(Qebeh-senuef)和哈皮(Hapy)。起初，4 个盖子或塞子都用人头的形状，后来它们采用了不同的形状：分别为人头伊姆塞提、豺狼头杜阿穆特、鹰头卡贝赫森奴艾弗和狒狒头哈皮。之所以用荷鲁斯的 4 个儿子的形状，可能是想借助它们的名气来保护死者的内脏。

木乃伊是放在棺材里的，棺材放在墓里。

图 13.45　卡提-纳克赫特臓器罐。纽约大都会艺术博物馆藏

① ［古希腊］希罗多德：《历史》上册，王以铸译，第 145～146 页。

木乃伊面具大概是在第一中间期才有的，在中王国时期开始流行。

如图 13.46 所示的木乃伊面具：金叶，高 61 厘米，属中王国时期，现藏大英博物馆。这是一个无名女性的木乃伊面具，从别的资料看，此妇女可能叫作萨特杰呼提。面具的头饰为黄金制作成的鹰展开双翅的形状，因此，这肯定是一个王室女性的面具，而且有学者认为，它肯定是一个公主的面具。古代埃及流行给死者的木乃伊上覆盖一个面具，最著名的莫过于图坦卡蒙的那个黄金面具。柏林博物馆藏有一个新王国第 18 王朝时期的阿蒙霍特普三世国王的王后提伊的黄金面具。

图 13.46　木乃伊面具。伦敦大英博物馆藏

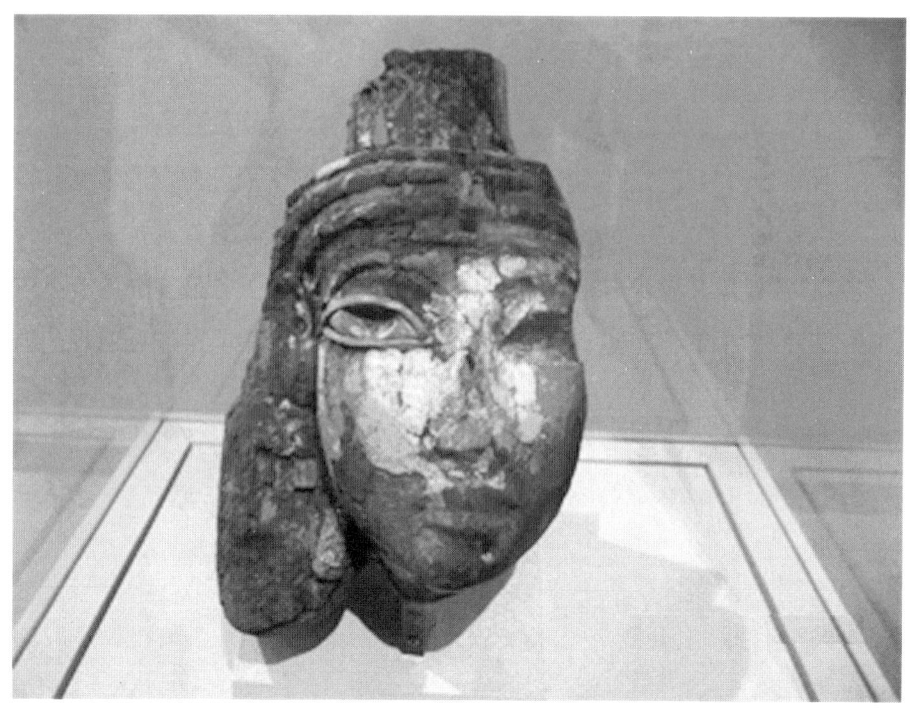

图 13.47　提伊王后的木乃伊面具。柏林博物馆藏

一个人死后，亲属们会很悲痛，在埋葬死者时，会有不少人一面送葬一面哭泣，在埋葬死者时我们在新王国时期第 18 王朝的拉莫斯墓里还看到一幅所谓哭丧妇的画。拉莫斯是第 18 王朝中后期的著名政治家，是阿蒙霍特普三世和四世时期的维西尔。在阿蒙霍特普三世时期，王权同阿蒙神庙祭司集团的矛盾激化，因此，他免去了自己的一个名叫普塔赫摩斯的阿蒙祭司的维西尔的职务，而任命了拉莫斯担任维西尔。后来，阿蒙霍特普四世(埃赫那吞)让他继续担任了这一职务。他的墓在底比斯西部的舍克赫·阿布德·埃勒-库尔纳，墓的规模很大，原来可能有许多的殉葬品，不过现在他的墓里除了一些浮雕和壁画以外，已是空空如也，而且浮雕和壁画也多有残缺。这幅画是该墓里的表现送葬过程的壁画的一部分，是一群妇女在吊丧时号啕大哭的情景：妇女们拥挤在一起，仰天哀号悲痛欲绝。满脸

的泪珠是用排列整齐的点珠来表现的，垂直的长衣是用纤细而颤动的线条来描绘的，强烈地表现出由于哭泣而全身颤动的感觉。这幅画是该墓壁画的一部分，在这幅画的左边，是男人们抬着棺材缓缓行进的情景。有学者说，在这幅画上，已看不到古王国时期人们在死者面前哭泣时带有隆重的仪式感的性质，而是趋向写实，更富于生活气息。墓画表现的应当是拉莫斯去世时的送葬情景。

图 13.48　哭丧妇墓葬画。现存拉莫斯墓

除了上述那些配置以外，古埃及的王公贵族们还会在墓里还放置各种仆人俑和沙瓦布提。在自己的墓里放置自己的雕像，这在中国几乎是没有的，但在埃及却是普遍存在的；在墓里放置陪葬的俑，无论在中国还是在埃及却是共同的。在中国，墓里的俑的品种很多。俑通常表现为一种人像或动物像，是放置在墓里的一种随葬品，是在用人殉葬被逐渐

废止的过程中和被废止后出现的一种替代品。在中国，人们对俑并不陌生，因为中国的考古学家在进行考古发掘时常常会在墓里发现俑。在中国，俑也叫偶人。《礼记》记载，偶人被称为“刍灵”，最初是一种用茅草扎的人或马。后来则用不像茅草那样容易腐烂的物质制作。在中国，最早的俑发现于商代。在古代埃及，俑出现的时间更早，现在知道的最早的俑是在古王国的第 4 王朝时期(大约公元前 27 世纪末至公元前 25 世纪初)。古代埃及有多少种类型的俑，没有人进行过精确的统计，不过我们也见到有多种俑(如从事各种劳动的仆役俑和奴婢俑、士兵俑、歌舞伎俑等)。我们现在见到的古代埃及的俑大多是用石头和木料制作的。俑作为一种随葬品反映了当时人们的丧葬观念。古代埃及人认为，死亡不过是人的灵魂与人的肉体的暂时分离，只要人的尸体不腐烂，灵魂与肉体终将重新结合，只是他们不会再生活在现实世界，而只能生活在奥西里斯的冥世里。这些人虽然生活在冥世里，但却可像在现世时一样，享受他们生前所享受的一切。他们把坟墓看作是人死后的永久居所，所以在墓里会放置各种生活用品(包括吃的、穿的和用的)，供死者享用，还放置各种仆人俑，为他们服务，就像他们生前有各种仆人替他们服务一样。早王朝时期，王室和贵族常常使用人殉，古王国时期，一般已放弃了人殉，而采用了在墓里放置各种仆人俑的形式，以供他们死后驱使，为他们服务。他们还在墓壁上雕刻或画上各种他们生前拥有的，或希望拥有的一切，希望通过魔法使这一切变成现实。

古代埃及的俑有 2 种形式：一种是人形；另一种呈木乃伊形，全身被包裹了起来，这种俑叫作沙瓦布提(Shawabty)。

古王国时期留下了不少劳动者的雕像，如酿酒的女子、碾麦的女子，此外，还有屠夫、陶工、锄地的农民、烤鸭的仆人、磨麦的仆人等，这些都是陪葬用的奴仆的小雕像。一些显贵在自己的马斯塔巴墓里放置这种仆人雕像的目的是供他们在死后驱使。有学者说，这些雕像与正统的国王、贵族的雕像不同，由于他们社会地位低下，因此他们的雕像就不受传统程式的束缚，在人物动态的处理上就比较自由，表现也比较大胆。例如，酿酒的女子这个雕像，生动地表现了一个酿酒妇女的形象：赤裸的上身，粗壮的胳膊，丰满的乳房，显示出健康结实的体格，她正在揉和瓮中的麦团，眼睛看着前方。雕像结构紧凑，色彩明快，人物和陶瓮几乎融合成一个整体。古代的埃及人很早就知道酿酒的方法了(葡萄酒和啤酒)，他们在加了水的大缸中揉搓，使食物发酵成酒，这尊雕像反映的就是这样一个酿造过程。这类雕像就是中国人所说的“俑”。

图 13.49 酿酒的女子。开罗埃及博物馆藏

再如中王国时期的侍女俑，大都会艺术博物馆收藏，高 44 英寸(约合 112 厘米)，她头顶一个木筐，里面盛有向墓主人进贡的物品，右手提着一只鸭子，似乎正应召走来。雕像袒肩的紧身长衣上有网状图案，中部饰有翎毛状图案，五彩斑斓，层次清晰，下摆处在灰黑色的底子上又饰以竖线条纹，使整个服饰显得美观大方，人物显出苗条轻盈的体态，手腕、脖子和脚上都戴有装饰品，全身涂以白色，再在白漆上敷以彩色。雕像颜色艳丽，图案精致，人物体态十分优美。和那些国王和贵族们的雕像相比，这些侍女的雕像要自然得多。

图 13.50　侍女俑。纽约大都会艺术博物馆藏

还有肩扛罐子的矮人：雪花石膏石，高近 20 厘米，据说是出自阿马尔那，属新王国第 18 王朝晚期，现藏大都会艺术博物馆。矮人双手扶着一个扛在左肩上的石瓶，光头，上身赤裸，下穿有褶子的短裙，赤足。从雕像看，此人下肢似乎特别短而粗壮。由于他的左肩上有一个大的罐子，因此，他的头便自然而然地向右偏斜。雕像造型准确，雕刻细腻。此石罐大概是盛化妆用品的。

图 13.51　肩扛罐子的矮人。纽约大都会艺术博物馆藏

除了这些单个的仆人俑以外，还有集体的，如在中王国时期的士兵俑努比亚雇佣兵(弓箭手)：着色木雕群像，高 55 厘米，宽 72 厘米，长 190.2 厘米，出自阿西尤特地方的麦舍赫提(Mesehti，麦舍赫提是上埃及第 13 诺姆的诺马尔赫)的墓里，属中王国第 11 王朝时期，现藏开罗埃及博物馆。在中王国时期的墓中还流行一种小型的木制雕刻，是一些表现正在劳动的仆人、士兵等成组的模型。这些努比亚黑人士兵排成 4 列纵队，每列 10 人，他们呈团队前进姿势，每个人都左手握弓，右手拿箭。

因为是雕刻仆人，所以在很多情况下工匠也会很随意，不会很用心地去雕刻，在人体比例上也就不会很在意，因而有的劳动者的雕像很好，有的却很粗糙。

古代埃及的另一种俑，即沙瓦布提，这种俑出现的时间较晚，大概在中王国时期才出现。

沙瓦布提，或乌沙布提(Ushabty)、沙布提(Shabty)，是古代埃及人放在墓里陪伴死者，并代替死者去劳动的一种人像或俑，其形状类似木乃伊，除头部和双手外，几乎全身都被包裹着。

沙瓦布提可能是从古王国时期的埋葬雕像发展而来的。“沙瓦布提”一词的来源尚不清楚，在后期埃及，它在一般意义上和作用上是“回答的人”，因为在死者的墓里放置这种雕像(沙瓦布提)的目的，是要它们代替死者、墓主人完成墓主人应当完成的职责。这种职责在一些沙瓦布提上的铭文里写得很清楚：“啊，沙瓦布提，如果死者的名字被召唤，要死者去做死者的王国里应当做的劳动，如耕田，灌溉土地，或将沙子从东方运到西方去的话，你应当说‘我在这儿，我会去做。’”这些铭文出自《死者之书》第 6 章。据说，铭文的这种内容第一次出现大概是在中王国第 12 王朝时期。新王国时期，有时在沙瓦布提的手上还拿着锄和筐，显然这是从事劳动的工具。

原来，在墓里只有一个沙瓦布提，到新王国时期，墓里的沙瓦布提的数量大大增加。图坦卡蒙墓里的沙瓦布提达到365个，此外还有起监督作用的36个沙瓦布提，即沙瓦布提监督，这样，在墓里的沙瓦布提数量就达到401个。而在第19王朝时期的谢提一世国王的墓里竟有700多个。沙瓦布提监督是什么时候出现的？有人说是在第三中间期，但实际上新王国时期在图坦卡蒙的墓里就有了。沙瓦布提监督的手里往往拿着鞭子，这大概是沙瓦布提监督的标志吧。由于沙瓦布提数量的增加，于是出现了将这些沙瓦布提装在箱子里的情况。

沙瓦布提在墓里放置的位置一般是在死者和仆人之间。大多数沙瓦布提上有文字，但也有少数上面没有文字。文字可能是写的，也可能是刻的。

制作沙瓦布提的材料很多，如木料、石材(滑石、石灰石、蛇纹石等)、玻璃、黏土、蜡、青铜和faience等，而最普通的材料是faience。在墓里放置沙瓦布提的时间大概从中王国时期起一直延续到托勒密王朝时期。

沙瓦布提与俑的相同与不同之处，在古代埃及王室贵胄的墓里除了放置沙瓦布提以外，还放置有各种仆人俑，目的是为墓主人制作面包，酿酒以及伺候墓主人等，从事服侍墓主人的家务劳动。这些仆人俑在外形上与沙瓦布提完全不同，它们保持着自然人的形态，从事各种劳动，而沙瓦布提则都是木乃伊的形态，全身被包裹着，双手交叉于胸前。在作用上也不同。仆人俑是伺候墓主人生活起居的，主要是从事各种家务劳动的，而沙瓦布提则是代替墓主人去从事诸如耕田等劳动的，是被召唤者。列举如下几例。

仁森涅布(Renseneb)的沙瓦布提：仁森涅布的沙瓦布提由方解石制作而成。他头戴假发，下巴上有假须，双手露出在外，交叉于胸前，左手拿着象征生命的符号，右手拿的是什么不清楚，包裹着的下半身的布料上有蓝色的象形文字(是《死者之书》第6章中有关召唤死者去从事劳动的内容)。

雅赫摩斯一世的沙瓦布提：石灰石，高30厘米，出处不详，属新王国第18王朝时期，现藏大英博物馆。

图 13.52　仁森涅布的沙瓦布提。

伦敦大英博物馆藏

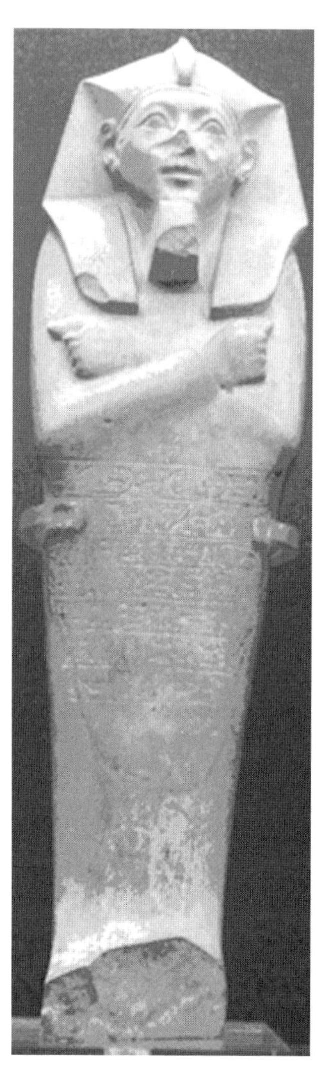

图 13.53　雅赫摩斯一世的沙瓦布提。

伦敦大英博物馆藏

除了单个的沙瓦布提以外，还有双沙瓦布提，如在大都会艺术博物馆收藏有一个王家建筑师本尼-麦利耶特(Beny-Meryet)及其母亲的双沙瓦布提：蛇纹石，高22厘米有余，属新王国第18王朝时期。在该沙瓦布提上，左边人物的身上的铭文是："啊，你，国王劳作和工匠的监督本尼-麦利耶

图13.54　本尼-麦利耶特及其母亲的双沙瓦布提。纽约大都会艺术博物馆藏

特的沙瓦布提，如果本尼-麦利耶特……作为一个有义务去耕种土地，灌溉，去东方和西方运送沙子的人，要被召唤和被登记去王陵中劳动，那么，你应当说：‘我在这儿，我会去做。’”另一个人物身上的铭文的内容是一样的，只不过是阴性而已。这种母子的双沙瓦布提比较少见。

这种沙瓦布提作为陪葬品，在世界各国都是少见的，或者说是没有的。

除了上述一些与埋葬习惯有关的设置和安放的殉葬品以外，按照古代埃及人的观念，为了保证死者复活，从古王国时期起，法老的金字塔中还刻了金字塔铭文(在法老乌纳斯的金字塔中就有发现)。中王国时期，一些贵族的墓里还出现了棺铭，棺铭是从金字塔铭文发展来的。到新王国时期，富人们又从棺铭发展出了《死者之书》，《死者之书》一般是写在纸草上的，但也有写在亚麻布上的，如图 13.55 是写在一块用亚麻制的裹尸布上的《死

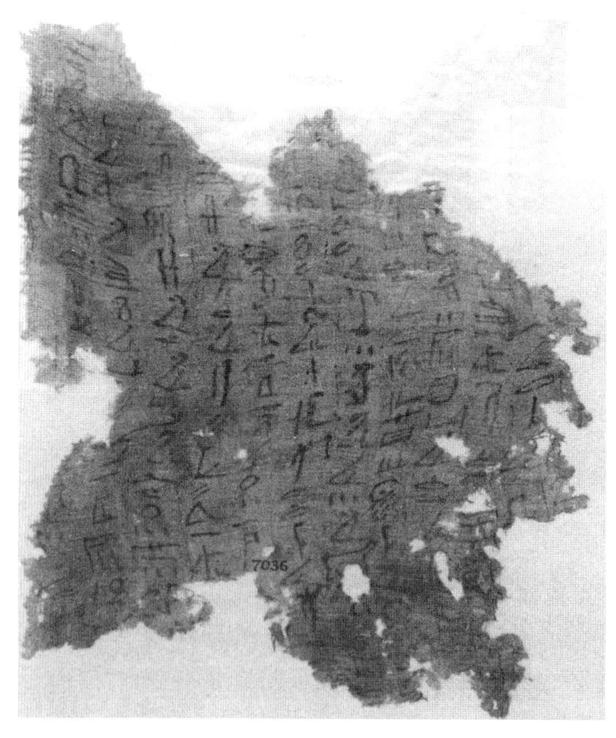


图 13.55　写在裹尸布上的《死者之书》片段。伦敦大英博物馆藏

者之书》的一个片段，属新王国第 18 王朝时期早期，现藏大英博物馆(文物编号：EA7036)，出处不清。保存下来的古代埃及的《死者之书》多半是写在纸草上的，写在亚麻布上的绝少。最早书写在纸草上的死者之书大概出现在第 18 王朝时期。

《死者之书》大体上是指古代埃及的书吏为死者所作的经文，包括咒语、赞美诗和各类礼仪箴言等。《世界通史》的作者说：

> 中王国时期的棺铭中的部分祈祷咒文是“死者之书”的基础。实际上，“死者之书”是咒文和对神的一些颂歌的汇集。埃及人的信仰认为，“死者之书”似乎可以保证死者“白昼从坟墓里出来”，保证死者在来世的安全和幸福。拥有“死者之书”的人可以保证在阴间奥西里斯法庭受审时无罪。在阴间法庭的 42 位法官面前，为死者对 42 条罪行的无罪辩护，在咒文中占有显著地位。“死者之书”只有富人才买得起，这些富人企图借此摆脱作恶的罪责。①

## 二、古典作家记载的古代埃及人的若干风俗习惯

关于埃及人的风俗习惯，希罗多德说：

> ……没有任何一个国家有这样多的令人惊异的事物，没有任何一个国家有这样多的非笔墨所能形容的巨大业绩。因此在下面我要仔细讲一讲。不仅是那里的气候和世界其他各地不同，河流的性质和其他任何河流的性质不同，而且居民的大部分风俗习惯也和所有其他人的风俗习惯恰恰相反，他们上市场买卖的都是妇

---

① [苏联]苏联社会科学院编：《世界通史》第 1 卷，第 492～493 页。

女，男子则坐在家里纺织。世界上其他地方的人织布时把纬线推到上面去，但埃及人则拉到下面来。埃及的妇女用肩担东西，但男子则用头顶着东西。妇女小便时站着，男子小便时却蹲着。他们吃东西的时候是在外面的街上，但是大小便却在自己的家里，他们这样做的理由是凡是不体面但是必须的事情应当在秘密地来做，如果没有什么不体面的事情，则应当公开地来做。妇女不能担任男神或是女神的祭司，但男子则可以担任男神或是女神的祭司。儿子除非是出于自愿，他们没有扶养双亲的义务，但是女儿不管她们愿意不愿意，她们是必须扶养双亲的。

(36)在别的国家，诸神的祭司都是留着长头发的，但是在埃及，他们却是剃发的。根据别的地方的风俗，为了对死者表示哀悼，死者的最亲近的人都要剃发，但是在埃及，人们在别的时候剃发，而当他们有亲人死亡的时候，他们反而任他们的须发长长。所有其他的人一生是和畜类分开过活的，但埃及人却总是和畜类居住在一起。所有别的人们是以大麦和小麦做自己的食品的，但埃及人认为用这样的办法维持生活是最不体面的事情，因为在那里，他们借以为生的谷物是一种有人称之为宰阿的小麦。他们是用脚来和面的，但是他们却用手和泥土，拿粪便。他们至少是世界上仅有的割除包皮的民族，当然还要加上那些向他们学样的人。他们的每个男子有两件衣服，而妇女则只有一件。其他地方的人把帆的縢孔和帆脚索系在船的外侧，而埃及则是在内侧。在写算的时候，希腊人是从左向右运笔，但埃及人则是从右向左运笔；尽管如此，他们还是说，他们是向右，而希腊人是向左的。他们使用两种完全不同的文字，一种叫做圣体文字，另一种叫做俗体文字。

(37)他们比任何民族都远为相信宗教。他们有着这样的一些风俗：他们用青铜盃饮水，这青铜盃他们每天都要磨洗干净；不是部分的人才这样做，而是没有人能够例外。他们穿麻布的衣服，这种衣服他们经常特别注意洗得干干净净。他们行割礼是为了干净；他们认为干净比体面更重要。祭司们每隔两天就要把全身剃一遍，而当他们在执行奉祀诸神的任务的时候，他们是不允许虱子或其他不净之物沾到他们的身上的。祭司们的衣服是麻制的，他们的凉鞋是纸草做的。他们是不许穿其他材料制成的衣服或鞋子的。他们每天在冷水里沐浴两次，每夜两次。在这之外，可以说，他们还要遵守成千上万的教规。然而他们也享受不少的特惠。他们既不消耗他们自己的物品，也不用花费自己的钱去买任何东西；每天他们都得到用谷物制作好的圣食，人们还分配给他们丰富的牛肉和鹅肉以及一份葡萄酒。他们不能吃鱼，至于蚕豆，则埃及人是不播种的，如果是天然长出来的，则不拘是生的还是煮熟的埃及人都不吃；那些祭司甚至连看它一眼都不能忍受，因为在祭司们的心目中，蚕豆乃是一种不净的豆类。每个神都有一群祭司，而不是一个祭司来奉祀，这些祭司中间有一个人是祭司长。如果其中有谁死了的话，则这个人的儿子就被任命代替他的职务。

(38)他们认为牡牛是属于埃帕波司神的，因此他们用这样的办法来检验牡牛：为了这个目的而任命了一个祭司来进行检查，看是否在这个牛身上有一根黑毛，如果有的话，这头牲畜就是不净的了。这个祭司检查它的全身，先是叫它站着，然后叫它仰卧下来；在这之后，他又把牛的舌头拉出来，根据我要在本书其他的地方谈到的那些规定的特征来看一看是净还是不净。他还检查尾巴上的毛，看它是否是自然长成的。如果这个牛在所有这些不同的方面都被宣布为洁净的话，祭司便把纸草卷到它的角上作为记号，把封泥抹到上面，然后再用他自己的指环上的印鉴在上面捺印。在这之后，这头牡牛便被他们领走了；凡是没有经过祭司这样鉴定的牛，如果用作牺牲的话，当事人是要受到死刑的惩罚的。畜类的检查方式便是这样。下面我再说一说他们的牺牲奉献式。

(39)他们把他们捺了印的牲畜领到将用来奉献的祭坛那里去，点上了火，然后把灌奠用酒洒在牺牲前面的祭坛上，并呼唤神的名字；然后他们便割断它的咽喉，把它的头给切了下来，进而更剥下它全身的皮。再后他们就拿着它的头，在这上面念一通咒；如果有市场而那里又有一批希腊商人的话，他们便把这头带到那里去立刻卖掉，如果在他们那里没有希腊人的话，他们便把这头抛到河里去。他们对着头念一通咒是为了这个：如果奉献牺牲的人们，或者整个埃及会遭到任何凶事的话，他们希望这凶事会转到牛头上面来。对牺牲的头念咒以及用酒来灌奠，这些仪式对埃及人都是一样的，而且同样用于各种各样的牺牲。由于这一习惯，埃及人是绝对不吃任何动物的头的。

(40)至于为牺牲剖腹和烧烤牺牲的方法，对于每一种牺牲却是各不相同了。我现在要说一下对于他们心目中最大的女神，也是用最隆重的节日来奉祀的女神，所使用的方法。在剥了牡牛的皮之后，他们就祈祷；在祈祷完毕之后，他们就把这头牛腹部内的一切全部取出，只把内脏和脂肪留在体内；然后他们再切掉它的四条腿、臀部、肩部和颈部。他们做完了这一步以后，便把牛的身体内部装满了洁净的(上供用的——译者)面包、蜂蜜、葡萄干、无花果、乳香、没药以及其他香料。这样装满之后，他们便用火烧烤这头牛，烧烤时并把大量的橄榄油浇到上面。在奉献牺牲之先，他们是断食的，而当牺牲的身体被烧烤着的时候，他们捶胸哀悼，而随后，当他们捶胸哀悼完毕的时候，便用牺牲的剩下的部分来举行宴会。

(41)因此，所有的埃及人都是使用洁净的牡牛和牡牛犊来当作牺牲的。但是，他们却不许用牝牛来当作牺牲，因为牝牛是伊西司的圣兽。这个女神的神象的外形像是一个妇女，但是有牝牛的一对角，因而和希腊人想象中的伊奥神一样。全体埃及人对于牝牛的尊崇，同样都是远远地超过其他任何畜类。这一点便说明，为什么没有一个埃及当地的人，不拘他是男人还是女人，会和希腊人接吻，或是用希腊人的刀子、铁条、或锅，或是尝一下用希腊人的刀子宰割的、洁净的牡牛的肉。在牛死的时候，他们是这样处理的：牝牛是被投到河里去，牡牛则埋在城郊，但是把一只角或是两只角露在地面上以为标记。等牛的身体腐烂而指定的时期到来时，从一个叫做普洛索披提斯的岛那里来一只船，这只船依次到各个城市去收集牛骨。普洛索披提斯岛是三角洲地带的一个岛(实际上是三角洲的一部分——译者)，周边有九司科伊诺斯长。在普洛索披提斯岛上还有其他许多城市，派船来收集牛骨的那个城市叫做阿塔尔倍奇斯。在那个城市里，有一座非常神圣的阿普洛狄铁神殿。许多人从这个城市出发分别到别的各个城市去挖掘牛骨，然后他们把这些牛骨带走并全部埋到一个地方去。对于其他家畜的埋葬，他们也是使用着和埋葬牛相同的办法。对于这些家畜他们有同样的规定，因为他们也是不能屠杀这些家畜的。

(42)在本地有底比斯·宙斯的神殿或是住在底比斯诺姆的埃及人是不用手摸绵羊，而只用山羊当作牺牲的。因为除了伊西司和他们说相当于狄奥尼索斯的奥西里斯以外，全部埃及人并不都是崇拜同样的一些神的。恰恰相反，那些有着孟迭司神神殿的人们，或是属于孟迭司诺姆的人们却不去触山羊，而是用绵羊为牺牲。底比斯人以及在本身行动上模仿他们，也不用手摸羊的人们，是这样地来解释这一风俗的起源的。他们说，海拉克列斯希望不管怎么样都要看到宙斯，但是宙斯不愿意自己被他看到。结果，既然海拉克列斯坚持请求，宙斯便想出了一个办法：他剥了一只牡羊的皮，而在他把它的头割掉以后，便把它的头举在自己的前面，而身上则披着剥下来的羊皮。他便在这样的伪装之下使海拉克列斯看到自己。因此，埃及人就给宙斯神的神象安上了一个牡羊的头，而这个做法又从埃及人传到阿蒙人那里去；阿蒙人是埃及人与埃西欧匹亚人的移民，而他们所用的语言也是介乎埃及语与埃西欧匹亚语之间的。因此，在我看来，他们所以自称阿蒙人，是因为宙斯在埃及人那里是叫作阿蒙。这就说明为什么底比斯人不把牡羊用来当作牺牲，而把它们当作圣兽来看待。然而，在每年却有一天，即在宙斯的祭日里，他们只宰杀一头牡羊，把它的皮剥去，把这皮来披到神象上面，就如同宙斯神曾自己披上羊皮一样；然后，他们再把海拉克列斯的一座神象抬到宙斯神象的面前来。当这一切做完以后，来到神殿这里的一切人便为这只牡羊捶胸哀悼，然后便把它埋到圣墓里去。

(43)关于海拉克列斯，我听说他乃是十二神之一。关于希腊人所知道的另一个海拉克列斯，我在埃及的任何地方都听不到的。实际上，海拉克列斯这个名字不是埃及人从希腊人那里得来的，而毋宁说是希腊人，即把海拉克列斯这个名字给予阿姆披特利昂的儿子的那些希腊人，从埃及人那里取得了这个名字；这件事我其实是可以提出许多论据来的，而在这些论据当中，特别可以提出这样的一个事实，即海拉克列斯的双亲阿姆披特利昂和阿尔克美涅都是出身于埃及的。而且埃及人又说他们根本不知道波赛东和狄奥斯科洛伊的名字，并且不把他们列到他们的诸神中间去。但是，如果他们从希腊人那里采用了任何神的名字，那末这些名字是最可能引起了他们的注意而念念不忘的；因为根据我的推测和判断，埃及人在当时是航海的，而一些希腊人也是航海的，因而这些神的名字会比海拉克列斯的名字更可能为埃及人所知。但埃及的海拉克列斯是埃及人的一位古老的神。他们说，在阿马西斯当政时期之前一万七千年，便由八个神变成了十二个神，而这十二个神当中的一位就是海拉克列斯。

(44)而且，为了在这件事情上，我可以不管从什么方面得到确切的知识，我到腓尼基的推罗那里作了一次海上的旅行，因为我听说，在那里有很受尊崇的一座海拉克列斯神殿。我拜访了这座神殿，并发现那里陈设着许多贵重的奉纳品，其中有两根柱子，一根是纯金的，一根是绿柱石的，这是一根在夜里放光的大柱子。在我和那里的祭司谈话时，我打听这座神殿修建了有多久；由于他们的回答，我发现他们的说法也是和希腊人有所不同的。他们说修建这座神殿时，也正是建城的时候，而这座城的建立则是两千三百年前的事情了。我在推罗还看到另一座神殿，在那座神殿里供奉着以塔索斯为姓的海拉克列斯。因此我又到塔索斯去，在那里我看到了海拉克列斯的一座神殿，这座神殿是出海寻找欧罗巴时在这个岛上殖民的腓尼基人修建的。他们做这件事的时候比起阿姆披特利昂的儿子生在希腊的时候还要早五代。我的这些探讨很清楚地表明，海拉克列斯乃是一位十分古老的神。而我的意见则是：修建和奉祀海拉克列斯的两座神殿的希腊人，他们的做法是十分正确的；在一座神殿里海拉克列斯是欧林波斯的神，人们把他当作不死之神而向他呈献牺牲，但是在另一座神殿里，人们是把他当作一位死去的人间英雄来奉祀的。

(45)希腊人谈过许多没有适当根据的话，在这些话当中，有下面关于海拉克列斯的一段荒唐无稽的说法。他们说，当海拉克列斯到达埃及的时候，当地的居民便给他的头上戴上一个花环，然后把他带到一个行列里面来，打算把他当作牺牲献给宙斯。在开头的一些时候，他一声不响地跟着走。但当他们把他领到祭坛前面而开始举行奉献牺牲的仪式的时候，他便施展出他的力量来自卫而把他们全都杀死了。然而在我看来，这种说法却证明希腊人完全不知道埃及人这个民族的性格和风俗习惯。埃及人除去限于清净的豚、牡牛和牡牛犊以及鹅之外，甚至连家畜都不用做牺牲的，怎么还能相信他们用人来作牺牲呢？而且，单是海拉克列斯一个人又怎么能够象他们所说的，能够以一个凡人的力量杀死成千上万的人呢？我说了这样多关于这件事情的话，我想神或是英雄不会因此而感到不愉快罢！

(46)上面我已经提到，埃及人是不用公山羊或是母山羊作牺牲的。理由是这样：称为孟迭司人的埃及人认为潘恩是十二神之先的八神之一。在埃及，画家和雕刻家所表现的潘恩神和在希腊一样，这位神长着山羊的面孔和山羊的腿。但是他们不相信他就真是这个样子或以为他与其他的神均有所不同，他们所以把他表现成这种形状的理由我想还是不说为好。孟迭司人尊崇一切山羊，对牡山羊比对牝山羊更加尊崇，特别是尊崇山羊的牧人。有一只牡山羊被认为是比所有其他的牡山羊都更要受到尊崇，当这只山羊死掉的时候，在整个孟迭司诺姆都规定要举行大规模的哀悼。在埃及语里，公山羊和潘恩都叫作孟迭司。在我当时，在这个诺姆里发生了一件奇怪的事情，一个妇女和牡山羊公然性交。这件事是大家都已经知道了的。

(47)在埃及人的眼里，豚是一种不洁净的畜类。首先，如果一个埃及人在走路时偶然触着了一只豚，他立刻就要赶到河边，穿着衣服跳到河里去。第二，即使牧豚人是土著的埃及人，也没有人愿意把自己女儿嫁给牧豚人，或是从牧豚人中间讨一个老婆，因而牧豚人不得不在他们中间相互结婚。他们认为不应把豚作为牺牲献给任何神，只有对狄奥尼索斯和月亮是例外；他们是在同时，同是在满月的时候向他们呈献作为牺牲的豚，随后便把这豚吃掉了。埃及人自己也有一个理由，来说明为什么在这个祭典中用豚作牺牲而在别的祭典中又非常憎恶它，这个理由我虽然知道的，但我觉得我是不适于在这里说到它的。下面我要说一说他们怎样把豚当作牺牲奉献给月亮：牺牲被屠宰之后，它的尾巴尖、脾脏和大网膜便被放到一起，并且用从牺牲的腹部掏出来的全部脂肪盖起来，继而用火把它烧光。至于牺牲其他部分的肉，他们便在奉献牺牲的当天吃掉，而那当天就是满月的一天；在其他的任何一天，他们是连尝也不尝一下的。没有钱奉献活豚的穷人就用面捏一只豚，用火烤之后再呈献给神。

(48)对于狄奥尼索斯，则每个人却在这位神的祭日的前夜，奉献一只小豚；这只小豚就在每个人自己的门口屠宰，然后把它交回给卖豚的牧豚人并由他带走。在别的方面，狄奥尼索斯的这个祭日的庆祝是几乎和希腊人的狄奥尼索斯的祭日完全相同的，所不同的只是埃及人没有伴以合唱的舞蹈。他们发明了另外一种东西来代替男性生殖器，这是大约有一佩巨斯高的人像，这个人像在小绳的操纵下可以活动，它给妇女们带着到各个村庄去转。这些人像的男性生殖器，和人像本身差不多大小，也会动。一个吹笛的人走在前面，妇女们在后面跟着，嘴里唱着狄奥尼索斯神的赞美诗。至于为什么人像的生殖器部分那样大，为什么又只有那一部分动，他们是有宗教上的理由的。

(49)然而，我以为，阿米铁昂的儿子美拉姆波司是不会不知道这个仪式的，而且我以为，他勿宁可以说是很精通这个仪式的。美拉姆波司就是把狄奥尼索斯的名字，他的崇拜仪式以及带着男性生殖器的行列介绍给希腊人的人。然而，我并不是确切地说他什么全都懂得，因此他还不能毫无遗漏地把一切教仪介绍过来，不过从他那时以来，许多智者却已经把他的教仪补充得更加完善了。但无论如何希腊人是从他那里学会在奉祀狄奥尼索斯时，举办带着男性生殖器的游行行列的，而他们现在所做的事也是他教给的。因此，我认为，智慧的并且懂得预言术的美拉姆波司，既然由于他在埃及得到的许多知识之外还精通狄奥尼索斯的祭仪，他便把它加以少许的改变而介绍到希腊来；当然，同时他一定还介绍了其他事物。因为我不能同意，认为希腊的狄奥尼索斯祭和埃及的同样祭典之十分近似，这只是一种偶合；如果是那样的话，希腊的祭仪便一定是希腊性质的，也不会是最近才给介绍过来的了。我还不能同意，这些风俗习惯或任何其他的事物是埃及人从希腊人那里学来的。我自己的看法是美拉姆波司主要地是从推罗人卡得莫斯以及从卡得莫斯自腓尼基带到现在称为贝奥提亚的地方来的那些人们那里学到了有关狄奥尼索斯祭典的事情。

(50)可以说，几乎所有神的名字都是从埃及传入希腊的。我的研究证明，它们完全是起源于异邦人那里的，而我个人的意见则是，较大的一部分则是起源于埃及的。除去我前面所提到的波赛东和狄奥司科洛伊，以及希拉、希司提亚、铁米斯、卡利铁司和涅列伊戴斯这些名字之外，其他的神名者都是在极古老的时候便为埃及人所知悉了。我这样讲，是有埃及人自己说的话为依据的。他们说他们不知道名字的那些神，我以为除去波赛东之外，都是希腊人从佩拉司吉人那里才知道了名字的。至于波赛东这个名字，则他们是从利比亚人那里知道的。在古代的一切民族当中，只有利比亚人一直在崇奉这个神，而且也只有这个民族从一开头便有这样一个名字的神。埃及人在宗教上是不崇奉英雄的。

(51)这些风俗习惯以及我就要介绍的其他风俗习惯都是希腊

人从埃及人那里学来的。但是海尔美士的那些猥亵的神像却不是从埃及人那里学来的。这种神像的制作是从佩拉司吉人那里学来的，而在希腊人当中，第一个学到的是雅典人，雅典人又把它教给其他希腊人。因为当佩拉司吉人来和雅典人住在一起的时候，雅典人已经被算作是希腊人了，因此他们也开始被认为是希腊人。萨摩特拉开人从佩拉司吉人那里学到了卡贝洛伊的仪式而到现在还实行着这种仪式，任何人如果被传授以这种仪式，他便会懂得我的意思。萨摩特拉开以前是由到雅典人这里来和他们住在一起的佩拉司吉人住着的，萨摩特拉开人就是从他们那里学到了仪式的。因此，雅典人便第一个制作了海尔美士的猥亵神象，他们这样做是因为佩拉司吉人教了他们。佩拉司吉人关于这件事曾讲过一个神圣的故事，这个故事在萨摩特拉开的秘仪中是曾经加以说明的。

(52)在先前的时候，佩拉司吉人呈献牺牲时向神呼号，但是他们并不呼叫任何一位神的名字；因为他们还没有听说过这样的名字。我知道这件事，是因为在多铎那有人告诉过我。他们称它们为神，因为一切事物和这些事物的适当分配都是由它们来安排的。然而，在一个长时期以后，他们从埃及学到了首先是其他诸神的名字，又过了很久，才学到了狄奥尼索斯的名字。于是他们立刻到多铎那的神托所去请示关于神的名字的事情。因为这个神托所被认为是希腊最古老的一个神托所，而在那时也是唯一的神托所。当佩拉司吉人那时在多铎那请示，他们应否采纳从外国传来的名字时，神托命令他们采纳这些名字。从那时起，他们便在他们奉献牺牲时使用这些神的名字；后来希腊人又从佩拉司吉人那里学到了这些名字。

(53)然而，从什么地方每一个神产生出来，或者是不是它们都一直存在着，它们的外形是怎样的，这一切可以说，是希腊人在不久之前才知道的。因为我认为，赫西奥德与荷马的时代比之我的时代不会早过四百年；是他们把诸神的家世教给希腊人，把它们的一些名字、尊荣和技艺教给所有的人并且说出了它们的外形。然而据说比赫西奥德与荷马更老的那些诗人，在我看来，反而是生得比较晚的。上述这一切当中开头的部分是多铎那的女祭司们讲的；关于赫西奥德的、后面的部分则是我自己说的。

(54)但是，关于希腊的神托以及利比亚的神托，这都是埃及人讲的。底比斯的宙斯神的祭司们告诉我说，腓尼基人曾从底比期带走了两个女祭司；他们说他们后来打听到，其中的一个人被带走并且给卖到利比亚去了，另一个人则被卖到希腊去了。他们说，这两个妇女在上述两地第一次建立了神托所。当我问他们，他们何以知道得这样确实的时候，他们回答说，他们当地的人曾到处用心寻找这两个妇女，却根本未能找到她们，但是后来才听到他们现在告诉给我的这个故事。

(55)以上是我从底比斯的祭司们那里听来的；下面则是我从多铎那的巫女们那里听来的：这是说，两只黑鸽子从底比斯飞到了埃及，一只到利此亚，一只到多铎那；后面的一只落到一株槲树上，口出人言，说那里必须设立一座宙斯神的神托所；多铎那的居民知道这乃是神的意旨，于是他们便建立了一座宣示神托的神殿。他们说，到利比亚来的那只鸽子命令利比亚人建立阿蒙神的一座神托所；这也是奉祀宙斯神的。这便是多铎那的女祭司们所说的故事，在这些女祭司当中，最年长的是普洛美涅亚，其次是提玛列捷，最年轻的是尼坎德拉；多铎那神殿的其他(执事)也对此深信不疑。

(56)但是对于这件事，我个人的看法是这样。如果腓尼基人真的带走了巫女并且把她们一个卖到利此亚，一个卖到希腊去的话，那末，我想，现在称为希腊，但以前称为佩拉司吉亚的地方，即后面的一个巫女被出卖的地方，就是铁斯普洛提亚(铁斯普洛托伊人居住的地方)了；而且她在那里被奴役之后，她立刻便在那里长着的檞树下修造了一座宙斯的神殿。因为她既然在底比斯是宙斯神殿的一名侍女，她应该记得她的故土的那座神殿，这是理所当然的事情。在这之后，等他通晓了希腊语的时候，他便传授神托的法术；她说她的姊妹被同样也卖了她的腓尼基人卖到利比亚去了。

(57)我认为多铎那的人们是把这些妇女称为鸽子的，因为她们说外国话，于是当地的人们便认为这种话和鸟叫一样了；然而不久妇女便说出了他们可以懂得的话，这便说明了何以他们说鸽子讲出了人言；只要她用她的外国语讲话，他们就认为她的声音象是一只鸟的声音。要知道，鸽子怎么能讲人话呢？故事中所以说鸽子是黑的，这意思是说，妇女是埃及人。埃及的底比斯和多铎那的神托方式是相似的；而且从牺牲来进行占卜的方法也是从埃及学来的。

(58)埃及人又好象是第一个举行祭日时的庄严的集会、游行行列和法事的民族。希腊人从他们那里学到了这一切事物。我认为这是有根据的，因为埃及的仪式显然是非常古老的，而希腊的仪式则是不久之前才开始有的。

(59)埃及人在一年中间不是举行一次隆重的集会，而是好几次隆重的集会。在这些集会当中，最主要的同时也是举行得最热心的是布巴斯提斯市的阿尔铁米司祭。在重要性方面，次于阿尔铁米司祭的是在布希里斯举行伊西司祭。布希里斯城位于埃及三角洲的中央，在那里有伊西司神的一座最为巨大的神殿，伊西司在希腊语中是叫做戴美特尔。在撒伊司举行的雅典娜祭是第三个最大的祭日；第四是黑里欧波里斯的太阳祭，第五是布头的列托祭，第六是帕普雷米斯市的阿列斯祭。

(60)人们到布巴斯提斯市去集会时，经过的情况是这样：男子和妇女都在一起循水路前来，每只船上都乘坐着许多人，一些妇女打着手里的响板，一些男子则在全部的行程中吹奏着笛子。其他的旅客，不分男女，则都唱歌和鼓掌。当他们在往布巴斯提斯的途中到临河的两岸之上的任何市镇时，他们都使船靠岸；于是一些妇女继续象我上面所说的那样做，一些妇女高声向那个市镇的妇女开玩笑，一些妇女跳舞，再有一些妇女站起来撩起衣服来露出自己的身体。在他们这样地行过了全程的水路以后，他们便到了布巴斯提斯；在那里他们用丰富的牺牲来庆祝祭日。在这一个祭日里所消耗的酒比一年剩下的全部时期所消耗的酒还要多。参加祭日的人，单是计算成年男女，不把小孩计算在内，根据当地人的说法，便有七十万人。

(61)这便是他们在那里的行事。至于布希里斯城的伊西司祭的仪式，我已经说过了。在那里，成千上万的全体男女群众在牺牲式结束后捶胸哀悼。至于他们所哀悼的是谁，由于在宗教上害怕犯不敬之罪，我就不提了。住在埃及的卡里亚人在这个日子里做得比他们还要过火，这些卡里亚人甚至用小刀把自己的前额割伤。由于这样做，他们就可以使人知道，他们乃是异邦人，而不是埃及人。

(62)一个夜晚，当他们在撒伊司集会奉献牺牲时，那里所有的居民都在自己家周边的户外点上许多油灯。他们所用的油灯是满盛着油与盐的混合物的一种碟状器皿，灯芯就浮在那上面。这些油灯整夜都点着，因此这个祭日就称为灯祭。那些不参加祭典的埃及人，在祭日的那天夜里，也要和其他的人一样地小心守夜，不叫油灯熄灭。点灯不限于撒伊司一城，而是遍及于全埃及。有一段圣话可以说明为什么要特别奉祀这一夜，为什么在这一夜里要点油灯。

(63)在黑里欧波里斯和布头，他们到那里去集会只是为了奉献牺牲；但是在帕普雷美斯，则除了和别的地方同样地奉献牺牲和同样地执行仪式之外，人们还有下面的一种风俗。即当太阳下落的时候，只有几个祭司留下继续照管着神像，大部分的祭司则在手里拿着木棍，站在神殿入口的地方。站在这些人对面的又有一千多人，他们和另外那些人一样地拿着木棍并在那里发愿。原来保存在一个包着金箔的小木祠里面的神像，在祭日的前一天，便从一座神殿搬到另一个圣堂去。还负责照料神像的少数祭司把神像和那个小木祠一起放到一只四轮车上拖着。守在神殿门口的另外那些祭司不许它进去。于是发愿的那些人便走向前来站在神的一方面进行争执，他们向守门的人动武，这必然会受到抵抗。结果就发生了以木棍为武器的猛烈械斗，双方都有被打破了脑袋的，而且我相信，许多人会因伤殒命。虽然，埃及人说，在械斗中没有死过一个人。至于这个祭日是如何起源的，当地的人提出了这样一个说法。他们说，阿列斯的母亲过去曾住在这个神殿里；阿列斯并不是在自己母亲的跟前养大的，但是在他长大成人之后却想会见他的母亲。不过在他来的时候，由于侍者先前从来没有见过他而拒绝了他，结果没有使他进去。于是阿列斯便到另一个市镇去，纠合了一批人，借着这些人的帮助严惩了侍卫而得以进去见到了自己的母亲。因此，他们说，在这个祭日里便有了举行一场木棍斗争以奉祀阿列斯的风俗。

(64)此外，埃及人又第一个在宗教上作出规定，在神殿的区域内不得与妇人交媾，而在交媾后如不沐浴，也不得进入神殿的区域之内。几乎所有其他民族，除去希腊人和埃及人之外，在这件事上的做法都不大经心，他们认为在这件事上人和兽类一样不受任何的约束。他们说，人们可以看到各种兽类和鸟类在神殿和圣域之内交配，而如果神不喜欢它们这样做的话，这样的事是绝对不会发生的。这便是他们为这一行动辩护的理由，但我本人是不能同意这一理由的。

(65)埃及人在这一方面，和他们在关于神圣仪式的所有其他方面一样，是特别小心地注意不破坏神殿的宗教习惯的。

埃及虽然和利比亚接壤，但不是一个有很多野兽的地方。这个国家里所有的一切兽类，不管是家畜还是其他，都被认为是神圣的。如果我要解释一下为什么它们要作为圣兽奉献给神的话，那我就势必要讲到宗教上的事情，而这却是我特别不愿意谈到的。到现在为止，我约略涉及的有关各点都纯乎是出于不得已我才加以介绍的。下面我再谈一下他们对待动物的习惯。每一种动物都指定一些看守人，男的女的都有，他们的任务就是喂养它们。这个职务是父子相传的。各各城市的居民在他们对任何一个神发愿的时候，他们都要向属于这个神的动物奉献一些东西，方式是这样：在他们发愿之后，他们便给自己的孩子剃发，或是全剃，或是剃一半，或是剃三分之一，然后把这头发放在秤上来称量以便确定同样分量的银子。不管头发的重量多少，都要把同等分量的银子交给这些动物的女管理人，女管理人便切下相当银子的价值那样多数量的鱼来喂它，因为这鱼就是用来喂它们的食物。如果一个人杀死了一只圣兽，如果他是故意的，他便要被处以死刑，如果是误杀，那他便要付出祭司规定的任何数量的罚金。如果有谁杀死了朱鹭或鹰，则不管是故意还是误杀，一律须处以死刑。

(66)埃及家畜的数目非常大，如果不是由于在猫的身上发生了这样的事情，那数目就还要大。原来在母猫生小猫的时候，它们便不再和公猫住在一起，但是公猫想和母猫住到一处而又得不到母猫的同意，于是它们便想出一种办法来，这就是从母猫那里把小猫偷了出来杀死，但是不吃掉它们；母猫既然失去了小猫，便想再把小猫补上，因此它们就愿意与公猫同居了，因为它们是特别喜欢有小猫的。在埃及，每当起火的时候，在猫身上便有非常奇妙的事情发生了。居民们不去管火在那里大烧特烧，而是一个离一个不远地围立在火场的四周注意着猫，但是猫却穿过人们中间或是跳过人们一直投到火里去。如果有这样的事情发生，埃及人便要举行盛大的哀悼。如果在普通家庭中，一只猫自然地死去的话，则这一家所有家里的人都要把眉毛剃去，如果死的是一条狗，他们就要剃头和全身。

(67)死猫都要送到布巴斯提斯城的灵庙去，在那里制成木乃伊，而后埋葬起来。狗是各自埋葬在原来城市的圣墓里。埋葬猫鼬的情况也和狗一样。但是，鹰和野鼠却要送到布头城去埋葬，朱鹭则要送到海尔摩波里斯去。在埃及罕见的熊以及比狐狸稍大的狼都是被发现在什么地方死掉就在当地埋葬的。

(68)鳄鱼是怎样一种动物呢？它是这样的：在冬天的四个月里，它什么都不吃；它是水陆两栖的四足兽。母鳄在岸上产卵和孵化，它们一天当中大部分是生活在干地上，但是在夜里它们便退回河中，因为河里的水是比夜中的空气和露水温暖的。在我们所知道的动物当中，这是仅有的一种能够从最小的东西长成最大的东西的动物，因为鳄鱼卵只比鹅卵大不了许多，而小鳄鱼和卵的大小也相仿佛。可是当它长成之后，这个动物可以有十七佩巨斯长或者更长。它的眼和猪的眼相似，它有和它的身体大小相适应的巨大的牙齿和尖齿。它和所有其他的动物不同，它没有舌头。它的下颚不能动，在这一点上它也是非常奇特的，因为它是世界上唯一上颚动而下颚不动的动物。它还有强大有力的爪，背上有非常坚硬的穿不透的鳞皮。它在水里看不见东西，但是在陆地上它的目光是很锐利的。既然它住在水里，因此在它的口腔里满都是水蛭。所有的鸟兽看到它都会逃避，但是它却和一种叫作特洛奇洛斯的小鸟和平相处，因为这种小鸟可以给它做事情。原来每当鳄鱼从水里到岸上来的时候，它习惯于张开大嘴躺在那里(多半是向着西风张着)，在这个时候，称为特洛奇洛斯的小鸟便到它的嘴里去啄食水蛭。鳄鱼喜欢小鸟对它的恩惠，因此它便注意不去伤害这种小鸟。

(69)有一些埃及人把鳄鱼看成是圣兽，但另一些埃及人则把它看成是敌人。住在底比斯附近的人们和在莫伊利斯湖周边居住的人们特别尊敬鳄鱼。在上述的每个地方，他们每人都特别养一只鳄鱼，训练它，要它听使唤。他们把溶化的石头(这里指玻璃——译者)或是黄金的耳环给鳄鱼带在耳朵上面，把脚环套在它的前脚上面，每天给它一定数量的食物和一些活的东西；他们在它活着的时候尽最大的可能好好看待它，并在它死后把它制成木乃伊，然后埋到圣墓里面去。但另一方面，埃烈旁提涅市一带的人们却根本不把鳄鱼看成是圣兽，他们甚至以鳄鱼为食。在埃及语中，人们不称它们为鳄鱼，而称之为卡姆普撒。伊奥尼亚人称它们为鳄鱼(希腊语原音是克罗科狄洛斯——译者)，是因为它的形状和出没在伊奥尼亚壁上并且被称为克罗科狄洛斯的蜥蜴相似之故。

(70)捉鳄鱼的办法是多种多样的。我现在只来谈在我看来是值得叙述的那一种。把一块猪脊骨肉放在钩上作饵并且让这块肉飘浮在河的中流，但这时猎人自己却在岸上带着一口活小猪，并打这口猪。鳄鱼听见猪叫就顺着叫声赶来，它碰到这块猪脊骨肉便把它吞了下去。这时岸上的人们便拉钓绳。当他们把鳄鱼拉到岸上来的时候，猎人们做的头一件事情，就是用泥糊上它的眼睛。这件事做到之后，这个猎获物便很容易控制了，否则的话，要控制它可不是一件容易的事情。

(71)在帕普雷米斯诺姆，河马是一种圣兽，但在埃及的其他地方则不是这样。它的形状是这样：它有四条腿，有象牡牛那样的双蹄，扁平的鼻子。它的鬃毛与尾巴和马一样，有向外突出的牙齿，叫的声音也和马嘶一样。在大小上，它和最大的牛相同。它的皮肤是如此地粗厚，而在干燥之后可以制造投枪的柄。

(72)在尼罗河里也有水獭，水獭也被埃及人认为是神圣的。在鱼类中，只有两种是被视为神圣的。它们是被称为列披多托斯的一种鱼和鳗鱼。这两种鱼以及禽类当中的鸭，都被认为是尼罗河的圣物。

(73)他们还有一种称为波伊尼克斯的圣鸟，这种鸟我本人除了在图画上以外，从来没有看见过。甚至在埃及，这诚然都是一种十分罕见的动物；而根据黑里欧波里斯人的说法，只有每隔五百年，当它的父鸟死的时候，它才到这里来一次。如果这种鸟和图上所画的一样的话，则它的大小和形状便是这样：它的羽毛大部分是红的，部分是金色的，而它的轮廓和大小几乎和鹰完全一样。埃及人有一个故事告诉我们这个鸟做些什么事情，但这个故事在我看来是不可信的。他们说，它是从阿拉伯带着全身敷着没药的父鸟来的，它把父鸟带到太阳神的神殿，并在那里埋葬了父鸟。他们说，为了带着这个父鸟，它首先用没药做一个它可以带得动的卵并把它带起来以便试一试它是否经得住这样的份量，然后它把这个卵掏空，把它的父鸟放进去，再把卵中空隙的地方用没药塞满。于是这个卵便又和起初的重量完全相同了。在这样地包裹完毕以后，它便把这个父鸟带到埃及，并把它安放在太阳神神殿里。这便是他们所传说的、关于这个鸟的所做所为的故事。

(74)在底比斯的附近，有对人完全无害的圣蛇。它们都是很小的，头顶上还长着两只角。在这些蛇死掉的时候，它们被埋葬在宙斯神的神殿里，因为这些蛇据说都是宙斯神的圣兽。

(75)我曾有一次到阿拉伯的几乎对着布头城的一个地方，去打听关于带翼的蛇的事情。在我到达那里的时候，我看到了不可胜数的蛇骨和脊椎：脊椎有许多堆，有些大，有些小，有些则更要小。蛇骨散在之地在山间狭窄山路的进入平原的入口处，峡谷开向和埃及的大平原相连接的一片广阔的平原。故事说，春天到来的时候，翼蛇便从阿拉伯飞到埃及来，但是在这个峡谷的地方遇到一种称为伊比斯的鸟，这种鸟禁止它们进入峡谷并把它们全部杀死。阿拉伯人说埃及人由于伊比斯鸟所做的事情而对之非常崇敬，埃及人也承认，他们是为了这个理由而尊敬这种鸟的。

(76)伊比斯鸟的样子是这样。它全身漆黑，两只腿和仙鹤的腿相似。它的喙部弯曲得很厉害而它的大小大约和秧鸡相等。这便是与翼蛇作战的伊比斯鸟的外形。(伊比斯鸟确实是有两种的)，而人们比较习见的一种，头部和颈部是没有羽毛的；它们的毛色是白色的，除了头、颈、翅膀尖端和尾巴之外(这些部分全是漆黑的)；鸟的腿和喙与其他伊比斯鸟的相似。翼蛇的样子和水蛇一样。它的两翼上没有羽毛，而是很象蝙蝠的两翼。关于圣兽这个题目的话，我就讲到这里了。

(77)至于埃及人本身，应当说，居住在农业地区的那些人在全人类当中是最用心保存过去的记忆的人，而在我所请教的人们当中，也从来没有人有这样多的历史知识。现在我要说一说他们的生活方式。在每一个月里，他们连续三天服用泻剂，他们是用呕吐和灌肠的办法来达到保健的目的的。因为他们相信，人之所以得病，全是从他们所吃的东西而引起的。甚至如果没有这个办法，埃及人也是世界上仅次于利比亚人的最健康的人。我以为它的理由是，那里一年四季的气候都是一样的；因为变化，特别是季节的变化，乃是人类致病的重大原因。他们吃面包，他们用一种小麦制造他们称为库列斯提斯的一块块的面包。在酒类方面，他们饮用一种大麦酒；因为他们国内是没有葡萄的。他们吃生鱼：或是太阳晒干的鱼，或是盐水腌起来的鱼。鹌鹑、鸭子和小禽类都是腌了生吃的；所有其他各种禽类以及鱼类，除去埃及人认为是圣物的以外，则都是烤了或是煮了之后才吃的。

(78)在富人的筵席上，进餐完毕之后，便有一个人带上一个模型来，这是一具涂得和刻得和原物十分相似的棺木和尸首，大约有一佩巨斯或两佩巨斯长。他把这个东西给赴宴的每一个人看，说："饮酒作乐吧，不然就请看一看这个；你死了的时候就是这个样子啊"。这就是他们在大张饮宴时的风俗。

(79)他们遵守着他们的父祖的风习，并且不在这上面增加任何其他的东西。在他们其他值得一记的风俗习惯当中，还有这样一个：他们有一支歌，这就是在腓尼基、赛浦路斯以及其他地方所唱的里诺司歌。每个民族对这个里诺司歌都有他们自己的名字，但这就是希腊人唱的并称之为里诺司的同样的那一支歌。但埃及人从哪里得到这个名字，在我看来是埃及的许多奇怪的事情之一。他们显然是从太古以来便唱这支歌的；在埃及语中，相当于里诺司这个名字的是玛涅洛司①。埃及人告诉我说，玛涅洛司是他们第一个国王的独生子，他夭折了，因此埃及人便为他唱这首挽歌向他致敬。他们说，这是他们最早的，也是他们仅有的一首歌。

① 可能自 ma-n-hra(意为"回到我们这里来吧")这个叠句而来。

(80)还有一种风俗，在希腊人当中只有拉凯戴孟人和埃及人同样地有这种风俗。年轻人回到年长的人时，要避到一旁让路，而当年长的人走近时，他们要从座位上站起来。但是他们还有另一种希腊任何地方都不知道的习惯，那就是路上的行人相互不打招呼，只是把手伸到膝头的地方作为行礼。

(81)他们穿着一种麻布的内衣，内衣的边垂到腿部的四周，这种内衣他们称为卡拉西里司；内衣上则罩着白色的羊毛外衣。但是毛织品不能带入神殿或是与人一同埋葬。他们是禁止这样做的。在这一点上，他们是遵从着与欧尔培乌司教和巴科司教的教仪相同的规定，但这规定实际上是埃及的和毕达哥拉斯的；因为凡是被传授以这些教仪的人，都不能穿着羊毛的衣服下葬。关于这件事，是有一个宗教上的传说的。①

关于古代埃及人的风俗习惯，庞蓬尼·麦拉说：

埃及的居民在风俗上与其他居民根本不同。他们自己涂上了泥土去哀悼死人。在他们这里，烧毁或埋葬尸体被认为是罪恶。他们精巧地把尸体涂上香料，然后放入陵墓里。他们写字是从右往左写。他们以手混和粘土，却用双足来揉面团。他们这里，妇女从事社会和国家工作，而男子纺线并管理家务。人们通常用肩背重东西，而埃及人用头顶着。别的民族的子女一定要供养贫困的父母，而埃及人的子女在这方面是没有义务约束的。他们在户外的街道上进餐，却在室内排粪。他们崇拜的是兽类的画像，特别是兽类本身，并且各人崇拜他们各自所有的兽类。

① [古希腊]希罗多德：《历史》上册，王以铸译，第125～144页。

这种崇拜达到了这样程度，甚至偶然地杀害某些兽类，在他们这里也要被处死刑。当圣兽因病或意外的灾害而死亡的时候，照例地哀悼它们，并把它们埋葬起来。亚庇斯是埃及所有居民的神。这是一只黑牛，身上有特殊的斑点，尾巴和舌头也与别的牛不同。这种牛繁殖极少，正如人们所确信的，它不是由于交尾，而是由于根据神的意旨所发生的天火而受胎的。亚庇斯牛的生日是居民的伟大节日。①

## 第三节　文物中反映的古代埃及富人们的生活

古代埃及的王室、神庙和贵族占有了绝大部分土地、劳动力和其他财富，而许多普通埃及人没有土地，全靠劳动为生，劳动成果也几乎全为王室、神庙和贵族们所有，所以，富人们可以过着花天酒地的生活。许多文物(包括浮雕、绘画)都反映了富人富足的、悠闲的、骄奢淫逸的生活。我们可以从几个方面看出来。

贵族们渔猎，包括捕鱼，捕鸟和捕河马。

贵族提伊狩猎河马：石灰石，出自提伊墓，是该墓浮雕的一个片段。提伊是第5王朝纽塞拉统治时期的一个显贵，他的墓是马里埃特在萨卡拉发现的。在他的墓里，有他的一座雕像，也是用石灰石雕刻而成并着色，雕像高198厘米，站在他墓里假门里面，由于是呈前进姿势，所以很像是随时准备去取放置在假门前的供品似的(现在这座雕像已经移到开罗埃及博物馆)。他墓里的浮雕保存非常完整，这些浮雕反映了当时显贵经济和社会生活中的许多方面，如犁地、播种、收割、打场、入仓，以及捕鱼狩猎，

① ［苏联］波德纳尔斯基编：《古代的地理学》，梁昭锡译，第239～240页。

劳动者给贵族们送去各种产品等情景。这些情景成为古代埃及特别是古王国时期贵族经济的一个范例。墓中还往往刻有自传性的铭文，以便让后代能记住他们。很多古王国时期的贵族墓穴已经发掘(如第 3～4 王朝时期的大官梅腾墓，第 6 王朝时期的伊庇墓等)，因而这些浮雕、绘画作品和铭文给我们研究古代埃及历史提供了很多第一手的资料。

在提伊墓里的这些浮雕中，我们可以看到他视察他的农场和牧场；看到他和妻子在一起，奴仆们排成行，献上鲜花、水果、小牛以及成筐的食物及饮料；他在领地里散步，后面跟着一大群仆人；他在船上享用野餐，或在稠密的纸草丛中狩猎河马的情景。浮雕还描绘了沼泽地居民用芦苇等编制绳索、渔网和席子的场面，还有造船工人在锯木头，制造船身的各个部分的情景等。可以说，提伊是企图用浮雕的形式把他生前的生活几乎全部带到了他的墓里。在他的墓里，我们可以看到，这些浮雕线条优美，内容丰富。在狩猎河马浮雕里，刻画了提伊在稠密的纸草丛中狩猎河马的情景，其背景处理十分别致，由一片密集的纸草构成。草茎组成齐整的直线，一直伸展到浮雕的上端，形成规律的条纹。上层是描绘沼泽里各种各样的飞禽在纸草花顶筑巢，还夹杂着一些其他的小动物，其中一只正在觊觎鸟巢，准备偷袭幼雏。浮雕下端流动的河水被表现成锯齿状的图案而直立起来，河里有大批的河马。水面上，一条用纸草束做成的船上有一人掌舵，其他人正在用长矛同河马搏斗，动作十分生动。在这幅浮雕中，墓主人站在另一条船上，一动不动地观望。提伊的身高至少是奴仆门的两倍多。河里除了有河马外，还有鳄鱼、纸草和其他水草。狩猎河马是贵族们喜欢的一项活动，狩猎河马的目的，大概是为了得到河马的肉和河马骨(河马骨是雕刻的重要原料，很多用河马骨雕刻的作品保存了下来)。在该墓里还有另一幅狩猎河马的浮雕，雕刻的是人们驾着纸草船，一个人(大概是提伊本人)站在纸草船上，其他一些人则或是划船，或是用矛狩猎河马。

图 13.56　提伊狩猎河马。现存萨卡拉提伊墓

莲花池中漫游：石灰石，发现于吉萨的一座墓里，属古王国第 6 王朝时期，现藏德国柏林博物馆(文物编号：INV-NR15420)。浮雕的内容是，在一个池塘中，一个头上插满了荷花的妇女站在一艘纸草船上，她身材高挑，上身赤裸，下穿长筒裙。在她的前面，有一人在划船，一人跪在她的面前，还有一人似乎正送东西给她。池塘中满是荷花，生趣盎然。该画面反映了贵族们的悠然的生活。

图 13.57　莲花池中漫游。柏林博物馆藏

狩猎图：梅纳墓壁画，高 81 厘米，出自底比斯西部梅纳墓，属新王国第 18 王朝时期，现藏大英博物馆。此画表现的是梅纳及其家人在尼罗河上乘纸草船狩猎鸟的情景。主人翁梅纳头戴齐肩假发，脖子上戴着宽大的项圈，手腕上戴着宽手镯，上身赤裸，下穿白色短裙，在腰间用一根带子系住。他右手上抓获了几只鸟(至少是 3 只)，左手拿的是一个飞去来器。在他的双腿之间的是他的女儿(一绺头发长及背部，脖子上也有宽的项圈，全身赤裸，大概是还年幼的缘故)，梅纳的后面是他的夫人。他的夫人长发及背，头上有香料角，身穿薄如蝉翼的衣服，十分华丽，手拿一束鲜花，可能是采摘自尼罗河中的莲花。

图 13.58　狩猎图。伦敦大英博物馆藏

宴乐图：高 61 厘米，出自底比斯西部涅布阿蒙墓，属新王国第 18 王朝时期，现藏大英博物馆。涅布阿蒙生前是阿蒙神庙的仆人的主管。在他的墓里有很多非常漂亮的绘画，这是其中之一。宴乐图画面分上、下两层，下层为乐人与舞者正向客人献舞的情景。墙上刻着“香甜之花”的歌词。乐女们头戴散发香味的圆锥状香料饰物，身上佩戴着宝石镶嵌的项链、手镯和其他装饰品。一个乐女正在吹一种长的双管乐器，其他人击掌和拍。两个裸女正随笛声翩翩起舞，动作协调，轻快优美。他们一边舞蹈，一边打拍子。有学者说，在这幅画中，除了眼睛以外，人物完全以侧面角度表现，不再是传统的正侧面结合的姿势。4 个乐女中有 2 个完全是用正面表现的，她俩的脸部、手臂和眼睛都正对着观者，坐着的 4 个乐女脚掌全部朝外，这和其他壁画上的人物截然不同，表现了画师正在追求一种创新的手法。整幅壁画格调统一，洋溢着一种欢快热烈的气氛。上层分左侧为坐在宴席上的客人，右侧是打扮得艳丽动人的男女奴隶，手持莲花伺候宾主，女奴们头戴饰物，其中一个正为客人倒酒。涅布阿蒙墓中还有另一幅宴乐图。图中着衣甚少的侍女捧上丰盛的菜肴，只见桌上黄油与家禽、牛肉等应有尽有。如果说上一幅宴乐图主要是反映歌舞的话，那么，这一幅则主要是反映吃喝的。客人们都穿戴时髦，所以也都是富人。

弹琴的女人们：这幅画是在着色灰泥上画的，画高 61 厘米，出自底比斯纳克赫特墓，属新王国第 18 王朝时期，现藏大英博物馆。这些乐手们一边弹奏乐器(包括琵琶、双簧管和鼓等)，一边唱着，并彼此相互照应着。她们的假发梳成发辫，发辫长过肩部，在头上用一条带子束起来，有的披肩盖住上身，头上戴着香料角，臂上和手腕上都戴有手镯。她们的头都是侧面的，长长的眉毛，杏仁眼，戴着大大的耳环，脖子上戴着宽宽的项圈，跪坐在地上。

图 13.59　宴乐图。伦敦大英博物馆藏

图 13.60　弹琴的女人们。伦敦大英博物馆藏

女竖琴师：出自底比斯西部纳克赫特墓，属新王国第 18 王朝时期，现现存纳克赫特墓。这是该墓里的一幅画，是一个宴会场面中的一部分，画的是一个盲人女竖琴师席地而坐，双手抚琴，弹奏着贵族客人们喜爱的乐曲。她弹的是一种古代埃及人所喜欢的乐器——竖琴。

图 13.61　女竖琴师。现存底比斯西部纳克赫特墓

女奴伺候女主人：出自纳克赫特墓，属新王国第 18 王朝时期，现存纳克赫墓。画面上的 3 个女主人头戴锥形物(里面放有香料)，手拿莲花，脖子上戴有项圈，她们上身赤裸，正在让女奴整理装束。女奴几乎全身赤裸。

图 13.62　女奴伺候女主人。现存底比斯西部纳克赫特墓

古代埃及人，特别是王室贵胄们喜欢化妆，他们花在化妆方面的精力和金钱，如同花在丧葬方面的精力和金钱一样，都是十分巨大的，这在文物中也多有反映。下面这些文物就是古埃及贵族的日常生活中所使用的。

第一，镜子。古代埃及是早已有了玻璃的，不过，虽然埃及早已知道玻璃，早已生产玻璃，并用玻璃制造了许多容器和其他的物品，但在古代，他们并没有用玻璃来制作镜子，而是和我们中国一样用金属来制作镜子，不过，古代埃及人除了用青铜制作镜子以外，还用白银来制作镜子。我们中国人在利用玻璃制作镜子之前只是用青铜来做镜子，没有见用白银来制作镜子的。古代中国的镜子一般在背面有各种各样的花纹，并有一个钮，可以将它挂起来，或用一个架子撑起来。古代埃及的镜子一般在背面没有花纹，也没有钮，而是在镜子的圆盘下面有一个柄，在照镜子时用手举起来，如中王国时期的一个王后卡韦特(Kawit)石棺上的浮雕中所示(这只是整个棺材上的浮雕的一部分)：整个石棺长2.62米，属中王国第11王朝孟图霍特普二世时期，现藏开罗埃及博物馆。卡韦特是孟图霍特普二世的王后。在这部分浮雕中，一个女仆正在为王后整理头发。王后本人坐在一把椅子上，一手拿着一柄青铜镜，一手端着一杯饮料。在王后的前面有一个男仆，男仆上身赤裸，下穿长裙，右手端着水壶，左手端着一个杯子，正

图13.63 仆人侍候王后卡韦特梳妆。开罗埃及博物馆藏

从壶里向杯子里倒水，似乎要递给王后，在他身后有许多吃的东西。王后头戴短的假发，脖子上戴有项圈，似穿着长裙，而女仆则是长发及背，全身赤裸，女主人左手拿着的就是一面镜子。他们的镜子的柄一般由一个纸草束造型和一个哈托尔女神像组成。

古代埃及什么时候开始有镜子还不能确定，但在中王国时期(大约公元前 21 世纪至公元前 18 世纪)已经有了镜子这是可以确定的，上述卡韦特王后石棺上的浮雕可以说明，而且，我们还见到了中王国时期镜子的实物。

萨特哈托利乌列特公主的镜子：高 28 厘米，彼特里发现于埃勒-拉呼恩地方辛努塞尔特二世埋葬综合体里的萨特哈托利乌列特的墓里，属中王国第 12 王朝时期，现藏开罗埃及博物馆。萨特哈托利乌列特的墓在古代就曾被盗过，但墓里有几件首饰却躲过一劫，没有被盗走。镜子是白银材质的，用黑曜石制成的柄镶嵌有半宝石，呈纸草形状，并有哈托尔的像，像的两只耳朵是公牛的耳朵，此镜是中王国时期珠宝制作工艺精湛的一个例证。

青铜镜：据说出自阿斯旺，属新王国第 18 王朝时期，现藏布鲁克林博物馆。新王国时期早期在制作镜子方面继承了中王国第 12 王朝时期的传统：一个纸草形的柄，并有一个哈托尔的头，这是一个有公牛耳朵的女神，她司爱情和音乐。在这个青铜镜子中，其柄有凋萎的纸草造型和柔和的女神的面部造型，被认为是第 18 王朝早期制作的镜子的一个范例。

镜子：黄金和白银材质，出自图特摩斯三世的 3 个外国妻子在底比斯的瓦迪・加班那特・艾德-库鲁德(Wady Gabanat ed-Qurud)地方的墓里，属新王国第 18 王朝时期，现藏大都会艺术博物馆。镜子以白银做镜面，黄金做柄，镜面为一个圆盘，柄为纸草形和哈托尔头部的形状。这是我们见到的最为华丽的镜子了，是真正的王室用品。

图 13.64　青铜镜。纽约布鲁克林博物馆藏

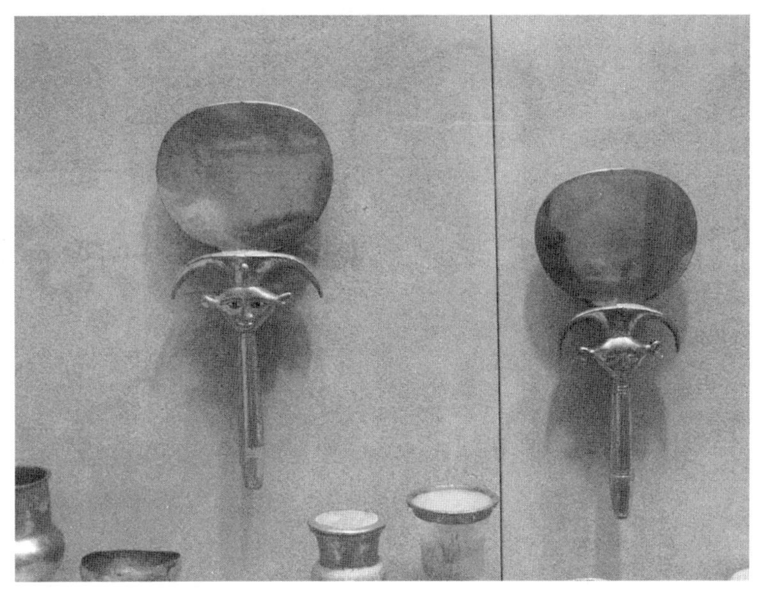

图 13.65　镜子。纽约大都会艺术博物馆藏

青铜镜：出处不清，属新王国第 18 王朝图特摩斯四世时期，现藏大都会艺术博物馆，镜子的柄为一个年轻妇女手持一束纸草花序形。

图 13.66　青铜镜。纽约大都会艺术博物馆藏

两支柄不同的青铜镜：属第 18～19 王朝时期，现藏德国柏林博物馆（文物编号：INV-NR 2774、13189）。现在我们看到的古代埃及的镜子有用青铜和白银这两种材料做成的，它们都有柄，而且柄大多为哈托尔女神的

形状。这两柄青铜镜的柄一个是做成哈托尔的形象，另一个做成女人的形状。

图 13.67　青铜镜。柏林博物馆藏

第二，梳子。他们的梳子有的是用木头制作的，高档的是用象牙制作的。而是用的普通的木料，如无花果木等，或用象牙。古代埃及什么时候开始有梳子还不能确定，现存最早的梳子是公元前 4000 年代前期的涅伽达文化Ⅱ时期的。下面，我们介绍几个古代埃及人的梳子。

梳子：象牙材质，出处不清，属涅伽达文化Ⅱ时期，现藏大都会博物馆，其中一把梳子上面是一头河马，另一把上面是长颈鹿，造型奇特。可惜的是梳齿已断。

图 13.68　梳子。纽约大都会艺术博物馆藏

第三，盛舀化妆品用的勺。古代埃及人的勺，大概可以分为 2 类：一类是日常生活中舀汤用的工具；另一类是盛化妆用的油膏等的勺，它们是人们在化妆时盛化妆品或舀化妆品的。前一类保存下来的比较少，后一类保留下来的比较多。

关于盛化妆品用的勺，保留下来的不仅数量多，而且类型也较多，造型非常漂亮，它们都可以说是文物精品，反映了古代埃及人的创意。古代埃及人喜欢化妆，因此，与化妆有关的文物比较多，如化妆勺、盛化妆品的器皿、调色板等。这里且举几个这类勺的例子。

一个是属于格尔塞时期的化妆勺，此勺是一个妇女在巴拉斯挖盐时发现的，由彼特里送给阿什莫林博物馆。此化妆勺是用河马骨雕刻而成的，呈象牙色，可惜勺的部分已残，但勺柄部分却保存完好。勺柄雕刻的是一条狗和一头狮子，似一头狮子咬住狗的尾巴。此化妆勺造型奇特优美，可以说是一件精品。

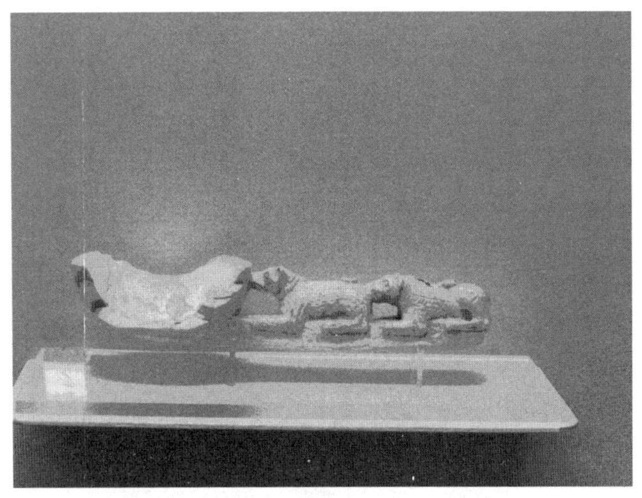

图 13.69　化妆勺。牛津阿什莫林博物馆藏

另一个化妆勺类型，如图 13.70 里的 2 个化妆勺，每个勺都分 2 部分，一部分是勺，另一部分是作为装饰的柄。其中一个的柄是一个手持莲花的女孩或女神，另一个勺的柄是 2 颗纸草花。这 2 个化妆勺的雕刻都很精细，都可以说是艺术精品，它们现藏法国卢浮宫博物馆。

图 13.70　化妆勺。巴黎卢浮宫博物馆藏

与此相似的是收藏在彼特里博物馆的一个化妆勺，是木质的，属新王国第 18 王朝时期。勺的部分呈圆形，柄的部分雕刻有一艘纸草船，船似乎正在水上航行。水面呈锯齿状的波浪形，水里生长有莲花，还有鱼和河马等。船上站着一个裸体女孩，头上戴着莲花，她正弹着一种乐器，悠闲自在。这类化妆勺的造型都很美，雕刻也很细腻，意境也很好，都可以说是精品。

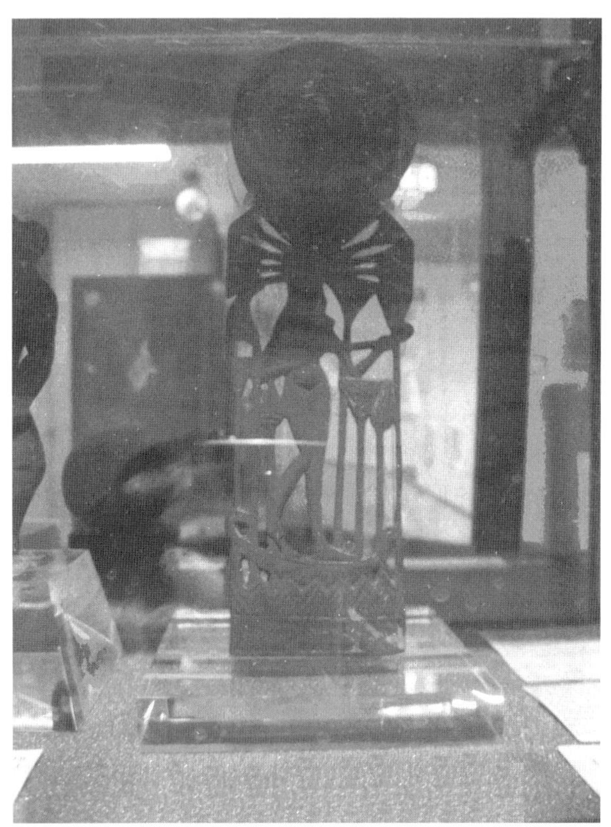

图 13.71　化妆勺。伦敦彼特里博物馆藏

还有一种化妆勺，形状是一个个手扶化妆勺游泳的女子，其中有的勺有盖，盖是鸭子的形状。这种化妆勺的造型也很别致。这几个化妆勺也是收藏在卢浮宫博物馆，属新王国第 18 王朝时期。

图 13.72　化妆勺。巴黎卢浮宫博物馆藏

收藏在美国大都会艺术博物馆的一个化妆勺，在总体上和收藏在卢浮宫的那几个游泳女子手扶化妆勺的造型差不多，只是游泳女孩手扶的化妆勺的勺盖是一个羊头。这个化妆勺属新王国第 18 王朝时期。与此相似的是收藏在美国波士顿博物馆的一个化妆勺，它和卢浮宫博物馆的游泳女子手扶化妆勺的造型更加类似，勺的部分是一只鸭子，而柄的部分则是一个游泳女子。

图 13.73　化妆勺。纽约大都会艺术博物馆藏

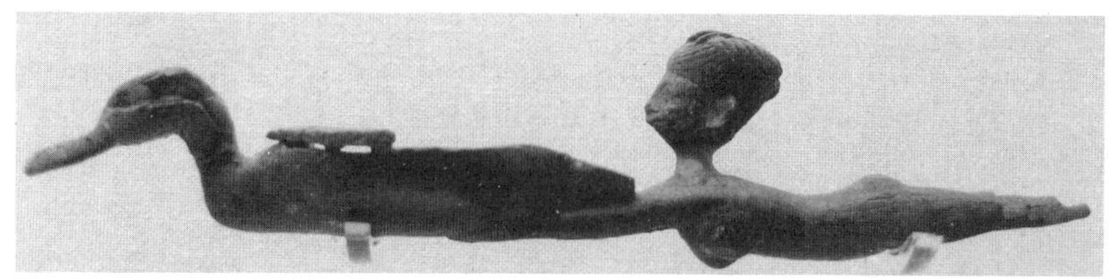

图 13.74　化妆勺。波士顿博物馆藏

木质化妆勺，出自萨卡拉，属新王国第 18 王朝时期，现藏布鲁克林博物馆。勺柄是一只豺狼的形状，造型奇特。

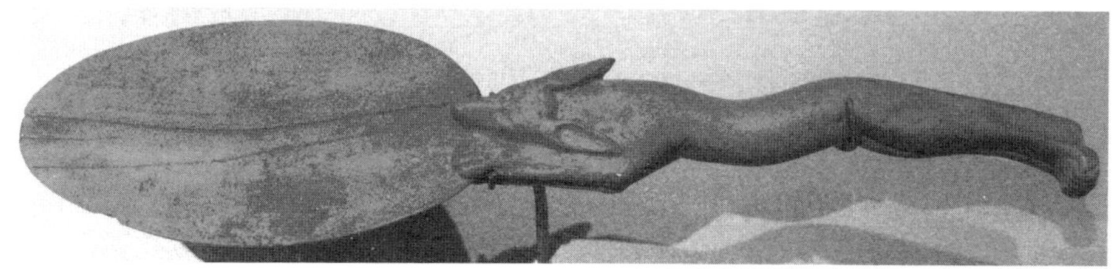

图 13.75　化妆勺。纽约布鲁克林博物馆藏

这些化妆勺表明，古代埃及人，古代埃及的工匠是非常心灵手巧的，他们把人们日常生活中用的东西制作成了艺术品，而且构思巧妙。一些埃及学家曾认为它们是为了盛放固态的油膏，并坚持这种看法。但也有一些埃及学家认为，这些精心制作而成的化妆勺常常是为入葬而准备的。

第四，盛化妆品的石瓶和石罐。化妆用油膏瓶：雪花石膏石，属古王国第 6 王朝国王佩比一世和麦伦拉统治时期，现藏大都会艺术博物馆，这两个石瓶都是一个母猴和一个小猴的造形，据说，这是暗指母性和生育力，也暗指带来石瓶中稀有的油和油膏，或油膏中的配料的那个国家。据说这些油膏或油膏中的配料具有使人返老还童的功效，这些石瓶可能是国王赐给有功的大臣或女人的。

猴子形油膏瓶：硬石膏(anhydrite)，出自阿卑多斯附近的基尔加(Girga)，属第二中间期第 13 到第 17 王朝时期，现藏大都会艺术博物馆。猴头是可以拆卸的，即可以移动的，猴子的双眼原来镶嵌有东西，现在没有了，猴子的脖子上有一串项链，其悬垂物是一个扇贝。在猴子的双手之间是一个小桶，原来有盖，现在已失。这个小桶是盛放化妆品用的。

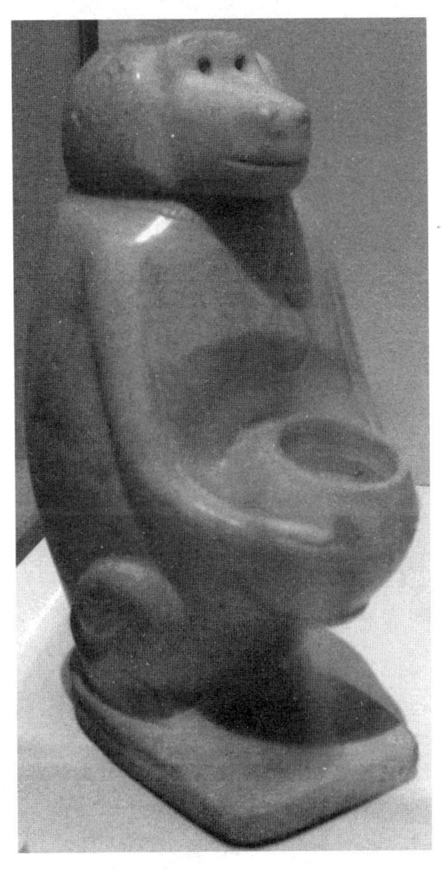

图 13.76　猴子形油膏瓶。纽约大都会艺术博物馆藏

提伊王后的油膏瓶：faience siliceuse（硅质的，或含硅的），呈黄色，属新王国第 18 王朝阿蒙霍特普三世统治时期，是阿蒙霍特普三世王后提伊的物品，是用来盛化妆品的，现藏法国巴黎卢浮宫博物馆。瓶子的口不大，但口沿很宽，无颈，瓶身上有王后和国王的名字（蓝色），写在椭圆形的王名圈框子里。

图 13.77　提伊王后的油膏瓶。巴黎卢浮宫博物馆藏

麦尔涅普塔赫墓里的盛油罐：方解石，出自底比斯西部国王谷的麦尔涅普塔赫墓，属新王国第 19 王朝麦尔涅普塔赫时期，现藏英国大英博物馆。2 个石罐是该墓中入口处附近的一个窖藏中的一部分。在有些石瓶上有僧侣体文字，记录了这些石罐的用处，记录中提及它们在埋葬麦尔涅普

图 13.78　麦尔涅普塔赫墓的盛油罐。伦敦大英博物馆藏

塔赫时曾用来盛过油。在这 2 个石罐中，大的一个有 2 只耳朵，上半部分是直筒形，肚子部分稍大，平底。小的一个石罐小口，有沿，短颈，无耳，大肚，平底，整个罐子有些类似中国的一种酒瓶。

涅菲尔塔利一世油膏瓶：雪花石膏石，出自阿蒙霍特普一世的墓里，属新王国第 18 王朝时期，现藏大都会艺术博物馆。瓶子的主人是雅赫摩斯一世的王后涅菲尔塔利一世。原物已经残破，这是经过博物馆修复的。其形状是溜肩形，圆腹，平底。上面有铭文，其内容为："国王之女，统治者的姐姐，神之妻，国王伟大的妻子，国王的母亲，雅赫摩斯·涅菲尔塔利，愿她永生！"

图 13.79　涅菲尔塔利一世油膏瓶。纽约大都会艺术博物馆藏

盛化妆品的器皿：属阿蒙霍特普一世时期，现藏法国巴黎卢浮宫博物馆，这个国王统治的时期保存下来的文物很少，因此十分珍贵。其中的一个石瓶，乳白色，口呈漏斗形，单耳，直颈，圆底，造型美观；后排右一和前排中间的瓶口下有一个人面(或猴面)，很是特殊；前排右一的口似乎镶了金边。这些形式各异的石质器皿，反映了古代埃及人在制造石器方面一贯的高超技艺，也反映了那时埃及的工艺水平和人们的欣赏水平。

图 13.80　盛化妆品的器皿。巴黎卢浮宫博物馆藏

黑色滑石石瓶：出处不明，可能属新王国第 18 王朝时期，现藏彼特里博物馆(文物编号：UC69853)。该石瓶以一只猿猴作柄，猿猴的 2 只后腿直立，2 只前臂屈臂扶在瓶口上，造型奇特。石瓶口有较宽的外沿(有缺

图 13.81　盛化妆品的石瓶。伦敦彼特里博物馆藏

口），直颈，腹部几乎成球形，圆底，因此它被放在一个桶里。此石瓶是盛放化妆品用的，其造型别致，制作工艺高超。

黑色滑石石瓶：出自巴拉斯，可能属新王国第 18 王朝时期，现藏彼特里博物馆(文物编号：UC69855)。该石瓶以一个站立的裸体女孩作柄，女孩双手下垂，站得笔直，头部紧紧靠在瓶口上，瓶口有较宽的沿，短颈，腹部较大，圆底，女孩站立在一个与石瓶相连的石墩上。此石瓶是盛放化妆品的，造型很是奇特，颇为少见，制作工艺高超，有较高的艺术价值。

图 13.82　盛化妆品的石瓶。伦敦彼特里博物馆藏

第五，眼线瓶。古代埃及人对化妆是非常讲究的，除了要在面部涂油膏以外，还要画眼线，至于画眼线用的是什么材料则不清楚。我们见到的眼线瓶有的是用玻璃制作的，有的是用 faiencs 制作的，呈纸草状，口很小，有沿(或与口平，或向下撇)。

德国柏林博物馆收藏的眼线瓶，是用 faience 制作的，属新王国第 18 王朝时期，约公元前 1450 年(文物编号：INV-NR 32257、32258)。这种眼线瓶是用来装化妆品(涂黑眼睑边缘的眼睑粉)的。眼线瓶口有外沿，瓶管呈圆筒形，下部略粗，主要花纹为波纹状。这种眼线瓶在欧美多个博物馆中均有收藏，如巴黎卢浮宫博物馆收藏的眼线瓶，蓝色，像一束纸草，上部略细，下部略粗，有波浪形水纹。

图 13.83　眼线瓶。柏林博物馆藏

图 13.84　眼线瓶。巴黎卢浮宫博物馆藏

美国大都会艺术博物馆也收藏有这种眼线瓶，眼线瓶为暗蓝色玻璃，纸草柱形，上面有锯齿状花纹。

图 13.85　眼线瓶。纽约大都会艺术博物馆藏

# 第十四章　古代埃及的宗教

## 第一节　文物中反映的古代埃及的多神崇拜

古代埃及是一个多神崇拜的国家。古代埃及宗教绵延数千年，始终没有形成统一的宗教思想和完整的宗教体系。但这并不妨碍它在古代埃及文明中占有特殊而重要的地位。宗教渗入古代埃及社会生活的各个部门和历史文化的各个方面。从政治、法律到道德习俗，从文学、建筑艺术到医学、数学、天文，都蕴含着宗教的思想，反映出宗教的根源。要了解和研究古代埃及的文明，就不能不涉及古代埃及宗教。

### 一、古代埃及宗教的起源和多神崇拜

古代埃及宗教起源于史前时代。那时人们在精神上还不能把自己从自然界中分离出来，在他们看来，自然万物，如日月星辰、风火雷电、高山大河及动物植物，都代表了神秘的不可违抗的力量，能够左右人的活动，主宰人的生死。于是他们把这一切当作神来崇拜，尼罗河、太阳、沙漠、狮子、鳄鱼、蛇等都成为他们崇拜的对象，图腾崇拜因此发展起来。每个部落都选择所在地区的特殊动物或植物作为图腾，奉其为神圣之物，认为它与部落成员有不同寻常的联系，能够保护部落成员。这样，最初的神便主要以动物的形式出现了。史前的动物墓葬以及表现战争场面的调色板上动物形象的胜利者，都说明了人对动物所代表的神的敬畏。

随着人的自我意识的加强，人对神的理解也趋于人性化，神的外形特性融入了人的因素。进入王朝时期以后，古代埃及的神由动物神逐渐发展为人身兽头形或者完全的人形，并且以这样的形象一直延续下去。因此有人认为，古代埃及的宗教具有原始性。

古代埃及国家的统一并未使宗教信仰也统一起来，相反，各地的保护神一起迈入了古代埃及的万神殿，受到人们的顶礼膜拜。随着历史的发展，新神又不断出现，结果神祇数目越来越多，特性较为明显的神约有200个，特性模糊或者存在时间不长的神几乎数不胜数。神之间缺乏有机联系，关系复杂混乱，有的甚至相互矛盾，如沙漠之神塞特通常是鹰神荷鲁斯的叔叔，但有时又是荷鲁斯的兄长。古代埃及人似乎对诸多不合理之处并不在意，他们甚至也同时崇拜相互敌对的神祇。这种对众神兼容并蓄的观念是古代埃及长期盛行多神崇拜的原因。

一般来说，诸神都有自己的崇拜中心和活动区域，它们在限定地区内发挥其神职，而在其他地方的影响力则减弱甚至默默无闻。但也有少数神在上下埃及都受到崇拜，如拉神、奥西里斯神、普塔赫神、托特神、塞特神、阿蒙神、哈托尔女神、伊西斯女神等，他们或曾经为埃及国家的主神，或具有特别的神职，强大的神力。根据传说，鹰头人身的荷鲁斯神是冥神奥西里斯和女神伊西斯的儿子，他曾为其父从塞特手中夺回王位，因而他一直被视为国王的保护神，并与国王地位等同。奥西里斯原为埃及国王，后遭其弟杀害，因妻子伊西斯和众神的帮助得以复活，成为冥世之主。拉神是太阳神，在古代埃及一直享有崇高而持久的地位，他主管天地秩序，从第5王朝开始，成为埃及的国神。普塔赫是手工业者的保护神，也是一位创世神。阿蒙神原为底比斯的地方神，新王国以后成为埃及的国神，被称为众神之王，地位极其显赫。托特神外形为鸟头人身，他是智慧之神，传说象形文字是由他发明的。哈托尔是女天神，她有多种形象，有时为人形，有时表现为母牛、狮子的样子，她主管爱情、舞蹈、酒及遥远的土地。

简言之，古代埃及神祇数目众多，不可胜数，他们一般都有其势力范围，行使不同神职。少数神在全国具有普遍影响。在多神并存的同时，整个国家还有一位最高神。最高神（主神）是随着法老世系及政治中心的兴替变迁而不断更换的，从王朝时代的初始到古埃及历史的结束，荷鲁斯神、普塔赫神、拉神、阿蒙神等都曾占据主神地位。

## 二、宇宙起源与人神关系

对宇宙本原的研究和对人神关系的解释是古代埃及宗教思想的基本内容，从中可以看到古代埃及人对自然界的认识和他们对人与自然界关系的思考。

古代埃及的许多文献都包含有创世思想，论及宇宙的初始状态和神的创造活动。各种说法不尽一致，有的还有前后矛盾、重复之处。古代埃及人对于世界究竟是由哪个神创造出来的问题，都推自己崇拜的神为创世神。因此，与多神崇拜的特点一致，古代埃及宗教中的宇宙起源说也是多种多样的。

比较系统的宇宙起源说有 3 种，分别出自 3 个宗教中心：希利奥波里、赫尔摩波里和孟菲斯，其中以希利奥波里的宇宙起源说流传最广。根据这种说法，在最早的时候，世界是一片原始混沌的水，叫作努恩（Nun）。太阳神拉从原始的蛋中破壳而出并开始创世活动。他首先创造了 2 位神：空气神舒（Shu）和水汽女神苔芙努特（Tefnut）。舒与苔芙努特结合生下地神格伯（Geb）和女天神努特（Nut），格伯和努特又生出奥西里斯和伊西斯、塞特和涅芙提斯（Nephthys），这 4 位神又组成 2 对夫妻。从第一代神拉到最后一代神奥西里斯，所有的 9 位神一起构成了著名的九神会。根据这个创世神话的进一步描述，天地被创造出来以后，遂从洪荒中升起。女天神努特在上，由空气神舒高高举起，覆盖着地神格伯。努特的手指和脚趾与地连接，她的躯体和四肢上流动着星星。希利奥波里的创世神话把宇宙的初始状态设想为一片原始水域，与古代埃及其他创世神话以至世界许多民族的创世说是一致的。古代埃及人可能是从尼罗河每年泛滥、淹没一切地方，水退之后万物生长这一自然环境中得到了启发。把天定为女性、地定为男性则与其他绝大多数民族的宇宙起源说截然相反，这是古代埃及人一种独特的看法。

孟菲斯宇宙起源说把孟菲斯的地方神普塔赫奉为宇宙创造之神，另外 8 位神祇，如荷鲁斯、托特、阿图姆(Atum)等，都是普塔赫神的一部分。普塔赫神通过思索，在自己的头脑中创造出世界万物。托特将他的创世思想转变为词语，当他说出这些词语时，世界万物就出现了。

赫尔摩波里宇宙起源说也把宇宙之初设想为混沌之水，水中出现了一个蛋，太阳神从蛋中破壳而出，成为一切生命的开始。从水中还出现了 8 位神，4 男 4 女，即原始水神努恩和女神诺娜特(Naunet)，空间神哈赫(Huh)和女神哈赫特(Hauhet)，黑暗神凯克(Kuk)和女神凯克特(Kauket)，隐形神阿蒙和女神阿蒙特(Amaunet)。他们以 2 种形象出现：一是猿形；一是人身兽头形，其中 4 位有蛙头，4 位有蛇头。这 8 位神构成赫尔摩波里八神会，但除阿蒙外，其他几位很少被古代埃及人提及。

在古代埃及的宇宙起源说看来，世界是由神创造的，神是世界万物的主宰。虽然人的创造在系统的宇宙起源说中没有得到强调，但人显然包括在神所创造的一切生命之中。在古代埃及的各种碑铭中随处可见神塑造了人，并赋予人以生命的词句与图画。人们对神怀有敬畏之情，把一切活动都与神密切地联系在一起，期望与神达成一种和谐的关系。

古代埃及人具有很强的民族优越感，他们认为埃及是世界的中心，是神所喜爱和保佑的地方。因此，他们在宗教感情上与神十分接近。古代埃及人推崇神的伟大力量，认为神无处不在，无所不能。人的一切活动，如寿命的长短、事业的成败、死后的归宿，都是由神来安排并受到神意的支配。信奉神的人将会得到神的帮助保佑，感受到神的仁慈。古代埃及有一个故事讲到，一位想生儿子的地方官按照神的旨意扩建神庙之后，神果然使他如愿以偿。古代埃及人相信，如果尊崇祭拜神，使神感到欢心愉悦，人就会得到神的恩典，生活幸福安宁。反之，如果违背神的意愿，渎神行恶，就会遭到神的惩罚，死后无法通过神的审判，身体被怪兽吞食，永远无法复活，为了避免这种结果，古代埃及人普遍使用巫术，相信巫术可以保护自己，甚至可以欺骗神祇。

为了表达人对神的敬畏和感激之情，求得神的欢心，获取神的帮助，古代埃及人大兴土木，为神修建神庙，雕刻神像，并供奉神所需要的一切物品，从每日的饮食到生活用品，保证神无所匮乏。神的祭日还要举行游行庆典，届时平民百姓也都来参加，热闹非凡。为了保证神庙用度，国王、贵族每年都向神庙捐赠土地、牲畜、金银等，普通百姓也依照财力提供贡物，神庙因此拥有大量财产，是国家经济中的最重要组成部分。专职服务于神的祭司也逐渐形成了一个特权阶层。

古代埃及国王居于神和普通人之间，被视为神的儿子，神在世间统治的代理人。国王的王权来自神授，并得到神的保佑。国王在活着的时候等同于荷鲁斯神，死后会成为奥西里斯神，加入了神祇的行列。为了回报神的恩典，国王以巨大的财力、物力、人力为神修建、扩建神庙，并尽可能向神庙捐赠各种物品。王权与神权的紧密结合、神权服务于王权是古代埃及历史最为突出的特征之一。

## 三、奥西里斯与来世信仰

古代埃及宗教思想中最独特之处，是古代埃及人强烈浓厚而又乐观的来世信仰，与此密切相连的是，在古代埃及宗教中，冥神和丰产神奥西里斯占有相当引人注目的地位。

古代埃及人生死观的形成受到了尼罗河流域独特的自然环境的影响。处于早期历史的古代埃及人还没有把人与自然界完全区分开来。尼罗河每年泛滥期的到来与结束，与之相应，植物的繁盛与枯亡、太阳每日的升起与落下，这些自然景物周而复始，反复无穷，明显的生死循环现象使古代埃及人形成了这样一种观念：世界是由无数反复组成的永恒，自然万物可以由死复生，人也如此，死后生活是现世生活的继续。在古代埃及人的眼里，现世只是短暂的一瞬，来世才是永恒长存的。因此他们在生前就开始为来世做准备，尽其所有修建和装饰坟墓，以便在来世有一个舒适而富有的家。人的来世生活与现世一样，有吃喝、休息、娱乐的需要，所以建造坚固的墓室，刻画昔日奴仆成群、朝夕宴乐的生活图景，置放各种生活用品和装饰品，都是为了在后世安享荣华。此外，对尸体也要采取保护措施。人死后灵魂不灭，而尸体正是灵魂依存的基础。没有尸体，灵魂便无所依附，人也就无法得到复生。因此，尸体要制成木乃伊，以保证它久远而不坏。除此以外，死者要获得复生，进入永恒天国，还必须经过冥府之王奥西里斯的审判，得到他的赞同。

古代埃及人关于后世生活的信仰与奥西里斯的神职和神话传说有密切关系。奥西里斯神的起源十分古老，在古代埃及它一直被当作土壤、植物以及尼罗河水的化身，以其周而复始、永生不灭的自然繁殖力而受到人们的崇拜。古代埃及人常把谷物种子和泥土混在一起，模压成奥西里斯神像随葬死者，以求死者复活升天，或者是把这种特制的神像埋在地里以确保农作物丰收。在古代埃及人看来，奥西里斯是农作物生长和丰产的保护神，是强大的繁殖力和生命不灭的象征。另一方面，奥西里斯又是来世之主。这一神职与他的复活故事有关。传说奥西里斯继承其父格伯的王位，成为远古时候埃及的国王。他以贤明公正而受到人民的爱戴。但他的兄弟塞特对他十分嫉恨，设计杀死了他，并将他的尸体分成 14 块，散布于埃及各地。奥西里斯的妻子伊西斯历尽艰辛，找到了这些碎块，只是生殖器被一条鱼吞食，已无处可寻了。伊西斯化为鸟形，伏于尸上，感而受孕，生子荷鲁斯。荷鲁斯长大成人以后，便开始为他的父亲报仇。他与塞特之间爆发了一场残酷的争斗，荷鲁斯为此失去一只眼睛，但最终赢得了胜利。众神最后判决，使荷鲁斯成为上下埃及之王。奥西里斯也得以复活，做了来世的国王。奥西里斯复活的神话在埃及广为流传，深入人心。它给人们带来莫大的安慰——既然奥西里斯战胜了死亡，那么一个人只要笃信此神，也能够得到长生不死的恩典。

新王国时期，死后审判的思想在埃及普遍流行。人们相信，极乐的来世生活只有那些通过了由奥西里斯神主持的死后审判的人才可以享受。在古代埃及人描绘的审判大厅里面，奥西里斯身居王座，其后并立着伊西斯和涅芙提斯姐妹。42 位神组成的陪审团在大厅的另一边。大厅中间放着巨大的天平。阿努比斯(Anubis)，奥西里斯的侍从，把死者引入大厅，调整天平，一端放上死者的心，另一端是代表公正、真理、秩序的玛阿特(Maat)。智慧之神托特记录判决并宣布于众。死者应首先向诸神报告自己生前的善功与罪行，当然都是善功甚多，罪行无有。神为了判断真假，要把死者的心放在天平上称量。结果会有 3 种：恶重于善者会被怪兽立即吃掉；善重于恶者将由荷鲁斯引到奥西里斯面前，并为诸神接纳，成为他们中的一员，从此进入极乐世界；二者相等者则需戴上避邪物，为奥西里斯服务。为了迎合人们通过审判、进入天国的愿望，新王国时期的祭司们编写了大量的符咒，提供回答审讯的标准答案和各种通过审讯的巫术方法，这些符咒汇集在一起便是所谓的《死者之书》。实际上，与《死者之书》具有类似作用的符咒在古王国时期末期就已出现，但只刻在国王金字塔的墓室墙壁上，被称作“金字塔铭文”，用以帮助国王复活升天。中王国时期其范围进一步扩大，达官贵人的石椁之上也大量地刻上了这种咒文，是谓“石棺铭文”。新王国时期的《死者之书》则是写在纸草上，普通人也可以随棺入葬。《死者之书》的内容除上述符咒外，还有关于丧葬礼仪的戏曲，献给神灵们的祈祷文、诗篇和神话等。

## 四、文物中反映的古代埃及人对蛇神的崇拜

古代埃及人盛行动物崇拜，如对老鹰的崇拜即对鹰神荷鲁斯(Horus)的崇拜、对狮神舍克赫麦特(Sekhmet)女神的崇拜、对牛神哈托尔(Hathor)的崇拜、对鳄鱼神索别克(Sobek)的崇拜、对蝎子女神(Scorpion-goddess)舍尔克特(Serket)的崇拜等。

古代埃及人把蛇当作神来崇拜，而且是把毒性很强的眼镜蛇作为神来崇拜(蛇，尤其是毒蛇，人们对它感到恐惧。我国十二生肖中的蛇应该是人们对蛇的恐惧的一种表现，同时也应当是把蛇当作神来崇拜的一种表现)。

古代埃及早期的文物中对眼镜蛇的崇拜主要是与国王有关的，其形式有 2 种：一是作为王徽(王冠)；二是作为王衔，即作为保护神。我们知道得最早的古代埃及的王徽是红冠。红冠的形状像一把椅子，其前方为一条昂首挺立的眼镜蛇。

红冠据说是下埃及国王的王冠，而且是最早的王冠。红冠上的蛇是下埃及的眼镜蛇(Uadjet)，是一个女神。埃及人对它的崇拜非常早，我们现在看到的最早的红冠形象属于涅伽达文化Ⅰ时期晚期，即大约在公元前 3600 年。其证据是当时出现的红冠形象上就有一个眼镜蛇的形象。这个红冠的形象出现在一个黑顶陶上，它是彼特里在涅伽达的 1610 号墓发现的。在《帕勒摩石碑》上，在前王朝时期的部分保留了至少 9～12 位头戴红冠的国王的名字。

红冠被认为是下埃及国王的王冠，白冠是上埃及国王的王冠。白冠被认为象征的是一只鹰，白冠的出现晚于红冠，是在涅伽达文化Ⅰ、Ⅱ时期之间的事情，所以，可以说，古代埃及人对眼镜蛇的崇拜早于对鹰的崇拜。

我们见到的头戴红冠的国王，最早的是第 1 王朝的第一个国王纳尔迈。在纳尔迈权标头上，纳尔迈头戴红冠，坐在 9 层台阶之上。在纳尔迈调色板的背面，他头戴红冠，正在检阅。还有一个纳尔迈的头像，也是戴的红冠，但因为残缺，已见不到蛇标。

图 14.1　纳尔迈权标头图。牛津阿什莫林博物馆藏

除了在红冠上有一个眼镜蛇以外，在第二中间期出现的兰冠上也有一个眼镜蛇的形象，第 18 王朝及以后，经常可以见到国王雕像的头上戴着兰冠，说明国王对眼镜蛇极其崇拜。例如，图 14.2 第 18 王朝时期的国王阿蒙霍特普三世的半身像，他头上戴的就是一顶兰冠，在兰冠的前面是一条眼镜蛇。

图 14.2　头戴兰冠的阿蒙霍特普三世国王像。巴黎卢浮宫博物馆藏

有关蛇神崇拜的另一个方面的表现是王衔。古代埃及有多种王衔，其中与眼镜蛇有关的是鹰蛇式，其形象为眼镜蛇与老鹰。我们现在见到的最早的鹰蛇式王衔是早王朝第 1 王朝时期的文物。例如，在彼特里的《第 1 王

朝王墓》一书中，有不少文物上面有鹰蛇式王衔符号。图 14.3 是第 1 王朝国王卡阿的一块石头破片上的王衔符号，现藏大都会艺术博物馆。鹰蛇式或两妇人式王衔，指的是上埃及的鹰和下埃及的眼镜蛇，这样的王衔既表明了他对上下埃及的统治，也表明了他受到上埃及的鹰神荷鲁斯和下埃及的蛇神的保护，或他崇拜这两个神。

图 14.3　卡阿的鹰蛇式王衔。纽约大都会艺术博物馆藏

古王国时期的第 3 王朝时期的开国之君乔赛尔留下了一件与这个王衔有关的文物，上面雕刻的鹰蛇式王衔很规范。这就是在他雕像的基座上，雕刻了他的名字和所采用的王衔符号。

人们在达赫淑尔地方的一座神庙里，发现一块第 4 王朝的开国之君斯尼弗鲁的浮雕。这块浮雕石板上，有 2 个双王衔，一个是鹰蛇式或两妇人式；另一个是树蜂式。浮雕内容表明了对眼镜蛇的崇拜，或受到眼镜蛇的保护。

图 14.4　鹰蛇式或两妇人式王衔。开罗埃及博物馆藏

除了王徽和王衔与眼镜蛇有关以外，还有国王头前的蛇标也与崇拜眼镜蛇或祈求眼镜蛇保护有关。我们现在见到的国王头前的蛇标最早的是在第 4 王朝的吉德弗拉的一个头像上，在那里有一个蛇标，那是眼镜蛇的象征。据说，这个头像可能是一座狮身人面像的一部分，如果真是这样的话，那么，它将是第 4 王朝时期的哈夫拉国王金字塔前的一座巨型狮身人面像的前驱，而且，在哈夫拉的巨型狮身人面像的头前，也有一个蛇标。此后，在埃及的许多狮身人面像的头前，都有一个蛇标，表明这种蛇标几乎成为国王形象的一个标志。有的王室成员的头前，还有 2 个蛇标，如第 18 王朝国王阿蒙霍特普三世的王后提伊的一个头像前面，就有 2 个蛇标，它们分别戴的是红白二冠。红白二冠之间有她的名字，写在一个椭圆形的框子里。名字的两边还各有一只鹰和一条眼镜蛇在保护着她的名字。拉美西斯二世的一个王妃的头像上也有蛇标，而且是双蛇标。蛇标在前额，安置在发箍上。不仅如此，在此王妃的头顶上还顶着一圈眼镜蛇，它们昂然挺立，头顶上全是太阳圆盘。

不仅在国王和王后等王室成员的头前有蛇标，而且在一些神的额前也有蛇标。例如，收藏在都灵博物馆的哈托尔女神像的头前就有蛇标(但并不是所有的哈托尔女神的雕像头上都有蛇标，如卢克索博物馆收藏的一尊哈托尔的雕像头上就没有蛇标，波士顿博物馆收藏的哈托尔和孟考拉的雕像中，哈托尔的头上也没有蛇标)。柏林博物馆收藏的一尊狮头女神舍克赫麦特像，除了在头顶上有一个太阳圆盘以外，还有一个蛇标。大都会艺术博物馆收藏的一尊狮头女神的雕像头上也有蛇标。这说明，古代埃及人对眼镜蛇的崇拜已经根深蒂固，在他们的心中不仅人崇拜眼镜蛇，连神也崇拜它。

图 14.5　拉美西斯二世王妃像。开罗埃及博物馆藏

古代埃及人对眼镜蛇的崇拜，除了表现为王徽、王衔和蛇标以外，还有其他的表现形式。例如，在中王国时期的国王辛努塞尔特二世的一条项链的胸饰上的图案中就有眼镜蛇，这条项链和胸饰是用黄金、松绿石、琉璃石和光玉髓等材料制作而成的。该项链发现于埃勒-拉呼恩地方辛努塞尔特二世的埋葬综合体里的萨特哈托利乌列特公主的墓里，现藏开罗埃及博物馆。该项链上的胸饰呈梯形，上面的图案是两只头戴红白双冠的鹰(象征的是鹰神荷鲁斯)守护着辛努塞尔特二世的王名，在两只鹰神荷鲁斯的背后各有一条眼镜蛇，眼镜蛇的尾巴套在一个象征生命的符号里，并圈卷着一轮太阳。

图 14.6　胸饰。开罗埃及博物馆藏

偶尔，古代埃及的艺术家也会制作出一些富有创意的作品，如下图头戴哈托尔女神头饰的眼镜蛇雕像，属新王国第 18 王朝的哈特舍普苏特和图特摩斯三世统治时期，现藏大都会艺术博物馆。这是森穆特的一座雕像，他手扶一个哈托尔女神头饰的眼镜蛇，森穆特呈跪姿，这种跪姿始自古王国第 4 王朝时期。

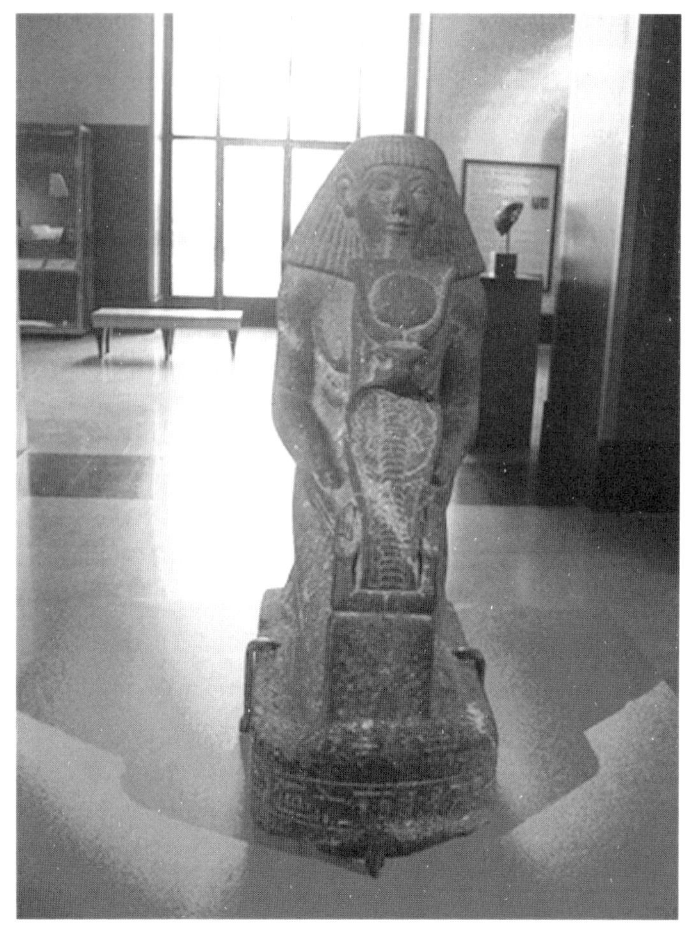

图 14.7　眼镜蛇雕像。纽约大都会艺术博物馆藏

图坦卡蒙墓里发掘出来的一个收藏脏器罐的柜子上面的四周装饰了许多的眼镜蛇，该橱柜高 198 厘米，宽 125 厘米，长 153 厘米，是 1922 年由考古学家卡特发现的，属新王国第 18 王朝的阿马尔那时期，现藏开罗埃及博物馆。此橱柜造型似一座小型神殿，放在基座上。在橱柜上方四周挺立着许多头顶太阳圆盘的眼镜蛇，在它下面是天盖，天盖下面的四周也有许多头顶太阳圆盘的眼镜蛇蛇神。橱柜由 4 根柱子支撑着，柱子中间站着 4 个守护女神，她们面向橱柜，展开双臂做保护状。

据说，第 6 王朝时期，还曾崇拜一个被称为涅赫布考(Nehebukau)的蛇神，对它的崇拜一直持续到第三中间期。这个蛇神也是以保护王权为己任的。有时它也被做成护身符(amulet)，其形状为一个男人，但有蛇头和蛇尾。据有的学者说，在金字塔铭文中，它被说成是蝎子舍尔克特女神之子，但这个蛇神是眼镜蛇还是别的种类的蛇，我们并不能确定，其起源是什么也不甚清楚。

法国卢浮宫博物馆收藏有一块石灰石石碑，名为蛇碑。石碑上面只是雕刻了一些眼镜蛇(cobra)。这在古代埃及的众多石碑中是很少见的。我们看到，石碑上的浮雕分上下 2 部分，上面一部分雕刻的是两条蛇，蛇头彼此相对而立，蛇头上是一个哈托尔女神的头饰：2 只牛角中间有一轮太阳，蛇身弯曲成弓形；下面一部分也雕刻了一些蛇，它们分成两排，相对平躺着，头略为抬起，身子呈滑行状。这个石碑所要表现的内容很明显，但其所要表达的意思是什么却不清楚，是否是眼镜蛇也不清楚。

图 14.8　蛇碑。巴黎卢浮宫博物馆藏

我们在文物中见到的普通群众对蛇神的崇拜，是在新王国时期才有的。

新王国的第 18 王朝时期，在上埃及底比斯地区兴起了对一个名叫麦列特舍吉尔(Meretseger)的女蛇神的崇拜。麦列特舍吉尔女蛇神也是一个眼镜蛇女蛇神，其名字的意思是“她喜欢安静”(she loves silence)，有时也以“西方的山峰”(the peak of the west)而为人们所知晓。对这个女蛇神崇拜的主要地点在底比斯西部的一个工人村戴尔·埃勒-麦迪纳，这个村子是在新王国第 18 王朝的图特摩斯一世时期才逐渐形成的，工人村工人的主要职业是为国王和贵族修坟造墓，或为这些墓进行装修(雕刻和绘画等)，他们靠国家发给食物(如粮食、蔬菜、油等)维持生计(在第 20 王朝时期，曾多次发生墓地工人因为粮食等的供应中断而罢工)。在第 21 王朝时期，这个工人村就衰落了，对这个神的崇拜也衰落了。

我们见到的最早的有关麦列特舍吉尔这个女蛇神的文物是收藏在开罗埃及博物馆的一座国王阿蒙霍特普二世的立像。该立像高 125 厘米，用花岗岩雕刻而成，出自卡尔纳克神庙，属新王国第 18 王朝时期。在这座雕像中，国王上身赤裸，下身穿短裙，裙子用裙带系住，裙带有带钩，带钩上有国王阿蒙霍特普二世的名字(写在一个椭圆形的框子里)，裙子的下摆上有 2 条眼镜蛇。他脚踩 9 张弓(其中右脚下是 4 张弓，左脚下是 5 张弓)，呈前进姿势，双臂紧贴身体，自然下垂，双掌按在裙子的下摆上。在这座雕像中，阿蒙霍特普二世头戴白冠，有眼镜蛇的蛇标，头部后面是盛开的莲花，在白冠之上有蛇神麦列特舍吉尔。这个女蛇神麦列特舍吉尔是国王授意工匠雕刻上去的，还是工人自作主张雕刻上去的，我们不得而知。如果是国王授意的，那就说明对这个神的崇拜已经影响到了王室。如果是工人自作主张雕刻上去的，那又另当别论。

图 14.9　阿蒙霍特普二世立像。开罗埃及博物馆藏

第 18 王朝时期，还有一件麦列特舍吉尔女蛇神的文物，就是收藏在美国纽约布鲁克林博物馆的一座人面蛇身的雕像。据博物馆介绍，这条蛇就是麦列特舍吉尔。此雕像用砂石雕刻而成，可能出自底比斯的一座小礼拜堂或神龛里，供当地农民拜谒。这座雕像中，人头上有哈托尔女神的标志：一对牛角之间夹着一轮太阳，蛇头换成了人头，蛇身弯曲成弓形。

图 14.10　麦列特舍吉尔女蛇神。纽约布鲁克林博物馆藏

新王国第 19 王朝时期，还有 2 块石碑与麦列特舍吉尔女蛇神有关。一块是帕涅布(Paneb)的石碑，出自他在底比斯西部的戴尔·埃勒-麦迪纳工人村的墓里，用石灰石雕刻而成，现藏大英博物馆。石碑上的浮雕分上下 2 栏，上面一栏雕刻的是帕涅布在跪拜女蛇神麦列特舍吉尔，女蛇神头部高高扬起，蛇身卷曲成盘形。下面一栏雕刻的是 3 个人在跪拜女蛇神，这 3 个人可能是帕涅布的家人。

图 14.11　帕涅布的石碑。伦敦大英博物馆藏

另一块是工人村的纳克赫特明(Nakhtmin)的石碑，该石碑也是用石灰石制成的，现藏卢浮宫博物馆。石碑上的浮雕也分为2栏，上面一栏为麦列特舍吉尔女蛇神，它的头部挺立，蛇身卷曲；下面一栏为纳克赫特明在跪拜蛇神。

图14.12　纳克赫特明的石碑。巴黎卢浮宫博物馆藏

对麦列特舍吉尔女蛇神的崇拜直到第 21 王朝时期，此后，对麦列特舍吉尔女蛇神的崇拜是否还存在，我们就不得而知了。

古代埃及人为什么会如此崇拜蛇神？我们没有看到古代埃及文献中对此有什么记载，也没有看到现代埃及学家对此有什么说法，因此只能推测。可能，在古代埃及，人们对蛇的崇拜起源于图腾崇拜，并在以后延续了下来，而眼镜蛇等有毒的蛇比较多，对人的危害很大，因而所有人对毒蛇都有一种恐惧感。在当时医疗水平极低的时代，对绝大多数的人来说，被毒蛇咬伤，可能是无法治愈的。因此，古代埃及人希望能得到蛇神的保护，让蛇不会咬伤自己，这大概是对蛇神进行崇拜的一个主要原因。对于古代埃及的统治者来说，可能除了希望蛇不要咬伤自己以外，还希望蛇神能保护自己的王位。但究竟是什么原因？我们不得而知。我们在这里所说的仅仅是一些推测，并没有什么根据。

古代埃及人对蛇神的崇拜对埃及周边地区也有影响，如古代巴勒斯坦地区的犹太人就曾在一个时期崇拜蛇神。

## 五、文物中反映的古代埃及人对鹰神荷鲁斯的崇拜

古代埃及人不仅把眼镜蛇当作神来崇拜，而且也把鹰作为神来崇拜，这就是鹰神荷鲁斯。无论在圆雕、浮雕中，还是在绘画中，常常可以见到鹰或鹰神荷鲁斯的形象。

把鹰作为神来崇拜，大概开始于氏族部落时代。那时，鹰是作为氏族部落的图腾而被崇拜的。后来，对鹰的崇拜被国王利用作为自己的保护神，成为国王的重要保护神荷鲁斯的化身。所以，从古代埃及留下的文物看，对鹰神荷鲁斯的崇拜也与对蛇神的崇拜一样，主要也是与王权有关的，其表现形式也是 2 种：一种是王徽；另一种是王衔。

王徽即王冠。古代埃及国王的主要王冠之一的白冠就和鹰有关，白冠的形象就是一只鹰。例如，蝎王权标头上的浮雕中，蝎王就戴着白冠，它

表示的是鹰神荷鲁斯保护着国王。

此后，国王头戴白冠的形象屡见不鲜。例如，在纳尔迈调色板正面的浮雕中，纳尔迈就是头戴白冠。

收藏在开罗埃及博物馆里的几座古王国第 4 王朝的国王孟考拉和几个女神在一起的雕像中，孟考拉站在正中，他头戴白冠，哈托尔女神和一个地方神站在孟考拉的两边。

古代埃及，在太阳神拉成为国王的主要保护神之前(在古王国第 5 王朝以前)，鹰神荷鲁斯一直是王权的主要保护神。在那以后，拉神虽然成了国王的主要保护神，但国王对鹰神荷鲁斯仍然是非常崇拜的，荷鲁斯仍然是王权的主要保护神之一。例如，第 4 王朝哈夫拉国王的一个雕像，其头的后部就有一只鹰，该雕像现藏开罗埃及博物馆。再如图 14.13，这是古王国第 6 王朝国王佩比二世的一座圆雕像，用雪花石膏石雕刻而成。他头戴白冠，右手拿弯钩，左手拿连枷，双手交叉于胸前，坐在宝座上，身后还站着一只鹰。

图 14.13　佩比二世像。纽约布鲁克林博物馆藏

关于鹰作为王衔(国王崇拜的神和国王的保护神)，早在蝎王权标头之前就已出现。涅伽达文化Ⅰ、Ⅱ时期之交的涅伽达的一座墓里(1456 号墓)发现的一个陶片上有一只栖息在一座圆屋顶上的鸟，埃及学家认为，那是一只鹰的最早形象，也是鹰神荷鲁斯在古代埃及作为王衔的最早表现，圆屋顶是王宫的表现形式，而一只鹰站在它的上面，表示的是鹰神荷鲁斯对王权的保护。

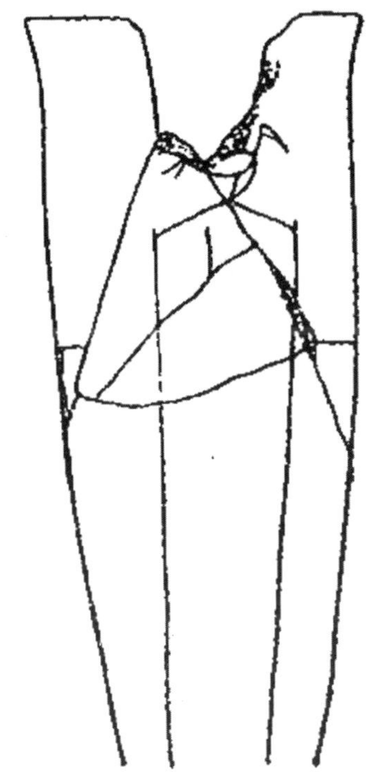

图 14.14　古埃及鹰的最早形象(手绘)

后来，鹰神作为王衔有 2 种表现形式。一种表现形式是一只鹰站在王名之上，而王名是写在一个长方形的框子里，如第 1 王朝国王捷特的名字碑，该石碑是彼特里在阿卑多斯地方的捷特的马斯塔巴墓里发现的，属早王朝第 1 王朝时期，现藏卢浮宫博物馆。在这块石碑上，雕刻了一个象征王宫的方框；在方框中有一条蛇，这就是捷特的名字；在方框之上有一只鹰，这是鹰神荷鲁斯的形象，其意义是鹰神保护着国王和国家(以王宫为其象征)。在早王朝时期，国王的名字都是写在这样的方框之中的。例如，在第1王朝国王勒涅布的名字碑中，也有一只鹰站在他的名字上方。

鹰作为王衔的另一种表现形式是鹰和蛇并立，即鹰和蛇合组为一个双王衔，称鹰蛇式或两妇人式王衔。这样的王衔形式在第1王朝时期可以说就已经形成并固定化了。因为我们在第1王朝的许多文物中都见到鹰和蛇并立作为王衔，前面已经说到在美国大都会艺术博物馆收藏了一块石头破片，上面雕刻了一个鹰蛇式王衔，等等。

古代埃及的圆雕、浮雕等文物中，鹰的形象很多，反映了古埃及人将鹰作为神来崇拜，或祈求鹰神(荷鲁斯)的保护，其形式是多种多样的。

例如，出自希拉康波里的用 faience 制作而成的鹰，属涅伽达文化Ⅰ时期，即在公元前4000—前3600年，现藏阿什莫林博物馆。这可能是荷鲁斯形象的最早证据之一。

涅伽达文化Ⅱ时期(格尔塞时期)的战场调色板(或称鹰狮击敌调色板)上有老鹰啃噬敌人的场面，在这里，老鹰是一个国家的象征。当时，以老鹰为象征的国家和以狮子为象征的国家结成了同盟，共同打败了敌人。

早王朝的纳尔迈调色板的正面，国王纳尔迈头戴白冠，继承了蝎王的传统，将鹰神荷鲁斯作为自己的保护神。在以后，白冠与红冠成为国王的主要冠式。

纳尔迈的利比亚贡赋调色板上，有鹰作为战胜国的象征，和狮子、蝎子一起，站在被打败的国家的城墙上，用锄头破坏敌人的城墙。

《帕勒摩石碑》上的铭文——《古代埃及的年代记》中，多次记载了对荷鲁斯的祭祀，该年代记是大约古王国第5王朝时期编订的一个王表，它记载了从前王朝时期到第 5 王朝时期的国王们的若干活动。据它记载，从第 1 王朝起就有荷鲁斯祭："王 T 的 X+1 年：荷鲁斯祭。""王 U 第 2 年：荷鲁斯祭。"以后的第 4 年、第 6 年、第 8 年均有荷鲁斯祭①，说明对荷鲁斯的祭祀已经成为国王或国家的一项正式祭祀活动。

在古王国前期，荷鲁斯一直是王权的主要保护神，这在第 4 王朝国王哈夫拉的雕像上得到了证明：他的头的后部有一只鹰，鹰展开双翅保护着他的头，形象地表示鹰神荷鲁斯是王权的保护神。

1898 年魁别尔在希拉康波里的一座荷鲁斯神庙中发现一个鹰头，属古王国第 6 王朝时期，现藏开罗埃及博物馆。鹰头上戴的是一顶奥西里斯的王冠，头前有蛇标。这座神庙始建于前王朝时期，后来曾多次修复，最后一次修复可能是在新王国时期。此鹰头说明，鹰与荷鲁斯有着密切的联系，即鹰就是荷鲁斯的化身。

在中王国和新王国时期，国王仍然把鹰神荷鲁斯看作是自己的保护神。这不仅表现在白冠是国王的重要冠式之一，而且表现在国王和王后与荷鲁斯的亲密关系上。例如，辛努塞尔特一世的立柱像，高 181 厘米，1895 年发现于埃勒-李斯特地方辛努塞尔特一世的金字塔综合体，属中王国第 12 王朝时期，现藏开罗埃及博物馆。这是一个四方立柱体，立柱的每一面都雕刻有一个辛努塞尔特一世的像，他们或戴红冠，或戴白冠。在这个雕像中，头戴白冠的国王双手都拿着象征生命的符号 ankh，并交叉于胸前。在卡尔纳克神庙也有一个类似的辛努塞尔特一世的雕像。

再如新王国第 18 王朝时期，阿蒙霍特普二世有一座人面、鹰翼、蛇身雕像，十分奇特，表现了对鹰神和蛇神的崇拜。

① 吉林师大、北京师大历史系编：《世界古代史史料选辑》上，第 2～7 页。

图 14.15　人面、鹰翼、蛇身像。开罗埃及博物馆藏

1922 年卡特在图坦卡蒙墓里发现的众多精美文物中，也有与鹰神有关的，如秃鹰形垂饰，用黄金和半宝石等制作而成，高 14.1 厘米，宽 16.4 厘米，秃鹰头上戴的是奥西里斯式的王冠，它展开双翅，两只爪子抓住的是象征生命的符号。这是把鹰神作为护身符的表现。在该墓

图 14.16　秃鹰垂饰。开罗埃及博物馆藏

里发现的另一个与鹰有关的是一条项链的垂饰，用黄金和红玉髓等材料制作而成。项链长 65 厘米，垂饰宽 9 厘米。它发现于图坦卡蒙的裹尸布里。垂饰的形象是一只张开双翅的鹰，鹰的头上有蛇标和太阳圆盘，鹰的两只爪子抓着象征生命的符号，这也是把鹰神作为国王的护身符的表现。

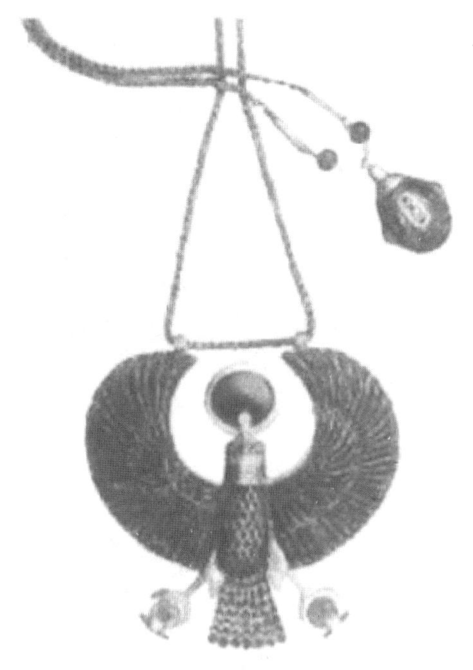

图 14.17　项链垂饰。开罗埃及博物馆藏

第 19 王朝时期有一幅浮雕，表现了谢提一世向荷鲁斯神献祭的场面，表现了对鹰神荷鲁斯的崇拜，希望得到鹰神荷鲁斯的保护。

第 19 王朝的著名国王拉美西斯二世有一座雕像，表现的是作为一个小孩的拉美西斯二世蹲在地上，在他身后有一只鹰保护着他。那时还有一块石碑，上面刻着拉美西斯二世的名字，在石碑后面，有一只鹰站着，似在保护着这块石碑和石碑上的拉美西斯二世的名字。

图 14.18　谢提一世向荷鲁斯献祭。现存国王谷谢提一世墓

图 14.19　荷鲁斯保护拉美西斯二世。开罗埃及博物馆藏

图 14.20　荷鲁斯保护拉美西斯二世的名字。伦敦大英博物馆藏

阿布·辛贝尔神庙中的浮雕里，鹰神荷鲁斯也多次出现。

对鹰神荷鲁斯的崇拜可能的起源：一是，鹰作为一种凶猛的禽类，很早就成为氏族部落的保护神、图腾，国家形成后，它又成为国家的保护神和象征，并且是从小国寡民式的国家神到大一统的国家神，君主专制的保护神。二是，传说中荷鲁斯是奥西里斯和伊西斯的儿子，在与奥西里斯的兄弟塞特的斗争中，荷鲁斯被地神格伯安置为上下埃及之王，全埃及之王，继承了奥西里斯的王位，因而理所当然地成了王权的保护神。

在王朝时代，对鹰神荷鲁斯的崇拜一直在继续，如在希腊人统治埃及的时期，托勒密王朝的国王还在埃德富修建了一座荷鲁斯神庙就是证据。

## 六、文物中反映的对哈托尔女神的崇拜

在古代埃及的动物崇拜中，人们对女牛神哈托尔的崇拜可以说是非常突出的，而且大多是和国王、王后有关的。

哈托尔女神是古代埃及的一个重要神祇。它在文物中出现最多的一种形象表现为一个妇女头顶牛角和太阳圆盘，少数情况下是在牛头上的2只角之间夹着一轮太阳，还有一种是有一双牛耳朵的妇女形象，等等。

哈托尔女神被认为是与性、娱乐和音乐有关的一个神。她被认为是“拉神之女”、“拉神的眼睛”、“天空之妇”、“西方之妇”、“西方山脉之妇”、“faience之妇”等。其祭祀中心开始是在孟菲斯，后来，从古王国时期起，直到希腊罗马人统治时期，它的主要祭祀中心转移到了登德拉(Dendra)。在托勒密王朝统治时期，登德拉修建了一座哈托尔神庙。

在古代埃及，神与神的关系错综复杂，关系很乱。例如，古代埃及有一种关于王权起源的神话，太阳神拉与哈托尔女神生了鹰神荷鲁斯。在这一神话中，哈托尔女神具有多重身份：她既是拉神的妻子，荷鲁斯的母亲，又是拉神的女儿，还是拉神的母亲。有学者说，哈托尔女神的多重身份反映了在生命不断延续更新过程中女性角色的转换和男性因素从父亲转换为儿子的中介作用。在哈托尔同荷鲁斯的关系上也可以看出这种关系的混乱：她的名字的字面意义是“荷鲁斯之屋”(house of Horus)，有时被认为是荷鲁斯的妻子，有时也被认为是荷鲁斯之母(虽然，一般人都知道，荷鲁斯的母亲是伊西斯女神，即奥西里斯的姐妹兼妻子)。由于荷鲁斯是王权的保护神，因此，她有时也被认为是国王之母，因而国王有时也被称作“哈托尔之子”。

古代埃及留下若干有关哈托尔的文物，其中有圆雕、浮雕和绘画。

古代埃及流传下来的雕像中既有哈托尔自己的雕像，也有哈托尔与国王和王后在一起的雕像。关于哈托尔自己单独的雕像，如意大利都灵埃及博物馆收藏的一座哈托尔女神的雕像。该雕像是用闪长岩雕刻而成的，出自科普托斯(Koptos)，属新王国第18王朝时期。在这尊女神的雕像中，哈托尔呈人面，女人身，头上长有一对牛角，在2只牛角之间是一轮太阳。她的前额上有一个蛇标，即眼镜蛇的上半身，头部昂然挺立。这座雕像中，

图 14.21　哈托尔女神像。都灵埃及博物馆藏

女人的眼睛、耳朵、鼻子、嘴等都刻画精准，可惜雕像已残。人们认为，在第 18 王朝国王阿蒙霍特普三世的王后提伊之后，哈托尔的面部特征按提伊王后的样子给模式化了。卢克索博物馆收藏有一座完整的哈托尔女神的坐像，黑色花岗岩，属新王国第 18 王朝阿蒙霍特普三世统治时期。大都会艺术博物馆收藏有一座哈托尔女神雕像的头部，闪长岩，属新王国第 18 王朝阿蒙霍特普三世时期。

图 14.22　哈托尔女神像。卢克索博物馆藏

图 14.23　哈托尔女神头部。纽约大都会艺术博物馆藏

古王国第4王朝时期的孟考拉的几个组雕中，有孟考拉、哈托尔和某个地方女神在一起的形象，如收藏在开罗埃及博物馆里的孟考拉和哈托尔女神在一起的一个组雕中，孟考拉均是站在中间，而哈托尔都是站在国王的右手边。但收藏在美国波士顿博物馆里的孟考拉、哈托尔女神和一个地方女神在一起的组雕，具有重要特征，那就是在这个组雕中，哈托尔站在了中间，而国王孟考拉却站在了她的左手边，在她的右手边是一个地方神。

图14.24 孟考拉和哈托尔女神。开罗埃及博物馆藏

图 14.25　哈托尔女神和孟考拉。波士顿博物馆藏

新王国时期，有一件文物，表现的是哈托尔女神与阿蒙霍特普二世在一起。阿蒙霍特普二世站在以母牛形象出现的哈托尔女神的下巴下边，而阿蒙霍特普二世之子图特摩斯四世则正在吮吸母牛的乳汁。在这里，哈托尔显然是以国王之母的形象出现的。第 19 王朝时期著名的法老拉美西斯二世在自己的阿布·辛贝尔神庙旁为自己的爱妃涅菲尔塔利二世和哈托尔修建了一座神庙。

图 14.26　阿蒙霍特普二世与哈托尔女神。开罗埃及博物馆藏

收藏在意大利都灵埃及博物馆中的一座拉美西斯二世的坐像上，也有哈托尔女神站在他的旁边，不过，哈托尔女神比拉美西斯二世要小得多，而且是站着的。

许多有关国王或王室女性的雕像或浮雕、绘画中都可看到他们与哈托尔在一起。王后涅菲尔塔利二世墓里的绘画中，也有她与哈托尔在一起手牵着手，情同姐妹的情景。

图 14.27　拉美西斯二世和哈托尔女神。都灵埃及博物馆藏

图 14.28　哈托尔和涅菲尔塔利二世。现存涅菲尔塔利二世墓

在希腊罗马时期的文物中还有哈托尔的形象。

为什么古代埃及人，从普通人到王室，对牛如此崇拜？我们知道，牛是古代埃及人肉食和奶的重要来源，也是供奉的重要物品。在王室、神庙和官僚贵族的经济中，牛既是耕地的主要劳动力，也是财富的象征。公牛的力量大概也是古代埃及人崇拜的一个重要原因，所以，在前王朝时期晚期，即格尔达时期，有一块公牛击敌调色板，表现的就是一头公牛在攻击敌人，这头公牛是一个国家或一个部落的图腾或象征，表现了对公牛的崇拜。而在古王国时期及其以后，则是表现为对女神哈托尔的崇拜。

## 七、文物中反映的对狮头女神舍克赫麦特的崇拜

在古代埃及盛行的动物崇拜中，狮子也是其崇拜的动物之一。因为狮子是力量和勇猛的象征，所以，在前王朝时期，有的小国家就以狮子为象征或崇拜对象，在那时的战场调色板上，有一个场面，象征一个国家的一头狮子正在攻击敌人。在利比亚贡赋调色板中，在一座城市上站着一头狮子，那是一个战胜国的象征。在这两个例子里，狮子就是一个国家的象征。

在古代埃及，狮子被认为是进入天国大门的守护神，也可能被认为是家宅的守护者，就像我们中国的一些大院门口安置有石狮子一样。

古代埃及有若干狮子的雕像或塑像保存下来，其中有坐狮，如红陶坐狮，1897 年同哈谢海姆威的雕像等一起发现于希拉康波里，属古王国第 6 王朝时期，现藏阿什莫林博物馆。它是一座警卫似的狮子像，狮子臀部坐在地上，前腿支撑在地上，双目直视前方。

图 14.29　红陶坐狮。牛津阿什莫林博物馆藏

古代埃及还留下若干卧狮，如在大都会艺术博物馆收藏并展出的一座狮子像，花岗岩，出自伊赫纳西亚·埃勒-麦迪纳(Ihnasya al-Medina)，即赫拉克列奥波利·马格纳(Herakleopolis Magna)，属古王国第4王朝时期，它趴卧

图14.30　趴狮。纽约大都会艺术博物馆藏

图14.31　卧狮。伦敦大英博物馆藏

着，前腿向前伸。大英博物馆也收藏有一座狮子像，是用红色花岗岩雕刻而成，它侧卧着，头向右，前腿前伸并交叉于前(狮爪已残)，右后腿卧伏而前伸，左后腿似从身子底下伸到了右侧。从整体上看，它似乎还比较平和，但它不怒自威，尤其是它高昂的头使人感到一种威武的气势。这 2 座狮子雕像都雕刻得非常有神韵，显示了艺术家的非凡功底。

古代埃及还留下若干较小的狮子像，如图 14.32 所示，一个是用象牙制作而成的，属早王朝时期，出自阿卑多斯的奥西里斯神庙，它的脖子上还戴着项圈；一个是用角砾岩制作而成的，还有一个是用闪长岩制作而成的，它们现在收藏并展出于大都会艺术博物馆。这几只狮子都是作为游戏的棋子之类的物品而制作的。

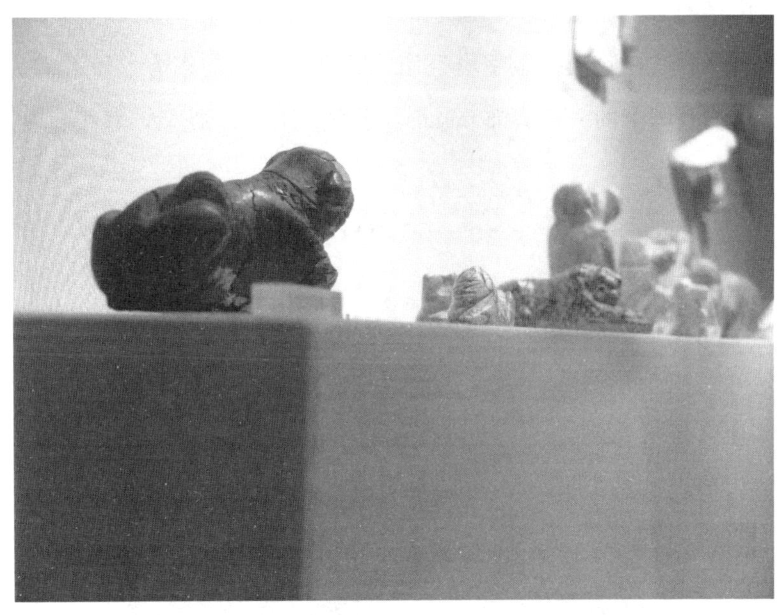

图 14.32　小狮子。纽约大都会艺术博物馆藏

古代埃及人喜欢狮子的另外一个表现是大量制作狮身人面像，这应当说是古代埃及文物中最具特色的一类。

狮身人面像，人们又把它叫作斯芬克斯(sphinx)。现存的狮身人面像都是狮子的身体，有一个人面，头戴 nemes，头前有蛇标，下巴上有假须，故名狮身人面像。古代埃及的国王们也喜欢用狮子来比喻自己，其重要表现就是把自己刻成狮身人面像。古代埃及保留下来的狮身人面像很多，但从现存的狮身人面像看，它们都不是一般人的，几乎都是以国王为蓝本的狮身人面像，即可能只有国王才能把自己雕刻成狮身人面像。所以，它是国王所专有的，即使是王后和神似乎也没有被雕刻成狮身人面像的。

从造型上看，古代埃及的狮身人面像大多是趴卧着的，其前腿向前伸直，后腿似蹲着的，头部扬起，双眼直视前方，尾巴向上卷起斜搭在身上。

现在我们知道最早的狮身人面像是古王国时期的，著名的哈夫拉金字塔前的那座狮身人面像就是古王国第 4 王朝时期的，它长 50 多米，高 20 米，据说是用一整块巨石雕刻而成的，是古代埃及室外最大、历史最悠久的大型石雕。它在哈夫拉金字塔祭庙的西北方，面向东方。雕像的头部戴的是古代埃及国王的一种头饰 nemes，前额上有一个蛇标，双眼直视前方。

图 14.33　吉德弗拉头像。巴黎卢浮宫博物馆藏

人们说，此狮身人面像以睥睨一切的雄姿匍匐在金字塔前，仿佛在守护着金字塔的秘密。它的下颌原来有胡须，据说有5米长，拿破仑侵略埃及时将其破坏了，19世纪时又被英国人运走了。据说该雕像是仿照哈夫拉的形象雕成的。狮身人面像的面部现在已残缺不全。但哈夫拉的这座巨大的狮身人面像还不是古代埃及最早的狮身人面像，据说最早的狮身人面像可能是第4王朝时期的吉德弗拉（又译为拉吉德弗）的一个头像，这个头像是一座狮身人面像的一部分，吉德弗拉的这个狮身人面像是用石英石雕刻而成的，高28厘米，1900—1901年卡森纳特（Chassinat）发现于阿布-罗什（Abu-Rowash），原像着色，现藏巴黎卢浮宫博物馆。吉德弗拉是第4王朝的第3位国王，是胡夫之后的一个国王。这个头像与哈夫拉金字塔前面的狮身人面像的头部十分相似。如果这个头像真是一尊狮身人面像的头部，那么，这将是我们见到的最早的狮身人面像（残），而且，据说他的这类头像保存下来的有20多个。从这个雕像看，吉德弗拉头上戴的不是白冠或红冠，而是nemes，头前有蛇标，以后埃及的许多国王雕像，特别是狮身人面像均采用了这个头饰。此头像除了鼻子破损外，基本保存完整，下巴上没有假须，这表明可能在制作这座头像时，国王还年轻。从雕刻技术上说，此雕像刀法简练，抛光技术也不错。此外，据说在哈夫拉之后，古王国时期可能还有一个乌塞尔卡夫的狮身人面像的头部。此后直到中王国时期人们再没有发现古王国时期其他国王的狮身人面像了。

在古代埃及国王的狮身人面像中，中王国第12王朝时期的阿美涅姆赫特三世的出自塔尼斯的狮身人面像与其他的狮身人面像在造型上很不相同。阿美涅姆赫特三世的塔尼斯狮身人面像，是用黑色花岗岩雕刻而成，高150厘米，长236厘米，1863年马里埃特发现于塔尼斯（Tanis，在三角洲地区），在那里发现了他的7座狮身人面像。在埃及同类雕像中，阿美涅姆赫特三世的这尊狮身人面像是别具一格的。虽然，这座狮身人面像也是呈卧伏状，前腿伸直（前腿已残），后腿卷曲在身体下面，头戴nemes，但它有不同于哈夫拉的狮身人面像的地方，就是在人的头上长出了狮子的耳朵，这对耳朵穿透了 nemes 伸了出来，另外一个不同之处是用厚厚的毛发把头部和肩部都给包了起来。有学者说，这种情况增强了狮身人面像头部浑厚凝重的效果，充分显示了庄严威武的力量。狮子的尾巴从右侧上卷，在基座两侧有他的王名和王衔。卢浮宫收藏有一座他的非常完整的狮身人面像，用红色花岗岩雕成，狮身造型极为准确生动，做工十分考究，雕像的人面部分丰满而生动，于威严之中略含慈和。有学者说，令人惊叹的是，古代无名匠师们在严格的程式限制下，运用对生活的深入观察以及在实践中获得的审美能力和技巧，智慧与才能，并把这些幻想出来而又定型化了的形象，表现得如此完美：人面的温文与狮爪的锐利相对比，直线与曲线相对比，身体的安稳与尾巴的动感相对比，使整个雕塑越发感到简练、单纯而又富于装饰性。

图 14.34　塔尼斯的狮身人面像。开罗埃及博物馆藏

到新王国时期，国王的雕像被雕刻成狮身人面的就多了，像哈特舍普苏特女王就有好几座狮身人面像。在哈夫拉的狮身人面像之后，最大的狮

身人面像大概是拉美西斯二世在孟菲斯的那尊狮身人面像了。

图 14.35　狮身人面像。孟菲斯博物馆藏

国王把自己比喻为一头狮子，并把自己化身为狮身人面像这种形象的情况，一直持续到托勒密王朝时期。

制作狮身人面像的材料有多种，如石头(既有花岗岩的，也有石灰石的)，熟石膏(如在开罗埃及博物馆就收藏有一尊新王国第 18 王朝时期的哈特舍普苏特的由熟石膏制作的狮身人面像)，青铜(如图 14.36，现藏法国卢浮宫博物馆)，不过我们见到的古代埃及用青铜制作而成的狮身人面像很少。这座青铜的狮身人面像也是头戴 nemes(有金色条纹和蛇标，身子底下的底座上绘有金色九弓，狮身人面像的底座前面也用金色绘有双王衔)、faience(如图 14.37，现藏大都会艺术博物馆)，这是新王国第 18 王朝国王阿蒙霍特普三世的，这座狮身人面像与其他的狮身人面像的不同之处在于，它伸直的前爪表现为一对手掌，并且托着一个献祭的酒罐，这可能说明此狮身人面像是一座献祭像。

图 14.36　狮身人面像。巴黎卢浮宫博物馆藏

图 14.37　狮身人面像。纽约大都会艺术博物馆藏

古代埃及国王喜欢用狮身人面像来表现自己，有的国王不只有一座狮身人面像，而是有 2 座甚至 3 座，如第 18 王朝女王哈特舍普苏特的狮身人面像在开罗埃及博物馆和美国大都会艺术博物馆都有收藏，而且还不止一尊，据有的书上介绍，在埃及的野外还有一座。那里的这一座狮身人面像收藏在大都会艺术博物馆，红色花岗岩，来自戴尔·埃勒-巴哈里祭庙，属新王国第 18 王朝时期。这座狮身人面像和哈夫拉的那座大狮身人面像一样，呈卧伏状，直颈抬头，头戴 nemes，下巴上有假须，双眼直视前方，前腿前伸，后腿卷曲于身下，神态恬静安闲，狮子尾巴向上卷曲于背上，然后斜垂于左边。这座狮身人面像上的铭文只保留了一部分："仁慈的女神……所喜爱的……她将永生！"从雕刻的技巧上看，这座狮身人面像表明，这时候的雕刻技术已十分娴熟，雕像线条流畅。在哈

特舍普苏特的狮身人面像中，这一座可能是最漂亮的一座，从雕像的整体形象看，女性特征很明显。

图 14.38　狮身人面像。纽约大都会艺术博物馆藏

第 18 王朝国王图特摩斯三世也不止一座狮身人面像，开罗埃及博物馆收藏了一座他的狮身人面像，纽约大都会艺术博物馆也收藏了一座花岗岩雕刻而成的他的狮身人面像。上面已经说到，在巴黎卢浮宫博物馆还收藏了一座用青铜制作而成的他的狮身人面像等。

出自底比斯的卡尔纳克神庙的一座用片麻岩制作而成的狮身人面像，属中王国第 12 王朝时期，现藏纽约大都会艺术博物馆。它像猫一样呈蹲伏状，其尾巴是带有国王标志的公牛尾巴。

图 14.39　狮身人面像。纽约大都会艺术博物馆藏

狮身人面像(图 14.40)，青铜制成，出处不清，属新王国第 19 王朝时期，现藏波士顿博物馆。它的前面有双蛇标，这表明它代表着一位国王。

图 14.40　狮身人面像。波士顿博物馆藏

狮身人面像(图 14.41)，木质，有条纹状花纹，出自底比斯，属新王国第 18 王朝晚期的埃赫那吞统治时期，现藏波士顿博物馆。形状为人头狮身，带翼。斯芬克斯是作为警卫出现的。这个斯芬克斯的翼很长，超过了身长，人们认为，这可能是要强调在战场上的快速和敏捷。

图 14.41　狮身人面像。波士顿博物馆藏

另一种狮身人面像，如图 14.42 所示，雪花石膏石，现藏大都会艺术博物馆。这座狮身人面像的特点是，它不像其他的那些狮身人面像是趴卧着的，而是站着的。

狮身人面像可以是单独的一个，也可以是一个物件上的附属品，如图 14.43 所示。这是在国王谷第 6 号墓里发现的一座狮身人面像，用 lapis lazuli 制作而成，属新王国第 18 王朝晚期图坦卡蒙统治时期，他原来是一个手镯或臂钏上的饰件，手镯或臂钏已经被窃贼盗走，留下了这个狮身人面像。

图 14.42　狮身人面像。纽约大都会艺术博物馆藏

图 14.43　作为饰件的狮身人面像。开罗埃及博物馆藏

古代埃及人还把狮子神化，创造出了狮头女神舍克赫麦特，这是颇具特色的。有不少狮头女神的像保存下来。例如，出自卡尔纳克神庙的一座狮头女神像，花岗岩制成，属新王国第 18 王朝时期，现藏德国柏林博物馆。此狮头女神为一座立像，头戴 nemes，有蛇标，头顶上还顶着一轮太

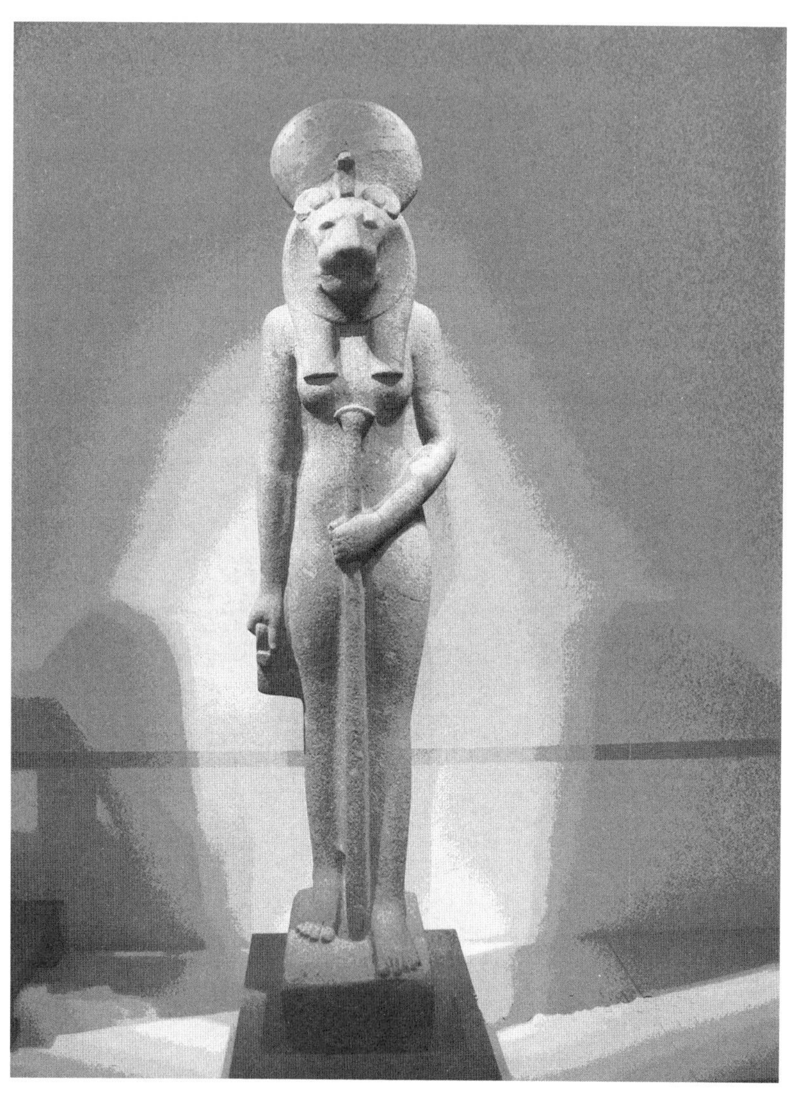

图 14.44　狮头女神像。柏林博物馆藏

阳，右手握着象征生命的符号 ankh，左手握一件兵器。再如，收藏在意大利都灵埃及博物馆的一座狮头女神像，坐像，所用石材是 quartz-diorite，出自底比斯，属新王国第 18 王朝时期。在该博物馆收藏有多座狮头女神像，有坐有站（其文物编号：cat245、246、247、248、260 等）。图 14.46 是收藏在大英博物馆的一座狮头女神像，该博物馆收藏并展出了多座狮头女神像。图 14.47 是收藏在大都会博物馆的一座狮头女神像，该博物馆展出了 4 座狮头女神像，狮头女神像大多头戴太阳圆盘，有的还有蛇标。狮头女神是一位复仇女神。

图 14.45　狮头女神像。都灵埃及博物馆藏

图 14.46　狮头女神像。伦敦大英博物馆藏

古代埃及盛行动物崇拜和自然崇拜的神很多，神像也很多。我们不可能一一介绍。下面介绍几个我们见到有文物保留下来的神。

图 14.47　狮头女神像。纽约大都会艺术博物馆藏

家宅神贝斯(Bes)，木质，高 28 厘米，属新王国时期，现藏大英博物馆。贝斯是一个家宅神，它站在一朵莲花上，左手似拿着一面手鼓，头戴高高的帽子，脸上似戴了奇形怪状的面具，有两只大耳朵。据说，对它的崇拜可能与人们希望免遭蛇的伤害有关，还有就是希望它能保护家庭和儿童。人们对它的崇拜大约开始于中王国时期，在中王国时期的拉呼恩(卡呼恩)地方曾发现过它的雕像。彼特里博物馆也收藏有一座贝斯神的雕像，1925—1932 年发现于埃赫塔吞，属新王国第 18 王朝时期。其模样和大英博物馆的贝斯像很不一样，但也是一个侏儒神。此贝斯神上身长，下身短，而且似乎有些罗圈腿，有一副猫的耳朵，眼睛、牙齿和舌头都是安装上去的。贝斯神在古代埃及是什么时候出现的，我们不是很清楚，但它被崇拜的时间很长，直到罗马人统治时期，还在崇拜它。开罗埃及博物馆收藏有一座罗马人统治时期的贝斯神像。

普塔赫神坐像，石灰石，出自底比斯的卡尔纳克神庙，属新王国时期，现藏都灵埃及博物馆。雕像的头部是经过修复的，在其宝座两边有它和国王的名字。普塔赫是孟菲斯地方的保护神，孟菲斯神学中，普塔赫是世界的创造者。它的形象最早在第 1 王朝时期就已经存在了，据说是在一个由方解石制成的碗上。它也是工匠的保护神。它的头是用一顶皮帽子包裹着的，只留下脸和耳朵，双手握着它特有的权杖。除了头部，全身被亚麻布包裹着。都灵埃及博物馆还有一座普塔赫神的立像，出自底比斯的卡尔纳克神庙。该雕像是经过修复的。

图 14.48　普塔赫神坐像。

都灵埃及博物馆藏

图 14.49　普塔赫神立像。

都灵埃及博物馆藏

穆特女神半身像，石灰石，发现于底比斯阿蒙霍特普三世的埋葬神庙附近，并可能是该国王统治时期的作品，现藏大英博物馆。这个穆特的像可能是个半身像，也可能是一座完整雕像的残部，雕像是经过修复的。从面部情况看，这是一座精雕细刻的作品。她的头发似假发，头顶上有一个高高的发圈。

图 14.50　穆特女神半身像。伦敦大英博物馆藏

尼罗河神哈皮像闪长岩，属新王国第 18 王朝时期，现藏大都会博物馆。这座尼罗河神像头戴假发和假须，耳朵露在假发外面。在头顶上，假发没有分开，是横条纹的，到两边下垂时变成了竖条纹的。其鼻子残缺，有长长的眉弓，眼睛也细长。大英博物馆还收藏了一座晚些时候的尼罗河神的雕像，但它已经不在我们讲述的范围里了。

图 14.51　尼罗河神哈皮像。纽约大都会艺术博物馆藏

古代埃及的神很多，但我们没有见到它们之间有高低贵贱之分，没有像希腊神话中的宙斯那样专横的神。虽然希腊的雅典在一段时期里实行的是民主制，但希腊的诸神之间却并不民主。古代埃及在很长的时期里实行的是君主专制，但古代埃及的诸神之间却没有专制的因素。从有关奥西里斯与塞特的斗争的神话中，我们知道埃及有九神会，这 9 位神中没有一个是像希腊的宙斯那样专横的神。

古代埃及的神中有几个家族，如奥西里斯和兄弟塞特，他们的姐妹和妻子，以及奥西里斯的儿子荷鲁斯；又如阿蒙神和他的妻子、儿子等。

## 第二节　古代埃及的祭司

古代埃及的祭司有 2 类：神庙祭司和丧葬祭司。

古代埃及有上百位神，每位神都至少有一座神庙，有的神是全国崇拜的主神，它的神庙就更多。神多，神庙多，祭司就更多。神庙祭司主要从事与对神进行祭祀的活动有关的工作。神庙祭司的工作有多种，其内部也有分工，如有的专门对神进行祭祀，有的唱歌，有的打扫卫生等。此外，祭司内部也是分等级的。

古代埃及，为了进行祭祀往往需要观察天象，所以祭司除了进行祭祀以外，也观察天象。祭司还经常给人看病，不过，祭司们往往是巫、医结合。祭司还可能担任世俗官吏，甚至高级官吏，如维西尔。

神庙占有大量土地、劳动力和其他财富。所以，神庙祭司也是古代埃及非常富有的一个群体(当然，其内部也是贫富不均的)。即使是丧葬祭司，他们也可能是很富有的，他们通过给别人担任丧葬祭司而从中获得报酬。

神庙祭司可以通过几种方式获得：国王任命，世袭或继承，增选和购买。①

古代埃及的祭司对古代埃及的政治、经济、文化和思想意识形态都有很大的影响，有时，他们甚至对王位的继承都会有很大的影响。从古代埃及的历史可以看出，王权与神权相结合，它们互相依存。因此，在许多历史时期，祭司的势力成为政治上举足轻重的力量。例如，第 5 王朝初年，3

---

① 李模：《诸神的仆人们——古代埃及祭司研究》，太原：书海出版社，2001 年版，第 182～190 页。

位国王宣称自己是拉神之子；在埃赫那吞改革时期，斗争非常激烈，反对改革的主要是以阿蒙神庙祭司为首的势力，也可以说，反对势力齐集在阿蒙神庙祭司的周围，最后导致了改革的失败；第 19 王朝后期，麦尔涅普塔赫不信奉阿蒙神而信奉普塔赫神，也遭到失败；第 20 王朝最后也是被阿蒙神庙祭司推翻的；等等。

丧葬祭司(慰灵祭司)的数量也很多，因为，古代埃及人非常重视死后的安排，而人死后的祭祀都是由祭司来做的，所以，但凡稍微富裕一点的人，都会请丧葬祭司来安排葬仪和死后的祭祀。古代埃及人往往在去世前就和丧葬祭司签订契约，给予丧葬祭司土地等作为报酬，而丧葬祭司则承担进行祭祀的职责。给予丧葬祭司的土地可以继承和转让，继承者和通过转让得到这些土地的人，也必须保证完成丧葬祭司的职责。这在契约中都有明确的记载。

## 第三节　古代埃及的神庙

古代埃及的神很多，所以神庙也很多，但由于年代久远，古代埃及地面上的建筑保留下来的很少，城市和王宫建筑已经基本上没有了，神庙建筑保留下来的也很少，而且大多破败不堪，但毕竟还有一些保留了下来。

现存的古代埃及神庙主要有两大类：专门祭祀神的神庙和以祭祀亡灵为主的神庙。

古代埃及早期的神庙，如古王国及其以前的专门祭祀神的神庙，已经基本看不到了，我们现在能够看到的专门祭祀神的最早的神庙大概都是中王国时期及以后的。

古代埃及最大的神庙建筑应当是在现在卢克索的卡尔纳克神庙和卢克索神庙。它们都是祭祀阿蒙神一家三口的，即祭祀阿蒙神及其妻子穆特女神、儿子洪苏神。不过，很多国王也在这两大祭祀阿蒙神一家的神庙中建造了别的庙宇，如埃赫那吞改革时期，在卡尔纳克神庙中就修建了祭祀阿吞神的神庙等。

卡尔纳克神庙(图 14.52)，古代埃及最大的神庙(至少在埃及保存下来的古代神庙中，它是最大的)，也是古代世界现存最大的神庙，现存埃及南部的卢克索市，位于尼罗河东岸。古代埃及，那里是以国王为代表的埃及国家奉祀阿蒙神的最高圣堂。卡尔纳克神庙的修建从中王国时期开始，一直到托勒密十一世为止，时间长达约 2000 年。几乎每个国王都对卡尔纳克神庙进行了扩建装修，并力图超过前人，特别是哈特舍普苏特、图特摩斯三世、谢提一世和拉美西斯二世，因此神庙布局复杂，建筑风格也不尽相同。此外，国王们还在神庙的墙壁上雕上了重大历史事件、战役场景和国王名字等历史资料，因此卡尔纳克神庙也是新王国时期历史文献的最大宝藏。该神庙主要由祭祀阿蒙神、其妻子穆特女神和其儿子洪苏神 3 座神庙建筑群组成，此外，还有一些国王的祭祀神庙和战神蒙图的神庙。2 号塔门和 3 号塔门之间的圆柱大厅，是该神庙中最引人注目的建筑。该大厅长 84 米，宽 54 米，共有圆柱 134 根，每根圆柱的直径为 3.5 米，其中有 12 根圆柱稍高，柱头呈开花状。神庙前面有一条狮身羊头像的甬道。埃及学的奠基人商博良写道：我最后来到了一个地方，似乎是一座宫殿，又似乎是一座城池。这就是卡尔纳克。我看到了埃及法老最壮观的建筑，凡人所能想象，所能建造的美，都集中在这里了。古代与现代，没有哪个民族能像埃及人一样想象得出这样雄伟、这样巨大、这样壮丽的建筑。埃及人，似乎像是高达 30 米的巨人。① 在此神庙前面，有一条甬道，甬道两边各有一排狮身羊头像。

---

① ［美］维尔·杜伦：《东方的文明》，李一平等译，西宁：青海人民出版社，1998 年版。

图14.52　卡尔纳克神庙（局部）

卢克索神庙也是古代埃及留存下来的一座大神庙。它是一个长方形的建筑群，以前它只是几个小庙，在阿蒙霍特普三世时开始进行扩建。该神庙前面有一条狮身人面像的甬道，绵延近 3000 米，一直与卡尔纳克神庙相连(现在只能看到一部分)。神庙门前原来有 6 座雕像(2 座坐像、4 座立像)，2 座方尖碑。现在有 2 座雕像和 1 座方尖碑被运到巴黎，方尖碑就立在巴黎协和广场上。神庙长约 190 米，宽约 55 米，主要部分是第 18 王朝

图 14.53　卢克索神庙(局部)

和第 19 王朝时期建成的。该神庙也是祭祀阿蒙神、穆特神和洪苏神的，其最雄伟的部分也是有圆柱的大柱廊(每根圆柱高 20 米)和圆柱大厅。该神庙共有圆柱 151 根，柱子线条优美，柱头形状宛若绽开的纸草花。神庙的墙上雕刻有反映阿蒙神祭祀的场面。卢克索神庙规模没有卡尔纳克神庙大，但以华美取胜。尤其值得注意的是，这两座神庙的墙上和圆柱上刻满了历史铭文，是研究埃及历史的重要资料来源。

图 14.54 卢克索神庙前的狮身人面像甬道

在这两大神庙中，新王国时期的许多国王还建立了一些神庙，如图特摩斯三世和拉美西斯二世等都在这两大神庙中修建了神庙。因此，这两大神庙实际上是两大神庙群。

古代埃及神庙建筑的最大特点是大量使用柱式建筑。卡尔纳克神庙和卢克索神庙都以其巨大且众多的石柱而闻名，其他神庙建筑也是如此。

国王个人的祭祀神庙，是为国王死后祭祀国王用的，一般说，这种神庙多半是修建在他们的坟墓附近。例如，第 3 王朝的乔赛尔国王的祭庙就在他的层级金字塔旁边；哈夫拉的祭庙也在他的狮身人面像旁边；中王国第 11 王朝的孟图霍特普二世的祭庙在他的位于巴哈利的金字塔附近等。

在国王的祭庙中，最著名的要数哈特舍普苏特和拉美西斯二世的祭祀神庙了。

哈特舍普苏特的祭祀神庙是具有代表性的祭祀神庙建筑，它也是古代埃及著名的神庙建筑之一，由女王的宠臣森穆特设计(不过，这座祭祀神庙也被图特摩斯三世毁坏得很厉害。人们在 19 世纪中叶发现它时，这座神庙

图 14.55　卢克索神庙大门

已经是一片废墟。我们今天看到的模样，是经过波兰和英国的一个联合考察队从 1961 年起进行大规模重建的结果，而且重建的只是神庙的核心部分，狮身人面像大道和塔式门楼都已不复存在)。祭庙由 3 层平台组成，造型十分别致，每层平台都由柱廊支撑。在祭庙的中轴线上，一条坡道把 3 层平台连接起来。最上面一层平台是从岩壁凿出的列柱大厅，再往里，是一间小的阿蒙神殿，神殿两侧是哈特舍普苏特的父亲图特摩斯一世的礼拜堂。据说这座祭祀神庙是以金银砖铺地，用青铜镶嵌门扉，有数百座雕像放置其中，其富丽堂皇和不凡的气势可见一斑。有学者认为，这些雕刻

图14.56 哈特舍普苏特的祭庙

集中体现了雕刻艺术的新倾向，代表了当时的新风格。可惜的是，这座祭庙的建筑部分被破坏得非常厉害，其中大量装饰性雕刻也被图特摩斯三世毁坏了。

阿布·辛贝尔神庙，拉美西斯二世所建，地点在努比亚地区的尼罗河第一瀑布以南 280 千米处的河岸边上。这是一座石窟式的神庙建筑。神庙正面是悬崖绝壁上开凿出来的塔门，塔门宽 36 米，高 30 多米，4 座高大的拉美西斯二世坐像矗立在塔门之上，每座像高 20 米，在他的像的两腿之间和旁边还有一些小的雕像，那是他的王后和子女们的像。因此人们说，这座神庙不是给神建造的，而是给拉美西斯二世及其家庭建造的。可惜的是，其中一座拉美西斯二世的像已残。该神庙的门很狭窄，走进狭窄的正门是一个厅堂，厅堂由 8 根 9 米高的石柱支撑，相对地立着 8 个奥西里斯神像柱。神庙的墙上刻满了浮雕，主要内容是关于拉美西斯二世的战功的。再里面是由 4 根石柱支撑的小厅和多柱厅。20 世纪 50 年代，在修建阿斯旺水坝时，为了保护该神庙，使其不致被水淹没，这座神庙被整体搬迁到比该神庙高 60 多米的地方重建。我们现在看到的阿布·辛贝尔神庙就是迁移到新址后重建起来的。

图 14.57　阿布·辛贝尔神庙正门

在底比斯西部拉美西姆，拉美西斯二世还修建了一座神庙兼王宫，里面有很多库房，很多的柱子的基础等，可惜被破坏得很厉害了。

图 14.58　拉美西姆神庙遗址(一)

图 14.59　拉美西姆神庙遗址(二)

# 第十五章　古代埃及的文化

## 第一节　古代埃及的文字

古代埃及文明最伟大而独特的成就之一，是象形文字的发明。从公元前 4000 年象形文字的产生到公元 4 世纪象形文字的最后绝迹，这种神秘难懂的文字在埃及使用了 3000 多年。它促进了古代埃及社会的发展，也使古代埃及的灿烂文化得以保留，为后世人们所了解。

### 一、象形文字的产生和演变

和古代世界其他国家的文字起源一样，在埃及，最早出现的是图画文字，即直观地画出物的形状来表示物。如用⊙表示太阳，用 代表鱼。在一些陶器上，绘有人、动物、船等图形，或是刻着简单的符号，说明陶器里面装盛的物品及质量，有的符号则是表示陶器的所有者。这些图画和符号是象形文字的雏形。经过长期的发展，由图画文字中衍生出了表意符号和表音符号，遂于公元前 3000 年左右形成比较完善的象形文字体系。

古代埃及文字形成之后，在文字形体上经历了 4 个阶段的变化，即象形文字、祭司体文字、世俗体文字和科普特文字。

象形文字[①]在古埃及使用的时间最长。从形成到迄今所知最晚的象形文字铭文——刻写于公元394年的菲来铭文，3000多年时间里象形文字从未被废弃过。象形文字(hieroglyph)一词来源于希腊语，由hieros(神圣)和glupho(雕刻)组成。希腊人之所以这样称呼古代埃及的文字，是因为他们最初见到它时，它几乎仅见于神庙的墙壁和公共纪念物上。古代埃及人自己则称这种文字为“神的文字”，他们认为是智慧之神托特发明了文字。

象形文字起初用于各个方面。它既可以刻在神庙或墓室的墙壁、木棺、石棺、石碑上，或是写在纸草纸上，用于宗教或纪念性铭文；也可以用来书写商业和官方文件。神庙、墓室墙壁及公共建筑物上的象形文字常常刻画得很精美，并绘有鲜艳的色彩，具有很强的装饰效果，给人以美的感觉。随着时间的推移，象形文字越来越限于纪念碑上，限于宗教性内容上。

象形文字的书写方向一般是从右到左，但也可以从左到右，从上向下，或从中间向两边分写，以达到美的装饰效果为原则。阅读时根据文字中人或动物的面向来判断，人或动物都面朝着文字的起始之处。

由于象形文字复杂难写，第5王朝时，从象形文字中简化出了一种草体字，即祭司体文字(hieratic)。“祭司体”或“僧侣体”一词来自希腊文hieratikos，意为“祭司的”或“僧侣的”，因为希腊罗马时期这种文字只由祭司使用。祭司体文字主要写在纸草纸上，起初与象形文字十分相像，公元前2000年起形成了自己的风格，外形上与象形文字差别很大，主要用于一切非宗教的文书。公元前1000年后，祭司体文字也用来在纸草纸上书写宗教文献。

从公元前700年起，祭司体文字逐渐被一种更草的字体所取代，这就是世俗体文字(demotic)。这个词源于希腊文demoticos，意为“大众”。这种字比较简单，书写起来速度更快，托勒密王朝时期在商业文书、日常生

---

① 王海利认为，不应称为象形文字，而应称为圣书文字。王海利：《失落的玛阿特——古代埃及文献〈能言善辩的农民〉研究》，附录2。

活事务、宗教文献和文学作品中都应用这种文字。著名的罗塞塔石碑上所用的 3 种文字中，就有一种是世俗体文字。世俗体文字的书写方向和祭司体一样，从右到左写。

公元 3 世纪时的科普特文字的出现是埃及文字发展的第 4 个阶段。希腊人统治埃及时期，希腊语成为当时的官方语言，希腊文字成为官方的文字。罗马人统治埃及时期，出现了基督教，许多埃及人接受了这种宗教。为了书写《圣经》，人们在希腊字母的基础上补充进了 7 个世俗体的文字，从而形成了科普特文字。科普特文字是用希腊字母写成的。公元 640 年，阿拉伯人征服了埃及，阿拉伯语取代了科普特语，科普特语只限于在教堂中使用。现在，已经没有多少人懂得这种语言和文字了。

图 15.1　罗塞塔石碑。伦敦大英博物馆藏

从象形文字发展的4个阶段看，其趋势是从繁到简，但却没有发展成字母文字。科普特文字是古代埃及象形文字发展的最后一个阶段，也是唯一写出了元音字母的阶段。

古代埃及的象形文字不仅在几千年里传承了古代埃及文明，而且对埃及周边地区的文化产生了重大的影响，对腓尼基字母文字的产生有着重大的影响，而腓尼基字母文字又是东西方多种字母文字之源。

## 二、象形文字的结构

象形文字基本上是由表意符号、表音符号和限定符号3部分组成的。

表意符号(ideograms)是用图形代表所画之物或与此物密切相关的一些含义。一般来说，能够画出来的实物都用该物的图形来表示，即以形表意。例如，表示水就画3条波形线，表示脸就画出人的面部。人的具体动作也可以用象形文字来表示，如“吃”这个词，是用一个人把手放在嘴里来表示的。表意符号不仅能够说明符号本身的含义，还能表达它的引申含义，如⊙除了表示太阳的意思外，与其他字符组合，也有“白天”、“时间”、“照耀”等意思。“吃”的符号同样可以引申出“饿”、“说话”、“想”等含义。为了识别表意符号的确切含义，人们通常在代表图形的符号后面加一条短的直线，如⊙就只表示太阳，而无其他引申概念；“脸”的符号后面加一条短线，就不再有“在……上面”或“第一”的意思。

表音符号(phonograms)在外形上与表意符号一致，但有了发音的功能。如表示嘴的符号读r音，脚的符号读b音，面包的符号读t音，锄头代表mr，脸则代表hr音。当这些符号用作音符时，它们便失去了图形本身的含义。经过长期的使用，到公元前600年左右，已形成规范化的表音符号系统，包括单辅音、双辅音和三辅音3种类型，其中以单辅音使用频率最高。象形文字有24个单辅音符号，每个符号代表1个辅音，类似于字母，如面包的符号读作t；双辅音符号是用一个符号表示2个辅音，如锄头的象形符号发为 mr 的音；三辅音符号是一个字符代表 3 个辅音，如表示心与气管的象形符号读音为 nfr。表音符号的使用大大简化了象形文字。下表为埃及文字的单辅音符号表，即所谓的“字母表”。

图 15.2　字母表。刻于罗塞塔石碑上。伦敦大英博物馆藏

众所周知，古代埃及的文字中没有写出元音。由于是省略了元音，所以我们根本无法了解古代埃及文字的发音。如“天空”一词，在埃及文中只写了 p 和 t 两个辅音的象形符号，而 p、t 两个音，却可以和许多元音相配，如 pot、pat、peet、epet、opet、pata、puat 等，元音可以放在词里的任何一个地方。常常有一些词，辅音完全相同，但因为没有元音，就容易导致词意的混同。如“结冰”和“往回走”这两个动词的表音符号是完全一样的，都读 hs，那怎么判断它要表达的意思呢？为了解决这个问题，古代埃及人使用了限定符号(determinative)，即在词尾加上一个纯属表意的图形符号，它不发音，但起着确定该词属于哪个范畴的作用，引导读者掌握词汇的正确含义，这和汉字中的偏旁部首相似。例如，为了区分“结冰”和“往回走”这两个词的词义，就必须在词尾加上一个限定符号，如果限定符号是船帆，就表示“结冰”；如果限定符号是一双迈开的腿，则表示的是“往回走”一词。限定符号还有一个重要作用，即充当词与词之间的分界符。象形文字的词

与词之间不留空隙，也没有标点符号，但限定符号位于词尾的特点可以帮助读者断词断句。

总之，表意符号、表音符号和限定符号在象形文字中结合使用，分别表明词的含义(包括本义和引申义)、发音及所属范畴，构成了“形、音、义”三种文字基本要素，说明象形文字是比较规范、系统的文字体系。

## 三、象形文字的书写

象形文字是一种表意文字，它没有字母，只有成百上千的图形符号，而象形文字就是由这些代表各种不同语音和语义的字符组成的。要掌握这种文字，除了逐字识别、反复练习之外别无他法。据统计，写出简单的句子最少需要会 200 个象形文字的字符，再进一步的水平需要 750 个字符，而要想做一个出色的书吏，就得再多掌握几百个字符。① 古代埃及的学生要在学校里学 12 年，才能熟练地运用象形文字。学习文字如此艰难，因此只有极少数人能够知书识字。广大的农民或贫寒人家的子弟没有财力也没有精力读书写字，只有富家子弟才有条件接受长期教育，不仅学习文字，还学习天文、几何、算术、历史和地理等课程，学成之后担任国家各级官吏和神庙祭司。这些掌握了文化知识的人被称为书吏，他们构成了广大埃及社会的知识阶层，具有很高的社会地位。他们和祭司一起垄断了广大埃及的文字知识。

书吏的书写材料极为广泛，有石头、木头、金属、皮革、陶片、麻布、纸草纸等。纸草纸是古代埃及人民的独特创造，在古代地中海世界颇负盛名，是当时人们最常用的书写材料。纸草纸是用产于下埃及沼泽地的水生植物——纸草制成的。人们将收割回来的纸草先顺其纹路用刀劈成薄片，再把垂直相压的两层薄片粘连起来，经过一番处理之后便成了比较薄而且

① ［苏联］B. 沃特森：《埃及象形文字介绍》，爱丁堡：苏格兰学术出版社，1981 年版，第 40 页。

比较光滑的纸张，数张纸连接起来便成了纸草纸卷。纸草纸具有平、软、轻、易于书写等优点，对象形文字向笔画简单、能够快速书写的祭司体、世俗体文字发展起了很大的促进作用。但纸草纸也易潮易燃，不易保存。古埃及使用过大量的纸草纸，我们现在发现的只是其中极其微小的一部分。

## 四、古代埃及的书吏和书吏像

古代埃及象形文字中“书吏”一词的意义是“写字的人”，它有 3 个书写工具(调色板、小罐和笔筒)组成，这 3 样工具有一根细绳连在一起，由书

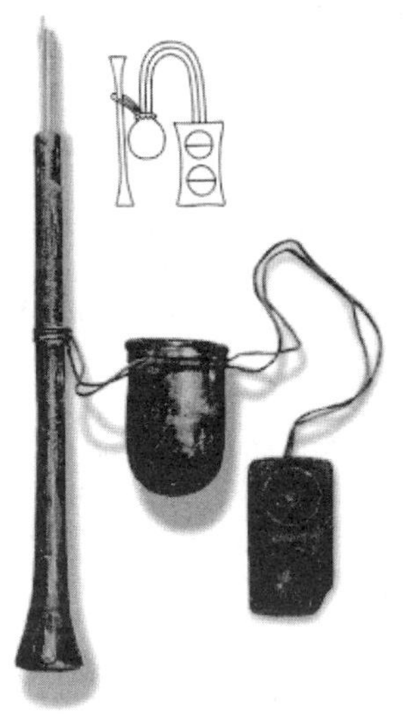

图 15.3　书写工具

吏随身携带。调色板上装有红、黑两种墨块，用墨碗盛着，写字时就用小罐里的树胶液调墨。一般红色的墨用于起行或文章的结尾、抄写者名字等部分，黑色的墨用于正文。书吏使用的笔是用芦苇的茎做成的，长 15～25 厘米。笔端部分用牙将纤维咬开，形同刷子。笔在树胶中润过之后，即可醮墨汁书写。在文物中我们见到书吏肩上挎着调色板，如下图所示，一幅的内容是一个书吏，他盘腿而坐，肩上挎着一个调色板，腿上摊着一

图 15.4 阿蒙霍特普书吏像。开罗埃及博物馆藏

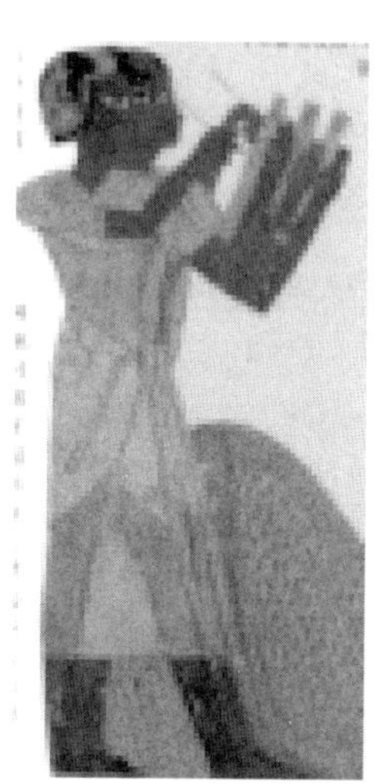

图 15.5 书吏(一)

卷纸草；另一幅的内容是几个书吏站在那里一只手拿笔，另一只手拿着书板在写，虽然我们没有见到他们随身携带的调色板，但既然他们在书写，当然会有调色板。

古代埃及的书吏是古代埃及的知识分子，他们从事文书的工作，是古代埃及社会中的一个重要群体，他们在古代埃及社会中扮演了多种多样的角色：在王室、神庙和官僚贵族的经济中有书吏，在军队中有书吏，在王室，神庙和政府机关的档案馆里有书吏，在底比斯西部的墓地手工业者村的手工业者队伍中有书吏，等等。他们对古代埃及社会的政治、经济、文化乃至军事都发挥了重要的作用。他们还是官吏的后备军，即是官吏队伍的重要来源。他们是古代埃及的统治阶级管理人民、统治人民、对社会生活进行控制，绝对少不了的一个重要的力量。古代埃及的书吏是从那里来的？当然是从学校培养出来的。那么，古代埃及什么时候开始有学校？没有确切的资料说明，古王国时期的资料中记载，一个贵族的子弟是在宫廷中与国王的子女一起受的教育，说明在那时的宫廷中已经有了学校。而书吏一词的出现实际上还要早，至少在早王朝时期就已经有了，因此，可能在早王朝时期就已经有了学校。中王国时期的资料中已经明确地说有了学校。《杜阿乌夫之子赫琪给其子柏比的教训》中说到赫琪送他的儿子柏比去京城底比斯上学，一路上，父亲对儿子讲了学成后当书吏的好处，那就是可以免去各种劳动者的劳累和穷困，可以过上比较富裕的生活。

古代埃及有一些什么样的学校？宫廷肯定是有的，神庙也是有的，至于私人是否存在，没有资料说明。

在古代埃及，书吏的社会地位是不一样的。其中大多数书吏可能只是一般的办事员或记录员、档案管理员，但也有的书吏担任了官吏，甚至是高级官吏。或最初是书吏，但后来发迹，担任了高级管理，有的人是王子，但也是书吏，如王子舍特卡(Setka)就可能是一个书吏，他的一座雕像就是一座书吏像，他盘腿而坐，两腿之间似乎展开有一张纸草，这成为古代埃及典型的书吏形象。该雕像是用红色花岗岩雕刻而成，现藏法国巴黎卢浮宫博物馆，再如古王国时期的驸马普塔赫舍普舍斯，他的雕像也是一个呈书吏形象的雕像，他和舍特卡的像不同的是，他的眼睛正看着纸草，而舍特卡的眼睛则是直视前方。

图 15.6　书吏(二)。巴黎卢浮宫博物馆藏

图 15.7　书吏(三)。开罗埃及博物馆藏

再如第 19 王朝的霍连姆赫布，曾经是一个书吏，但后来，他担任了军队的总司令，后来更成了国王。下面这座呈书吏姿势的坐像就是国王霍连

姆赫布的雕像。

图 15.8　书吏(四)。纽约大都会艺术博物馆藏

书吏的不同社会地位，可能与其出身有关，也可能与其个人的奋斗、机遇有关。

古代埃及的文物中留下了不少的书吏像. 现在发现的书吏像基本上都是盘腿而坐的姿势，在他们的腿上展开有一卷纸草。但在绘画作品中，也有个别书吏是站着的，他们一手拿着书板，一手拿着笔在书写。

古王国时期的文物中发现了比较多的书吏像，我们见到的最早的书吏像是出自第 4 王朝的国王胡夫母亲墓里的一个书吏群像，是用石灰石雕刻而成的。

图 15.9　书吏群像。现存基泽胡夫母亲墓

德尔森聂杰(Dersenedj)坐像：红色(玫瑰色)花岗岩，出处不清，属第5王朝时期，现藏德国柏林博物馆(文物编号：INV-NR15701)。德尔森聂杰呈坐姿，似一个书吏，他头戴中分的假发，盘腿而坐，双眼直视前方，似在倾听前面的人(或许是自己的主人)的谈话，一块书板或一卷纸草摊开在双腿上，右手握笔，左手抓住书板或纸草，似乎正在记录或书写，表现为一个认真负责的数量形象。雕像保存完整。但他的眼睛没有镶嵌眼球，因此缺少神采。

图 15.10　德尔森黑杰坐像。柏林博物馆藏

再如以书吏的形象出现的涅库勒(Nikare)，此人有多种形象的雕像，这是其一，用花岗岩雕刻而成，出自萨卡拉他的墓里，属第5王朝时期，现藏大都会艺术博物馆。从他的墓里发现了多座雕像，每一座雕像表现了他的不同的方面，如他作为一个父亲；一个行政官吏等，这座像表现的是一个书吏的形象。他的名字和称号刻在纸草上。

图 15.11　涅库勒书吏像。纽约大都会艺术藏

古代埃及保留下来的众多书吏雕像中最著名的是书吏凯伊坐像，该雕像用石灰石雕刻而成，高约 60 厘米，现藏法国卢浮宫博物馆。人们认为，书吏凯伊的这座雕像，是古代埃及美术史上最优秀的作品之一。凯伊生活

图 15.12　凯伊坐像。巴黎卢浮宫博物馆藏

于古王国时期第 5 王朝。这座雕像反映的是裸露着上身的凯伊盘腿而坐，“似乎正在书写什么的间隙抬起头来，认真地听别人谈话，准备予以记录。他那紧张的神情似乎惟恐漏掉了谈话人的什么话。”这座雕像的身体各部分比例正确，肌肉结构合理。肩胛骨、胸腹部丰满匀称，双腿自然交错地盘腿而坐。该雕像显示出，在公元前 2000 多年前，埃及的艺术家已经具有了高度的写实技巧和对身体的解剖知识。雕像的眼睛是用雪花石膏填好，用铜料镶边，而且还使用了一块加工过的水晶石作为眼球，从而使眼球富有神采，使雕像也更加生动逼真。这表明，那时的埃及艺术家已考虑到从外形和质感两个方面来追求雕刻艺术的写实性。从雕像的外形可以看出，凯伊身材魁梧，腰板挺直，表现出十分自信的神情。雕刻者很好地把握住了具体环境中对于具体人物的塑造，在表现人物瞬间的动作中展示其过去和未来的具有连贯性的动作，并注意刻画人物生动的表情。在古王国时期乃至整个古代埃及留下的书吏像中，书吏凯伊的雕像应当是最好的。

如新王国第 18 王朝国王阿蒙霍特普三世时期的著名书吏阿蒙霍特普。

在大都会艺术博物馆中，有一幅中王国时期的浮雕，雕刻的是女神舍萨特在记录外国战俘和战利品，她虽然是坐着的，但却不像其他书吏那样盘腿而坐，而是坐在地上，没有盘腿，一手拿着书板，一手拿笔正在记录。在布鲁克林博物馆也展出了一幅舍萨特的浮雕，她似坐在一张椅子上，左手拿着书板，右手拿着笔，正要书写。

图 15.13　女神舍萨特。纽约大都会艺术博物馆藏

图 15.14　书吏保护神舍萨特。纽约布鲁克林博物馆藏

在古代埃及，书吏的保护神是托特神(其形象为朱鹭)或狒狒。德国柏林博物馆展出了2座书吏像及1座书吏和书吏的保护神(其形象为一只狒狒)相对而坐的雕像(文物编号：1443)；在法国卢浮宫博物馆，也展出了2座书吏和保护神狒狒在一起的雕像(文物编号：1697)，其中一个是雪花石膏石雕刻而成的。

图 15.15　书吏和保护神。柏林博物馆藏

图 15.16　书吏和保护神。巴黎卢浮宫博物馆藏

下图所示雕像是在大都会艺术博物馆展出的一座书吏像，花岗岩，出自底比斯，属新王国第19王朝时期，其特点是在他的肩上有一只狒狒，象征的是书吏的保护神飞保护着他。

图 15.17　书吏和保护神。纽约大都会艺术博物馆藏

## 五、古代埃及的学校和学校教育

古代埃及是人类文明的发源地之一，文字的较早出现是其文明的重要标志之一。古代埃及的文字大约出现在公元前 4000 年代后期，大约是在公元前 3100 年。布鲁克林博物馆收藏着一个属于公元前 3500—前 3300 年的陶罐，它上面有一些“之”字形的图案，人们认为这与文字的出现有关，认为它上面的“之”字形图案就是后来埃及象形文字“水”原型。布鲁克林博物馆认为，很多符号和图画后来发展成或演化成文字。维尔·杜伦也说，埃

图 15.18　有“之”字形图案的陶罐。纽约布鲁克林博物馆藏

及“最早的文字肯定是图画文字——一个事物以其图画形状来表示。例如，房屋，埃及人叫 per，系由一个一边上开个口子的长方形来表示”①。

后来，格尔塞时期的蝎王权标头上的蝎子，人们认为是早期埃及文字的标志之一。这个时期的一些器皿上的绘画可能像图画文字一样，具有一定的意义，而某些墓墙上也出现了似乎是象形文字符号形式的文字。到了涅伽达文化Ⅱ的末期，好多文物上，都可以见到象形文字的符号。

到早王朝时期，不仅出现了大批有文字的文物，而且艺术也发展起来了，大量的权标头，大批的调色板，装饰马斯塔巴墓的大批浮雕等，都是这一时期的成就，而如果没有一大批有文化的人的存在，这些成就是做不出来的。文字、文化是需要人来传承的，这个传承者就是书吏。而文化的传承又不可能靠一两个人，必定是靠一批人。所以，从埃及早王朝时期文化发展的水平看，当时必定有一批知识分子，即书吏。这一批人又是怎么来的呢？不会是突然冒出来的，应当是学校培养出来的。这种学校最可能是王宫和神庙创办的。因为，国家需要很多的书吏，神庙也需要很多的书吏。至少从早王朝时期起，埃及就已经有了神庙，而神庙中大多数的祭司都是识文断字的，都是知识分子。但在早王朝时期埃及已经有学校了吗？我们没有确切的资料来说明这一问题，只能靠推测。

在随后的古王国时期，埃及已经有了学校这是肯定无疑的，因为贵族普塔赫舍普舍斯在自己的铭文中说，他是在宫廷中和王室子弟一起学习的。在古王国时期的神庙中也应当有附属学校，维尔·杜伦在《东方的文明》一书中根据戴奥多罗斯的话说，“古代埃及神庙也设有附属学校，有祭司向富家子弟灌输基础教育”。他还说，埃及也有专门主管教育的官员，类似于今之教育部部长。有一位高级祭司称自己为“王室主管教育事务大臣”。②

① ［美］维尔·杜伦：《东方的文明》上册，李一平等译，第 199 页。

② ［美］维尔·杜伦：《东方的文明》上册，李一平等译，第 198 页。

“……有很大一部分的学生在接受祭司所授基础教育后，得以升入附属于财政部门的高级学校。那些学校可说是历史上最早的公立学校，学生在那里学习公共管理的知识和技能。毕业后他们各自成为某一官员的门生，在实践中接受这个官员的指导……”①维尔·杜伦认为，埃及差不多与巴比伦同时发展了历史上最早的学校教育制度。古代埃及的神很多，神庙也很多，不仅有神庙祭司，还有丧葬祭司，所以祭司的人数是很多的。祭司不仅要进行祭祀，而且还要观测天文、行医等，所以他们必须掌握文字，神庙中有很多土地、劳动力和其他财产，是仅次于王室的大财主，需要有人对此进行管理，所以必须培养管理人才，这就是知识分子——书吏。

中王国时期，埃及的首都底比斯有学校，这是确定无疑的，因为有一篇文献传了下来，这就是《杜阿乌夫之子赫琪给其子柏比的教训》。该文献写的是赫琪乘船带柏比去京城上学，一路上赫琪给儿子讲述学成后当书吏的各种好处。

据维尔·杜伦说，考古学家发掘出了新王国第 19 王朝时期的拉美西斯二世时的一座学校遗址，就是说，在新王国时期，有学校存在是有实物为证的。而且，考古学家还在学校遗址发现了许多贝壳，贝壳上面所刻的文字，为教师讲课的内容。据说古代埃及教学的主要方式是听写或默写课本。低年级的学生做练习用的是陶片和石灰石板。高年级的学生做练习可以用纸草。教学的内容多涉及商业、伦理道德。学校的纪律非常严厉，并且原则很简单。有一句话是：“孩子有背，背挨打……孩子的耳朵，长在背上。”有一个学生写信给他从前的老师说：“您以前打我的背，您的教导进了我的耳朵。”②这说明当时的体罚是很严重的。一个成功的书吏，是经过刻苦的学习，甚至是挨过很多打才成长起来的。

---

① ［美］维尔·杜伦：《东方的文明》上册，李一平等译，第 199 页。

② ［美］维尔·杜伦：《东方的文明》上册，李一平等译，第 198～199 页。

## 六、古代埃及的图书馆

我们知道，古代埃及的王宫、政府机关和神庙有很多的档案馆或图书馆，那么古代埃及什么时候开始有的图书馆？最早的档案馆和图书馆可能很难完全区分开。杨威理在《西方图书馆史》一书说："埃及古王国以金字塔出名，但图书馆学家也在一些文献中发现，早在这个时期埃及已经出现了书吏和图书馆。"①理查逊(Ernest Cushing Richardson)在《古埃及的图书馆员》(*Some Old Egyptian Librarians*)一书中说，古王国时期，埃及就已经有了王室图书馆。据他说，国王德德卡勒-伊西斯(Dedkare-Isesi)曾在首席法官、大臣、建筑师兼国王书吏长森涅吉米布的陪同下，参观了王宫的书写室。

据杨威理的《西方图书馆史》说，在开罗东北的赫里奥波的太阳神庙的废墟上发现了档案馆，其时间是公元前1800年；在法雍绿洲也发现了中王国末期的神庙档案馆。②

古代埃及，不仅王宫和神庙有档案馆，有些权贵也拥有私人档案馆，在底比斯就曾经发现收藏有几十卷纸草的一个家族文书库。③

我们知道的一个非常著名的档案馆或图书馆是新王国第18王朝时期的阿马尔那的档案馆或图书馆。这个档案馆或图书馆是在1887年发现的，是一个农妇偶然发现的。她发现的是一些楔形文字泥板，当时人们并不认识泥板上面的文字。后来，这些泥板辗转到了英国，上面的文字被楔形文字专家认出，原来上面的文字是公元前2000年代后期，埃及第18王朝时期国王阿蒙霍特普三世和阿蒙霍特普四世时的一些外交文件，是当时西亚的一些小国的国王或王公写给埃及国王的书信。这些楔形文字泥板文书现在

---

① 杨威理:《西方图书馆史》，北京：商务印书馆，1988年版，第9页。

② 杨威理:《西方图书馆史》，第9页。

③ 杨威理:《西方图书馆史》，第10页。

汇集成为四大本的阿马尔那书信，成为研究那时近东地区外交关系的重要资料。但这是否是一个图书馆？很有可能是，因为据说这些泥板文书上面还有阿蒙霍特普三世的藏书章，说明是阿蒙霍特普三世收藏的。这是图书馆的一个特征，而不是档案馆的特征。另外，档案馆里不可能有各类参考书，而据说在阿马尔那却发现了埃及官吏学习两河流域的阿卡德文时使用的参考书。① 这说明它具有图书馆的特征，而不具有档案馆的特征。

据戴奥多罗斯的《历史集成》记载，新王国第 19 王朝拉美西斯二世时期在首都底比斯建造了一座图书馆。在该书第 1 卷就提到这个图书馆，他说，在这个图书馆的入口处有一块石碑，石碑上面雕刻有“拯救灵魂之处”等字样。可惜的是，考古学家虽然在底比斯进行过发掘，但并没有找到这块石碑，也没有找到这个图书馆的遗址。但人们认为，这个图书馆是存在的，因为 1849 年在拉美西斯二世的陵墓附近进行发掘时，发现了两个图书馆员的墓，这两个人是父子。

据杨威理的《西方图书馆史》记载，在埃及的菲莱岛上有一座伊西斯的神庙，考古学家认为，这里是收藏纸草卷的地方。在菲莱岛的北面有一座大神庙，庙里的第一间大厅中有一间小屋就是图书馆，在这间小屋的墙上雕刻了 37 本书的书名，它可以说是古代罕见的藏书目录，而据考证，古代埃及是有过这些书的。

我们知道得最多的有关古代埃及的图书馆的情况的是亚历山大里亚图书馆。亚历山大里亚是希腊化时代托勒密王朝的首都，也是希腊化时代最大、最著名的城市。在这座城市里，不仅有王宫、花园、神庙，还有一个博物馆和图书馆。

亚历山大里亚图书馆开始筹建是在托勒密一世时期，当时一个出自法勒伦(Phaleron)名叫德米特利乌斯(Demetrios)的人，向托勒密一世建议在

① 杨威理：《西方图书馆史》，第 11～12 页。

亚历山大里亚建造图书馆和博物馆，托勒密一世接受了他的建议。这个德米特利乌斯师从泰奥夫拉斯特，而泰奥夫拉斯特又师从亚里士多德，而亚里士多德有一座私人的图书馆，所以，德米特利乌斯对亚里士多德的图书馆是非常了解和熟悉的。正是在他的帮助下，于公元前 290 年建成了著名的亚历山大里亚图书馆。托勒密二世时期，又在亚历山大里亚城的西南地区建立了这个图书馆的分馆。

图 15.19 现代亚历山大里亚图书馆外貌(局部)

亚历山大里亚图书馆的历史意义："古代亚历山大图书馆的魅力在于它催生了一场至今仍无与伦比的科学运动。在一千多年的时间里，古代亚历山大的学术成就对中世纪伊斯兰和基督教世界的学者，以及欧洲文艺复兴时期伟大的人文主义者来说，犹如一盏指路明灯。或许可以说，在亚历山大之前，知识在很大程度上是区域性的，但在亚历山大建成人类历史上第一座世界性图书馆之后，知识也就随之成为世界性的了。”[1]

亚历山大里亚图书馆藏书非常丰富，它的藏书虽然以希腊的书籍为主，但因为亚历山大里亚的学者们有一种非常自由的学术风气，只要是学术著作，不管是哪个国家的都会收藏，所以也有不少其他国家的文献入藏。

亚历山大里亚图书馆藏书有多少册？说法不一：10 万册、20 万册、50 万册、70 万册。[2] 奥鲁斯·格利乌斯和阿米阿努斯·马尔切利努斯也说是约 70 万册。公元 2 世纪的奥鲁斯·格利乌斯说，将近 70 万册书“在亚历山大的第一次战争中，随着该城的陷落尽遭焚毁”；公元 4 世纪的阿米阿努斯·马尔切利努斯说，独裁者恺撒统治时期，亚历山大毁于当时的亚历山大之战，拥有 70 万册藏书的宝贵的图书馆被火毁于一旦。[3]

亚历山大里亚图书馆藏书的来源有以下几种。第 1 种，捐献的。亚里士多德的部分藏书可能捐献给了亚历山大里亚图书馆(关于这部分图书是否给了亚历山大里亚图书馆，或只是部分给了亚历山大里亚图书馆，有不同说法)。[4] 第 2 种，购买的。托勒密王朝国王经常派专人到各国用高价收购图书，只要在亚历山大里亚城出现好书，就有这个图书馆的人前去抢购(据《阿里斯提亚斯书信》记载：“法勒伦的德米特里[5]……预算宽裕，可用来收集，如果可能的话，全世界所有的图书；尽其所能，购买和誊写图书，以实现国王的目标。有一天国王问他……收集到的图书已有多少册了，他回答说：‘陛下，已有 20 多万册了；我将再接再厉，使总数达到 50 万册。’”[6])第 3 种，“借来”的。图书馆还借来不少好书，抄成复本，但常常

---

① ［埃及］穆斯塔法·阿巴迪：《亚历山大图书馆的兴衰》，臧惠娟译，北京：中国对外翻译出版公司，1996 年版，第 vi～vii 页。

② 杨威理：《西方图书馆史》，第 19 页。

③ ［埃及］穆斯塔法·阿巴迪：《亚历山大图书馆的兴衰》，臧惠娟译，第 110 页。

④ ［埃及］穆斯塔法·阿巴迪：《亚历山大图书馆的兴衰》，臧惠娟译，第 64 页。

⑤ 德米特里，即德米特利乌斯。

⑥ ［埃及］穆斯塔法·阿巴迪：《亚历山大图书馆的兴衰》，臧惠娟译，第 63～64 页。

是把原书留下，而把劣质的复本还给人家。托勒密三世国王为了收集图书，曾经下了一道命令：凡是进入亚历山大里亚港的船只，必须把船上的书籍统统“借给”亚历山大里亚图书馆。该馆把这些书籍用劣质纸草纸抄写成复本，然后把复本还给人家，而把原书扣下。有这样一个例子说，托勒密三世曾经向雅典借来珍贵书籍(埃斯库勒斯、索福克里斯和幼里披底斯三人的悲剧作品，当时这些作品的原始手稿收藏在雅典国际档案馆，不准外借。但托勒密三世说服了雅典总督，允许他借出复制)，为此支付了 15 塔兰特的银币作为保证金。后来，托勒密三世觉得这些书的价值高于这个保证金，于是就把原书扣了下来，而送还的是抄本。①

亚历山大里亚图书馆的功能为藏书、培养学生(学生主要是希腊化的希腊人，也有埃及人，曼涅托就是在亚历山大里亚图书馆成长起来的一个埃及人)和科学研究。科学研究主要有校勘、医学和哲学。

亚历山大里亚图书馆的历任馆长都是当时的学者、大学问家。例如，埃拉托斯特尼，是公元前 3 世纪最杰出的学者之一，他在各个不同的学术领域都做出了成就，其学术活动涉及诗歌、哲学、文学评论、地理学、天文学、数学等。他的最大成就在地理学领域，他是有史以来第一个尝试测量地球周长的人，他在《论地球测量》一书中还试图确定两地之间的距离及其经纬度。

另一位馆长阿里斯托芬，是一位语言学家。他阅读了亚历山大里亚图书馆中的每一本书。他作为诗人竞赛的评审，能够从朗诵的各种诗歌中发现所有借用的诗句，并能说出借用诗句的出处。据说，当国王要求他证实其论点时，“阿里斯托芬完全凭记忆说出某些书架上的大量纸草纸卷本，将其与朗诵的诗歌相比较，迫使作者不得不承认自己盗用原诗”②。他在文学评论以及相关领域不仅形成了基础牢固的古典学术研究，而且树立了后世

---

① [埃及]穆斯塔法·阿巴迪：《亚历山大图书馆的兴衰》，臧惠娟译，第 65～66 页。

② [埃及]穆斯塔法·阿巴迪：《亚历山大图书馆的兴衰》，臧惠娟译，第 76～77 页。

竭力仿效的典范。他在学术研究方面最重要的贡献是对《荷马史诗》的研究，他被称为“荷马通”。

关于亚历山大里亚图书馆的命运，杨威理说：“……这所世界闻名的图书馆后来的命运究竟如何呢？先人并没有给我们留下可靠的史料。公元前47年，恺撒率领的罗马军队远征埃及，据说亚历山大图书馆被毁了一部分。又传，公元前41年，罗马统帅马可·安东尼从小亚细亚的另一所有名的拍加马图书馆把大约20万卷书拨给了以美貌著称的埃及女王克娄奥帕特拉七世，作为恺撒军队破坏亚历山大图书馆的补偿。看来，罗马统治初期，亚历山大图书馆还继续存在。公元273年，罗马皇帝奥勒里亚努斯再次占领埃及，烧毁了亚历山大图书馆的大部分。后来公元390年基督教徒又破坏了它。实际上，在公元200年以后，人们就很少提及这所图书馆了。”① 阿巴迪认为，亚历山大里亚图书馆的主馆靠近海边，公元前58年被恺撒烧毁了，其根据是：公元前65年被处死的斯多葛派哲学家辛尼加说，在恺撒时有4万册图书被烧毁。② 公元1世纪末的普鲁塔克在撰写恺撒传时，明确地说恺撒烧毁了大图书馆。③ 公元2世纪时的奥鲁斯·格利乌斯说，有70万册书在恺撒的第一次亚历山大里亚战争中被烧毁。④ 公元4世纪的阿米阿努斯·马尔切利努斯也说有70万册图书在恺撒时被烧毁。⑤ 不过阿巴迪认为，恺撒时只是烧毁了海边的主馆，而它的另一个馆，即在亚历山大里亚城的西南地区的萨拉贝姆建立的图书馆的分馆并没有被烧毁。而且，这个分馆在主馆被毁以后，成为该城市的主要图书馆。但据阿弗托尼乌斯记载，公元391年，萨拉贝姆分馆也被毁。⑥

① 杨威理：《西方图书馆史》，第22页。
② [埃及]穆斯塔法·阿巴迪：《亚历山大图书馆的兴衰》，臧惠娟译，第108页。
③ [埃及]穆斯塔法·阿巴迪：《亚历山大图书馆的兴衰》，臧惠娟译，第108、110页。
④ [埃及]穆斯塔法·阿巴迪：《亚历山大图书馆的兴衰》，臧惠娟译，第110页。
⑤ [埃及]穆斯塔法·阿巴迪：《亚历山大图书馆的兴衰》，臧惠娟译，第110页。
⑥ [埃及]穆斯塔法·阿巴迪：《亚历山大图书馆的兴衰》，臧惠娟译，第123页。

# 第二节　古代埃及的文学

## 一、自传

自传是古代埃及最早出现的文学形式。它一般刻于墓壁上，或制成石碑立在坟墓外面，有时也写在纸草上。古代埃及人写自传的目的是为了表彰自己在世间的善行和一切好的品质，以求顺利进入永恒世界，并在人间流芳百世。这种自传实际上是墓主人为自己准备的墓志铭。因此，自传中往往充满自夸之词，从中只能看到古代埃及人的功德和各种善行，而不能发现他们的缺点和过失。自传性铭文起始于古王国时期，初时的自传比较简单，常常有墓主人的姓名、职位、名衔及其家庭成员之名。我们现在见到的最早的自传性铭文，是第 3 王朝与第 4 王朝之交的《梅腾自传》，它记述了梅腾的履历、财产状况、职位升迁和荣誉等。

自传文学一经形成，便得到极大发展。到了第 5 王朝，随着叙事成分的不断加入，自传发展成真正的文学形式。到第 6 王朝时期，自传已经达到很高的水平。这一时期的代表作有《大臣乌尼传》和《霍尔胡夫传》。《大臣乌尼传》以散文的形式写成，文字流畅，记述了乌尼的职位升迁，乌尼的功绩，乌尼对国王的忠心，以及国王给乌尼的种种荣誉。乌尼一生深得国王宠信：乌尼受国王佩比一世命令，单独处理王后被告一事；佩比一世向亚洲宣战，在上下埃及组建起一支军队，乌尼又被任命为军队的统帅等。由于乌尼对国王忠心耿耿，所以职位一再升迁，直至升为上埃及总督。铭文中间有一首凯旋诗歌："这个军队安然归来了，在破坏柏都因人的国境之后。这个军队安然归来了，在毁灭柏都因人的国境之后。这个军队安然归来了，在摧毁那里的堡垒之后。这个军队安然归来了，在砍伐那里的无花果和葡萄树之后。这个军队安然归来了，在那里全境放起了火……这个军队安然归来了，在那里击溃了好几万的队伍。这个军队安然归来了，在那里[夺得了]无数[队伍]以为俘虏。陛下因此极力夸奖我。”①这是研究埃及和西亚关系的重要资料。《霍尔胡夫传》是古王国时期最为有名的一篇自传。霍尔胡夫也是上埃及总督，曾 4 次领兵征讨努比亚，因此得到国王许多赏赐，成为研究当时埃及和努比亚关系的重要资料。在这篇自传铭文中也有一首诗歌，其内容是夸赞自己的品行并希望得到人们对他死后的祝福祈祷："我给饥饿者以面包，我送赤身露体者以衣物，我送无船过河者登上彼岸。生活在世上的人们啊，你们路过这个坟墓时，不管南来还是北往，你们将会说：'献给这个坟墓的主人，上千个面包和上千罐啤酒。'"②类似这样对自己济世救人的完美品德的表白，也常常出现在以后的自传中，如中王国时期的《英特弗自传》。还有一些自传只记载一生过往，而不论及品行，如第 18 王朝的《桡夫长雅赫摩斯传》。自传主人雅赫摩斯原为一个普通士兵，由于赫赫战功，他逐渐晋升到将军之职。他多次获得国王赏赐的土地和奴隶。他的自传平实、简洁，给人们展示的是一个武将的形象。该自传对于研究驱逐喜克索斯人及埃及的对外扩张战争有重要的参考价值。

## 二、教谕文学

教谕(训诫)文学，是在古王国时期形成的又一种文学类型，是圣哲或长辈对后人们的劝诫。教谕文学在很长一段时期只是在贵族阶层中流行，新王国时期扩大到较低的阶层。它为个人制定了行为规范，为社会确立了道德准则。随着社会的发展，教谕文学也不断增添新的内容，显示出不同时代的不同思想观念。

最早的教谕文学是第 5 王朝的《王子哈尔捷德福之教谕》，是王子哈尔

① 吉林师大、北京师大历史系编：《世界古代史史料选辑》上，第 20 页。

② [以色列]M. 利希海姆：《古代埃及文献》，第 24 页。

捷德福写给他的儿子的。王子哈尔捷德福对其娶妻生子，置办家业诸事做了安排，并告诉他要为来世做准备。

《普塔霍特普之教谕》是古王国时期保存最完整的一篇教谕文学作品。全文由序言、结语和37节箴言组成，内容涉及当时社会伦理道德的许多方面，着重于人际交往的基本美德，如自我克制、谦虚、仁慈、慷慨、正直和诚实等。普塔荷特普十分强调谦虚好学的品质，他在第一节就向他的儿子告诫道："不要为你的知识感到自豪，而应向无知者请教；艺术的探索没有止境，任何艺术家都不会尽善尽美；精辟的言辞比绿宝石还深藏不露，但在磨石女工那里却会找到。"①接下来，他一一阐述了做人的各种行为准则和应当持有的美德，最后在结语中指出，听从劝告的人将会受用无穷。这部作品旨在教导人们努力达到品德修养上的自我完美，反映了人们心目中的道德标准。

第一中间期的混乱破坏了原有的社会秩序，也使人们的思想观念有了很大的改变。人们从乐观地相信一切走向了悲观多疑。中王国时期的《国王阿美涅姆赫特一世对其子辛努塞尔特一世的教谕》便是这一转变的反映："要警惕不知名的臣民，要警惕有阴谋的人，不要相信兄弟，不要结交朋友，他们毫无价值。你躺下的时候，要守卫自己的心脏，因为大难临头时谁也不会有追随者。我施舍乞丐，我养育孤儿，我让贫穷者和富有者一样成功；但是，吃我面包的人起来反对我，我宠信的人利用我对他们的信任谋害我。"②这篇教谕是辛努塞尔特一世授意书吏按照阿美涅姆赫特一世的口吻写的，记载了阿美涅姆赫特一世在位第30年被暗杀的经过。古代埃及一直奉行神圣王权的教义，这种以弑君为主题的作品极为罕见。

中王国时期的另一篇著名教谕文学作品是一位父亲写给他在书吏学校

① ［以色列］M. 利希海姆：《古代埃及文献》，第63页。

② ［以色列］M. 利希海姆：《古代埃及文献》，第136页。

读书的儿子的，这就是《杜阿乌夫之子赫琪给其子柏比的教训》。这篇教谕竭力赞扬书吏职业的种种优越，以嘲讽的笔调描写了其他一些职业的艰苦劳动，如铜匠“手指像鳄鱼皮，他身上的气味比鱼子还要臭”，“农民穿的衣裳一年到头不更换……他累得很……可是他驯服得跟一个狮子面前的人一样。他经常害病”。织工干活时“腿顶着肚子，气也透不过来”。如果一天的任务没有完成，“他就要像沼泽中的荷花那样伸不开身子”。即使是宫廷侍从，外出办事时也会遇到危险。相比之下，这位父亲认为，书吏既无劳苦，地位又高，是最理想的职业。

中王国时期，教谕文学达到了很高的水平，以后的同类作品在内容上、形式上都没有多大突破。

## 三、神话

古埃及信奉多神，神的数目庞大，关系复杂，诸神职能不同，各有所长。这一特点反映在神话故事里，使得神话内容丰富多彩，引人入胜。诸神在神话中，结成父子、兄弟、夫妻、主仆等关系，以一些重要的神(如拉神、普塔赫神、阿蒙神等)为首，组成不同的神的家族。诸神和人一样，不仅有七情六欲，甚至还有生老病死。神与神之间，诸神与人之间，发生了许许多多的故事，这些故事生动有趣，充满了人情味，实际上是对古代埃及社会的写照。

古代埃及神话中最主要的神是拉神。拉神创造世界、毁灭人类、受制于伊西斯女神等故事在古代埃及流传很广。根据神话故事，太阳神拉创造了祖神、人类和万物，具有最伟大的力量。他每天乘坐永恒之舟走过天穹。千万年后，他已经衰老得嘴都闭不严，口水滴滴答答流到地上。女神伊西斯想得到拉神的威力，而这只有一个办法，就是知道拉神的真名。于是她施展巫术，把带有拉神口水的泥土变成一条毒蛇，使拉神受到了只有她自己才能医治的重伤，以此要挟拉神说出他的真名。拉神疼痛难忍，只好告诉了她。拉神的两只眼睛，即太阳和月亮，也被迫送给伊西斯的儿子荷鲁斯。荷鲁斯因此代替了拉神，成为埃及的主神。拉神则体面地让位下台，安度晚年。

《拉神毁灭人类》讲的是拉神老了以后，受到人们的嘲笑和戏谑，拉神很愤怒，决定给人类一次教训。他派“拉之眼”哈托尔女神去人间屠杀生灵，尼罗河两岸顿时血流成河。拉神见此惨状，心生怜悯，便让哈托尔回来，但哈托尔已经嗜血成性，不理睬拉神的命令。拉神便酿造出一种如同人血的麦酒，倾倒在地面。女神喝下之后，终于沉睡过去，停止了对人类的屠杀，人类得以挽救。

奥西里斯和伊西斯的故事是古代埃及神话中最脍炙人口的一篇，其情节在“古代埃及的宗教”一章中已有简述，这里不再重复。这个神话故事在古代埃及深入人心，每年的奥西里斯节或其他一些节日的庆典上都要演出这个故事，与此相关的神话《荷鲁斯与塞特》也被编成戏剧，在每年固定的日子由祭司们甚至国王、王后表演。这些神话故事与古代埃及人的来世信仰密切相关，反映了古代埃及人的一种信念，即正义终将战胜邪恶，好人定能死而复生。神话里塑造的伟大的丈夫、忠诚的妻子、理想的儿子等形象，也正代表了人们对完美家庭的设想。

《两兄弟的故事》以阿努比斯神和巴塔神为主角。兄长阿努比斯已有妻子，弟弟巴塔与他们住在一起。兄弟俩每天下地种田，友爱地并肩劳动，日子过得井井有条。一天，巴塔的嫂子趁阿努比斯不在家，向巴塔求欢，遭巴塔拒绝后，反而诬告巴塔调戏她，巴塔因此被兄长赶出家门。后来阿努比斯弄清了事情的真相，就杀了他的妻子。巴塔后来在外面也娶了妻子，但妻子被国王抢走，且背叛了他，几次欲置他于死地。巴塔用变身术复仇，夺得王位，统治埃及 30 年，临死时把王位传给了兄长阿努比斯。这个故事赞扬了诚实、勤劳、友爱等美德，谴责了欺骗恶行，但不公正地把女性描写为罪恶之源。

## 四、诗歌

古代埃及的诗歌，除少部分外，大多有明确的宗教功能，是为死者的祭礼，国王或神的祭礼和其他祭祀活动服务的。但丰富的想象、自由的表现手法使古代埃及的诗歌具有真正的文学价值。

赞美诗即具有宗教性质的诗歌。它主要是献给国王或神的，数量很多，如《献给乌纳斯之歌》、《献给辛努塞尔特三世之歌》、《献给闵神之歌》等。这些诗采用比喻、夸张、重叠等修辞方法，极力歌颂国王或神的伟大力量和崇高地位。在古代埃及赞美诗中，《献给哈皮神之歌》以其突出的文学意义而与其他宗教色彩较浓的作品截然不同，在诗歌文学史上占有特别的地位。哈皮神象征着泛滥时期的尼罗河，哈皮神没有固定的神庙祭礼，但有自己的节日，赞美诗无疑就是为其节日而作的。《献给哈皮神之歌》表达了人们对尼罗河泛滥所带来的万物生机勃勃的感激之情："食物的供给者，恩赐之源！一切美好事物的创造者！恐怖和极乐之神！一切都集合于他一身。他为耕牛产生了草，为所有的神准备了牺牲。他居住在冥界，统治着天空与大地。他是两方土地之神，他装满了谷仓，丰富了库房，他也关心穷人的处境。"①

第 18 王朝晚期埃赫那吞统治时期认为阿吞神为唯一可以信奉的神，并为阿吞写了《阿吞颂诗》，歌颂创造一切、主宰一切的新神阿吞："在天涯出现了您美丽的形象，您这活的阿吞，生命的开始呀！当您从东方升起时，您将您的美丽普施于大地。您是这样的仁慈，这样的闪耀。您高高地在大地之上，您的光芒环绕大地行走，走到您所创造的一切的尽头。您是拉神，您到达一切的尽头。您虽然是那么遥远，您的光都照在大地上。您的光虽然照在人们的脸上，却没有人知道您在行走。当您在西方落下时，大地像

---

① ［以色列］M. 利希海姆：《古代埃及文献》第 1 卷，第 206 页。

死亡一样陷在黑暗之中……”①这首诗气势不凡，优美感人。它虽然是一首对神的宗教赞歌，但它实际上表达了古代埃及人对太阳及其照耀下的自然万物的颂歌，读起来如同观赏一组明媚欢快的自然风景画。

情诗是新王国时期大量出现的一种诗歌类型。它直接描写现实生活中的人的情感，质朴率真，在古代埃及诗歌文学中独树一帜，令人耳目一新。情诗中相爱的男女往往以兄妹相称，倾诉对心上人的思慕与渴望相见的心情。例如，存于《切斯特·贝蒂纸草》上的一首情诗写道：“妹妹，举世无双的妹妹，无可媲美的人！她像一颗晨星，升起在幸福年华之初。她的肤色白皙，闪光明亮，一对讨人喜欢的眼睛，甜蜜的双唇，不多讲一句话。挺直的颈项，耀眼的乳房，头发如真正的天青石。手臂胜过黄金，手指犹如荷花的苞蕾；宽宽的臀，纤细的腰，两腿走路美无比，高雅的步子踩着地，步步牵动我的心，她令所有的人引颈翘望。她拥抱的人多么幸福。除了她，我心中没有别的人，她在外散步，宛如又一个太阳。”②

还有的诗描写了失恋者的痛苦。爱情这一永恒的主题，在古代和现代人心中，同样激荡起层层涟漪，引起人们的共鸣。

## 五、散文故事

散文故事是古代埃及文学中最容易被现代读者接受的一种文学形式。它以对现实生活的生动记述、丰富的想象和传奇的色彩而受到人们的喜爱。需要指出的是，古代埃及的散文故事并非民间传说，而是由书吏或宫廷文官撰写的。

中王国时期的散文故事作品成就较高，如《遭难水手的故事》、《划船聚会》、《魔术师杰迪》、《辛努海的故事》等。这里主要介绍《遭难水手的故事》

---

① ［以色列］M. 利希海姆：《古代埃及文献》第 2 卷，第 96～97 页。

② ［以色列］M. 利希海姆：《古代埃及文献》第 2 卷，第 182 页。

(《船舶遇难记》)和《辛努海的故事》。

《遭难水手的故事》的主要情节是：一个随从为了宽慰其航海远征的主人，为主人讲述了自己的一次出海的经历。“我来告诉您我曾经遇到的一件事。一次我出发要去国王的矿山。我乘坐一条长120英寸(1英寸=2.54厘米)，宽40英寸的船渡海，船上有120名最优秀的埃及水手。”途中遇上风浪，大船沉没，船上的人除他以外，没有一个人活下来。他漂流到一个小岛上，遇见了一条巨蟒，巨蟒向他讲述了自己家族75条蟒被陨星火焰全部烧死的苦难经历，并鼓励他勇敢地活下去。巨蟒告诉他自己是蓬特地方的主人，赠给他许多珍贵的没药、香膏、象牙等物。后来他果然安全回到埃及。他把这些贵重的礼物献给国王，国王让他做了官，还赠给他奴隶。随从以自己的亲身经历说明祸也可转化为福，但大臣听后却并没有轻松起来，他沮丧地说：“不要白费口舌，我的朋友。一只鹅早晨就要被宰杀，谁会在黎明前再给它喂水呢?”

这篇散文故事主要是采用故事中角色逐个讲述自己经历的手法，故事结构比较简单，对人物内心情感的描写不多。从《辛努海的故事》则可以看到古埃及散文故事从简单描述已经发展为多方面的成熟和完善了。

《辛努海的故事》以第一人称纪实手法，讲述了宫廷侍从辛努海逃往异国他乡生活多年，后又回到埃及的经历。辛努海是王子辛努塞尔特之妻的侍从。他随军前往利比亚作战时，国内传来了阿美涅姆赫特一世在宫廷政变中被刺的消息。他十分惊慌，以为埃及一定发生动乱，而他自己将性命难保，于是连夜逃往国外。历经艰险之后，最后在上里特努(位于巴勒斯坦地区)留下来。当地酋长把自己的长女嫁给他为妻，让他挑选最好的土地。多年以后，他的孩子们都长大成人，他非常富有，也很有威望，因此遭到了一些当地人的忌恨。一位上里特努的英雄向他挑战，他战而胜之，并占据了他的财产。但晚年的时候，他却越来越感到身居异国他乡的孤独，渴望回到自己的故乡埃及。他向神祈祷：“是哪位神令我逃亡到这里？请怜悯

图 15.20 《辛努海的故事》。伦敦彼特里博物馆藏

我，带我回到故乡吧！您一定会让我看到我心向往的地方！我的尸骨必须葬在我出生的地方！请帮助我吧！”埃及国王听到他的消息后，派人送信给他，欢迎他回国，并送了一些礼物给他。于是辛努海把他的财产交给儿子，回到了埃及，国王和王后亲自接见了他，安排他住在一位王子的房间里。后来国王又赐给他一所宅院，下令为他修了金字塔，塑了他的雕像。辛努海在国王的恩典下愉快地度过了他的晚年。

《辛努海的故事》被视为中王国时期文学王冠上的一颗明珠。全文结构复杂，叙述中还根据故事情节发展的需要插入了几首不同类型的诗，为作品增色不少。作品在揭示主人公各种不同心理方面也十分成功，如辛努海逃亡时的惊慌，受到上里特努英雄挑战时的镇定从容，回到国王身边的惶恐与感激涕零，都刻画得细致入微。此外，在语法与文字上，这篇作品语法规范，词汇丰富，文字生动优美，是人们学习古埃及文的范本。

《乌奴阿蒙游记》是古代埃及又一篇著名的散文故事，写于第 20 王朝末期，反映了拉美西斯十一世统治时埃及的衰落。故事梗概如下：为了给阿蒙神修建圣船，乌奴阿蒙被派往叙利亚、黎巴嫩等地征集木材。这是一次艰险之旅。乌奴阿蒙刚行至巴勒斯坦北部的一个城镇时，一个船夫就盗走了他的金钱。他到达毕布罗斯港口后，又遭到当地王公的驱逐。他去见王公，要求他像他的祖父和父亲一样为阿蒙神奉献木材，但王公回答说：“的确，他们奉献过。如果你给我钱，我就给你木材……我不是你的仆人，也不是你主人的仆人。”乌奴阿蒙只好派人回埃及拿来大量的金银，王公这才叫仆人为他砍伐木材。他去岸边搬运，看见有 11 艘船向岸边划来，船上的人大喊着要抓他。乌奴阿蒙求助于王公，王公一方面安慰他，另一方面却对来抓乌奴阿蒙的人说：“我不能让阿蒙神的使臣在我的国土上被捕。让我把他放掉，你们跟在他的后面，然后抓住他。”乌奴阿蒙仓皇逃跑，逃到一个叫作埃拉西亚的地方(可能位于塞浦路斯)，当地居民要杀死他，他奋力冲进王宫，请求公主庇护，才免遭杀身之祸。故事讲到这里便中断了。

乌奴阿蒙作为阿蒙神的使臣，前往埃及往日的附属国，一路上备受欺凌讥讽，连生命安全都不能保证。这个故事反映了新王国时期末期，埃及大势已去，阿蒙神崇拜也已衰落的历史状况。

## 第三节　古代埃及的艺术

几千年的古代埃及文化留下了数不胜数的艺术作品，包括圆雕、浮雕、绘画以及各种各样的工艺品，虽经时光磨蚀，仍然绚丽多姿、魅力无穷，令人赞叹不已。古代埃及大多数的艺术品都得之于陵墓和神庙，这是因为古埃及艺术创作有着很明确的宗旨，即为来世服务，为神服务。如前所述，来世观是古代埃及人宗教信仰的重要内容，他们把来世看作今生的继续。来世生活包括了现世生活的一切需要：陵墓便是他们为来世准备的家；具有墓主容貌的雕像确保灵魂有所依附；浮雕、绘画则反映他们往昔的社会地位和优越的生活环境并供他们在来世继续享用；家具、首饰、器皿等物保证他们如在世一样舒适方便。神庙中的艺术作品则是为了取悦于神。服务于宗教生活的思想对古代埃及艺术影响很深，可以说，宗教决定了艺术的发展，艺术是植根于宗教土壤之上的。尽管如此，我们还是可以从许许多多的作品上捕捉到古代的埃及艺术家们头脑中闪现的灵感之光，感受到他们对大自然的真挚热爱和他们的无与伦比的创作技巧。

### 一、圆雕

古代埃及雕像主要以石头为原料，有时也用木料、金属、象牙等做材料。

我们现在见到的最早的圆雕是收藏在大英博物馆的一座巴达里文化时期的象牙雕刻的女像。从该雕像看，那时的雕刻家的技术学平还很低，还没有掌握雕刻人体的基本方法，所以，该人像很呆板。显然，那时还没有形成后来埃及雕刻家所创造的一些基本的法则。古代埃及雕刻中，圆雕艺术的基本法则(实际上这个法则主要应用于有关国王和贵族等上层社会成员的雕像，因为我们看到，社会底层劳动者的形象并未按这个法则，有关劳动者的雕刻比较自由，不拘一格，生动活泼)大约是从早王朝时期才开始有的。不过，有的学者认为，这个法则在古王国时期才形成，并且定型，其特征是：(1)雕像姿势，不论直立或端坐，其头部、躯体和双腿都保持垂直。立像一般采用前进姿势，双腿一前一后，人体重心完全均等地落在双脚上，由于这点，尽管是迈步的动作，也依旧显得静止而略带僵直。双臂紧贴着身体，双眼直视前方，手里有时拿着表明身份的权杖或工具，双手下垂，间或有抬举等动作，仍以紧靠躯体为原则。坐像都采取正襟危坐式，上身端正，双腿并紧，双手按膝，或一手放在胸前。(2)头像雕刻，除注意轮廓的相似之外，必须加上理想化的修饰。王国和贵族们的雕像一般都显得神圣庄严，外貌的程式化，往往完全掩盖了内心喜怒哀乐的感情活动，大多显得神态木然。(3)为了衬托主题，雕像中的随从人员，在比例上特别缩小。(4)为了满足实感的追求，雕像一般都着色，一律用黑墨画眼圈，皮肤、发饰、衣着等也按照实物涂彩色。(5)眼球和眼珠的装置，是埃及雕像艺术中最突出的表现技法。这种技法在古王国时期特别流行。眼球用水晶、石英等不同的矿物做成，眼珠用普通乌铜制成。①

古代埃及艺术家制作人像时都有一定的比例。一个站着的人被分割成19个方块，其中1个方块为头发部分，而从头部轮廓到脖子是2个方块，从脖子到膝盖是10个方块，从膝盖到脚跟是6个方块。一个坐着的人像只有15个方块。这套比例方法一直沿用到第26王朝，从那以后，立像的块数增加了1块，人体被划分成4段。圆雕的标准则依靠石膏和石制模型。在制作圆雕时，一般根据人体法则先做成小模型并且在背部画上方格和标

---

① 刘汝醴：《古代埃及美术》，上海：上海人民美术出版社，1985年版，第60～63页；[美]劳伦斯·高文：《大英视觉艺术百科全书》第1卷，第53页及以下。

点，然后再运用一种与后来普遍运用的放大技术相近的方法来保留模型的比例，这样就能按照预期的大小来制作雕像。

最早的一座完整的国王圆雕像可能是第 2 王朝国王哈谢海姆威的雕像，他头戴白冠，左手放在胸前，右手放在膝盖上。从这座雕像看，似乎对国王雕像的处理还没有完全定型化。例如，在这尊雕像中，国王虽然头戴白冠，但头前没有蛇标，下巴上也没有类似于山羊胡子的假须等。这些要到古王国时期才能定型。

古王国时期的雕像制作技巧，不仅已经具有较高的艺术水平，而且国王的雕像已经基本定型化了。例如，国王乔赛尔的石灰石坐像，它大小如真人，正襟危坐，头戴 nemes，下巴上有假须，虽然镶嵌的眼珠已被盗走，但仍然不失王者凛然之态。哈夫拉的闪长岩坐像表现了同样的主题思想。国王挺胸端坐，双手放于膝盖上，头部的后面荷鲁斯鹰神正张开翅膀保护着国王。雕像各部分比例协调，细节部分得到了精心的雕琢。质地坚硬的石料经过艺术家的磨光处理，显示出闪长岩美丽的纹路和色泽，给这座雕像增添了不同一般的效果。孟考拉和哈托尔女神以及几个地方神的几个雕像，表现了国王与神在一起。但当时国王居中，表现了王权大于神权。孟考拉和王后像也是采用正面站立姿态，孟考拉双手握拳，紧贴腿上，身着短裙，胸肌发达，王后比他略矮，并肩站在他的身旁，一只胳膊环抱国王的腰。国王的强健与王后丰腴的体态相互衬托，表现出男性和女性不同的美。

与国王雕像相比，古王国时期达官贵人的雕像显示出更多的个性。第 4 王朝初年斯尼弗鲁统治时期的拉荷特普及其妻子的双人像就比国王像要有个性。第 5 王朝卡伯尔王子的木雕像(如图 15.21 所示)虽然仍然保持着庄重的神态，但其肥软的嘴唇，圆形的双下巴，胖胖的肚子和厚实的臂膀，却给人以亲近逼真的感觉，以致参加考古发掘的埃及人在发现它时，不禁脱口喊道：“这不是我们的村长吗?”从此“村长像”这个称呼在学术界也得到

图 15.21　卡伯尔王子像。开罗埃及博物馆藏

沿用。第 5 王朝的另一座雕像书吏凯伊像在表现人物的性格和职业特点上取得了很大的成功。凯伊盘腿坐在基座上，腿上铺着调色板，手拿着笔和纸。他的眼睛由青铜、雪花石膏石、水晶和黑檀木做成，显得黑白分明、炯炯有神。他双目圆睁，薄薄的嘴唇微微努起，露出机敏的神态，似乎随时准备记下些什么，或是回答别人的问题 。艺术家还真实地雕刻出他肥胖松弛的腹部，这是因为书吏常常静坐不动的结果。

第 5 王朝后期出现的劳动者小雕像表现酿酒、搬运等工作，动感极强，富于生活情趣，但制作比较粗糙。

中王国时期的雕像作品，从其造型、人体比例和线条来看，基本上是在努力恢复古王国时期的风格。国王雕像有了一些新意。古王国时期的雕刻家把统治者表现得如同人间的神，而从中王国时期国王的雕像来看，统治者们是靠着自己的权威和强悍的个性，建立起他们的至高地位，他们不得不经常意识到作为一个国王身上的重任以及必须面对的严酷现实。这些个人的内心情感被雕刻家成功地刻画出来，第 12 王朝的辛努塞尔特三世头像是其中的一个典范。国王微皱的眉头和沉思的眼睛透露了他内心的忧虑，紧闭的嘴、微微向下拉动的面部肌肉则又表现了他自大、冷酷的性格和不可动摇的意志。

除了这些严肃的作品之外，中王国时期还比较多地出现了一种令人感兴趣的雕刻形式——着色群像木雕，其内容主要是表现农民、士兵、工匠的群体活动场面。这种木雕随葬于贵族墓里，虽然制作粗糙，但很逼真，对日常生活的细节都给予了忠实的描述，如“努比亚雇佣兵”和“枪盾兵”“清查家畜”等。通过这些木雕群像，我们可以对古代埃及的日常生活状况得到形象的了解。

新王国时期的圆雕在技巧上达到了非常高的水平。国王的石雕像制作精美，线条柔和。雕刻家一方面尽力表现国王的伟大、健康、明朗等美好特征；另一方面也十分注意对国王个人面貌特点和气质的刻画，达到理想

图 15.22　哈特舍普苏特坐像。纽约大都会艺术博物馆藏

化和个性化的统一。哈特舍普苏特女王的雕像，有的是法老装束，有的化为奥西里斯神甚至斯芬克斯的外形，但都带有女王的基本特征：长眉圆眼，长鼻小口，小巧的下颌，女性的娇美处处可见。图特摩斯三世片岩像继续发展了柔美精巧的雕刻风格，年轻的国王头戴王冠，面部微俯，露出隐约的笑意，使观者几乎忘了这是一位骁勇善战、叱咤风云的帝王。从他的另一座立像上，我们才看到了这位古代埃及历史上最大的征服者脚踩象征敌人的弓弩的雄姿，英武矫健，势不可当。

埃赫那吞的宗教改革带来了艺术上的革命，开始了阿马尔那艺术时代。艺术家们摆脱了严格的传统法则的束缚，从真实生活中捕捉艺术灵感，创作出与旧的法则和审美格格不入的现实主义作品。改革初期，对传统的理想主义的强烈反叛精神导致艺术家们过分地强调真实，因而许多王室雕像出现近乎滑稽讽刺效果的夸张人体形式。在这方面具有代表性的是埃赫那吞本人的雕像：长脸厚唇，细长弯曲的脖子，松弛下垂的腹部，女性化的臀部以及不相称的干瘦的躯体，丑陋不美之处尽览无遗，这在古代埃及雕刻史上是不多见的。

新的写实风格基本确立之后，过激倾向得到了矫正。艺术家们创作出许多杰出的作品，如涅菲尔提提胸像、公主像、女性胴体像、王太后提伊雕像等。涅菲尔提提胸像是古代埃及最著名的雕像之一，现藏柏林博物馆。这座胸像突出表现了涅菲尔提提王后绝美的容貌和高贵的气质，光滑的面部产生微妙的光影效果，整个雕像充满了难以言喻的女性魅力。埃赫那吞的母亲提伊王后的雕像也是阿马尔那风格的代表作品。她的木雕像准确地刻画出她的非洲特征的面容。坚定的双眼，紧闭的嘴唇和向下的嘴角，揭示了她倔强不屈、极有主见的个性特征。

宗教改革失败以后，埃及艺术又逐渐恢复到旧的传统，但阿马尔那艺术风格在较长一段时间里仍影响着埃及艺术，从图坦卡蒙的着色木雕到拉美西斯二世的雕像，我们多少都看到阿马尔那艺术风格的痕迹。

图 15.23　女性胴体像。
巴黎卢浮宫博物馆藏

图 15.24　涅菲尔提提胸像。
柏林博物馆藏

后王朝时期的雕刻基本上是对古王国作品的模仿，缺乏创新。虽然有过一段复兴时期，但还是以承袭传统为主。

## 二、浮雕

古代埃及的浮雕分凸雕和凹雕 2 种类型。凸雕的刻法是把图像以外的背景部分全部凿去，使图像浮出平面之上。凹雕的刻法相反，它保留背景部分，而把图像沿轮廓线切入表面，使图像部分低于表平面。从视觉效果来说，凸雕更赏心悦目，但凹雕不易受损，保存时间比较长。在王朝时代，埃及的浮雕和绘画主要在神庙和坟墓中保存了下来，因为，古代埃及的王宫和民居现在已经没有了。

古代埃及的浮雕从现在保存下来的文物看，可以说是最多的。其浮雕的主要特点是：重要人物在构图中形象突出，其人像大小远远超过其他人，而且，主要人物总是安排在最前面。人体通常被表现为半侧面半正面的特殊形态，即不同的部位以不同的角度来表现，头部、面部、胸部及腿部为侧面形状，肩部为正面，腹部则表现为3/4的正面。牛、羊等带角的动物，全身为侧面，角为正面。由于人体比例协调，各部分连接自然而得体，这种人工化的姿势看起来丝毫不觉别扭，后来被当作标准的人体表现形式在浮雕和绘画艺术中广泛运用。图文并茂也是古代埃及浮雕和绘画的一个特点。古代埃及的浮雕一般都是着色的，而且颜色非常鲜明，其人物、草木，所用的颜色都很固定，如男人的皮肤为褐色，女人的皮肤为微浅褐色或淡黄色，树木为绿色，草为浅绿色，谷物为黄色等。古代埃及的浮雕最早可追溯到史前时代。前王朝时期出土的调色板、石刀刀柄和权标头等文物上都雕刻着动物、人物和战斗场面。最著名的前王朝时期浮雕如猎狮调色板、动物纹样调色板、公牛击敌调色板等。王朝时期的浮雕艺术始见于纳尔迈调色板。这块调色板正反两面雕刻的浮雕反映了第1王朝的创建者纳尔迈征服下埃及的情景。纳尔迈调色板上面的浮雕还体现了一个埃及艺术的基本要素，即用直线分层的办法把一幅画分成若干层面，以表现不同的活动场景，这样既可以表现很多的内容，又不会给人以拥挤不堪的感觉。从上面可以看出，古代埃及造型艺术的基本要素及其鲜明的风格在王朝初期已经成形了。

古代埃及独特的艺术表现方式在古王国时期贵族官吏的墓里那些富有生活情趣的浮雕上得以充分展现。这些浮雕，尤其是第5王朝、第6王朝的浮雕，以其对日常生活的生动反映而颇受人们的关注和喜爱。在墓主人的视野里，耕耘、收获、放牧、手工劳动，抑或准备佳肴，甚至劳动者打架逗趣的情景，都被忠实地描述出来，与墓主人一起获得永恒。贵族与家人、随从一起泛舟尼罗河沼泽地进行渔猎的场面，这在古代埃及浮雕中也

图 15.25　公牛击敌调色板。巴黎卢浮宫博物馆藏

很常见。第5王朝大臣提伊墓里的浮雕就有一幅以此为题材。提伊站立船头，身体纹丝不动，呈现为前面提到的那种标准姿态。他的形象比其他人大许多，以突出他的高贵地位。在他的注视下，另一艘船上的随从们正在紧张地捕捉河马，船下以波纹线勾勒出清澈的河水，水纹是竖着的，而不是我们常见的横着的。水中游鱼肥美，明晰可见。整幅浮雕以茂盛生长的纸草为背景，纸草花中还栖息着许多飞鸟，有两只野兽混杂其中，正伺机对飞鸟发起攻击。埃及人的活泼性格和他们对自然的细致观察跃然于纸上。

图 15.26　纸草丛中的鸟。开罗埃及博物馆藏

古王国时期之后的一段时期，具有优美的画面、精巧的技法的浮雕比较少见了。直到中王国时期，浮雕艺术的水平才有所恢复。但画面构想、线条运用、题材选择以致细节处理都表现出对古王国时期浮雕的重复。由于地方上一定程度的分权自立，中王国时期的浮雕多具有地方色彩，浮雕作品的水平也有很大的差别。

浮雕艺术在新王国时期得到很大发展，不但创作技巧达到了很高的程度，而且反映的内容也大大丰富了。与国王活动相关的题材在新王国时期的浮雕中比较多见，一般都刻在神庙的墙壁上。这些浮雕有的表现了国王的神圣及为埃及带回的财富，如哈特舍普苏特祭庙浮雕刻着她的母亲与阿蒙神结合生下她的场景，还有她遣使前往蓬特求取奇异之物的远征故事，后者仔细地描绘了蓬特的各种动植物、茅屋和当地人民，对蓬特女王肥胖的身躯表现得十分幽默。还有一些浮雕则主要表现国王本人的勇猛和他的战功，国王驱驰战车，横扫敌军，或带领侍卫，享受狩猎的乐趣。场面一般比较宏大。与国王们争相浩荡雄壮的浮雕场面相对，贵族陵墓浮雕多反映的是墓主人生前的重大经历，墓主人与家人朋友在一起的生活场景，从

图 15.27　来自蓬特的女王。现存哈特舍普苏特祭庙

中可以看到新王国时期的富庶景象和人们欢快明朗的精神风貌。其中一些墓壁浮雕既有新王国初期柔美圆润的线条，又对生活给予了真实表现。这些作品富于美感，洋溢着生活气息，具有很高的艺术价值。

阿马尔那艺术风格的浮雕在反映国王家庭生活题材的时候，就完全摒弃了旧传统，从雕刻内容到线条勾勒，都表现出古代埃及浮雕艺术中不曾有过的大胆和直率。国王家庭生活的各个方面都毫无保留地展示给了观众。这类浮雕，有的描绘国王与妻子的亲昵，有的反映国王一家的天伦之乐，有的把小公主有趣的吃相刻了下来。国王与他的妻子女儿的体态曲线的刻画，不求完美，只求真实，不雅不美之处一一展现。这样的浮雕在过去是不能想象的。但也正是这样的变革，给古代埃及艺术吹进一股清新的风，使少有变化的浮雕艺术增添了一点活力。霍连姆赫布虽然否定埃赫那吞改革，但他的墓里的浮雕，却也吸收了阿马尔那精神，以生动丰富的内容和很强的表现力，成为古代埃及浮雕中的精品。

## 三、绘画

现存古代埃及的绘画，多为墓室壁画，是在涂有一层石膏的墙上绘制而成的，此外纸草画、地板画、器物装饰画等也常能见到。绘画的颜料，皆来自天然物质，如红赭石、黄赭石、孔雀石、黑炭、石膏等，经过磨制可以得到红、黄、蓝、绿、黑、白 6 种基本颜色。早期绘画一般不使用混合而成的中间色，绘画的色调明净、鲜艳，第 18 王朝以后，色调逐渐增加，颜料不仅用于绘画，也用于浮雕和某些圆雕作品。

古代埃及绘画的黄金时代是在新王国时期。古王国和中王国时期的绘画很少，当时的墓里基本上都是用浮雕来装饰，但也不乏绘画的精彩之作，如“麦杜姆的群鹅”，它是第 4 王朝一位王子墓里壁画的一条边饰。画里 6 只鹅具有 3 种不同的外形特征，对称排列，鹅身和羽毛用极为细腻的线条勾画出来，着以鲜艳的色彩，有些类似于中国的工笔画。这组

图 15.28　吃烤鸭的公主。开罗埃及博物馆藏

画是早期绘画作品中的精品。值得一提的是，在该王子的墓里还有另外一类绘画，类似于中国的水墨画。一座墓里有这样 2 个类型的画，说明当时宫廷里有不少的艺术家，其绘画技巧都非常高超。中王国时期的荷姆荷太普王子墓里的壁画也是上乘之作，其中一幅描绘阿拉伯胶树上的群鸟，细致入微，形象逼真，历来为观赏者称道。另外，贝尼哈桑地方的一些墓里，有反映当时一些诺姆重视军事训练的壁画，也为人们所重视。

图 15.29　大雁图。开罗埃及博物馆藏

图 15.30　伏击豹子的猎人。开罗埃及博物馆藏

新王国时期，绘画艺术盛行。最主要的形式仍然是墓室壁画，主题有2类：一类是描绘神秘的冥世景象，主要出于王室陵墓；另一类是反映喧嚣多彩的世俗生活，多见于贵族墓室。前者具有浓厚的宗教色彩，着力表现冥府的森严，来世审判，诸神与世界的创造、运转，国王与神的密切关系等，具有代表性的壁画群出自国王霍连姆赫布和谢提一世的陵墓。贵族官吏墓室壁画也是为了满足宗教信仰的需要，但实际上向人们展示了新王国时期埃及社会生活的种种画面，从贵族奢华富丽的生活到各行各业劳动者的勤奋工作，无不给人们留下深刻印象，缩短了人们与那个时代的距离。

从世俗生活画来看，达官贵人的生活轻松而舒适。壁画上不时可见宴会上的贵族妇女们头顶香膏、身着华服，一边轻嗅莲花的芬芳，一边悠闲观赏轻歌曼舞的倩姿。贵族男子似乎仍然热衷于其祖先喜爱的休闲活动——捕鱼捉鸟，如第18王朝时期梅纳墓里的壁画所表现的那样。

图15.31　渔猎图。现存梅纳墓

传统法则对较低层人物的描绘束缚比较少，故这类的绘画显得更为生动活泼。最为人们赞赏的是表现宴会盛大场面中一景的“演奏乐器的女孩们”，这是出自第18王朝时期贵族纳克赫特墓里的一幅壁画。画面上3位少女，右边一位身穿半透明薄裙，正在凝神轻抚竖琴，左边少女与她同样装束，手中握着长笛。居中的少女全身赤裸，一边弹琵琶，一边回头与身后女伴喁喁私语，艺术家用近乎正面的角度描绘她优美动人的姿态，这种手法是不多见的。尤为巧妙的是，艺术家在构图时，用两边少女的静态与中间少女的动态相互衬托，给作品增添了多变的韵律和活泼的情调。这幅作品是公认的古代埃及艺术珍品。

图15.32 演奏乐器的女孩们。现存纳克赫特墓

有关劳动者工作场面的绘画多注重劳动的连续过程，似乎是在做图画说明，但精致有序的构图、细腻的笔法和劳动者富有动感的各种姿态，仍然使这些作品具有较高的艺术价值。这种画通常都用直线把画面分成几层，

每层表现不同的劳动程序。例如，田产上的农业劳动，就依次描绘官吏测定缴粮数额、运麦、打谷、扬场等一系列场面。在紧张劳作的场景中，绘画者没有忘记添上一笔田间发生的小插曲，如两个拾麦穗的小女孩为抢麦穗而互相扯着头发扭在一起，一个农民偷闲坐在树下打盹儿，另一个则悠然地吹着长笛。梅纳墓里还有一幅画，表现的是两个劳动者在打场，一个监工可能对他们不满意，正在训斥他们，而两个劳动者似乎在和监工顶嘴，反映了劳动者和贵族的尖锐矛盾。

与圆雕和浮雕一样，绘画在阿马尔那时期也发生了艺术风格的变化，绘画手法变得自如洒脱，题材更为丰富，而且从绘画种类上看，除壁画外，地板画、纸草画等形式也得到一定的发展。

后王朝时期绘画艺术缺乏进一步的风格上的创新。在棺材内外壁上布满彩色图画是这一时期较为有特色的绘画形式。

图 15.33　农业耕图。现存梅纳墓

## 第四节　古代埃及的科学技术

古代埃及的科学技术是在社会生产实践中逐渐发展起来的。尼罗河一年一度的泛滥之后，土地需要重新丈量，土地租税和宗教建筑中的数据需要精确计算，数学由此发展起来；宗教节日的确定和农业节气的划分要求制定历法、观测星象，天文学因此逐渐形成；疾病的治疗、木乃伊的制作，使古埃及医学特别是生理解剖知识居于同时代领先地位。总的来说，古代埃及人在思维上有形象直观的特点，在实践中也偏重实用技术。他们在科学上取得了很大的成就，但是缺乏理论上的抽象和概括，所以他们的知识是对经验的积累和总结，而不是真正意义上的科学。但是，无论怎样，古代埃及人用他们的科学技术创造了古代世界奇迹般的种种成就，为人类社会的进步做出了重大的贡献。

古代埃及在科学技术上的成就是多方面的，这里仅介绍数学、天文学和医学。

### 一、数学

我们了解古代埃及数学成就主要是根据现存的古代埃及数学文献。古代埃及数学文献有 2 种：一种是 1858 年英国人林德发现的数学纸草，即《林德数学纸草》，因其作者是阿赫摩斯，也称为《阿赫摩斯纸草》，里面收有 85 个数学问题和解答，该纸草现藏大英博物馆；另一种是《莫斯科数学纸草》，现存于莫斯科博物馆，内中收有 25 个题。

古代埃及数学主要用于解决日常生活和宗教方面的事务。例如，计算土地面积、地税，确定付给劳动者工资(古代埃及基本上是实物工资，如面包、蔬菜、油、衣服等)，计算谷仓的容积，测定建筑工程中的各项数据等。古代埃及人没有对数学进行理论上的归纳和演绎推理，他们的数学与真正意义上的数学还有一定的差异。

古代埃及人发明了一套自己的象形文字数字符号，他们用ǀ表示 1， 表示 10，@表示 100，𓆼表示 1000，还有符号表示更大的数。他们采用 10 进位记数法，但却不知道位值制，因此，表示一个数需用相应的符号组合起来，如 121，象形文字记作@∩∩ǀ。在这种记数法的基础上，古代埃及人的算术主要是通过加法来完成的。减法是划掉一些符号，乘法则化成叠加步骤来做。例如，计算 11×12，埃及人是这样算出来的：

1　11

2　22

4　44

8　88

每行由上一行取 2 倍得出，有了 4×11＝44 和 8×11＝88，把 44 和 88 相加，就可得出这题的结果是 132。

古埃及人也有表示分数的符号：⌓，它通常写在整数的上面，如 1/10，写为⌓∩。他们能够进行分数运算，但算法十分复杂、冗长，因此限制了埃及数学的进一步发展。

数学纸草中也记有代数和几何方面的问题及其解答。例如，《林德数学纸草》中的第 31 题：“一个数，它的 1/3，它的 1/2，它的 1/7 及其全部，加进来共为 33，求这个数。”这实际上相当于现在的一元一次方程，古代埃及人只要用简单的算术就可以解出。他们也会求简单的一元二次方程。

面积、体积等几何问题是用算术和代数来解决的。纸草记载了计算圆形土地面积的方法：圆形面积等于直径减它的 1/9，然后再平方。这相当于取 π 值为 3.1605。古代埃及人也有计算矩形、三角形、梯形面积的方法，但由于资料上语焉不详，人们对某些求法(如三角形的面积计算)是否正确还表示怀疑。对于古代埃及人是否懂得勾股定理，也有很多的争论。在体积计算方面，人们公认古代埃及人对四棱台体积的计算公式是很先进的。

例如，《莫斯科数学纸草》上有这样一个例子，四棱台的下底边长为4，上底边长为2，高为6，体积是 $4^2+2\times4+2^2$ 再乘6的1/3，结果为56。古代埃及人是用文字来叙述计算方法和过程的，没有使用加号、乘号等运算符号，但对四棱台体积实际上已有正确的计算公式。他们可能还懂得求半球的体积。

## 二、天文学

古代埃及天文学起源很早。在史前时期，为了农业生产的需要，特别是对尼罗河泛滥周期的掌握，人们已经开始对太阳、月亮和其他行星的运动进行观察。在埃及统一国家形成之后，宗教在国家生活中占有重要地位，宗教节日的确立、宗教建筑的方向位置的测定都进一步推进了天文学的发展。

星象观测使古埃及人对太阳、月亮和金星、木星、土星、天狼星等星体的运动规律有了一定的了解。他们给星体命名，并把星体分成不同的星座。从神庙、墓室的天花板和棺盖上留存下来的星图可以看出，古代埃及人已知一些著名的星座及其位置，如大熊星座、天鹅星座、牧夫星座、猎户星座、仙后星座、天蝎星座等。为了对天体进行观测，古代埃及人发明了一个叫麦尔开特的仪器，其外形为一根木棒，带有缝隙和悬锤，可以帮助人们测定各种星体的位置。

古代埃及人把宇宙看作是一个长方形的盒子，盒底稍呈凹形，代表大地，埃及即位于大地的中心。长方形盒子的顶，由大地四周隆起的四座大山支撑着，星星是用链条悬挂在天上的灯。大地周围环绕着宇宙之河，尼罗河是其支流。太阳神每天乘船从宇宙之河驶过。

古代埃及在天文学方面的最大成就，是在观测星象的基础上制定了历法——太阳历。古代埃及人把一年分为12个月，每月30天，共360天，年末再加5天节日，所以，一年实际上是365天。他们把一年分为3季，每季为 4 个月。第 1 季叫阿赫特季，是尼罗河泛滥的时期，所以又叫泛滥季；第 2 季叫佩雷特季，是播种和农作物生长的季节，所以又叫播种季，即冬季；之后的季节为夏季，叫作夏矛，是收获的季节，所以这一季又称为收获季。这种历法是把尼罗河泛滥与天狼星在太阳之前升起这两件事情同时发生的那一天作为新年的开始，其间隔期为 365.25 日。但古代埃及人只算 365 日，这样每 4 年就会比太阳年少 1 天，结果到公元前 13 世纪，几乎差了 4 个月。埃及人在长期的观测和经验积累中认识到一个天狼星年应当是 365.2507 天。于是，公元前 238 年，托勒密三世颁布诏书，下令每 4 年增加 1 天，但未被埃及人接受。后来儒略历采用了这种新历法。

古代埃及人除了上述历法外，同时也根据月缺月圆的变化规律制定了阴历。一年分为 12 个月，354.36 天，比太阳历少 10.89 天。因此每 3 年需加上 1 个月。这种历法主要用于确定宗教节日。

## 三、医学

古代埃及的医学在古代世界享有盛誉，被认为是当时最好的医学。希罗多德介绍说，埃及医学技术分为各种专门，“每一个医生只治一种病，不治更多种的病。国内的医生是非常多的，有治眼的、有治头的、有治牙的、有治肚子的，还有的治各种隐疾的”①。从流传下来的医学纸草文献来看，古代埃及人对基础医学和临床医学知识都已有了比较多的了解。

制作木乃伊的风俗使古代埃及人在解剖学上有突出的发展。他们熟知人体和一些哺乳动物的各种器官的形状、位置，并对某些器官的功能有一定的了解。例如，《埃伯尔斯纸草》里有一段文字论述人的心血管：“医生秘诀的根本，就是心脏运动的知识，脉管从心脏通过人体各部，因为任何医生，任何索赫美特女神的祭司，任何魔法师在触到头、后脑、手臂、手掌、

① ［古希腊］希罗多德：《历史》上册，王以铸译，第 145 页。

脚的时候，到处都会触到心脏。因为脉管是从心脏分向人体的每一部分的。”古代埃及人认为心脏是各路脉管的中心，他们看到了脉搏与心脏跳动的直接联系，但对血液和血液循环从未提及。他们把心脏看作人体最重要的器官，是人的生命和才智之源，因此制作木乃伊时心脏不可移出体外。

古代埃及人对常见的外科病和内科病都有相应的治疗方法。他们用刀切开脓肿，摘除肿瘤，用外敷药物的方法治疗溃疡、烧伤等病。他们对骨折脱臼等骨科疾病也有正确的裹缚整复方法。他们对妇科、眼科、消化道疾病的论述较为详细。《卡呼恩纸草》(1889 年发现于下埃及法雍地区的卡呼恩)记载的完全是妇科。眼病是古代埃及的常见疾病，古代埃及医生是这样治疗的：“治眼的炎症，用毕布罗斯的杜松树枝磨碎，浸入水内，点入病人眼中，便可迅速治愈。”“治眼的颗粒，用点眼剂，由铜绿、洋葱、胆矾、木屑等配成，混合后，点入眼内。”纸草文献也记载了肠胃病的症状和处方。

古代埃及医生采用多种药物来治疗疾病。最常见的药有：蜂蜜、葡萄酒或啤酒、动物脂肪、鹿茸、龟板、兽皮、药用植物的根茎叶汁、某些矿物质等。这些药经过处理，制成干药、流质药、药膏等不同类型药，药量在处方中均有详细精确的说明。

古代埃及的医学带有浓厚的巫术成分。人们把各种疾病看作是恶魔附体作祟的结果。因此，在使用合理的药物治疗疾病的同时，也往往对病人实施巫术。巫师念诵咒语，命令病魔离开人体，毒物立刻流出，咒语中还常常提到神和有关神的故事，以增加威力。尽管如此，古代埃及医学仍然取得了很高的成就，并对欧洲和阿拉伯地区的医学发展产生了影响。

# 上古埃及王表(早王朝—新王国)[①]

## 一、早王朝时期

第1王朝(约公元前3100—前2890)

| 荷鲁斯名[②] | 真名 | 在位时间(年) |
|---|---|---|
| 纳尔迈<br>(Narmer) | 美尼(美尼斯)<br>(Men, Menes) | |
| 阿哈<br>(Aha) | 伊提(阿托提斯)<br>(Iti, Athothis) | |
| 哲尔<br>(Djer) | 伊提(阿托提斯)<br>(Iti, Athothis) | 47 |
| 捷特<br>(Djet) | 伊特尔提<br>(Iterty) | |
| 登<br>(Den) | 克哈什提<br>(Khasty) | 55～60 |
| 阿涅德吉布<br>(Anedjib) | 麦尔伯比阿(麦伊比斯)<br>(Merpebla, Miebis) | 7 |
| 舍麦尔克赫提<br>(Semerkhet) | 伊里涅提捷尔<br>(Irynetjer) | 8 |

① 据英国学者 A. H. 伽丁纳尔《法老埃及》一书附录。

② 荷鲁斯名即王衔。古代埃及国王的王衔很多，如荷鲁斯、塞特、荷鲁斯和塞特、鹰蛇式(或两妇人式)、树蜂衔等。

| | | |
|---|---|---|
| 卡阿<br>(Qaa) | 卡阿<br>(Qaa) | 25 |

## 第2王朝(约公元前2890—前2686)

| | | |
|---|---|---|
| 海特普塞海姆威<br>(Hetepsekhemwy) | 海特普<br>(Hetep) | |
| 勒涅布<br>(Reneb) | 努布涅菲尔<br>(Nubnefer) | |
| 尼涅特捷尔<br>(Nynetjer) | 尼涅特捷尔<br>(Nynetjer) | 45～47 |
| 温涅格(瓦德吉涅斯)<br>(Weneg，Wadjnes) | | 19 |
| 舍涅德(舍色涅斯)<br>(Sened，Sethenes) | | |
| 伯里布森[①]<br>(Peribsen) | 伯里布森<br>(Peribsen) | |
| 阿卡(?)<br>(Aka) | | |
| 涅菲尔卡索卡尔<br>(Neferkasokar)(?) | | 8 |
| 哈谢海姆<br>(Khasekhem) | (在王表中“空白”) | 21(?) |
| 哈谢海姆威[②]<br>(Khasekhemwy) | 哈谢海姆威<br>(Khasekhemwy) | 17 |

---

① 塞特名。

② 荷鲁斯和塞特名。

## 二、古王国时期

第 3 王朝(约公元前 2686—前 2613)

| 荷鲁斯名 | 真名 | 在位时间(年) |
| --- | --- | --- |
| 萨纳赫特<br>(Sanakhte) | 涅布卡<br>(Nebka) | 19 |
| 涅特捷利赫特<br>(Netjerykhet) | 乔赛尔<br>(Djoser) | 19 |
| 舍赫门赫特<br>(Sekhemkhet) | 乔赛尔・特提<br>(Djoser Teti) | 6 |
| 克哈巴<br>(Khaba) | (在王表中“空白”) | 6 |
| ?<br>? | 胡尼(尼苏特赫?)<br>(Huni,Nysuteh?) | 24 |

第 4 王朝(约公元前 2613—前 2498)

| 荷鲁斯名 | 真名 | 在位时间(年) |
| --- | --- | --- |
| 涅布马厄<br>(Nebmat) | 斯涅弗鲁<br>(Sneferu) | 24 |
| 麦吉杜<br>(Medjdu) | 胡夫(希罗多德称之为齐奥普斯〔Cheops〕)<br>(Khufurey) | 23 |
| 克赫柏<br>(Kheper) | 勒吉德弗<br>(Redjedef) | 8 |
| 乌塞勒艾布<br>(Useryeb) | 哈夫拉(希罗多德称之为齐夫林〔Chephren〕)<br>(Khafre) | 25(?) |
| 卡克赫<br>(Kakhe) | 孟考拉(希罗多德称之为麦凯林努斯〔Mecerinus〕)<br>(Menkaure) | 28(?) |
| 舍普舍斯克赫<br>(Shepseskhe) | 舍普舍斯卡弗<br>(Shepseskaf) | 4 |
| (?) | 德德弗普塔赫<br>(Dedefptah) | 2 |

### 第 5 王朝(约公元前 2498—前 2345)

| 荷鲁斯名 | 拉名 | 真名 | 在位时间(年) |
|---|---|---|---|
| 伊尔马艾<br>(Irmae) | 无 | 乌塞尔卡弗<br>(Userkaf) | 7 |
| 涅布克哈乌<br>(Nebkhau) | 萨胡拉<br>(Sahure) | 无 | 14 |
| 乌塞尔克哈乌<br>(Userkhau) | 涅菲里耳卡拉<br>(Neferirkare) | 卡卡伊<br>(Kakai) | 10 |
| ?<br>? | 〔舍普舍斯卡拉〕<br>[(Shepseskare)] | 伊吉(?)<br>(Izi?) | 7 |
| 涅菲尔克哈乌<br>(Neferkhau) | 无 | 拉涅弗勒弗<br>(Raneferef) | 7(?) |
| 舍提布托威<br>(Setibtowe) | 尼乌舍拉<br>(Niuserre) | 伊尼 | 〔3〕1 |
| 门克哈乌<br>(Menkhau) | 无 | 孟考霍尔<br>(menkauhor) | 8 |
| 捷德克哈乌<br>(Diedkare) | 捷德卡拉<br>(DJedkare) | 伊卓吉<br>(Izozi) | |
| 瓦吉托威<br>(Wadjtowe) | 无 | 乌纳斯<br>(Vnis) | 30 |

### 第 6 王朝(约公元前 2345—前 2181)

| 荷鲁斯名 | 拉名 | 真名 | 在位时间(年) |
|---|---|---|---|
| 舍特普托威无<br>(Sheteptowe) | 特提<br>(Teti) | | 12 |
| 乌塞尔卡拉<br>(Userkare) | 无 | | 1(?) |

| | | | |
|---|---|---|---|
| 麦利托威<br>(后改为麦利拉)<br>(Merytowe) | 涅菲尔扎荷尔<br>培奥庇(佩比一世)<br>(Neferzahor)(Meryre)(Piopi、pepy Ⅰ) | | 49 |
| 安克赫克哈乌<br>(Ankhkhau) | 麦伦拉<br>(Merenre) | 安提厄门扎耶弗<br>(Antyemzaef) | 14 |
| 涅提吉尔克哈乌<br>(Netierkhau) | 涅菲尔卡拉<br>(Neferkare) | 培奥庇(佩比二世)<br>(piopi，pepy Ⅱ) | 94(?) |
| 麦伦拉·安提厄门萨弗二世<br>(Merenre Antyem saf Ⅱ)① | | 涅特捷利卡拉<br>(Netjerykare) | 1 |
| 孟卡拉(?)·尼托刻利斯<br>(Menkare〔?〕Nitoeris) | | | 2(?) |
| 麦伦勒·安提厄门萨弗Ⅱ<br>(Merenre Antyemsaf Ⅱ) | | 涅特捷利卡拉<br>(Netjerykare) | 1 |
| 孟卡拉(?)·尼托克利斯<br>(Menkare (?) Nitocris) | | | 2(?) |

## 三、中王国时期

第 11 王朝(约公元前 2133—前 1991)

| 荷鲁斯名 | 王位及人名 | 在位年限(公元前) |
|---|---|---|
| 特普阿②<br>[Tep(y)a] | 孟图霍特普(一阿) Ⅰ<br>[Mentuhotpe(一a)] Ⅰ | 2133—2118 年 |
| 舍赫尔托威<br>(Sehertowy) | | |
| 伊利奥特弗Ⅰ<br>(Inyotef Ⅰ) | | |

---

① 下面这三个人是根据《剑桥古代史》中的埃及王表，而在伽丁内尔的《法老埃及》一书王表中无此三人。

② [英]A. H. 伽丁内尔《法老埃及》一书的王表中无此人。

| 瓦罕克赫<br>(Wahankh) | 伊利奥特弗Ⅱ<br>(Inyotef Ⅱ) | 2117—2069年 |
|---|---|---|
| 纳赫特涅布特普涅菲尔<br>(Nakhtnebtepnefer) | 伊利奥特弗Ⅲ<br>(Inyotef Ⅲ) | 2068—2061年 |
| 萨恩克赫布托威<br>(Sankhibtowy)<br>涅特捷利赫捷特[1]<br>(Netjeryhedjet)<br>斯马托威<br>(Smatowy)<br>涅布赫吉<br>(Nebhedje) | 涅布赫伯特拉[2]·孟图霍特普Ⅱ<br>(Nebhepetre MentuhotpeⅡ) | 2060—2010年 |
| 萨恩克赫托威厄弗<br>(Sankhtowyef) | 萨恩克赫卡拉·孟图霍特普Ⅲ<br>(Sankhkare Mentuhotpe Ⅲ) | 2009—1998年 |
| 涅布托威<br>(Nebtowy) | 捏布托威勒[4]·孟图霍特普Ⅳ | |
| 神之父舍索斯特利斯 | | 1997—1991年 |

第12王朝(公元前1991—前1786)

| 荷鲁斯名 | 假名和真名 | 在位年限(公元前) |
|---|---|---|
| 威哈门麦斯威<br>(Wehammeswe) | 舍特庇布勒·阿门涅姆赫[3](Ⅰ)<br>(Shetepibre Amenemhe Ⅰ) | 1991—1962年 |

① [英]A. H. 伽丁内尔《法老埃及》一书的为涅布赫吉(Nebhedje)。

② 为假名(Prenomen)。

③ 《剑桥古代史》作"阿美涅麦斯",本书中也译作"阿美涅姆赫特"。

| 安克赫麦斯威 | 赫柏尔刻勒·森沃斯拉[1](1)(10)[2] | 1971—1928 年 |
|---|---|---|
| (Ankhmeswe) | [Kheperkare Senwosre(Ⅰ)] | |
| 赫克涅门马艾 | 努布考勒·阿门涅姆赫(Ⅱ)(2) | 1929—1895 年 |
| (Hekenemmae) | [Nubkaure Amenemhe(Ⅱ)] | |
| 舍舍姆托威 | 克哈克赫柏勒·森沃斯勒(Ⅱ)(2) | 1897—1878 年 |
| (Seshemutowe) | [Khakheperre Senwosre(Ⅱ)] | |
| 涅特吉尔克赫普鲁 | 克哈考勒·森沃斯勒(Ⅲ) | 1878—1843 年 |
| (Netierkhepru) | [Khakaure Senwosre(Ⅲ)] | |
| 阿巴乌 | 涅马勒·阿门涅姆赫(Ⅱ) | 1842—1797 年 |
| (Abau) | [Nemare Amenemhe(Ⅱ)] | |
| 克赫伯尔克赫普鲁 | 马克赫努勒·阿门涅姆赫(Ⅳ) | 1796—1790 年 |
| (Khepcrkhepru) | [Makherure Amenemhe(Ⅳ)] | |
| 麦勒特列 | 舍别卡勒·舍别克诺弗鲁 | 1789—1786 年 |
| (Meretre) | (Sebekkare Sebeknofru) | |

## 四、新王国时期

第 18 王朝(公元前 1570—前 1320)

| 假名和真名 | 《剑桥古代史》和伽丁内尔用名 | 在位年限(公元前) |
|---|---|---|
| 涅布伯赫泰勒·雅赫摩斯一世 | 阿摩西斯 | 1570—1546 年 |
| (Nebpehtire Ahmose) | (Amosis) | |
| 捷舍尔卡拉·阿蒙霍特普(Ⅰ) | 阿美诺菲斯Ⅰ | 1546—1526 年 |
| (Djeserkare Amenhotpe) | (Amenophis Ⅰ) | |

① 《剑桥古代史》作“舍索斯特利斯”，本书中也译作“辛努塞尔特”。

② 括弧里的数字是与前王共治的年数(下同)。

| | | |
|---|---|---|
| 阿克赫柏尔卡拉·图特摩斯(Ⅰ)<br>(Akheperkare Dhutmose) | 图特摩西斯Ⅰ<br>(Tuthmosis Ⅰ) | 1925—约 1512 年 |
| 阿克赫伯伦拉·图特摩斯(Ⅱ)<br>(Akheperenre Dhutmose) | 图特摩西斯Ⅱ<br>(Tuthmosis Ⅱ) | 约 1512—1504 年 |
| 玛卡拉·哈舍普索威<br>(Makare Hashepsowe) | 哈特舍普苏特和哈舍普索威<br>(Hatshepsut，Hashepsowe) | 1503—1482 年 |
| 孟克赫拍拉·图特摩斯(Ⅲ)<br>(Menkheperre Dhutmose) | 图特摩西斯Ⅲ(21)<br>(Tuthmosis Ⅲ) | 1504—1450 年 |
| 阿克赫普鲁拉·阿蒙霍特普(Ⅱ)<br>(Akheprure Amenhotpe) | 阿美诺菲斯Ⅱ<br>(Amenophis Ⅱ) | 1450—1425 年 |
| 孟克赫普鲁拉·图特摩斯(Ⅳ)<br>(Menkheprure Dhutmose) | 图特摩西斯Ⅳ<br>(Tuthmosis Ⅳ) | 1425—1417 年 |
| 涅布马拉·阿蒙霍特普(Ⅲ)<br>(Nebmare Amenhotpe) | 阿美诺菲斯Ⅲ<br>(Amenophis Ⅲ) | 1417—1379 年 |
| 涅菲尔克赫普鲁拉-瓦恩勒·阿蒙霍特普(Ⅳ)<br>(Neferkheprure-Waenre Amenhotpe)<br>埃赫那吞<br>(Akhenaten) | 阿美诺菲斯Ⅳ<br>(Amenophis Ⅳ)<br>埃赫那吞<br>(Akhenaten) | 1379—1362 年 |
| 安克赫克赫普鲁拉·舍曼克赫刻勒<br>(AnkhkheprureSmenkhkare)<br>涅菲尔涅弗鲁阿吞-麦尔瓦恩拉<br>(Nefernefruaten-Merwaenre) | 舍曼克赫卡拉<br>(Smenkhkare) | 1364—1361 年 |

| | | |
|---|---|---|
| 涅布克赫普鲁拉·图坦阿吞<br>(Nebkheprure Tutankhaten)<br>(Tutankhamun)(Tutankhamun)<br>图坦阿蒙图坦阿蒙<br>(Tutankhamun)(Tutankhamun) | 图坦阿吞 | 1361—1352年 |
| 克赫柏尔克赫普鲁拉·伊特努特-阿埃<br>(Kheperkhprure Itnute-Ay)<br>阿埃(Ay) | | 1352—1348年 |
| 捷舍尔克赫普鲁拉·霍连姆赫布<br>(Djeserkheprure Haremhab)<br>霍连姆赫布(Haremhab) | | 1348—1320年 |

### 第19王朝(公元前1320—前1200)

| 假名和真名 | 《剑桥古代史》和伽丁内尔用名 | 在位年限(公元前) |
|---|---|---|
| 曼伯赫泰拉·拉美斯<br>(Menpehetyre Ramesse) | 拉美西斯Ⅰ<br>(Ramesses Ⅰ) | 1320—1318年 |
| 曼马勒·舍提-麦伦普塔赫<br>(Menmare Sety-merenptah) | 塞索斯Ⅰ<br>(Sethos Ⅰ) | 1318—1304年 |
| 乌塞尔马拉-舍特伯恩勒·拉美斯-米阿蒙<br>(Usermare-setpenre Ramesse-miamun) | 拉美西斯Ⅱ<br>(Ramesses Ⅱ) | 1304—1237年 |
| 巴恩拉-麦尔阿蒙·麦伦普塔赫-霍特菲马艾<br>(Baenre-meramun Merenptah-hotphimae) | 麦尔涅普塔赫<br>(Merneptah) | 1236—1223年 |

| | | |
|---|---|---|
| 曼马拉-舍特彭勒·阿门麦斯-赫卡威斯①<br>(Menmare-setpenre Amenmesse-hekawise) | 阿门麦西斯、阿门麦斯<br>(Amenmesses、Amenmesse) | 1222—1217 年 |
| 乌塞尔克赫普努拉-舍特彭勒·舍特-麦伦普塔赫<br>(Userkheprure-setpenre Setymerenptah) | 塞索斯Ⅱ<br>(Sethos Ⅱ) | 1216—1210 年 |
| 阿克亨拉-舍特彭勒·麦尔涅普塔赫·塞普塔赫②<br>(Akhenre-setpenre Merneptah Siptah) | 麦尔涅普塔赫<br>(Merneptah) | 1209—1200 年 |
| 塞特拉-麦利埃特阿蒙·特涅斯勒特<br>(Sitre-meryetamun Tewosert) | | |

第 20 王朝(公元前 1200—前 1085)

| 假名和真名 | 《剑桥古代史》和伽丁内尔用名 | 在位年限(公元前) |
|---|---|---|
| 乌舍尔克哈乌拉-麦尔阿蒙-舍特彭勒·舍特纳克赫特-麦列勒-麦尔阿蒙<br>(Userkhaure-meramun-setpenre Setnakhte-mererre-meramun) | 塞特纳克赫特<br>(Setnakhte) | 1200—1198 年 |

① 《剑桥古代史》认为此人在王朝中的位置不确定，伽丁内尔则将其放在塞索斯Ⅰ之后。

② 《剑桥古代史》注，此人又名舍克哈恩勒·拉美斯·塞普塔赫(Sekhaenre Ramesses Siptah)，而伽丁内尔认为这是两个人。

| | | |
|---|---|---|
| 乌舍尔马拉-麦尔阿蒙·拉美斯-赫卡昂<br>(Usermare-meramun Ramesse-hekaon) | 拉美西斯Ⅲ<br>(Ramesses Ⅲ) | 1198—1166年 |
| 赫卡马拉-舍特彭阿蒙[1]·拉美斯<br>(Hikmare-Setpenamun Ramesse) | 拉美西斯Ⅳ<br>(Ramesses Ⅳ) | 1166—1160年 |
| 乌舍尔马拉-舍克赫拍伦勒·拉美斯-阿门赫克霍普舍弗-麦尔阿蒙<br>(Usermare-sekheperenre Ramesse-Amenhikhopshefmeramun) | 拉美西斯Ⅳ<br>(Ramesses Ⅴ) | 1160—1156年 |
| 涅布马拉-麦尔阿蒙·拉美斯-阿门赫克霍普舍弗-卢特赫卡昂<br>(Nebmare-meramun Ramesse-Amenhikhopshef-nutehekaon) | 拉美西斯Ⅵ<br>(Ramesses Ⅵ) | 1156—1148年 |
| 乌舍尔马拉-麦尔阿蒙-舍特彭勒·拉美斯-伊提阿蒙-卢特赫卡昂<br>(Usermare-meramun-Setpenre Ramesse-itamun-nutehekaon) | 拉美西斯Ⅶ<br>(Ramesses Ⅶ) | 1148—1147年 |
| 乌舍尔马拉-阿克亨阿蒙·拉美斯-舍特赫克霍普舍弗-麦尔阿蒙<br>(Usermare-Akhenamun Ramesse-Sethikhopshef-meramun) | 拉美西斯Ⅷ<br>(Ramesses Ⅷ) | 1147—1140年 |
| 涅菲尔刻拉-舍特彭勒·拉美斯-克哈门威斯-麦勒尔阿蒙<br>(Neferkare-setpenre Ramesse-Khaemwise-mereramun) | 拉美西斯Ⅸ<br>(Ramessesn Ⅸ) | 1140—1121年 |

① 《剑桥古代史》注，后来又改名叫"Hikamare-Setepenamun"(赫卡马拉-舍特彭阿蒙)。

| | | |
|---|---|---|
| 克赫伯尔马拉-舍特彭勒·拉美斯-阿门赫卡霍普舍弗-麦尔阿蒙 (Khepermare-setpenre Ramesse-Amenhikhopshef-meramun) | 拉美西斯Ⅹ (Ramesses Ⅹ) | 1121—1113 年 |
| 曼马拉-舍特彭普塔赫·拉美斯-克哈门威斯-麦勒尔阿蒙-卢特赫卡昂 (Menmare-setpenptah Ramesse-Khaemwise-mereramun-nutehekaon) | 拉美西斯Ⅺ (Ramesses Ⅺ) | 1113—1085 年 |

# 参考书目

## 一、中文书目

[俄]阿甫基耶夫：《古代东方史》，王以铸译，北京：生活·读书·新知三联书店，1956年版。

[埃及]阿拉姆，尼阿玛特·伊斯梅尔：《中东艺术史·古代》，朱威烈、郭黎译，上海：上海人民美术出版社，1985年版。

[埃及]埃尔-埃米尔，穆斯塔法：《埃及考古学埃及古代建筑、雕刻与绘画》，林幼琪译，北京：科学出版社，1959年版。

[埃及]费克里，阿：《埃及古代史》，高望之等译，北京：商务印书馆，1973年版。

[德]弗里德里克，J.：《古语文的释读》，北京：文字改革出版社，1966年版。

[布基纳法索]基-泽博，J.：《非洲通史》第1卷，北京：中国对外翻译出版公司，1984年版。

[意]卡斯蒂格略尼：《世界医学史》第1卷，北京：商务印书馆，1986年版。

[美]克莱因，莫里斯：《古今数学思想》，张理京、张锦炎、江泽涵译，上海：上海科学技术出版社，2002年版。

[美]克雷默，塞·诺：《世界古代神话》，魏庆征译，北京：华夏出版社，1989年版。

[苏联]罗塞娃等：《古代西亚埃及美术》，严摩罕译，北京：人民美术出版社，1985年版。

[苏联]马吉耶，米：《古代埃及孩子的一天》，钱君森译，上海：少年儿童

出版社，1957 年版。

[埃及]莫赫塔尔，G. 主编：《非洲通史》第 2 卷，北京：中国对外翻译出版公司，1984 年版。

[法]摩赖，A.：《尼罗河与埃及之文明》，刘麟生译，上海：商务印书馆，1941 年版。

[法]摩勒、德斐：《近东古代史》，陈建民译，上海：商务印书馆，1936 年版。

[英]派特力：《埃及古代故事》，倪罗译，北京：作家出版社，1957 年版。

[美]时代—生活图书公司编：《尼罗河两岸 · 古埃及》，聂仁海、郭晖译，济南：山东画报出版社，2001 年版。

[英]斯科特：《数学史》，侯德润、张兰译，北京：商务印书馆，1981 年版。

[苏联]苏联科学院编：《世界通史》第 1 卷，北京：生活 · 读书 · 新知三联书店，1959 年版。

[德]希克曼，汉斯等：《上古时代的音乐古埃及、美索不达米亚和古印度的音乐文化》，北京：文化艺术出版社，1989 年版。

[古希腊]希罗多德：《历史》，王以铸译，北京：商务印书馆，2000 年版。

[德]朱威烈，汉尼希等：《人类早期文明的“木乃伊”——古埃及文化求实》，台北：淑馨出版社，1991 年版。

北京师大、吉林师大历史系编：《世界古代史史料选辑》，北京：北京师范大学，1959 年版。

北京师范大学历史系世界古代史教研室编：《世界古代及中古史资料选集》，北京：北京师范大学出版社，1999 版。

迟轲：《西方美术史话》，北京：中国青年出版社，1983 年版。

金德华：《金字塔》，北京：商务印书馆，1962 年版。

李多译：《埃及雕塑与绘画》，济南：山东美术出版社，2001 年版。

林志纯主编：《世界通史资料选辑 · 上古部分》，北京：商务印书馆，1962 年版。

刘家和：《世界上古史》，长春：吉林人民出版社，1979年版。

刘汝醴：《古代埃及艺术》，上海：上海人民美术出版社，1985年版。

刘文鹏：《埃及考古学》，北京：生活·读书·新知三联书店，2008年版。

刘文鹏：《古代埃及史》，北京：商务印书馆，2000年版。

钱伯斯：《钱伯斯世界历史地图》，北京：生活·读书·新知三联书店，1981年版。

日知选译：《古代埃及与古代两河流域》，北京：商务印书馆，1962年版。

《世界上古史纲》编写组：《世界上古史纲》上，北京：人民出版社，1979年版。

王海利：《图坦哈蒙3000年》，济南：山东画报出版社，2010年版。

吴于廑：《大学世界历史地图》，北京：生活·读书·新知三联书店，1985年版。

朱柏雄：《世界美术史》第2卷，济南：山东美术出版社，1988年版。

朱庭光：《外国历史大事集·古代部分》第1分册，重庆：重庆出版社，1986年版。

朱庭光：《外国历史名人传·古代部分》上册，北京：中国社会科学出版社，1982年版。

## 二、外文书目

Aldred，Cyril，*Akhenaton：King of Egypt*，New York：Thames and Hudson，1989.

Andrews，Carol，*Egyptian Mummies*，Combridge：Haward University Press，1984.

Austin，M. M.，*The Hellentistic World from Alexamder to the Roman Conquest*，London：Cambridge University Press，2006.

Baumgartel，*The Culture of Prehistoric Egypt*，Vol. 1-2，London：Oxford University Press，1955.

Bowman，Aln，K.，*Egypt after Pharaohs*，University of California Press，1986.

Breasted，J. H.，*Ancient Records of Egypt*，Vol. 1-5.

Casson，Lionel，*Ancient Egypt*，Time-life books，1978.

Claudio，Barocas，*Monuments of Civilization Egypt*，New York：Madison Square Press，1972.

Clayton，Peter A.，*The Rediscovery of Ancient Egypt*，*Artists and Travellers in 19th Century*，New York：Thames & Hudson Ltd，1982.

Clayton，Potor，A.，*The Seven Wonders of the Ancient World*，London：Routledge，1990.

Davies，*The Rock Tombs of Deir E1-Gebrawi*，Vol. 1-3，London：Cambridge University Press，1942.

Dayies，*The Tombs of E1-Amarna*. Vol. 1-6，1903-08.

Diodorus，*Library of History*，Cambridge：Harvard University Press，1933.

Fage，J. D. Oliver，Roland，*Cambridge History of Africa*，1-3，London：Cambridge University Press，1976-1978.

Frankfort Henri，*The Birth of Civilization in the Near East*，New York：Dowbleday & Camp amy. Inc.

Gardiner，Alan H.，*Ancient Egyptian Onomastica*. Vol. 1-2，London：Oxford Unirersity Press，1947.

Gardiner，*Egyptian Grammar*，1957.

Gardiner，*Egyptian Ideas of the Future Life*，1908.

Gardiner，*Egyptian Tomb Painting*，1958.

Gardiner，*Egypt of Pharaohs*.

Golding，Willian，*A History of African Archaeology*，1990.

Golding，Willian，*Nile Valley Civilizations*：*Proceedings of the Nile*

*Valley Conference*, 1985.

Golding, Willian, *The Pyramids*, 1967.

Hayes, C. Willian, *The Scepter of Egypt a Background for the Study of Egyptian Antiquities in the Metropolitan Museum of Art*, Vol, Ⅰ-Ⅱ, 1990.

Hobsen, Christine, *Exploring the World of the Pharaohs*, New York: Thames & Hudson, 1987.

Hoffman, *Egypt before Pharaohs*, Marboro Books, 1979.

Hoving, Thomas, *Tutankhamun—the Untold Story*, New York: Simon & Schuster, 1978.

Hughes, George Robet, *Saite Domestic Land Leases*, 1952.

Hughes-Hallet, Lucy, *Cleopatra: Histories Dreams and Distortions*, 1990.

Ian Shaw and Paul Nicholson, *The British Museum Dictionary of Ancient Egypt*, Cairo: The American University in Cairo press, 1995.

Irena, Lexova, *Ancient Egyptian Dances*, Bover Publacation, 1999.

James, T. G. H. , *Pharaohs People: Scenes from Imperial Egypt*, The Bodley Head Ltd, 1984.

Jaromir, Malek, *In the Shadow of the Pyramids: Egypt During the Old Kingdom*, University of Oklahoma Press, 1986.

John, Bains, *Atlas of Ancient Egypt*, Phaidon Press, 1983.

Kagam, Donald, *Problems in Ancient History*, Prentice Hall, 1975.

Kamil, Jill, *The Ancient Egyptian: a Popular Introductiont to Life in the Pyramidageage*, Cairo: The American University in Cairo Press, 1997.

King, Leonard William, *Egypt and Western Asia in the Light of Resent Discoreries*, Kessinger Publishing, 1907.

Kurt, Lange, *Egypt: Architecture, Soulpture*, Painting in Three Thousand

Years, 1956.

Lucas, *Ancient Egyptian Materials and Industries*, Pover Publacation, 2011.

Lychtheim, *Ancient Egyptian Literature*, Vol. 1-3, 1973.

Maisels, C. K., *The Emergence of Civlilization: From Hunting and Gathering to Agriculture, Cities and the States in the Near East*, London: Routledge, 1993.

Mekhitarian, Arpag, *Egyptian Painting*, Rizzali, 1978.

Moret, Alexemdre, *The Nile and Egyptian Civilization*, Dover Pubication, 2001.

Nancyk, Sandaras, *The Sea People: Warriors of the Ancient Mediterranean* 1250-1150 *B. C.*, NY: Thames & Hudson, 1985.

Nibbi, Alessandra, *The Sea People and Egypt*, Noyes Publication, 1975.

Petrie, *Abydos*, Vol. 1-3, London: Cambridge University Press, 1902-1904.

Petrie, *A History of Egypt*, London: Cambridge University Presss, 1894.

Petrie,... *Ancient Gaza*, London: Cambridge Uniersity Press, 1894.

Quibell, *Hierakonpolis*, Andesite Press, 2017.

Romer, John, *Ancient Lives: the Story of the Pharaohs Tomb Markers*, Phoenix, 2003.

Scullard, H. H., *The Elephant in the Greek and Roman World*, Cornell University Press, 1974.

Smith, G. Elliot, *Egyptian Mummies*, London: Routledge, 1991.

Trigger, Kemp, Oconnor, Lloyd, *Ancient Egypt: A Social History*, London: Cambridge University Press, 1983.

Wallis, Badge E. A., *The Mummy: A Handbook of Egyptian Funerary*

Archaeology, New York: cosimo classics, 2011.

Watterson, Barbara, *Introductron Egyptian Hieregryphs*, Edinburgh, Scotlish Academic Press, 1983.

Weigall, *The Life and Times of Akhnaton, Pharaoh of Egypt*, Greate-Space Independent Publishing Plalforn, 2015.

Wenke, Robert, J., *Hunters, Farmers and Civilization*, San Fransisd W. H. Fress man and Campany, 1979.

Wenke, Robert, J., *Patterns in Prehistory: Humankinds Hrst Three Million Years*, London: Oxford University Press, 1984.

Wente, Edward Frank, *Late Ramesside Letters*, Chicago: Unversity of Chicago Press, 1967.

West, John Anthony, *The Travellers Key to Ancient Egypt: A Guide to the Sacred Place of Ancient Egypt*, 1985.

Wills, A. J., *The Cemeteries of Qasr Ibrim; Areport of the Excavations Conducted by W. B. Emery in* 1961, 1982.

Wilson, John A., *The Civilization of Ancient Egypt*, 1978.

Zahi, *The Illustrated Guide to the Egyptian Museum in Cairo*, Cairo: The American University in Cairo Press, 2001.

# 索　引

L



M

N

P



S

## Y



## Z

**图书在版编目(CIP)数据**

古代埃及文明/周启迪，阴玺著. —北京：北京师范大学出版社，2018.11(2022.3 重印)

(“一带一路”古文明书系)

ISBN 978-7-303-24066-1

Ⅰ. ①古… Ⅱ. ①周… ②阴… Ⅲ. ①文化史-研究-埃及-古代 Ⅳ. ①K411.203

中国版本图书馆 CIP 数据核字(2018)第 183651 号

营销中心电话 010-58807651
北师大出版社高等教育分社微信公众号 新外大街拾玖号

GUDAI AIJI WENMING

出版发行：北京师范大学出版社 www.bnup.com
北京市西城区新街口外大街 12-3 号
邮政编码：100088

印　　刷：鸿博昊天科技有限公司
经　　销：全国新华书店
开　　本：710 mm×1000 mm　1/16
印　　张：45.75
插　　页：8
字　　数：665 千字
版　　次：2018 年 11 月第 1 版
印　　次：2022 年 3 月第 3 次印刷
定　　价：220.00 元

策划编辑：刘东明　　责任编辑：刘东明　姚安峰
美术编辑：王齐云　　装帧设计：王齐云
责任校对：李云虎　　责任印制：马　洁